워드프레스
작업의 기술

워드프레스
작업의 기술

초판 인쇄일 2014년 3월 14일
초판 발행일 2014년 3월 25일

지은이 김현구
발행인 박정모
등록번호 제9-295호
발행처 도서출판 혜지원
주소 (130-844) 서울시 동대문구 천호대로 81길 23(장안 1동 420-3)
전화 02)2212-1227 팩스 02)2247-1227
홈페이지 www.hyejiwon.co.kr

기획 · 진행 엄진영, 페이퍼 2.0
본문 · 표지디자인 김희연
영업마케팅 김남권, 황대일, 서지영
ISBN 978-89-8379-814-5
정가 32,000원

이 도서의 국립중앙도서관 출판시도서목록(CIP)은 서지정보유통지원시스템 홈페이지(http://seoji.nl.go.kr)와 국가자료공동목록시스템 (http://www.nl.go.kr/kolisnet)에서 이용하실 수 있습니다.(CIP제어번호 : CIP2014007194)

워드프레스 작업의 기술

최근 몇 년 사이 워드프레스에 대해 이야기하는 블로그나 책이 많아졌습니다. 5~6년 전만해도 한글로 된 설치법조차 찾아보기 어려웠는데 그때에 비하면 지금은 워드프레스에 관한 정보를 접할 수 있는 통로가 다양해졌습니다. 하지만 이런 저런 확장 기능(플러그인)과 화려한 디자인(테마)에 가려 정작 워드프레스로 무엇을 할 수 있고, 어떻게 활용해야 하는지, 워드프레스의 개념과 기본에 대한 정보는 많지 않은 것 같습니다.

워드프레스는 콘텐츠를 관리하는 도구입니다. 웹 개발 도구가 아닙니다. 다양한 테마, 플러그인을 갖추고 있다는 장점이 지나치게 과대 포장되면서 마치 나모 웹에디터나 드림위버 같은 웹 디자인 도구로 오해하는 경우를 주변에서 종종 보게 되는데 이 책이 그런 오해를 풀고 워드프레스의 진면목을 알리는 데 조금이나마 도움이 되기를 바랍니다.

사실, 디자인과 기능을 선택하는 기준은 웹사이트를 통해 다루고자 하는 콘텐츠의 성격에 달렸다고 할 수 있습니다. 그리고 워드프레스는 다양한 콘텐츠를 담을 수 있는 그릇이며 여러분의 글을 보다 효과적으로 보기 좋게 구성할 수 있도록 도와줍니다. 오픈 소스인 워드프레스 프로젝트에 참여하는 디자이너와 개발자들이 테마와 플러그인을 만들어 공유하고 전세계의 사용자가 이런 확장 기능을 활용해 웹 사이트를 구축합니다. 이점이 워드프레스의 강력한 매력입니다. 하지만 그 무엇보다 중요한 것은 어떤 콘텐츠를 만들고 어떻게 관리할 것인가입니다. 테마와 플러그인을 고르기 전에 워드프레스의 콘텐츠 관리 방식과 글 쓰기 기능 등을 100% 활용할 수 있어야 하고 테마나 플러그인도 최대한 효과적으로 활용하는 노하우가 중요합니다. 매일마다 새로운 테마, 플러그인이 등장하지만 그 어떤 것도 안전이나 기능에 있어 검증된 것은 없습니다. 수천 개의 테마와 수만 개의 플러그인 중에서 어떤 것을 선택해야 할지, 워드프레스를 마주한 첫 순간에 우리는 당황하고 맙니다.

세상에 워드프레스란 녀석이 등장한지도 벌써 10년이 넘었습니다. 그간 비약적인 발전을 이뤘고 이제 안정화되는 국면으로 접어들었다는 생각이 듭니다. 새롭기보다는 더 쓸모있는 방향으로 다듬어지고 있는 것이죠. 매일마다 새로운 테마, 플러그인이 등장하지만 그 어떤 것도 안전이나 기능에 있어 검증된 것은 없습니다. 수천 개의 테마와 수만 개의 플러그인 중에서 어떤 것을 선택해야 할지, 워드프레스를 마주한 첫 순간에 우리는 당황하고 맙니다.

이 책에서는 Jetpack이나 Contact Form 7, Disqus 같은 활용도가 높고 오랜 시간 인기를 얻고 있는 플러그인들에 대해 소개하고 사용 방법에서부터 활용법까지 안내합니다.

2014년 1월 통계를 기준으로 전 세계에서 가장 인기 있는 웹사이트의 21% 이상이 워드프레스로 운영되고 있다고 합니다. 이제 워드프레스는 웹 세계의 흐름을 만들어 간다고 할 수 있을 것 같습니다. 매년 출시되는 기본 테마들을 보더라도 2012년의 Twenty Twelve 테마는 반응형 웹을 구현하고, 2013년의 Twenty Thirteen 테마는 모바일 환경과 글 형식별 디자인을 구현하는 데 초점을 맞췄습니다. 이런 워드프레스의 발전 방향은 웹 시장의 흐름과 일맥상통합니다. 워드프레스 하나로 여러분은 지속 가능한 웹사이트를 만들고 운영할 수 있습니다.

워드프레스를 브랜딩, 비즈니스, 기획의 파트너로 옆에 두십시오. 여러분이 원하는 모습으로 여러분의 미래에 반응하는 그런 친구가 되어 줄 겁니다.

워드프레스, 지속 가능한 웹의 시작입니다.

저자 김현구

| 목 차 |

CHAPTER
002

워드프레스 설치하기

CHAPTER
004
워드프레스
테마

CHAPTER 005

워드프레스 플러그인

| 목 차 |

CHAPTER 006
콘텐츠 관리와 연동, 보안

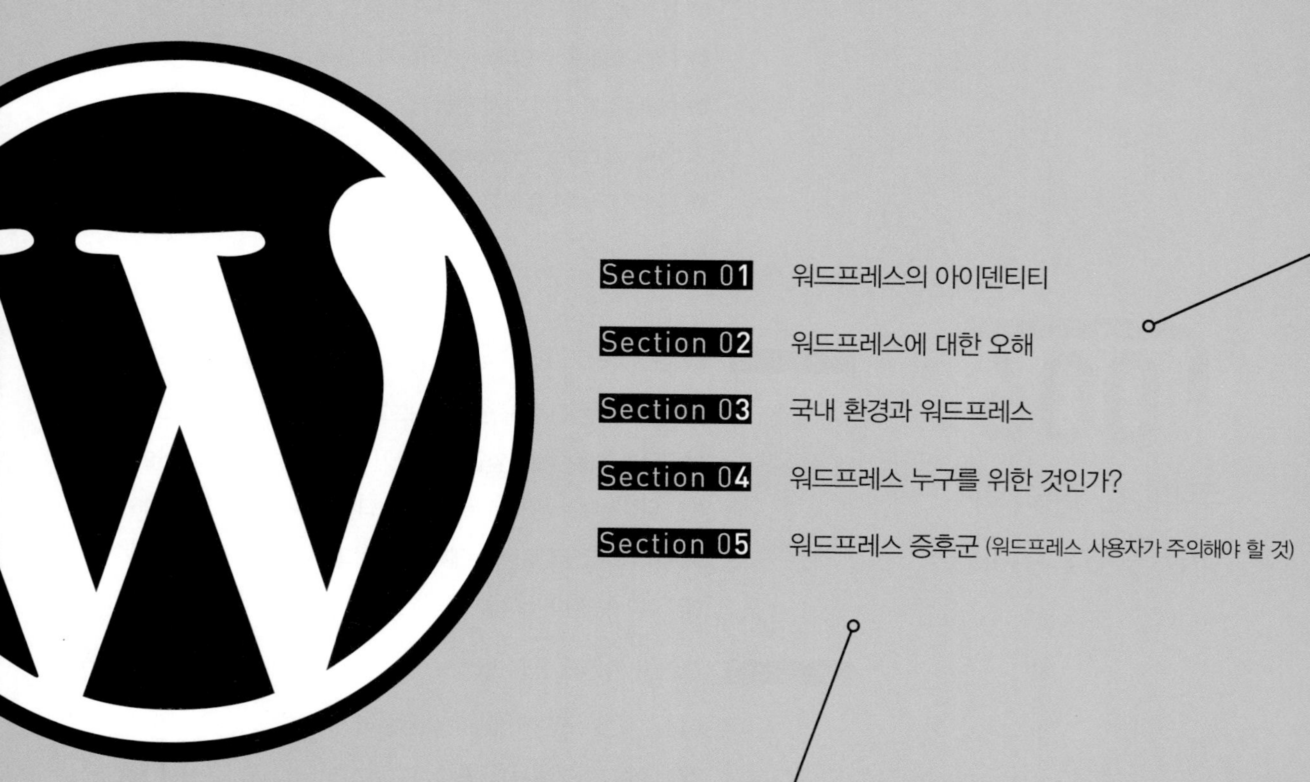

W O R D

제1장

워드프레스 바로 보기

오픈 소스라는 소프트웨어의 개발 철학과 재즈라는 문화코드를 기반으로 등장한 워드프레스를 제대로 이해하기 위해 워드프레스의 철학과 개념에 대해 설명합니다. 더불어 워드프레스가 블로그를 넘어 CMS로 인정받게 된 배경도 함께 알아봅니다.

001

워드프레스의 아이덴티티

워드프레스의 공식 페이지에는 재즈리스트와 재즈에 대한 이야기가 자주 등장합니다. 블로그 툴로 출발한 워드프레스가 공유하고 있는 철학에 대해 알아보고, 어떻게 세계 제일의 CMS(contents management system)가 될 수 있었는지 살펴봅니다.

01 워드프레스와 재즈

워드프레스의 코어 개발자들은 재즈를 좋아한다는 공통점을 가지고 있습니다. 그래서 워드프레스는 1.0 버전부터 각 메이저 버전마다 유명한 재즈 뮤지션의 이름을 붙여왔습니다. 워드프레스 1.0은 마일즈 데이비스(Miles Davis), 1.2는 찰스 밍거스(Charles Mingus), 1.5는 빌리 스트레이혼(Billy Strayhorn), 2.0은 듀크엘링턴(Duke Ellington) 그리고 2012년 12월에 출시된 워드프레스 3.5에는 엘빈존스(Elvin Jones)이라는 이름을 붙였습니다. 워드프레스를 설립한 매트 뮬렌웨그(Matt Mullenweg)는 원래 꿈이 재즈 색소폰 연주자였다고 하니, 워드프레스는 재즈에서 영감을 받은 것이 아닐까 하는 생각마저 듭니다.

오픈 소스 프로젝트인 워드프레스의 특징을 유심히 살펴보면 재즈의 연주 방식과 비슷하다는 느낌

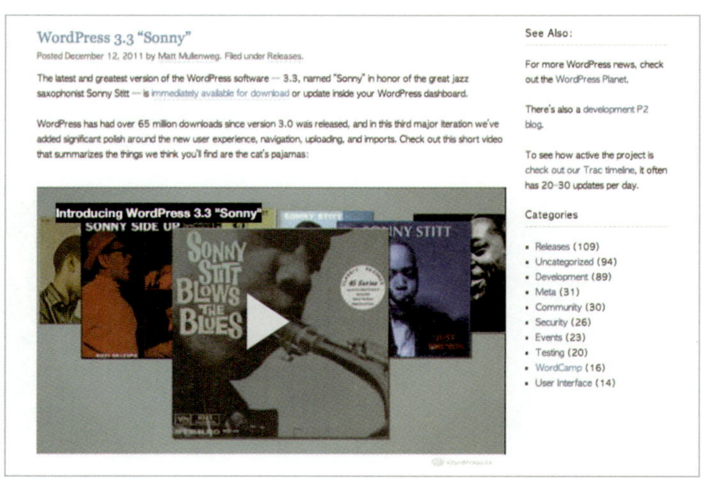

▲ 워드프레스의 새로운 버전에 재즈 뮤지션의 이름을 붙여 함께 공개
출처: wordpress.org

을 받을 수 있습니다. 구성된 연주자의 감성에 따라 같은 곡도 다르게 해석되는 것이 재즈의 매력입니다. 워드프레스 역시 전 세계에 흩어져 있는 개발자들이 자발적으로 참여해서 발전해가는 개발 방법을 택하고 있고, 테마와 플러그인이 조합되어 완성됩니다.

WordPress.org에서는 각 버전별 재즈 뮤지션의 목록을 공개해 두고 있습니다. 게다가 last.fm이라는 음악 중심의 소셜 네트워크(일종의 음원 스트리밍 서비스)에 'wordpress-release-jazz'라는 태그로 자신들이 언급한 뮤지션에 대한 정보를 모아 개발 일정(Roadmap)과 함께 공유하고 있습니다.

참고

| 철학을 기반으로 발전하는 기술 |

워드프레스가 전 세계적으로 많은 사용자를 확보하고 개발자들의 자발적인 참여를 이끌어 낼 수 있었던 것은 단순히 기술적인 성과에 그치지 않습니다. 요즘 같은 디지털 시대에는 유일무이한 기술을 개발하고서도 그것을 온전히 자기 소유로만 가지고 있기 어렵기 때문에 사람들로부터 공유와 참여를 이끌어내지 못하면 그 기술은 제대로 인정받기 어렵습니다. 디지털 시대에 기술을 복제하는 일, 그건 일도 아니기 때문입니다. 하지만 이 기술이 철학을 바탕으로 공유할 수 있는 가치를 가지게 되는 순간 이야기는 달라집니다. 철학은 Ctrl + V 로 복사되는 것이 아니기 때문에 기술이 철학을 만났을 때 비로소 발전하기 시작합니다.

이런 점에서 워드프레스 창시자 매트 뮬렌웨그가 철학을 전공했고 재즈 연주자가 꿈이었다는 사실은 워드프레스 성공의 근간이라고 할 수 있습니다. 철학과 재즈가 지금의 워드프레스를 있게 한 것입니다.

---

02 블로그에서 CMS로

워드프레스는 마이클 발드리기(Michel Valdrighi)에 의해 개발된 b2라는 이름의 블로그 툴을 전신으로 매트 뮬렌웨그와 마이크 리틀(Mike Little)에 의해 2003년에 만들어졌습니다. 그리고 오픈 소스라는 철학을 바탕으로 10년 넘게 사람들의 참여를 이끌어내면서 설치형 블로그 툴에서 CMS(Content Management System)로 개념 및 활용 범위를 넓혔습니다.

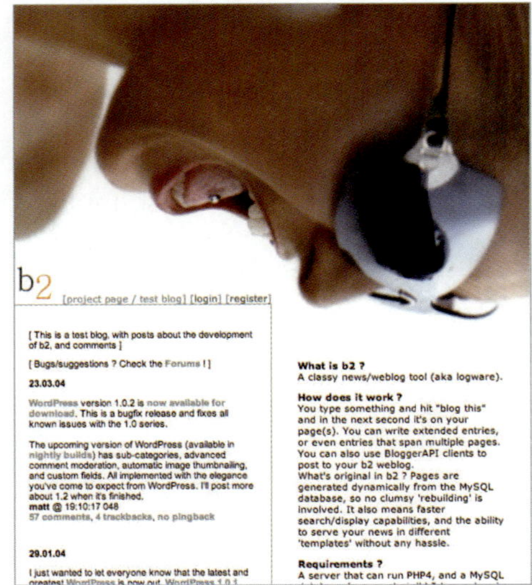

◀ 마이클 발드리기(Michel Valdrighi)가 개발한 b2 cafelog

미국의 인터넷 시장 조사 업체 W3TECH의 통계에 따르면 2014년 2월 기준, 워드프레스가 전 세계 CMS 시장의 59.9%를 차지하고 있으며 전 세계 웹 사이트의 21.4%가 워드프레스를 기반으로 운영되고 있다고 합니다. 게다가 이 통계치는 2012년 4월 기준의 16.4%보다도 5%나 늘어난 것입니다. 이런 분위기는 최근 몇 년 사이에 더욱 공고해지고 있는데 워드프레스가 블로그 및 CMS 플랫폼 시장을 주도하면서 테마 및 플러그인 시장이 활성화되고 다양한 비즈니스 모델이 생겨나는 등 워드프레스만의 생태계를 만들어가고 있기 때문입니다.

▲ W3TECH의 CMS 점유율 통계

| CMS란 |

CMS(Content Management System)는 관리자가 콘텐츠를 직접 편집하고 관리할 수 있도록 해주는데, 블로그가 CMS의 종류 중 하나라 할 수 있습니다. 예를 들어, 블로그에서의 콘텐츠 관리는 글을 쓰고 분류하고 편집하는 것이 전부라고 볼 때 온라인 쇼핑몰에서의 콘텐츠 관리는 상품의 재고, 판매 현황까지 다양한 정보를 제공해야 하므로 이런 정보를 효율적으로 관리할 수 있는 시스템이 필요합니다. 이런 콘텐츠 관리 체계를 총체적으로 CMS라고 부릅니다. 워드프레스가 블로그 툴로 시작해 CMS로 도약했다는 이야기는 일기장(블로그)을 관리하던 플랫폼에서 쇼핑몰, 웹진 등 다양한 형식의 콘텐츠를 담고 관리할 수 있는 범용 웹 플랫폼이 되었다는 의미입니다.

03 워드프레스 3.0의 혁명

2003년에 블로그 툴로 시작한 워드프레스는 2004년, 2005년을 거치면서 플러그인, 테마 체계를 갖추고, 이후에도 꾸준히 기능을 개선하고 추가하면서 유사 블로그 툴과의 경쟁에서 조금씩 앞서 나가기 시작했습니다. 오픈 소스라는 특징 때문에 관심있는 개발자, 디자이너들의 참여가 늘었고 테마, 플러그인으로 사용자가 직접 웹 사이트를 구성할 수 있다는 장점이 금새 전 세계로 퍼져나갔습니다. 그리고 전 세계의 더 많은 개발자, 디자이너가 워드프레스의 개발에 참여하면서 2.x 버전일 때 이미 해외에서는 상당한 인기를 얻게 됩니다.

| 워드프레스 3.0에 추가된 주요 기능들 |

❶ 워드프레스와 워드프레스 MU(Multi User)의 통합

❷ 새로운 기본 테마, 'Twenty Ten'을 출시해 3.0에 추가된 새로운 기능들을 지원

❸ 사용자가 직접 메뉴를 관리할 수 있는 Custom Menu 체계 도입

❹ 사용자가 사이트의 상단 이미지, 배경 이미지를 변경할 수 있도록 하는 Custom Header, Custom Background 기능

❺ 관리자 메뉴에 따라 관련 도움말을 제공하는 Contextual Help 기능

❻ 워드프레스 설치 시 관리자명과 비밀번호를 설정할 수 있도록 변경

❼ 관리자에서 다수의 테마를 동시에 업데이트할 수 있는 테마 통합 업데이트 기능

❽ 각 글, 페이지의 짧은 URL(Shortlink) 제공

❾ 향상된 Custom Post Type, Custom Taxonomies 지원

❿ 관리자 화면의 색상 톤 변경

2010년에 출시된 워드프레스 3.0은 출시하면서 이전의 버전과는 비교할 수도 없는 혁신적인 기능들을 선보였습니다. 워드프레스와 같이 별도의 오픈 소스 프로젝트로 진행되던 워드프레스 MU(Multi User)와 버디프레스(BuddyPress), 비비프레스(bbpress) 등을 네트워크 설정, 플러그인 형식으로 워드프레스 기본 코어에 탑재할 수 있게 만들었고 커스텀 포스트 타입(Custom Post Type), 커스텀 택사노미(Custom Taxonomies)를 통해 블로그 외에도 다양한 형식의 콘텐츠를 담을 수 있게 되었습니다. 또 테마의 메뉴, 헤더, 배경 등을 관리자 메뉴에서 사용자가 직접 관리할 수 있게 하는 등 다방면으로 기능을 개선하고 추가해 워드프레스의 확장성을 유감없이 보여주었습니다. 워드프레스 3.0에 추가된 기능들을 하나씩 알아보겠습니다.

■ 워드프레스 MU 통합

워드프레스 MU는 하나의 호스팅, DB에서 여러 개의 워드프레스 사이트를 만들 수 있게 해주는 일종의 서비스 개념의 플랫폼입니다. 네이버에 가입하면 블로그가 생기는 것처럼 워드프레스 MU에 활용하면 가입한 회원에게 워드프레스 사이트를 만들어 줄 수 있습니다. 워드프레스 3.0 이후부터는 워드프레스 MU가 워드프레스에 편입되어 MS(Mutisite)로 불립니다. 언제든 워드프레스 사이트 안에 여러 개의 서브 사이트를 만들 수 있고 별도의 도메인에 연결할 수 있습니다. 다국어 서비스를 할 경우, 하나의 도메인 안에 국문, 영문 서브 도메인을 만들거나 서브 디렉토리를 만들게 되는데 이런 경우, 워드프레스의 MS 기능을 통해 해결할 수 있습니다.

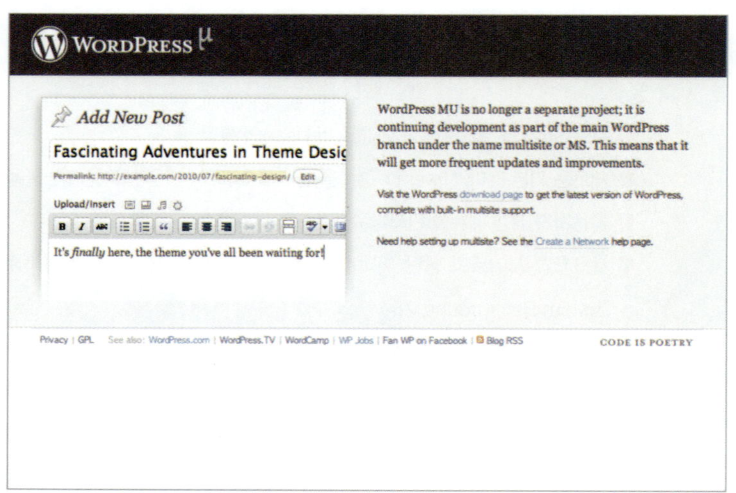

▲ 현재는 워드프레스 메인에 편입된 MU 프로젝트, 출처: http://mu.wordpress.org

■ 버디프레스와 비비프레스

버디프레스와 비비프레스는 MU와 달리 플러그인 형태로 추가되었는데 커뮤니티와 포럼을 지원하기 위한 기능입니다. 네이버(naver.com)나 다음(daum.net)의 카페 또는 페이스북과 같은 소셜 네트워크 서비스를 생각하면 됩니다. 버디프레스는 각 회원의 활동을 집계하고 소모임을 만들거나 친구 맺기, 메시지 교환 등을 할 수 있게 해주고, 비비프레스는 회원들의 의견을 모으는 게시판과 유사한 형태의 포럼 기능을 합니다. 게시판은 우리나라에만 주로 사용하고 있는 의견 교환 방식이고 해외에서는 블로그에 댓글을 달거나 직접 1:1로 이메일하는 방식을 많이 사용하며 게시판과 유사한 형태로 포럼을 사용하기도 하는데 비비프레스 플러그인을 이용해 워드프레스에 이런 포럼을 추가할 수 있습니다.

▲ 워드프레스의 소셜 네트워킹 플러그인 버디프레스, 출처: http://buddypress.org

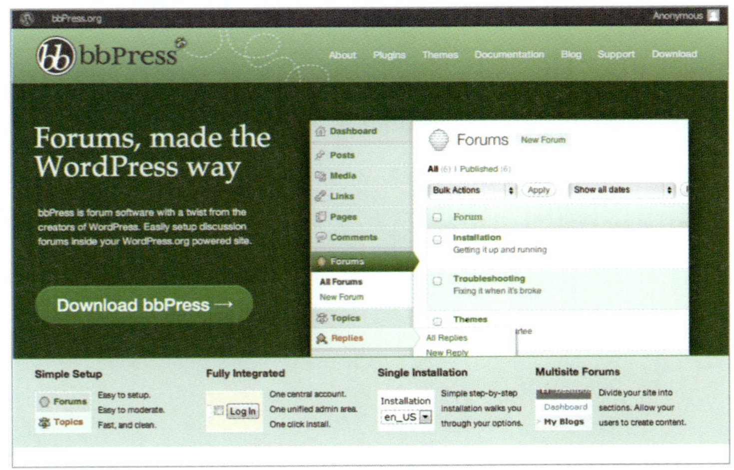

▲ 포럼 기능을 추가해주는 비비프레스 플러그인, 출처: http://bbpress.org

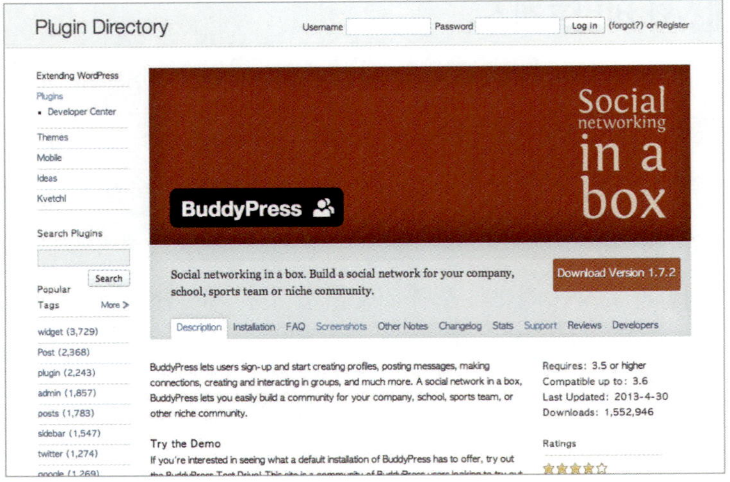

▲ 플러그인으로 제공되는 버디프레스

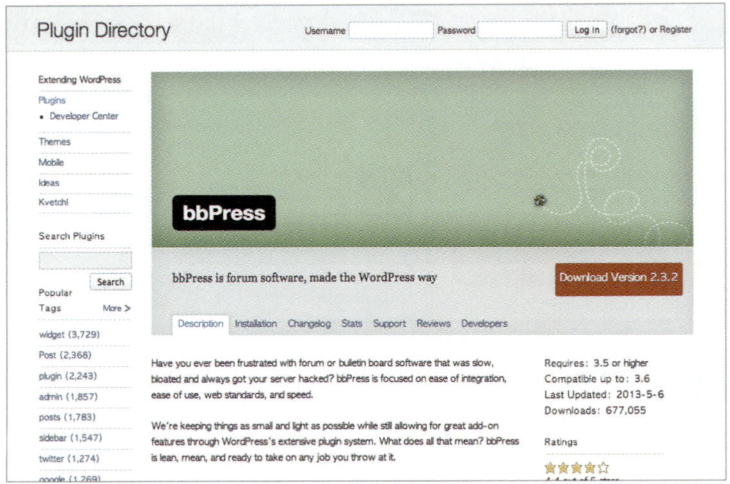

▲ 플러그인으로 제공되는 비비프레스

워드프레스 3.0에서 MU, 버디프레스, 비비프레스 기능을 추가할 수 있게 되면서 워드프레스로 만든 사이트에서 커뮤니티, 네트워크 서비스를 할 수 있습니다. 필요에 따라 카페 또는 소규모 SNS, 블로그 분양까지 가능합니다. 새로운 회원이 가입하면 해당 계정으로 블로그를 개설해 줄 수도 있고, 카페 또는 포럼을 열어 워드프레스 사이트 안에서 커뮤니티가 형성될 수 있도록 지원합니다.

■ 커스텀 포스트 타입, 커스텀 택사노미(Taxonomy)

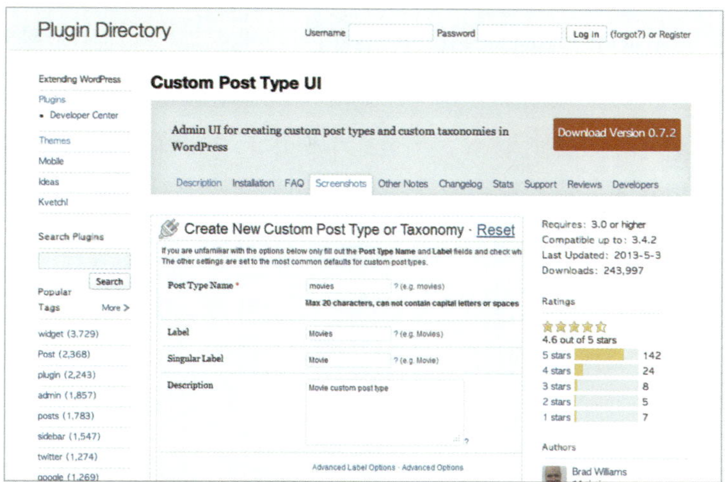

▲ 최근에는 사용자 인터페이스를 갖춘 플러그인으로 커스텀 포스트 타입,
커스텀 택사노미를 설정할 수 있습니다.

워드프레스가 3.0으로 업그레이드될 때 커스텀 포스트 타입, 커스텀 택사노미 기능이 포함되면서 다양한 형식의 콘텐츠에 대응하는 CMS로 인식되었습니다. 커스텀 포스트 타입, 커스텀 택사노미는 말 그대로 포스트 타입과 택사노미를 사용자화할 수 있게 한 것인데, 포스트 타입은 블로그의 글(Post) 양식을 의미하고 택사노미는 글의 분류 방식, 즉 카테고리에 해당합니다.

일반 블로그에서 글을 쓸 때, 제목, 본문, 카테고리, 태그, 발행 시간 등을 입력합니다. 하지만 블로그가 아니라 쇼핑몰의 경우는 어떻습니까? 상품명, 상품 설명, 단가, 재고량, 상품 분류, 세트 상품 구성 등 블로그의 글쓰기 방식과는 다른 형식과 구성요소가 필요합니다. 블로그의 글과 카테고리를 기본 포스트 타입, 기본 택사노미라고 한다면 쇼핑몰의 상품을 관리하기 위해선 블로그와는 다른 쇼핑몰용 포스트 타입과 택사노미가 필요한데, 워드프레스에서는 콘텐츠의 성격에 따라 관리 방식을 편집할 수 있게 커스텀 포스트 타입과 커스텀 택사노미를 제공합니다. 다시 말해 블로그외에도 쇼핑몰, 웹진, 포트폴리오 등 형식에 맞춰 콘텐츠를 효율적으로 관리할 수 있게 만든 것입니다.

 # CMS와 커스텀 포스트 타입

커스텀 포스트 타입(Custom Post Type)은 워드프레스가 블로그라는 태생적 한계를 넘어 CMS로 성장하는데 핵심적인 역할을 했습니다. 커스텀 포스트 타입을 통해 사용자가 원하는 콘텐츠 관리 방식을 워드프레스 안에서 구현할 수 있고 기획하기에 따라 전혀 다른 포스트 타입을 만들어낼 수 있습니다. 워드프레스의 확장성을 한층 업그레이드시켰고 CMS로서의 기반을 다질 수 있었던 것입니다.

사용자의 필요에 맞는 포스트 타입을 만들어 관리할 수 있기 때문에 콘텐츠를 보다 효율적으로 관리할 수 있는데, 이 점은 국내의 포털사이트에서 제공하는 블로그 서비스나 타 설치형 블로그 툴과 가장 차별화되는 부분이기도 합니다.

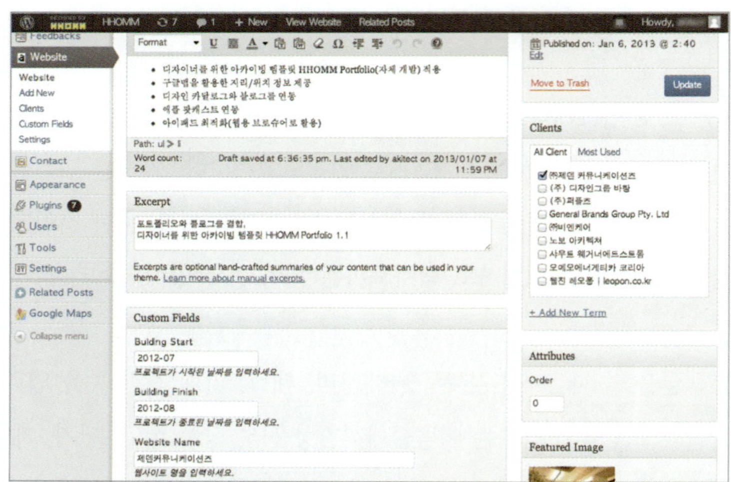

▲ 커스텀 포스트 타입 적용 사례, 관리자 메뉴 왼쪽 상단에 'Website' 포스트 타입이 추가된 것을 볼 수 있습니다.

002

워드프레스에 대한 오해

국내에서 워드프레스에 대한 관심이 갑자기 늘면서 일부 잘못 알려져 있거나 바로 잡아야 할 부분들을 짚어 보고 기존의 웹 사이트들과 비교해 워드프레스 기반의 웹 사이트를 어떻게 이해해야 할지 그 차이점과 오해를 하나씩 풀어 봅니다.

01 오픈 소스는 공짜

'워드프레스는 싸다' 또는 '워드프레스는 공짜다'라고 생각하는 경우가 흔히 있습니다. 정말 그럴까요? 워드프레스를 사용할 때 사용료를 지불해야 하는 것도 아니고 테마, 플러그인이 무료이거나 저가에 판매되고 있으니 분명 틀린 말은 아닙니다. 하지만, 워드프레스를 제대로 활용하려면 반드시 확인해야 할 약관 같은 조건들이 있습니다. 좀 더 정확히 설명하면 상품에 대한 지침이 거의 없다는 점이 문제입니다. 워드프레스는 사용자가 선택하기에 따라 그 무엇도 만들 수 있지만, 그렇게 만든 웹 사이트를 어떻게 관리해야 하는지 알려주는 사용 설명서나 고객 센터가 존재하지 않기 때문에 만들고 관리하면서 생기는 모든 문제를 직접 해결해야 합니다.

마트에 가서 전자제품을 사오면 그 안의 사용설명서에는 설치 방법에서부터 사용 시 주의점, 책임의 문제까지 빼곡히 적혀 있습니다. 생산자는 소비자에게 상품을 제공하고 돈을 받는 대신, 애프터 서비스나 리콜 등 상품에 관해 일정 기준의 책임을 집니다. 하지만, 오픈 소스는 상품을 판매한다기보다 기술 또는 서비스를 함께 발전시키기 위해 정보를 공개, 공유한다는 개념이기 때문에 일반적인 상품, 서비스와 비교해서 싸다라고 판단하기에는 무리가 있습니다. 오픈 소스인 워드프레스는 완성된 상품이 아니라 함께 발전시켜나갈 프로젝트이고 워드프레스를 사용한다는 것은 워드프레스 프로젝트에 참여한다는 의미도 됩니다.

오픈 소스의 사용자는 단순히 완성품을 사용하는 사람이 아니라 제품을 개선하는데 기여하는 참여자이기도 하기 때문에 많은 사람이 참여할수록 다양한 의견이 반영되어 제품의 퀄리티는 높아 집니다. 지금의 워드프레스는 그렇게 만들어진 것이고 오픈 소스의 철학은 공유와 참여가 핵심이기 때문에 결코 공짜라고 말할 수는 없습니다.

워드프레스 기반의 웹 사이트는 이런 오픈 소스에 대한 이해를 바탕으로 계획되어야 합니다. 워드프레스 코어를 설치하고 테마, 플러그인을 설치하면 사이트가 완성된다고 믿고 있다면 그건 오해입니다. 테마, 플러그인을 설치하고 활성화시키는 것까지는 간단하지만 그렇게 적용된 테마, 플러그인을 웹 사이트 환경에 최적화시키고 콘텐츠와 궁합을 맞추기까지는 얼마나 많은 시간이 걸릴지 알 수 없으며 그 부분의 지혜를 전 세계의 워드프레스 사용자와 함께 나누면서 찾아야 합니다. 이 과정에서 하나씩 조율하고 알아가는 것, 이것이 워드프레스의 매력이기 때문에 완제품을 구입한다기 보다 DIY(Do It Yoursef)를 시작한다고 생각하는 편이 맞습니다.

02 1,700여 개의 무료 테마가 의미하는 것

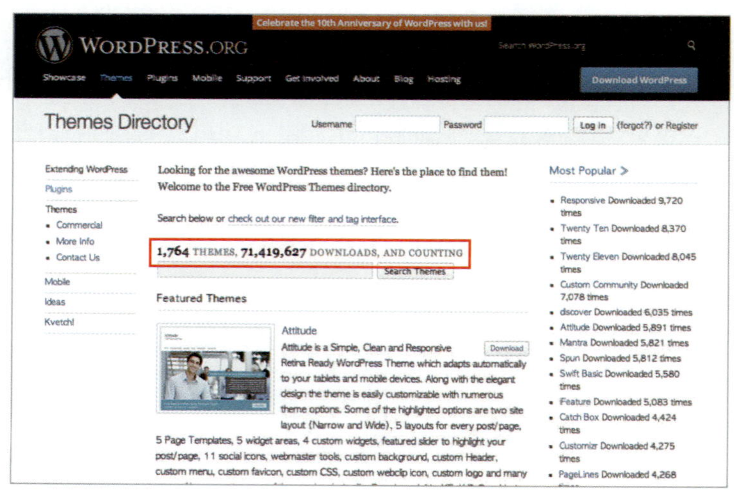

▲ wordpress.org에 등록된 테마 수(2013년 5월 기준)

2013년 5월 기준, WordPress.org에는 1,700여 개의 테마가 등록되어 있다고 밝히고 있습니다. 이 숫자가 의미하는 것은 무엇일까요? 1,700여 개의 디자인이 여러분을 기다리고 있고 이제 그 중에서 고르기만 하면 된다는 얘기겠죠? 맞습니다. 그런데 다시 묻겠습니다. 1,700여 개 중에서 내 것을 찾는 일이 쉬울까요?

워드프레스는 테마를 통해 디자인을 손쉽게 교체할 수 있는 구조로 만들어졌습니다. 웹 디자이너 없이도 노력하기에 따라서 일정한 수준의 디자인을 구현할 수 있다는 점은 분명 매력적이지만, 수많은 테마 중에서 용도와 기호에 맞는 하나를 찾아야 하기 때문에 기획 또는 컨설팅이 중요해 집니다. 물론 이 부분은 워드프레스에 관심을 갖는 만큼 해결되는 부분입니다. 워드프레스에는 분명 다양한 디자인이 테마 형식으로 준비되어 있지만 그것을 찾아내고 내 것처럼 길들이는 데는 적지 않은 노력이 들어갑니다. 설치는 5분 만에 끝낼 수 있지만 웹 사이트를 최적화하고 안정적으로 관리하는 일은 생각보다 오랜 시간이 걸릴 수 있습니다.

옷에 비유해 보면 웹 디자이너를 고용해 만드는 홈페이지를 맞춤복, 워드프레스의 테마는 기성복이라 할 수 있습니다. 내 몸에 맞고 예쁜 옷을 고르려면 어떻게 하나요? 우선 옷을 고를 때는 복식에 대한 이해가 있어야 합니다. 버선 발로 하이힐을 신고 고쟁이에 넥타이를 하면 큰 일이니까 말입니다. 틈틈이 워드프레스 또는 웹에 관한 지식을 교양처럼 알아둘 필요가 있습니다. 시간날 때마다 워드프레스 테마를 둘러 보고 유형을 익히는 것도 도움이 됩니다.

1,700여 벌의 기성복을 하나씩 입어보고 고르려면 너무 오래 걸릴테니 이 시간을 줄이려면 코디네이터를 고용하는 방법밖에 없겠지만 워드프레스를 선택한 이유가 비용 절감이라면 대체 여기에 얼마를 책정할 수 있을까요? 쇼핑을 즐기는 사람이라면 모를까 백화점을 몇 바퀴 돌고 또 돌면서 시간을 보내면 좋은 옷을 찾는 일이 그리 쉬운 일도 아니고 공짜도 아니라는 생각을 하게 됩니다. 자, 아직도 1,700여 개의 테마가 공짜라고 생각합니까? 쇼핑을 즐기듯 워드프레스에 구비된 수많은 디자인을 여유롭게 구경할 준비가 되어 있지 않다면 1,700이라는 숫자가 여러분의 스트레스 지수가 될 수 있습니다.

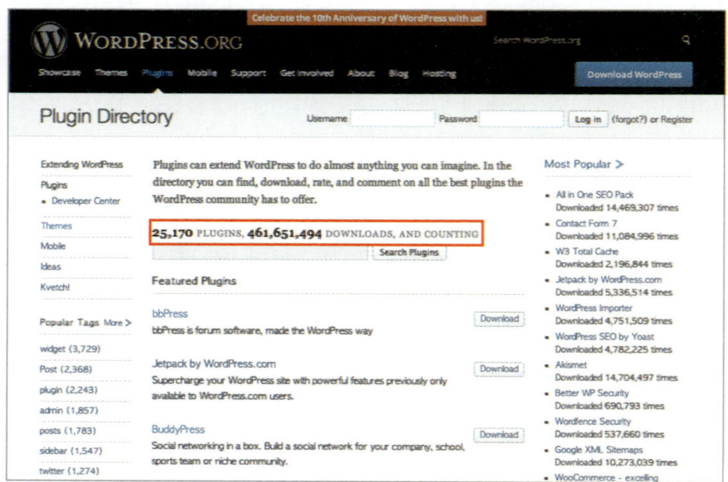

▲ wordpress.org에 등록된 플러그인의 수(2013년 5월 기준)

테마와 마찬가지로 플러그인도 저 많은 것 중에 유용한 기능, 필요한 기능, 사용하기 편한 인터페이스를 갖춘 것을 찾기란 쉽지 않습니다. 웹 사이트를 만들 때 사이트맵에서부터 페이지 내용까지 웹 디자이너에게 전적으로 의존하는 경우가 많습니다. 때문에 무엇이 필요하고 무엇이 최적인지 고민하는 것부터가 워드프레스 웹 사이트를 준비하는 첫걸음이라 할 수 있습니다.

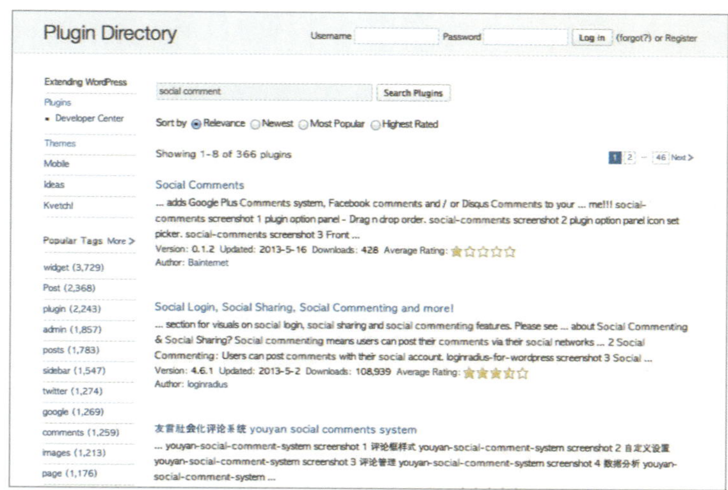

▲ 워드프레스 플러그인 디렉토리에서 'social comment'라는 키워드로 검색했더니 366개의
플러그인이 결과로 나타납니다.

사실, 25,000여 개의 플러그인이 숫자상으로 대단하게 느껴지지만 기능, 디자인 상으로 중복되는 것을 제외하면 오히려 부족하다는 생각이 들 수도 있습니다. 트위터, 페이스북 같은 SNS에 콘텐츠를 공유할 수 있게 해주는 플러그인을 검색해 보면 그 숫자가 어마어마하다는 것을 알 수 있습니다. 기능은 같은데 버튼의 위치만 조금 다르다거나 인터페이스만 다른 비슷한 무리의 플러그인이 꽤 많습니다. 25,000이라는 숫자가 허수라는 얘기입니다. 다만, 이런 판단은 어디까지나 주관적인 의견일 뿐, 유효한 기능을 찾아 활용하기에 따라 25,000이라는 숫자가 누군가에게는 25일 수도, 250일 수도, 25,000일 수도 있습니다.

하지만 워드프레스 플러그인에 관심을 갖고 적재적소에 활용한다면 워드프레스를 웹 기획 도구처럼 사용할 수도 있습니다. 25,000여 개의 플러그인이 모두 완성도가 높다고 할 수는 없지만 적어도 가능성을 타진하는 데는 무리가 없기 때문에 웹 사이트의 개발과 활용 방안을 기획하는 데 도움이 되기 때문입니다.

요약하면 25,000이라는 숫자, 그 자체에 완성도를 기대하긴 어렵지만 웹 콘텐츠를 다양하게 활용할 수 있는 아이디어 지수라고는 할 수 있습니다. 물론, 이 숫자를 현실화시키고 발전시키는 것은 사용자의 몫이란 점에서 쉬운 일이라고 할 수는 없습니다.

04 유료 테마, 유료 플러그인에 대한 오해

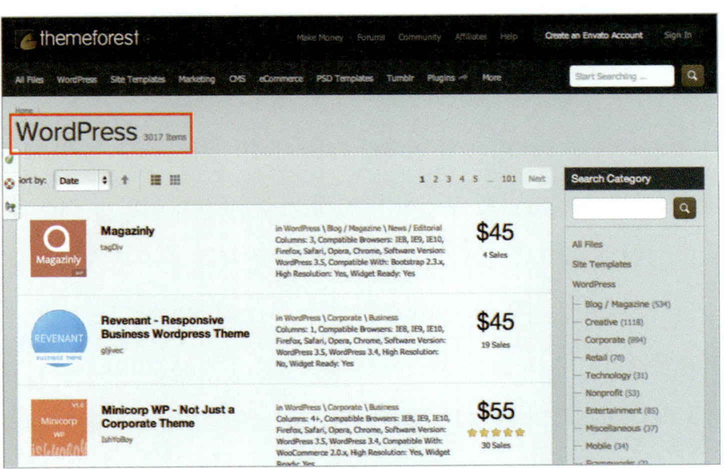

▲ 대표적인 워드프레스 테마 마켓(themeforest.net)에 등록된 워드프레스 테마.
2013년 5월 기준으로 3천여 개가 등록, 판매되고 있습니다.

무료로 공개되어 있는 것 중에서 적당한 테마, 플러그인을 찾을 수 없을 때는 테마포레스트(http://themeforest.net/) 같은 테마, 플러그인 마켓에서 유료 상품을 구입하는 것을 생각해볼 수 있습니다. 판매되는 대부분의 테마가 40~60달러 선이고 플러그인도 10~40달러가 보통입니다. 비싼 경우도 100달러 안팎이기 때문에 큰 돈을 들이지 않고 유료 테마, 플러그인을 사용할 수 있습니다. 싼게 비지떡이라고 가격만 놓고 기능이나 완성도를 얕잡아 볼지 모르지만 워드프레스 마켓이 형성된 때가 2010년, 전문 테마 개발회사들이 만들어지기 시작한 때가 2008년 전후라 할 수 있으니 그동안 쌓아온 노하우는 상당한 수준이라고 할 수 있습니다.

다만, 앞서도 설명했듯이 워드프레스의 개발 방향이 국내의 특수한 웹 환경을 반영하고 있지는 않기 때문에 부족하다고 느낄 수 있는데 워드프레스의 문제라기보다는 문화, 환경적 차이라고 이해할 수 있고 국내에서 워드프레스의 개발이 활발해지면 자연스럽게 해결될 부분이라 생각합니다.

오히려 유료 테마에는 지나치다 싶을 정도로 많은 기능과 '반응형 웹' 같은 최신 트렌드까지 적용되어 있다는 것이 문제입니다. 워드프레스 초보자나 유료 테마를 처음 경험하거나 웹에 대한 이해가 부족한 초심자에게는 유료 테마를 설정하고 워드프레스에 최적화시키는 과정이 결코 쉽지 않을 수 있습니다. 게다가 테마 매뉴얼이 불친절하거나 매뉴얼 자체가 없는 경우도 있기 때문에 워드프레스를 처음 접하는 사용자라면 일단은 무료 테마를 이용해 워드프레스와 테마에 익숙해질 필요가 있습니다. 구입하기 전까지는 매뉴얼이 있는지 얼마나 구체적이고 친절하게 설명되어 있는지 확인하기 어렵기 때문에 유료 테마나 플러그인을 구입하기 전에 기술 지원이 원활히 진행되고 있는지 확인해보는 것이 좋습니다. 그리고 무엇보다 겉으로 보여지는 모습보다 관리자 상에서 옵션 및 콘텐츠 관리가 어떻게 되는지가 중요한데 이 부분을 미리 확인할 수 없기 때문에 유료 테마가 무료 테마에 비해 사용하기 편하다고 단정짓기 어렵습니다. 특히, 관리나 설정 옵션이 어떻게 구성되어 있는지가 플러그인을 선택하는 중요한 기준인데 결국 구입해서 설치하기 전까지는 확인할 수 있는 방법이 없으므로 구입한 후 실망하는 경우가 적지 않습니다.

그러니 유료 테마, 유료 플러그인을 활용하면 무료 테마, 플러그인을 사용할 때보다는 단기간에 완성도 높은 웹 사이트를 만들 수 있으리라는 생각은 오해라고 할 수 있습니다. 워드프레스에 대한 이해가 없이 유료 테마로 시작하면 오히려 관리나 설치, 설정에 어려움을 겪을 수 있습니다. 사용자에게 맞는 웹 사이트를 꾸리기 위해서는 워드프레스와 테마를 이해하는 것이 우선입니다. 도깨비 방 망이처럼 뚝딱하고 웹 사이트가 나타나는 기술이 나올 때까지는 업데이트를 지켜보면서 워드프레스에 관심을 놓지 않는 것이 최선이 아닐까 싶습니다.

05 유료 테마, 싼 게 비지떡?

워드프레스 테마에는 다양한 기능이 포함되어 있습니다. 가격만 놓고 '싼게 비지떡'이라는 편견을 가질 수 있는데 테마포레스트의 인기 테마 중 하나인 Avada를 예로 들면, 포함된 기능만도 20여 가지나 됩니다. 간단히 기능을 요약해 보겠습니다.

❶ 반응형 웹 기술 적용

❷ 고해상도의 레티나 디스플레이에 대응

❸ 관리자 화면을 사용자 기호에 맞게 편집할 수 있는 관리 패널 제공

❹ 테마 설치 및 설정을 도와주는 동영상 매뉴얼 제공

❺ 기본 8개 색상의 스킨이 포함되어 있으면 사용자가 직접 스타일링 가능

❻ 5개 타입의 상단(헤더) 디자인 제공

❼ 각기 다른 방식의 슬라이더 5가지 제공

❽ 배경에 이미지, 패턴 적용이 가능하며 화면 비율에 따른 레이아웃 선택 가능

❾ 콘텐츠 관리 방식을 사용자화 할 수 있는 Costom Post Type 제공

❿ 다국어 사용 지원

⓫ 다양한 단축 코드(Shortcode) 제공

⓬ 249개의 아이콘 내장

⓭ 블로그 레이아웃 옵션

⓮ 포트폴리오 레이아웃 옵션

⓯ 500여 개의 구글 및 기본 글꼴 적용 가능

⓰ 검색 최적화 기능 강화

⓱ 사용자 스타일(CSS) 지정 가능

⓲ 테마 디자인을 변경할 수 있도록 20여 장의 디자인 원본 파일(포토샵 PSD) 포함

⓳ 원하는 만큼 사이드바 생성 가능

⓴ 다양한 기능의 위젯 내장

굳이 고가의 테마를 고집할 필요는 없습니다. 나에게 맞는 테마가 무엇인지를 찾는 것이 더 중요합니다.

워드프레스에 대한 관심을 한 줄로 요약하면 '웹 디자이너, 개발자 없이 내가 원하는 웹 사이트를 직접 만든다'는 것입니다. 워드프레스가 애초 지향하는 바도 최종 사용자가 손쉽게 웹 사이트를 구축할 수 있게 한다는 것이었으니 이 말이 틀렸다고 하긴 어렵습니다. 하지만 중요한 전제 조건이 하나 빠졌는데 '테마가 제공하는 범위 안에서'라는 것입니다.

워드프레스는 디자인을 담당하는 테마와 개발을 대신해주는 플러그인을 통해 사용자화할 수 있습니다. 수천 개의 테마, 수만 개의 플러그인 중에서 내게 맞는 것을 고르고 거기에 맞춰 관리하는 것이 워드프레스 웹 사이트의 특징이라고 할 수 있습니다. 사실, 기성 테마나 플러그인을 활용해 웹 사이트를 만들기 때문에 '디자이너, 개발자 없이 내가 원하는 웹 사이트를 직접 만든다'라는 표현에서 '만든다'는 '고른다' 또는 '구성한다'로 바꾸는 것이 맞습니다. 코디네이션과 디자인은 분명 다르기 때문입니다.

기존의 웹 시장이 맞춤옷을 만들 듯 1:1 서비스를 제공했다면 워드프레스 테마는 대량 생산되는 기성복 시장이라고 할 수 있습니다. 맞춤복은 옷 잘하는 집에 가서 이런 저런 요구사항을 늘어놓으면 되겠지만 기성복은 소비자가 직접 자기 몸에 맞는 옷을 찾아다니는 것이 일입니다. 그리고 이렇게 고른 옷은 소매나 바지단 정도만 줄여서 입지, 재봉을 모두 풀어서 다시 만드는 경우는 거의 없습니다. 워드프레스의 테마도 이와 다르지 않습니다.

우리나라에선 웹 사이트를 처음 구축하는 일, 즉 웹 디자인에 지나치게 관심이 쏠려 있어서 이런 분위기를 이용해 기성 테마를 가져다가 웹 사이트를 제작했다고 홍보하는 업체까지 등장하고 있습니다. 워드프레스를 설치하고 테마를 활성화시켰다고 웹 사이트가 완성된 것이 아닌데, 4~6만 원짜리 해외 테마를 사서 마치 직접 개발한 것처럼 포트폴리오에 걸어놓고 수천만 원짜리 용역을 수주하는 경우도 있습니다. 발주처나 용역사 모두 워드프레스를 오해하고 있거나 잘 몰라서 벌어지는 일입니다.

디자이너도 필요 없고 개발자도 필요 없다면 왜 국내에서 만든 워드프레스 테마를 찾아보기 힘든 것일까요? 언어를 몰라도 프로그래밍을 할 수 있다는 얘기가 가당키나 한가요? 개발과 관리는 전혀 다른 성격의 일인 데도 불구하고 관리에 장점을 가지고 있는 워드프레스가 개발 툴로 잘못 알려지다 보니 이런 이야기가 확대 재생산되는 것인지도 모릅니다. '관리가 쉽다'가 '개발도 쉽다'로 과장된 것입니다. 워드프레스 개발이 결코 쉽지 않다는 사실은 국내 개발사들이 전문 인력을 수급하는 데 어려움을 겪고 있는 현실만 보더라도 알 수 있습니다. 기존 페이지 단위의 웹 디자인에 비해 콘텐츠 관리가 가능하도록 시스템을 고려해야 하는 워드프레스의 개발은 당연히 더 복잡하고 어려울 수 밖에 없습니다. 워드프레스 테마 대부분이 무료이고 유료 테마도 저가로 판매되고 있어 이런 오해가 생기는 것인지도 모릅니다.

워드프레스는 콘텐츠 관리를 위한 시스템이고 테마는 그 시스템을 시각화시키는 역할을 하는 것이니 워드프레스와 관련된 개발은 콘텐츠 관리에 대한 이해 없이는 불가능합니다. 가장 먼저 자신에게 맞는 테마를 하나 고르고 사이트를 운영하면서 구현하고 싶은 기능이나 디자인이 있다면 테마에서 제공하는 옵션으로 해결할 수 있는 방법을 찾고 따로 플러그인을 써야 할지 판단하는 것이 순서입니다.

07 가입형과 설치형의 차이

워드프레스는 WordPress.org에서 배포하는 설치형과 wordpress.com에서 제공하는 가입형 서비스로 나뉩니다. 그리고 별다른 설명 없이 워드프레스라고 칭할 때는 WordPress.org의 설치형 워드프레스를 가리킵니다. 닷컴의 가입형 서비스는 설치형 워드프레스를 기본으로 웹 개발사인 오토매틱(Automattic)사에서 운영하는 수익 사업의 일환이기 때문에 기능 확장이나 활용에 있어 제약이 있고 워드프레스의 철학을 100% 담고 있다고 보기는 어렵습니다. 국내에서 비슷한 사례로 다음(daum.net)의 티스토리(Tistory) 서비스를 들 수 있습니다. 2007년에 출시된 오픈 소스 블로그 소프트웨어, 태터툴즈(Tattertools)가 다음에 일부 기능을 제공해 티스토리가 만들어졌습니다. 워드프레스 설치형과 가입형의 관계는 태터툴즈(후에 이름을 바꿔 지금은 텍스트큐브로 알려져 있습니다)와 티스토리의 관계로 이해할 수 있습니다.

설치형의 경우, 도메인에 organization을 의미하는 닷오알지(.org)가 사용되고 가입형에는 company를 의미하는 닷컴(.com)이 사용되는 것만 보더라도 둘의 성격을 짐작할 수 있습니다.

설치형 워드프레스는 워드프레스 재단이 운영해 일반 기업처럼 이윤을 목적으로 하지 않기 때문에 일반 영리 기업에서 개발하는 제품처럼 프로젝트의 수익성에 따라 존폐가 결정되지는 않습니다. 그리고 이런 안정된 구조가 전 세계 개발자 및 디자이너의 참여를 이끌어내는 것이기도 합니다. 단순히 테마와 플러그인 확장이라는 기능적인 면만으로 인기를 얻은 것이 아니라 지속적이고 주기적인 업그레이드를 보장하고 있고 기술을 공유한다는 철학이 있었기 때문에 지금의 워드프레스가 있을 수 있었던 것입니다.

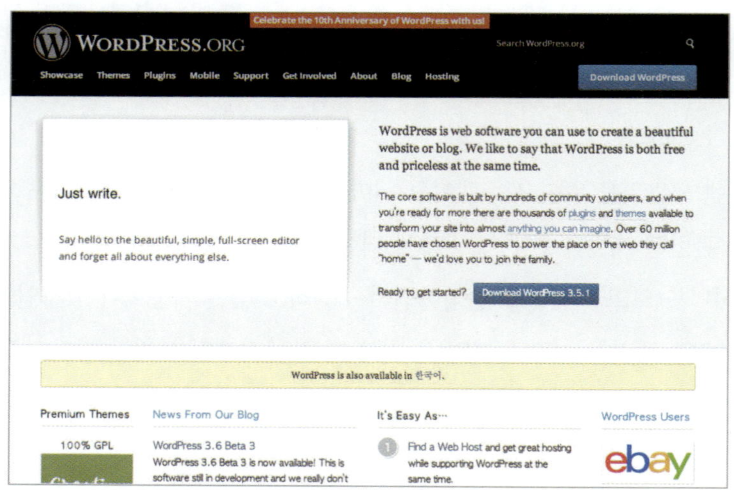

▲ 설치형 워드프레스 공식 페이지, 출처: wordpress.org

▲ wordpress.com의 서비스 소개 내용을 보면 설치형 워드프레스와 철학을
공유하고 있다는 점을 느낄 수 있습니다.

참고

| 티스토리와 가입형 워드프레스의 차이점 |

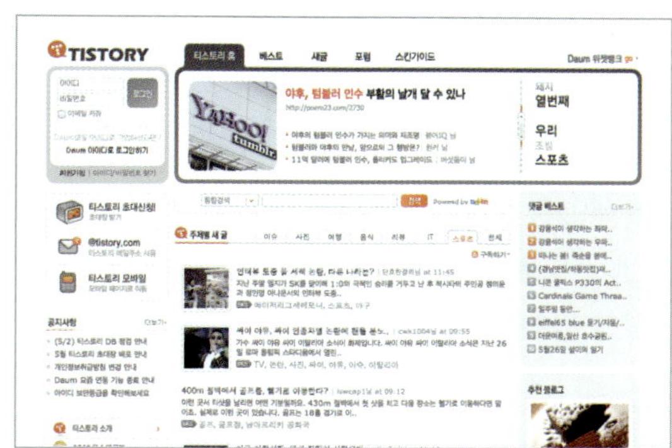

▲ 국내 가입형 블로그 서비스 중 하나인 티스토리, 출처: http://www.tistory.com/

워드프레스 설치형과 가입형의 차이를 태터툴즈와 티스토리의 관계로 설명했는데 약간의 차이는 있습니다. 태터툴즈가 기능 일부를 떼어 영리 기업인 다음에 팔았고 티스토리라는 서비스가 시작되었지만 이후 태터툴즈 또는 텍스트큐브와 티스토리 간에는 의미있는 상호관계가 만들어지지 않았습니다. 여기에 비해 워드프레스는 설치형과 가입형의 설립자가 같고 상호 보완 적인 관계를 만들어가고 있다는 점에서 큰 차이가 있습니다.

◀ 오토매틱사의 홈페이지. 개발한 플러그인과 참여하고 있는 워드프레스 프로젝트가 나열되어 있습니다.

wordpress.com을 통해 발생한 수익으로 자체 서비스의 질적 향상을 꾀하면서 이때 개발된 플러그인이나 테마를 wordpress.org에서도 공개하여 결과적으로 전체 워드프레스 환경을 개선해 나갑니다. wordpress.com은 wordpress.org로 부터 물려받은 유산으로 수익 사업을 하지만 여기서 발생한 수익은 다시 워드프레스 재단에 기부되는 셈입니다. 수익이 있어 야 개발에 투자할 수 있고 그래야 워드프레스가 플랫폼으로써의 생명력을 지속할 수 있습니다. .org과 .com의 관계를 형식적 으로만 보면 태터툴즈와 티스토리의 관계와 같다고 할 수 있지만 공생하는 관계, 수익과 투자의 순환 구조로 보면 큰 차이가 있습니다. 2011년부로 티스토리의 모체라고 할 수 있는 텍스트큐브가 구글 서비스인 블로거에 흡수 통합되어 사라진 것만 보더라도 그 차이를 알 수 있습니다.

국내 환경과 워드프레스

그 어느 나라보다도 대한민국은 독특한 웹 환경을 가지고 있습니다. 우리만의 고유한 특성이기도 하면서 일부 불합리한 한반도의 웹 환경이 글로벌 플랫폼인 워드프레스와 만나 문제를 일으키는 지점을 찾아봅니다. 워드프레스를 선택하기 전의 체크리스트라고 할 수 있습니다.

01 한글과 영문 글꼴의 차이

대한민국의 웹이 다른 나라와 달리 특수한 부분은, 바로 한글을 쓴다는 점입니다. 당연한 말을 거창하게 하는 것 같지만 웹 디자이너에게 한글은 그 자체가 한계이기 때문입니다. MS 워드나 흔글 등의 워드프로세스 프로그램이나 포토샵, 일러스트레이터 같은 그래픽 프로그램을 사용할 때, 컴퓨터에 설치되어 있는 글꼴 중에서 마음에 드는 것을 골라 씁니다. 하지만 웹에서 글꼴을 지정할 때는 웹 사이트에 방문하는 모든 컴퓨터의 환경을 고려해야 합니다. 만약 웹 사이트에 적용한 글꼴이 방문자의 컴퓨터에 설치되어 있지 않다면 전혀 다른 글꼴로 둔갑해버리기 때문입니다. 이 점에 있어서 한글이나 영문이나 같은 문제를 안고 있지만 컴퓨터 운영체제에 번들로 제공되는 글꼴 중에 한글의 종류는 몇 가지 되지 않기 때문에 웹 디자인을 제약하는 요인 중 하나라고 할 수 있습니다.

운영체제에 기본으로 포함된 글꼴이 아니라 하더라도 라이선스가 공개된 무료 글꼴이 있다면 해당 글꼴을 웹용 글꼴로 만들어 적용시킬 수 있습니다. 하지만 영문에 비해 한글은 무료 글꼴이 많지 않아 이마저도 쉽지 않습니다. 윈도우 비스타가 출시되면서 맑은 고딕체가 보급되고 네이버의 나눔 고딕, 나눔 명조 글꼴이 개발, 배포되는 등 최근 들어 무료로 배포되는 한글 글꼴이 늘고 있어 웹용 글꼴을 활용하는 방법이 유효하다고 볼 수 있지만 이마저도 그리 쉽지는 않습니다. 방문자의 컴퓨터에 웹용 글꼴 파일이 완전히 다운로드되기 전까지는 글꼴이 적용되지 않는데 영문에 비해 한글은 글꼴 파일 용량이 무척 크기 때문에 영문에 비해 활용하는 데 문제가 많습니다.

▲ 한글 웹 글꼴 서비스를 제공하는 모빌리즈웹폰트, 출처: http://api.mobilis.co.kr/webfonts/

영문은 26개의 알파벳이 수평 배열되는 방식으로 단어가 만들어집니다. 하지만 한글은 자음과 모음, 받침의 조합에 따라 글자의 형태가 정해지기 때문에 영문 글꼴에 비해 훨씬 많은 정보를 가지고 있어야 하고 그렇기 때문에 글꼴 파일의 용량이 훨씬 큽니다. 예를 들어, 영문 글꼴인 Helvetica의 파일 크기가 84KB인데 요즘 흔히 쓰는 나눔고딕 글꼴 파일의 용량은 2.3MB(킬로바이트로 환산하면 2,300KB)입니다. 이 둘만 비교해도 한글 글꼴 파일이 영문에 비해 27배 이상 크다는 것을 알 수 있습니다. 용량이 크다는 것은 그만큼 많은 정보를 담고 있다는 얘기이고 글꼴을 개발하는 사람의 입장에선 오랜 노력과 비용이 들어간다는 뜻입니다. 이 말은 영문에 비해 한글 글꼴을 개발하는 것이 훨씬 어렵고 무료로 배포하기 어렵다는 얘기도 됩니다. 웹용 글꼴의 용량을 줄이는 기술이 계속 나올 것이고 언젠가는 한글이 가진 한계도 없어지겠지만 영문에 비해 많은 제약을 가지고 있는 것이 현실입니다.

개발되고 판매되는 테마 대부분이 영문을 기반으로 디자인되기 때문에 여기에 한글 콘텐츠가 들어갈 때도 마찬가지로 문제가 됩니다. 웹용 글꼴로 적용한다 하더라도 영문일 때와는 다른 느낌을 주기 때문입니다. 워드프레스의 테마를 구입할 때는 이런 글꼴에 대한 부분을 고려해야 합니다. 테마의 스타일 파일을 편집해 한글 글꼴에 대한 정보를 넣어줄 필요도 있고 웹용 글꼴을 적용할 수도 있겠지만 앞에서 설명한 것처럼 글꼴 파일의 용량까지 고려해야 하기 때문에 이 부분은 신중히 결정해야 합니다.

워드프레스 테마 마켓에서 판매되는 거의 대부분의 테마가 영문을 기반으로 합니다. 테마가 상품성을 가지려면 다수 사용자에게 맞춰 기획될 수밖에 없으니 한국 사용자가 많아져 시장성이 확보되기 전까지는 한글에 최적화된 테마는 요원한 일일지도 모릅니다. 그런 날이 오기 전까지는 영문 테마 중에서 적당한 녀석을 골라 한국말을 가르칠 수밖에 없습니다.

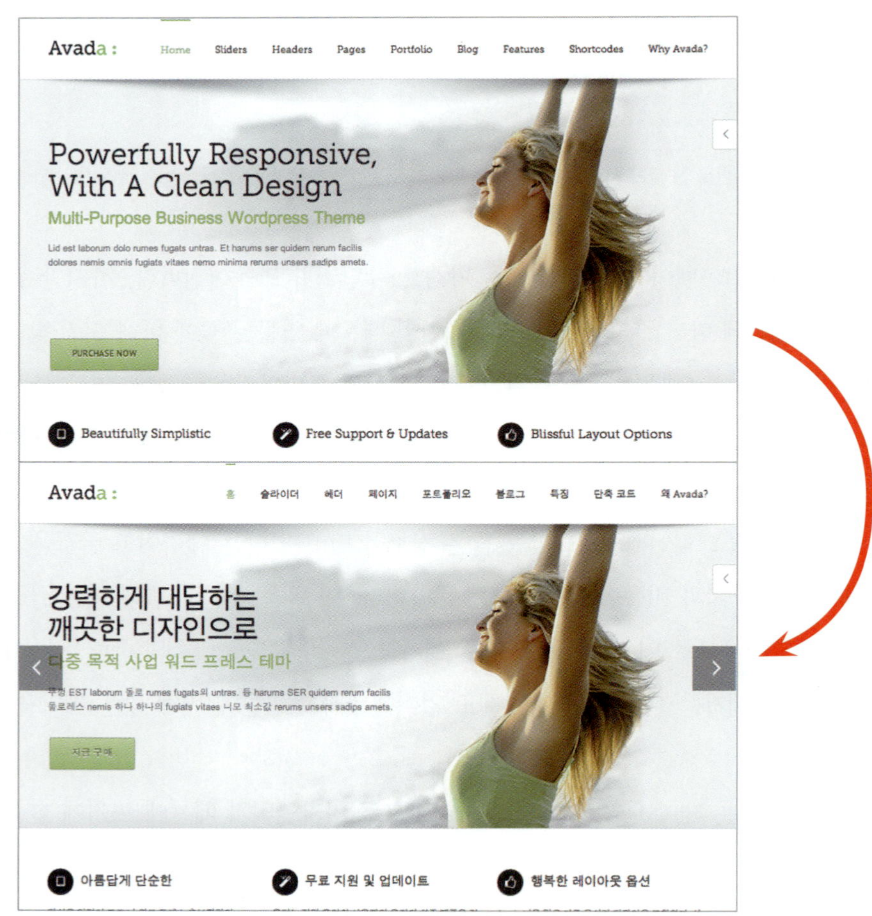

▲ 구글 크롬 브라우저에서 영문을 한글로 번역한 화면

웹 디자인에서 글꼴이 차지하는 비중은 생각보다 큽니다. 그렇기 때문에 영문으로 디자인된 테마가 한글로 바뀔 때 어떤 모습이 될지 볼 수 있다면 테마를 고르는데 도움이 됩니다. 그래서 간단한 방법을 하나 소개할까 합니다. 요즘 테마는 'Live Preview'라는 미리보기를 제공하는 경우가 많습니다. 테마를 설치하지 않고도 디자인이나 구성을 미리 확인할 수 있도록 해주는 서비스입니다.

이 미리보기를 통해 테마의 영문이 한글로 대체된 모습을 확인해 볼 수 있는데 구글 크롬 웹브라우저의 번역 기능을 활용하면 손쉽게 확인할 수 있습니다.

▲ 구글 크롬의 언어 설정 방법 소개

만약 크롬 웹 브라우저가 설치되어 있지 않다면 구글 크롬 웹 사이트(https://www.google.com/chrome)에서 무료로 다운로드하여 설치할 수 있습니다. 크롬 웹브라우저로 테마의 미리보기 링크를 열면 주소창 밑에 '이 페이지는 영어로 되어 있습니다. 번역하시겠습니까?'라는 질문이 나타나는데 [번역] 버튼을 클릭하면 웹 사이트의 영문이 모두 한글로 번역됩니다. 만약 자동으로 질문이 나타나지 않는다면 웹 브라우저 안에서 하이퍼링크가 활성화되지 않는 부분에 커서를 올려놓고 마우스 오른쪽 버튼을 클릭하고 '한국어(으)로 번역'을 선택합니다. 이렇게 하면 테마에서 이미지가 아닌 텍스트 상태로 입력된 영문이 모두 한글로 번역되기 때문에 해당 테마 환경에서 한글 콘텐츠가 어떻게 보일지 미리 확인해 볼 수 있습니다. 영문이 한글로 바뀌기만해도 웹 사이트의 분위기나 디자인이 완전히 다르게 보일 수 있습니다. 그만큼 웹디자인에서 글꼴이 차지하는 비중이 크다는 얘기입니다. 만약 선택하려는 테마가 무료가 아니라면 결제 전에 한글 글꼴을 고려해 신중히 결정하는 것이 좋고 이때 브라우저의 번역 기능을 활용할 수 있습니다.

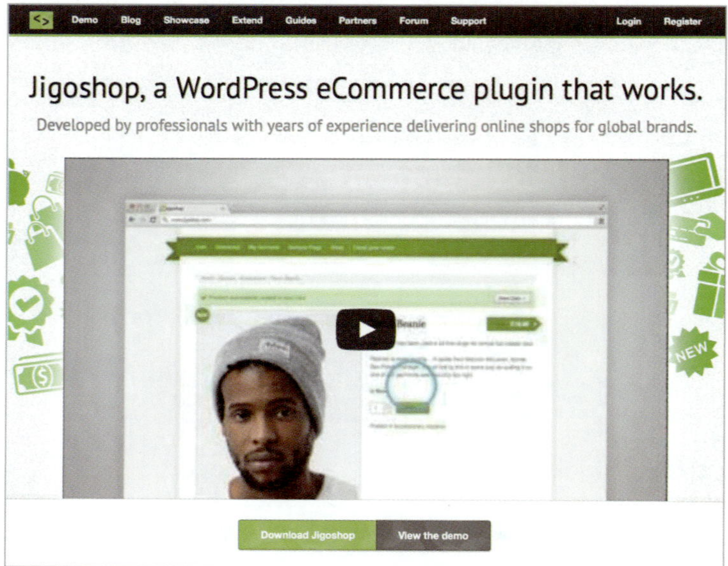

▲ 워드프레스의 전자 결제 시스템, 지고샵, 출처: http://jigoshop.com/

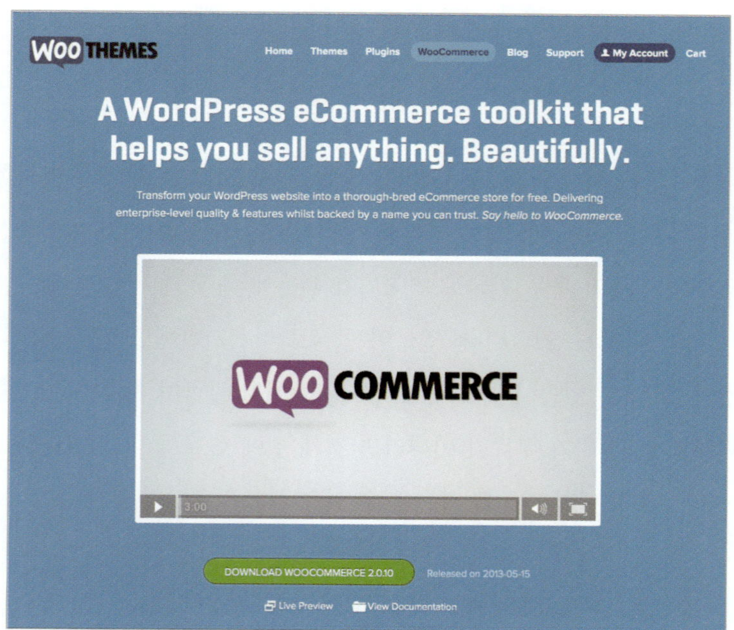

▲ 워드프레스의 전자 결제 시스템, 우커머스, 출처: http://www.woothemes.com/woocommerce/

워드프레스를 활용해 쇼핑몰을 구축할 수도 있습니다. 지고샵(Jigoshop)이나 우커머스(WooCommerce) 등 워드프레스에 쇼핑몰 기능을 추가할 수 있는 플러그인이 여러 개 있습니다. 하지만, 여기에 문제가 하나 있는데 우리나라에만 존재하는 결제 환경을 따로 지원하지 않는다는 점입니다. 사실 이 부분은 워드프레스의 문제라기보다 국내 환경이 독특하다고 이해하는 편이 맞습니다. 해외에서는 결제 시 액티브엑스(Active-X)를 설치하지 않습니다. 이는 마이크로소프트사에서 개발한 인터넷 익스플로러에서만 작동합니다. 하지만 국내에선 아이폰이 출시되기 전까지만 해도 마이크로소프트의 인터넷 익스플로러 외에 다른 웹 브라우저가 있다는 사실조차 모르는 사람이 많았고 웹표준에 대한 상식이 전무했습니다. 워낙 익스플로러의 점유율이 높았기 때문에 인터넷 결제 환경에서도 이런 문제가 아직까지 그대로 남아 있습니다. 해외에서는 많이 사용하는 페이팔도 국내에선 사용이 어렵고 카드 결제를 위해서 국내 PG에 맞는 결제 모듈이 필요한 형편입니다. 그러다 보니 워드프레스의 결제 또는 쇼핑몰 관련 플러그인만으론 국내에서 쇼핑몰을 운영하기 어렵습니다. 이런 이유로 아직까지는 기존 카페 24나 고도몰 같은 국내 웹 쇼핑몰 솔루션에 비해 효과적이라 하기 어렵습니다.

▲ 끊임없이 국내 진출 루머가 나오고 있는
페이팔, 출처: https://www.paypal.com

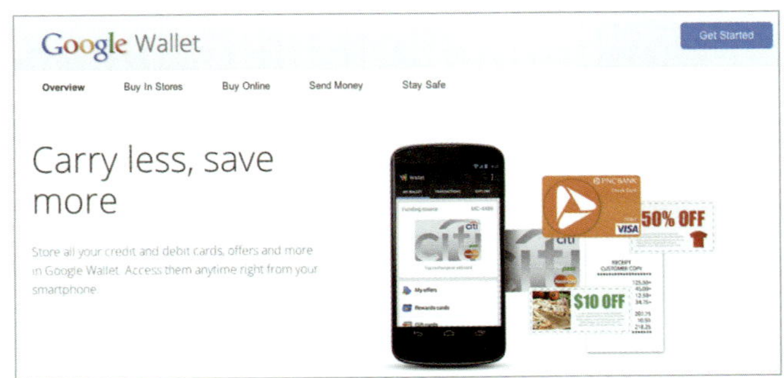

▲ 구글의 온라인 결제 서비스,
구글 지갑, 출처: http://www.google.com/wallet/

다만, 국내 페이팔 진출 루머가 몇 년 전부터 계속 있었고 액티브엑스에 대한 비판도 끊임없이 제기되고 있는데 '구글지갑' 같은 글로벌 결제 시스템이 개발에 탄력을 받는다면 이런 국내 환경은 순식간에 바뀔 수도 있습니다. 2012년 봄에 서울시 홈페이지가 워드프레스로 리뉴얼되면서 일기 시작한 국내 워드프레스의 붐이 아직은 초기 단계라 할 수 있기 때문에 좀 더 시장이 성숙되고 다양화되면 특수한 국내 웹 환경에 대응할 수 있으리라 기대합니다. 하지만 아직 국내 인터넷 결제에 있어서는 시간이 필요해 보입니다.

04 워드프레스에 게시판이 없는 이유

우리나라에서 홈페이지를 만들 때 거의 필수로 언급되는 것 중의 하나가 바로 게시판입니다. 해외에서 블로그가 수입되기 전까지만 해도 우리는 개인 홈페이지에서부터 커뮤니티, 기업, 기관 등 대부분의 웹 사이트에서 게시판을 사용했습니다. 하지만 이 게시판이라는 녀석도 사실 한반도에 국한된 지극히 특수한 요소라고 할 수 있습니다. 형식이나 구조에 있어 게시판은 블로그와 다른 점이 많아 비교해 보면 재미있습니다.

■ 게시판과 블로그의 차이점

▲ 국내에서 많이 사용하고 있는 게시판 플랫폼 중 하나인 그누보드

먼저 게시판은 국내에서 개발되었고 국내 사용자에게 익숙한 의견 교환 방식이며 커뮤니티를 활성화시키는 도구로 이용됩니다. 게시판은 글을 쓸 수 있는 권한, 댓글을 달 수 있는 권한 등을 설정할 수 있지만 기본적으로 웹 사이트 방문자는 누구나 의견을 남길 수 있게 한다는 점에서 게시판을 설치만해도 커뮤니티를 기대할 수 있습니다. 커뮤니티를 전제로 하기 때문에 회원 가입 및 관리 시스템이 함께 고려되고 웹 사이트 운영자는 콘텐츠를 생산하는 주체라기보다 커뮤니티 운영자의 역할에 비중을 두게 됩니다.

이에 비해, 블로그는 웹 사이트 운영자가 콘텐츠 생산의 주체가 되며 방문자는 해당 글에 댓글을 다는 방식으로 의견을 나누게 됩니다. 일반적으로 회원관리가 필요없고 커뮤니티 운영에 목적을 두지 않습니다. 웹 사이트는 주로 운영자 또는 글쓴이의 생각을 전달하는 데 집중하며 방문자는 블로그에서 제안한 주제에 댓글 형식으로 의견을 달 수 있을 뿐, 새로운 주제로 글을 쓸 수 없습니다.

게시판과 블로그의 가장 큰 차이는 바로 의견 교환 방식에 있습니다. '방문자가 안건을 발의할 수 있는가?'를 기준으로 게시판과 블로그를 구분할 수 있습니다. '나'라는 개인의 사고를 중심으로 의견을 주고받는 매체가 블로그라면 게시판은 '우리'의 개념이 강하다고 할 수 있습니다. 이런 차이를 확대 해석하면 동서양의 세계관에서 연유했다고 할 수 있을지도 모르겠습니다. 세상의 정보를 어떻게 재편하는가에 있어 서양은 자아를 중심에 두었고 동양은 조화와 관계에 치중했다고 말입니다.

참 고

| 구글과 블로그 |

구글과 같은 해외 검색엔진은 국내 게시판의 정보를 제대로 이해하지 못하기 때문에 검색 최적화에 있어서 게시판보다 블로그가 유리합니다. 워드프레스의 장점 중 하나가 검색 최적화인 점을 감안하면 국내 게시판 플랫폼을 활용할 때와 워드프레스를 기반으로 할 때, 구글 검색엔진에 노출되는 결과는 큰 차이를 보이기 때문입니다.

게시판과 블로그는 태생적으로나, 정보를 바라보는 관점으로 보나 서로 큰 차이를 보입니다. 국내 웹에서는 게시판이 일반화되어 있어 소소한 개인 홈페이지를 만들더라도 그 안에 커뮤니티를 두고 싶어합니다. 그래서 웹 사이트 계획에서 게시판이 빠지지 않고 등장합니다. 그런데 앞서 설명한 것처럼 워드프레스는 블로그를 기반으로 성장했기 때문에 게시판을 적용하는 것이 쉽지 않습니다.

최근에는 국내 개발자들이 워드프레스 게시판 개발에 관심을 보이면서 워드프레스 게시판 플러그인들이 출시되고 있습니다. 현재 발표된 게시판 플러그인으로는 MH Board(http://ssamture.net/mh-board/), LH Board(http://www.lhboard.com/), Amumu Board(http://www.amumu.kr/), Kboard(http://www.cosmosfarm.com/products/kboard)가 있습니다. 얼마 전까지만 해도 워드프레스에서 게시판을 해결할 수 있는 대안이 전무했기 때문에 최근 잇따른 게시판 개발 소식은 반가운 일이 아닐 수 없습니다.

하지만 아직 개발 초기 단계라 지금 바로 적용하여 사용하는 것에 대해선 신중할 필요가 있습니다. 워드프레스가 CMS로서 갖는 가장 큰 장점은 웹 사이트의 콘텐츠를 지속적으로 관리해 나갈 수 있다는 점이기 때문에 가능하면 개발 초기 단계의 불안정한 시스템은 피하는 것이 좋습니다. 그리고 웹 사용자들이 회원 가입을 꺼리고 스팸으로 인해 게시판 관리에 어려움을 겪고 있는 요즘, 게시판이 꼭 필요한지 자문해 볼 필요가 있습니다. 게시판이 있다고 해서 저절로 커뮤니티가 만들어지는 것도 아니고 허술하게 관리할 경우, 광고판으로 변해 웹 사이트의 이미지에 악영향을 끼치는 경우가 더 많기 때문에 블로그 기반의 워드프레스에 게시판을 끼워넣는 것이 효과적일지도 생각해 볼 문제입니다. 더욱이 최근에는 트위터나 페이스북 등이 보급되면서 글로벌한 소통 방식에 더 익숙해지고 있어서 게시판의 활용도는 더욱 줄어들고 있는 상황입니다. SNS가 의견 교환의 장이 되면서 게시판의 커뮤니티 기능을 상당 부분 대신하고 있다는 점도 고려해야 할 점입니다. 21세기의 사람들은 애써 여러분의 사이트에 가입하고 불편하게 로그인하면서까지 의견을 남기지 않습니다.

SECTION 004

워드프레스 누구를 위한 것인가?

워드프레스는 어떤 사이트에 효과적일지 워드프레스의 개발 방향과 특징, 사례를 바탕으로 설명합니다.

01 엔드유저를 위한 도구

다음은 WordPress.org에서 워드프레스의 철학(Philosophy)에 대해 밝히고 있는 내용을 일부 발췌한 것입니다.

"간단한 설치, 설정만으로도 작동해야 좋은 소프트웨어입니다. 워드프레스는 5분 안에 모든 기능이 작동하도록 설계되었습니다. 워드프레스의 표준 기능은 누구나 손쉽게 사용할 수 있고 이런 사용 환경이 지속적으로 유지될 수 있도록 노력하고 있습니다.

워드프레스를 사용하는 최종 사용자 다수가 기술적인 이해가 부족한 사람들입니다. 그들은 AJAX가 무엇인지, 사용하는 PHP의 버전이 몇인지 모릅니다. 하지만 일반적인 워드프레스 사용자는 이런 내용을 모르고도 글쓰기에 별 문제가 없기를 원합니다.

우리가 무언가를 결정할 때 가장 먼저 고려하는 것이 사용자이고 이런 우리의 고민이 가장 잘 드러나는 것이 소프트웨어의 옵션들입니다. 사람마다 요구사항이 다르고 그때마다 옵션이 늘어날 수밖에 없습니다. 하지만 이렇게 생긴 옵션들을 제대로 이해하지 못하거나 관리할 수 없다면 이것은 곧 사용자를 불편하게 만들 뿐입니다. 개발자로서 우리는 모든 상황에 대비하여 옵션을 제공하지만 여러분에게 너무 많은 선택을 강요하는 것은 아닌가 언제나 생각합니다. 보통 최종 사용자는 이런 옵션들에 별로 관심이 없고 이런 선택 사항 대부분이 기술적인 부분이기 때문입니다. 기술적인 옵션들로 인해 최종 사용자가 느낄 수 있는 피로를 최대한 덜어주면서도 스마트한 디자인 결과물을 만들 수 있도록 하는 것이 개발자로서 우리의 임무라고 생각합니다."

워드프레스의 개발 방향은 엔드유저(end users), 즉 웹 프로그래밍이나 웹 디자인을 잘 모르는 일반 사용자를 대상으로 사용에 어려움이 없도록 지원하는 것이라 밝히고 있습니다. 최대한 기술적인 설정을 최소화하고 스마트한 글쓰기 환경을 만드는 데 초점을 맞추고 있음을 알 수 있습니다.

02 콘텐츠 관리를 위한 도구

지금까지 웹은 관리보다 구축 비중이 컸습니다. 그러다보니 구축한 이후엔 새로운 콘텐츠를 올리지도 않고 그대로 방치된 채 있다가 리뉴얼 공사에 들어가는 경우를 주변에서 흔히 볼 수 있습니다. 사실 웹은 디자인도 중요하지만 콘텐츠가 얼마나 자주 업데이트되느냐가 생명이라고 할 수 있는데 대부분 웹 디자인을 얘기하는 경우는 많아도 웹 관리에 관심을 갖고 계획하거나 예산을 배정하는 경우는 극히 드뭅니다. 물론, 대기업에서는 전략적으로 웹 사이트 관리에 투자를 하지만 중소 규모의 기업이나 개인으로 갈수록 사례를 찾기 어렵습니다.

그런데 흥미롭게도 웹에 관심을 가진 기업 중에는 홈페이지 외에 네이버나 다음에 블로그를 개설해서 운영하는 경우가 있습니다. 콘텐츠를 지속적으로 생산하고 유통하는 것이 브랜딩이나 홍보에 도움이 된다는 사실을 이제는 대부분 인지하고 있기 때문입니다. 그런데 여기서 한 가지 의문을 품어볼만 한 것이 있습니다. 홈페이지는 블로그처럼 관리하기 편하게 만들 수 없는 것인가하는 점 말입니다.

홈페이지를 구축할 때 디자인에 치중한 나머지 정작 중요한 유지 관리에 관해서는 블로그보다도 못하게 방치하는 경우가 많은데 워드프레스에서는 이 점을 개선할 수 있습니다. 워드프레스를 기반으로 웹 사이트를 개발한다면 무엇보다 관리 효율을 높일 수 있도록 속을 설계하는 일에 집중해야 합니다. 워드프레스의 최고의 장점은 다양한 형식의 콘텐츠를 블로그처럼 손쉽게 관리할 수 있다는 점이기 때문입니다.

03 홈페이지와 블로그의 결합

워드프레스를 활용하면 홈페이지 관리를 블로그처럼 손쉽게 할 수 있는데 그 이유는 워드프레스가 블로그에서 비롯되었기 때문입니다. 게다가 다양한 형식의 콘텐츠를 담을 수 있도록 확장할 수 있기 때문에 하나의 웹 사이트에 다양한 형식의 콘텐츠를 분류할 수도 있습니다.

경우에 따라 홈페이지와 블로그를 구분할 필요도 있겠지만 콘텐츠 관리 측면에서 본다면 비효율적입니다. 웹의 특성상 사이트가 여럿이라고 더 많은 방문자가 들어오는 것도 아닙니다. 블로그를 운영하느라 홈페이지 관리에 소홀하면 결국 둘 중 하나만 남고 하나는 죽게 되기 때문에 웹에 아지트를 여럿 만들수록 관리가 어려워지고 투자에 비해 효과를 기대할 수 없게 됩니다.

▲ 국내 워드프레스 개발사에서 제작하고 있는 '홈로그' 라는 상품. 홈페이지와
블로그의 장점을 모았다고 설명하고 있는데 워드프레스를 활용하면 홈페이지와 블로그를
통합 운영할 수 있습니다.

이런 점에서 워드프레스는 좋은 대안이 될 수 있는데 다원화되는 웹 환경을 하나로 통일할 수 있는 플랫폼이기 때문에 그렇습니다. 실례로 국내의 한 워드프레스 개발사에서는 수년 전부터 '홈로그(Homelog)'라는 상품을 제작해 왔습니다. 홈로그는 홈페이지와 블로그의 합성어로 홈페이지에 요구되는 디자인적 요소와 블로그의 콘텐츠 관리 방식을 결합했다는 의미입니다. 워드프레스를 활용하면 불필요하게 홈페이지와 블로그를 따로 둘 필요 없이 한데 통합할 수 있다는 얘기입니다.

이제 웹은 어떻게 보여지느냐의 문제에서 어떻게 관리할 것이냐의 문제로 화두를 옮기고 있습니다. 웹 사이트를 계획한다면 어떤 디자인을 취할 것인가보다 어떻게 관리할 것인가를 고민해야 하고 이 부분에서 워드프레스는 좋은 전략이 될 수 있습니다.

워드프레스가 활용되는 범위는 이제 블로그에 그치지 않습니다. 물론, 블로그 서비스에 있어서는 두말할 것도 없지만 국내외 사례를 통해 워드프레스가 어떤 용도로 활용되고 있는지 분류해 보면 워드프레스의 특징, 가능성 등을 이해하는데 도움이 됩니다.

■ 블로그형

워드프레스는 무엇보다 블로그로 활용하는 경우가 많습니다. 블로그 툴로 알려지고 세계적으로 가장 많은 사용자를 확보하고 있으니 이 부분에 있어서는 타의 주종을 불허합니다. 개인 블로그에서부터 신문사의 블로그 섹션 전체가 워드프레스로 운영되는 경우를 많이 찾아볼 수 있는데 CNN, 월스트리트 저널, 로이터 통신, MTV의 블로그 섹션이 대표적이고 국내에서는 동아일보 블로그인 저널로그가 있습니다.

▲ 워드프레스로 운영되고 있는 CNN의 블로그 섹션

▲ 워드프레스로 운영되고 있는 월스트리트저널의 블로그 섹션

TIP

대형 웹 사이트가 통째로 워드프레스다?

흔히 워드프레스를 홍보할 때 '월스트리트 저널, CNN, 이베이 등이 워드프레스' 라고 얘기하는데 이 말은 반은 맞고 반은 틀린 말입니다. 이들 웹 사이트들 대부분이 일부 섹션에 한해 워드프레스로 운영하는 것인데 마치 웹 사이트 전체가 워드프레스인 것처럼 말하는 것은 과장된 표현이라고 할 수 있습니다.

■ 웹진형

특히 콘텐츠를 생산하는 언론사에서는 워드프레스를 많이 활용하는데 세계적인 IT 잡지 와이어드는 웹 사이트의 매거진 부분을 워드프레스로 운영 중이고 국내에선 팀블로그 형식의 블로터닷넷, 연합뉴스의 뉴스와이 웹 사이트가 워드프레스 기반으로 구축되어 운영 중입니다.

▲ 워드프레스로 운영되고 있는 와이어드 웹 사이트의 매거진 섹션

▲ 워드프레스로 운영되고 있는 블로터닷넷

최근에는 개인 블로그를 통해 사업을 전개하는 경우도 있고 블로그가 알려지면서 웹진 등의 매체로 성장하는 경우도 흔히 볼 수 있는데 워드프레스는 웹 사이트의 성격이 바뀌거나 디자인이 바뀌더라도 원래의 콘텐츠를 그대로 유지하면서 얼마든지 사이트를 재구성할 수 있기 때문에 온라인 비즈니스에 활용하면 효과적입니다.

■ Wordpress.org의 쇼케이스 섹션에 소개된 사례들

WordPress.org의 showcase 섹션에서는 워드프레스로 구축된 웹 사이트들을 볼 수 있는데 웹 사이트별로 태그가 붙어 있어 워드프레스 웹 사이트의 성향을 짐작할 수 있습니다. 'Browse Popular Tags'에서는 태그별로 웹 사이트의 수가 표기되어 있습니다.

가장 인기 있는 태그가 'CMS'인데 여기서 CMS는 다양한 성격, 기능의 콘텐츠가 복합적으로 운영되고 있다는 뜻으로 이해하면 됩니다. 워드프레스가 콘텐츠 관리 도구로 각광받고 있다는 것을 이곳의 인기 태그에서도 확인할 수 있습니다. 단, 하나의 웹 사이트에 다수의 태그가 붙을 수 있기 때문에 웹 사이트의 성격을 설명하는 절대적인 기준은 아닙니다.

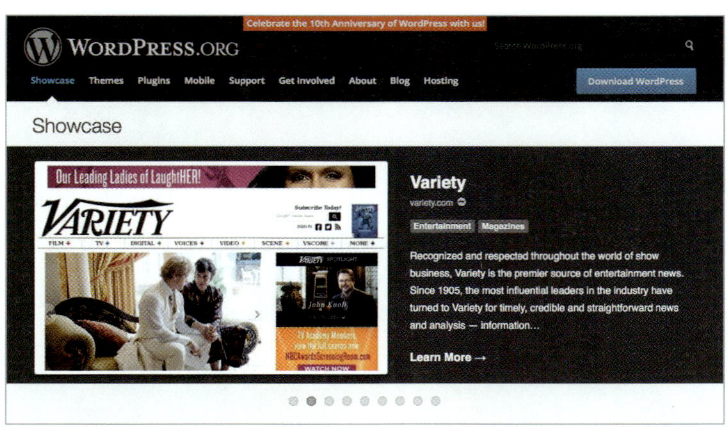

▲ wordpress.org의 쇼케이스 섹션에서 워드프레스 웹 사이트 사례들을
확인할 수 있습니다.

▲ 쇼케이스에 등록된 웹 사이트를 분류한 태그들. 글씨 크기가 클수록 해당 태그로
분류된 웹 사이트가 많다는 뜻입니다.

두 번째 인기 태그로 'Business'가 등장하는데 첫 번째 인기 태그인 CMS와 연관지어 해석한
다면 웹 콘텐츠 기반의 비즈니스 도구로 워드프레스의 가능성을 짐작해 볼 수 있습니다.

▲ 워드프레스로 운영 중인 영국의 록밴드 롤링스톤즈의 홈페이지

▲ 워드프레스로 운영 중인 제이슨 므라즈의 홈페이지

다음으로 'People', 'Celebrities' 등의 태그는 가수나 배우, 운동선수 등 유명인의 홈페이지를 가리킨다고 할 수 있습니다. 영국의 록밴드 롤링스톤즈, 미국의 싱어송라이터 제이슨 므라즈, 미국의 랩퍼 제이-지(Jay-z), 스눕독 그리고 저스틴 팀버레이크 등 유명인의 웹사이트가 워드프레스로 운영 중입니다.

최근에는 우커머스, 지고샵 등의 워드프레스 결제 플러그인이 알려지면서 워드프레스 기반의 온라인 쇼핑몰도 많아지고 있고 매거진, 블로그, 쇼핑몰, 비즈니스, 포트폴리오 등 웹에서 생각할 수 있는 다양한 콘텐츠를 워드프레스 사이트 하나에 모두 담을 수 있기 때문에 통합 사이트를 지원하는 테마도 등장하고 있습니다.

웹은 어떤 경우라도 빠르게 능동적으로 그리고 이전 활동의 연장선에서 지속 가능한 방향으로 진화할 때 효과를 거둘 수 있습니다. 워드프레스를 이용하면 개인 블로그로 운영되던 것이 팀블로그, 웹진으로 확대 개편될 수 있고 여기에 쇼핑몰이나 포트폴리오, 또 다른 비즈니스 페이지를 추가해야 할 수도 있습니다. 워드프레스는 블로그로 시작했지만 다양한 분야의 콘텐츠를 소화할 수 있는 CMS로 발전하고 있기 때문에 여러분의 비즈니스에 효과적인 온라인 파트너가 될 수 있습니다.

워드프레스 증후군
(워드프레스 사용자가 주의해야 할 것)

워드프레스로 운영되는 상당수의 웹 사이트들이 비슷한 증후군을 앓고 있습니다. 그 증상과 폐해를 겉과 속으로 나누어 찾아볼 수 있는데, 외부로 보여지는 증상의 대부분은 테마 시스템에 대한 오해에서 비롯되며 안으로는 플러그인을 선택하고 활용하는 방식에서 문제의 원인을 찾을 수 있습니다. 워드프레스 사용자가 주의해야 할 내용을 정리했습니다.

01 끝나지 않는 집짓기

"워드프레스를 사용하면서 MU, bbPress, Buddypress까지 워드프레스가 제공하는 기능은 나오기가 무섭게 적용하고 설치해본 플러그인도 한둘이 아닙니다. 처음엔 이런 워드프레스의 확장성이 무척 매력적으로 느껴졌고 필요한 기능이 있다면 유사 플러그인 수십 개를 테스트하면서까지 설치와 삭제를 반복합니다. 이 모든 것이 '공짜'라 생각했고 적어도 10개 중에 하나, 100개 중에 하나는 내 맘 같은 놈이있겠지 생각했기 때문입니다. 하지만 무료 테마, 무료 플러그인은 생각만큼 만족스럽지 못했고 투자한 시간만큼 좋은 결과를 얻기도 어려웠습니다. 그리고 이런 아쉬움은 유료 테마/플러그인에서도 크게 다르지 않았습니다. 결국 모든 것이 선택한 사용자의 몫으로 남게 되었을 때 그것이 '워드프레스의 늪'이라는 사실을 뒤늦게 깨닫게 됩니다."

이 이야기는 워드프레스 사용자들이 일반적으로 겪게 되는 문제이면서 저의 경험담이기도 합니다. 필자인 저 역시도 일반 사용자의 입장에서 워드프레스를 처음 접하게 되었고 2007년부터 워드프레스 웹 사이트를 운영하면서 수많은 시행착오를 거쳐 지금 이 책을 쓰게 되었기 때문에 워드프레스의 장점을 이야기하기 전에 곳곳에 숨어있는 함정부터 훑고 넘어갔으면 합니다.

지금도 워드프레스로 운영되는 상당수의 웹 사이트들이 비슷한 증후군을 앓고 있습니다. 그 증상과 폐해를 겉과 속으로 나누어 찾을 수 있는데, 외부로 보여지는 증상의 가장 큰 원인은 테마라고 할 수 있습니다. 워드프레스는 테마를 교체하기만 하면 웹 사이트의 레이아웃 또는 디자인을 손쉽게 바꿀 수 있는데 이 점이 독이 되어 웹 사이트 디자인을 수시로 바꾸게 됩니다. 웹 사이트가 카멜레

온처럼 수시로 제 모습을 바꾸면 방문자들은 혼란에 빠집니다. '여기가 저번에 왔던 거기가 맞나?' 단골 손님의 발길을 끊어버리는 것은 웹 사이트 운영의 기본을 포기한 셈이나 다름 없습니다. 카멜레온은 자신을 숨기기 위해서 보호색을 띄는 것이니 웹 사이트를 숨기려고 테마를 바꾸는 것이라면 모를까 테마를 자주 교체하는 것은 웹 사이트 운영에 악영향을 끼칠 뿐입니다.

게다가 최근에는 사이트를 확장하면서 섹션별(멀티사이트를 구현한다든가 하는 방식)로 전혀 다른 테마를 설치해서 메뉴를 누를 때마다 공간을 이동하는 착각을 불러일으키기도 합니다. 뿐만 아니라 사이드바의 위젯을 수시로 변경하는 것도 테마 교체와 마찬가지로 방문자를 헷갈리게 만듭니다. 이 모두가 워드프레스의 테마, 위젯이 가져오는 문제점들입니다.

그런데 아이러니하게도 워드프레스의 장점을 얘기할 때 빠지지 않고 등장하는 것이 테마와 위젯입니다. 손쉽게 디자인과 레이아웃, 플러그인 기능을 교체할 수 있다는 점에 혹해 워드프레스를 시작하는 경우도 있습니다. 하지만 디자인이 자주 바뀌고 레이아웃과 버튼의 위치가 수시로 바뀌는 그런 웹 사이트를 방문자들이 좋아할리 없습니다. 아마 이렇게 생각하지 않을까 싶습니다. '여기는 아직 개편중인가보군!'

게다가 테마가 바뀔 때마다 본문 페이지의 레이아웃이 바뀌기 때문에 그때마다 콘텐츠를 해당 폭에 맞춰 최적화해야 하는데 이런 일은 글쓰기와는 상관 없는 노동이라 할 수 있습니다. 책상 정리하느라 일을 못한다면 차라리 그 책상이 없는게 나을지 모릅니다. 자신의 책상이 8단 변신을 한다고 자랑한들, 거기서 나온 글이 흥미롭지 않으면 무슨 소용이 있겠습니까?

02 테마에 최적화되지 않은 플러그인 끄기

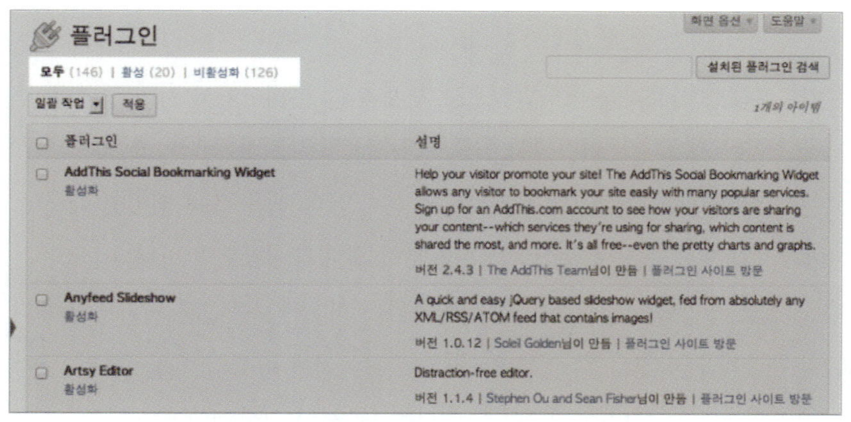

▲ 관리하지 않으면 사용하지도 않는 플러그인에 계속 쌓이게 됩니다.

 워드프레스 증후군
(워드프레스 사용자가 주의해야 할 것)

안으로 들어가보면 문제는 더 심각합니다. 워드프레스에는 비슷한 기능의 유사 플러그인이 워낙 많기 때문에 적당한 플러그인을 찾는 동안 본의 아니게 운영 중인 사이트에서 직접 플러그인을 테스트하는 경우가 있습니다. 하지만 지속적으로 활용할 플러그인이 아니라면 콘텐츠를 운영하고 있는 사이트에 설치하지 않는 것이 좋습니다. 다수의 플러그인을 설치하고 삭제하길 반복하는 동안, 워드프레스 데이터베이스는 누더기가 되기 때문입니다. 플러그인을 삭제해도 설치할 때 생성된 테이블은 그대로 남는다는 사실을 대부분의 사용자들은 잘 모릅니다. DB를 관리하는 플러그인도 있긴 하겠지만 사전 지식 없이 DB를 건드렸다가는 웹사이트의 정보가 순식간에 날라갈 수 있기 때문에 섣불리 DB를 관리, 편집하기보다 플러그인 설치를 자제하는 편이 낫습니다. 그리고 DB를 관리해준다는 플러그인이 안전하다고 누가 장담할 수 있겠습니까? 워드프레스는 리콜이 되지 않는다는 사실을 다시 한 번 가슴에 새길 필요가 있습니다.

멀티사이트와 데이터베이스

하나의 DB에 여러 개의 사이트를 연결할 수 있는 MS(multisite) 기능은 서브 사이트가 하나 늘어날 때마다 DB에 한 개의 독립 사이트를 만들 때와 같은 양의 테이블이 생성하기 때문에 DB 관리 면에선 상당히 비효율적입니다. 밖에서 보기엔 아파트인지 몰라도 안으로 들어가면 단독주택을 포개서 쌓아놓은 식이라는 얘깁니다. 멀티사이트를 설치하기 전에 이 점을 고려해 결정하는 것이 좋습니다.

워드프레스의 기능들이 모두 완성도 높고 효율적인 것은 아닙니다. 플러그인을 만드는 개발자의 수준도 제각각이고 그에 따라 완성도도 다른데다 그 수준을 판별하기도 어렵기 때문에 컴퓨터처럼 주기적으로 포맷해서 다시 설치할 생각이 아니라면 플러그인을 설치할 때 좀 더 신중을 기할 필요가 있습니다. 웹 사이트가 이유 없이 느려진다거나 처음 보는 사용자가 내 사이트 안에서 활동하고 있다거나 하는 일이 벌어질 수 있기 때문입니다.

하나의 소켓에 수십, 수백 개의 플러그를 꼽아 놓고 한꺼번에 돌리면 다가올 일은 정전밖에 없습니다. 한도 끝도 없이 모든 것을 수용할 수 있는 그런 장치가 어디 있겠습니까? 그리고 그걸 테스트해 본 사람은 또 어디 있겠습니까? 이런 점에서 섣불리 워드프레스의 확장성과 가변성만 믿고 공개된 웹 사이트에 이런 저런 실험을 자행하는 일은 지양해야겠습니다.

워드프레스의 장점은 웹 사이트를 하나의 플랫폼 안에서 지속적으로 관리할 수 있다는 데 있고 그러기 위해선 최대한 간결하게 군더더기 없이 효율적으로 관리해야 합니다. 불필요한 플러그인, 불량 플러그인, 수명이 짧은 플러그인을 최대한 걸러내고 최소한으로 최적의 환경을 꾸미는 것이 워드프레스 웹 사이트를 운영하는 최선의 지침입니다.

테마도 마찬가지입니다. 언제든 바꿀 수 있다는 사실이 우리를 우유부단하게 만든다면 그것이 결코 장점일 수 없습니다. 동네에 새로 커피숍이 생겼는데 두어달에 한 번씩 인테리어며 간판 디자인을 새로 바꾼다고 생각해보십시오. 대개 '저 집은 주인이 자주 바뀌네' 할 겁니다. 단골 손님을 만들려면 일관된 메뉴, 일관된 디자인, 일관된 관리 방식을 고수할 필요가 있습니다. 테마 변경이 손쉽다고 하루가 멀다하고 뜯어 고치는 일은 지양해야 합니다. 여러분이 테마 개발자의 길을 걷겠다 마음 먹은 것이 아니라면 말입니다.

보통 테마를 자주 변경하는 이유는 레이아웃 및 디자인이 원하는 대로 구현이 안되거나 생각처럼 최적화가 잘 되지 않기 때문인 경우가 많습니다. 테마 미리보기나 스크린샷으로 봤을 땐 맘에 들었는데 설치하고 보니 그런 장면이 잘 만들어지지 않는 것입니다. 이리저리 해봐도 생각처럼 되지 않으니까 곧바로 새로운 테마를 찾게 됩니다. 널린 게 테마니까 그게 더 빠를 수 있겠다 생각하면서 말입니다. 하지만 이런 현상은 대부분 선택한 테마가 부족해서 생기는 것이 아닙니다. 오히려 테마 하나에 깊게 빠져 보지 못해 생기는 일종의 바람기 같은 것일지 모릅니다. 한군데 정착해 거기에 뿌리를 내려야 수확의 기쁨을 느낄 수 있듯이 여러분이 선택한 테마를 믿고 그 안에서 콘텐츠를 뿌리십시오. 평생의 반려자를 만난 것처럼 교감하고 자신의 선택을 믿어야지, 어딘가 또 다른 운명이 있을거라는 기대는 말그대로 바람이고 방황일지 모르니까 말입니다.

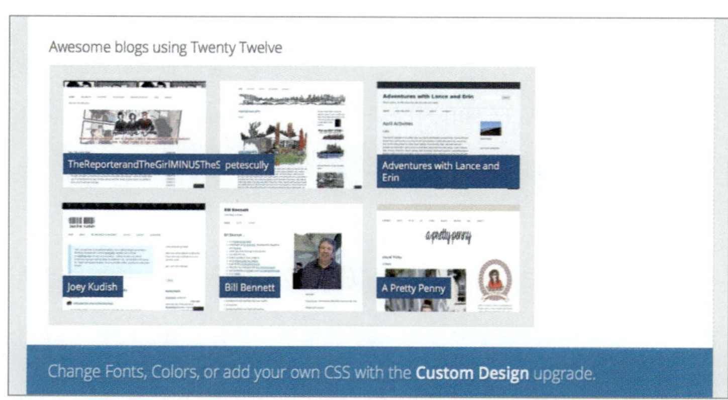

▲ wordpress.com에서 기본 테마인 Twenty Twelve로 운영되고 있는
블로그들을 소개하고 있습니다.

사실, 테마의 구조는 대부분 크게 다르지 않습니다. 워드프레스를 설치하면 그 안에 기본으로 들어 있는 twenty 시리즈의 테마를 변형해 워드프레스 개발 사업을 하는 회사도 있습니다. 새로운 기능, 새로운 디자인이란 게 개발하는 입장에서 보면 다 거기서 거기입니다. 좀 과장해서 설명하면 사실 A라는 테마로 C를 만드나, B라는 테마로 C를 만드나 별반 차이가 없을 수 있습니다. 하나의 테마를 깊이 파서 자기 것으로 만들고 나면 남들보다 빨리 웹 사이트를 관리하는 재미에 빠지게 될 겁니다. 여러 테마에 마음 주지 말고 하나와 교감하십시오. 서로를 알아가는 과정이야말로 워드프레스의 참 맛을 느낄 수 있는 길입니다.

04 디자인의 일관성 유지하기

워드프레스의 테마에 심취하다 보면 페이지별로 다른 테마를 적용시킬 수는 없을까 고민하는 경우도 있습니다. 그만큼 기성 테마를 편집하고 싶은 마음이 커서 테마를 수정하는 것도 모자라 다중화시키는 데까지 마음이 가는 것입니다. 그런데 여러분이 디자이너라면 이런 시도는 별로 생각지 않게 될 겁니다. 각기 다른 두 디자인을 조합해서 결코 좋은 결과물을 얻을 수 없다는 사실을 이미 잘 알고 있기 때문입니다. 워드프레스는 테마를 활용해 웹 사이트의 디자인을 손쉽게 바꿀 수 있을 뿐이지 여러분을 웹 디자이너로 양성시키는 인재 양성 프로그램이 아닙니다. 약은 약사에게, 진료는 의사에게, 디자인은 디자이너에게!

워드프레스 테마는 그 자체로 전문 디자이너가 완성한 디자인의 결과물입니다. 워드프레스에 관한 노하우를 가지고 있다고 해서 디자인적인 감각까지 갖췄다고 자만하는 것은 위험하니 디자인에 있어서는 최대한 테마에서 제공하는 바를 따르는 것이 좋습니다. 기능적인 부분에서 불가피하게 수정이 필요한 경우가 아니라면 테마 디자인을 변경하려 하지 않는게 좋습니다. 어떤 것이 더 이쁜가의 문제라기보다 방문자에게 웹 디자인은 일종의 서비스이고 여기서 가장 중요한 부분이 바로 일관성입니다. 플러그인을 선택할 때도 같은 기능이라면 최대한 테마의 레이아웃에 영향을 주지 않는 것을 선택하고 콘텐츠를 입력할 때도 테마의 레이아웃에 맞춰 관리하는 노력이 필요합니다. 워드프레스는 웹 디자인 툴이 아니라 콘텐츠 관리 도구라는 점을 잊지 마십시오.

Buddypress, bbpress, Multisite는 아직!

요즘엔 페이스북의 그룹이나 페이지 서비스에 익숙해져서 이와 유사한 버디프레스가 예전보다는 친숙할 수 있겠지만 커뮤니티에 관한 한 버디프레스나 비비프레스는 아직 국내 사용자의 필요를 충족 시켜주기엔 부족한 부분이 많습니다. 일단 게시판 형식에 익숙한 국내 사용자에게 포럼 형식의 비비프레스는 낯설기만 하고 단지 인터페이스의 차이라기보다는 부족하다고 느껴지는 부분이 많습니다.

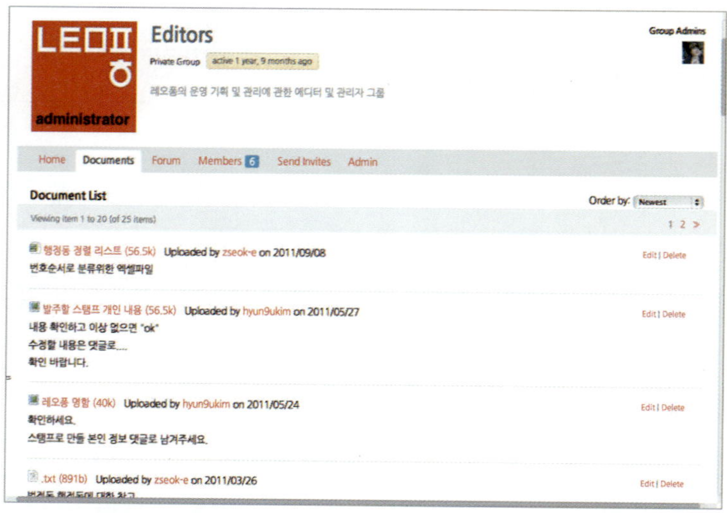

▲ 비공개로 관리자 간의 회의 내용을 기록하는 용도로 버디프레스를 활용한 사례, 그룹 Documents

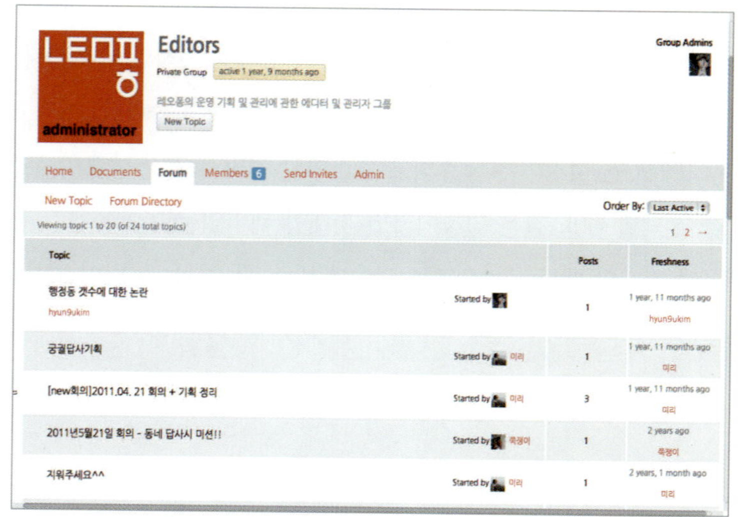

▲ 비공개로 관리자 간의 회의 내용을 기록하는 용도로 버디프레스를 활용한 사례, 그룹 Forum

해외를 타겟으로 서비스를 한다거나 외부에 공개하지 않는 비공개 커뮤니티에 실험적으로 활용한다면 모를까 버디프레스, 비비프레스는 아직 그 가능성을 지켜볼 뿐 국내 환경에 적용하는 것은 무리가 있습니다.

멀티 사이트도 싱글 사이트에 비해 사이트 로딩 시간이 길어진다는 점에서 아직까지는 추후 기능 개선을 지켜볼 필요가 있습니다. 경우에 따라서는 속도보다 확장에 초점을 맞춰 멀티 사이트를 생각해 볼 수도 있지만 로딩 시간이 길어진다는 점은 웹 사이트에 있어 워낙 치명적인 부분이기도 하고 현재의 멀티 사이트 방식이 데이터베이스를 효율적으로 관리한다고 볼 수 없기 때문에 차라리 사이트마다 각각 호스팅과 DB를 따로 쓰는 편이 더 안정적입니다.

06 디자인보다 콘텐츠에 집중하기, 베타 테스터에서 벗어나기

앞에서도 강조한 이야기지만 워드프레스는 웹 디자인 툴이 아닙니다. 만약 여러분이 워드프레스 개발에 관심을 갖고 있는 경우가 아니라면 구축보다는 관리에, 디자인보다는 콘텐츠에 집중해야 합니다. 디자인을 관리하는 일도 웹 사이트 관리의 일부분이겠지만 그 부분은 전문 디자이너, 개발자가 만든 테마에 위임하고 어떻게 콘텐츠를 관리할지 계획을 세워 보십시오. 결국 웹 사이트의 성패는 디자인보다는 콘텐츠의 양과 질에 있는 것이니까 말입니다.

워드프레스는 테마, 플러그인, 위젯 등의 요소를 활용해 웹 디자인과 콘텐츠 관리 체계를 사용자가 직접 구성할 수 있습니다. 이 점이 워드프레스의 매력이기도 하지만 사용자의 역할이 큰 만큼 선택하고 풀어야 할 숙제가 많다는 얘기이기 때문에 웹 사이트가 어느 정도 완성도 있게 꾸려지기까지 생각보다 많은 시간이 걸릴 수 있습니다. 이 부분은 개인에 따라 큰 차이가 있는데 웹 사이트에 대한 기대가 클수록 완성도를 높이는 데 오랜 시간이 들어갑니다.

그런데 자칫 제대로 구성되지도 않은 채로 공개 운영되는 경우가 있습니다. 그리고 어느새 워드프레스가 제공하는 새로운 기능과 디자인에 중독돼 웹 사이트를 운영하는 것이 아니라 새로운 테마, 플러그인이 나올 때마다 테스트하고 있는 자신을 발견하게 될지 모릅니다. 생각보다 많은 사용자가 이런 식의 워드프레스 증후군을 경험하게 되는데 이 책을 읽는 여러분은 웹 사이트 시작부터 콘텐츠에 초점을 두고 계획적인 관리를 하길 바랍니다. 다시 한 번 강조하지만 워드프레스가 제공하는 기능과 디자인에 현혹되어 워드프레스의 베타테스터가 되는 일이 없도록 여러분이 사이트의 주인이 되길 바라겠습니다.

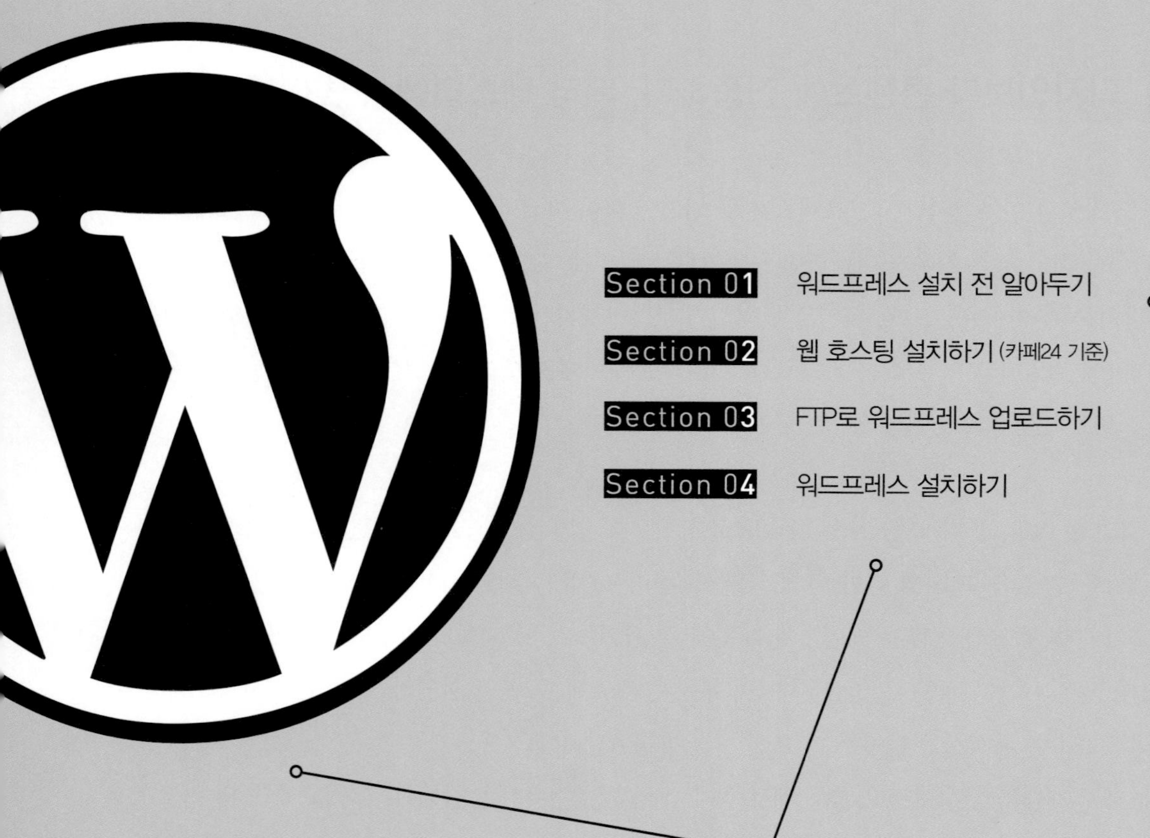

WORD

워드프레스 설치하기

워드프레스를 설치할 때 낯선 용어 때문에 좌절하기 쉬운데 개념을 이해하면 어렵지 않습니다. 각각을 지칭하는 용어나 원리를 돌아보기만 해도 웹 그리고 워드프레스와 가까워질 수 있습니다. 웹의 기본 용어와 개념을 이해하고 웹 호스팅의 선택에서부터 FTP 사용법 등 워드프레스의 설치에 관한 내용들을 알아봅니다.

워드프레스
설치 전 알아두기

워드프레스를 설치할 때 등장하는 웹호스팅, 도메인, FTP 등의 용어를 이해하고 웹호스팅 서비스를 선택하고 신청하는 과정을 알아봅니다.

01 www란 무엇인가?

홈페이지 주소는 홈페이지의 이름이면서 곧 웹 사이트의 성격을 나타내기 때문에 홈페이지를 만들 때 가장 심사숙고 하는 부분 중에 하나입니다. 그런데 정작 도메인에 가장 많이 등장하는 www, 일명 '따따따'가 어떤 의미인지 아는 사람은 많지 않습니다.

▲ 도메인 체계, 한국인터넷 진흥원

보통 월드 와이드 웹이라는 용어는 인터넷 전반을 지칭하지만 도메인에서 www가 의미하는 것은 웹 사이트를 서비스하는 특정한 컴퓨터를 가리킵니다. www.domain.co.kr이라는 주소를 예로 설명해 보겠습니다. 뒤에서부터 kr은 대한민국(Korea)을 의미하고, co는 영리기업(Company), domain은 기업의 이름을 의미합니다. 그리고 마지막의 www가 의미하는 것은 domain이라는 회사에서 웹 사이트를 관할하는 컴퓨터, 즉 월드 와이드 웹에 연결된 컴퓨터를 의미합니다.

웹 브라우저로 어느 웹 사이트에 들어갔다면 그 웹 사이트를 서비스하는 컴퓨터에 접속했다는 얘기입니다. 물론, 요즘에는 웹호스팅 서비스를 이용하기 때문에 웹 사이트를 운영하기 위해 회사의 컴퓨터를 24시간 켜놓고 관리할 필요가 없어졌습니다. 다만, 도메인에서 www는 웹 사이트를 서비스하는 컴퓨터를 지칭한다고 생각하면 도메인과 호스팅, FTP 등의 개념도 이해하기 쉬워집니다.

02 네임 서버란?

도메인만 알고 있으면 세계 어느 나라에서 제공하는 웹 서비스라도 실시간으로 접속이 가능합니다. 하지만 이 복잡해 보이는 일이 일사천리로 진행될 수 있는 것은 어디까지나 웹 사이트의 주소 정보를 가지고 있는 도메인 네임 서버(DNS : Domain Name Server) 덕분입니다. 사실, 도메인이란 건 컴퓨터에겐 의미 없는 알파벳일 뿐이고 오로지 우리 인간이 이해하기 위해 개발된 것입니다. 인터넷에 연결된 특정 컴퓨터를 찾아갈 때 사람은 도메인을 쓰고 컴퓨터는 IP 주소를 활용합니다. 다시 말해 하나의 도메인에 하나의 IP 주소가 연결되어 있다는 얘기이기도 합니다.

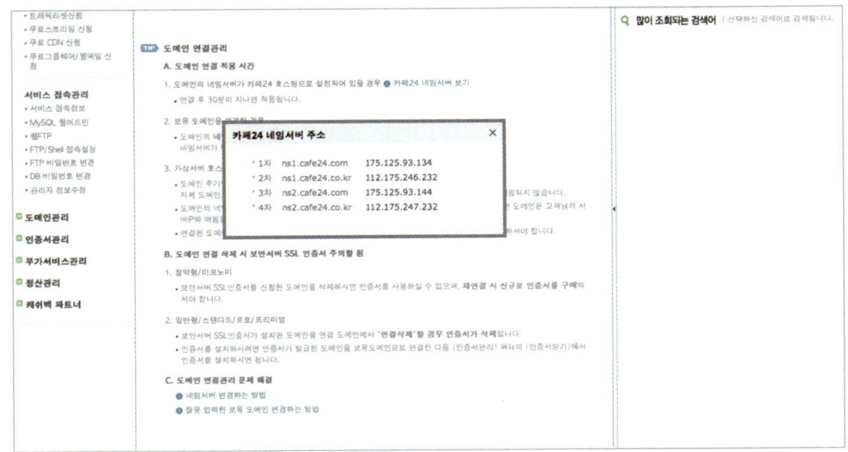

▲ 웹 호스팅 서비스의 네임 서버 주소 확인, 카페24

IP 주소와 도메인을 한 쌍의 커플로 엮어주기 위해서 도메인 네임 서버라는 것이 존재하는데 사람들이 쓰는 언어를 컴퓨터가 이해할 수 있게 번역해주는 역할을 한다고 이해할 수 있습니다. 상대방의 연락처를 모를 때 114에 전화를 걸어 이름을 대면 전화번호를 찾아서 연결해 주듯이 네임 서버는 웹 사이트의 이름을 대고 숫자로 된 IP 주소를 찾는 곳입니다. 사람들이 웹 브라우저의 주소창에 도메인을 입력하면 컴퓨터는 네임 서버에 연락해서 해당하는 IP 주소를 찾아 접속하게 됩니다.

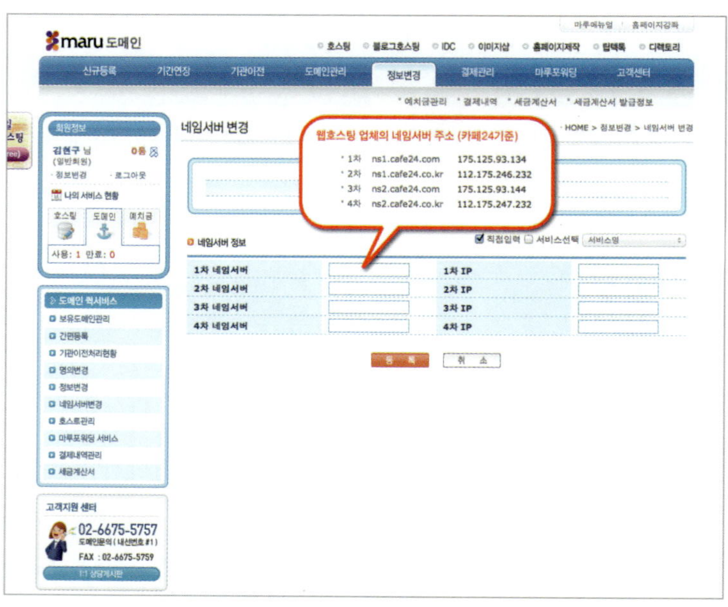

▲ 도메인 서비스에서 네임 서버 변경, 마루인터넷

웹 호스팅과 도메인을 같은 업체에서 구입했다면 네임 서버를 변경할 일이 거의 없지만, 웹 호스팅과 도메인을 서로 다른 업체에서 구입했다면 네임 서버를 변경해야 합니다. 네임 서버 변경 방법은 도메인 서비스에 로그인해서 구입한 도메인의 관리로 들어가서 '네임서버 변경'을 선택한 후 웹호스팅 업체에서 제공하는 네임 서버 주소를 입력합니다.

참고

| 네임 서버 변경 후 접속이 되지 않을 때 |

네임 서버를 변경하면 최대 48시간 동안은 웹 사이트 접속이 원활하지 않을 수 있으니 주의하십시오.

03 웹 호스팅이 필요한 이유

도메인과 네임 서버에 대해 설명하다 보니 웹 호스팅이라는 용어가 등장했습니다. 앞에서 www가 사내의 월드 와이드 웹을 담당하는 컴퓨터를 의미한다고 설명했는데 회사 내에 전담 컴퓨터를 두고 웹 사이트를 운영하는 경우는 흔치 않습니다. 대부분 웹 호스팅 업체를 통해 이 역할을 대행하는데 웹 사이트는 24시간 동안 접속이 가능해야 하기 때문에 관리나 안정성, 경제적 측면을 고려해 선택하게 됩니다.

▲ 해외의 워드프레스 전용 웹 호스팅 서비스들, 출처: wordpress.org

워드프레스를 설치하기 위해선 기본적으로 저장 공간이 필요한데 직접 서버를 두고 운영하지 않는다면 일반적으로 웹 호스팅 업체에서 일정 용량의 공간을 월, 년 단위로 임대해서 사용합니다.

내 집, 내 사무실의 컴퓨터를 이용하지 않고 웹 호스팅 업체를 통해 서버를 임대해서 사용하면 몇 가지 불편한 점이 생기게 되는데 그것이 바로 FTP입니다. 만약 웹 호스팅 업체를 통하지 않고 내 눈 앞에 있는 컴퓨터로 웹 사이트를 운영한다면 윈도우 탐색기로 폴더를 열고 해당 파일을 찾으면 되기 때문에 특별히 FTP를 사용할 일이 없습니다. 웹 호스팅 서비스처럼 컴퓨터와 저장공간이 외부에 있을 때, 원격으로 데이터에 접근하기 위해 윈도우 탐색기 대신 FTP를 사용합니다. 한마디로 FTP는 '원격 탐색기'라고 할 수 있습니다.

게다가 웹 호스팅 업체에서는 하나의 컴퓨터, 저장공간을 여럿으로 나누어 임대해 주기 때문에 사용자는 할당된 공간에 접속하기 위해서 웹 호스팅 업체에서 제공하는 ID와 비밀번호를 입력해야 합니다. 마치 웹하드를 사용할 때처럼 말입니다.

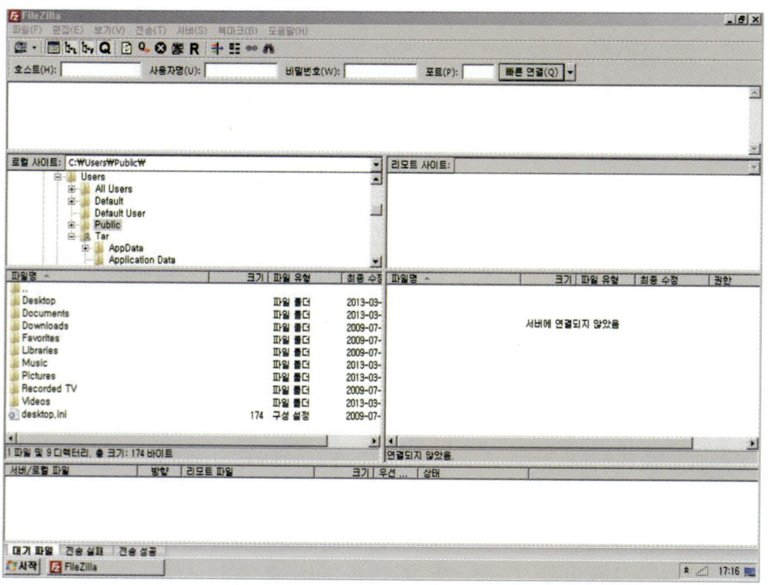

▲ FTP 클라이언트를 실행한 화면, 파일질라

국내외에 다양한 웹 호스팅 업체가 있기 때문에 서비스 및 사용 편의에 맞춰 선택합니다. 단, 신청하기 전에 워드프레스의 설치가 가능한 환경인지를 확인하는 것이 좋습니다. 최근에는 대부분의 웹 호스팅 업체가 워드프레스 설치가 가능한 환경을 제공하고 있지만 워낙 업체와 서비스가 다양하기 때문에 확인할 필요가 있습니다.

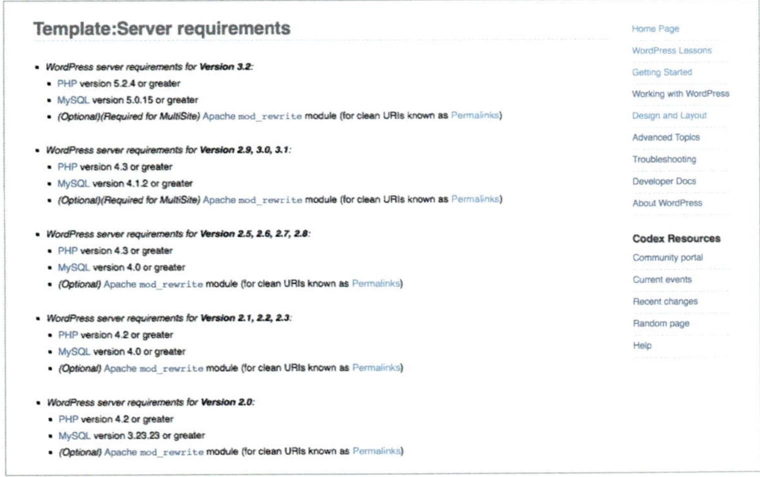

▲ 워드프레스 버전별 설치 요구사항, 출처:wordpress.org

[참고]

| 워드프레스 설치 요구사항 |

– PHP 5.2.4 이상

– MySQL 5.0 이상

– UTF–8 지원

– mod_rewrite를 지원하는 Apache 모듈

그리고 관련 정보를 찾기 어렵다면 웹 호스팅 업체의 서비스센터에 전화를 걸어 워드프레스 설치가 가능한 상품인지를 확인합니다.

| 워드프레스의 자동 설치와 직접 설치 |

워드프레스가 널리 활용되면서 국내 웹 호스팅 서비스에서 서버 세팅 옵션으로 워드프레스 자동 설치를 제공하고 있는데 사용하지 않는 것이 좋습니다. 일부 플러그인에서 호환이 문제되기도 하고 도메인 뒤에 '/wp'라는 경로가 추가되기 때문입니다. 워드프레스 자동 설치는 FTP에 익숙하지 않은 사용자에게 워드프레스 설치를 좀 더 손쉽게 해준다는 점에서 매력적일 수 있지만, 웹 사이트를 효과적으로 운영하기 위해서 FTP는 필수 도구라고 할 수 있기 때문에 조금 돌아가더라도 설치 과정에서 FTP의 개념과 활용에 익숙해질 필요가 있습니다

06 워드프레스 한글판과 영문판의 차이

워드프레스는 영어를 기본 언어로 쓰고 있지만 원하는 언어를 선택해서 사용할 수 있습니다. 한국어의 경우는 http://ko.wordpress.org/에서 관련 정보를 지원하고 한글판 워드프레스 코어(테마와 플러그인 등의 확장팩을 제외한 워드프레스 기본 플랫폼 또는 설치 파일을 코어라고 부릅니다)도 여기서 다운받을 수 있습니다. 언어별로 사용법이나 인터페이스의 차이는 없습니다. 다만, 날짜나 시간을 표기할 때 영문식 표시가 한글화되면서 디자인이나 레이아웃이 다르게 보일 수 있는데 두 언어 간의 글꼴이나 글씨 크기에 차이가 있기 때문입니다.

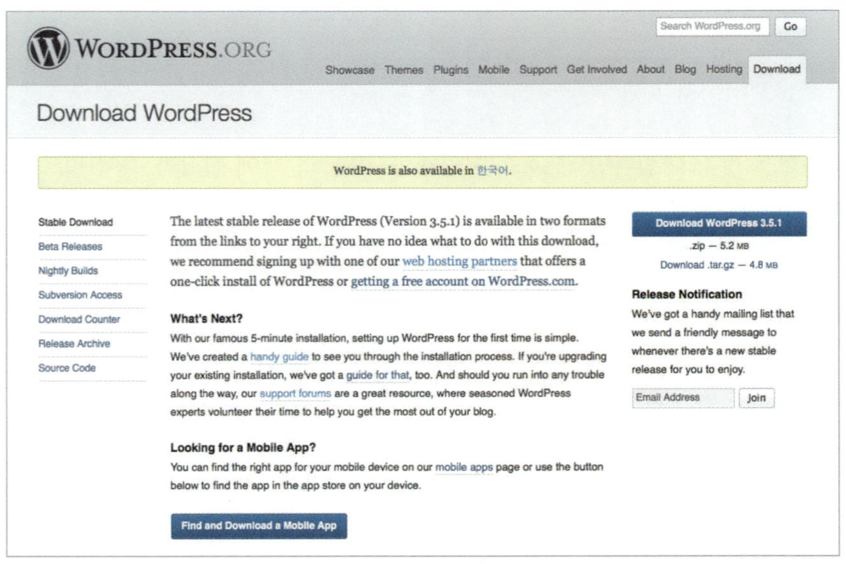

▲ 워드프레스 다운로드 페이지.

한글판을 설치할 경우 가장 신경을 써야 할 부분이 바로 날짜와 시간 설정입니다. 영어 기반으로 개발된 테마를 사용할 경우, 날짜나 시간에 한글 글꼴이 적용되어 있지 않습니다. 숫자와 알파벳으로 표시될 때와 달리 숫자 사이에 '년', '월', '일' 같은 한글이 들어가면 글씨 크기나 글꼴이 서로 다르게 보이기 때문에 디자인에 해가 됩니다. 한글판을 사용하더라도 날짜와 시간이 표시되는 방식을 조정하거나 테마에서 이 부분에 한글 글꼴을 적용해 주거나 숫자와 영문 기호만으로 날짜, 시간을 표시하는 것이 좋습니다. 날짜, 시간 표시 형식을 설정하는 방법은 3장의 '워드프레스 코어' 설정을 참고하십시오.

워드프레스를 설치하기 위해서는 워드프레스 코어를 다운받아야 합니다. 웹 사이트의 용도 또는 기호에 맞게 언어를 선택해서 영문판은 http://wordpress.org/download/에서, 한글판은 http://ko.wordpress.org/에서 다운을 받습니다.

기본 영어 외에 다른 언어로 워드프레스를 설치하면 [wp-content] 폴더 안에 [languages]라는 폴더가 추가됩니다. 이 폴더 안에는 선택한 언어로 번역된 내용이 포함되어 있는데, 한글판과 영문판은 [languages] 폴더가 있고 없고의 차이일 뿐입니다. 워드프레스를 설치한 후에도 업데이트 등의 방법으로 언어를 변경할 수 있습니다.

07 설치 시 확인해야 할 보안 팁

워드프레스를 사용하면서 가장 신경 써야 할 부분이 바로 보안입니다. 오픈 소스라는 점은 워드프레스의 가장 큰 매력이면서 보안에 있어서는 가장 큰 약점이기 때문입니다. 이런 점을 고려해서 처음 설치 단계에서부터 보안을 강화할 수 있는 방법들을 체크할 필요가 있습니다. 설치 시 확인해야 할 보안 팁들을 알아보겠습니다.

첫 번째, FTP를 이용해 수동으로 설치하십시오. 웹 호스팅 업체에서 제공하는 자동 설치는 피하는 것이 좋습니다. FTP를 사용해서 워드프레스 코어를 직접 업로드해서 설치하십시오. 두 번째, 관리자 사용자명을 admin으로 하지 않는 것이 좋습니다. 설치 시 관리자 계정을 만들게 되는데 이때, 기본값으로 입력되어 있는 admin을 사용하지 마십시오. 대부분의 사용자가 admin이라는 이름을 그대로 사용한다는 점을 해커도 알고 있습니다. 관리자 계정이 노출되지 않기 위해선 처음 이름을 설정할 때부터 주의해야 합니다.

세 번째, 테이블 접두어(Table Prefix)를 변경하십시오. Table Prefix는 데이터베이스에 테이블을 만들 때 앞에 붙이는 접두어를 의미하는데 기본값인 'wp_'를 그대로 쓰지 않는 것이 보안에 도움이 됩니다. 테이블 접두어는 워드프레스를 설치할 때 설정하게 되는데 2장 4절 워드프레스 설치하기를 참고 하십시오.

웹 호스팅 설치하기
(카페24 기준)

워드프레스 기반의 웹 사이트를 만들기 위해선 가장 먼저 워드프레스를 설치할 전용 저장 공간이 필요합니다. 일반적으로 웹 호스팅을 사용합니다. 직접 서버를 구성하는 방법도 있지만 일반적이라 할 수 없기 때문에 여기에선 다루지 않습니다.

웹 호스팅 상품 중에서 사용할 서비스 상품을 선택합니다.

서비스명	광아우토반 Full SSD					광자이언트 플러스2012
	절약형	일반형	비즈니스	퍼스트클래스	자이언트	
하드용량 웹/스트리밍/CDN	400M 200M/100M/100M	900M 500M/200M/200M	3G 2G/500M/500M	6G 4G/1G/1G	10G 6G/2G/2G	14G 10G/2G/2G
트래픽용량 웹/스트리밍/CDN	1.4G 600M/400M/400M	1.8G 800M/500M/500M	5.5G 2.5G/1.5G/1.5G	12.5G 5.5G/3.5G/3.5G	30G 10G/10G/10G	웹 500G/월 스트리밍10G / 일 CDN 10G / 일
사양 안내	일반적인 웹 공간만을 제공하는 타사와 달리 스트리밍 & CDN 서비스를 무료로 추가 제공하여 사실적 용량증가 효과 및 고급 서비스를 무료로 사용할 기회를 드립니다.					스트리밍/CDN이란?
MySQL DB	무제한	무제한	무제한	무제한	무제한	무제한
추가 DB옵션 제공	MS-SQL, Oralce, Cubrid, PgSQL				자세히 보기	미제공
POP 메일 계정	3개	10개	30개	30개	30개	50개
도메인 추가연결	1개	2개	5개	8개	10개	20개
서브 도메인	미지원	미지원	미지원	20개	30개	50개
프로그램 자동설치	XE	GNU BOARD	WORDPRESS	TEXTCUBE	KIMSQ Rb	
UTF-8	utf-8 전용 서버 지원 (서비스신청 시 선택 가능)					
설치비	5,000원	11,000원	11,000원	11,000원	11,000원	11,000원
월 사용료	500원	1,100원	5,500원	11,000원	22,000원	33,000원
	신청하기	신청하기	신청하기	신청하기	신청하기	신청하기

▲ 상품 선택 화면

카페24에서는 로그인 또는 신규 아이디 등록 페이지로 연결되는데 카페24에서는 계정당 웹 호스팅를 하나만 사용할 수 있기 때문에 기존 카페24의 웹 호스팅을 사용하고 있더라도 새로운 웹 호스팅 상품을 구입하려면 신규로 아이디를 등록해야 합니다. 웹 호스팅 서비스를 여럿 신청할 경우, 각 서비스별로 아이디를 하나씩 만들어 한 사람의 명의로 관리할 수 있는데 상단의 '회원 선택', 오른쪽으로 '기존 회원정보와 동일'을 선택합니다. 이 경우 실명 인증을 거치지 않고 새로운 계정을 만들 수 있습니다.

아이디와 회원 정보를 입력하고 FTP, Telnet, DB 접속에 사용할 비밀번호를 입력합니다. 이때, 카페24 로그인 시 사용하는 비밀번호와 다르게 지정해야 합니다.

▲ 회원 정보 입력

서비스 기간을 선택하면 할인율에 따라 기간별 사용요금이 산정됩니다. 적당한 기간을 정하고 '서버 환경설정'에서 'PHP5.3 / MySQL 5.x UTF-8'을 선택합니다. 앞서 언급한 워드프레스 설치 요구사항을 선택하는 부분이기 때문에 여기서 다른 옵션을 선택하면 워드프레스가 정상적으로 설치되지 않습니다. '프로그램 자동설치'는 체크하지 않고 '게시판 스팸필터'는 '미사용'으로 합니다.

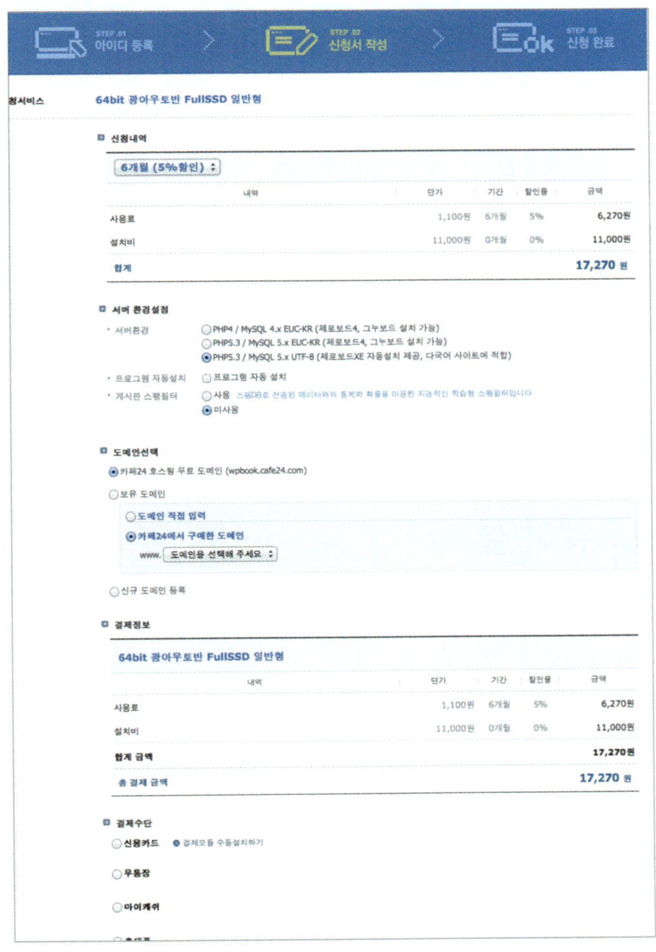

▲ 신청서 작성하기

도메인은 '카페 호스팅 무료 도메인'과 '보유 도메인', '신규 도메인 등록' 중에서 선택할 수 있도록 되어 있습니다. 이미 구입한 도메인이 있다면 '보유 도메인'을 선택해 주소를 입력하고 새로 구입해서 등록하려면 '신규 도메인 등록'을 선택합니다. 아직 적당한 도메인을 정하지 못했다면 웹 호스팅 서비스에 기본으로 제공하는 주소를 임시로 사용하면 되는데 이때는 '카페 호스팅 무료 도메인'을 선택하면 됩니다. 도메인과 결제 수단을 선택하면 신청이 완료됩니다.

TIP

호스팅에서 제공하는 무료 도메인

카페24에서 제공하는 무료 도메인은 [신청아이디].cafe24.com이 됩니다. 보통 웹사이트를 정식으로 공개하기 전까지는 구입한 정식 도메인 대신 무료 도메인을 활용해서 테스트를 진행합니다.

FTP로
워드프레스 업로드하기

FTP는 앞서도 설명했지만 일종의 윈도우 탐색기라고 할 수 있습니다. FTP의 설치법과
FTP로 워드프레스 설치 파일들을 업로드하는 방법을 알아보겠습니다.

01 FTP 소프트웨어 설치하기

다양한 FTP 프로그램들이 있습니다. 무료로 사용할 수 있는 것도 있지만 기능과 인터페이스를 차
별화한 유료 프로그램도 있습니다. 무료 소프트웨어로는 알FTP와 파일질라(FileZilla)가 대표적인
데 알FTP는 윈도우 기반의 PC 버전만 제공하고 있고 파일질라는 윈도우, 맥OS, 리눅스 등 다양한
OS를 지원합니다. 알FTP는 http://www.altools.co.kr/Download/ALFTP.aspx에서, 파일질라
는 https://filezilla-project.org/download.php?type=client에서 내려 받을 수 있습니다. 설치
파일을 받은 후 실행하면 FTP 클라이언트가 설치됩니다.

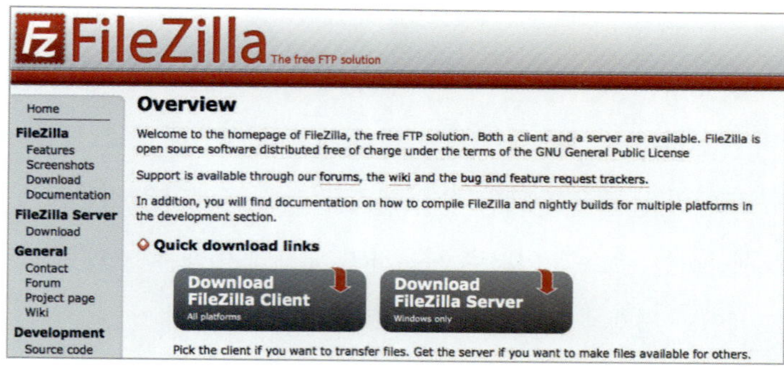

▲ 무료 FTP 클라이언트 파일질라, 출처: filezilla-project.org

> **참고**
>
> FTP 소프트웨어는 서버용과 클라이언트용 두 종류로 나뉘는데 워드프레스 설치와 운용을 위해서
> 는 클라이언트용으로 설치해야 합니다.

02 FTP에 웹 호스팅 서버 등록하기(카페24, 파일질라 기준)

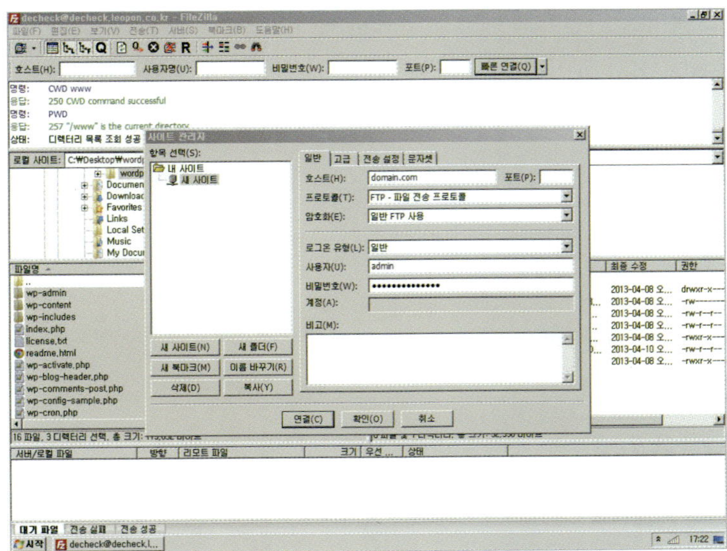

▲ FTP 클라이언트 [사이트 관리자], 파일질라

FTP를 설치한 뒤엔 프로그램을 실행하고 왼쪽 상단의 사이트 관리 버튼을 클릭하거나 파일 메뉴에서 '사이트 관리자'를 선택하면 웹사이트를 등록할 수 있는 창이 나타납니다. '새 사이트' 버튼을 클릭하면 왼쪽 창 안에 새 사이트 항목이 생기면서 사이트명을 입력하도록 이름이 활성화됩니다. 이름을 입력하고 오른쪽의 '호스트(H)' 항목에 도메인을 입력합니다. '포트(P)'와 '프로토콜(T)', 암호화(E)는 기본 설정값을 그대로 두고 '로그인 유형(L)'에서 '일반'을 선택하고 '사용자(U)'에는 카페24 계정의 아이디를, '비밀번호(W)'에는 FTP 비밀번호를 입력합니다.

참고

업체 및 서비스의 특성에 따라 도메인과 다른 호스트를 사용하거나 웹 호스팅 업체의 로그인 아이디와 다른 별도의 FTP 아이디를 제공하는 경우도 있습니다.

정리하면 FTP에 웹사이트를 등록할 때는 호스트, 사용자 아이디, 비밀번호 이 3가지를 입력하는 것이 전부이고 위에서 설명한 것처럼 사이트 접속 정보를 등록해두면 접속할 때마다 반복해서 입력할 필요가 없습니다.

FTP 클라이언트로 서버에 연결하고 나면 창의 가운데가 좌우로 나뉘어 좌측에는 '로컬 사이트', '우측'에는 '리모트 사이트'라고 표기된 것이 보일 겁니다. 로컬 사이트는 현재 사용하고 있는 컴퓨터의 저장공간을 의미하고 리모트 사이트는 임대한 웹호스팅 저장 공간을 의미합니다. WordPress.org 에서 내려받은 코어 파일들은 현재 로컬 사이트에 있기 때문에 리모트 사이트, 즉 웹 호스팅의 저장 공간으로 옮기기 위해 FTP가 필요한 것입니다.

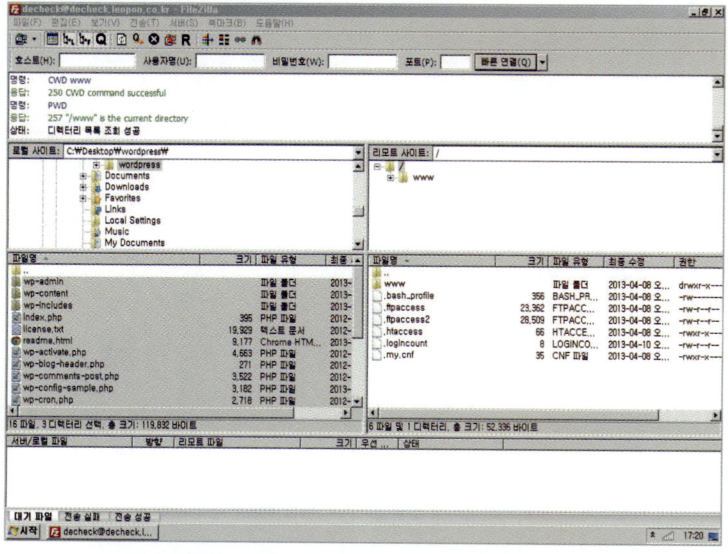

▲ FTP 클라이언트를 이용한 wordpress 코어 파일 업로드, 출처: 파일질라

참고

wordpress.org에서 내려받은 파일은 zip 또는 tar.gz로 압축되어 있는데 FTP로 업로드하기 전에 반드시 압축을 풉니다. 압축을 풀면 [wordpress]라는 폴더가 생깁니다.

좌측의 탐색기에서 '로컬 사이트'에서 내려받은 워드프레스 파일([wordpress] 폴더 안에 있는 파일)을 모두 선택한 후 오른쪽 '리모트 사이트' 영역의 [www] 폴더 안으로 옮겨 넣으면 업로드가 진행됩니다. 파일이 전부 업로드될 때까지 연결이 끊어지지 않도록 주의하십시오. 전송이 완료될 때까지 프로그램의 다른 버튼이나 메뉴를 조작하지 않는 것이 좋습니다.

워드프레스 설치하기

워드프레스를 설치하는 다양한 방법들을 알아보고 환경 설정 파일인 wp-config.php를 편집하는 방법과 워드프레스 코어의 설치 과정을 알아봅니다.

01 자동 설치와 수동 설치 그리고 wp-config.php 편집

웹 호스팅 업체에 따라서 자동 설치를 제공하기도 하지만 wp-config.php 파일을 직접 만들어 업로드해야 하는 경우도 있습니다. 과거에는 워드프레스 설치 파일 중에서 wp-config-sample.php라는 파일을 견본으로 wp-config.php를 만들어 업로드하는 방식 외에는 다른 방법이 없었습니다. 하지만 최근에는 웹 브라우저 상에서 데이터베이스 이름, 사용자 이름, 암호 등을 입력하면 소프트웨어가 자동으로 wp-config.php 파일을 생성합니다. 단, 웹 호스팅 업체에 따라서는 보안을 위해 소프트웨어의 파일 생성을 허용하지 않는 경우도 있는데 다음과 같은 화면이 나타날 때입니다.

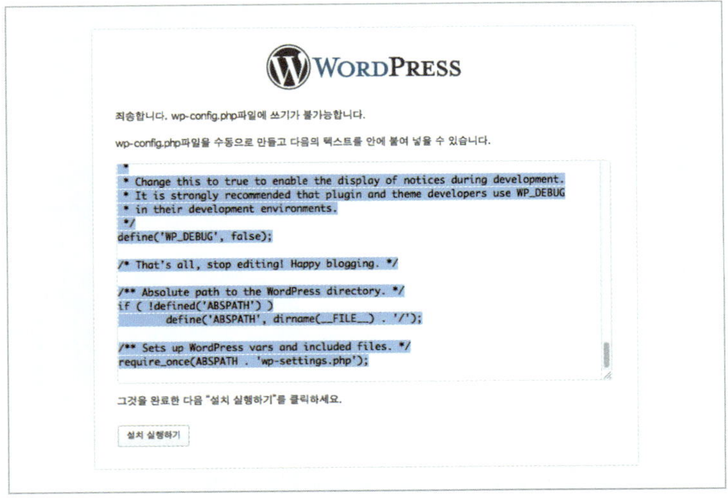

▲ wp-config.php 파일이 자동 생성되지 않는 경우

이때는 프레임 안의 내용 전체를 복사해서 노트패드나 메모장 또는 웹 에디터를 활용해서 붙여 넣은 후 wp-config.php라는 이름으로 저장합니다. 그리고 FTP로 wp-config-sample.php 파일과 같은 경로에 wp-config.php 파일을 업로드한 후 웹 브라우저의 설치 화면으로 돌아와 [설치 실행하기]를 클릭합니다.

```php
<?php
/**
 * The base configurations of the WordPress.
 *
 * This file has the following configurations: MySQL settings, Table Prefix,
 * Secret Keys, WordPress Language, and ABSPATH. You can find more information
 * by visiting {@link http://codex.wordpress.org/Editing_wp-config.php Editing
 * wp-config.php} Codex page. You can get the MySQL settings from your web host.
 *
 * This file is used by the wp-config.php creation script during the
 * installation. You don't have to use the web site, you can just copy this file
 * to "wp-config.php" and fill in the values.
 *
 * @package WordPress
 */

// ** MySQL settings - You can get this info from your web host ** //
/** The name of the database for WordPress */
define('DB_NAME', 'database_name_here');

/** MySQL database username */
define('DB_USER', 'username_here');

/** MySQL database password */
define('DB_PASSWORD', 'password_here');

/** MySQL hostname */
define('DB_HOST', 'localhost');

/** Database Charset to use in creating database tables. */
define('DB_CHARSET', 'utf8');

/** The Database Collate type. Don't change this if in doubt. */
define('DB_COLLATE', '');

/**#@+
 * Authentication Unique Keys and Salts.
 *
 * Change these to different unique phrases!
 * You can generate these using the {@link https://api.wordpress.org/secret-key/1.1/salt/ WordPress.org secret-key
 * service}
 * You can change these at any point in time to invalidate all existing cookies. This will force all users to have to
 * log in again.
 *
 * @since 2.6.0
 */
define('AUTH_KEY',         'put your unique phrase here');
define('SECURE_AUTH_KEY',  'put your unique phrase here');
define('LOGGED_IN_KEY',    'put your unique phrase here');
define('NONCE_KEY',        'put your unique phrase here');
define('AUTH_SALT',        'put your unique phrase here');
define('SECURE_AUTH_SALT', 'put your unique phrase here');
define('LOGGED_IN_SALT',   'put your unique phrase here');
define('NONCE_SALT',       'put your unique phrase here');

/**#@-*/

/**
 * WordPress Database Table prefix.
 *
 * You can have multiple installations in one database if you give each a unique
 * prefix. Only numbers, letters, and underscores please!
 */
$table_prefix  = 'wp_';

/**
 * WordPress Localized Language, defaults to English.
 *
 * Change this to localize WordPress. A corresponding MO file for the chosen
 * language must be installed to wp-content/languages. For example, install
 * de_DE.mo to wp-content/languages and set WPLANG to 'de_DE' to enable German
 * language support.
 */
define('WPLANG', 'ko_KR');

/**
 * For developers: WordPress debugging mode.
 *
 * Change this to true to enable the display of notices during development.
 * It is strongly recommended that plugin and theme developers use WP_DEBUG
 * in their development environments.
 */
define('WP_DEBUG', false);

/* That's all, stop editing! Happy blogging. */

/** Absolute path to the WordPress directory. */
if ( !defined('ABSPATH') )
    define('ABSPATH', dirname(__FILE__) . '/');

/** Sets up WordPress vars and included files. */
require_once(ABSPATH . 'wp-settings.php');
```

▲ wp-config-sample.php 파일의 내용

 워드프레스 설치하기

TIP

wp-config.php 를 편집해서 웹사이트 언어 바꾸기

wp-config.php에는 워드프레스의 언어를 설정하는 구문이 포함되어 있는데 예를 들어 한글로 설정되어 있다면 define('WPLANG', 'ko_KR')이라고 표기된 부분을 찾을 수 있습니다. 여기서 'ko_KR' 부분의 ko는 한글을, KR은 대한민국을 의미합니다. 언어와 지역코드가 함께 들어가는데 같은 영어라 하더라도 미국은 'en_US', 영국은 'en_GB'로 설정합니다. wp-config.php에서 WPLANG을, 'ko_KR'을 'en_US'로 변경하면 워드프레스의 언어 설정이 한글에서 영어로 바뀝니다. 단, 기본 언어인 영어 외에 다른 언어로 변경할 경우, /wp-content/languages/ 안에 해당 언어의 번역 파일(.mo)을 넣어줘야 하고 처음부터 영문판으로 설치하고 한글로 변경할 경우에도 마찬가지로 번역 파일을 추가해야 합니다.

02 설치하기(카페24 기준)

호스팅 서버에 워드프레스 파일을 모두 올리고 나면 이제 설치하는 일만 남았습니다. 워드프레스 코어의 버전이 업그레이드되면서 설치 방법도 점점 간단하고 손쉽게 바뀌고 있습니다. 앞에서 언급했듯이 에디터를 이용해 환경 설정 파일을 업로드할 필요 없이 웹 브라우저 상에서 입력 폼을 완성하는 것으로 설치할 수 있게 되었습니다. 하나씩 입력해야 할 내용을 확인하면서 따라가 보겠습니다.

웹 브라우저를 열고 주소창에 도메인을 입력해서 웹사이트로 접속합니다. 앞에서 설명한 'FTP로 워드프레스 업로드하기'가 이상 없이 완료된 상태라면 다음과 같은 화면이 나타날 때면 [환경 설정 파일 만들기] 버튼을 클릭합니다.

참고

브라우저 탭에 '워드프레스 > 오류'라고 표시되는데 설치 시 나타나는 메시지이니 걱정할 필요는 없습니다.

81

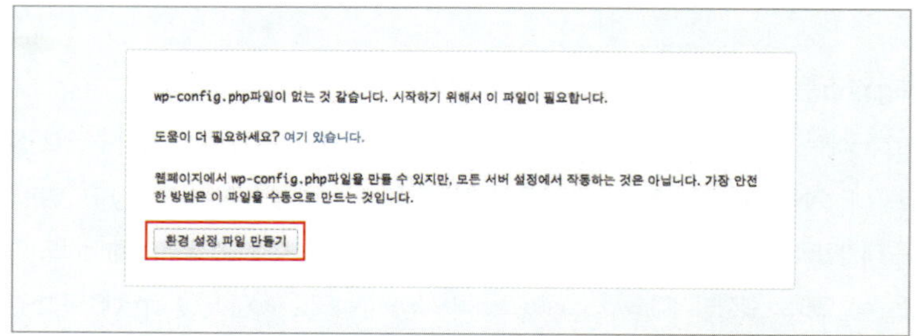

▲ 워드프레스 코어 파일 업로드한 후 웹사이트에 접속 시 나타나는 설치 첫 화면

데이터베이스 이름, 데이터베이스 사용자 이름, 데이터베이스 비밀번호, 데이터베이스 호스트, 테이블 접두어까지 총 다섯 가지 항목을 입력해야 한다고 환경 설정에 필요한 내용을 안내하는 화면이 나타납니다. 환경 설정에 필요한 내용은 모두 확인했다면 하단의 [Let's go!] 버튼을 클릭합니다.

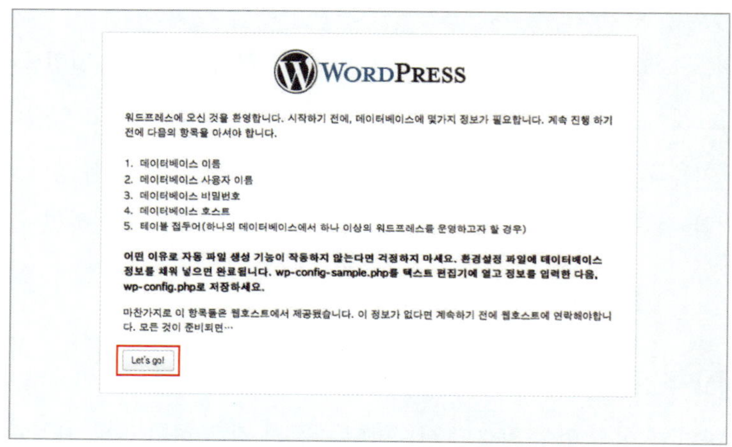

▲ 환경 설정에 필요한 내용들

| 데이터베이스 관련 정보를 확인하는 방법 |

데이터베이스와 관련된 내용은 가입한 웹 호스팅 서비스에서 확인할 수 있습니다. 카페24의 경우, 데이터베이스 이름과 데이터베이스 사용자 이름이 같은데 웹 호스팅 서비스 계정의 아이디를 입력합니다. 데이터베이스 비밀번호는 가입 시 입력한 것을 넣습니다. 카페24의 경우, 따로 변경하지 않았다면 FTP 비밀번호와 데이터베이스 비밀번호가 같습니다. FTP 클라이언트 프로그램에서 사이트를 등록할 때 입력한 FTP 비밀번호를 입력합니다.

FTP 또는 데이터베이스의 비밀번호가 기억나지 않을 때

웹 호스팅 서비스의 관리 메뉴에서 이를 변경할 수 있는데, 카페24의 경우, '나의 서비스관리〉서비스 접속관리'에서 'FTP 비밀번호 변경', 'DB 비밀번호 변경'을 통해 가능합니다.

환경 설정과 관련된 입력 폼이 나타납니다. 앞에서 확인한 내용을 입력합니다. 데이터베이스 호스트의 경우는 특별한 경우가 아니라면 기본값인 localhost를 그대로 둡니다. 테이블 접두어는 기본값인 wp_를 그대로 사용해도 됩니다. 단, 보안상 테이블 접두어를 변경하는 것이 좋습니다. 내용을 모두 입력했으면 [전송] 버튼을 클릭합니다.

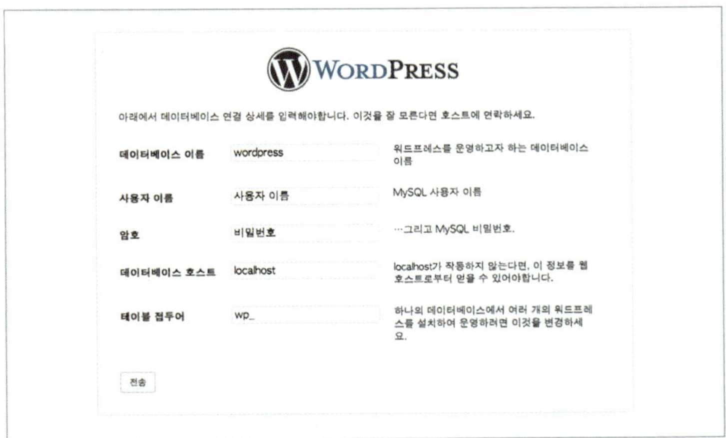

▲ 환경 설정에 내용 입력

다음과 같은 화면이 보인다면 데이터베이스와 관련된 정보를 올바로 입력했다는 뜻입니다. 만약, 오류가 있다면 입력한 내용을 다시 확인합니다. 'wp-config.php 파일에 쓰기가 불가능합니다.'라는 메시지가 나온다면 1항의 '자동 설치와 수동 설치 그리고 wp-config.php 편집'을 참고하십시오.

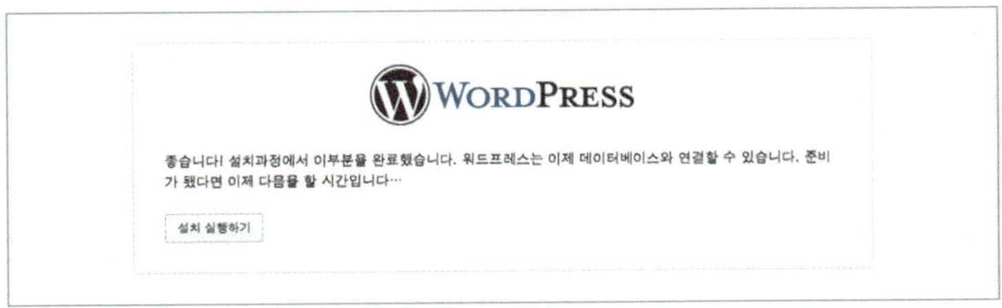

▲ 환경 설정 완료 시 나타나는 화면

사이트 제목, 사용자명, 비밀번호, 이메일 주소를 입력하고 프라이버시를 설정합니다. '사이트 제
목'은 웹사이트의 주소(도메인)를 묻는 것이 아닙니다. 사이트 성격에 맞는 이름을 정해서 입력합니
다. 그리고 웹사이트 관리 계정으로 사용할 사용자명과 비밀번호, 이메일 주소를 입력합니다. 마지
막으로 '프라이버시'는 웹사이트의 콘텐츠를 구글과 같은 검색엔진에 검색되게 할 것인지를 묻는 것
입니다. 아직 정식으로 공개하기 전이라면 이 항목의 체크를 풀어 검색 노출을 막을 수 있습니다.

▲ 사이트 설정 화면

내용을 모두 입력하고 [워드프레스 설치하기] 버튼을 클릭하면 "성공"이라는 메시지와 함께 모든 설
치 과정이 마무리됩니다. [로그인] 버튼을 클릭하고 방금 입력한 사용자명과 비밀번호를 넣어서 로
그인하면 워드프레스 관리 화면으로 들어갑니다.

03 데이터베이스 확인하기(카페24 기준)

웹사이트의 정보는 데이터와 데이터베이스 두 가지로 나뉘어 기록됩니다. 웹 호스팅 서비스에서는 MySQL 데이터베이스도 함께 제공하는데 워드프레스를 설치할 때 이 데이터베이스에 관한 정보를 입력하여 워드프레스가 데이터베이스에 기록할 수 있는 권한을 얻게 됩니다. 워드프레스를 설치하면 데이터베이스 안에 워드프레스와 관련된 테이블이 생기는데 웹 호스팅 서비스에서 데이터베이스에 접속해 이 부분을 확인할 수 있습니다.

▲ [MySQL 웹어드민] 페이지, 카페24

카페24의 경우, [서비스 접속관리] 안에 [MySQL 웹어드민] 메뉴에서 확인할 수 있습니다. [접속하기] 버튼을 클릭하면 로그인 화면이 나타나는데, '사용자명'에는 카페24 아이디를, '암호'에는 데이터베이스 비밀번호를 입력한 후 [실행] 버튼을 클릭합니다.

TIP

데이터베이스 비밀번호가 기억나지 않을 때

[서비스 접속관리]에서 [DB 비밀번호 변경]을 선택하고 새로운 비밀번호를 지정할 수 있습니다. 카페24외 타 웹호스팅 업체에서도 'DB 비밀번호 변경' 또는 '데이터베이스 비밀번호 변경'과 같은 메뉴를 찾아서 수정할 수 있습니다.

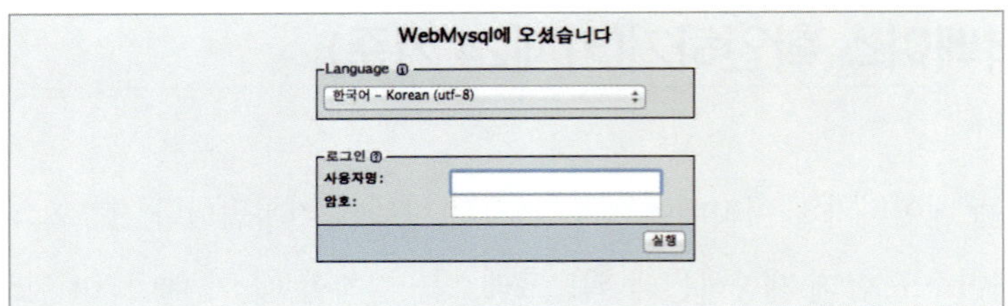

▲ MySQL 로그인 화면

로그인해서 안으로 들어가면 데이터베이스를 확인할 수 있습니다. 아래 그림을 보면 왼쪽 상단에 'information_schema (28)'라는 글 밑에 데이터베이스 이름이 있습니다. 카페24의 경우, 서비스 가입 시 만든 아이디와 같은 이름으로 데이터베이스가 자동 생성되는데 예를 들어 wpbook이라는 계정을 만들었다면 데이터베이스 이름도 wpbook이 됩니다. 데이터베이스 이름에 괄호하고 숫자가 함께 있는데 데이터베이스 안에 생성된 테이블 수를 가리킵니다. 워드프레스가 설치되기 전에는 이 숫자가 0이었다가 설치가 완료되면 11로 바뀝니다. 워드프레스가 11개의 테이블을 새로 만들었다는 얘기입니다.

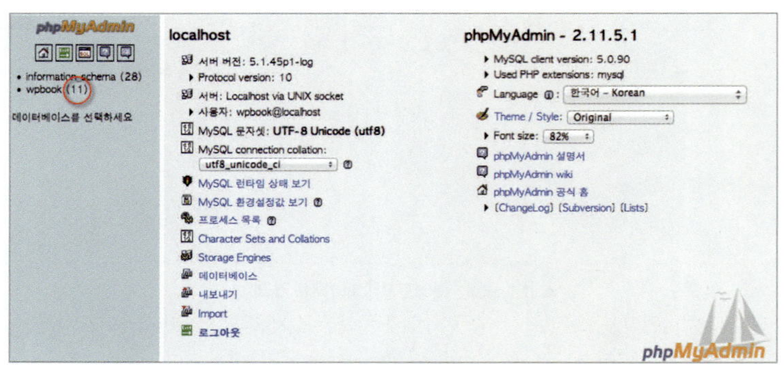

▲ 데이터베이스의 테이블 숫자 확인

사실, 워드프레스로 웹사이트를 운영하는 동안 데이터베이스를 확인해야 할 일은 거의 없습니다. 그럼에도 불구하고 데이터베이스의 존재를 알아둬야 할 이유, 웹 사이트를 백업하거나 복원할 때 필요하기 때문입니다. 워드프레스는 오픈 소스인 만큼 운영할 때 가장 신경써야 할 부분이 보안이기 때문에 데이터 및 데이터베이스를 정기적으로 백업할 것을 추천합니다.

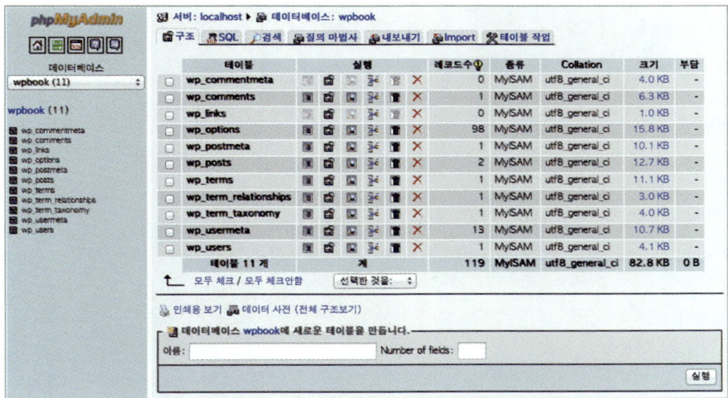

▲ 워드프레스 설치 후 생성된 11개의 테이블

TIP

워드프레스 재설치 방법

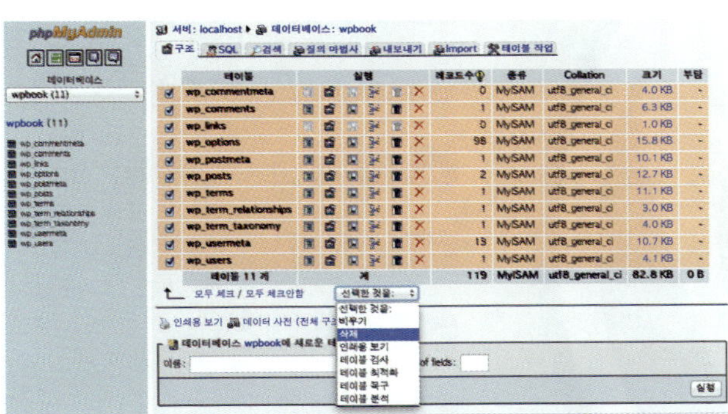

▲ 데이터베이스의 테이블 삭제

워드프레스를 재설치하려면 워드프레스가 만든 테이블을 모두 삭제합니다. 데이터베이스 이름을 선택하면
그 안의 테이블이 표로 나타납니다. 표 아래 '모두 체크'를 클릭하고 '선택한 것을' 이라는 드롭다운 메뉴에서
'삭제'를 선택하면, 삭제 여부를 다시 한 번 묻는데, [예]를 클릭하면 데이터베이스 내의 모든 테이블이 삭제되
고 초기화 됩니다. 데이터베이스를 초기화하고 웹사이트로 접속하면 설치 첫 단계에서부터 다시 시작합니다.

W O R D

워드프레스 코어

워드프레스의 핵심은 다양한 형식의 콘텐츠를 손쉽게 관리할 수 있다는 점에 있습니다. 플러그인과 테마가 있어 워드프레스가 더욱 돋보이기도 하지만 사용자가 손쉽게 글을 쓰고 관리할 수 있다는 점이 워드프레스의 본질이기 때문입니다. 이 장에서는 워드프레스 코어의 관리 메뉴, 글쓰기 방법에 대해서 알아봅니다.

관리 메뉴의 기본 구성과 알림판

워드프레스 관리자의 주요 메뉴 구성을 알아보고 사이트 전반의 정보를 한 눈에 파악할 수 있게 해주는 알림판(Dashboard)에 대해 알아봅니다.

01 관리자 화면의 기본 구성 알아보기

워드프레스 사이트에 로그인해서 관리자 화면으로 들어가면 다음 그림과 같이 알림판(Dashboard)이 나타납니다. 관리자 화면의 상단에 항상 고정된 고정 관리 메뉴(Admin Bar)가 있고 고정 관리 메뉴 오른쪽 하단에 화면을 구성하는 [화면 옵션] 버튼과 각 메뉴별 도움말을 볼 수 있는 [도움말] 버튼이 배치되어 있습니다. 화면 왼편에는 주 관리 메뉴가 있고 메뉴 하단에는 메뉴를 축소, 확대할 수 있는 버튼이 있습니다.

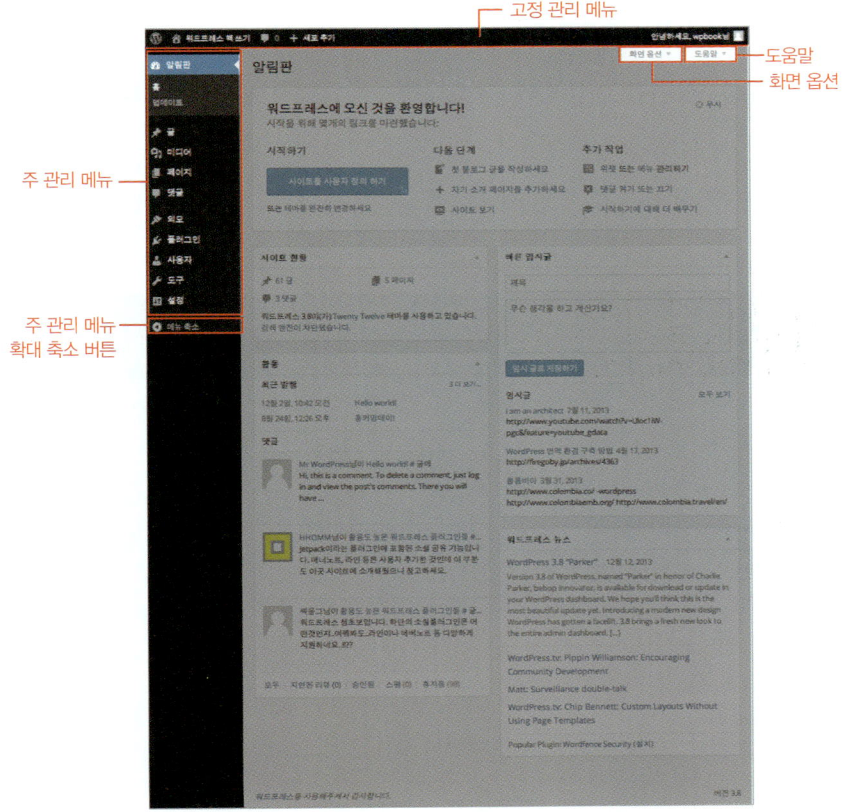

▲ 워드프레스 관리자 화면의 구성

주 관리 메뉴 하단에 있는 [메뉴 축소] 버튼을 클릭하면 다음 그림과 같이 주 관리 메뉴가 아이콘만 표시되는 방식으로 축소됩니다. 관리자 화면 오른쪽 상단에 있는 [도움말] 버튼을 클릭하면 현재 관리 페이지에 해당하는 도움말이 나타나고 '추가 정보'로 WordPress.org에서 참고할 수 있는 문서를 링크로 표시합니다.

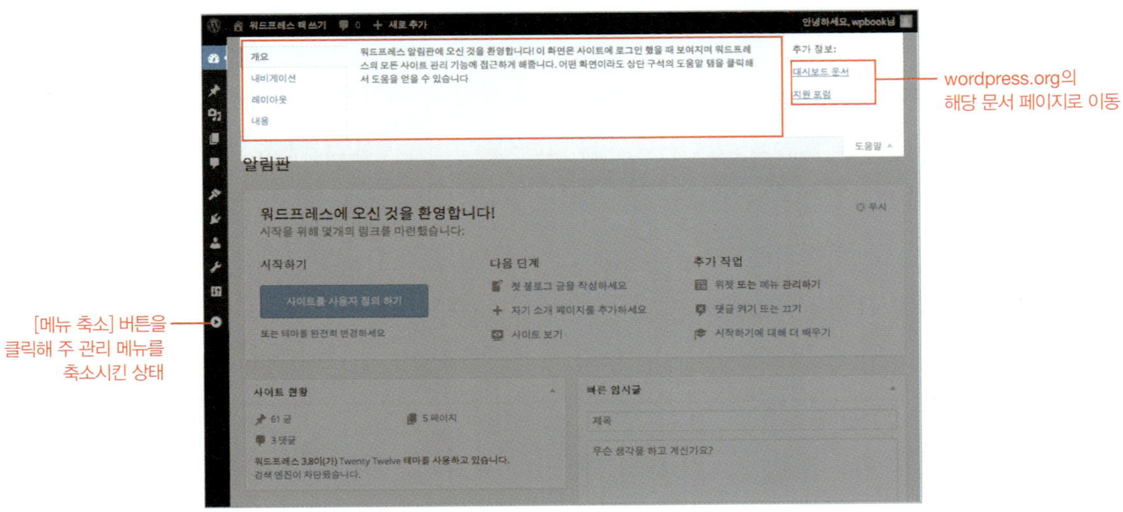

▲ 주 관리 메뉴를 축소시키고 도움말을 연 상태

다음 그림은 '도움말'의 '추가 정보'에서 제공한 링크를 통해 WordPress.org의 관련 문서 페이지로 이동한 화면입니다. 알림판 메뉴에서 '도움말'을 열고 '대시보드 문서'라는 링크를 클릭하면 WordPress.org에 등록된 알림판에 관한 문서 페이지로 이동하여 세부 내용을 볼 수 있습니다. 단, 한국어로 번역된 내용이 적어 대부분 영문 페이지로 연결됩니다.

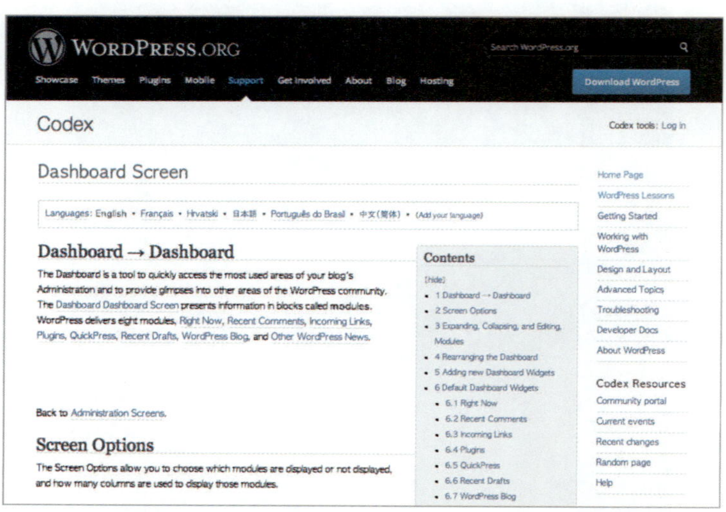

▲ 주 관리 메뉴를 축소시키고 도움말을 연 상태, 출처: http://codex.wordpress.org/

워드프레스 관리자 화면은 상단의 고정 관리 메뉴, 왼편의 주 관리 메뉴, 오른쪽 상단의 '화면 옵션', '도움말'로 기본 구성되어 있습니다.

02 화면 옵션으로 관리 화면 구성하기

'화면 옵션'(Screen Options)도 '도움말'과 마찬가지로 각 관리 페이지 별로 세부 항목이 바뀌는데, 각 페이지 별로 화면을 구성할 수 있습니다. 다음 그림은 알림판에서 [화면 옵션] 버튼을 클릭한 화면입니다. '화면에 보여주기'라는 문구 아래, '사이트 현황', '활동', 빠른 임시글, '워드프레스 뉴스', '환영합니다.' 등 알림판에서 구성할 수 있는 항목이 모두 나와 있습니다. 여기서 체크박스가 선택된 항목만 아래 알림판 페이지에 표시됩니다.

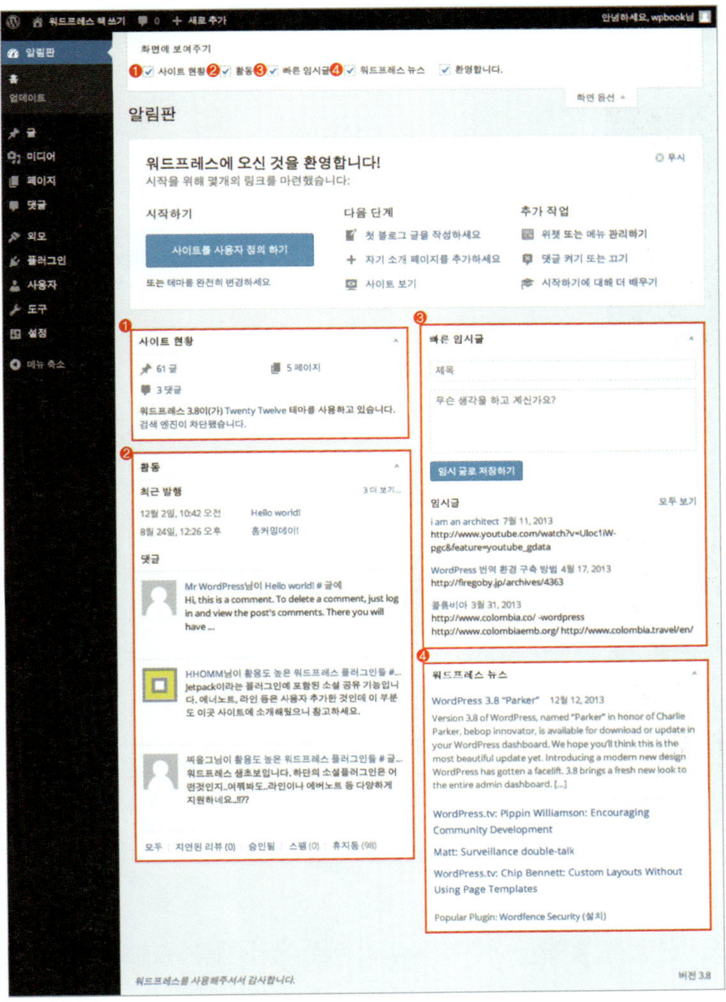

▲ 화면 옵션에서 선택한 항목이 화면에 표시됩니다.

다음 그림은 화면 옵션에서 '최근 임시글'과 '그 밖의 워드프레스 소식' 항목의 선택을 해제해 알림판에서 해당 내용을 숨기고 왼쪽 열에 있던 '들어오는 링크'를 오른쪽 열로 이동시키는 화면입니다. 화면 옵션에 표시된 항목을 체크하면 화면에 해당 항목이 나타나고 반대로 체크를 풀면 사라집니다. 화면에 표시된 각 항목은 드래그해서 표시 위치를 이동시킬 수도 있습니다.

▲ 알림판 화면을 재구성할 수 있습니다

화면 옵션은 '도구', '설정'을 제외한 대부분의 관리 메뉴에서 제공하고 화면 옵션의 세부 항목은 플러그인이나 워드프레스의 환경에 따라 추가되기도 합니다.

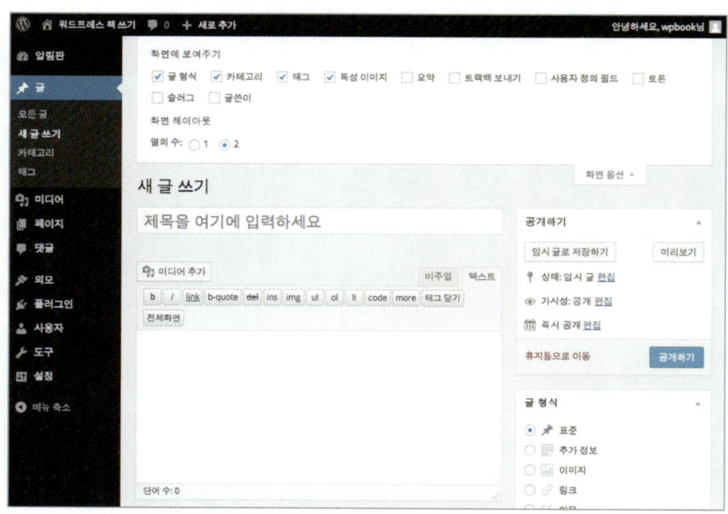

▲ '새 글 쓰기'에서의 화면 옵션

03 알림판의 업데이트 메뉴

알림판(Dashboard)의 업데이트 페이지에서는 워드프레스 코어와 설치된 테마, 플러그인의 업데이트 정보를 모아 손쉽게 관리를 할 수 있도록 해줍니다.

워드프레스는 코어, 테마, 플러그인의 개발자가 모두 다르고 각기 업데이트 시기도 다릅니다. 만약 업데이트 알림 기능이 없다면 사용자는 매번 해당 개발자 또는 개발사의 웹사이트에 방문해 최신 버전을 확인해야 할지 모릅니다. 업데이트 알림 기능이 있다 하더라도 코어와 각 테마, 플러그인별로 하나씩 업데이트를 진행하려면 그것 또한 수고스러운 일입니다. 실제로 알림판에 업데이트 메뉴가 제공되기 전까지는 테마는 코어, 테마, 플러그인을 각각의 관리 메뉴에서 업데이트해야 했습니다. 특히 테마의 경우는 업데이트 기능이나 업데이트 알림 기능 자체가 없었기 때문에 일일이 테마의 업데이트 정보를 확인해 FTP로 파일을 교체해줘야 했습니다.

이런 점에서 알림판의 업데이트 메뉴는 워드프레스 사이트를 최신으로 유지하는 데 상당히 편리한 기능이라고 할 수 있습니다. 다음 그림에서 보듯이 전체 업데이트 항목의 개수를 합해 알려주고 코어와 테마, 플러그인의 업데이트를 하나의 관리 화면에서 해결할 수 있습니다.

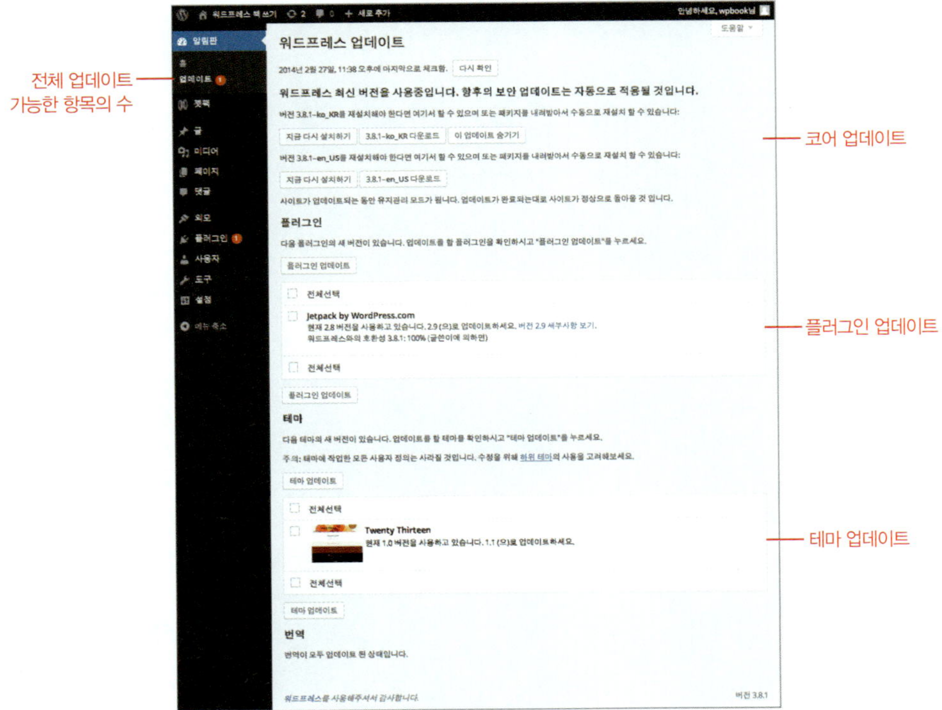

▲ 업데이트 메뉴의 구성

단, 업데이트 시 유의할 점이 있습니다. 업데이트 전에는 이전 데이터를 백업해두는 것이 좋습니다. 테마나 플러그인을 일부 수정하여 사용하는 경우라면 업데이트로 관련 내용이 모두 초기화될 수 있고 최신 버전의 테마나 플러그인이 안정성에서 문제를 일으키는 경우도 있기 때문에 업데이트 전에는 백업을 해두는 것이 좋습니다. 또 업데이트한 후에는 이로 인해 사이트에 어떤 문제가 발생하지는 않았는지 바로 점검하는 것이 좋습니다.

고정 관리 메뉴

새 글을 쓰고 편집할 때 여러 단계의 메뉴를 거치지 않고 곧바로 해당 페이지로 이동할
수 있게 도와주는 고정 관리 메뉴(Admin Bar)에 대해 알아봅니다.

01 고정 관리 메뉴의 구성 알아보기

고정 관리 메뉴(Admin Bar)는 워드프레스 3.3 이후에 추가된 기능으로 로그인한 후, 관리자 및 미
리보기 화면 어디에서나 화면 상단에 고정되어 콘텐츠 관리에 관한 네비게이션 역할을 합니다. 고
정 관리 메뉴에 포함된 기본 버튼은 다음 그림과 같은데 고정 관리 메뉴는 현재 페이지의 특성에 따
라 기본 버튼 외의 기능들이 추가됩니다.

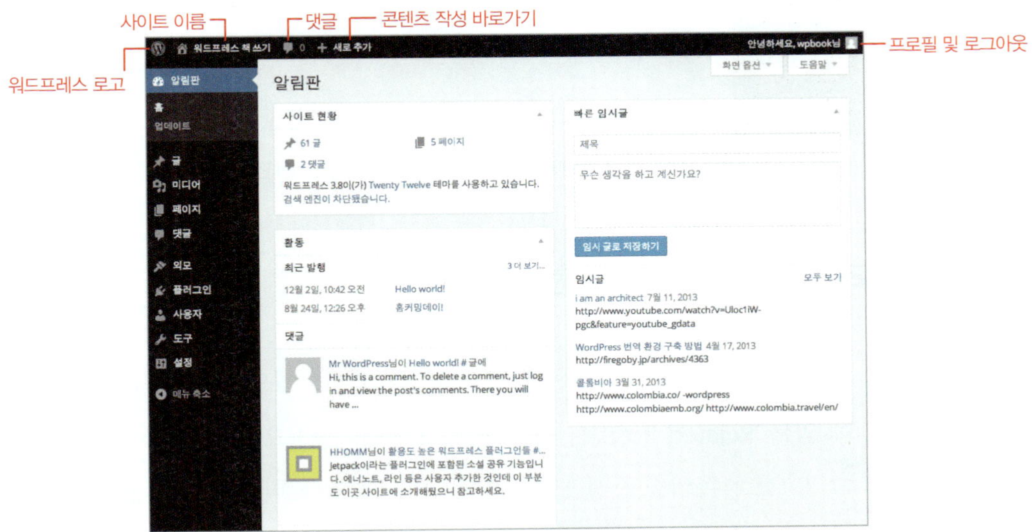

▲ 기본 고정 관리 메뉴(Admin Bar)의 기본 구성

■ 사이트 위치에 따라 변하는 고정 관리 메뉴

다음 그림은 '워드프레스 1인 아카이브 시대를 열다'라는 글의 단일 글 미리보기 화면인데 고정 관리 메뉴에 '이 글 편집'이라는 메뉴가 추가된 것을 볼 수 있습니다. 단일 글 미리보기 상에서 는 해당 글의 편집 페이지로 이동할 수 있는 '이 글 편집' 바로가기 버튼이 나타납니다. 마찬가 지로 단일 페이지 미리보기에서는 고정 관리 메뉴의 같은 위치에 '페이지 편집' 바로가기 버튼 이 생깁니다. 이 외에도 업데이트 항목이 생기면 사이트 이름과 댓글 버튼 사이에 업데이트 바 로 가기 버튼이 표시되기도 합니다. 고정 관리 메뉴는 기본적으로 각 관리 메뉴를 찾아가는 과 정을 단축시키기 위해서 고안된 것으로 사이트 위치에 따라 필요한 바로가기를 제공합니다.

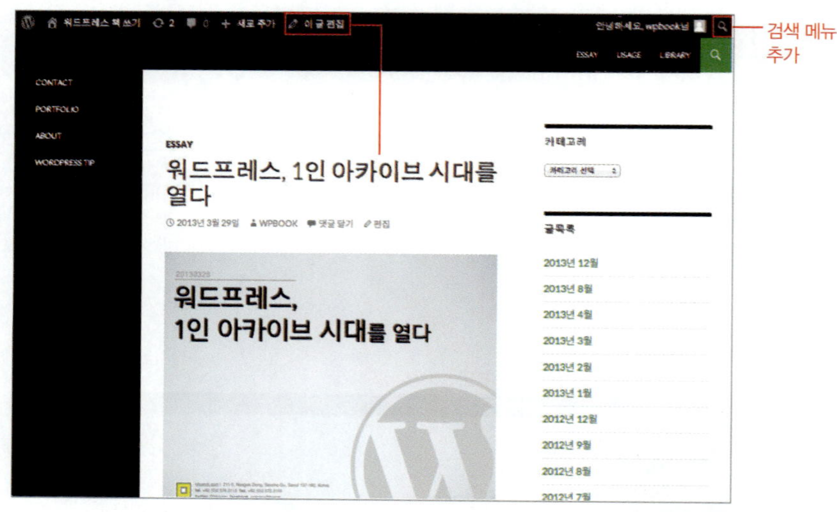

▲ 단일 글 미리보기 화면에서의 기본 고정 관리 메뉴(Admin Bar)

■ 테마, 플러그인에 따라 추가되는 메뉴

고정 관리 메뉴는 사용하는 테마, 플러그인에 따라 버튼이 추가되기도 하는데 다음 그림이 그 예입니다. 중간에 있는 'Related Posts'는 WP Related Posts 플러그인을 사용하면서 생긴 바 로가기입니다. 그리고 오른쪽의 말풍선 모양의 알림 버튼과 검색 버튼은 모두 젯팩(Jetpack) 플러그인을 사용하면서 생긴 것입니다.

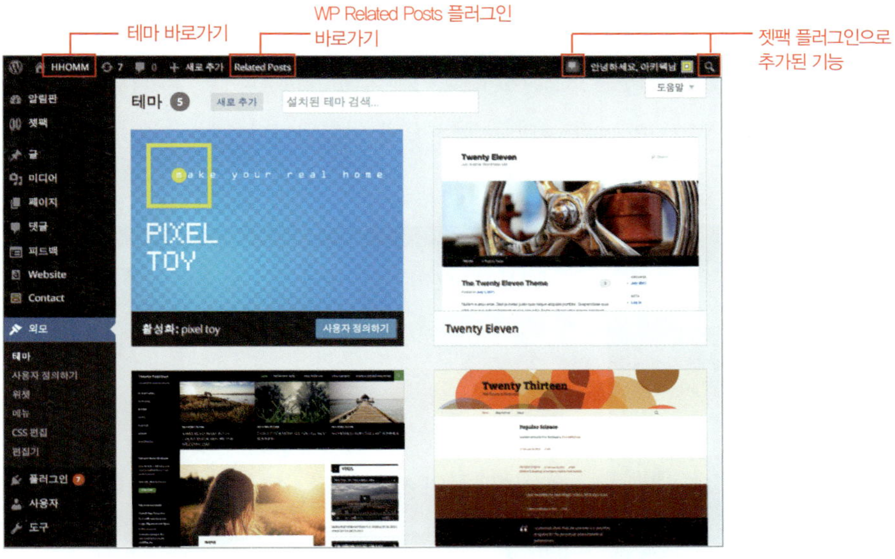

▲ 단일 글 미리보기 화면에서의 기본 고정 관리 메뉴(Admin Bar)

02 워드프레스 도움말 바로 가기

고정 관리 메뉴 왼쪽 첫 번째, 워드프레스 로고 버튼에 마우스를 올려 놓으면 '워드프레스에 관하여', 'WordPress.org', '문서', '지원 포럼', '피드백'의 메뉴가 나타납니다. 워드프레스에 관한 도움말이나 참고 자료가 있는 웹 페이지들이 링크로 제공됩니다.

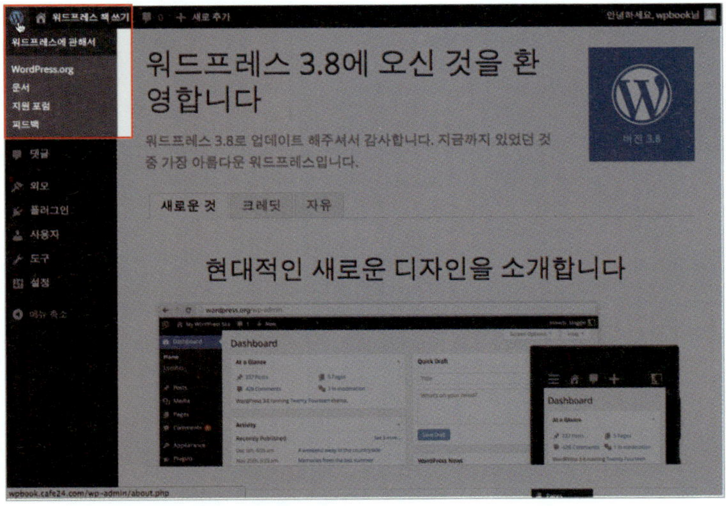

▲ 고정 관리 메뉴에서 제공하는 워드프레스 관련 정보 바로가기

'워드프레스에 관하여'에서는 사용 중인 코어 버전에 관한 정보를 볼 수 있는데 새로 추가된 기능과
참여 개발자, 사용된 외부 라이브러리, 라이센스에 대해 소개하고 'WordPress.org', '문서', '지원
포럼', '피드백'은 WordPress.org의 각 섹션으로 연결됩니다.

▲ 고정 관리 메뉴의 '워드프레스에 관하여' 페이지

03 관리자, 미리보기 화면 전환

왼쪽에서 두 번째, 사이트 이름으로 표시되는 버튼은 관리자 메뉴에서는 미리보기로, 미리보기에서
는 관리자 메뉴로 변경할 때 사용합니다. 관리자 화면에서 이 버튼에 마우스를 올려놓으면 '사이트

보기'가 아래에 나타나고 미리보기 화면에서 마찬가지로 이 버튼에 마우스를 올려놓으면 '알림판', '테마', '사용자 정의하기', '위젯', '메뉴', '배경', '헤더' 등의 하위 메뉴가 나타납니다.

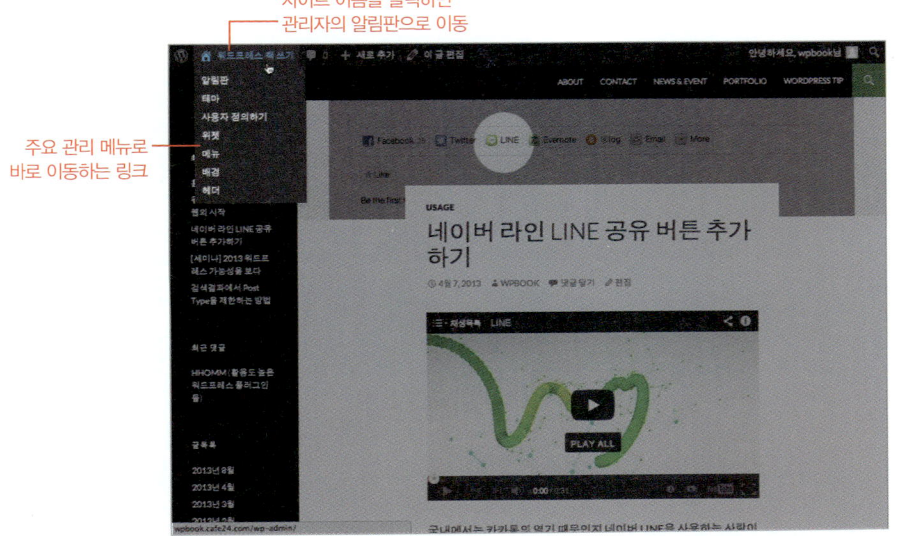

▲ 미리보기 화면에서 고정 관리 메뉴의 사이트 이름 위에 마우스 포인터를
올려놓으면 주요 관리자 바로가기가 나타납니다.

하위 메뉴 중에 하나를 클릭하면 바로 해당 메뉴로 이동하고 사이트 이름을 클릭하면 관리자 첫 화면인 알림판으로 들어갑니다. '사용자 정의'는 테마의 하위 메뉴 중 하나인 '사용자 정의' 메뉴를 뜻합니다. 현재 사용 중인 테마의 설정을 변경할 때 이 버튼을 클릭해서 테마의 사용자 정의 메뉴로 이동합니다. '위젯', '메뉴', '배경', '헤더' 모두 테마의 하위 관리 메뉴입니다.

04 업데이트와 댓글 바로 가기

워드프레스 코어, 테마, 플러그인 등 업데이트가 필요할 때 사이트 제목과 댓글 사이에 회전하는 화살표 모양의 버튼이 생기는데 그 뒤에 붙은 숫자가 업데이트해야 할 항목의 수입니다. 버튼을 클릭하면 관리자의 업데이트 메뉴로 이동합니다.

댓글 바로가기 버튼의 경우도 업데이트 바로가기 버튼과 같이 새로 달린 댓글이 있을 때 말풍선 뒤에 확인하지 않는 최신 댓글의 수가 표시되고 클릭하면 댓글 관리 메뉴로 이동합니다.

▲ 업데이트와 댓글 바로가기 버튼

05 새로운 콘텐츠 추가 바로 가기

고정 관리 메뉴의 '새로 추가' 메뉴에는 '글', '미디어', '페이지', '사용자' 바로가기가 포함되어 있습니다. '새로 추가' 메뉴를 바로 클릭하면 하위 첫 번째 링크인 '글'을 클릭했을 때와 마찬가지로 '새 글 쓰기' 페이지로 이동합니다. '미디어'를 클릭하면 '새 미디어를 업로드' 메뉴로 이동하고 '페이지'를 클릭하면 '새 페이지 추가'로 이동, '사용자'를 클릭하면 '새로운 사용자 추가' 메뉴로 이동합니다. '새로 추가' 메뉴는 글, 페이지, 미디어, 사용자를 새로 등록할 때 사용하는 관리 메뉴들을 모아둔 것입니다.

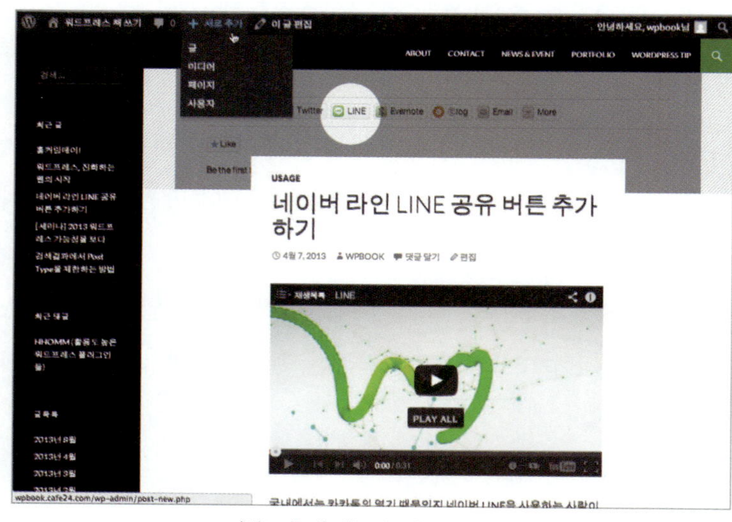

▲ '새로 추가' 메뉴에 포함된 바로가기

사용하는 테마에 따라서는 기본적인 글, 미디어, 페이지, 사용자 외에 새로운 포스트 타입(Custom Post Types)을 사용하는 경우가 있습니다. 특히, 유료 테마의 경우 포트폴리오나 웹진 등 용도가 특성화된 경우가 많은데 각 테마의 특성에 맞게 새로운 형식을 개발해 사용하는 경우가 있습니다. 이때 테마에서 확장한 형식도 '새로 추가' 메뉴에 바로가기가 나타납니다. 다음 그림에서 보면 'Website'라는 바로가기가 추가된 것을 볼 수 있습니다. 글, 미디어, 페이지, 사용자 바로가기와 마찬가지로 해당 형식으로 새로운 콘텐츠를 추가할 때 사용할 수 있습니다.

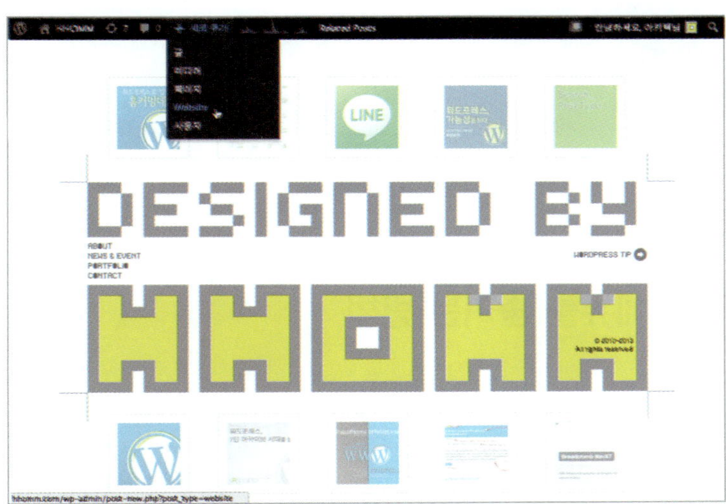

▲ '새로 추가' 메뉴에 포함된 Custom Post Types 바로가기

06 프로필 편집 바로가기와 로그아웃

고정 관리 메뉴의 오른쪽에는 사용자명과 아바타가 함께 표시되는 데 포인터를 올려 놓으면 보다 확대된 아바타 이미지와 사용자명, '내 프로필 편집', '로그아웃' 버튼이 나타납니다. 여기에서 프로필 편집으로 이동하거나 로그아웃을 할 수 있습니다.

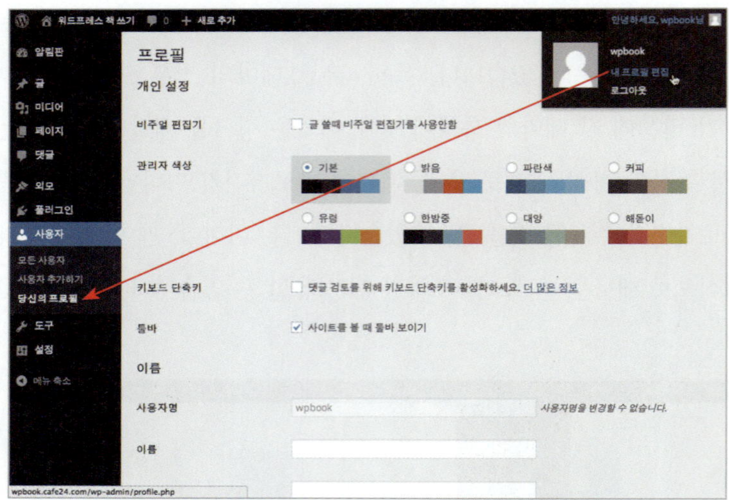

▲ 고정 관리 메뉴의 프로필 편집 버튼과 로그아웃 버튼

07 고정 관리 메뉴를 숨기는 방법

고정 관리 메뉴가 관리면에서 접근성을 높여주지만 때에 따라서는 갑갑해 보이는 경우가 있습니다. 버전 3.3 이후에 추가된 기능이다보니 그 이전 코어 환경에서 개발된 일부 테마에서는 시각적으로 문제를 일으키는 경우도 있는데 이럴 때는 사용자의 프로필 설정을 변경하거나 해당 테마의 테마 함수(functions.php)를 편집해 고정 관리 메뉴를 숨길 수 있습니다. 다음은 고정 관리 메뉴를 숨기는 방법입니다.

■ 사용자 관리 메뉴 설정으로 고정 관리 메뉴를 숨기는 방법

사용자 관리 메뉴에서 '당신의 프로필'을 클릭, 프로필 편집 메뉴로 이동합니다. 프로필 편집 메뉴의 '개인 설정' 마지막 항목으로 '툴바' 옵션이 있습니다. 기본 설정값으로 '사이트를 볼 때 툴바 보이기'라는 옵션이 선택되어 있습니다. 이 옵션을 선택, 해제합니다.

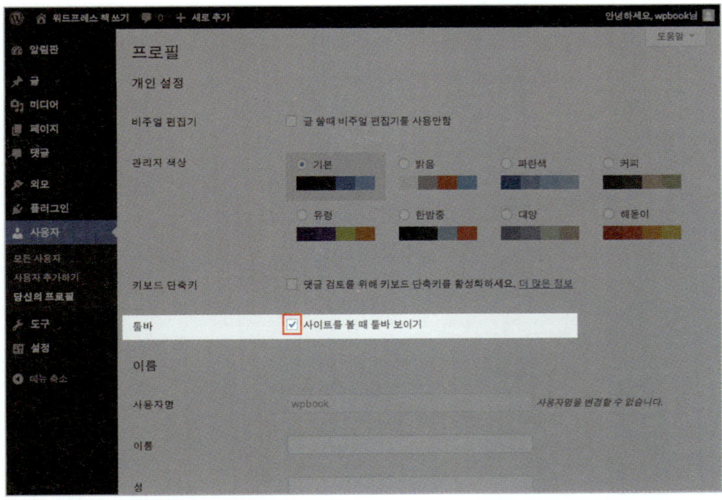

▲ 사용자 관리 메뉴의 프로필 설정에 포함된 '툴바' 표시 옵션

이렇게 하면 설정을 변경한 아이디로 접속할 경우, 미리보기 화면에서 고정 관리 메뉴가 나타나지 않습니다. 단, 사용자마다 프로필의 툴바 옵션을 변경해야 하고 관리자 화면에서는 여전히 고정 관리 메뉴가 보이기 때문에 사용자와 상관없이 고정 관리 메뉴를 숨기고 싶다면, 사용하는 테마의 테마 함수 파일을 변경하는 방법을 사용해야 합니다.

■ 테마 함수 파일을 변경해 고정 관리 메뉴를 숨기는 방법

❶ 주 관리 메뉴에서 외모 메뉴의 하위 메뉴 중에서 '편집기' 메뉴로 이동합니다.

❷ 이 메뉴를 이용하면 현재 사용 중인 테마의 파일을 편집할 수 있는데 화면 오른쪽에 테마를 구성하는 템플릿 파일이 세로로 나열되어 있습니다. 거기서 '테마 함수(functions.php)'를 찾아 클릭합니다.

❸ 화면 가운데 편집 창에 테마 함수 파일의 내용이 나타납니다. 이 파일 안에 적당한 위치를 잡아 'show_admin_bar(false);'라고 고정 관리 메뉴 숨기기 코드를 추가합니다. 파일 내용이 복잡해 위치를 정하기 어렵다면 파일 마지막에 추가해도 됩니다.

❹ 코드를 추가한 후에 편집창 아래에 있는 [파일 업데이트] 버튼을 클릭해 수정한 내용을 저장합니다.

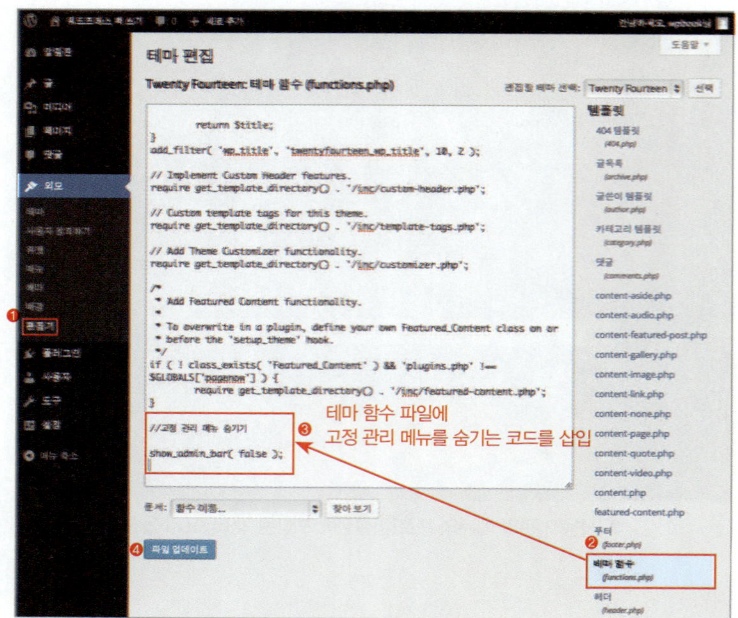

▲ 테마 함수 파일에 고정 관리 메뉴를 숨기는 코드 삽입

003

글(Post) 쓰기

블로그는 글을 쓰고 관리하기 편하다는 장점을 갖고 있습니다. 워드프레스는 블로그 기반으로 시작된 플랫폼이기 때문에 다른 어떤 웹 도구에 비해 글을 작성하고 관리하기 쉽게 설계되어 있습니다. 워드프레스에서 글을 작성하고 편집, 관리하는 방법에 대해서 알아봅니다.

01 글과 페이지의 차이점

워드프레스에서 콘텐츠는 크게 글(Post)과 페이지(Page)로 구분해 작성합니다. 이 중에서 '글'은 블로그의 특성을 갖고 있습니다. 웹에 쓰는 일기라는 뜻의 블로그('web'과 'log'의 합성어, web의 b를 log에 붙여 blog라는 단어가 만들어졌습니다)는 연재되는 것이 특징이다보니 글의 주제 또는 성격에 따라 카테고리, 태그 등으로 분류할 필요가 있고 워드프레스에서는 '글'이 이 부분을 담당합니다.

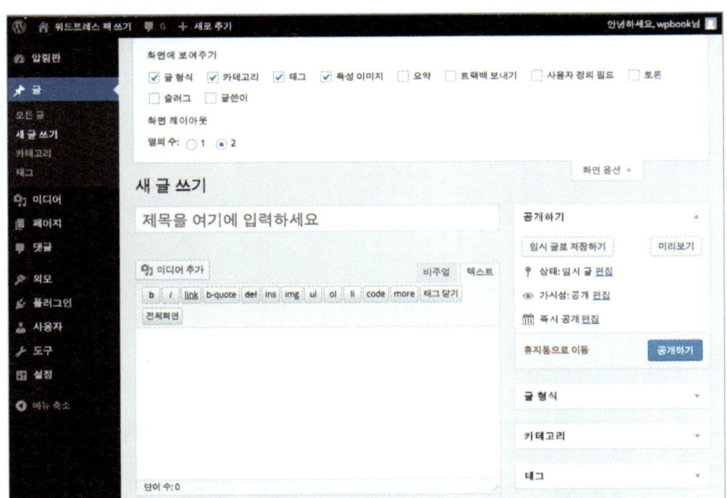

▲ 글(Post)의 화면 옵션 구성 요소

반면, '페이지'는 우리가 흔히 말하는 '홈페이지'적인 특성을 표현할 때 사용합니다. 홈페이지는 구축할 때 웹 디자이너의 손을 빌어 일시에 완성되고 추후 관련 내용이 연재되거나 업데이트되는 경우는 많지 않습니다. 기업 홈페이지의 주요 구성 내용을 보면 '회사 소개' 나 '제품 소개', '찾아오는 길' 등이 대부분인데 이런 요소들은 주제를 갖고 연재되는 성격의 콘텐츠가 아닙니다. 따라서 카테고리나 태그 등으로 분류할 필요가 없고 이런 홈페이지적인 요소를 관리하는 것이 워드프레스의 '페이지(Page)'입니다.

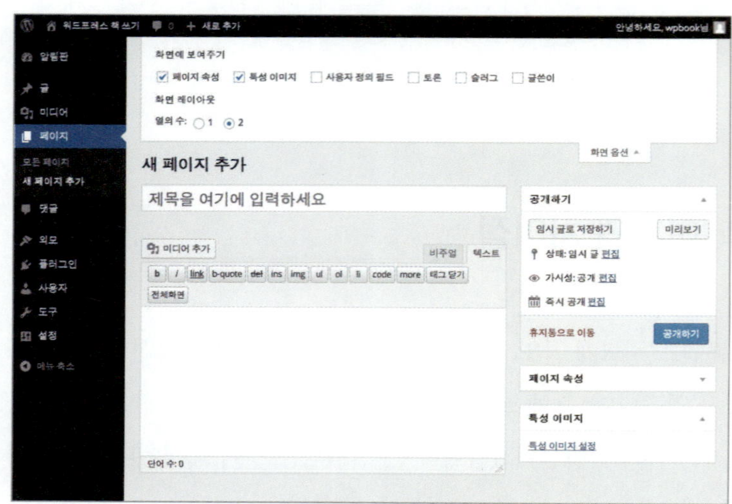

▲ 페이지(Page)의 화면 옵션 구성 요소

'화면 옵션'을 통해서 '글'과 '페이지' 각각의 구성요소를 비교해 볼 수 있는데 '글'은 '페이지'에 없는 '카테고리', '태그', '트랙백 보내기' 등의 기능을 더 갖고 있습니다. 지속적으로 연재되고 다수의 콘텐츠를 관리하기 위해서 '카테고리', '태그'와 같은 분류 체계가 필요하고 이 점에서 '글'과 '페이지'의 성격이 다르다는 점을 확인할 수 있습니다.

참고

| 블로그와 홈페이지의 특징을 겸비한 플랫폼, 워드프레스 |

'글'과 '페이지'의 쓰임새가 명확하게 구분되어 있는 것은 아니지만 워드프레스를 기반으로 웹사이트를 구축할 때, 기존의 홈페이지 형식은 '페이지'만을 이용해 대부분 구현이 가능하고 블로그처럼 연재할 콘텐츠의 경우는 '글'을 통해 구성하는 것이 일반적입니다.

02 '모든 글' 메뉴 알아보기

주 관리 메뉴 중 '글' 관리 메뉴에는 '모든 글', '새 글 쓰기', '카테고리', '태그' 메뉴가 포함되어 있습니다. 이 중에서 '모든 글' 메뉴는 사이트에 등록된 글들은 목록화해서 보여줍니다. 글 목록은 '제목', '글쓴이', '카테고리', '태그', '일자' 순으로 정리되고 등록된 날짜를 기준으로 위에서 아래로 최신 글순으로 정렬됩니다. 글은 제목 또는 시간순으로 재정렬할 수 있습니다. 목록 상단의 '제목'을 클릭하면 제목순으로 클릭되고 '일자'를 클릭하면 글이 등록된 시간순으로 재정렬되며 다시 한 번 클릭하면 오름차순, 내림차순으로 정렬 방식이 바뀝니다.

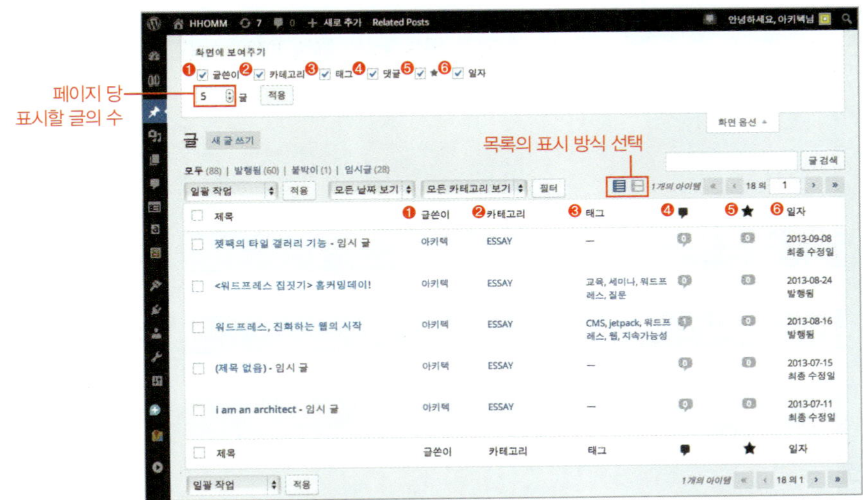

▲ '모든 글' 메뉴의 구성-1

참고

위의 그림에서 5번으로 표시된 별 모양의 항목은 젯팩을 설치하면 추가되는 젯팩의 '좋아요' 표시입니다. 젯팩을 설치하지 않은 기본 코어에서는 나타나지 않습니다.

■ 화면 옵션을 통해 '모든 글' 메뉴 구성하기

알림판에서와 마찬가지로 화면 옵션을 통해 '모든 글' 메뉴의 구성을 바꿀 수 있는데 '화면에 보여주기'에 속한 '글쓴이', '카테고리', '태그', '댓글', '일자' 등의 옵션을 선택 해제하면 목록에서 해당 분류 및 세부 내용이 사라집니다. 다음 그림은 화면 옵션의 모든 옵션을 선택 해제했을 때의 화면입니다.

한 화면에 표시할 글의 수를 조정할 수도 있는데 화면 옵션의 '화면에 보여주기' 아래, 페이지당 표시할 글의 수를 선택하고 오른쪽의 [적용] 버튼을 클릭합니다. 기본 설정은 페이지당 10개의 글을 표시하게 되는데 다음 그림은 5개로 조정한 결과입니다.

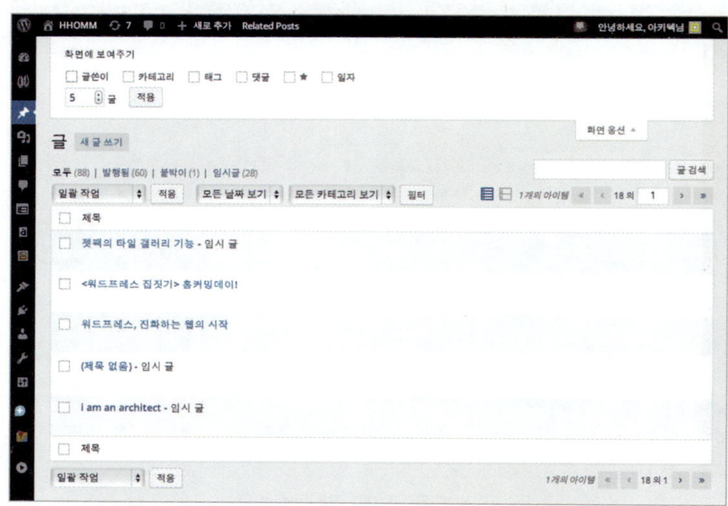

▲ 화면 옵션의 모든 옵션을 선택 해제한 화면

■ 글 목록 보기

글 목록 위의 카테고리 필터와 페이지 네비게이션 사이에는 목록의 표시 방식을 선택하는 버튼이 두 개 있습니다.(다음 그림에서는 '태그' 항목 위에 있습니다.) 초기에는 왼쪽의 '목록 보기' 버튼이 활성화되어 있는데 앞페이지의 그림('모든 글' 메뉴의 구성-1)이 '목록 보기' 방식이고 다음 그림은 '요약 보기' 방식입니다. 각 글의 제목 아래에 글의 요약 내용을 함께 표시할지를 선택하는 옵션입니다.

'모든 글' 메뉴에서는 사이트의 글 전부를 '모두', '발행됨', '붙음', '임시글', '휴지통'으로 분류해서 볼 수 있습니다. 여기서 '붙음'은 붙박이 글을 의미하고 글을 작성할 때 선택할 수 있습니다.

글 목록 바로 위에는 '일괄 작업'이라고 쓰인 드롭다운 메뉴가 있는데 목록에서 여러 개의 글을 선택해 일괄 편집하거나 삭제할 때 사용합니다. 목록 상단의 '제목'이라는 문구 왼쪽의 체크박스를 클릭하면 현재 페이지의 모든 글이 선택되고 한 번 더 클릭하면 모든 글이 선택 해제됩니다.

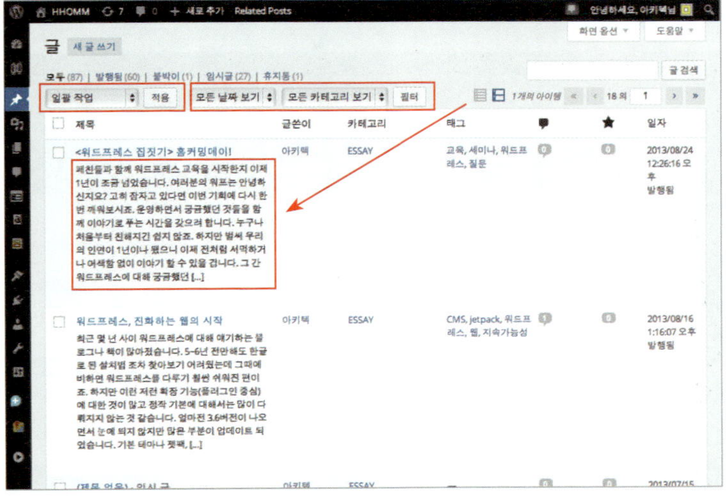

▲ '모든 글' 메뉴의 구성-2

■ 여러 개의 글 일괄 편집하기

일괄 편집 메뉴를 열기 위해서는 여러 개의 글을 선택하고 '일괄 적용' 메뉴에서 '편집'을 선택한 후, 오른쪽의 [적용] 버튼을 클릭합니다.

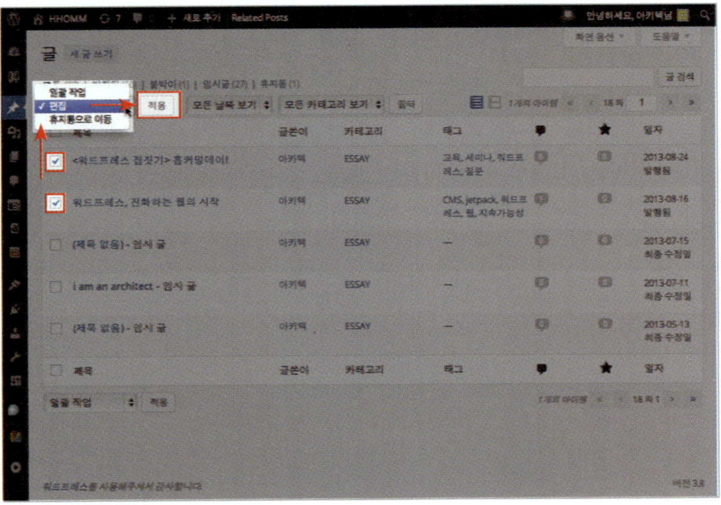

▲ 두 개 이상의 글을 선택해 일괄 편집 메뉴를 여는 방법

다음 그림과 같이 목록 위에 대량 편집 메뉴가 나타납니다. 여기서 카테고리, 태그, 글쓴이, 댓글, 글의 상태 등을 일괄적으로 변경할 수 있습니다. '대량 편집'이라는 문구 아래, 편집할 글의 제목이 상자 안에 표시되는데 글 제목 왼쪽에 'X' 표시를 클릭하면 편집 목록에서 해당 글을 제외시킬 수 있습니다.

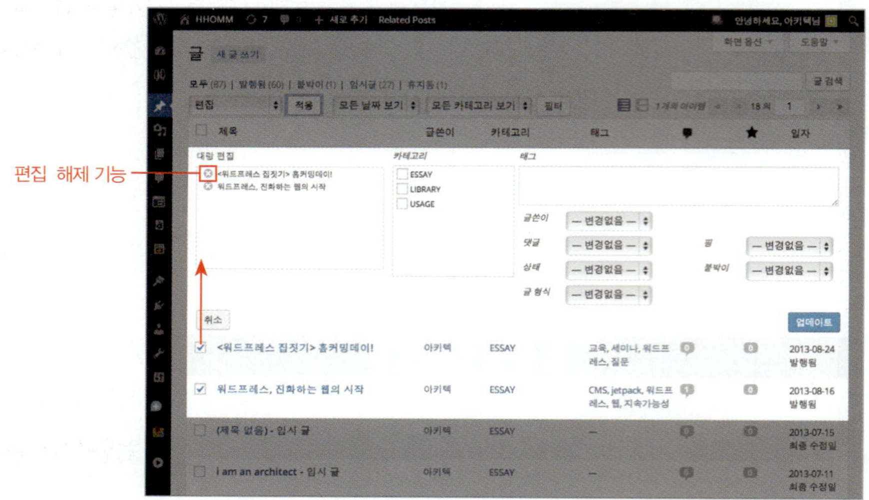

▲ 일괄 편집 메뉴, 다수의 글을 일괄 편집할 수 있습니다.

여러 개를 삭제할 경우, 삭제할 글을 선택한 뒤에 '일괄 작업' 메뉴에서 '휴지통으로 이동'을 선택해 적용합니다. 휴지통으로 이동된 글은 복원이 가능하고 '영구적으로 삭제하기'를 실행하면 비로소 삭제됩니다.

■ 글의 등록 시기 및 카테고리 별로 정렬하기

'일괄 작업' 메뉴 오른쪽에는 '모든 날짜 보기', '모든 카테고리 보기' 드롭다운 메뉴가 있고 그 옆에 [필터] 버튼이 있습니다. 글 목록을 시기(월 단위)별, 카테고리 별로 구분해서 볼 수 있습니다. 두 개의 드롭다운 메뉴에서 해당하는 시기나 카테고리 또는 시기와 카테고리를 함께 지정한 후 [필터] 버튼을 클릭하면 선택한 시기와 카테고리에 해당하는 글들로 목록이 구성됩니다.

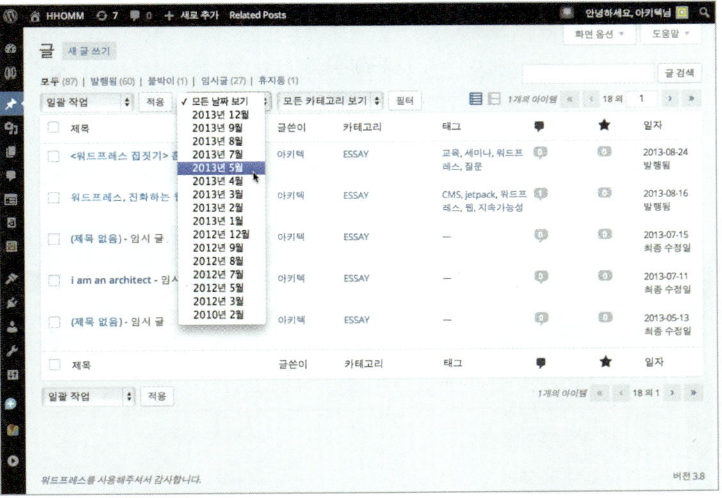

▲ 글이 등록된 시기(월)별로 글들을 분류해서 볼 수 있습니다.

■ 글 하나씩 편집하기

글을 하나씩 편집할 경우, 편집하려는 글 위에 포인터를 올려 놓습니다. 글 제목 아래, '편집', '빠른 편집', '휴지통', '보기' 4가지 메뉴가 나타납니다. 본문 내용, 특성 이미지 등을 변경해야 할 때 '편집'을 클릭하면 선택한 글의 '이 글 편집' 메뉴로 이동합니다.

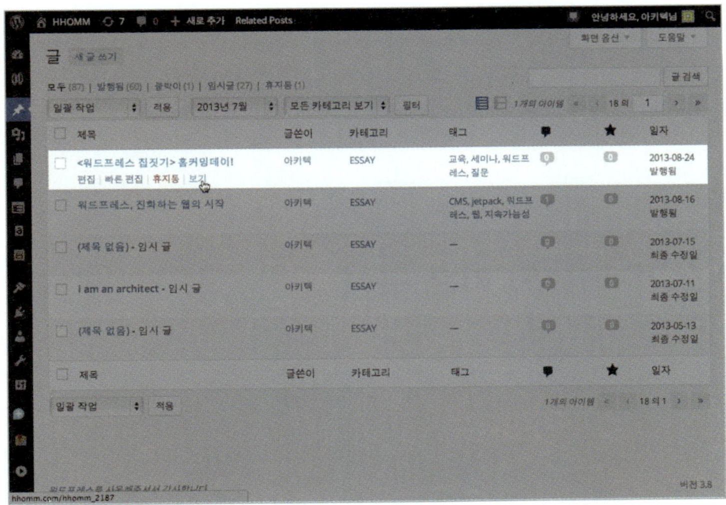

▲ 글을 각각 편집할 경우, 글 위에 포인터를 올려놓으면 편집 메뉴가 나타납니다.

그 외에 글의 제목, 슬러그, 발행일자, 카테고리, 태그, 글 상태 등은 목록상에서 '빠른 편집' 메뉴를 통해 수정할 수 있습니다. 다음 그림에 빨간색으로 표시한 부분이 '빠른 편집' 메뉴를 클릭해 나타난 편집창인데 본문 내용, 요약, 특성 이미지 등 몇 가지를 제외한 대부분의 편집이 가능합니다.

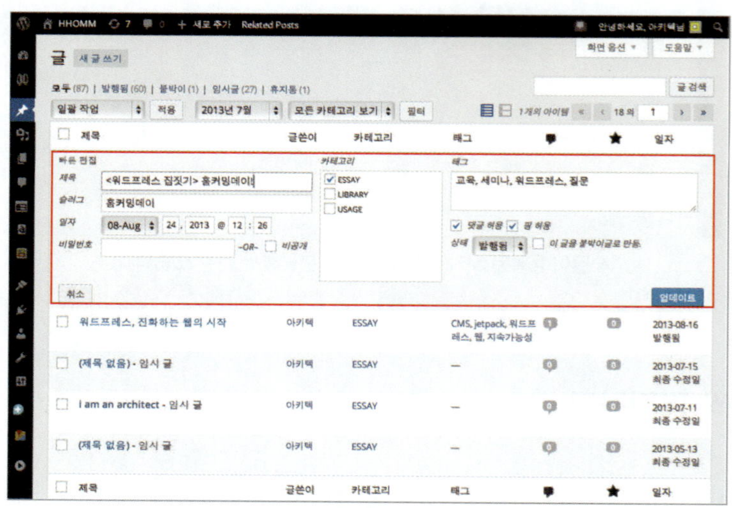

▲ '모든 글' 메뉴의 '빠른 편집' 기능

'모든 글' 메뉴에서 글쓴이 변경하기

각 글의 '빠른 편집'에선 글쓴이를 변경할 수 없지만 '일괄 작업'에서는 가능합니다. 글을 두 개 이상 선택해 일괄 편집 메뉴로 이동, 글쓴이를 수정할 글 하나만 남기고 나머지 글을 해제하는 식으로 목록 상에서 글쓴이 변경이 가능합니다.

03 | '새 글 쓰기' 메뉴의 기본 구성

새로운 글을 작성하려면 글 관리 메뉴에서 '새 글 쓰기' 메뉴로 이동합니다. 상단의 고정 관리 메뉴에서 '새로 추가' 또는 '새로 추가' 메뉴 안의 '글' 바로가기를 클릭해 '새 글 쓰기' 메뉴로 들어갈 수도 있습니다.

다음 그림은 '새 글 쓰기' 메뉴의 화면 옵션을 모두 체크한 상태입니다. 글 제목, 본문 편집기, 요약문, 글 상태 및 카테고리, 태그, 특성 이미지, 글 형식, 글쓴이, 슬러그, 트랙백 보내기, 사용자 정의 필드, 토론 등을 설정할 수 있습니다.

이 중에서도 글 제목, 본문, 글 상태, 카테고리의 4가지는 글을 발행하기 위해 입력해야 할 최소한의 항목들입니다. 물론 본문 내용 없이도 글을 발행할 수는 있습니다. 카테고리를 지정하지 않을 경우 기본 카테고리(워드프레스 설치 시 기본 생성되어 있는 카테고리)로 자동 설정됩니다.

글 제목 입력란과 본문 입력란을 제외한 요소들을 마우스로 드래그해서 원하는 위치에 옮겨 재구성할 수 있습니다. 자주 사용하지 않는 요소는 화면 옵션을 통해 숨기거나 제목 표시줄을 클릭해 최소화시킬 수 있습니다.

> **참고**
>
> '새 글 쓰기' 메뉴에서도 화면 옵션으로 글쓰기 환경을 조정할 수 있습니다.

▲ '새 글 쓰기' 메뉴의 구성

글을 쓰고 발행하려면 최소한 제목이 있어야겠지만 워드프레스에서는 글 제목 없이도 발행됩니다. 제목이 지정되지 않아도 본문에 입력된 내용이 있으면 '(제목 없음)'이라는 제목으로 글이 발행됩니다. 글 제목은 '새 글 쓰기' 메뉴 상단에 '제목을 여기에 입력하세요.'라고 쓰여 있는 필드에 입력합니다. 글을 발행하고 나면 글 제목 아래, 고유주소와 [글 보기] 버튼이 나타납니다.

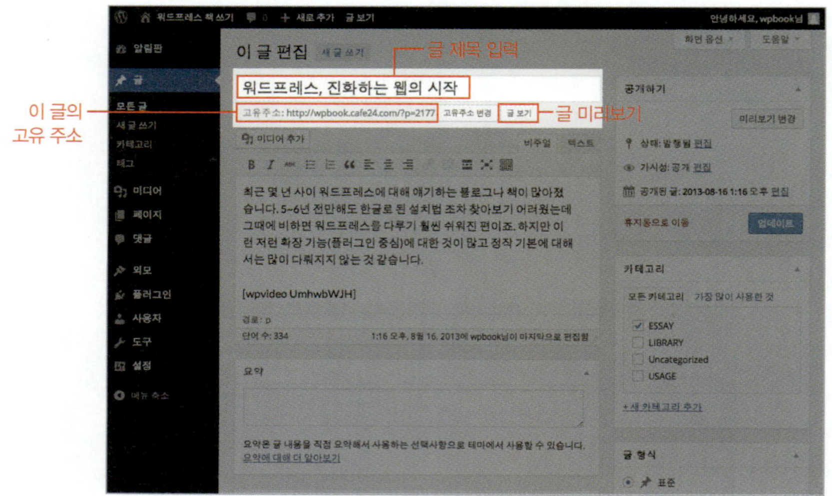

▲ 발행된 글은 고유주소와 [글 보기] 버튼이 생깁니다.

고유 주소(Permalink, 퍼머링크)는 permanent link의 준말로 웹사이트의 각 페이지 별로 영구적으로 할당되는 URL을 의미합니다. 웹에서 특정 페이지에 접근하기 위해선 해당 페이지의 주소를 알아야 합니다. 찾는 페이지의 정보가 삭제 또는 변경되지 않고 그대로 보존되고 있어도 URL이 변경되면 그 정보를 찾을 수 없기 때문에 고유 주소는 웹 콘텐츠 관리에 있어 무척 중요합니다.

참고

워드프레스에서는 고유 주소의 형식을 기호에 따라 설정할 수 있는데 주 관리 메뉴의 '설정' 안에 고유 주소 설정 메뉴에서 할 수 있습니다.

[글 보기] 버튼을 클릭하면 작성하고 있는 글을 현재 상태에서 미리보기로 확인할 수 있습니다.

05 본문 편집기의 기본 구성

제목 아래, 글의 본문 내용을 입력할 수 있는 편집기가 있습니다. '비주얼'과 '텍스트' 두 가지 방식의 편집기를 지원하는데, 편집기 오른쪽 상단 탭에서 선택할 수 있습니다. 동영상, 이미지 등의 미디어는 편집기 왼쪽 상단에 [미디어 추가] 버튼을 통해 추가, 편집할 수 있습니다. 편집기 하단에는 입력한 단어 수, 최종 편집, 저장 시기 및 작성자 정보가 표시됩니다.

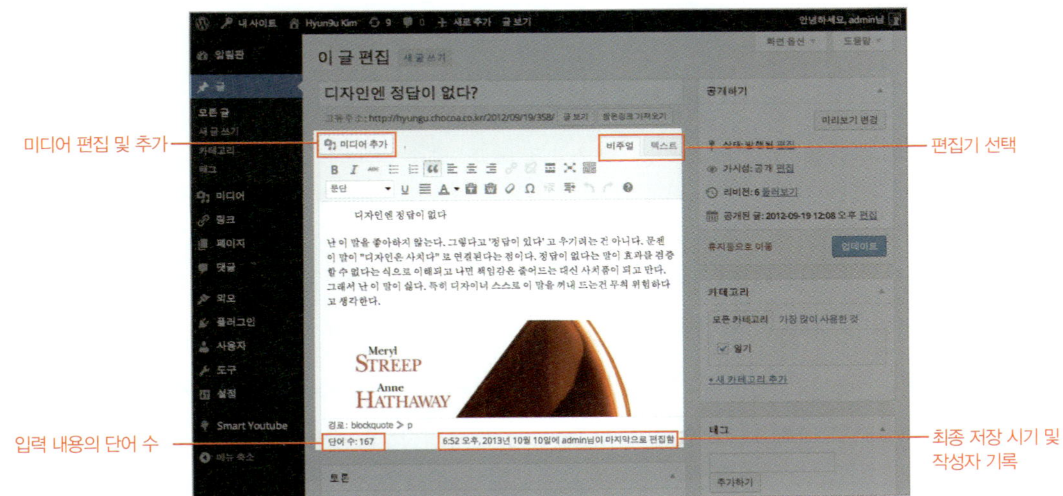

▲ 본문 편집기의 기본 구성

다음 그림은 텍스트 편집기를 선택한 화면입니다. 비주얼 편집기에서는 이미지가 미리보기 화면처럼 나타나고 텍스트 편집기 상에서는 HTML로 표시됩니다. 글꼴이나 글씨 크기에도 차이가 있습니다. 비주얼 편집기는 미리보기 화면에 가깝게 표시해 눈으로 확인하면서 내용을 작성할 때 유용하고 텍스트 편집기는 HTML 태그를 활용할 경우에 효과적입니다. 단, 텍스트 편집기에서 입력한 태그 중에 일부는 비주얼 편집기로 변경 시 사라지는 경우가 있기 때문에 텍스트 편집기를 이용해 작성한 경우 비주얼 편집기로 전환하지 않고 사용하는 것이 좋습니다.

▲ 텍스트 편집기를 선택한 화면

TIP

편집기의 오른쪽 하단을 클릭한 상태에서 편집기의 크기를 조정할 수 있습니다

비주얼 편집기는 삽입된 미디어나 일부 HTML 태그 등을 미리보기 상태에서 편집할 수 있는 것이 장점입니다. 단, 비주얼 편집기 상에서의 미리보기는 웹사이트의 미리보기 화면과 일치하지 않을 수 있으니 웹페이지에서 어떻게 보여지는지 확인하는 것이 좋습니다. 특히, 편집기의 가로 폭과 미리보기 화면 상의 가로 폭이 다를 수 있기 때문에 글을 작성할 때 편집기의 폭에 맞춰 줄 바꿈을 하면 미리보기 화면에서는 오히려 글이 어색하게 정렬되기도 합니다. 그리고 테마마다 미리보기 화면의 글 표시 영역이 다르기 때문에 이 점에 유의해 글을 작성하는 것이 좋습니다.

06 본문 비주얼 편집기의 편집 버튼들

비주얼 편집기 상단의 툴 바에는 기본 편집 버튼 14개가 있습니다. 여기서 가장 오른쪽에 있는 [키친 싱크 보이기/숨기기] 버튼을 클릭하면 추가로 13개의 편집 버튼이 더 나타납니다.

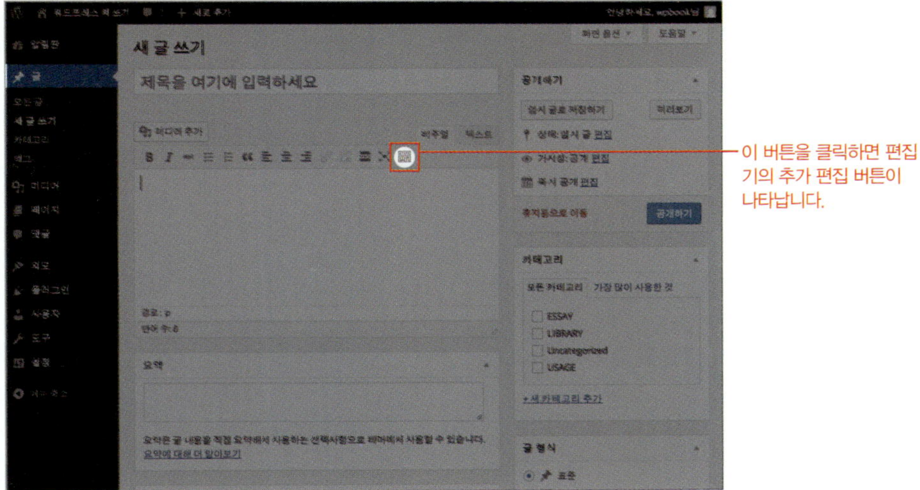

▲ 비주얼 편집기에 숨어있는 편집 버튼을 모두 표시하는 방법

다음 그림은 비주얼 편집기 툴 바의 편집 버튼이 모두 표시되었을 때입니다.

▲ 비주얼 편집기 툴 바의 편집 버튼

버튼	이름	설명	단축키
❶ B	굵게 (Bold)	글꼴을 굵고 진하게 표시	Ctrl + B
❷ I	이탤릭 (Italic)	글꼴을 기울여 이탤릭체로 표시	Ctrl + I
❸ ABC	취소선 (Strikethrough)	글자 중앙에 줄 긋기	Alt + Shift + D
❹	순서 없는 목록 (Unorderd List)	글머리에 부호를 붙인 목록	Alt + Shift + U
❺	순서 있는 목록 (Orderd List)	글머리에 숫자를 붙인 목록	Alt + Shift + O
❻	인용 (Blockquote)	인용문 형식으로 표시	Alt + Shift + Q
❼	왼쪽 정렬 (Align Left)	글을 왼쪽으로 정렬	Alt + Shift + L
❽	중앙 정렬 (Align Center)	글을 중앙으로 정렬	Alt + Shift + C
❾	오른쪽 정렬 (Align Right)	글을 오른쪽으로 정렬	Alt + Shift + R
❿	링크 삽입 편집 (Insert/edit Link)	연결할 URL을 삽입해 링크로 만들기	Alt + Shift + A
⓫	링크 해제 (Unlink)	링크 없애기	Alt + Shift + S
⓬	더 보기 태그 넣기 (Insert More Tag)	더 보기 태그('<!—more—>') 삽입	Alt + Shift + T
⓭	글 작업 집중 모드 (Distraction Free Writing Mode)	글 작업 집중 모드로 전환	Alt + Shift + W
⓮	키친 싱크 보이기/숨기기 (Show/Hide Kichen Sink)	추가 편집 버튼 보이기/숨기기	Alt + Shift + Z
⓯ 문단	표시방식 (Format)	글 형식 설정	−
⓰ U	밑줄 (Underline)	글꼴에 밑줄 표시	−
⓱	전체 정렬 (Align Full)	글을 좌우 양쪽 정렬	Alt + Shift + J
⓲ A▾	텍스트 색상 선택 (Select text color)	글 색상 설정	−
⓳	일반 텍스트로 붙여 넣기 (Paste as Plain Text)	일반 텍스트 문서 상태로 붙여 넣기	−
⓴	워드에서 붙여 넣기 (Paste from Word)	MS 워드 문서 형식으로 붙여 넣기	−
㉑	포매팅 제거 (Remove Formatting)	HTML 태그 제거	−
㉒ Ω	사용자 문자 삽입 (Insert custom character)	특수 문자 삽입	−

버튼	이름	설명	단축키
㉓	내어쓰기 (Outdent)	단락 왼쪽으로 보내기	–
㉔	들여쓰기 (Indent)	단락 오른쪽을 들이기	–
㉕	되돌리기 (Undo)	실행 취소	Ctrl + B
㉖	다시하기 (Redo)	실행 취소한 내용을 복구	Ctrl + Y
㉗	도움말 (Help)	도움말 보기	Alt + Shift + H

07 비주얼 편집기의 스타일 편집 기능 알아보기

비주얼 편집기를 이용해 본문에 스타일을 입히는 과정을 알아봅니다.

■ 글꼴 스타일 편집

B, I, ABC, U, A▾은 글꼴에 스타일을 입혀주는 기능을 합니다. 글꼴을 굵게 표시해 강조하거나 이탤릭체로 지정할 수 있습니다. 글자 중앙에 취소선을 넣거나 밑줄을 넣을 수 있고 글 색상을 지정할 수 있습니다.

A▾을 클릭하면 색상표가 나타납니다. 글 색상을 지정할 경우에 사용합니다. 다음 그림처럼 색상을 지정한 글자를 선택한 후 A▾을 클릭, 색상을 선택합니다.

원하는 색이 표에 없다면 아래 [더 많은 색상] 버튼을 클릭합니다.

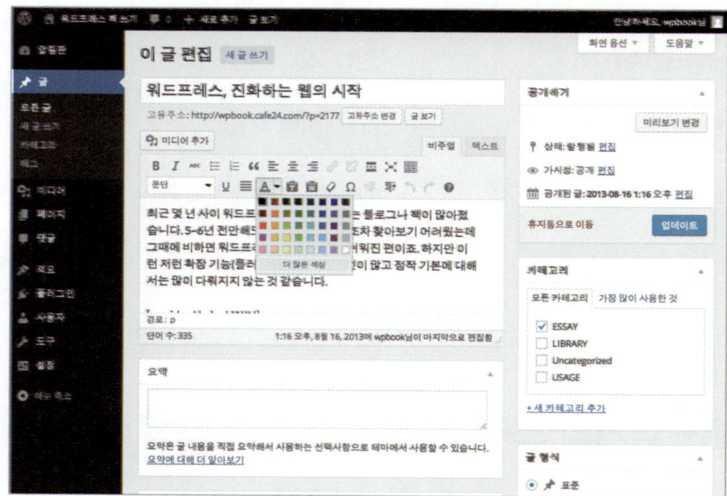

▲ 색상표에서 글 색상 선택

다음 그림처럼 다양한 방식으로 색상을 고를 수 있는 '색상 선택기'가 나타납니다.

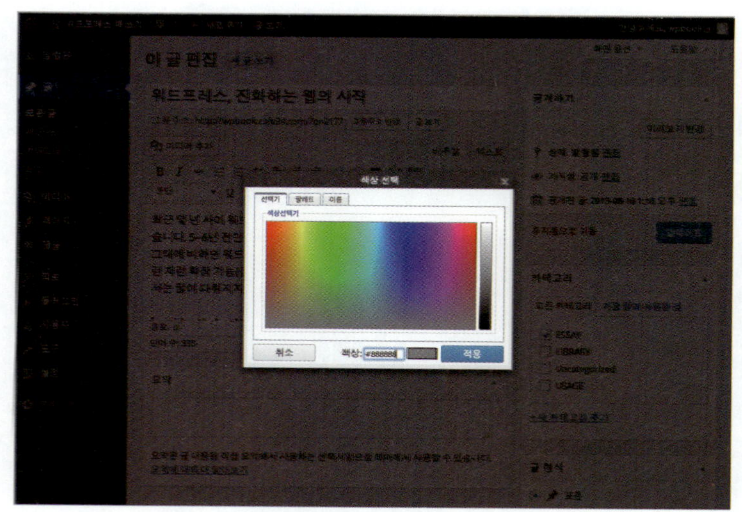

▲ '더 많은 색상 '보기

적당한 색상을 골라 [적용] 버튼을 클릭하면 다음 그림처럼 선택한 부분의 글자에 색상이 적용됩니다.

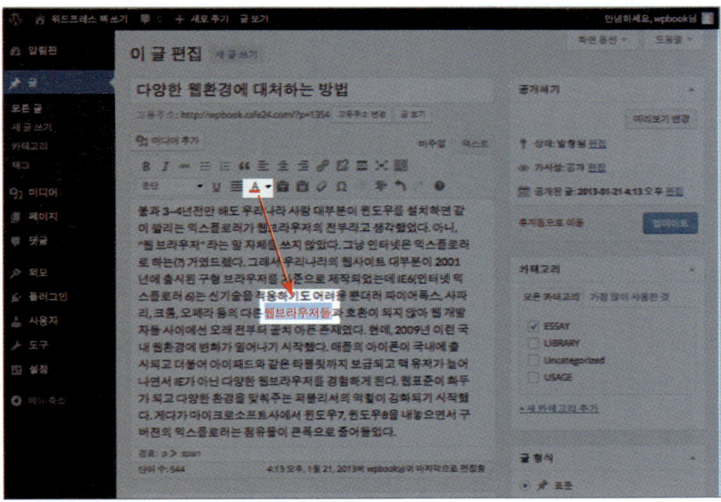

▲ 선택한 글자에 색상 적용

■ 목록 만들기

목록 형식으로 입력할 경우에는 ⊞또는 ⊞ 를 사용합니다. ⊞은 글머리에 부호가 표시되고, ⊞ 는 숫자가 표시되는데 이는 테마에서 지정한 스타일을 따릅니다. 보통 순서 없이 나열할 경우 ⊞를 사용하고 목록에 순서를 넣어야 할 경우 ⊞ 를 사용합니다.

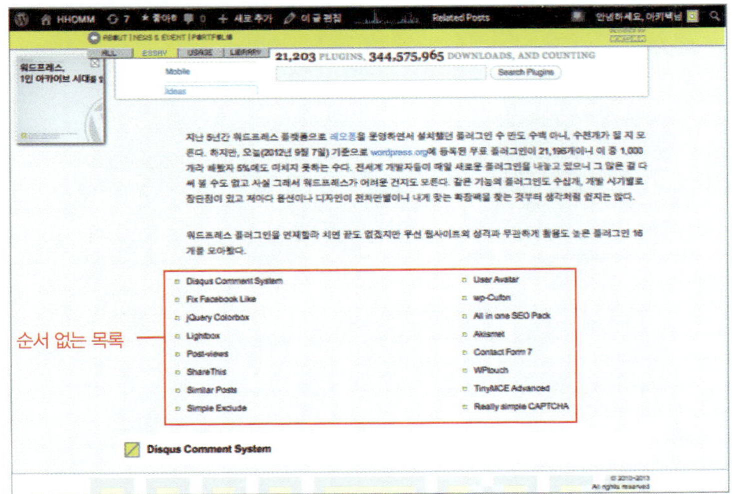

▲ '순서 없는 목록'을 적용한 예, 테마에서 지정한 스타일에 따라 다르게 표시됩니다.

■ 문단 정렬하기

▤, ▤, ▤, ▤로 문단의 정렬 방식을 정할 수 있는데 ▤은 왼쪽 정렬, ▤은 중앙 정렬, ▤는 오른쪽 정렬입니다. ▤은 본문 영역의 좌우 측을 모두 맞출 때 사용합니다. 다음 그림에서 4개의 문단은 위에서부터 왼쪽 정렬, 중앙 정렬, 오른쪽 정렬, 양쪽 정렬을 적용한 것입니다. 문단을 왼쪽으로 정렬시키면 첫 번째 문단처럼 각 줄마다 오른쪽 마지막 글자의 위치가 일정하지 않게 됩니다. 문단 왼쪽의 글자는 동일한 위치에서 시작되는 반면, 오른쪽은 정렬이 되지 않습니다. 중앙 정렬의 경우는 줄이 중앙을 기준으로 정렬되기 때문에 좌우 모두 맞지 않습니다. 오른쪽 정렬의 경우는 왼쪽 정렬과 반대 상황이 됩니다. 양쪽 정렬을 적용한 마지막 문단만 좌우 보조선에 맞게 정렬되어 있는데 이 경우도 단점이 있습니다. 양쪽 정렬은 어절 단위로 띄어쓰기한 여백을 늘리거나 줄여서 문단의 좌우측을 맞추는 식이기 때문에 어절의 길이나 글 표시 영역의 크기에 따라서 단어 사이의 띄어쓰기 여백이 크게 벌어질 수 있습니다.

▲ 문단 정렬 방식

■ 문자 스타일 지정하기

[문단 ▾]은 문단이나 본문 소제목 등의 형식을 지정할 때 사용합니다. 드롭다운 메뉴로 구성되어 있는 표시 방식 메뉴는 글 색상을 지정할 때와 마찬가지로 본문에서 적용할 부분을 선택한 뒤에 적당한 형식을 보기에서 골라 지정합니다.

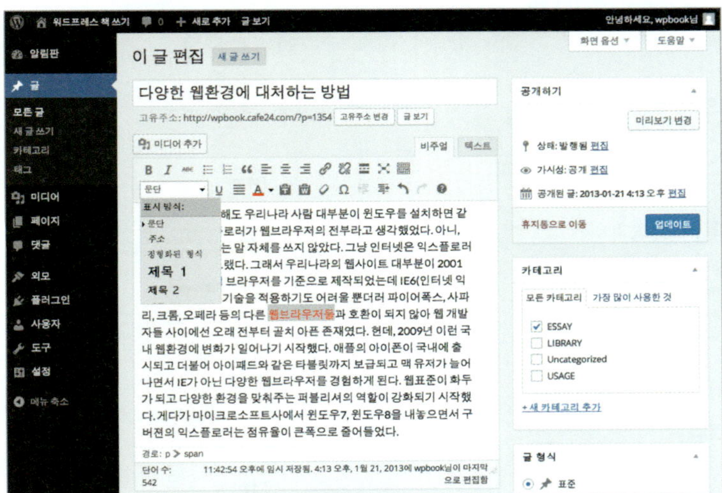

▲ '표시방식' 드롭다운 메뉴

■ 테마와 비주얼 편집기의 스타일

볼드, 이탤릭, 목록, 인용구, 표시 형식 등의 스타일은 테마와 관련이 깊습니다. 편집기에서 같은 형식을 적용해도 테마에 지정된 스타일에 따라 다르게 출력될 수 있기 때문에 테마를 고를 때 본문의 각 형식이 어떻게 표시되는지 확인할 필요가 있습니다. 다음 그림은 워드프레스 기본 테마인 Twenty Thirteen 테마의 미리보기(Preview)에 포함된 글 형식들입니다. 편집기에서 지정하는 형식들이 어떻게 화면에 출력되는지 확인할 수 있습니다.

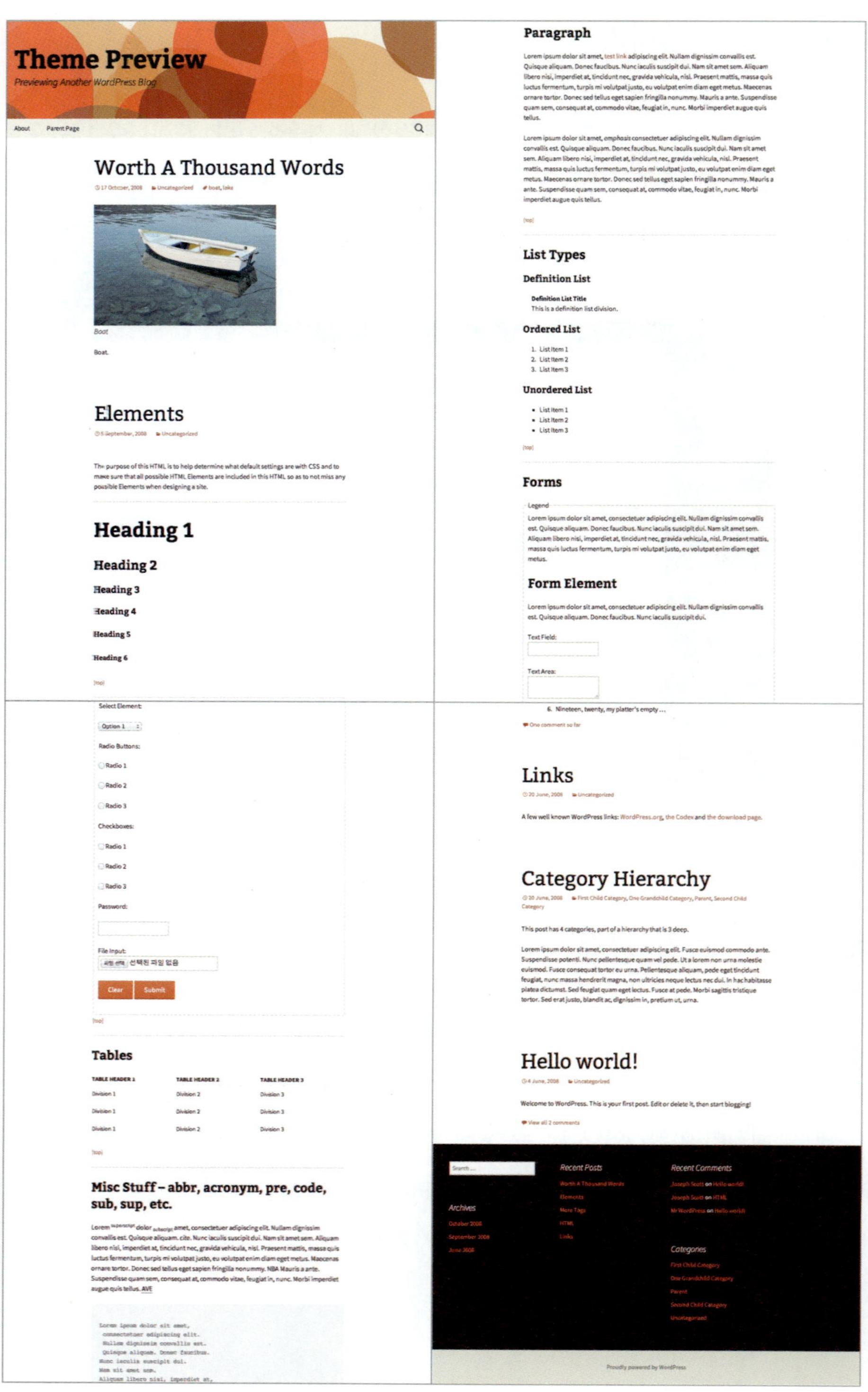

▲ Twenty Thirteen 테마에 포함된 본문 스타일

| 테마와 본문 스타일 |

에디터의 편집 메뉴로 본문에 추가된 스타일은 비주얼 에디터에서 바로 적용되어 나타나지만 실제 방문자들이 보게되는 웹 페이지의 스타일과 다를 수 있습니다. 비주얼 에디터에서는 스타일과 관련된 태그를 지정할 뿐 실제 태그가 출력되는 방식은 테마에 의해 결정되기 때문인데 예를 들어, 에디터에서 인용구 스타일을 적용하면 〈blockquote〉라는 HTML 태그가 추가될 뿐, blockquote 태그에 관한 스타일은 테마의 style.css에서 불러오기 때문에 테마에 따라서 인용구에 추가된 blockquote 태그는 각기 다른 형식으로 화면에 나타나게 됩니다.

08 비주얼 편집기를 이용해 링크 삽입/해제하기

와 는 본문의 일부를 선택해야 버튼이 활성화됩니다.

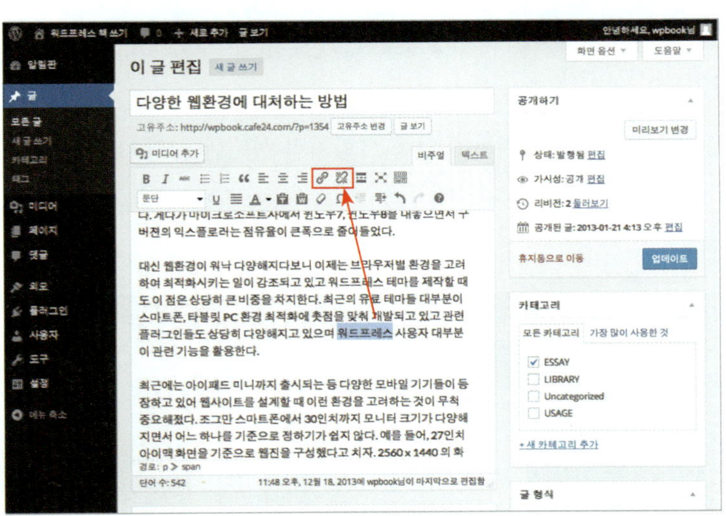

▲ 링크 삽입/해제 메뉴

본문에서 링크를 삽입할 부분을 선택한 후 을 클릭하면 '링크 삽입/편집' 창이 나타납니다. '대상 URL을 입력하세요'라는 문구 아래에 URL과 제목을 입력하고 해당 링크를 클릭했을 때 브라우저의 새 창 또는 새 탭을 링크 페이지를 띄울지 선택합니다. 만약 링크할 콘텐츠가 같은 사이트 내의 다른 글이나 페이지라면 '또는 기존의 콘텐츠에 링크하기'를 클릭합니다. 그러면 다음 그림처럼 검색 창과 글/페이지 목록이 나타납니다. 목록을 스크롤해서 내리면 다음 글/페이지를 추가로 불러와서 무한 스크롤됩니다. 글, 페이지, 커스텀 포스트 타입까지 사이트에 등록된 모든 콘텐츠를 불러옵니다. 등록된 콘텐츠가 많아 스크롤해서 찾기 어려울 때는 검색창에 키워드를 입력하고 [Space bar]를 누르면 입력한 키워드로 검색된 콘텐츠만 목록에 나타납니다. 검색창의 키워드를 삭제하면 목록은 다시 전체 콘텐츠 기준으로 돌아갑니다.

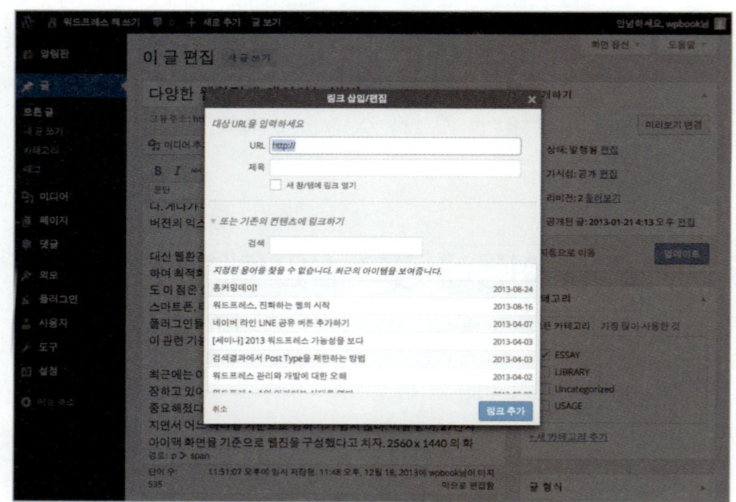

▲ '링크 삽입/편집' 창

목록에서 링크할 콘텐츠를 찾아 클릭하면 다음 그림처럼 선택한 글의 URL과 제목이 자동으로 입력됩니다.

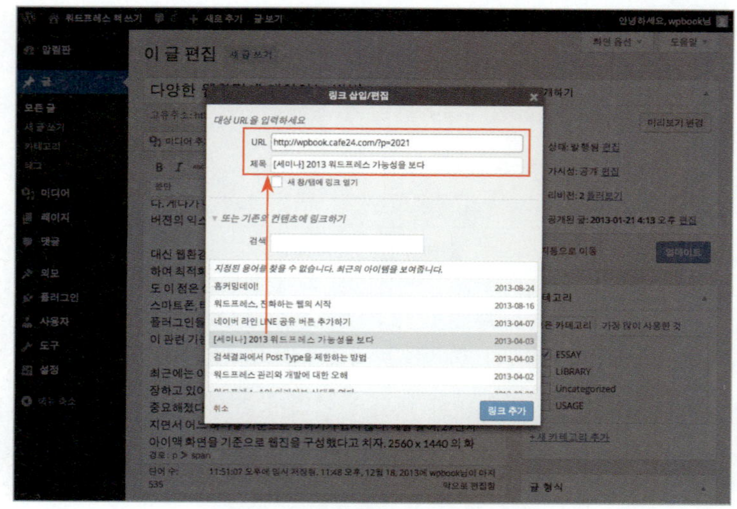

▲ 사이트 내의 콘텐츠로 링크할 경우

링크의 URL과 제목을 입력한 후에 [링크 추가] 버튼을 클릭하면 다음 그림처럼 선택한 부분의 글자에 링크가 삽입됩니다. 링크를 해제하려면 링크화된 부분을 선택한 후 활성화되는 █을 클릭합니다.

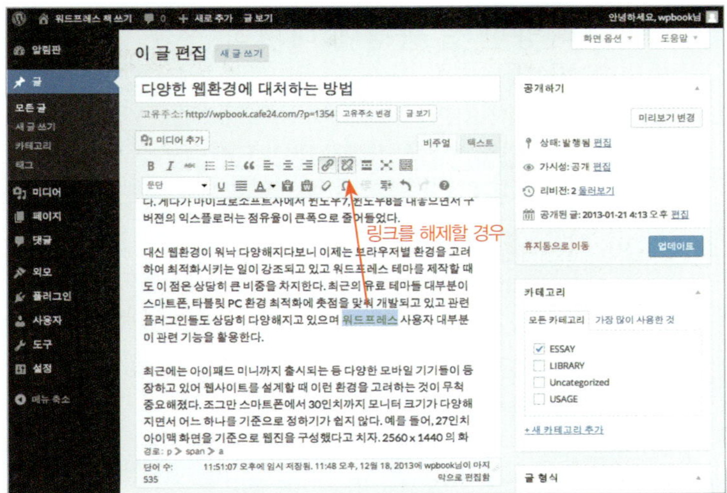

▲ 사이트내의 콘텐츠로 링크할 경우

09 더보기(More) 기능

█는 본문에 '더보기(More)' 태그를 추가합니다. 인덱스, 아카이브, 카테고리 등 여러 개의 글이 나열되는 페이지에서 이 태그가 삽입된 이후 내용은 나타나지 않고 대신 본문 전체를 볼 수 있는 단일 페이지로 연결되는 링크가 삽입됩니다. 다음 그림은 Twenty Thirteen 테마에서 적용했을 때인데 '더보기' 태그가 삽입된 곳 이후의 내용은 생략되고 전문을 볼 수 있는 링크가 들어간 것을 확인할 수 있습니다.

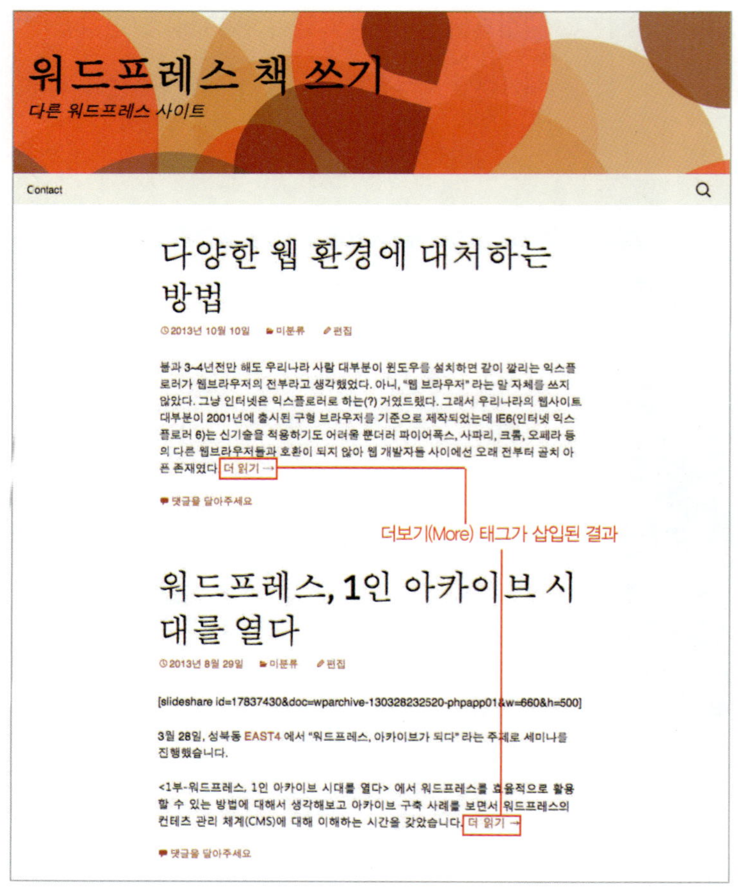

▲ 더보기(More) 태그가 삽입된 화면

[참고]

| '더보기'와 '요약' |

테마에 따라서 '더보기' 기능을 지원하지 않는 경우도 있습니다. 일반적인 블로그 형식의 웹사이트
에서는 사이트 첫 페이지부터 글을 시간 순으로 이어 붙여서 보여줍니다. 본문 내용 전체를 그대로
표시하는 경우가 많은데 이때 글이 긴 경우, '더보기' 태그를 넣어 인덱스 페이지의 길이를 줄일 수
있습니다. 비슷한 용도로 '요약' 기능이 있는데 최근에는 워드프레스의 사이트의 형식이 다양해지면
서 테마에서 '더보기' 기능보다는 '요약' 기능을 많이 활용합니다.

10 전체 화면으로 글쓰기

을 클릭하면 '전체화면'으로 글쓰기 또는 편집을 할 수 있습니다. '글 작성 집중 모드'라고 번역되어 있는데 브라우저 전체를 심플한 워드프로세서로 만들어 글쓰기에 집중할 수 있는 편집 환경을 제공합니다.

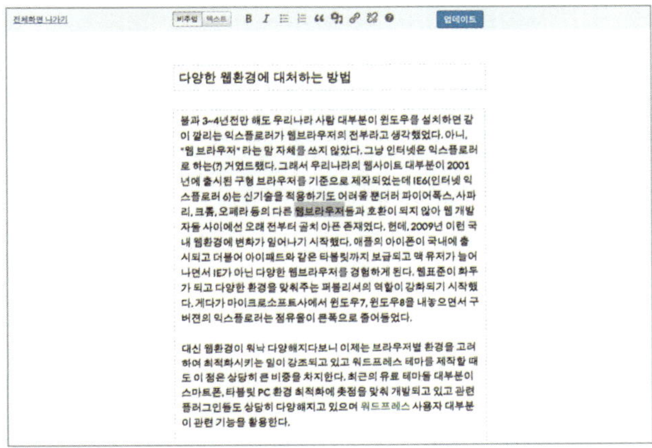

▲ '글 작성 집중 모드'

'글 작성 집중 모드'에서도 비주얼, 텍스트 편집 모두 가능하며 미디어 추가 및 최소화된 편집 버튼을 제공합니다. 비주얼 편집기 툴 바의 편집 버튼 중 몇 가지만 사용할 수 있기 때문에 '글 작성 집중 모드'에서는 단축키를 적절히 활용하면 좋습니다. '글 작성 집중 모드'에서 텍스트 편집을 사용하면 다음 그림처럼 툴 바에 [이미지 삽입/편집] 버튼과 [링크 삽입/편집] 버튼만 남고 모두 사라집니다.

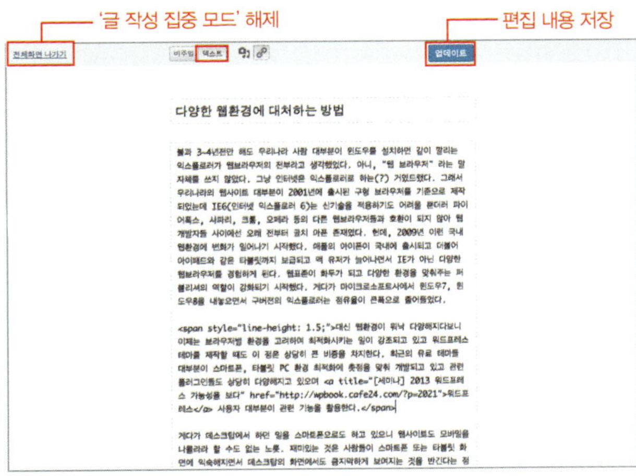

▲ '글 작성 집중 모드'에서 '텍스트 편집'을 사용한 모습

11 외부에서 스크랩한 내용 삽입하기

워드 파일이나 웹 페이지에 있는 내용을 스크랩(클립보드에 복사)해서 가져올 경우, 원본의 스타일
이나 HTML 태그도 함께 따라오기 때문에 스크랩한 내용을 삽입할 때는 [일반 텍스트로 붙여 넣
기], [워드에서 붙여 넣기]를 사용할 수 있습니다.

버튼을 클릭하면 스크랩한 내용을 입력할 입력 창이 나타나는데 Ctrl + V 를 눌러 내용을 입력하고
하단의 [입력] 버튼을 클릭합니다. '줄바꿈문자 유지하기' 옵션은 원문의 줄바꿈 상태를 그대로 유지
할지 아니면 원문을 무시하고 이어붙여서 넣을지를 묻는 것입니다.

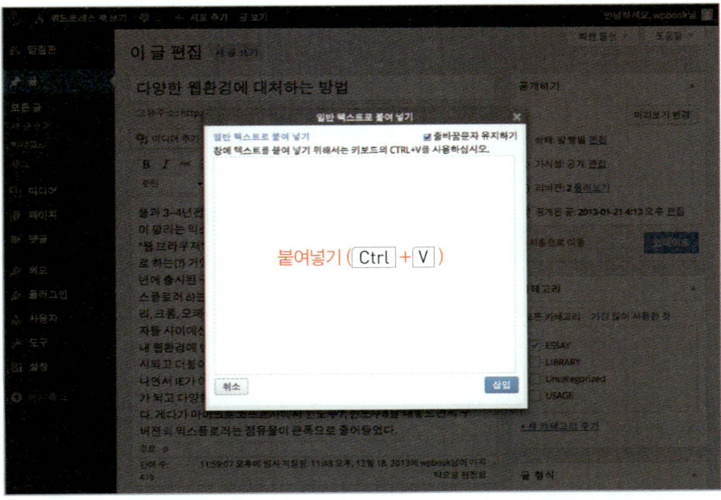

▲ [일반 텍스트로 붙여 넣기] 버튼을 클릭하면 나타나는 입력창

[일반 텍스트로 붙여 넣기]의 입력창 오른쪽 상단에는 '줄바꿈문자 유지하기' 옵션이 있는데 이 옵션을 선택하고 내용을 삽입하면 다음 그림과 같이 '붙여 넣기'한 내용의 단락 구분이 가능합니다. 즉, '줄바꿈문자 유지하기' 옵션은 삽입할 내용의 줄바꿈, 단락 구분을 인식할지 아니면 모든 내용을 이어붙여 삽입할지를 정하는 역할을 합니다.

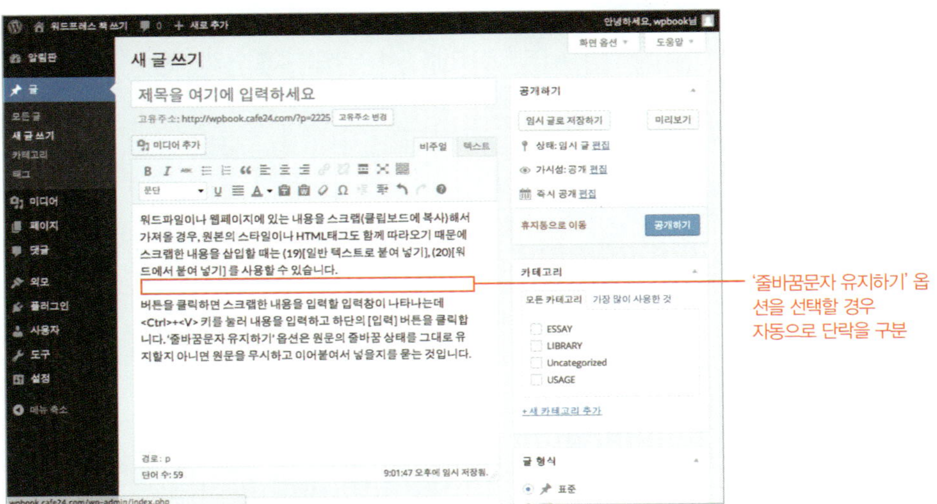

▲ [일반 텍스트로 붙여 넣기]를 통해 입력할 때 '줄바꿈문자 유지하기'
옵션을 선택한 경우

마이크로소프트의 워드 파일에서 스크랩한 내용은 [워드에서 붙여 넣기]로, 그 외에 웹페이지 등에서 가져온 내용은 [일반 텍스트로 붙여 넣기]를 활용합니다.

133

[포매팅 제거]는 링크 또는 스타일이 지정된 또는 HTML을 포함한 글을 일반 텍스트로 전환시켜 주는 기능을 합니다. 본문에서 스타일 또는 태그를 제거할 부분을 선택하고 ✐을 클릭합니다. 단, 취소선, 목록화, 인용 등 편집 버튼을 통해 추가된 스타일은 해당 메뉴 버튼을 재클릭하여 비활성화시켜야 합니다.

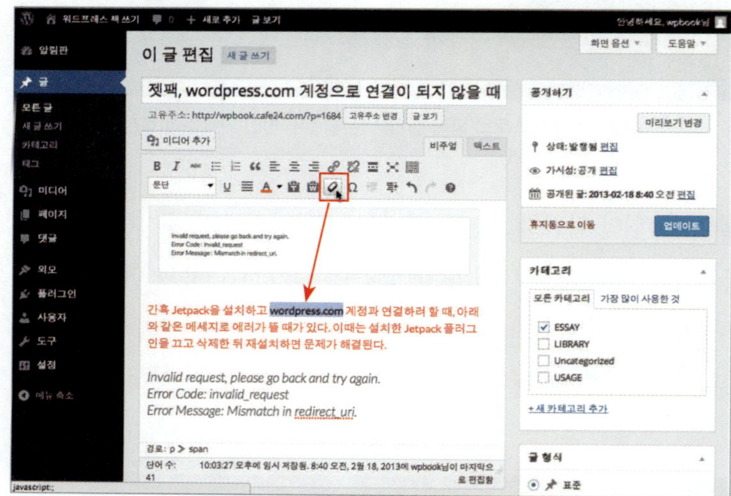

▲ [포매팅 제거]를 통해 스타일을 없앨 수 있습니다.

13 특수 문자 넣기

특수 문자나 부호를 사용하고 싶을 때는 Ω를 클릭합니다. 다음 그림처럼 특수 문자, 기호를 선택할 수 있는 창이 나타납니다. 문자 또는 기호를 선택하면 본문에 삽입됩니다.

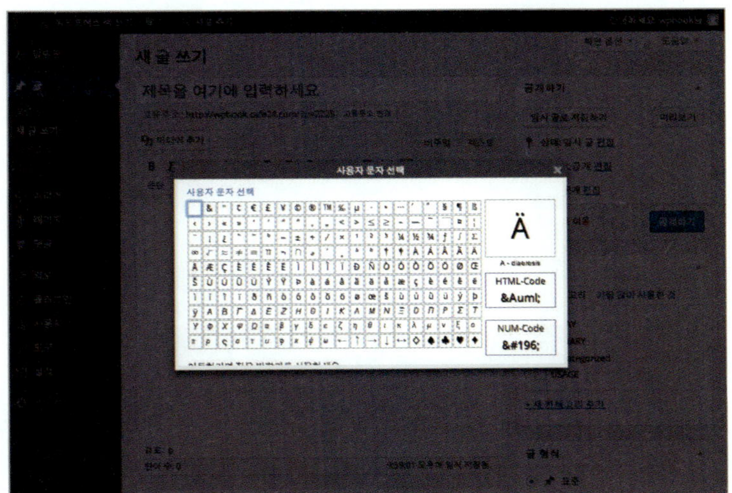

▲ '사용자 문자 선택' 창

14 비주얼 편집기의 도움말

을 클릭하면 본문 편집기에 관한 정보와 도움말을 볼 수 있습니다. '기본', '고급', '핫키들', '정보' 총 4개의 탭으로 구성되어 있는데 '기본', '고급' 탭에서는 리치 에디터(Rich Editor)를 소개하고 활용하는 방법을 간단하게 정리하고 있고 '핫키들' 탭에선 에디터의 메뉴별 키보드 단축키가 정리되어 있습니다. '정보'에서는 워드프레스가 채택하고 있는 TinyMCE 에디터의 버전을 확인할 수 있습니다.

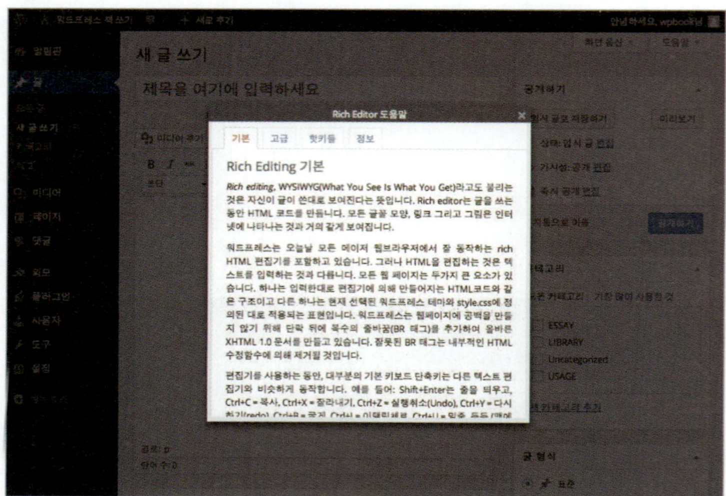

▲ 도움말 보기

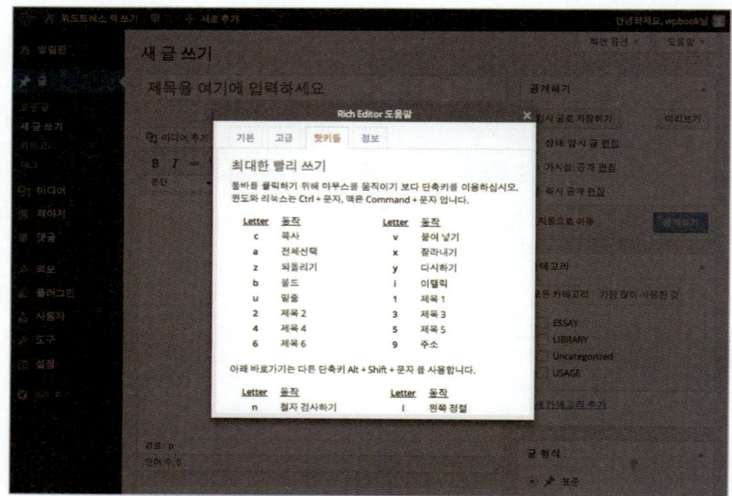

▲ 편집기 단축키 소개

비주얼 편집기의 기능을 확장하는 방법

워드프레스는 기본 편집기로 TinyMCE를 사용하는데 TinyMCE Advanced 같은 플러그인을 사용하면 편집기의 기능을 향상시킬 수 있습니다. TinyMCE Advanced에 대해서는 제5장 3절의 5항 '글 편집기의 숨은 기능, TinyMCE Advanced'에서 다룹니다.

15 텍스트 편집기 사용하기

HTML이나 CSS를 활용할 수 있는 사용자라면 텍스트 편집기를 사용하는 것이 더 편할 수 있습니다. HTML을 활용해서 글의 레이아웃을 조정하고 스타일까지 구체적으로 지정을 할 수 있기 때문입니다. 단, 일부 편집 기능은 비주얼 편집기에서만 표시됩니다.

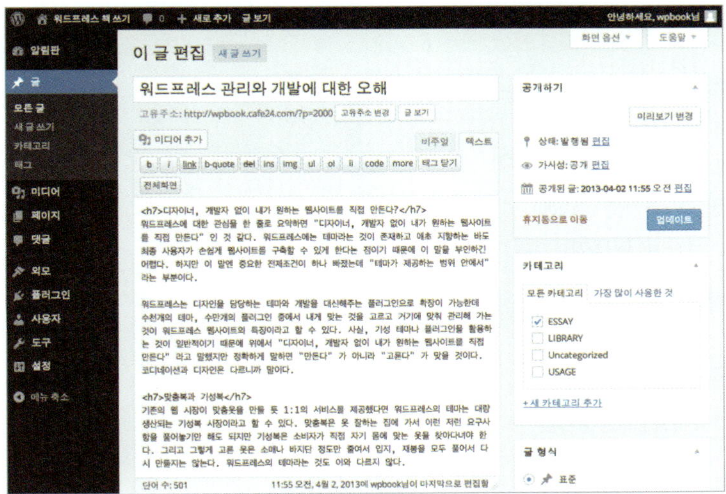

▲ 텍스트 편집기

텍스트 편집기에서 지원하는 편집 기능(버튼)은 다음과 같습니다.

▲ 텍스트 편집기 툴 바의 편집 버튼

버튼		설명	열기 태그	닫기 태그
❶	b	글꼴을 굵고 진하게 표시	⟨strong⟩	⟨/strong⟩
❷	i	글꼴을 기울여 이탤릭체로 표시	⟨em⟩	⟨/em⟩
❸	link	연결할 URL을 삽입해 링크로 만들기	⟨a⟩	⟨/a⟩
❹	b-quote	인용문 형식으로 표시	⟨blockquote⟩	⟨/blockquote⟩
❺	del	글자 중앙에 줄 긋기	⟨del⟩	⟨/del⟩
❻	ins	문서에 추가된 내용을 표시할 때 사용	⟨ins⟩	⟨/ins⟩
❼	img	URL로 이미지 삽입	⟨img⟩	−
❽	ul	부호로 표시하는 목록으로 지정	⟨ul⟩	⟨/ul⟩
❾	ol	순서가 있는 목록으로 지정	⟨ol⟩	⟨/ol⟩
❿	li	목록 세부 항목 추가	⟨li⟩	⟨/li⟩
⓫	code	컴퓨터와 관련된 마크 업 코드	⟨code⟩	⟨/code⟩
⓬	more	더보기 태그 삽입	⟨!—more—⟩	−
⓭	태그 닫기	앞에 열기 태그가 있을 때 닫기 태그 삽입	−	앞의 열기 태그에 대응
⓮	전체화면	글 작업 집중 모드로 전환		

다음 그림은 각 편집 버튼을 통해 태그를 삽입한 화면입니다. 태그를 삽입하는 방법은 두 가지가 있습니다. 편집기에서 태그를 적용할 부분을 선택한 뒤에 툴 바의 편집 버튼을 클릭하거나 편집 버튼

을 클릭해 '열기 태그'를 삽입한 후 내용을 입력, 다시 한번 같은 편집 버튼을 클릭해 '닫기 태그'를 입력하는 식입니다. 태그를 적용한 부분을 선택하고 편집 버튼을 클릭하면 선택한 영역의 앞에 '열기 태그'가, 뒤에 '닫기 태그'가 동시에 삽입됩니다.

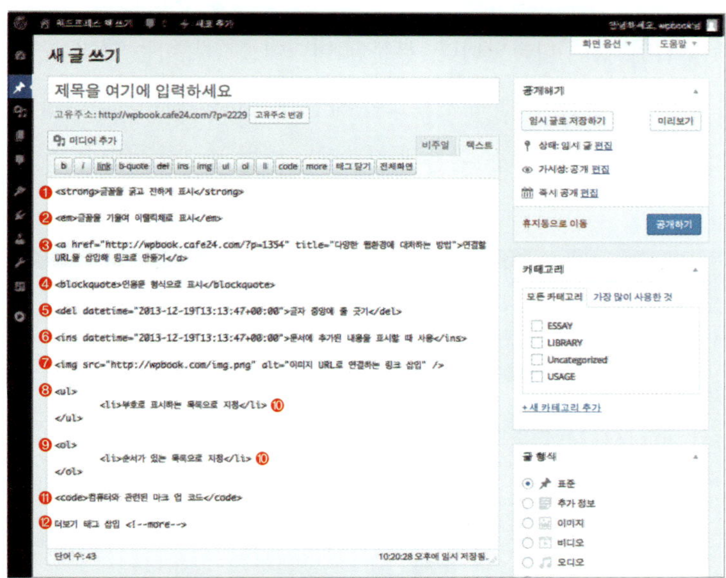

▲ 텍스트 편집기의 편집 버튼을 사용해 태그를 삽입한 화면

비주얼 편집기에 없던 버튼이 몇 개 보이는데 이 중에서 [태그닫기] [태그 닫기] 버튼은 앞에 '열기 태그'가 있을 경우 해당 태그의 '닫기 태그'를 넣어 줍니다.

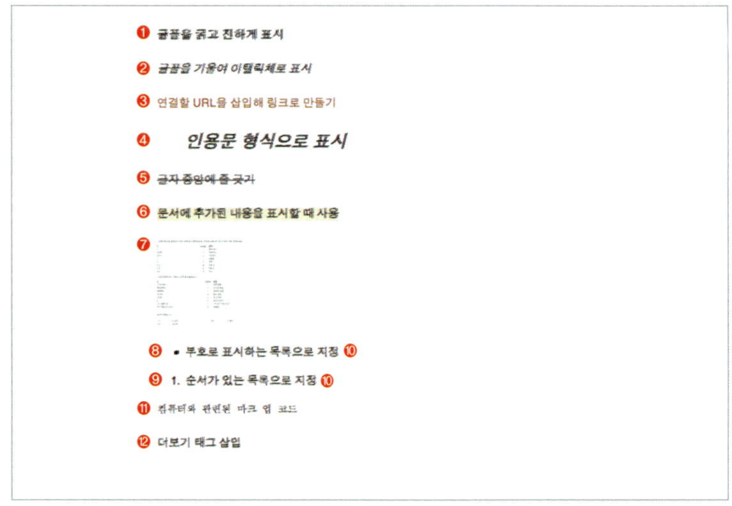

▲ Twenty Thirteen 테마에서 위의 그림 미리보기 화면

본문에 이미지나 갤러리 같은 미디어를 추가하려면 본문 중 미디어를 추가할 위치에 커서를 옮긴 후, 본문 편집기 오른쪽 위에 있는 [미디어 추가] 버튼을 클릭합니다. [미디어 추가]를 클릭하면 다음 그림처럼 '미디어 삽입' 창이 나타납니다. 본문에 미디어를 첨부하는 방법은 컴퓨터에 있는 미디어를 업로드해서 첨부하는 방법, 이전에 업로드한 사진을 미디어 라이브러리에서 선택해서 첨부하는 방법, 웹 상에 있는 미디어의 URL을 활용해 첨부하는 방법 총 3가지입니다.

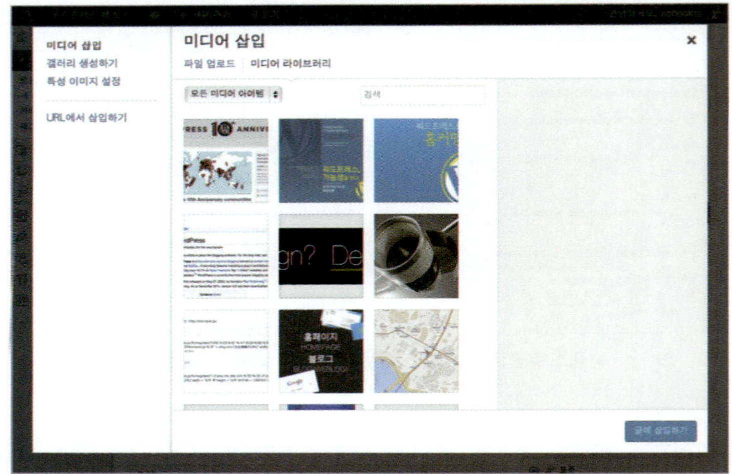

▲ '미디어 삽입' 창

| 워드프레스 관리는 최신 웹 브라우저로 |

미디어 업로드를 손쉽게 하기 위해선 최신 버전의 웹 브라우저를 사용하는 것이 좋습니다. 특히 MS 인터넷 익스플로러의 경우, 최신 버전을 사용하는 것이 좋고 익스플로러보다는 구글 크롬이나 파이어폭스, 사파리 등의 브라우저를 사용하는 것이 워드프레스 관리에 있어 호환성을 높이는 방법입니다. 특히, 미디어를 업로드할 경우, 웹 브라우저의 버전에 따라 워드프레스에 제공하는 편의 기능을 사용하지 못할 수도 있습니다.

■ 새 미디어 파일을 업로드하는 방법

PC에서 업로드할 미디어 파일을 드래그해서 '미디어 삽입' 창 위에 옮겨 넣습니다. 여러 개의 파일을 동시에 업로드할 수도 있습니다.

▲ 첨부할 미디어를 '미디어 삽입' 창이 열린 웹 브라우저 위에
드래그해서 옮겨 넣으면 업로드가 진행됩니다.

웹 브라우저의 버전에 따라 드래그해서 업로드가 되지 않을 수 있습니다. 이런 경우엔 '미디어 삽입'이라는 문구 아래, '파일 업로드'를 선택해 화면 중앙에 있는 [파일을 선택하세요] 버튼을 클릭합니다. 탐색기가 나타나는데 PC에서 업로드할 파일을 찾아 선택합니다.

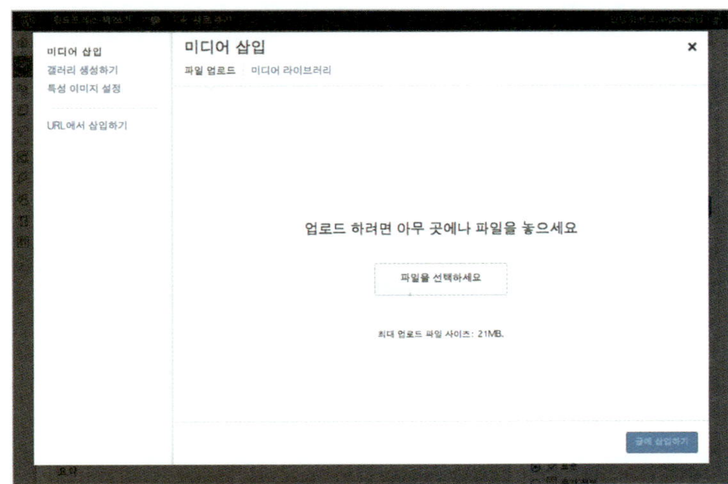

▲ 웹 브라우저에 따라, 업로드할 파일을 탐색기로 찾아
선택해야 하는 경우도 있습니다.

| 워드프레스에 업로드할 수 있는 파일들 |

워드프레스에 업로드할 수 있는 파일 종류는 다음과 같습니다.

[이미지 파일]

- .jpeg
- .png
- .gif

[문서 파일]

- .pdf(Portable Document Format; Adobe Acrobat)
- .doc, .docx(Microsoft Word Document)
- .ppt, .pptx, .pps, .ppsx(Microsoft PowerPoint Presentation)
- .odt(OpenDocument Text Document)
- .xls, .xlsx(Microsoft Excel Document)

[오디오 파일]

- .mp3
- .m4a
- .ogg
- .wav

[비디오 파일]

- .mp4, .m4v(MPEG-4)
- .mov(QuickTime)
- .wmv(Windows Media Video)
- .avi
- .mpg
- .ogv(Ogg)
- .3gp(3GPP)
- .3g2(3GPP2)

업로드된 미디어가 자동으로 선택되고 오른쪽에 해당 미디어에 관한 정보와 설정 메뉴가 나타납니다. 이미지의 경우, '첨부 상세'에는 파일명, 업로드 일시, 이미지의 크기가 표시됩니다. '영구적으로 삭제하기'를 클릭하면 미디어 라이브러리에 등록된 해당 미디어 파일이 삭제됩니다.

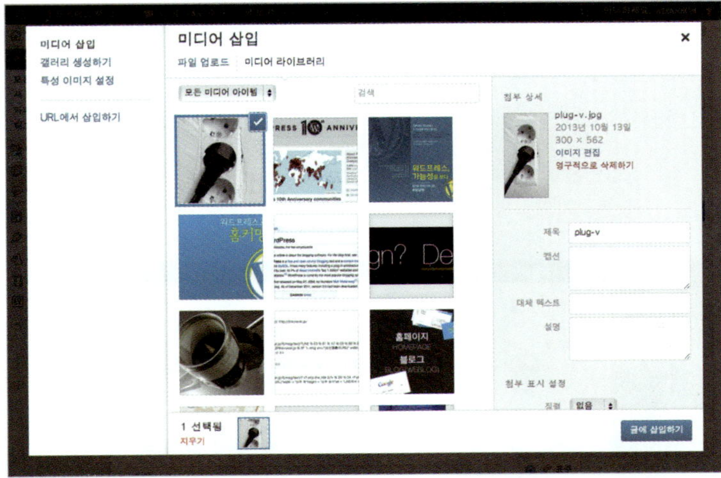

▲ 업로드가 완료된 상태

■ 이미지 편집하기

미디어 라이브러리에서 이미지를 선택한 후, '이미지 편집'을 클릭하면 브라우저에서 새 탭으로 '미디어 편집' 메뉴가 열립니다. 미디어 라이브러리에 등록된 이미지를 '자르기', '회전', '뒤집기'로 편집할 수 있습니다.

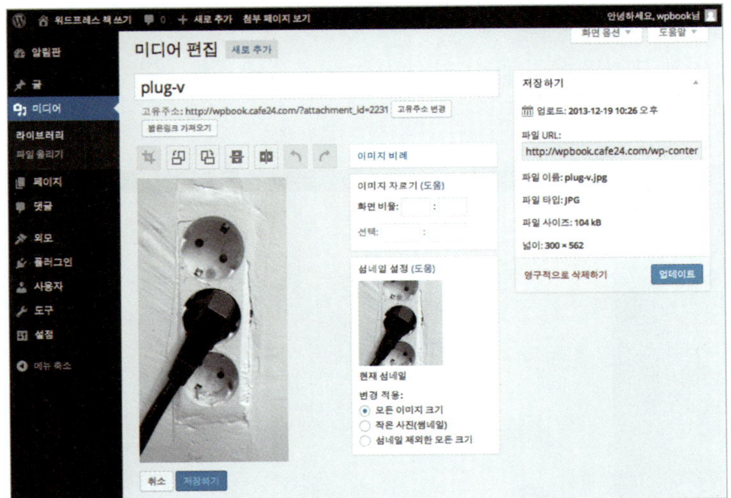

▲ '미디어 편집' 메뉴

'이미지 비례'는 이미지를 자르지 않고 비례에 맞춰 축소시키는 메뉴입니다. 클릭하면 자세한 설명이 나타나는데 원본에서 축소만 가능하다고 안내하고 있습니다. 원본의 가로, 세로 폭이 픽셀 단위로 입력되어 있는데 축소하려는 크기를 입력하고 [스케일]을 클릭하면 이미지가 축소됩니다.

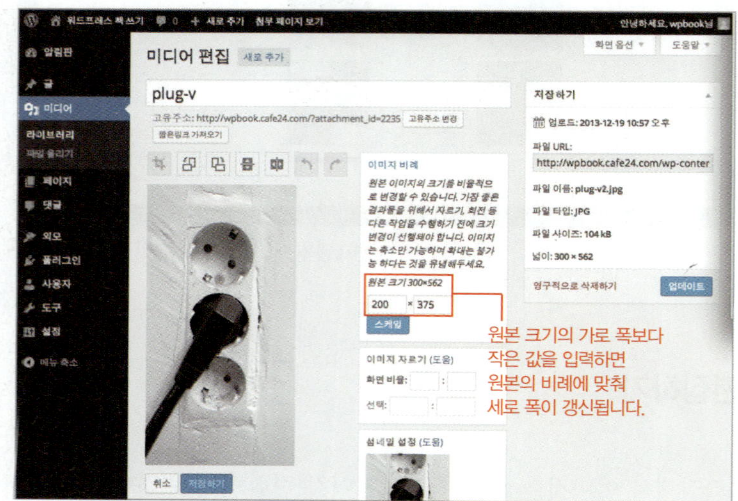

▲ '미디어 편집' 메뉴에서 이미지 축소

다음 그림은 300*563 크기의 원본을 200*375로 축소했을 때의 화면입니다. '원본 이미지 복구'를 클릭하건 원본 크기로 복구할 수 있습니다.

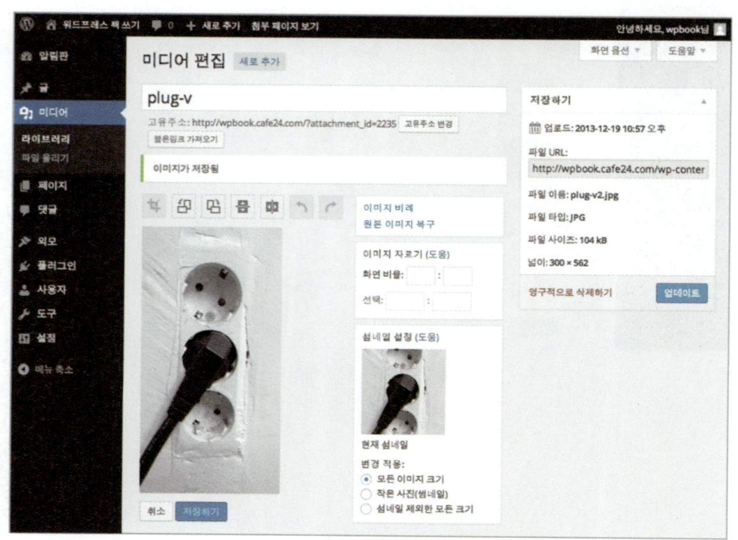

▲ '미디어 편집' 메뉴에서 축소 저장된 이미지

이미지를 원본 비율과 다르게 자르려면 왼쪽의 미리보기 이미지 위에 포인터를 올려놓고 클릭한 상태로 마우스를 이동합니다. 그러면 이미지 위에 자를 부분이 표시되고 오른쪽 '이미지 자르기' 상자의 '선택' 옵션에 선택한 영역의 크기가 픽셀 단위의 숫자로 표시됩니다. 숫자를 입력해 자를 크기를 지정할 수도 있습니다. Shift 를 누른 상태에서 마우스로 선택 영역의 크기를 변경시키면 같은 비례로 영역을 축소, 확대할 수 있습니다. '이미지 자르기' 상자의 '화면 비율' 옵션에서는 자르기 영역의 가로, 세로 비례를 지정할 수 있습니다. 예를 들어 '화면 비율' 옵션에 '1:1'을 입력하면 선택 영역이 정사각형 비율로 변경되는 식입니다.

▲ '미디어 편집' 메뉴에서 이미지 축소

미디어에 관해 '제목', '캡션', '대체 텍스트', '설명' 등 추가 정보를 입력할 수도 있습니다. '캡션'은 경우에 따라 자막처럼 미디어와 함께 표시되는 내용이고 '대체 텍스트'는 미디어가 제대로 표시되지 않을 때 미디어 대신에 표시되는 내용입니다. '대체 텍스트'는 <img> 태그 안에 'alt="[대체 텍스트]"' 형식으로 입력됩니다. 시각장애자들에게는 이 대체 텍스트가 음성으로 전달됩니다.이미지 편집, 추가 정보 입력을 마친 뒤에는 [업데이트] 버튼을 클릭해 수정한 내용을 저장합니다.

■ 미디어 첨부하기

'미디어 삽입' 창에서 이미지 첨부 방식을 설정합니다. '첨부 표시 설정'을 통해 선택한 이미지의 정렬 방식, 연결 방식, 크기를 지정할 수 있습니다.

특히, '연결' 옵션을 설정하는 것이 가장 중요합니다. '미디어 파일', '첨부 페이지', '사용자 정의 URL', '없음' 중에서 선택할 수 있는데 어떤 것을 선택하느냐에 따라 본문에 첨부한 이미지를 클릭했을 때 연결되는 위치가 달라집니다.

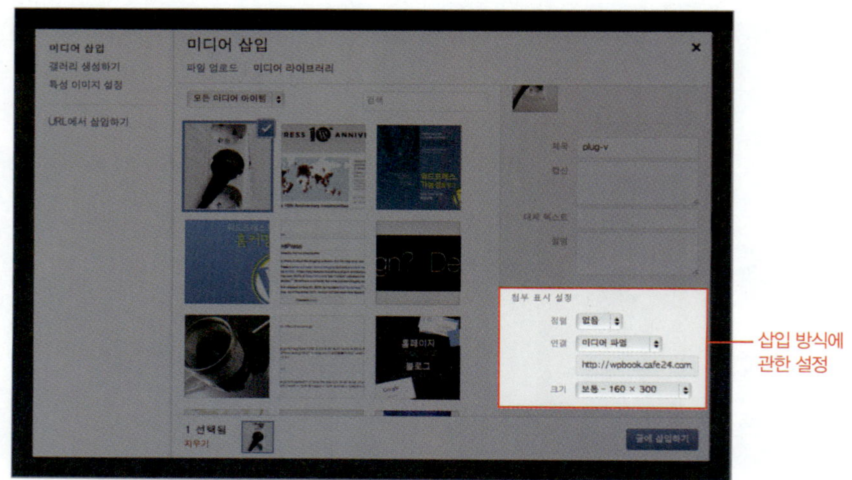

▲ 미디어 첨부 방식을 결정하는 '첨부 표시 설정'

이 옵션에서 '미디어 파일'을 선택하면 본문 중에 첨부된 이미지를 클릭했을 때, 업로드한 원본 이미지를 열어서 보여줍니다. 보통 웹사이트에서 이미지를 클릭하면 보다 큰 이미지가 팝업으로 나타나는 경우를 종종 볼 수 있는데 '연결' 옵션에서 '미디어 파일'을 선택할 때 가능한 기능입니다. 이미지를 첨부할 때 대부분 이 옵션을 선택합니다.

참고

| 이미지 팝업 |

이미지를 클릭했을 때 원본 크기의 이미지가 팝업되려면 Lightbox와 관련된 플러그인을 설치해야 합니다. 이 책의 5장에 나오는 '이미지 팝업 효과 Lightbox, Fancybox, Colorbox'를 참고 바랍니다.

▲ 본문에 첨부된 이미지를 클릭했을 때 원본 이미지가 팝업으로 나타나는 방식.
출처: http://zeden.co.kr/

'연결' 옵션에서 '첨부 페이지'를 선택하면 본문에 첨부된 이미지를 클릭했을 때 해당 이미지의 첨부 페이지로 연결됩니다. 워드프레스는 미디어 라이브러리에 등록된 미디어 파일마다 그 파일에 관한 정보를 보여주는 첨부 페이지를 제공합니다.

▲ 첨부 페이지의 예

'연결' 옵션에서 '사용자 정의 URL'을 선택하면 아래, URL을 입력할 수 있는 필드가 활성화되는데 본문에 첨부된 이미지를 클릭했을 때 연결할 웹 페이지의 주소를 입력합니다. 마지막으로 '없음'을 선택하면 첨부할 이미지에 링크가 들어가지 않아 클릭할 수 없는 상태가 됩니다.

'정렬' 옵션에서는 이미지를 웹페이지 콘텐츠 영역에서 어느 쪽에 정렬시킬지를 정합니다. 정렬이 필요 없는 경우 '없음'을 선택합니다. 이 옵션은 첨부할 이미지에 스타일을 정의해주는 데 테마에 따라서 이 옵션을 지원하지 않는 경우도 있습니다.

'크기' 옵션에서는 본문에 첨부할 이미지의 크기를 정합니다. 첨부할 이미지에 대한 설정을 모두 마치고 '미디어 삽입' 창 오른쪽 하단에 있는 [글에 삽입하기] 버튼을 클릭합니다. 그러면 '미디어 삽입' 창이 사라지고 다음 그림과 같이 본문 중에 선택한 이미지가 추가됩니다.

▲ 본문에 이미지를 첨부한 화면

■ 미디어 라이브러리에 등록된 미디어를 첨부하는 방법

본문 편집기에서 [미디어 추가]를 클릭해 '미디어 삽입' 창을 엽니다. 미디어 라이브러리에 등록된 파일들이 보이는데 이 중에서 첨부할 미디어를 선택합니다. 왼쪽 상단에 '모든 미디어 아이템'이라고 쓰인 드롭다운 메뉴를 클릭해 파일을 분류해서 찾을 수 있고 검색을 이용할 수도 있습니다.

미디어 파일은 정사각형 형태로 등록된 시간 순으로 나열됩니다. 목록에서 첨부할 미디어를 클릭하면 미디어 썸네일 오른쪽 상단에 체크 표시가 나타나고 창 오른쪽에 선택한 미디어에 관한 설정 메뉴가 나타납니다. 선택한 미디어를 다시 한 번 클릭하면 선택이 해제됩니다. 여러 개의 파일을 선택해 한꺼번에 본문에 추가할 수도 있는데 키보드의 Ctrl 또는 Shift 를 누른 상태에서 선택합니다.

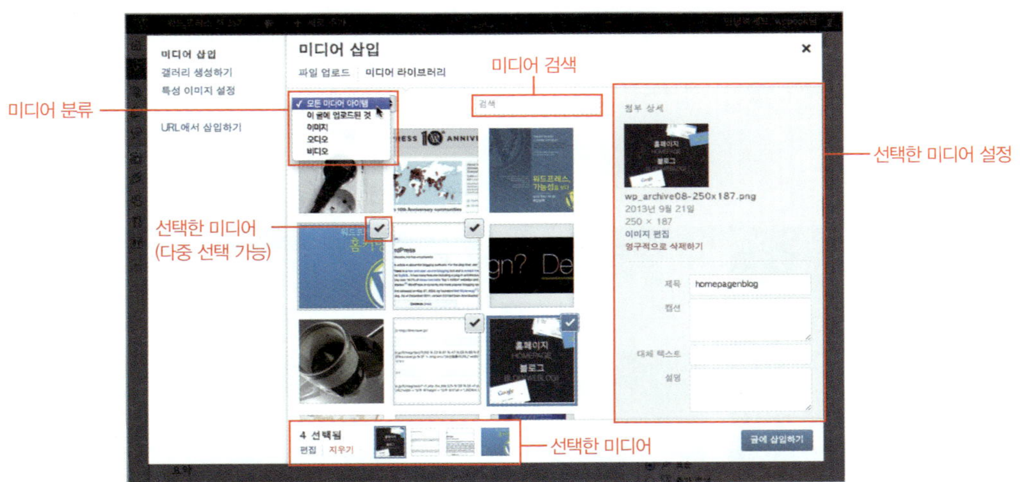

▲ '미디어 삽입' 창의 기본 구성

창 하단에는 선택한 파일의 수와 선택한 순서가 표시됩니다. 첨부할 미디어 파일이 여럿일 경우, 본문에 추가되는 순서도 중요한데 '미디어 삽입' 창 하단에서 확인할 수 있습니다. 선택한 미디어는 왼쪽에서부터 순서대로 추가됩니다. 여기에 추가된 파일을 드래그해서 순서를 바꿀 수도 있습니다. '편집'을 클릭하면 다음 그림과 같이 선택한 파일들만 보이는 편집 화면으로 이동합니다. '지우기'를 클릭하면 선택이 해제됩니다.

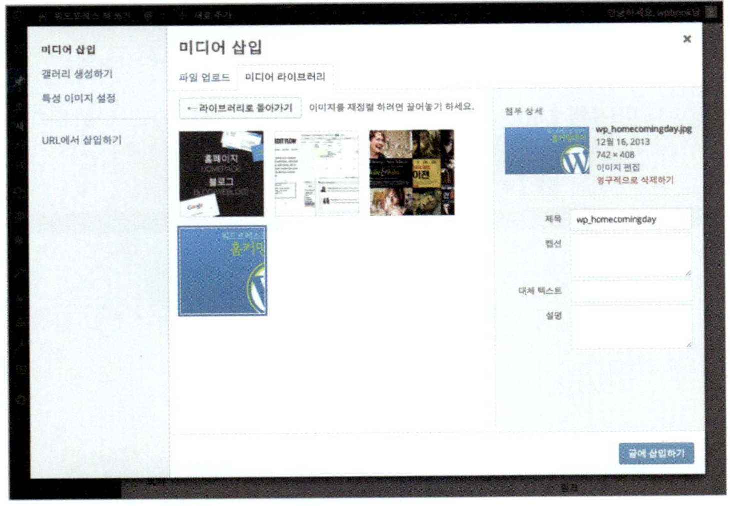

▲ 여러 개의 선택한 파일 편집

첨부할 미디어를 선택하고 난 후에는 각 파일 별로 추가 정보나 첨부 방식을 설정한 뒤에 [글에 삽입하기]를 클릭합니다. 다음 그림은 미디어 라이브러리에서 4개의 이미지 파일을 선택해 일괄 첨부한 화면입니다.

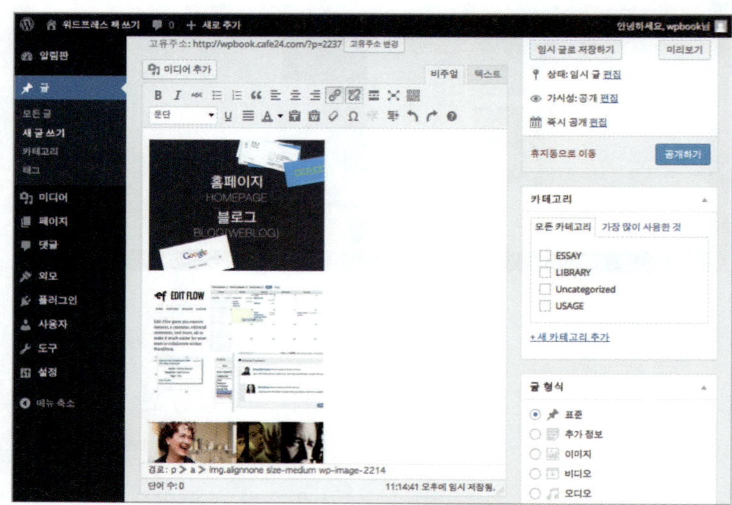

▲ 여러 개의 이미지를 추가한 모습

■ URL을 통한 첨부 방법

'미디어 삽입' 창 왼쪽에 'URL에서 삽입하기'를 클릭합니다. 그러면 다음 그림과 같은 메뉴가 나타나는데 첨부할 미디어의 URL을 'http://'라고 쓰여있는 필드에 입력합니다.

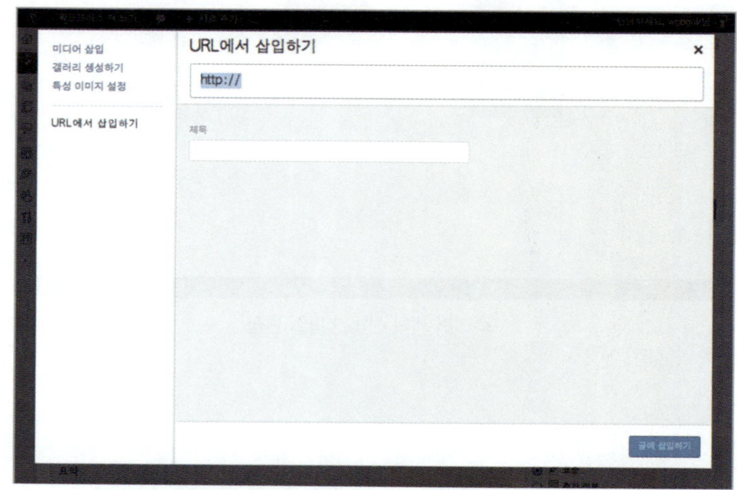

▲ '미디어 삽입' 창에서 'URL에서 삽입하기'를 선택한 화면

입력한 URL의 미디어 파일을 불러옵니다. 그리고 '캡션', '대체 텍스트', '정렬', '연결'을 설정합니다.

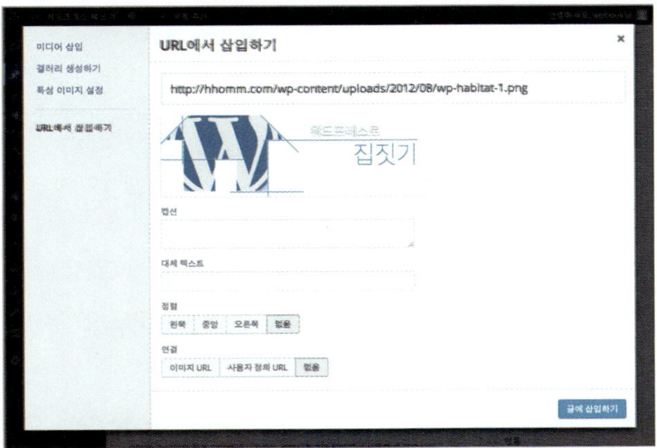

▲ 입력한 URL의 미디어 파일을 불러옵니다.

> **참고**
>
> '연결'은 이미지를 클릭했을 때 이동할 페이지를 지정하는 것인데 '이미지 URL'은 해당 이미지가 저장된 주소로, '사용자 정의 URL'은 특정 주소로 이동시키길 원할 때 선택하고 기본값은 '없음'으로 되어 있습니다.

[글에 삽입하기]를 클릭하면 본문에 URL의 미디어가 추가됩니다. 단, 이렇게 첨부한 미디어는 미디어 라이브러리에 파일 형태로 저장되지 않습니다. URL을 통해 미디어를 표시하기만 할 뿐입니다.

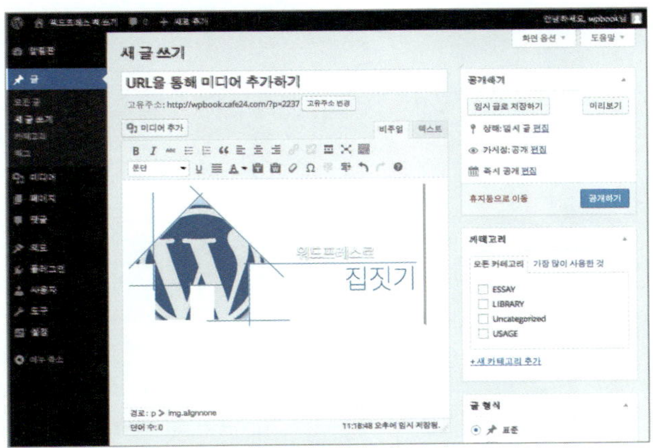

▲ 본문 중에 URL을 통해 미디어를 첨부한 화면

17 글 공개 설정하기

워드프레스는 글의 상태를 관리할 수 있는 옵션이 다양합니다. 새 글을 쓸 때나 기존 글을 편집할 때 '공개하기' 메뉴에서 글의 공개 상태와 범위, 일정 등을 지정할 수 있습니다. '공개하기' 메뉴는 상태, 가시성, 공개 시기로 세분화되어 있는데 각 항목에서 [편집] 버튼을 클릭하면 항목별 설정 옵션을 확인할 수 있습니다.

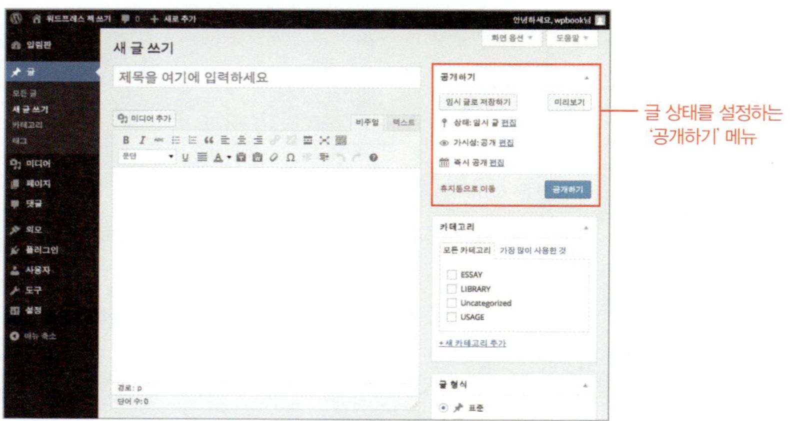

▲ '새 글 쓰기'의 '공개하기' 메뉴

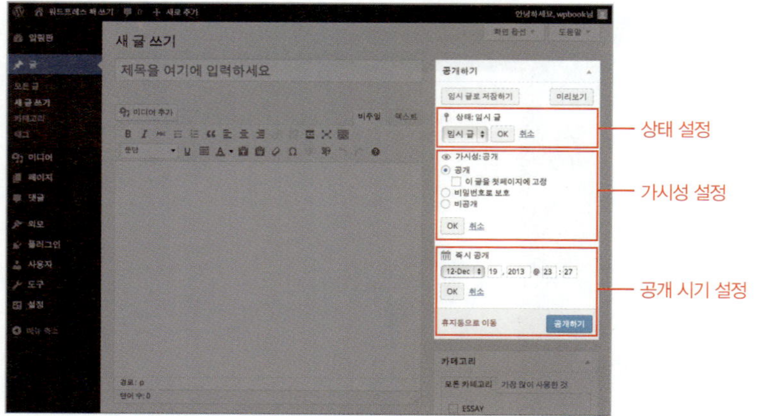

▲ '공개하기'에서 설정할 수 있는 세부 옵션들

■ 글의 상태 설정하기

글의 상태는 3가지가 있습니다. 글이 공개되기 전에는 '검토중'과 '임시 글'로 구분되고 발행된 글은 '발행됨', '검토중', '임시 글' 중에서 상태를 변경할 수 있습니다. '검토중'과 '임시 글'은 분류만 다를 뿐 관리상으로 큰 차이가 없습니다. '검토중'으로 설정한 글을 '모든 글' 메뉴의 글 목록에서 '대기중'이라는 태그가 붙고 '보류 검토'로 분류됩니다. 다음 그림을 보면 글 상태에 따로 분류되는 것을 알 수 있습니다.

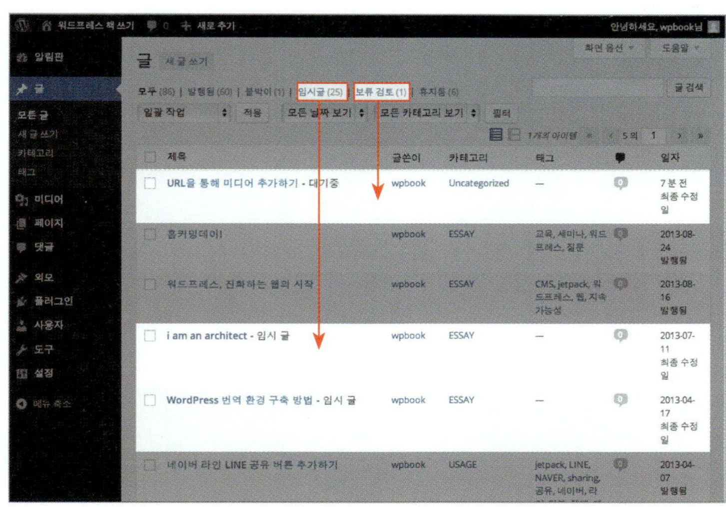

▲ '모든 글' 메뉴의 글 목록에서 '검토중' 글과 '임시 글'이 따로 분류됩니다.

■ 글 상태 설정 시 주의사항

글의 상태를 설정할 때 주의할 점이 있습니다. 임시 글이나 검토 중인 글을 저장할 때는 '상태' 메뉴 위에 있는 [임시 글로 저장하기] 또는 [대기중인 글 저장하기] 버튼을 클릭해야 합니다. 글의 상태를 '임시 글', '검토중'으로 설정했다 하더라도 [공개하기] 버튼을 클릭하면 글이 공개됨과 동시에 글 상태가 '발행됨'으로 바뀌게 됩니다. 발행한 글도 다시 '임시 글', '검토중' 상태로 변경시킬 수는 있지만 그 전까지 완성되지 않은 글이 웹사이트에 게시될 수 있으니 주의해야 합니다. 특히, 글 공개와 동시에 SNS로 글을 연동시키는 플러그인을 사용한다면 더욱 조심해야 합니다. [공개하기]를 클릭하는 순간, 연동된 각 서비스로 글이 전파되기 때문입니다.

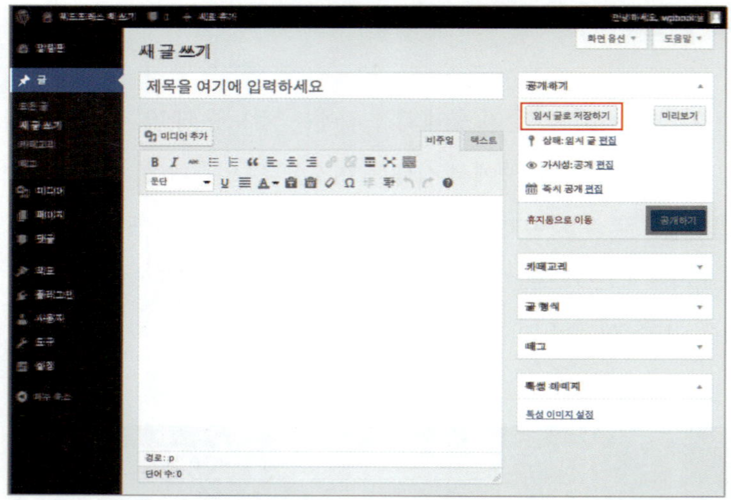

▲ 임시 글이나 검토 중인 글을 저장할 때는 [공개하기] 버튼을 사용하지 않습니다.

■ 글의 공개 범위 및 발생 시기 설정하기

'공개하기' 메뉴의 두 번째 옵션인 '가시성'에서는 글의 공개 범위를 설정합니다. '가시성'이라고
번역되어 있긴 하지만 사실 공개 범위 또는 가시 범위라고 이해하는 편이 더 쉽습니다. '상태'
메뉴가 글의 완성도에 따라 공개 여부를 정한다면 '가시성' 메뉴에서는 어떻게 누구에게 보여줄
지 공개 범위를 정할 수 있습니다. 라디오 버튼 형식으로 되어 있는데 옵션 중 '공개'는 누구나
볼 수 있게 공개한다는 의미이고 '비밀번호로 보호'는 비밀번호를 아는 방문자에게만, '개인용'
은 일반에 공개하지 않고 혼자 본다는 뜻이 됩니다.

> **참고**
>
> 글에 비밀번호를 설정하거나 개인용으로 정해도 웹사이트에서 편집자(Editor) 이상의 권한을 가진
> 사용자는 글 내용을 열람할 수 있습니다.

'이 글을 첫페이지에 고정'은 글 목록 제일 위에 고정하기 위한 옵션으로 이 항목에 체크된 글
은 게시판의 공지사항처럼 발행일시와 상관없이 웹사이트 미리보기 화면에서 가장 먼저 출력
됩니다. '모든 글' 메뉴의 글 목록에서는 '붙박이'라는 태그가 붙고 '붙음'으로 분류됩니다.
글의 발행시기를 조정할 수도 있는데 글이 공개될 시점을 예약해두면 워드프레스가 시간에 맞

취 글의 상태를 자동으로 변경하기 때문에 관리자 또는 글쓴이의 일정과 상관없이 웹사이트의 업데이트 주기를 유지하는데 활용할 수 있습니다.

> **참고**
>
> 글을 작성하고 저장한 뒤에 수정해 재저장하면 '리비전' 메뉴가 나타납니다. 리비전에 대해서는 '27 항 리비전을 이용해 글 이전 상태로 되돌리기'에서 자세히 설명합니다.

18 요약(Excerpt) 만들기

'새 글 쓰기' 또는 '이 글 편집' 메뉴에서는 본문의 요약(Excerpt)본을 입력할 수 있게 '요약'이라는 메뉴를 제공합니다. 본문 내용 중 일부를 발췌하거나 요약한 내용을 입력합니다. 테마 중에는 이 메뉴에 입력된 내용을 활용해 인덱스(index.php)나 카테고리(category.php) 같은 여러 개의 글을 목록화하기도 합니다. 이 메뉴에 내용을 입력하지 않고 빈 채로 놔두면 본문의 처음부터 55개 어절을 추출해 자동으로 요약본을 생성합니다. 단, 이 요약본은 관리 메뉴에서 나타나지 않습니다.

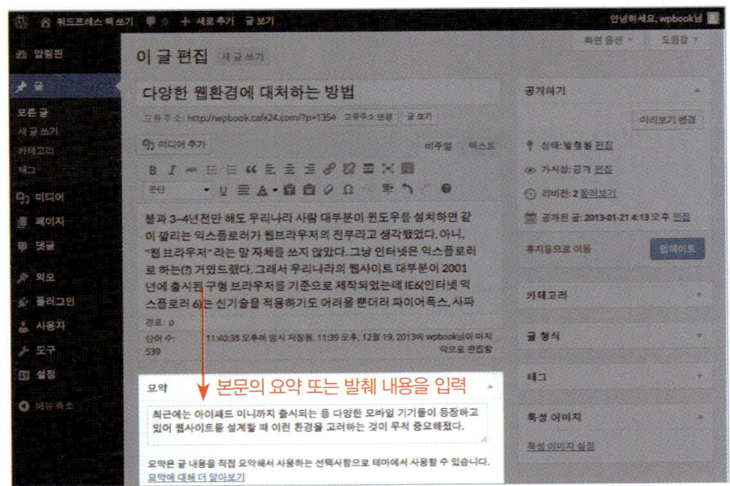

▲ '요약' 메뉴

또, RSS 피드를 설정할 때도 요약본을 사용할 수 있습니다. RSS에서 전문을 사용하지 않고 요약본 만 제공할 수 있습니다.

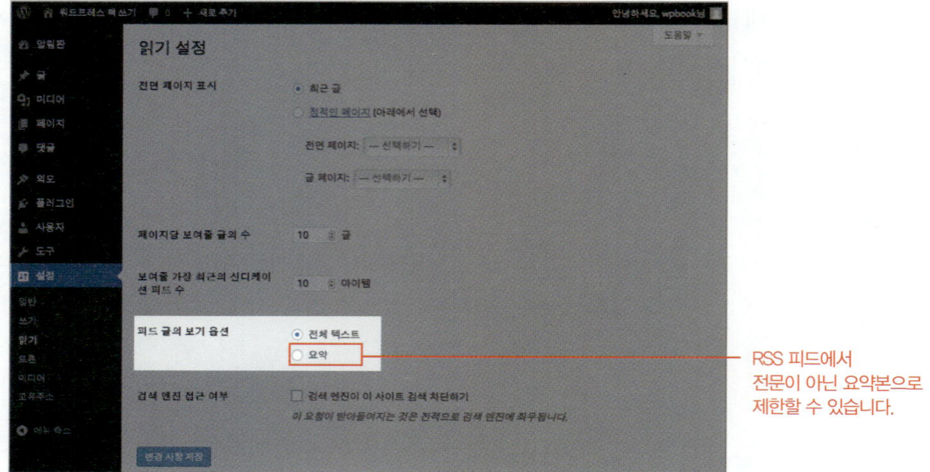

▲ RSS 피드 설정 중 '요약' 옵션

19 카테고리 설정하기

각 글을 성격에 따라 분류할 때 카테고리 기능을 사용합니다. '카테고리' 메뉴에서 현재 사이트에 등록된 카테고리를 모두 볼 수 있고 여기서 글의 카테고리를 선택합니다. 여러 개를 다중 선택할 수 있고 적당한 카테고리가 없는 경우 '새 카테고리 추가'를 클릭해, 새로운 카테고리를 추가할 수 있습니다.

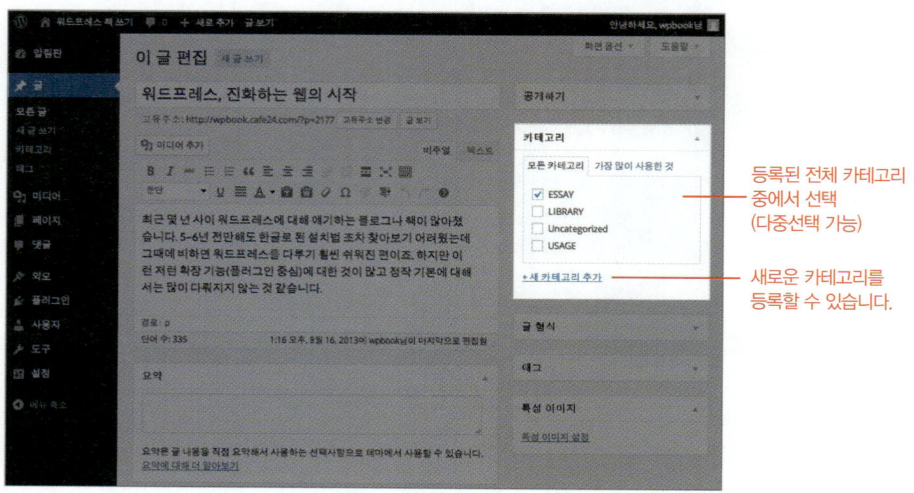

▲ 글 작성 및 편집 시 사용할 수 있는 '카테고리' 메뉴

■ 새 카테고리 추가하기

'새 카테고리 추가'를 클릭하면 다음 그림과 같이 입력란이 나타나고 '상위 카테고리'라고 적힌 드롭다운 메뉴와 [새 카테고리 추가] 버튼이 나타납니다. 입력란에 새로 등록할 카테고리 이름을 넣고 다른 카테고리의 하위 카테고리로 만들려면 드롭다운 메뉴에서 새 카테고리의 상위 카테고리를 지정합니다. 그리고 [새 카테고리 추가] 버튼을 클릭하면 새 카테고리가 사이트에 등록됩니다.

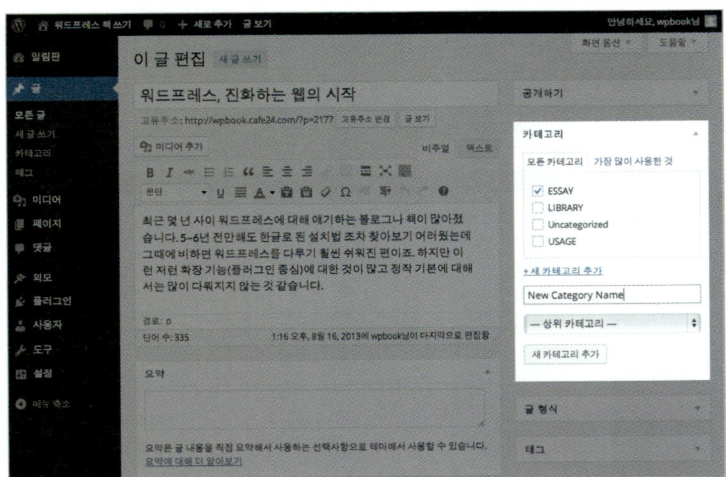

▲ '카테고리' 메뉴에서 '새 카테고리 추가' 옵션

[참고]

| 카테고리를 지정하지 않을 경우 |

새 글을 쓸 때 카테고리를 지정하지 않고 저장하면 기본 카테고리로 자동 분류되는데 기본 카테고리는 주 관리 메뉴 '설정'의 '쓰기' 메뉴에서 설정할 수 있습니다. 기본 카테고리를 따로 설정하지 않으면 워드프레스를 처음 설치했을 때 기본으로 생성되는 '미분류' 카테고리가 기본 카테고리로 쓰입니다.

■ 카테고리 관리 메뉴 사용하기

'글' 관리 메뉴의 하위 메뉴인 '카테고리'에서 손쉽게 카테고리를 만들고 편집할 수 있습니다. 새 카테고리를 등록할 때 이름, 슬러그, 상위 카테고리, 카테고리 설명 내용을 입력합니다. 슬러그는 URL로 사용될 수 있는 이름을 의미합니다. 카테고리 이름에서 띄어쓰기는 하이픈(-)으로 대체되고 기타 부호를 생략해 자동으로 만들어지며 수정이 가능합니다. 특정 카테고리의 하위 카테고리로 지정할 경우 '상위' 항목의 드롭다운 메뉴에서 새 카테고리의 상위에 놓을 카테고리를 선택합니다. 만약 카테고리를 계층화하지 않으려면 기본값인 '없음'에 놓으면 됩니다. '설명' 항목은 카테고리에 대해 설명하는 내용을 입력하는데 여기 입력된 내용은 대부분의 테마에서 출력되지 않습니다.

▲ '카테고리' 관리 메뉴-1

오른쪽 목록에서 등록된 카테고리들을 볼 수 있습니다. '모든 글' 메뉴의 글 목록에서 글을 편집, 삭제할 수 있었던 것처럼 카테고리 목록에서도 같은 방식으로 편집을 할 수 있습니다. 편집하려는 카테고리 항목에 포인터를 올려 놓으면 '편집', '빠른 편집', '삭제', '보기' 4개의 편집 메뉴가 나타납니다. '빠른 편집'을 이용하면 목록 상에서 카테고리 이름과 슬러그를 변경할 수 있습니다.

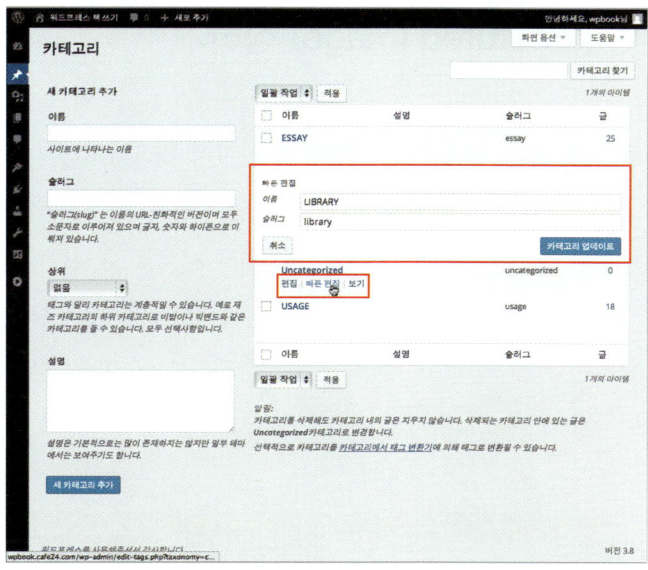

▲ '카테고리' 관리 메뉴-2

둘 이상의 카테고리를 선택해 일괄 편집(삭제)할 수도 있습니다. 목록에서 카테고리 별로 속한 글의 수를 보여주는데 이 숫자를 클릭하면 해당 카테고리에 속한 글의 목록을 볼 수 있습니다.

참 고

| 카테고리 계층화 |

다음 그림은 카테고리를 여러 단계에 걸쳐 계층화한 예입니다. 주 카테고리 안에 하위 카테고리를 만들고 그 안에 또 하위 카테고리를 만들 수 있는데, 하위 카테고리는 그 단계에 따라 카테고리 이름 앞에 하이픈('-')이 표시 됩니다. 예를 들어, 세계 각 지역의 정보를 담는 웹사이트를 만들 경우 지역 구분을 하기 위해 주 카테고리는 '아시아', '유럽', '아메리카', '아프리카' 등의 대륙 이름을 넣고 각 대륙의 하위 카테고리로 나라 이름을 쓸 수 있습니다. 그리고 각 나라 안에서 도시별 분류가 들어갈 수 있습니다.

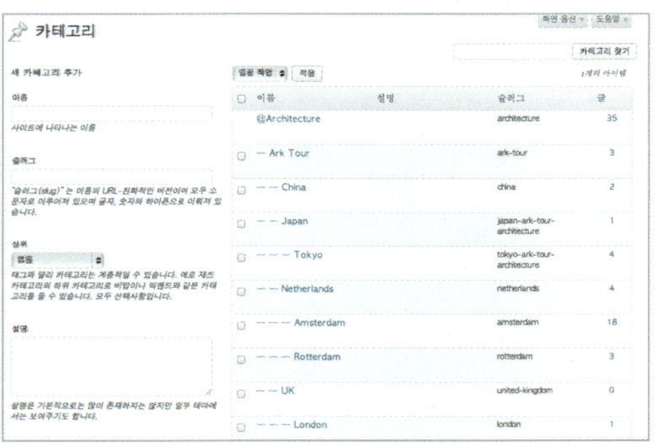

▲ 계층화된 카테고리의 예

특성 이미지(Featured Image)는 글에 붙이는 일종의 이미지 태그라고 볼 수 있습니다. 테마에서 특성 이미지는 해당 글의 아이콘처럼 활용됩니다. 예를 들어 웹진 형식의 사이트에서는 여러 개의 글을 나열할 때, 글 제목과 요약본, 썸네일(작은 이미지)를 세트로 표시합니다. 방문자는 글 제목과 썸네일을 기억하게 되는데 글보다는 시각적인 이미지가 더 직관적입니다. 각 글에 이미지 태그 또는 아이콘처럼 사용할 수 있는 썸네일을 하나씩 지정하게 되는데 이 썸네일을 워드프레스에서는 '특성 이미지'라고 합니다.

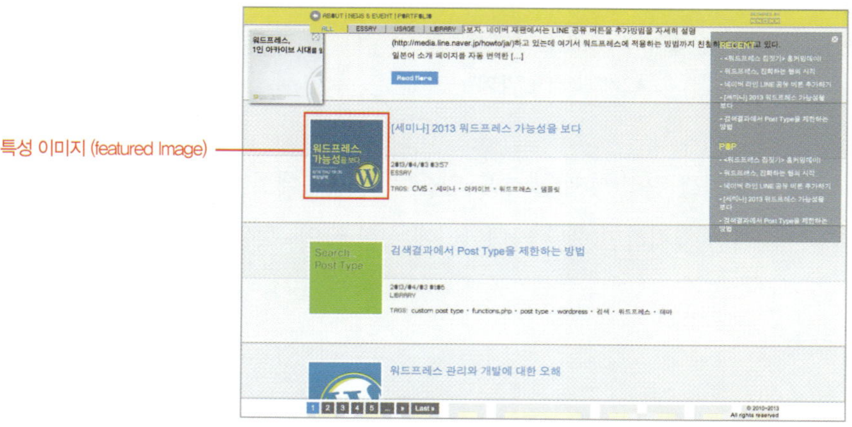

▲ 각 글의 이미지 태그처럼 활용되는 특성 이미지

'새 글 쓰기' 또는 '이 글 편집' 메뉴에서 '특성 이미지' 메뉴를 볼 수 있습니다. 메뉴 안의 '특성 이미지 설정'을 클릭합니다.

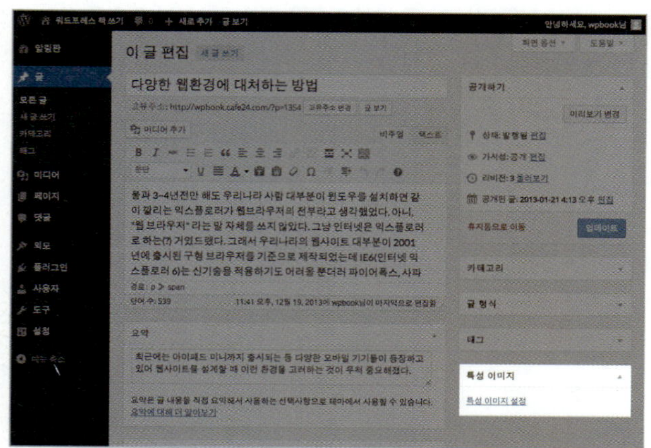

▲ '특성 이미지' 메뉴

특성 이미지를 설정할 수 있는 창이 나타납니다. 여기서 이미지를 선택하고 오른쪽 하단의 [특성 이미지 설정]을 클릭합니다. 새로운 사진을 등록하려면 파일을 창 안에 드래그해 넣습니다. 본문 중 미디어를 첨부할 때와 같은 방법으로 업로드합니다.

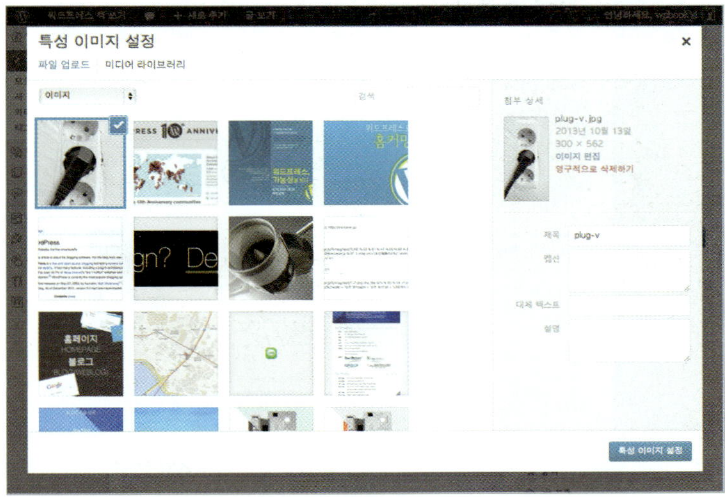

▲ '특성 이미지 설정' 창

특성 이미지를 설정할 수 있는 창이 나타납니다. 여기서 이미지를 선택하고 오른쪽 하단의 [특성 이미지 설정]을 클릭합니다. 새로운 사진을 등록하려면 파일을 창 안에 드래그해 넣습니다. 본문 중 미디어를 첨부할 때와 같은 방법으로 업로드합니다.

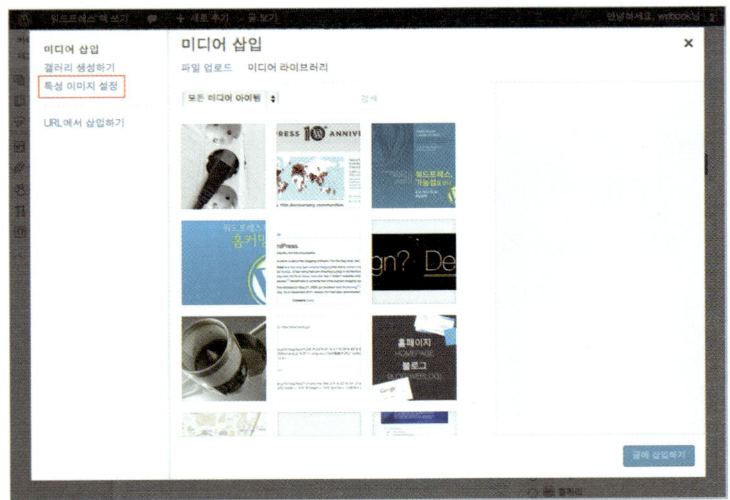

▲ '미디어 삽입' 창에서도 특성 이미지를 설정할 수 있습니다.

글의 특성 이미지를 설정하고 나면 다음 그림과 같이 '특성 이미지' 메뉴에 설정한 이미지가 나타납니다. 설정을 해제하려면 표시된 이미지 아래 '특성 이미지 삭제'를 클릭합니다.

▲ 특성 이미지를 설정한 상태

21 글 형식 정하기

'글 형식(Post Formats)' 메뉴는 글을 형식별로 분류해서 그에 맞는 레이아웃으로 출력되도록 해줍니다. 테마와 밀접한 관련이 있기 때문에 사용하는 테마가 '글 형식'을 지원하지 않으면 '새 글 쓰기'나 '이 글 편집' 메뉴에서 나타나지 않습니다. Twenty Ten, Twenty Eleven, Twenty Twelve 등 코어에 포함되어 있는 기본 테마에서는 이 기능을 지원합니다. 단, 기본 테마도 각 테마별로 지원하는 범위가 다릅니다.

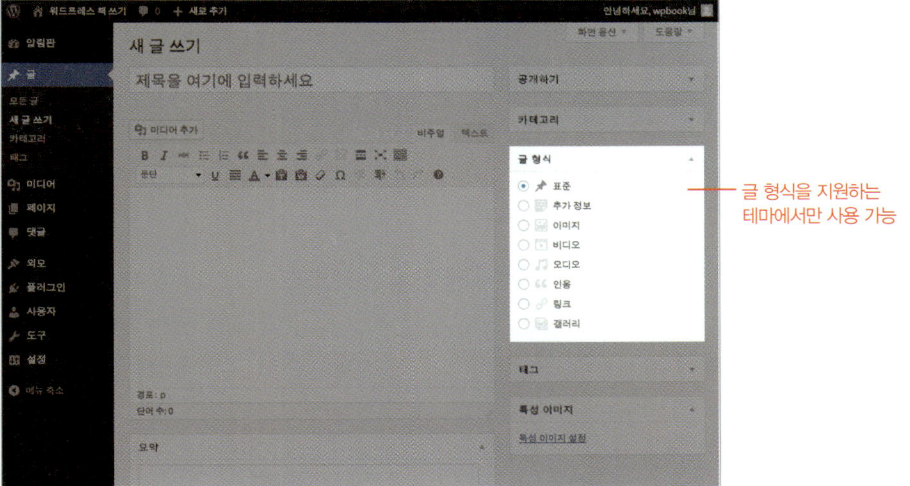

▲ '글 형식' 메뉴

참고

글의 형식에 따라 템플릿을 고르는 개념이기 때문에 입력한 내용에 영향을 미치지는 않습니다.

지원하는 글 형식은 다음과 같습니다.

- 표준(Standard) : 일반적인 글 형식
- 추가정보(aside) : 업데이트된 정보를 기록할 때 사용합니다.
- 갤러리(gallery) : 갤러리 숏코드 또는 이미지가 첨부된 글에 사용합니다.
- 링크(link) : 다른 사이트로의 링크. 글 안에 첫 번째로 외부 링크 <a href=" "> 태그가 사용되거나 글이 URL로만 구성된 경우 사용합니다. 그리고 해당 글에 연결(anchor)하기 위해 URL에 제목 (post_title)을 첨부합니다.
- 이미지(image) : 개별 이미지. 글의 처음에 <img /> 태그가 사용될 수 있습니다. 글이 하나의 URL로만 구성되어 있고, 이것은 이미지 URL인 경우, 글의 제목 (post_title)은 이미지의 제목 속성(title attribute)이 됩니다.
- 인용(quote) : 인용문. blockquote 요소를 포함합니다. 내용이 모두 인용문이고, 소스/저자가 제목이 됩니다.
- 상태(status) : 짧은 상태 업데이트, 트위터의 상태 업데이트와 비슷합니다.
- 비디오(video) : 개별 비디오. 글의 처음에 <video /> 태그가 있거나 비디오 object/embed 코

드가 포함되어 있습니다. 블로그에서 비디오가 지원된다면(플러그인을 사용하는 경우와 같이),
글에 첨부 자료로 비디오가 포함될 수도 있습니다.

- 오디오(audio) : 오디오 파일이 첨부되어 있어 팟캐스팅에 사용됩니다.
- 채팅(chat) : 채팅과 같이 2인 이상이 주고 받는 대화 내용을 기록한 경우

Twenty Thirteen 테마는 글 형식 별로 색상 및 스타일을 달리 보여주는데 초점을 맞췄습니다.

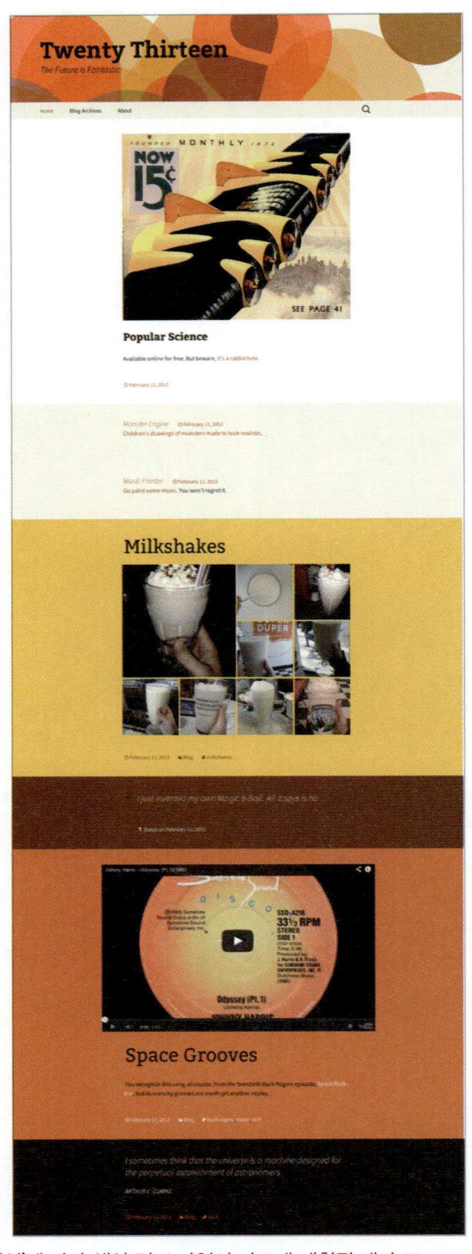

▲ '글 형식'에 따라 색상 및 스타일이 다르게 계획된 테마, Twenty Thirteen,
출처: http://theme.wordpress.com/themes/twentythirteen/

글을 작성할 때 글 형식을 특별히 선택하지 않아도 설정된 기본값으로 지정됩니다. 주 관리 메뉴 '설정'에서 '쓰기' 메뉴에서 기본 글 형식을 설정할 수 있습니다.

22 글 태그(Tags) 만들고 관리하기

각 글에 태그를 등록할 수 있습니다. 태그는 글쓴이가 글의 성격에 맞춰 제공하는 키워드라고 할 수 있습니다. 보통 방문자는 웹사이트에서 특정 키워드의 글을 찾을 때 검색 기능을 이용하는데 방문자가 유효한 키워드를 넣지 않는 이상 원하는 글을 찾기 어려울 수 있습니다. 이런 점을 보완하기 위해서 각 글마다 적절한 키워드를 등록하는데 이것을 '태그'라고 합니다. 태그는 방문자에게 글쓴이가 제공하는 유효 키워드인 셈입니다.

■ 글 태그 등록하기

글에 태그를 등록하는 방법을 알아봅니다. 태그를 등록하려면 '태그' 메뉴의 추가 입력란에 태그 이름을 적고 [추가] 버튼을 클릭합니다. 태그 사이에 쉼표를 넣어서 여러 개의 태그를 동시에 등록할 수도 있습니다.

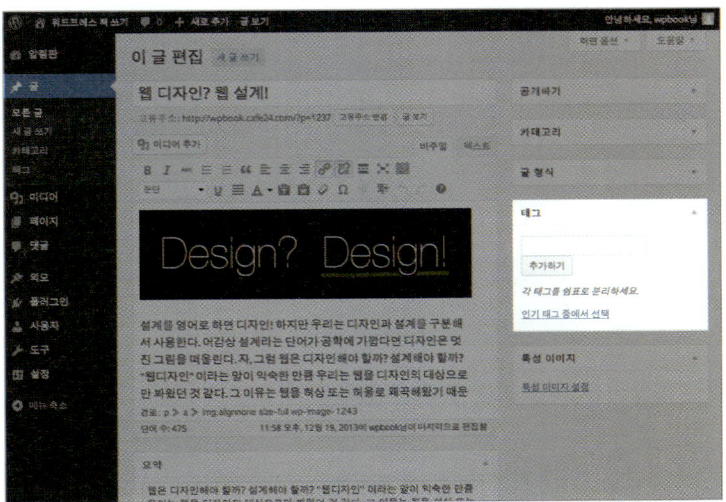

▲ '태그' 메뉴

입력란 아래에 추가된 태그가 나타납니다. 추가된 태그 앞에 'x' 표시된 아이콘을 클릭하면 해당 태그 선택이 취소됩니다.

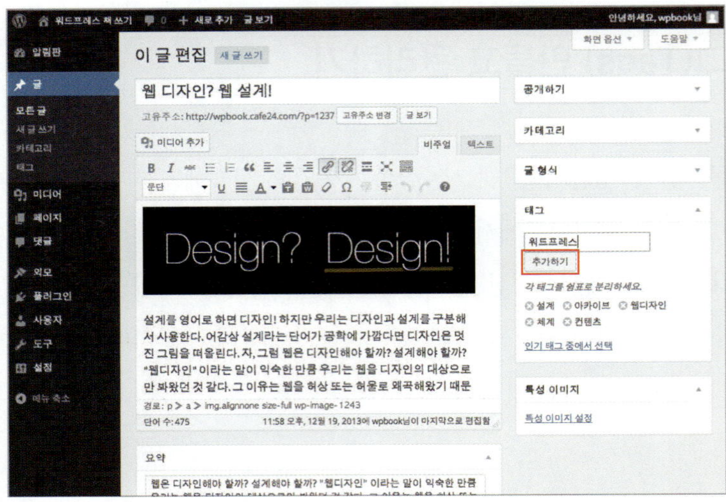

▲ '태그' 메뉴에서 새로운 태그 추가

등록된 태그의 수가 늘어나면 워드프레스는 태그의 사용 빈도에 따라 인기 태그를 추려 보여줍니다. '태그' 메뉴에 '인기 태그 중에서 선택'을 클릭하면 다음 그림과 같이 인기 태그 목록이 나타납니다. 자주 사용하는 태그일수록 크게 표시되는 태그 클라우드 형식으로 나타나는데 이 중에서 사용할 태그를 클릭하면 해당 글의 태그로 등록됩니다.

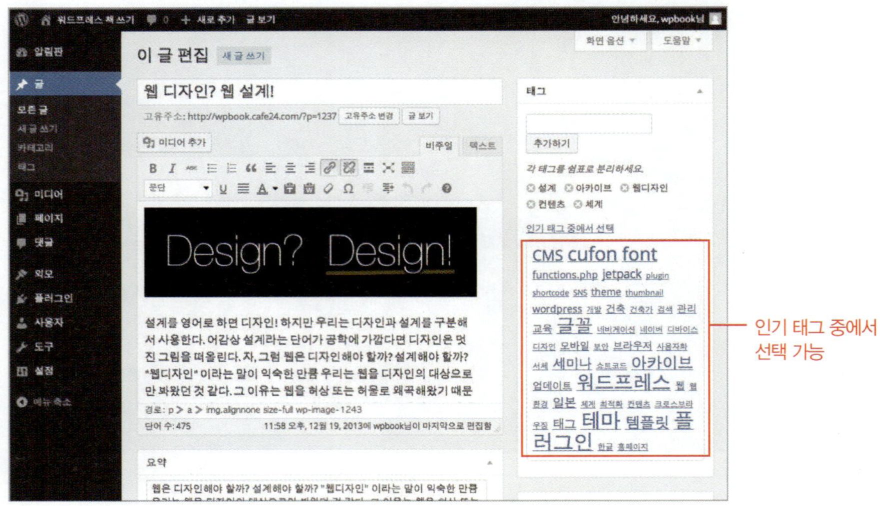

▲ 태그 클라우드 형식으로 표시되는 '인기 태그'

■ 태그 관리 메뉴

태그도 카테고리와 마찬가지로 글 관리 메뉴 안에 전체 태그를 관리하는 '태그' 메뉴가 있습니다. 여기서 웹사이트에 등록된 태그들을 모두 확인할 수 있습니다. 인기 태그를 볼 수 있고 '이름', '슬러그', '설명'을 입력해 새 태그를 추가할 수 있습니다. 카테고리를 만들 때와 비슷하지만 태그에서는 '상위 카테고리'와 같은 개념의 옵션이 제공되지 않습니다. 태그는 계층화된 구조를 만들 수 없기 때문입니다. 태그 목록에서도 '빠른 편집'을 사용할 수 있는데 이름과 슬러그를 수정하는 정도입니다.

▲ 글 관리 메뉴 중 '태그' 메뉴

목록에서 각 태그 별로 연결된 글을 숫자로 보여주는데 이 숫자를 클릭하면 해당 태그가 등록된 글 목록을 볼 수 있습니다.

타 사이트에 자신이 쓴 글과 비슷한 주제의 글이 있다면 참조하라는 의미로 링크를 보낼 수 있는데 이것이 트랙백입니다. 우리말로 '엮인글', '관련글'이라고 부르기도 하는데 워드프레스에서 글을 작성하고 편집할 때, '트랙백 보내기' 메뉴를 통해 타 사이트에 트랙백을 보낼 수 있습니다.

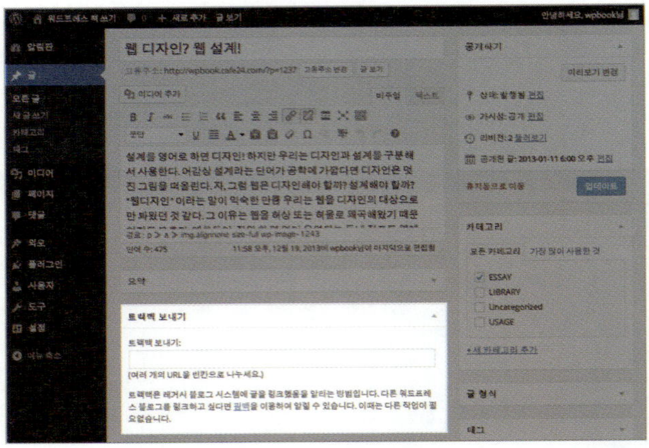

▲ '트랙백 보내기' 메뉴

■ 트랙백 주소 확인하고 보내기

트랙백을 보내기 위해선 트랙백이 등록될 사이트에서 트랙백 주소를 제공해야 합니다. 편지를 보내려면 받는 곳의 주소를 알아야 하는 것처럼 말입니다. 다음 그림은 트랙백 주소를 제공하는 예입니다. 보통 댓글 전에 트랙백 주소가 게시되어 있습니다. 이 주소를 '트랙백 보내기' 메뉴의 입력란에 넣고 [업데이트]를 클릭하면 트랙백이 발송됩니다.

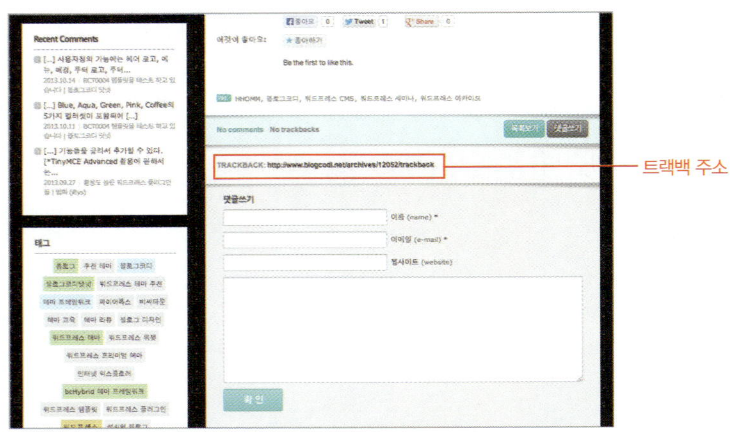

▲ 웹사이트에서 제공하는 트랙백 주소의 예,
출처: http://www.blogcodi.net/

■ 댓글, 트랙백, 핑백 설정하기

상대 사이트에서 트랙백을 허용해야 트랙백을 보낼 수 있는데 워드프레스에서도 트랙백의 허용 여부에 대해 설정할 수 있습니다. 다음 그림은 '이 글 편집'에서 댓글, 트랙백, 핑백의 허용 여부를 정하는 옵션입니다. 워드프레스는 각 글마다 댓글, 트랙백, 핑백에 대한 설정을 달리할 수 있고 사이트 전체의 설정에서 이 부분을 정할 수도 있는데 주 설정 관리 메뉴의 '토론' 메뉴에서 설정합니다.

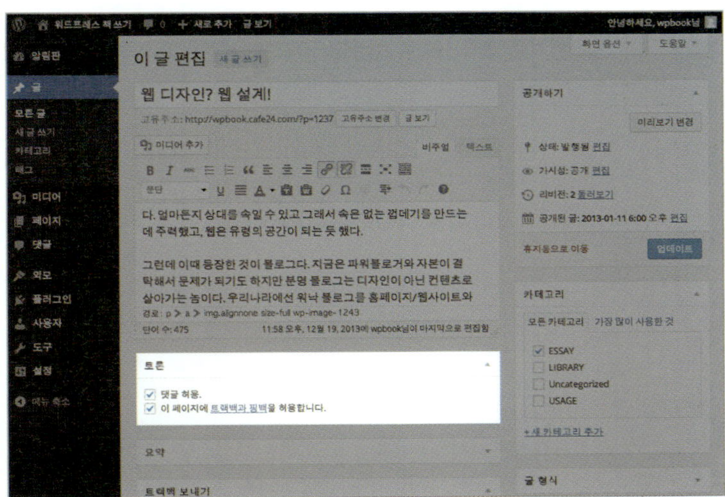

▲ 각 글마다 댓글, 트랙백, 핑백의 허용 여부를 선택할 수 있습니다.

■ 핑백과 트랙백의 차이

핑백은 사이트의 글이 다른 글 또는 타 사이트에 인용, 링크되었을 때 알려주는 기능입니다. 트랙백과 달리 자동으로 출처를 인지해 알려줍니다. 게시물의 URL을 찾아 댓글에 링크가 된 형식으로 받게 되는데 같은 사이트의 다른 글에 대해서도 핑백을 받게 됩니다.

24 사용자 정의 필드는 언제 사용할까?

사용자 정의 필드(Custom Fields)는 글을 작성할 때 입력하는 제목, 본문, 요약 등의 기본 필드 외에 사용자의 필요에 맞는 필드를 추가할 수 있게 해주는 기능입니다. 플러그인이나 테마를 설계할 때 유용한 기능입니다. 하지만 테마나 플러그인 개발자가 아니라면 사용자 정의 필드를 사용할 일은 거의 없습니다. 사용자 정의 필드를 사용해 글을 작성한다 하더라도 해당 내용을 테마나 플러그인에 적용해 출력해줘야 하기 때문입니다.

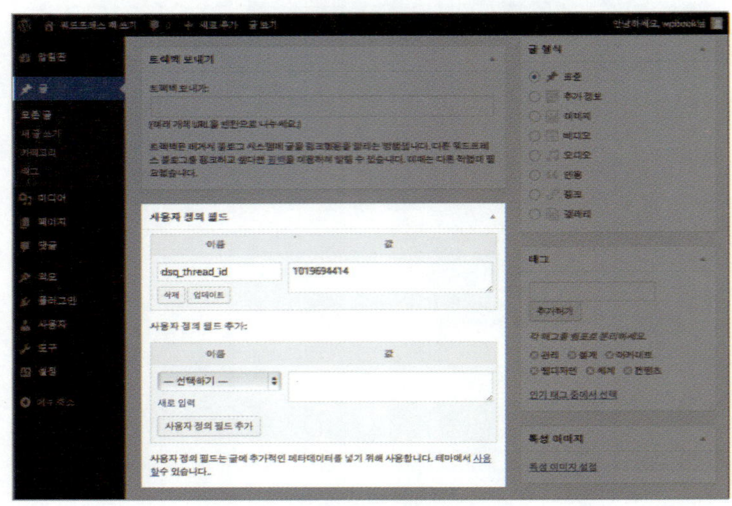

▲ '사용자 정의 필드' 메뉴

25 글 슬러그(Slug) 변경하기

슬러그는 글 제목에서 띄어쓰기를 하이픈(–)으로 대체하고 기타 부호를 생략해 만들어 지는데 고유 주소를 글 제목 형식으로 설정할 경우 URL로 사용할 수 있는 슬러그가 고유 주소에 들어가게 됩니다. 예를 들어, '웹 디자인? 웹 설계!'라는 제목의 글을 발행하면 슬러그는 '웹–디자인–웹–설계'가 됩니다. 그리고 고유 주소를 글 제목 형식으로 설정할 경우 'http://hhomm.com/웹–디자인–웹–설계/' 식의 고유 주소가 만들어집니다.

■ 슬러그와 한글

글 제목에 알파벳이 아닌 한글이 들어갈 경우, 브라우저의 주소창에서는 한글로 표기 되지만, 클립보드에 복사해 다른 곳에 링크할 경우 붙여 넣은 주소에서 한글 부분이 모두 깨져서 보일 수 있습니다. 예를 들어, 'http://hhomm.com/웹-디자인-웹-설계/'를 복사해 붙여 넣기 하면 'http://hhomm.com/%EC%9B%B9-%EB%94%94%EC%9E%90%EC%9D%B8-%EC%9B%B9-%EC%84%A4%EA%B3%84/'로 표시됩니다.

슬러그는 알파벳 소문자와 하이픈(-)으로 구성하는 것이 좋은데 글 제목을 기준으로 자동 생성되다 보니 이런 문제가 생깁니다.

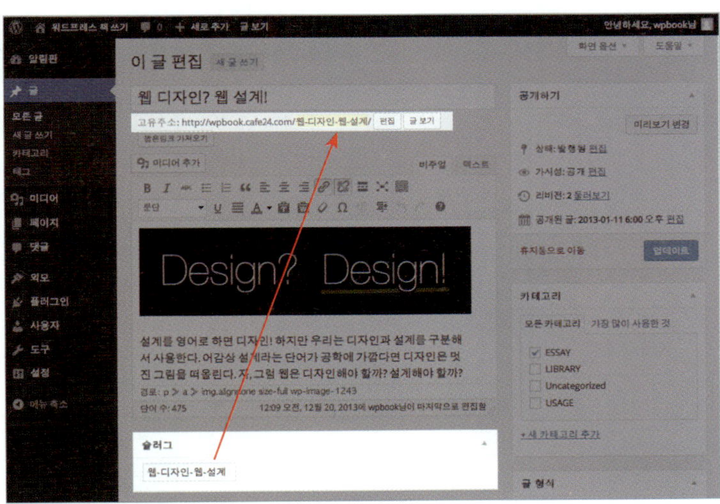

▲ '슬러그' 메뉴

<table>
<tr><td>참 고</td><td>글 제목을 영문으로 입력한 경우라도 제목이 길면 슬러그를 이용한 고유 주소도 함께 길어지게 되는데 이런 경우 '슬러그' 메뉴에서 글의 슬러그를 짧게 변경할 수 있습니다.</td></tr>
</table>

<table>
<tr><td>참 고</td><td>글 슬러그는 '모든 글' 메뉴의 '빠른 편집'에서도 수정이 가능합니다.</td></tr>
</table>

웹사이트에 여러 개의 계정을 만들어 각 글의 글쓴이를 분류해서 운영할 수 있습니다. 사용자 계정은 관리자, 편집자, 글쓴이, 기여자, 구독자 총 5가지로 권한을 설정할 수 있는데 관리자와 편집자 권한의 계정으로 로그인할 경우 각 글의 글쓴이를 변경할 수 있습니다. 글쓴이, 기여자, 구독자 계정으로는 글쓴이를 변경할 수 없습니다. 글쓴이나 기여자만 글을 쓸 수 있고 해당 계정으로 등록된 글에 한해서 편집할 수 있습니다.

글쓴이는 '모든 글' 메뉴에서 '빠른 편집'을 이용하거나 '새 글 쓰기'나 '이 글 편집'의 '글쓴이' 메뉴에서 변경할 수 있습니다.

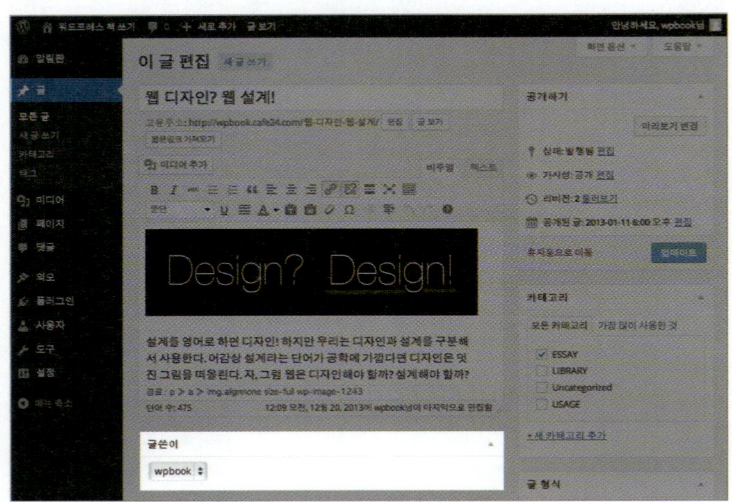

▲ '글쓴이' 메뉴

글을 저장한 후 한 번 이상 내용을 수정해서 재저장하면 '공개하기' 메뉴에 '리비전'이라는 메뉴가 나타납니다. '리비전 비교' 메뉴와 기능이 같습니다. 워드프레스는 각 글마다 편집한 내용을 저장 시점을 기준으로 모두 기록해 두는데 리비전은 글을 저장한 각 시점으로 되돌리는 기능입니다. '리비전:'이라는 라벨 뒤에 업데이트된 기록, 시점의 개수가 표시되고 그 뒤에 [둘러보기]를 클릭하면 '리비전 비교' 메뉴로 이동합니다.

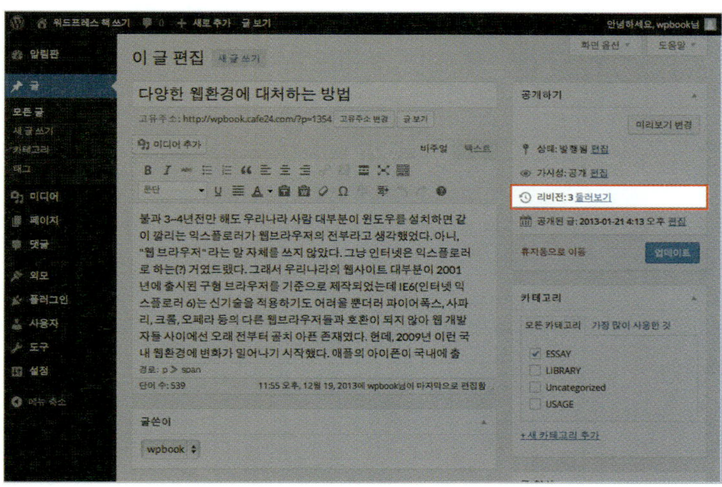

▲ '공개하기'에 추가된 '리비전' 메뉴

■ '리비전 비교' 메뉴 사용 방법

뒤에 나오는 그림은 '리비전 비교' 메뉴로 이동한 화면입니다. 화면 상단에는 지금까지 저장된 리비전을 선택할 수 있는 네비게이션 메뉴가 있습니다. 왼쪽의 [이전] 버튼을 클릭하면 이전에 저장한 기록으로 이동하고 오른쪽의 [다음]을 클릭하면 현재 선택된 것 이후 기록으로 이동합니다. [다음]을 클릭할수록 최신 기록에 가까워지고 [이전]을 클릭할수록 글을 작성한 초기 기록에 가까워집니다.

[이전]과 [다음] 버튼 사이의 슬라이더를 통해 리비전을 선택할 수도 있습니다. 전체 슬라이더는 기록된 리비전의 수로 등분이 됩니다. 왼쪽으로 이동할수록 초기 기록에 가까워지고 오른쪽으로 이동할수록 최신 기록에 가까워집니다.

리비전 네비게이션 아래에는 현재 선택된 리비전의 작성자, 저장 시간, 복구 버튼이 있습니다. 네비게이션으로 리비전을 바꿀 때마다 관련 정보도 함께 바뀝니다. 그리고 리비전 정보 아래는 2단으로 분리되어 오른쪽에는 선택한 리비전의 내용이 나오고 왼쪽에는 그 이전 시점에 저장된 내용이 나옵니다. 그리고 두 리비전에 저장된 내용을 비교해서 다른 점을 찾아줍니다. 왼쪽 단에서 현재 리비전과 비교했을 때 삭제된 부분은 진한 빨간색으로 표시됩니다. 또 오른쪽 단에서는 이전 리비전과 비교해 추가된 부분을 진한 초록색으로 표시합니다.

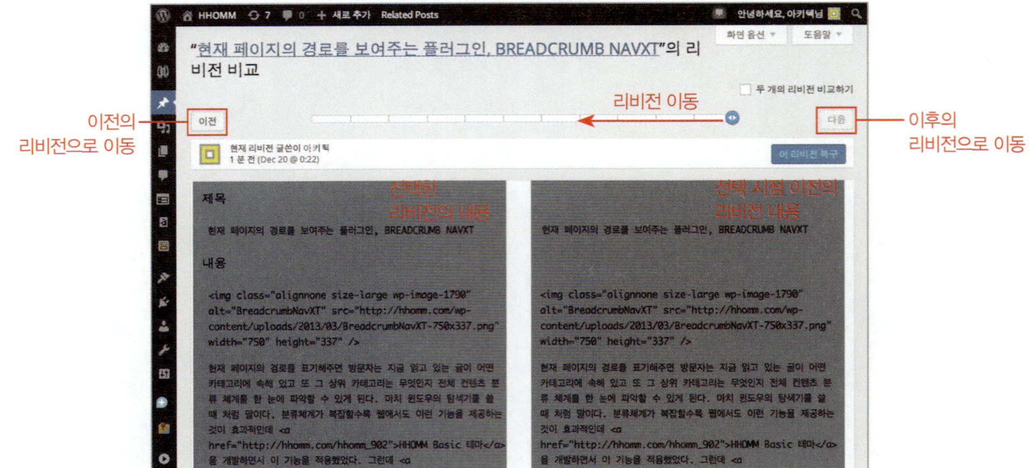

▲ '리비전 비교' 메뉴

화면 오른쪽 상단에는 '두 개의 리비전 비교하기'라는 옵션이 있습니다. 이 옵션을 선택하면 다음 그림과 같이 비교할 두 개의 리비전을 각각 선택할 수 있습니다.

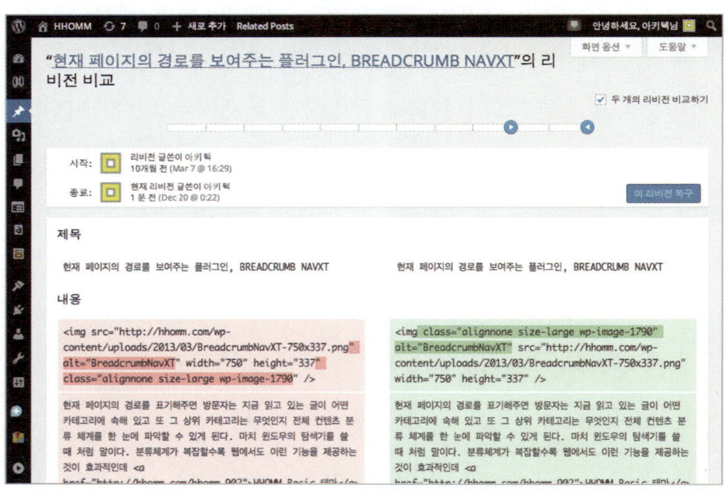

▲ '두 개의 리비전 비교하기' 옵션을 선택한 경우

제목과 본문에서 변경된 내용을 확인하고 되돌리고자 하는 리비전을 선택한 뒤에 [이 리비전 복구] 버튼을 클릭합니다. 글을 이전 리비전으로 되돌리더라도 그 이후의 리비전이 사라지진 않습니다. 예를 들어, 1, 2, 3 세 개의 리비전이 존재하는데 가장 초기의 리비전 1로 복구하더라도 2, 3이 사라지는 것이 아니라 1과 내용이 같은 네 번째 리비전이 생기는 식입니다.

[참고]

리비전이 생성되면 글 편집 메뉴 안에 '리비전 비교'라는 이름으로 전체 리비전이 시간순으로 나타납니다. 여기서 리비전을 클릭하면 위에서 설명한 '리비전 비교' 메뉴로 이동합니다.

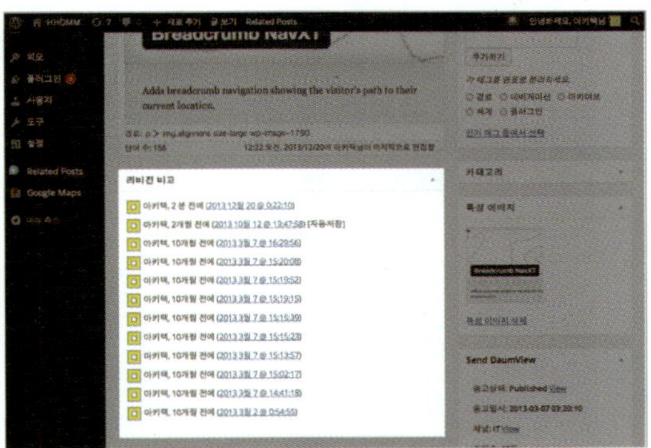

▲ 글을 편집할 때 보이는 '리비전 비교' 메뉴

28 다중 저자 환경 알아보기

워드프레스 여러 명의 사용자가 동시에 글을 작성, 편집할 수 있도록 '글 잠금(Post Locking)' 기능을 제공합니다. '모든 글' 메뉴에서 현재 편집이 이뤄지고 있는 글을 표시하고 동시에 같은 글을 편집하는 일이 벌어지지 않도록 글의 편집 상태를 실시간으로 감시합니다. 다음 그림처럼 '모든 글' 메뉴에서 누가 어느 글을 편집하고 있는지 볼 수 있습니다.

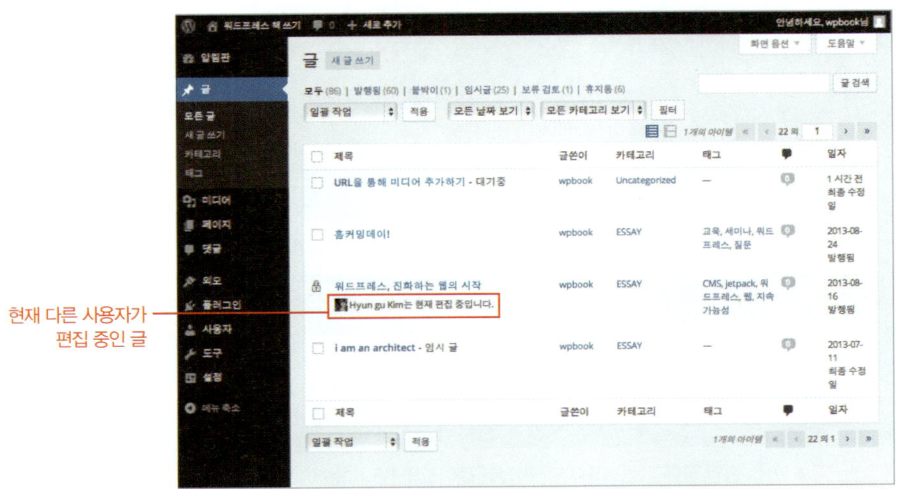

▲ '모든 글' 메뉴에서 실시간 편집 상황을 보여줍니다.

다른 사용자가 편집하고 있는 글에 들어가면 다음 그림과 같은 경고창이 뜹니다. [이어받기]를 클릭하면 현재까지 편집된 내용을 이어받습니다.

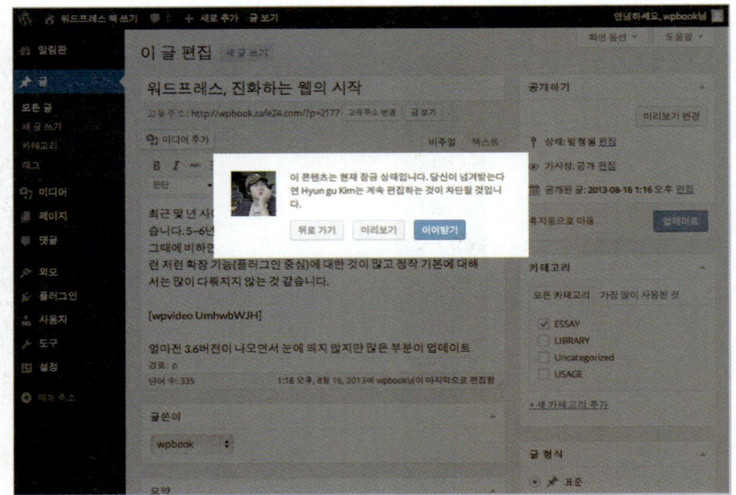

▲ '이 글 편집' 메뉴에서 실시간 편집 상황을 보여줍니다.

동시에 이 글을 편집하고 있던 사용자에게 다음 그림과 같은 메시지가 나타나고 [모든 글]을 클릭하면 '모든 글' 메뉴로 이동합니다. 같은 글이 동시에 편집되지 않도록 글마다 한 명의 사용자만 편집할 수 있게 한 것입니다. 이 기능은 워드프레스 코어가 3.6으로 업그레이드되면서 추가되었습니다.

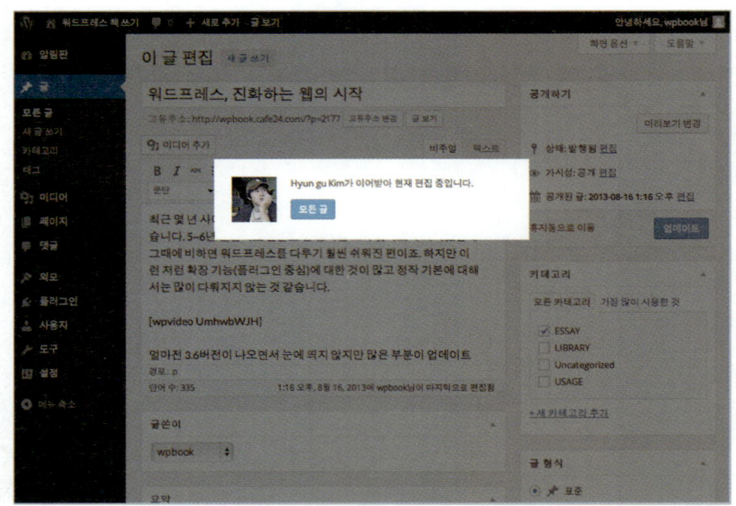

▲ 편집 중인 글에 다른 사용자가 편집에 들어오면 나타나는 메시지

페이지 만들기

페이지(Page)를 이용하면 개인 및 기업용 홈페이지를 손쉽게 만들 수 있습니다. 페이지를 이용하면 사용자가 홈페이지의 내용을 직접 편집할 수 있습니다. 페이지를 만들고 관리하는 방법을 알아봅니다.

01 페이지의 기본 구성 알아보기

'모든 페이지' 메뉴는 '모든 글' 메뉴와 비슷합니다. 단, 페이지는 글과 달리 카테고리나 태그를 사용할 수 없는데 이런 내용은 화면 옵션을 비교해 보면 잘 알 수 있습니다. '글쓴이', '댓글', '일자' 3개 항목으로 페이지 목록이 만들어집니다. 단, 페이지는 글에 없는 '템플릿' 옵션이 있는데 테마에 포함된 페이지 템플릿을 이용해 페이지 성격에 맞는 디자인을 적용할 수 있습니다. 물론, 테마마다 제공하는 페이지 템플릿이 다르고 기본 템플릿만 제공하는 경우도 있습니다.

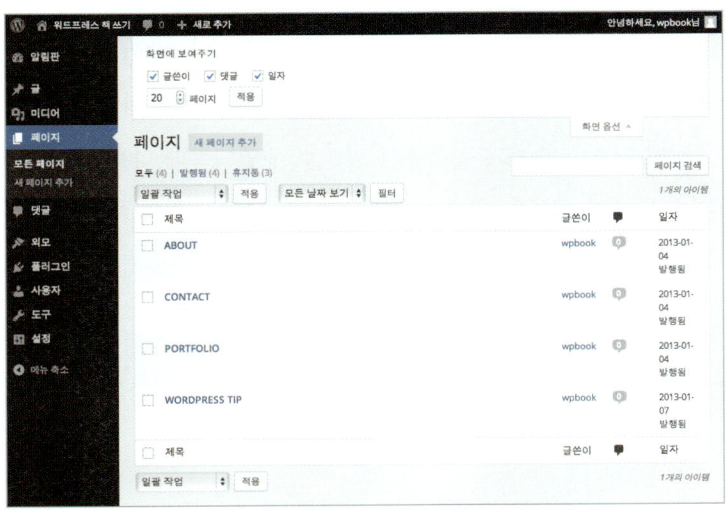

▲ '모든 페이지' 메뉴의 구성

'빠른 편집' 메뉴의 구성도 페이지와 글(Post)은 비슷합니다. 단, 글의 카테고리와 태그 옵션 대신 '상위', '순서', '템플릿' 옵션이 포함되어 있습니다. '상위' 옵션을 이용하면 페이지를 계층화할 수 있는데 글 카테고리의 '상위 카테고리'와 개념이나 설정 방법이 같습니다. A 페이지를 B 페이지의 하위 페이지로 지정하려면 A 페이지를 설정할 때 '상위' 옵션에 B 페이지를 선택합니다.

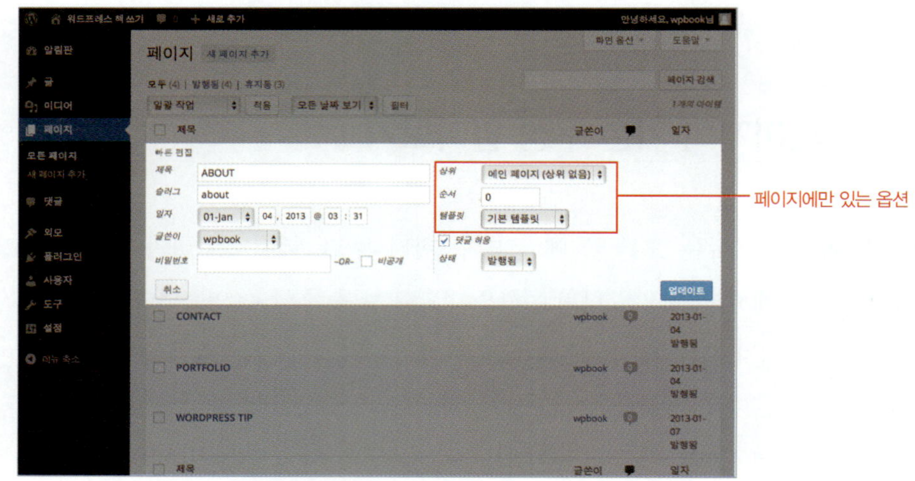

▲ '모든 페이지' 메뉴의 '빠른 편집' 기능

'순서' 옵션에서는 페이지가 나열되는 순서를 정할 수 있습니다. 페이지 순서를 설정하지 않으면 '순서' 옵션에 모두 '0'이 기본값으로 입력되고 위의 그림처럼 페이지를 만든 순서대로 배열됩니다. '순서' 옵션에 입력한 숫자가 작을수록 앞으로 배열되는데 다음 그림은 각 페이지의 '순서' 옵션에 '1', '2', '3', '4'를 입력한 결과입니다. 페이지 생성 시기와 무관하게 '순서' 옵션을 기준으로 재배열할 수 있습니다. 페이지 순서는 '모든 페이지'의 목록에만 적용되는 것이 아닙니다. 테마에서 페이지 이름을 나열하는 부분에 모두 동일 적용됩니다.

[참고]

'순서' 옵션에 동일한 숫자를 입력한 경우, 등록된 시간을 기준으로 정렬됩니다.

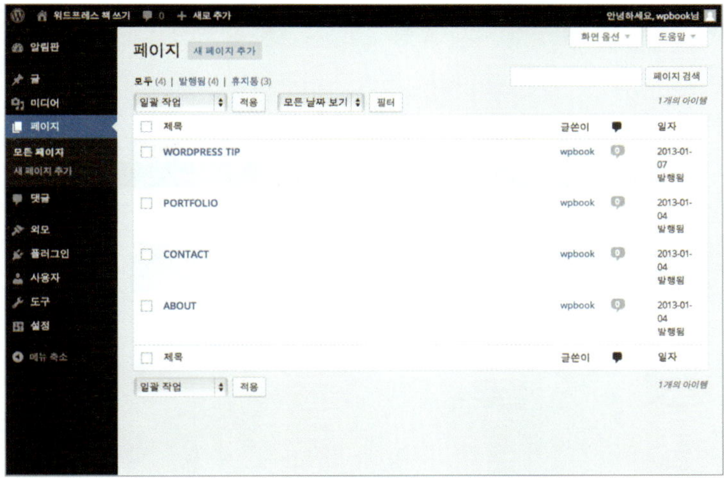

▲ 페이지 순서에 따라 재정렬된 모습

■ 페이지 템플릿

페이지 템플릿은 페이지의 디자인과 레이아웃을 결정하는 옵션입니다. 현재 사용하는 테마에 포함된 페이지 템플릿 중에서 하나를 선택할 수 있습니다. 단, 테마 중에는 기본 템플릿만 제공하는 경우가 대부분입니다. 다음 그림은 Twenty Eleven 테마에서 제공하는 페이지 템플릿입니다. '기본 템플릿'외에 '사이드바 템플릿', '쇼케이스 템플릿'을 선택할 수 있습니다.

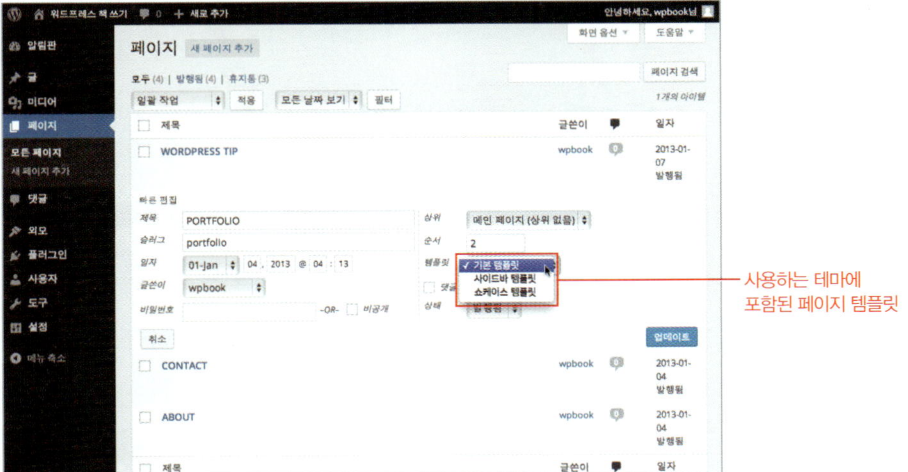

▲ 페이지별로 적용할 템플릿을 선택할 수 있습니다.

다음 그림들은 '기본 템플릿', '사이드바 템플릿', '쇼케이스 템플릿'을 각각 적용했을 때의 미리
보기 화면입니다.

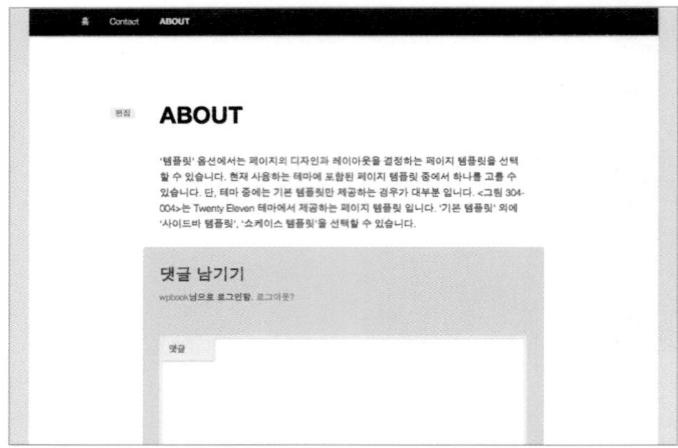

▲ Twenty Eleven 테마의 기본 템플릿으로 지정한 페이지의 미리보기

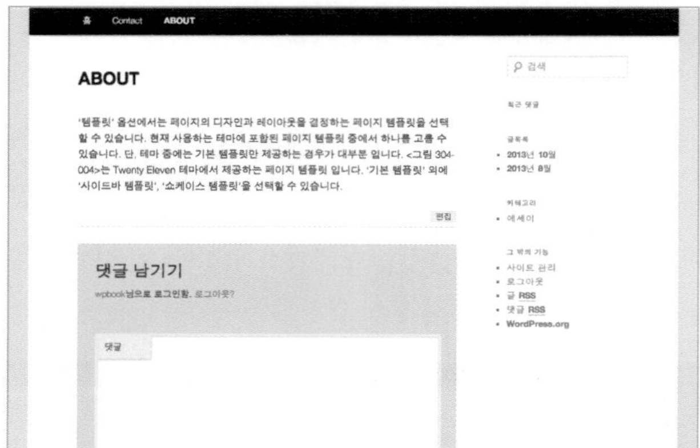

▲ Twenty Eleven 테마의 사이드바 템플릿으로 지정한 페이지의 미리보기

▲ Twenty Eleven 테마의 쇼케이스 템플릿으로 지정한 페이지의 미리보기

[참고]

| 페이지와 페이지 템플릿 |

워드프레스에서 페이지(Pages)는 홈페이지의 특성을 표현하는데 유용한데, 콘텐츠의 내용은 페이지로 관리하고 디자인은 페이지 템플릿을 통해 구현하는 방식입니다. 마치 워드프레스 코어에서 내용을 관리하고 테마가 디자인을 담당하듯이 페이지와 페이지 템플릿도 내용과 디자인을 분리해 관리할 수 있도록 만들어 줍니다.

■ 여러 개의 페이지 일괄 편집

여러 개의 페이지를 동시에 편집하려면 편집할 페이지의 제목 왼쪽에 있는 체크 박스를 선택한 후, 페이지 목록 위의 '일괄 작업' 메뉴에서 '편집'을 선택합니다.

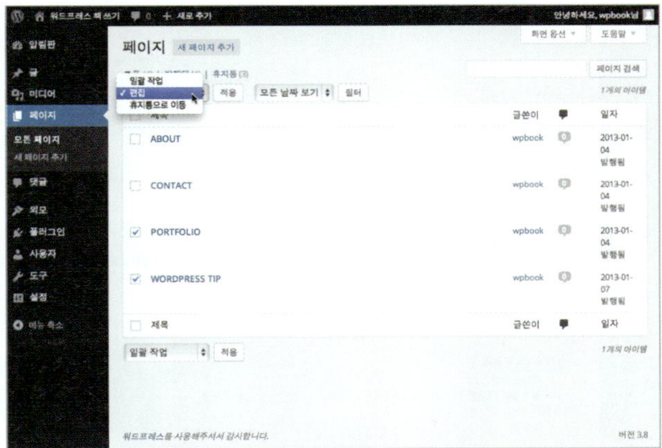

▲ 여러 개를 선택해 동시에 편집할 수 있습니다.

그리고 [적용] 버튼을 클릭하면 글쓴이, 상위 페이지, 템플릿, 댓글 허용 여부, 페이지 상태를 편집할 수 있습니다.

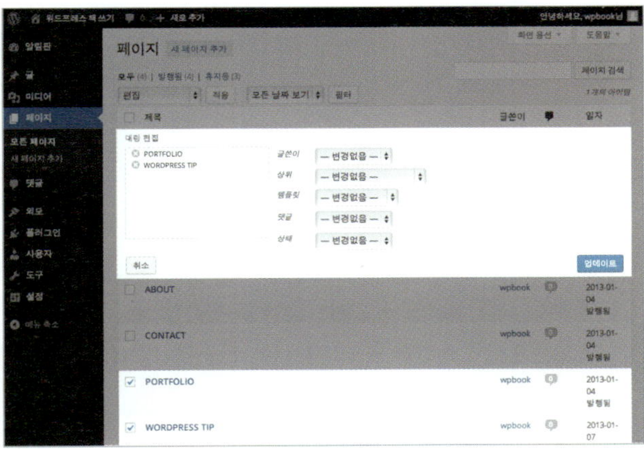

▲ 페이지 일괄 편집

02 새 페이지 만들기

페이지를 만들고 편집하는 방법은 글을 작성하고 편집할 때와 크게 다르지 않습니다. 글에 있던 '요약', '카테고리', '태그', '글 형식' 메뉴가 없고 글에 없던 '페이지 속성' 메뉴가 있다는 점이 다를 뿐 기본적인 메뉴 구성은 거의 같습니다. 글을 작성할 때와 같은 방식으로 페이지를 만들고 편집할 수 있습니다.

▲ '새 페이지 추가' 메뉴의 구성

참고

'새 페이지 추가' 메뉴를 구성하는 요소 대부분이 '새 글 쓰기', '이 글 편집'과 동일합니다. 페이지 제목, 본문 편집기, 페이지 상태, 특성 이미지, 글쓴이, 슬러그, 사용자 정의 필드, 토론에 관해서는 앞에서 설명한 '글(Post)쓰기'를 참고하십시오.

미디어 관리하기

워드프레스 사이트에 등록된 미디어 파일들은 미디어 라이브러리에서 관리됩니다. 미디어 라이브러리의 구성 및 관리 방법을 알아봅니다.

01 미디어 라이브러리의 구성 알아보기

주 관리 메뉴에서 '미디어'를 클릭하거나 그 안에 있는 '라이브러리'를 클릭하면 '미디어 라이브러리' 메뉴를 볼 수 있습니다. 워드프레스 사이트에 등록된 미디어 파일들을 여기서 확인할 수 있습니다. 글이나 페이지에 미디어를 첨부할 때는 글 또는 페이지 편집 메뉴에서 [미디어 추가]를 클릭해 나타나는 '미디어 편집' 창을 이용하지만 웹사이트의 미디어 파일을 정리하거나 검색할 때는 '미디어 라이브러리' 메뉴를 사용하는 것이 편리합니다.

파일 목록에서 미디어가 첨부된 위치(글 또는 페이지)와 첨부 시기를 확인할 수 있습니다. 각각의 파일을 편집할 수 있고 일괄 삭제가 가능합니다. 등록된 시기별로 분류하거나 검색할 수 있기 때문에 등록한 파일을 찾을 때 주로 '미디어 라이브러리' 메뉴를 사용합니다.

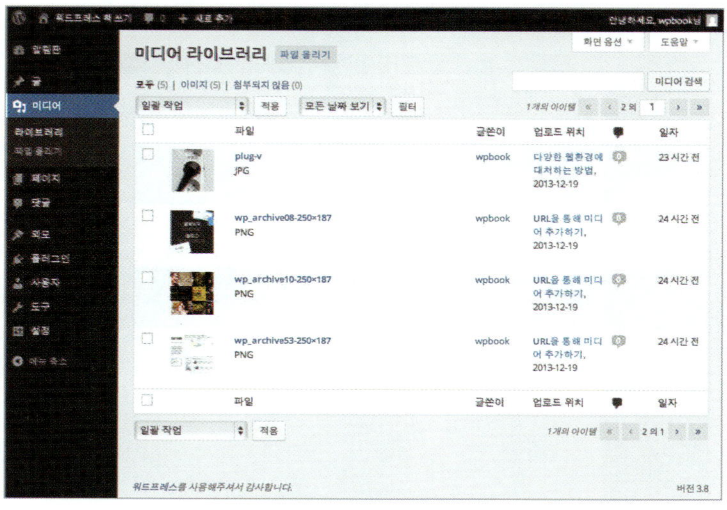

▲ '미디어 라이브러리' 메뉴

'미디어 라이브러리' 메뉴 페이지 상단에 있는 '파일 올리기'를 클릭하거나 미디어 관리 메뉴 안에 '파일 올리기'를 클릭하면 다음 그림과 같은 화면을 볼 수 있는데 여기서 글이나 페이지를 작성하기 전에 미디어 파일을 미리 등록할 수 있습니다.

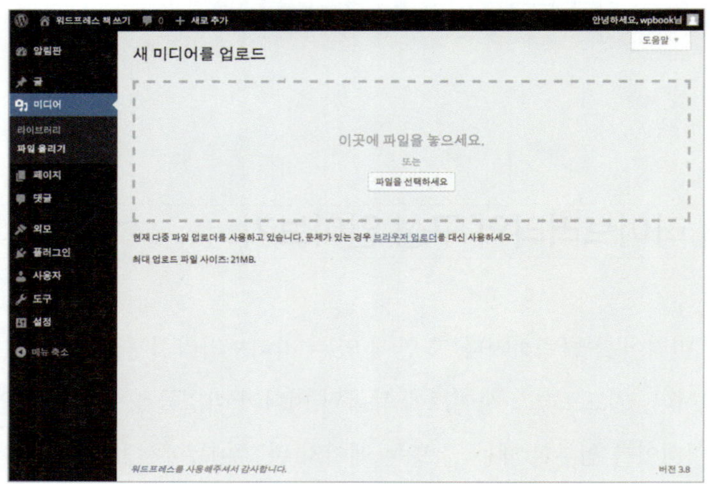

▲ '파일 올리기' 메뉴

파일을 업로드 하는 방법은 총 3가지가 있습니다.

첫 번째 방법은 '이곳에 파일을 놓으세요.'라고 쓰여있는 점선 상자 안에 PC의 파일을 옮겨 넣어서 업로드하는 방법입니다. PC의 파일을 워드프레스 관리자의 회색 점선으로 표시된 업로드 위치에 옮겨 넣으면 점선이 하늘색으로 활성화되고 마우스 버튼을 놓으면 자동으로 파일이 업로드됩니다.

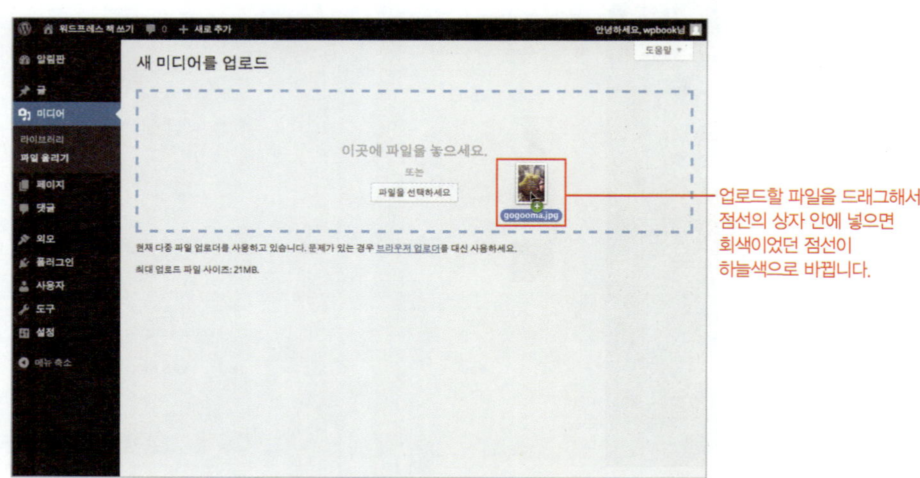

▲ 파일을 드래그해서 업로드

두 번째는 '파일을 선택하세요' 버튼을 클릭해 탐색기로 업로드할 파일을 찾아서 등록하는 방법입니다.

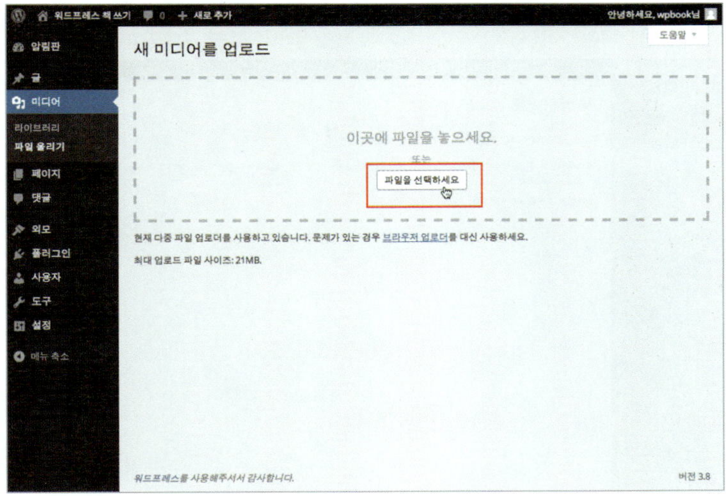
▲ 탐색기로 파일을 선택해서 업로드

세 번째는 웹 브라우저에 내장된 파일 업로더를 사용하는 방법인데 앞의 두 가지 방법이 되지 않을 때 사용합니다. 점선으로 표시된 상자 아래, '현재 다중 파일 업로더를 사용하고 있습니다. 문제가 있는 경우 브라우저 업로더를 대신 사용하세요.'라는 문구가 있는데 여기서 '브라우저 업로더'를 클릭합니다.

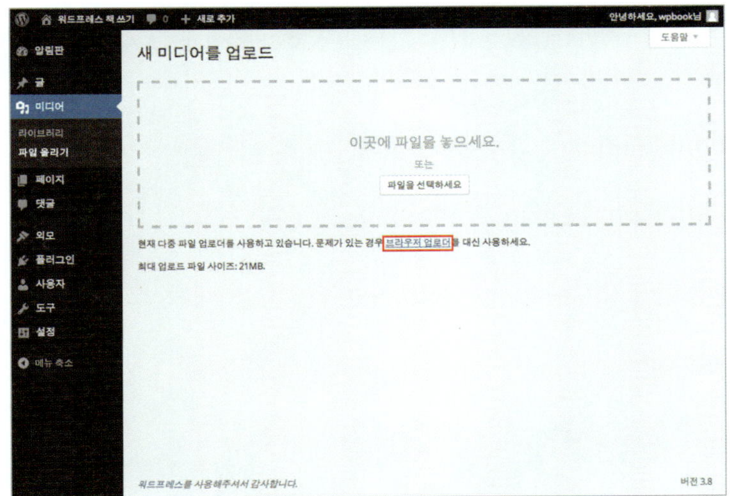
▲ '브라우저 업로더'로 변경

다음 그림처럼 워드프레스의 파일 업로드 방식이 웹 브라우저에서 지원하는 기본 방식으로 바뀝니다. 업로드 방식을 원래대로 되돌리려면 '다중 파일 업로더로 변경하기'를 클릭합니다.

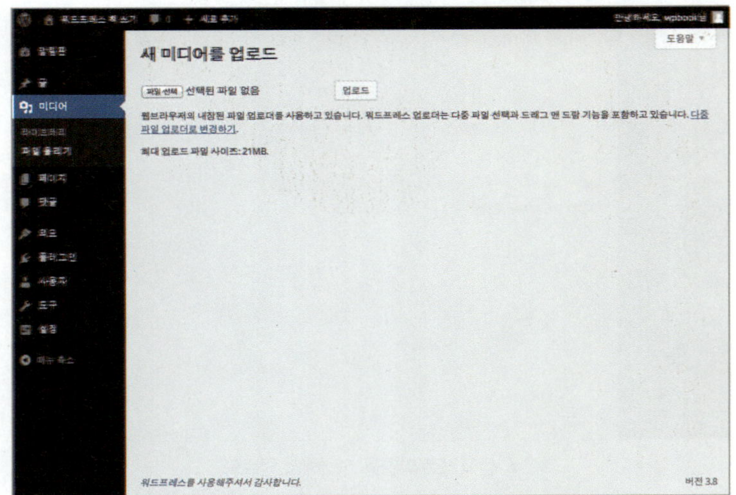

▲ 웹 브라우저에 내장된 업로더를 사용한 파일 업로드

댓글 관리하기

워드프레스에는 사이트에 등록된 모든 댓글, 트랙백, 핑백을 관리할 수 있는 댓글 관리
메뉴가 있습니다. 방문자들이 남긴 댓글을 관리하는 방법을 알아봅니다.

01 댓글 관리 메뉴 알아보기

주 관리 메뉴에서 '댓글'을 클릭하면 사이트에 등록된 모든 댓글, 트랙백, 핑백을 관리하는 댓글 관
리 메뉴로 이동합니다.

■ 특성별 분류

메뉴 상단에는 '모두', '지연된 리뷰', '승인됨', '스팸', '휴지통'으로 댓글을 분류하는 메뉴가 있는
데 여기서 '지연된 리뷰'는 사이트 관리자로부터 승인되지 않은 상태를 의미합니다. 다시 말해,
사이트에 등록된 전체 의견을 승인, 미승인, 스팸, 삭제 항목으로 분류할 수 있습니다.

▲ 댓글 관리 메뉴의 구성

'일괄 작업' 메뉴 오른쪽의 필터 메뉴를 이용하면 댓글과 핑백을 구분해서 볼 수도 있습니다. 사이트에 등록된 모든 댓글, 트랙백, 핑백은 처음에 시간순으로 정렬되어 있는데 목록 상단의 '글쓴이'를 클릭하면 작성자 이름 순으로 정렬되고 '댓글이 달린 글'을 클릭하면 의견이 달린 글 별로 재정렬됩니다.

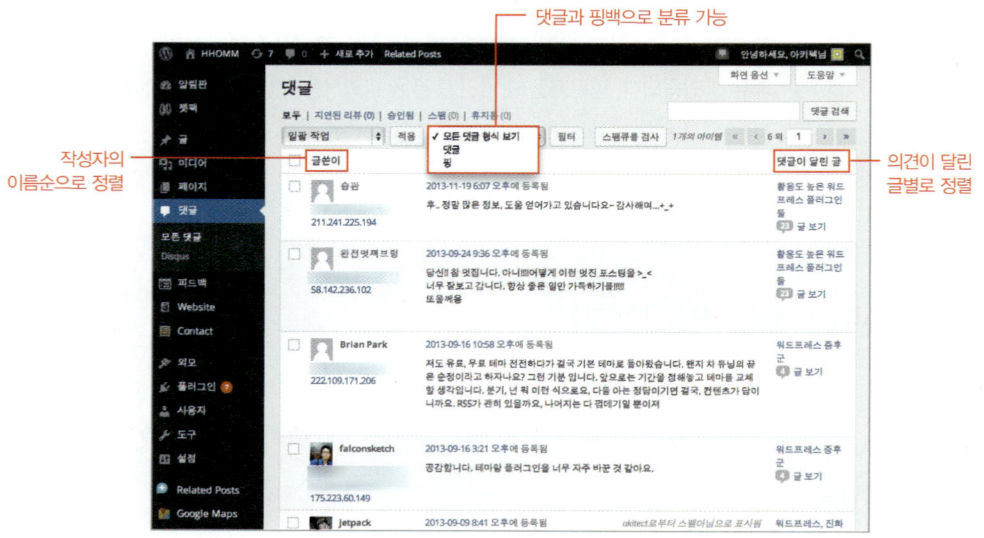

▲ 목록 정렬 방식과 댓글, 핑백 필터

각 의견별 승인 여부는 바탕의 색상으로 알 수 있는데 옅은 주황색으로 표시된 것은 관리자의 승인을 기다리고 있다는 의견이고 주요 분류 메뉴에서 '지연된 리뷰'로 분류됩니다. 승인되지 않은 의견은 미리보기 화면에서 표시되지 않습니다.

[참고]

사이트에 등록되는 의견 모두 승인을 거치도록 설정할 수도 있지만, 워드프레스의 기본 설정은 스팸으로 의심되는 의견에 한해서 '지연된 리뷰' 즉, 승인이 필요한 의견으로 자동 분류합니다.

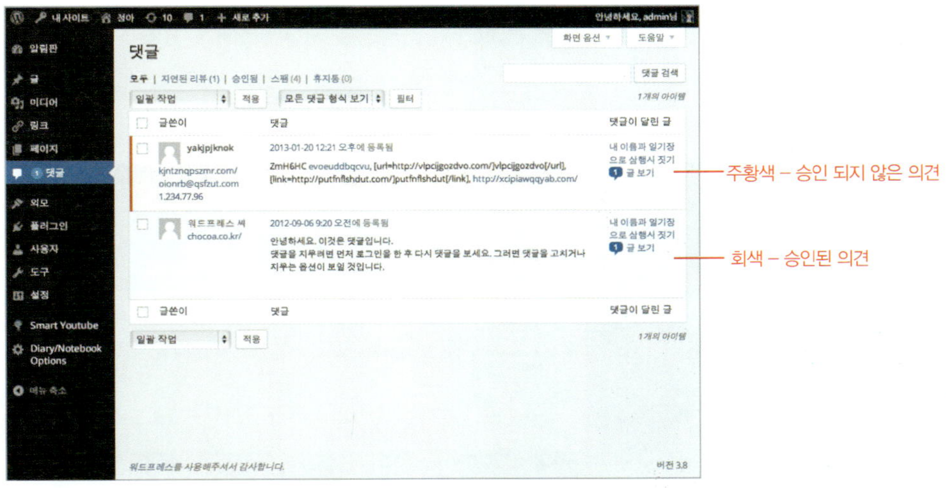

▲ 색상으로 알 수 있는 승인 여부

■ 의견 편집하기

목록에 마우스 포인터를 올려 놓으면 다음 그림에서 보듯이 '승인하지 않기', '응답', '빠른 편집', '편집', '스팸', '휴지통' 등의 바로 가기 메뉴가 나타납니다. 승인된 의견일 경우에는 '승인하지 않기'로, 승인되지 않은 의견에는 '승인하기'가 표시되는데 클릭하면 해당 의견의 승인 상태가 바뀝니다. '응답'을 클릭하면 다음 그림처럼 의견 밑에 답 글을 작성할 수 있는 편집기가 나타납니다. 글을 작성할 때 보았던 텍스트 편집기처럼 HTML을 이용해 답 글을 적을 수 있습니다. 작성을 마친 후 [승인 및 응답하기]를 클릭하면 해당 의견의 답 글로 저장되고 방문자가 볼 수 있습니다.

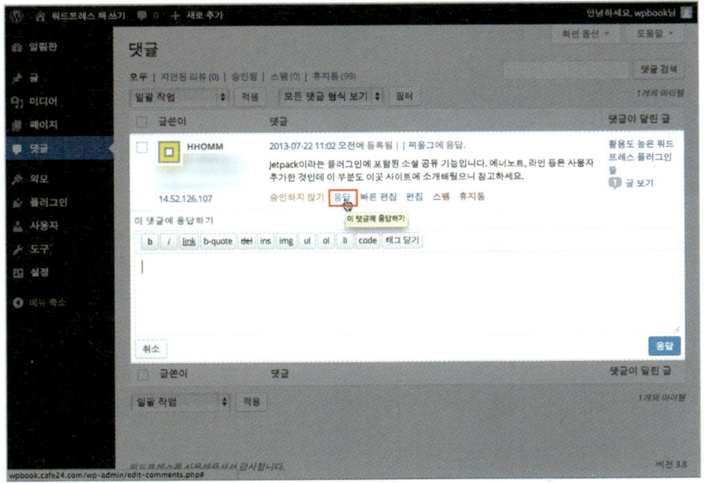

▲ '응답'을 클릭해 바로 답글을 입력할 수 있습니다.

'빠른 편집'을 클릭하면 의견 목록에서 바로 작성자의 이름, 이메일 주소, 웹사이트 URL, 의견 내용을 모두 수정할 수 있습니다.

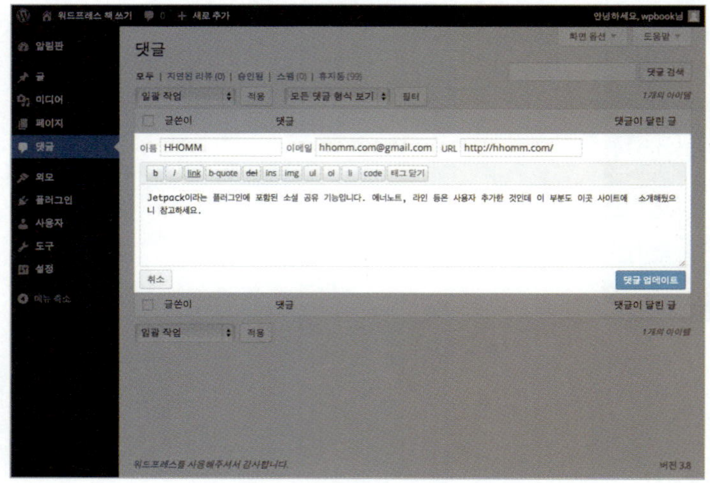

▲ '빠른 편집'으로 목록에서 바로 의견 내용을 수정할 수 있습니다.

'편집'을 클릭하면 '댓글 편집' 메뉴로 이동합니다. 메뉴의 구성은 다음 그림과 같습니다.

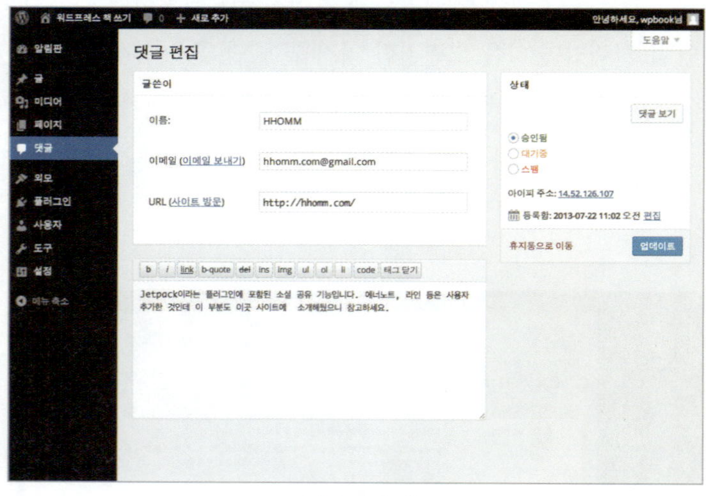

▲ '댓글 편집' 메뉴

참고

워드프레스에 등록된 의견은 목록 상에서 모든 편집이 가능하기 때문에 '댓글 편집' 메뉴까지 이동할 이유는 거의 없습니다.

'스팸'을 클릭하면 해당 의견이 스팸으로 처리되고 다음 그림과 같이 표시됩니다. '되돌리기'를 클릭하면 다시 복구할 수 있습니다. 하지만 화면을 '새로 고침'할 경우 기본 목록에서 사라지고 스팸으로 분류되기 때문에 이런 경우 복구하려면 스팸 목록으로 들어가 복구해야 합니다.

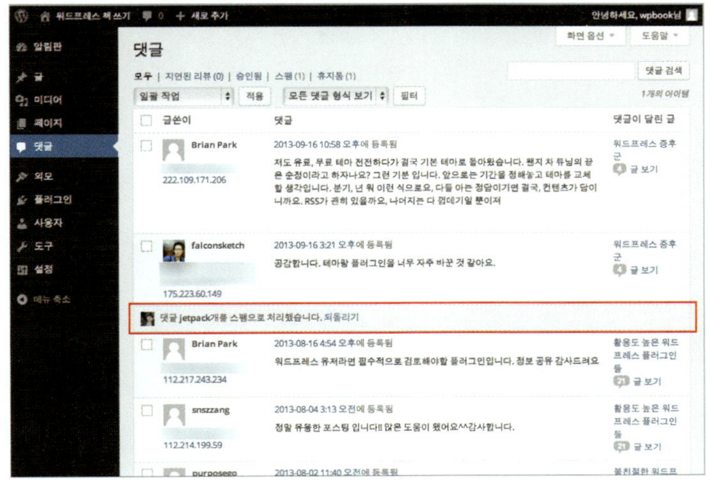

▲ 스팸으로 처리한 경우

02 스팸 처리 및 검사 방법

다음 그림은 주요 분류 메뉴에서 '스팸'을 클릭해 스팸으로 분류된 의견만 모은 목록입니다. '스팸 아님'을 클릭하면 해당 의견이 복구되고 '영구적으로 삭제하기'를 클릭하면 기록이 삭제됩니다. 스팸 목록 상단의 [스팸 비우기] 버튼은 스팸으로 분류된 의견을 일괄 삭제할 때 사용합니다.

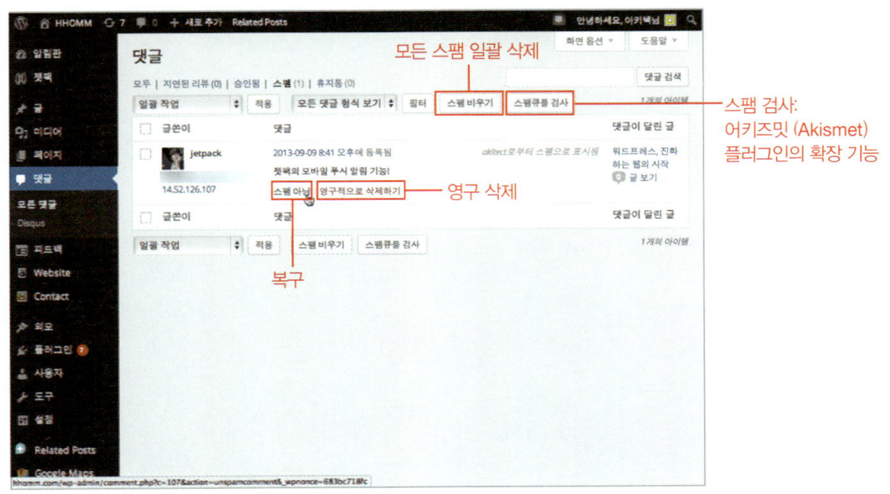

▲ 스팸 목록

워드프레스 기본 코어에는 스팸을 감지하는 기능이 없습니다. [스팸큐를 검사] 버튼도 어키즈밋 (Akismet) 플러그인을 설치했을 때 사용할 수 있는 기능입니다. [스팸큐를 검사] 버튼을 클릭하면 댓 글 중 스팸을 걸러줍니다. 어키즈밋(Akismet) 플러그인에 대해서는 5장 섹션 3을 참고하십시오.

외모

'외모' 관리 메뉴는 테마, 위젯, 메뉴 등으로 구성되어 있습니다. 웹사이트의 디자인과 레이아웃을 관할하는 메뉴로 사용자가 손쉽게 사이트의 외관을 재구성할 수 있습니다.

01 테마를 고르는 방법

워드프레스를 설치하고 제일 먼저 해야 할 것 중에 하나가 목적 또는 취향에 맞는 테마를 찾는 일입니다. 어디에서 어떻게 찾아야 하는지 워드프레스 테마를 구하는 방법에 대해 알아보겠습니다.

■ Wordpress.org에 등록된 무료 테마

WordPress.org는 워드프레스 테마를 가장 손쉽게 구할 수 있는 곳입니다. 워드프레스 공식 사이트에 등록되려면 일정 기준의 검사를 거치기 때문에 이 곳의 테마는 보안이나 안정성 면에서도 어느 정도 검증되었다고 볼 수 있습니다. 무료인데다가 많은 수의 테마가 등록되어 있어 워드프레스에 이제 막 입문한 경우라면 이곳에서 적당한 테마를 찾아보는 것이 좋습니다. WordPress.org에 등록된 테마는 플러그인처럼 워드프레스의 관리 메뉴에서 손쉽게 업데이트 할 수 있다는 장점도 가지고 있습니다.

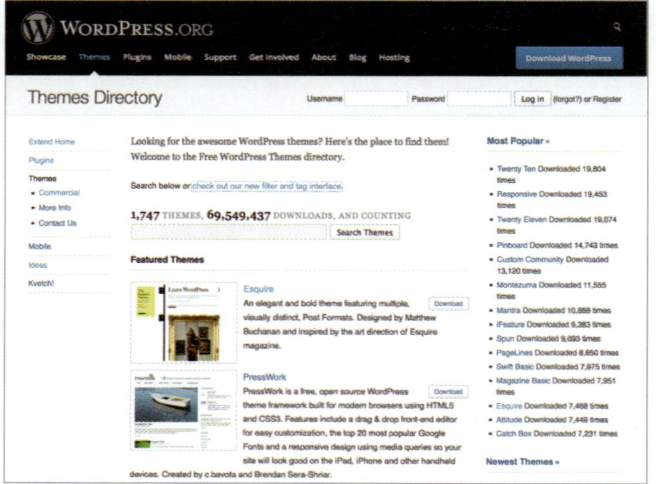

▲ wordpress.org의 테마 디렉토리

하지만 등록된 테마의 레이아웃이 비슷하고 독특한 기능 없이 단조롭게 구성된 것이 대부분이라 마음에 드는 테마를 찾기란 쉽지 않습니다. 이곳에 등록된 테마는 2013년 11월 기준으로 2,100여 개나 되는데 최근에 등록된 것 중에는 짜임새 있게 구성된 테마도 있지만 상당수가 기대에 미치치 못합니다. 게다가 한국 정서에 맞춰 개발된 것이 아니기 때문에 취향이나 필요에 맞는 테마를 고르는 것만도 결코 쉬운 일이 아닙니다.

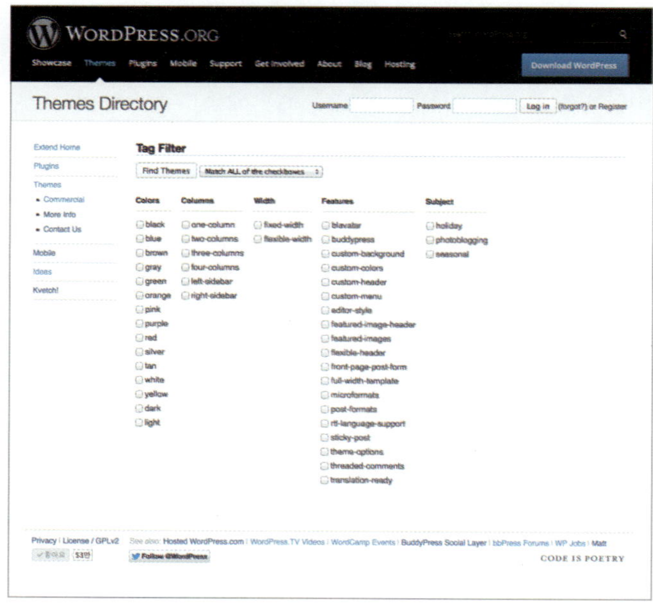

▲ wordpress.org의 테마 분류 태그들

WordPress.org에서는 테마를 몇 가지 태그로 분류하고 있습니다. 주요 색상, 화면 분할 수, 가로 폭 고정 유무(브라우저 크기에 따라 가로 폭이 변하는지 여부), 주요 기능 및 특성, 주제별로 나누고 있습니다.

■ 테마 개발자 또는 디자이너가 배포하는 무료 테마

워드프레스가 전 세계적으로 인기를 얻게 되면서 테마 시장도 성장하고 있고 관심을 갖는 디자이너, 개발자들도 늘고 있습니다. 그러다 보니 개발자, 디자이너 개인 웹사이트에서 무료로 배포하는 테마도 많습니다.

▲ 독일의 인터페이스 디자이너가 제작한 테마, Balloons (http://moargh.de)

■ 유료 테마

테마를 제작하는 기업과 이를 중계하는 마켓도 늘어나고 있습니다. Graph Paper Press, iThemes, WPZOOM, Press75, WooThemes, StudioPress 등은 대표적인 워드프레스 테마 제작사인데 WordPress.org 테마 디렉토리의 Commercial 페이지에서 관련 업체를 확인할 수 있습니다.

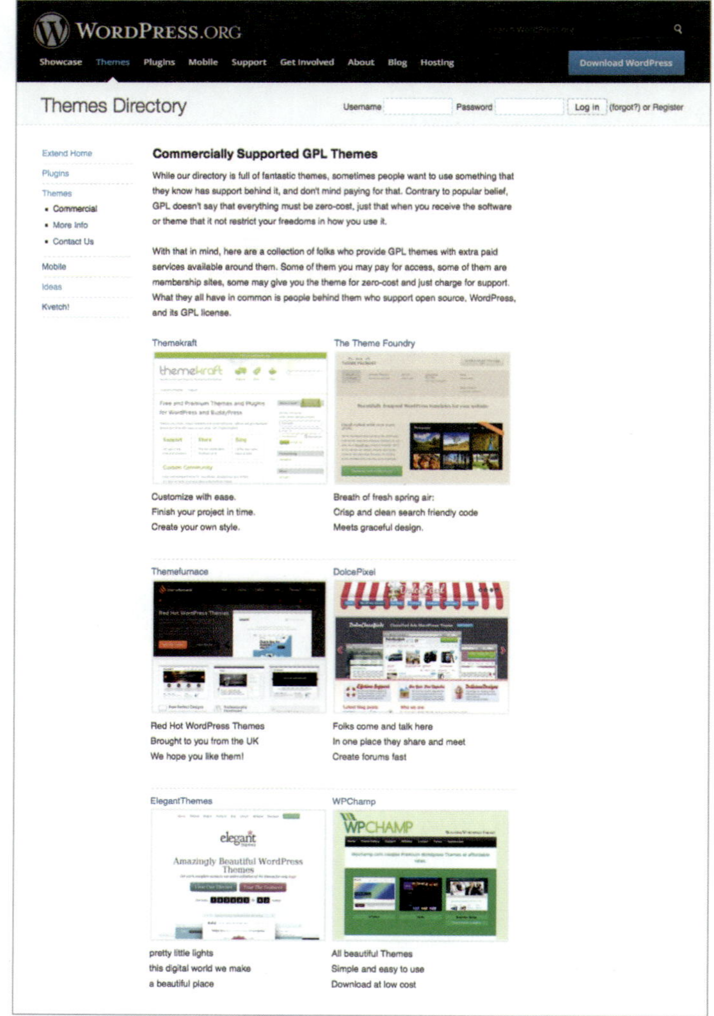

▲ wordpress.org 테마 디렉토리에 등록된 유료 테마 개발사들

또 개발자와 사용자를 연결시켜주는 테마 마켓으로 ThemeForest가 대표적인데 이곳에서 판매되는 테마는 다양한 기능을 갖추고 있습니다. 쇼핑몰, 포트폴리오 등 쓰임새에 맞춰 특화되어 있기도 하고 다양한 디바이스 환경에 최적화되어 있는 등 최신 웹 트렌드가 적용된 테마가 많습니다.

테마 개발사에서 제공하는 무료 테마 활용하기

전문 테마 개발사도 홈페이지에서 일부 제품을 무료로 공개하고 있습니다. 무료로 배포하는 테마를 사용해보면 개발사의 콘텐츠 관리 방식을 예상해볼 수 있기 때문에 유료 테마 구입 전에 개발사를 선택할 때 도움이 됩니다.

02 유료 테마 구입시 주의할 점

무료 테마보다는 유료로 판매되는 테마가 낫겠지 싶어서 디자인만 보고 선택하는 경우가 있는데 테마를 구입하기 전에 다음 두 가지 사항을 참고하십시오.

첫째, 기능이 많을수록 복잡한 사용법

유료 테마는 그 테마가 갖추고 있는 기능들을 제대로 이해하기가 쉽지 않습니다. 사용법 및 매뉴얼이 포함되어 있지 않은 경우도 있고 매뉴얼이 있다 하더라도 설명이 부족한 경우가 많습니다. 게다가 영문이다 보니 매뉴얼을 참고해 유료 테마를 사용하기란 쉽지 않습니다. 대부분 유료 테마의 미리보기(demo)만 보고 구입을 결정하는 경우가 많은데 정작 미리보기처럼 구현하기가 쉽지 않습니다. 테마가 제공하는 기능이 많으면 많을수록 설정이나 사용이 복잡할 수 있다는 점에 주의해야 합니다. 워드프레스 테마에 익숙하지 않은 사람이라면 이런 유료 테마를 활용하기가 쉽지 않습니다. 테마를 구입하기 전에 이 점을 고려해 결정하는 것이 좋습니다.

둘째, 버그나 오류의 가능성

유료 테마에서도 버그나 오류가 종종 발생한다는 것! 돈 받고 파는 물건이니 완벽하겠지 생각할 수 있습니다. 하지만 기능이 많은 만큼 문제가 있을지 모른다고 의심하는 편이 낫습니다. 구입 전에 미리보기를 통해 꼼꼼히 살펴보거나 지원 게시판의 내용을 살펴보는 것이 최선의 예방법이라 할 수 있지만 사실 이런 방법으로는 한계가 있기 때문에 차라리 완벽한 테마는 없다고 생각하는 편이 나을지도 모릅니다. 테마에 문제가 있을 때는 해당 테마의 지원 게시판이나 개발자와의 이메일 교류를 통해 해결책을 찾는 것이 가장 현명한 방법입니다.

| 코어에 포함된 기본 테마 |

워드프레스 코어에는 2010년부터 매해 하나씩 추가된 기본 테마가 포함되어 있습니다. 테마의 이름도 제작된 연도를 나타내는 Twenty Ten, Twenty Eleven, Twenty Twelve, Twenty Thirteen입니다. 워드프레스 코어가 업데이트되는 동안 향상된 기능들이 기본 테마에도 고스란히 축적되어 있습니다. 업데이트된 코어의 기술이 가장 적절하게 적용된 것이 바로 이 기본 테마들이기 때문에 워드프레스를 효과적으로 활용하려면 그 어떤 유료 테마보다 코어에 포함된 기본 테마를 사용하는 것이 좋습니다. 초심자일수록 설정하기도 힘든 유료 테마보다 코어에 포함된 기본 테마로 워드프레스를 익히는 것이 좋습니다. 글을 쓰기도 전에 테마부터 선택하거나 지금 이 책을 구입해 테마 설치 방법부터 보고 있다면 일의 순서가 뒤바뀐 것은 아닌지 다시 한 번 생각해보기 바랍니다.

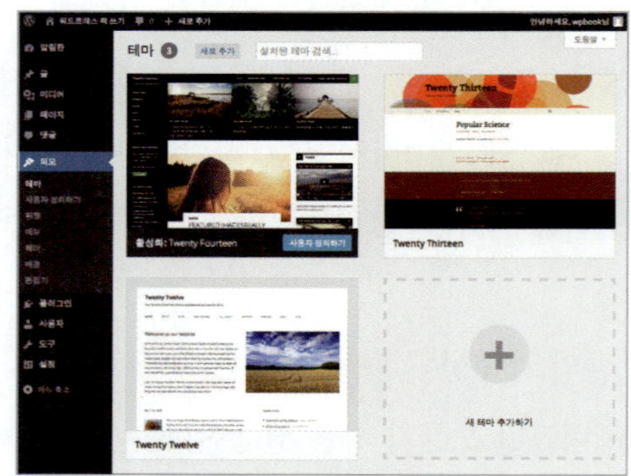

▲ 코어에 포함된 기본 테마들

03 테마 설치하기 – 자동 설치

테마를 설치하는 방법은 FTP를 이용한 설치, 자동 설치, 업로드 설치 3가지가 있습니다. FTP를 이용한 설치 방법은 가장 고전적인 방법으로 FTP로 웹 호스팅 서버에 접속해 워드프레스가 설치된 위치에서 [wp-content]라는 폴더 안에 [themes] 폴더를 찾아 그 안에 압축을 푼 폴더 상태의 테마를 업로드하는 식입니다. FTP를 이용해 플러그인을 설치할 때와 방법은 같습니다. 단, 플러그인은 [plugins] 폴더에 넣고 테마는 [themes] 폴더에 넣는다는 점이 다를 뿐입니다.

FTP를 이용해 테마를 설치할 경우 섹션 8의 FTP를 이용한 플러그인 설치 방법을 참고하기 바랍니다.

워드프레스는 WordPress.org 테마 디렉토리에 등록된 테마에 한해 자동 설치가 가능합니다. 테마를 내려 받고 웹사이트에 업로드하는 과정을 거치지 않고 사이트의 관리 메뉴에서 테마를 검색해 바로 설치할 수 있습니다. 워드프레스 테마를 자동 설치하는 방법을 알아보겠습니다.

외모 관리 메뉴의 하위 메뉴 '테마'로 들어갑니다. 여기서 '새로 추가' 또는 '새 테마 추가하기'를 클릭합니다.

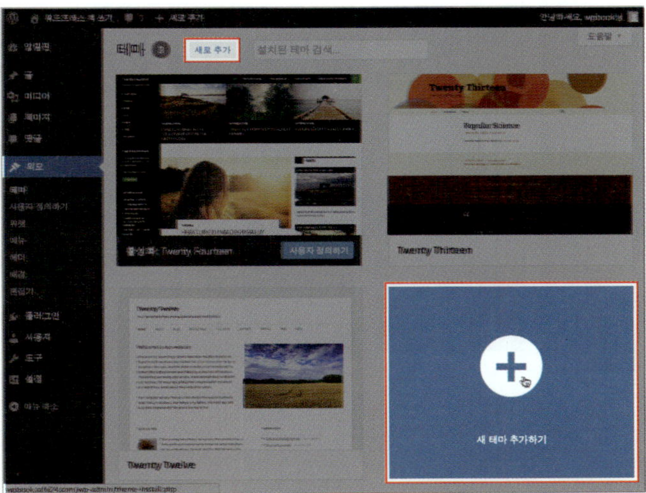

▲ '테마 설치' 메뉴에서 새로운 테마 추가

다음 그림과 같이 테마를 검색할 수 있는 메뉴가 나타납니다. 키워드로 테마를 검색할 수 있고 '특성 필터'에서 찾으려는 테마의 조건들을 선택해 적당한 테마를 검색할 수도 있습니다. 키워드를 넣고 [검색]을 클릭하거나 조건 태그를 선택하고 [테마 찾기]를 클릭합니다.

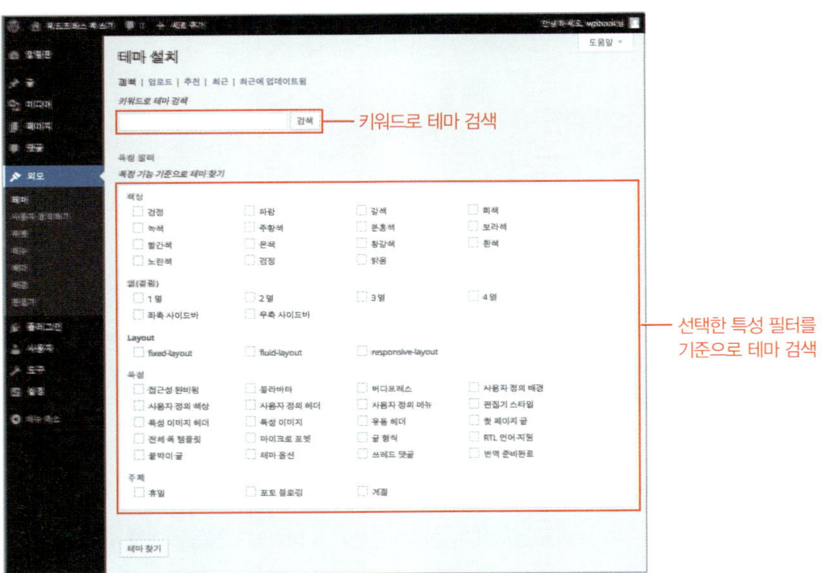

▲ '테마 설치' 메뉴에서 wordpress.org에 등록된 테마를 검색할 수 있습니다.

테마 검색 결과를 볼 수 있습니다. 테마의 스크린샷과 테마 이름, 개발자가 소개되고 그 아래 '지금 설치하기', '미리보기', '세부사항' 3개의 버튼이 있습니다. '지금 설치하기'를 클릭하면 테마가 설치되고 '미리보기' 또는 스크린샷을 클릭하면 테마가 적용된 데모 사이트를 볼 수 있는 미리보기 화면이 나타납니다. '세부사항'을 클릭하면 테마에 관한 추가 정보를 볼 수 있습니다.

▲ '테마 설치' 메뉴에서의 테마 검색 결과

재검색의 경우 '키워드', '글쓴이', '태그' 검색이 가능한데 '키워드'는 키워드를 통한 검색을 의미하고 '글쓴이'는 테마의 개발자를, '태그'는 특성 필터에서 선택한 조건 태그를 검색한다는 뜻입니다. '미리보기'를 클릭하면 다음 그림과 같이 왼쪽에 테마에 관한 정보가 오른쪽에는 테마가 적용된 데모 사이트의 미리보기 화면이 나타납니다. 설치하기 전에 테마의 구성을 확인합니다. 이렇게 설치할 테마를 고른 후, 왼쪽 테마 정보 상단에 있는 [설치] 버튼을 클릭합니다.

▲ 테마를 설치하기 전에 '미리보기'로 테마의 구성을 확인할 수 있습니다

워드프레스가 자동으로 선택한 테마를 내려받아 압축을 풀고 설치를 진행합니다. 설치를 마치고 나면 테마를 성공적으로 설치했다는 메시지와 함께 '실시간 미리보기', '활성화', '테마 페이지로 돌아가기' 메뉴가 나타납니다. '실시간 미리보기'를 클릭하면 테마의 가상 미리보기 화면을 보여주고 '활성화'는 바로 테마를 적용할 때 사용하며 '테마 페이지로 돌아가기'는 '테마 관리' 메뉴로 이동할 때 사용합니다.

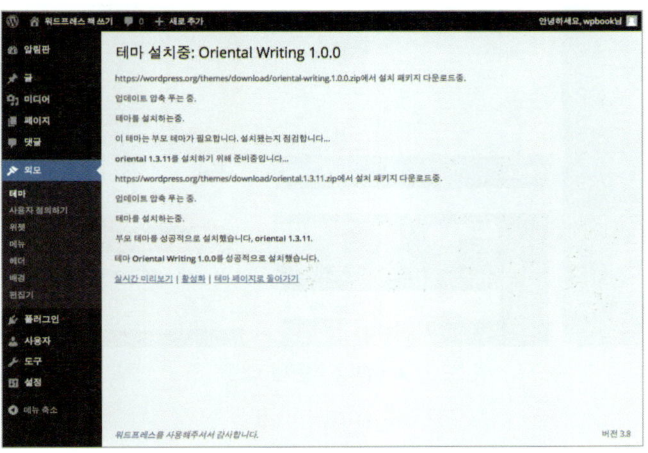

▲ 테마 설치를 마친 화면

'실시간 미리보기'를 클릭하면 다음 그림과 비슷한 화면이 나타납니다. '미리보기'가 해당 테마의 데모 사이트를 보여주는 반면 '실시간 미리보기'는 현재의 사이트에 테마가 적용되었을 때의 미리보기입니다. [저장 & 활성화]를 클릭합니다.

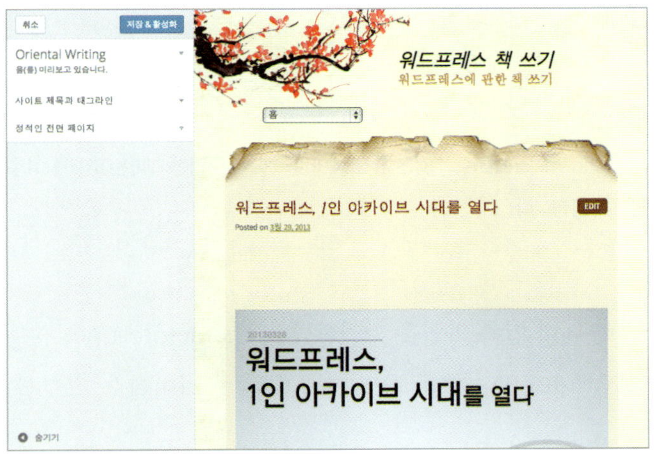

▲ 테마의 '실시간 미리보기' 화면

테마가 적용되고 '테마 관리' 메뉴로 자동 이동합니다. 다음 그림은 새로운 테마를 설치, 적용했을 때의 화면입니다.

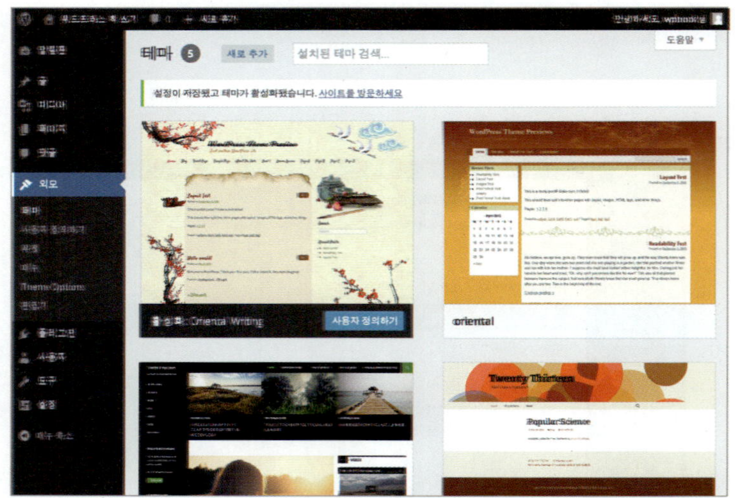

▲ 테마를 적용한 화면

04 테마 설치하기 – 업로드 설치

WordPress.org의 테마 디렉토리에 등록되어 있는 테마가 아니거나 파일 형태로 테마를 가지고 있다면 '테마 설치' 메뉴에서 제공하는 업로드 방식을 이용해 설치할 수 있습니다. 업로드 방식으로 테마를 설치하는 방법을 알아봅니다.

참고

themeforest.net과 같은 유료 테마 마켓에서 구입한 테마는 FTP를 이용해 설치하거나 이 방법을 사용합니다.

설치할 테마를 내려 받고 테마 압축 파일을 확인합니다. themeforest.net 같은 유료 테마 마켓에서 구입한 유료 테마의 경우, 내려 받은 압축 파일 안에 매뉴얼, 라이센스, 포토샵 파일 등이 함께 들어 있습니다. 이 중에서 테마 압축 파일만 설치에 사용한다는 점을 주의해야 합니다.

'테마 설치' 메뉴의 업로드 방식을 이용해 테마를 설치할 때는 테마를 ZIP 형식으로 압축한 파일이 필요하고 압축을 풀었을 때 테마 파일을 담은 폴더가 있어야 합니다. 파일이 준비되었다면 사이트의 '테마 설치'의 '업로드' 메뉴로 이동합니다.

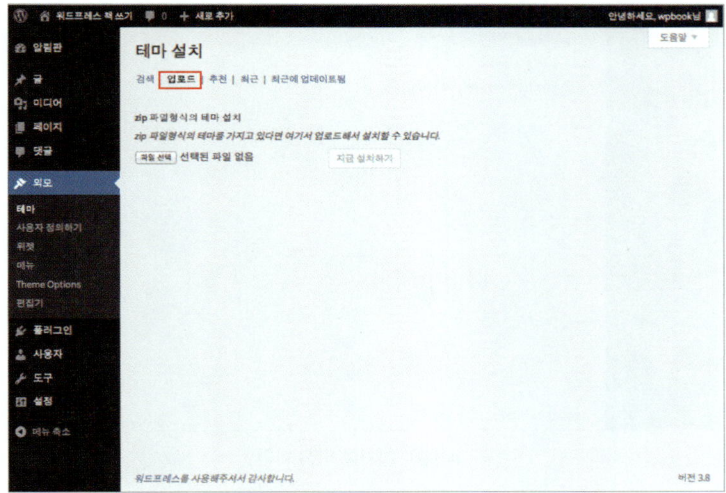

▲ '테마 설치'의 '업로드' 메뉴

[파일 선택]을 클릭하고 탐색창에서 설치할 테마의 압축 파일을 선택한 후 [지금 설치하기]를 클릭합니다.

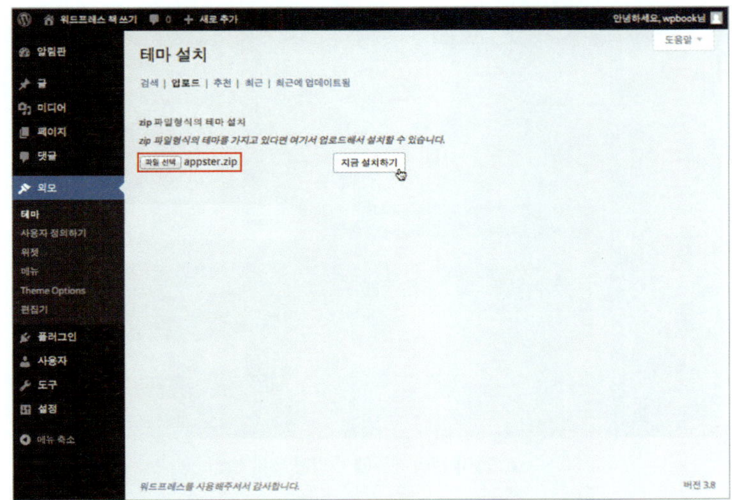

▲ 설치할 파일을 선택

파일이 업로드되고 압축이 자동으로 풀립니다. 그리고 설치에 성공했다는 메시지가 나타납니다. 자동 설치법으로 테마 설치를 마쳤을 때와 마찬가지로 '실시간 미리보기', '활성화', '테마 페이지로 돌아가기' 메뉴가 나타납니다.

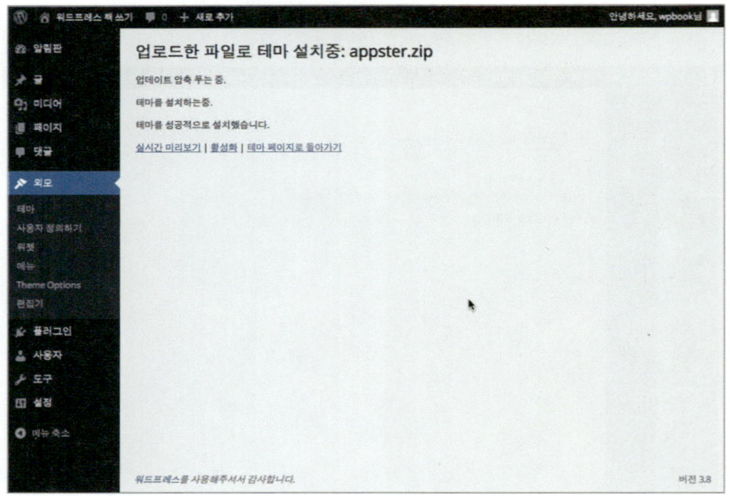
▲ 테마 설치를 마친 화면

'테마 페이지로 돌아가기'를 클릭하고 '테마 관리' 메뉴로 돌아가 설치한 테마가 추가된 것을 확인합니다.

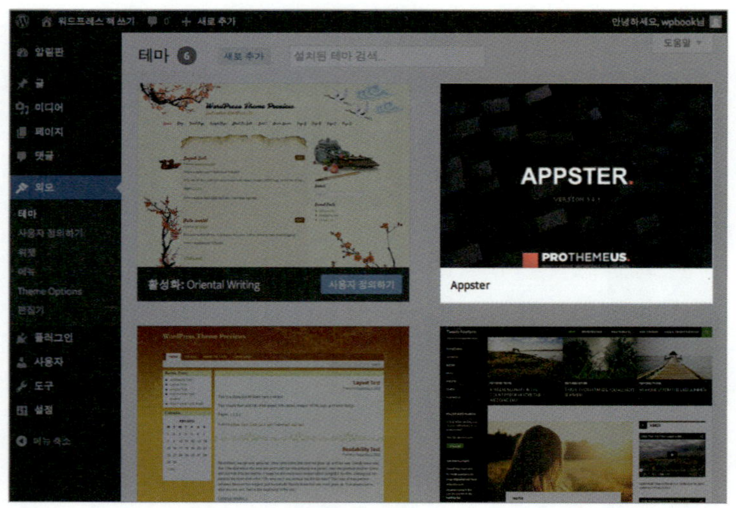
▲ '테마 관리'메뉴에 추가된 테마 확인

주 관리 메뉴인 '외모' 안에는 '테마', '사용자 정의하기', '위젯', '메뉴', '헤더', '배경', '편집기' 등의 하위 메뉴가 있는데 이 중에서 '사용자 정의하기', '위젯', '메뉴'를 제외한 나머지 하위 메뉴는 현재 사용 중인 테마에 따라 다르게 나타납니다. '헤더'나 '배경' 등의 메뉴는 모두 테마를 사용자화(커스텀)할 수 있게 도와주는 '사용자 정의하기'의 일부입니다. 즉, '외모' 메뉴는 새로운 테마를 설치하고 적용하는 '테마', 사용 중인 테마를 사용자화하는 '사용자 정의하기', 위젯을 설정하는 '위젯', 네비게이션 메뉴를 설정하는 '메뉴', 테마 파일을 편집하는 '편집기'로 구성되어 있다고 볼 수 있습니다. 이 중에서 사이트에 설치된 테마를 관리하는 방법을 살펴보겠습니다.

■ 테마 활성화하기

테마 스크린샷 위에 포인터를 올려 놓으면 [활성화] 버튼이 나타납니다. 이 버튼을 클릭하면 선택한 테마가 활성화되고 사이트에 적용된 테마가 바뀝니다.

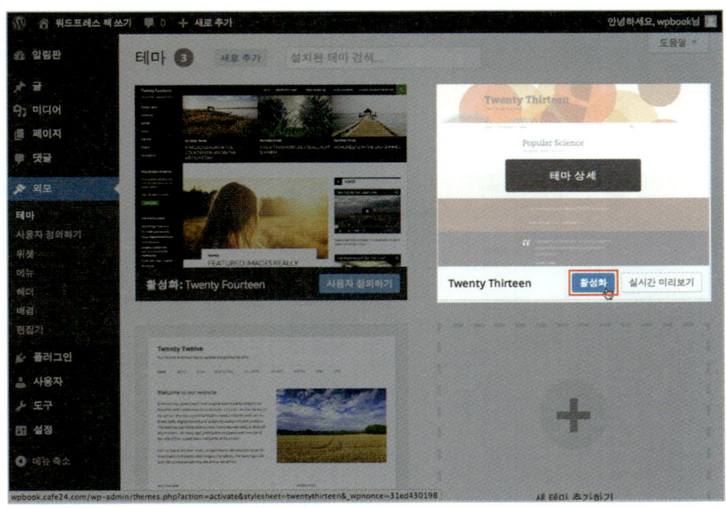

▲ 테마 스크린샷 위에 포인터를 올려 놓으면 [활성화] 버튼이 나타납니다.

■ 테마 상세 보기

테마의 스크린샷 위에 포인터를 올려 놓으면 '테마 상세'라는 문구가 나타납니다.

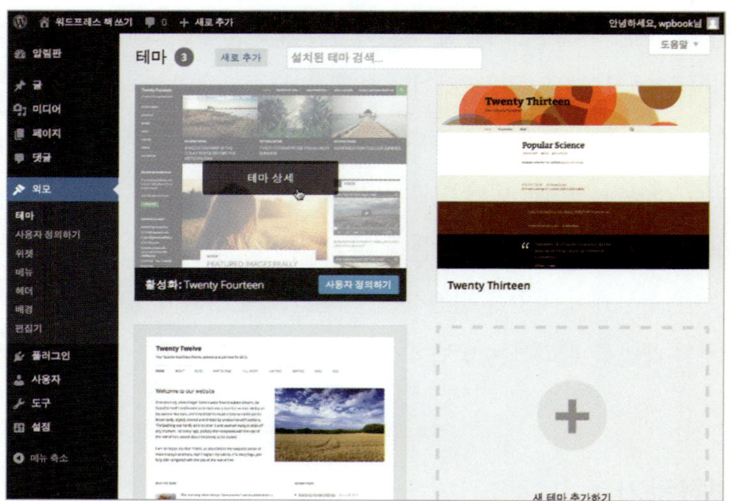

▲ 테마 스크린샷 위에 포인터를 올려 놓으면 '테마 상세'라고 나타납니다.

클릭하면 '테마 상세' 창이 나타납니다. 스크린샷과 테마의 이름, 개발자, 버전, 상세 설명, 지원하는 사용자 정의 옵션에 관한 정보가 나타납니다.

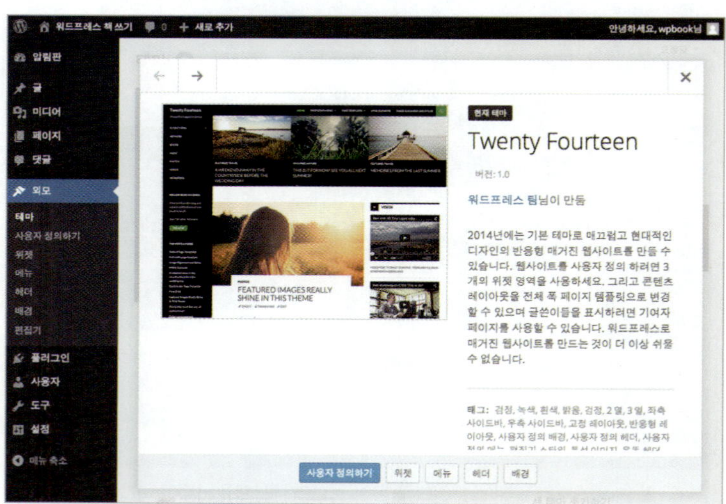

▲ '테마 상세' 창

■ 망가진 테마

테마 파일에 이상이 있는 경우, '망가진 테마들' 목록에 표시됩니다. 설치된 테마 모두 이상이 없다면 '망가진 테마들' 목록은 나타나지 않습니다.

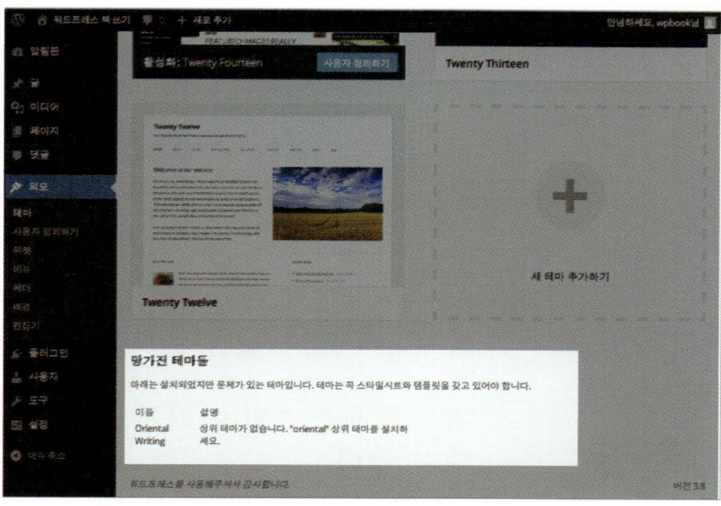

▲ '망가진 테마들' 목록

■ '실시간 미리보기'와 '사용자 정의하기'

테마 목록에서 '실시간 미리보기'를 클릭하거나 현재 사용 중인 테마에서 '사용자 정의하기'를 클릭했을 때 나타나는 화면은 다음과 같습니다. '실시간 미리보기'에서 테마를 사용자화할 수 있고 '사용자 정의하기'에서 테마의 미리보기가 가능한 것입니다. 화면 구성을 보면 다음 그림 처럼 왼쪽은 사용자 정의 옵션이, 오른쪽은 미리보기로 구성되어 있습니다. 왼쪽 옵션을 통해 변경된 내용이 오른쪽 미리보기에 실시간으로 적용됩니다. 단, 왼쪽 상단의 [저장함] 또는 [저장 & 활성화]를 클릭하기 전에는 옵션을 통해 변경한 내용이 사이트에 적용되지 않습니다.

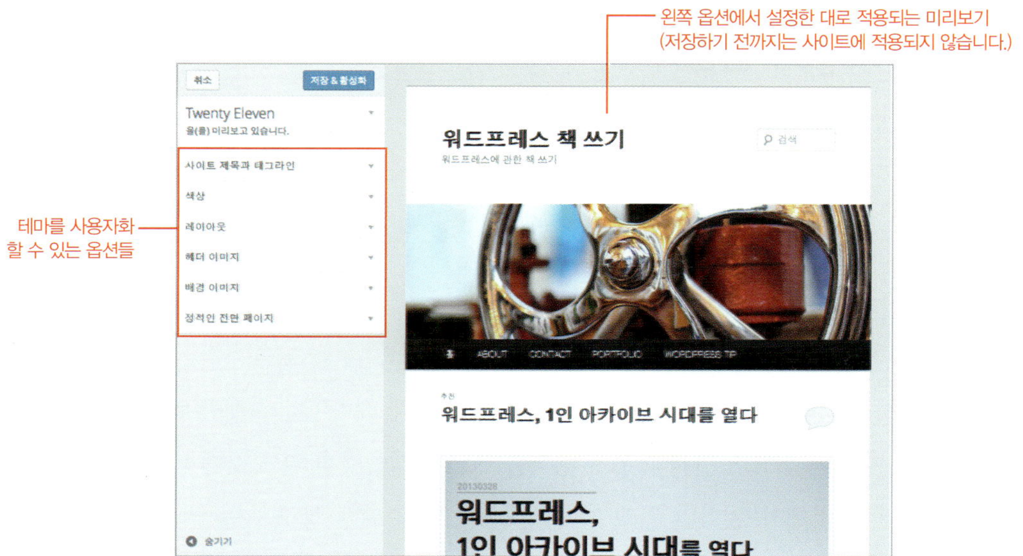

▲ '실시간 미리보기' 또는 '사용자 정의하기' 화면

다음 그림은 Twenty Thirteen 테마의 사용자 정의 옵션을 이용해 사이트 제목 및 태그라인, 글 색상, 배경 이미지 등을 변경한 예입니다.

▲ 사용자 정의 옵션을 이용해 사이트 제목 및 태그라인, 색상,
배경 이미지 등을 변경한 화면

> **TIP**
>
> 워드프레스 코어에 포함된 기본 테마를 사용하면 업데이트된 코어의 기능을 100% 활용할 수 있습니다. 복잡한 유료 테마의 옵션 때문에 골몰할 필요도 없고 기본 테마에서 제공하는 사용자화 기능을 활용하면 디자인이나 구성을 조정할 수도 있습니다.

05 위젯(Widget) 설정하기

테마에 독립적으로 추가, 배치할 수 있는 프로그램을 위젯이라고 합니다.

■ 테마에 지정된 위젯 영역

위젯은 테마에서 지정하는 '위젯 영역(sidebar)'에 표시되는데 테마마다 위젯 영역의 개수와 이름이 다릅니다. 테마는 필요한 만큼의 위젯 영역를 만들어 템플릿 파일 곳곳에 배치할 수 있습니다. 예를 들어, 테마에서 '첫화면 위젯 영역'이라는 이름의 위젯 영역을 만들어 전면 페이지

(웹사이트의 첫 화면) 상단에 추가하고 '단일 글 위젯 영역'이라는 이름으로 위젯 영역을 만들어 단일 글 페이지 화면 하단에 추가한다면 웹사이트에서 위젯을 추가할 수 있는 곳은 '첫화면 위젯 영역'과 '단일 글 위젯 영역' 두 군데가 되고 워드프레스의 '위젯' 관리 메뉴 오른쪽에 이 두 개의 영역이 나타납니다. 왼쪽의 '사용할 수 있는 위젯' 상자 안에 있는 위젯을 드래그해 추가할 위젯 영역에 넣으면 해당 위젯이 끌어온 내용이 테마에 배치된 위젯 영역에 출력되는 식입니다.

▲ Twenty Fourteen 테마의 '위젯' 메뉴

즉, 테마는 필요한 만큼 위젯 영역를 만들어 사이트에 배치하고 각 위젯 영역에 어떤 내용을 출력할지는 사용자가 추가한 위젯에 따라 달라집니다. 테마를 수정하지 않고 구성을 바꿀 수 있다는 점에서 사용자 중심의 기능이라고 할 수 있습니다.

위젯과 플러그인

플러그인을 통해 필요한 기능의 위젯을 추가할 수도 있습니다. 위젯을 지원하는 플러그인이나 오로지 위젯을
추가해주는 플러그인도 있습니다.

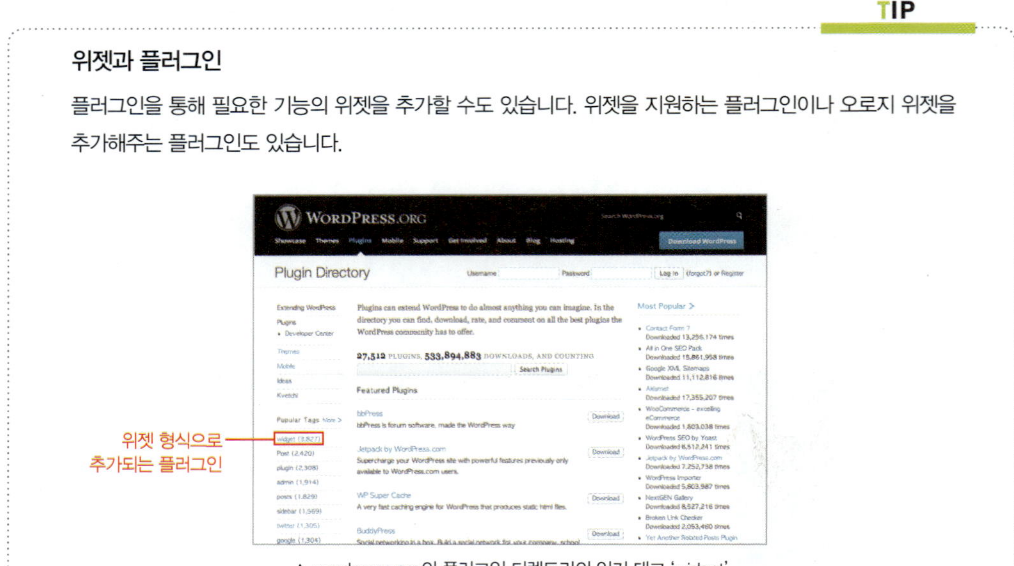

▲ wordpress.org의 플러그인 디렉토리의 인기 태그 'widget'

■ 위젯을 추가하는 방법

위젯을 추가하는 방법을 살펴보겠습니다. 위젯을 추가하기 전에 위젯을 추가할 각 위젯 영역이
웹사이트의 어느 위치에 출력되는지 확인해야 합니다. 테마와 함께 제공되는 매뉴얼이 있다면
이를 참고하고 위젯 영역 상자에 표시된 내용과 제목을 바탕으로 표시 위치를 유추할 수도 있
습니다. 각 위젯 영역의 위치를 짐작하기 어려운 경우 사이트 각 위젯 영역별로 각각 다른 위젯
을 하나씩 추가해 미리보기 화면에서 위젯 영역의 위치를 확인합니다.

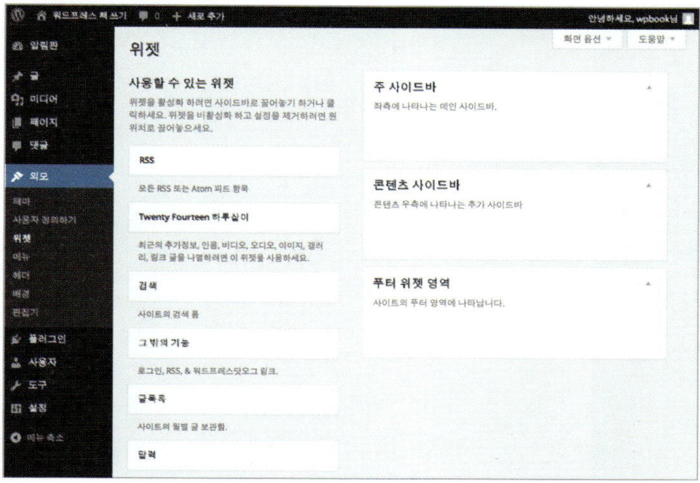

▲ Twenty Fourteen 테마의 경우 위젯 영역에 표시 위치가 설명되어 있습니다.

'사용할 수 있는 위젯'에서 추가할 위젯을 드래그해 위젯 영역에 옮겨 넣습니다.

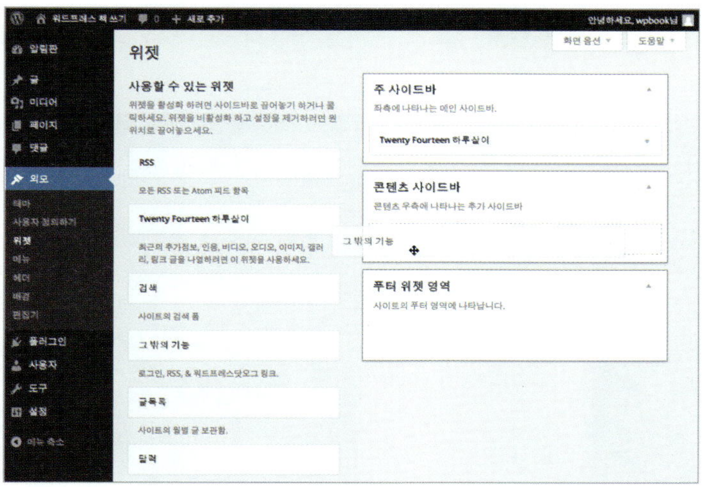

▲ 위젯을 선택해 위젯 영역에 옮겨 넣습니다.

위젯 영역에 추가된 위젯의 제목 및 기타 옵션을 설정한 후 [저장하기]를 클릭합니다. 하나의 위젯 영역 안에 두 개 이상의 위젯을 추가한 경우, 위젯의 표시 순서를 정할 수 있습니다.

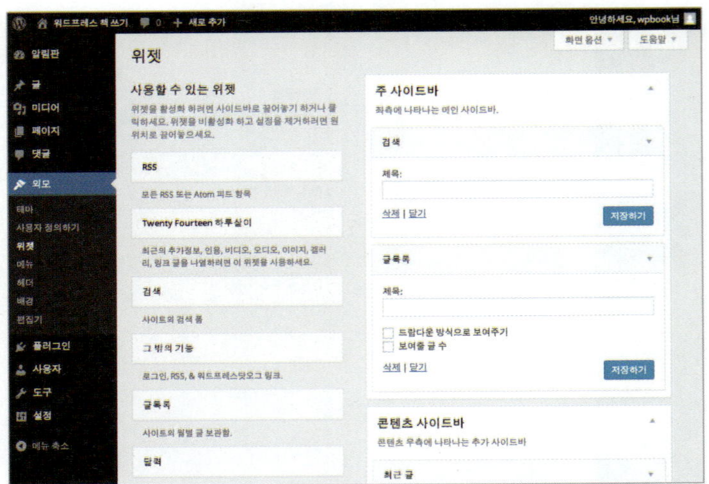

▲ 위젯 영역에 추가한 위젯을 각각 설정하고 저장합니다.

사용하던 위젯을 삭제할 때는 각 위젯 안에 있는 '삭제'를 클릭하거나 위젯을 드래그해 '사용할 수 있는 위젯' 목록으로 옮깁니다. 단, 이렇게 삭제한 위젯은 그 설정 내용도 초기화되는데 위 젯의 설정을 유지한 채 사용을 보류하려면 '비활성화 위젯' 목록으로 옮깁니다.

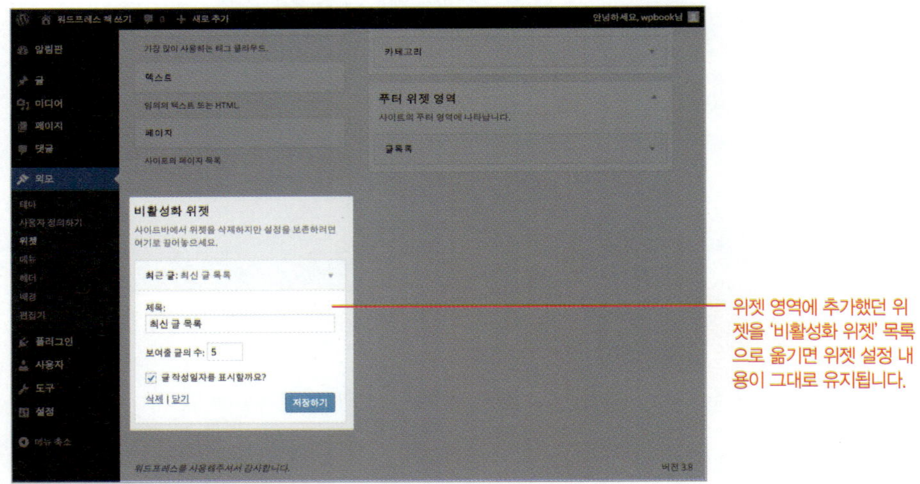

▲ '비활성화 위젯' 목록으로 옮기면 위젯의 설정 내용이 유지됩니다.

사이트 미리보기에서 위젯이 제대로 추가되었는지 확인합니다.

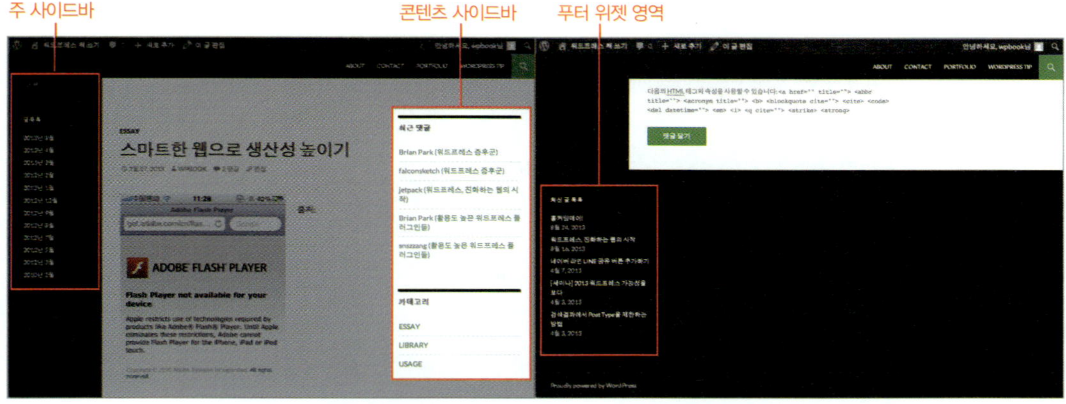

▲ 각 위젯 영역에 추가된 위젯들

[참고]

| 위젯의 접근 모드 |

'위젯' 메뉴의 화면 옵션에서 '접근 모드 활성화'를 클릭하면 위젯의 추가, 배치, 편집 등 위젯에 관한 설정이 모두 버튼식으로 바뀝니다. 이때는 드래그 앤 드롭 방식을 사용할 수 없습니다.

▲ '화면 옵션'에서 접근 모드 활성화

06 네비게이션 메뉴 구성하기

사이트의 주요 링크를 모아 전체의 네비게이션 역할을 하는 메뉴를 네비게이션 메뉴라고 합니다. 주로 웹사이트 상단에 배치됩니다. 워드프레스 사용자는 위젯과 같이 드래그 앤 드롭 방식으로 네비게이션 메뉴를 손쉽게 편집할 수 있습니다. 워드프레스 2.x까지만 해도 네비게이션 메뉴를 변경하려면 테마의 템플릿 파일을 직접 수정하는 수밖에 없었습니다. 하지만 워드프레스 관리자에 '메뉴'라는 이름의 관리 메뉴가 추가되면서 네비게이션 메뉴는 위젯과 같이 사용자 중심의 기능으로 바뀌었습니다.

▲ 미리보기에서의 네비게이션 메뉴

■ 네비게이션 메뉴의 수

앞에서 위젯을 설명할 때, 테마에서 위젯 영역을 필요한 만큼 만들어 적절한 위치에 배치한다고 했는데 네비게이션 메뉴도 똑같습니다. 테마에서 필요한 만큼 만들어 배치하기 때문에 위젯 영역처럼 테마마다 지원하는 네비게이션 메뉴의 수가 다릅니다. 워드프레스의 기본 테마들은 모두 네비게이션 메뉴를 하나 가지고 있는데 예를 들어 Oxygen 테마의 경우, 3개의 네비게이션 메뉴를 가지고 있습니다.

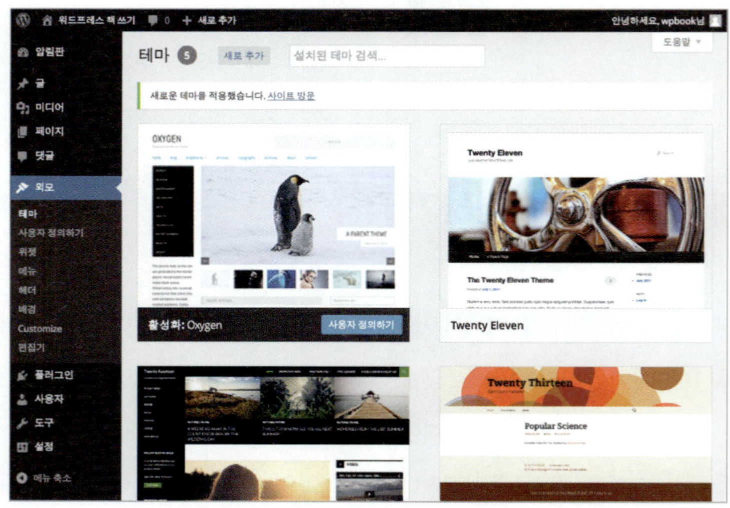

▲ '테마 관리' 메뉴에서 Oxygen 테마를 적용(활성화)한 화면

외모 관리 메뉴의 '메뉴' 안에 '위치 관리하기' 탭을 선택하면 테마에서 배정한 네비게이션 메뉴의 수를 확인할 수 있습니다. 각 위젯 영역이 사이트의 어느 위치에 출력되는지 확인했듯이 네비게이션 메뉴를 여러 개 운영할 경우 각 메뉴가 출력되는 위치를 확인해 두는 것이 좋습니다.

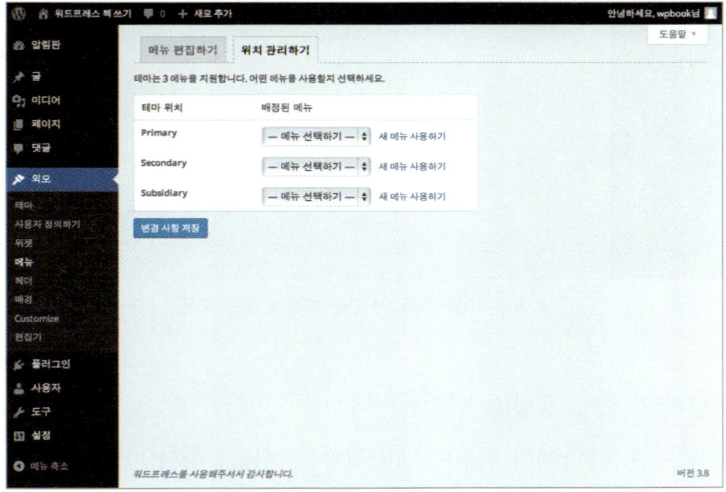

▲ '메뉴'의 '위치 관리하기' 탭에서 테마에서 배정한 네비게이션
메뉴의 수를 확인할 수 있습니다.

[참고]

메뉴를 구성하지 않으면 '위치 관리하기' 탭이 보이지 않습니다. 아래, 네비게이션 메뉴를 구성하는
방법을 참고하십시오.

■ 네비게이션 메뉴를 구성하는 방법

이 책에서는 기본 테마인 Twenty Thirteen 테마를 기준으로 네비게이션 메뉴를 구성하는 방법을 알아보겠습니다. 처음엔 생성된 메뉴가 하나도 없는 상태로 다음 그림처럼 모든 설정 메뉴가 비활성화되어 있습니다.

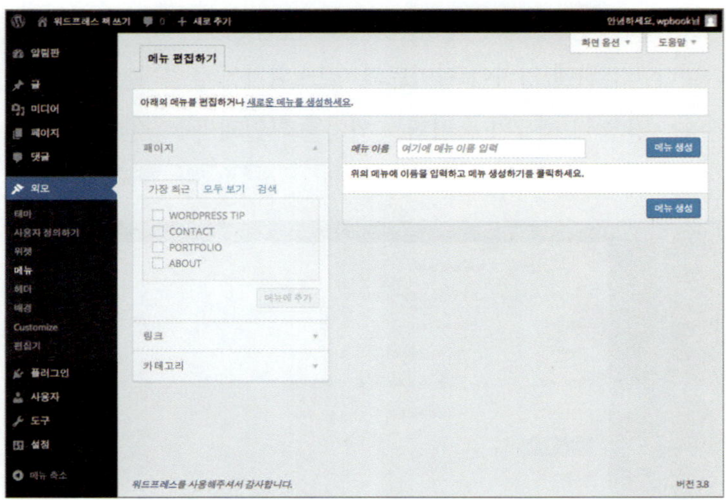

▲ 모두 비활성화되어 있는 초기의 '메뉴' 화면

메뉴 이름을 입력하고 [메뉴 생성]을 클릭합니다. 메뉴 이름은 한글, 영문 제한이 없고 구분하기 편한 것으로 합니다. 테마에서 배정한 네비게이션 메뉴가 하나인 경우라도 메뉴를 여러 개 만들어 저장해두고 교체하면서 사용할 수 있기 때문에 메뉴 이름은 구분하기 편한 것으로 붙이는 것이 좋습니다.

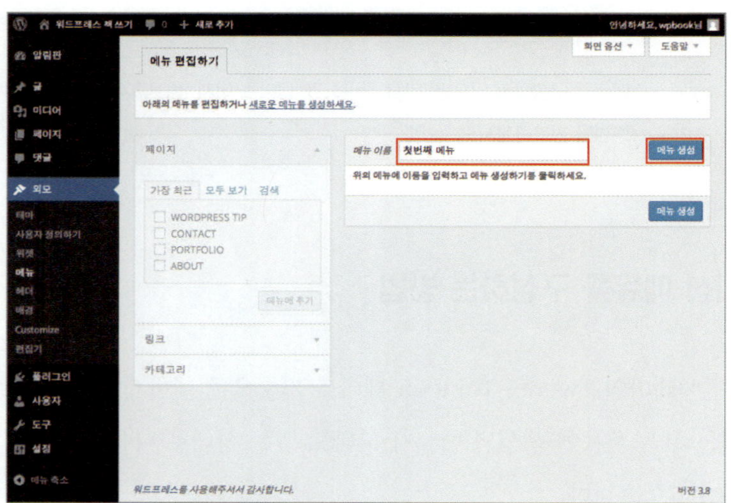

▲ 새로운 메뉴 생성

메뉴가 만들어지면 메뉴 구성 상자 안에 '메뉴 설정' 옵션이 나타납니다. 메뉴를 처음 생성하는 경우엔 화면 상단에 '위치 관리하기' 탭도 이때 나타납니다.

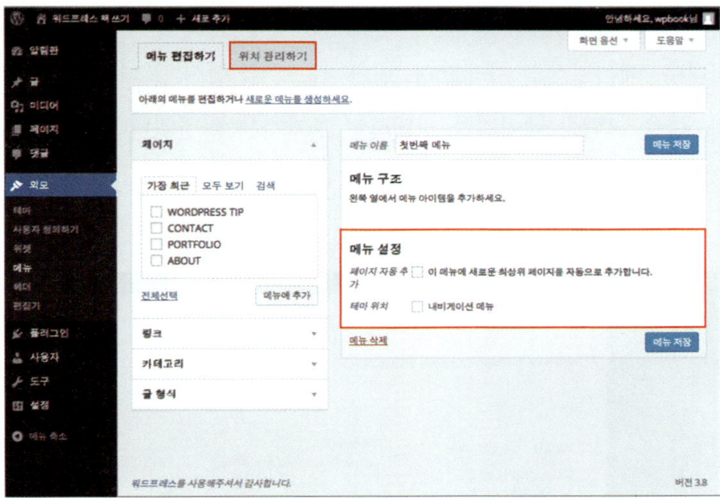

▲ 메뉴 생성 후 추가된 '위치 관리하기'와 '메뉴 설정'

화면 왼쪽 상자에 추가할 수 있는 요소들이 있는데 선택의 범위를 넓히기 위해 화면 옵션에서 메뉴를 구성하는데 필요한 요소들을 선택합니다. 필요한 요소를 선택해 추가할 수 있습니다.

▲ 추가할 수 있는 메뉴 요소 늘리기

왼쪽 상자에서 메뉴에 추가할 요소를 선택하고 [메뉴에 추가]를 클릭하면 오른쪽 메뉴 구성 상자 안에 추가됩니다. 페이지, 글, 카테고리, 링크, 태그, 글 형식 등 다양한 요소로 메뉴를 구성할 수 있습니다. 다음 그림은 페이지를 선택하고 추가하는 화면입니다. 페이지 목록에서 메뉴에 추가할 페이지를 선택한 후 [메뉴에 추가]를 클릭합니다.

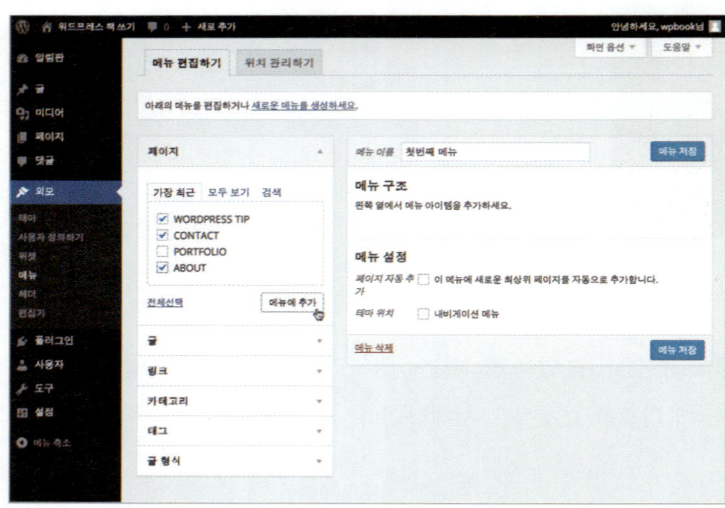

▲ 페이지를 메뉴에 추가

[메뉴에 추가] 버튼을 클릭하면 오른쪽 메뉴에 페이지가 추가됩니다. 이렇게 추가된 페이지는 표시 순서를 드래그 앤 드롭 방식으로 조정할 수 있습니다.

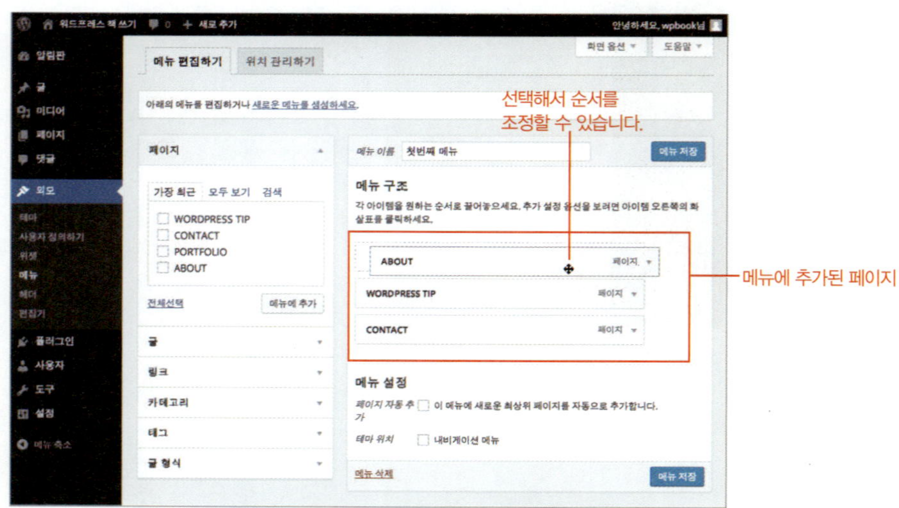

▲ 메뉴 재배열

마찬가지 방식으로 글, 링크, 카테고리, 태그, 글 형식 등을 추가할 수 있습니다.

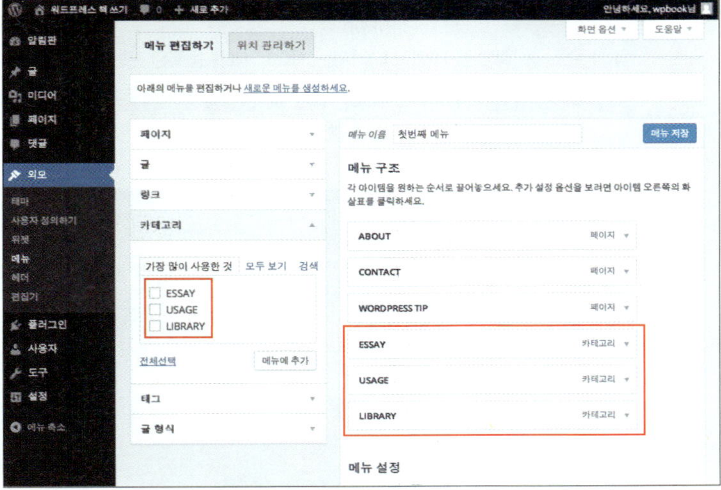

▲ 메뉴에 카테고리를 추가한 화면

메뉴의 각 요소는 계층화시킬 수 있는데 다음 그림에서는 'wordpress TIP'이라는 페이지 안에 'ESSAY', 'USAGE'. 'LIBRARY' 3개의 카테고리를 넣었습니다. 계층화할 요소를 드래그해 상위 요소 아래로 옮긴 후 오른쪽으로 드래그하면 한 단 물려 배치되는데 이를 통해 요소의 위계가 정해집니다.

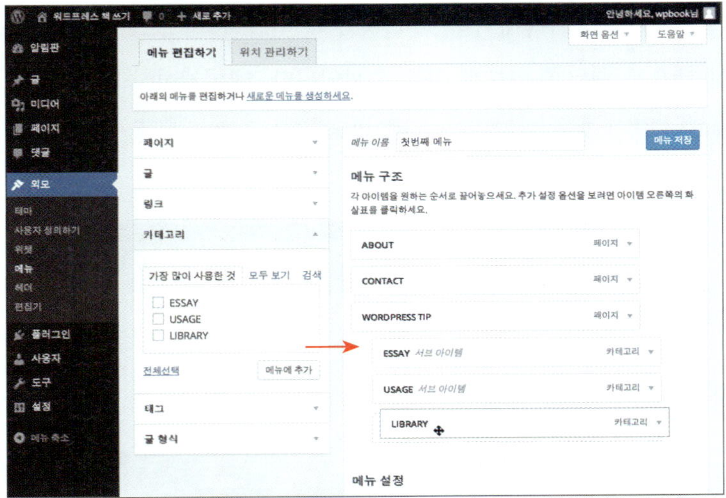

▲ 메뉴 계층화

| 외부 주소로 연결되는 메뉴 만들기 |

추가 요소 중 '링크'를 제외한 나머지는 사이트 내에 등록된 콘텐츠로 연결됩니다. '링크'를 이용하면
외부 주소로 연결시킬 수 있습니다. 'URL'에 연결할 주소를 입력하고 '링크 텍스트'에 버튼으로 표
시할 문자를 입력합니다.

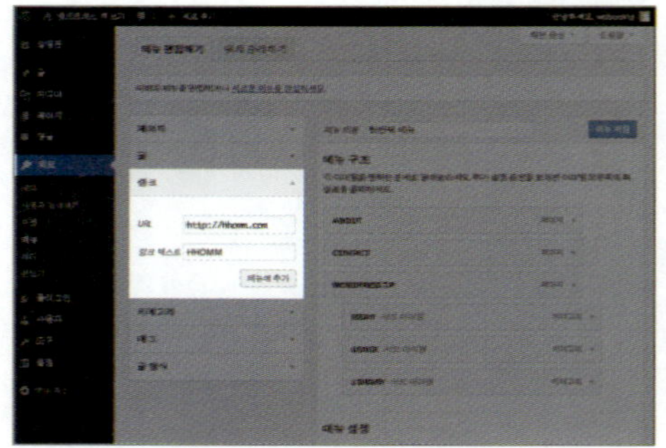

▲ 외부 URL을 추가할 수 있는 링크 요소

메뉴에 사용할 요소를 모두 추가한 후에는 표시 순서나 라벨, 추가 옵션을 설정합니다. 메뉴의
각 요소는 드래그해서 순서를 바꿀 수 있고 요소의 이동 옵션에서 '하나 위로', '하나 아래로',
'상단으로' 등을 클릭해 옮길 수도 있습니다. '네비게이션 라벨'을 변경해 글, 페이지, 카테고리,
태그, 글 형식 등의 원래 이름과 다른 이름을 사용할 수도 있습니다. '제목 속성'은 요소에 포인
터를 올려 놓았을 때 나타나는 버튼 설명을 의미합니다. 화면 옵션의 '고급 메뉴 속성 보기'에
서 '링크 타겟'과 '설명' 등을 나타내 추가로 설정할 수 있습니다. '링크 타겟'은 요소를 클릭했을
때 새 창이나 새 탭으로 링크를 열도록 하는 옵션입니다. 네비게이션 라벨 아래 '새 창/탭에 링
크 열기'를 선택하면 해당 요소를 클릭했을 때 새 창이나 탭에서 링크가 열립니다.

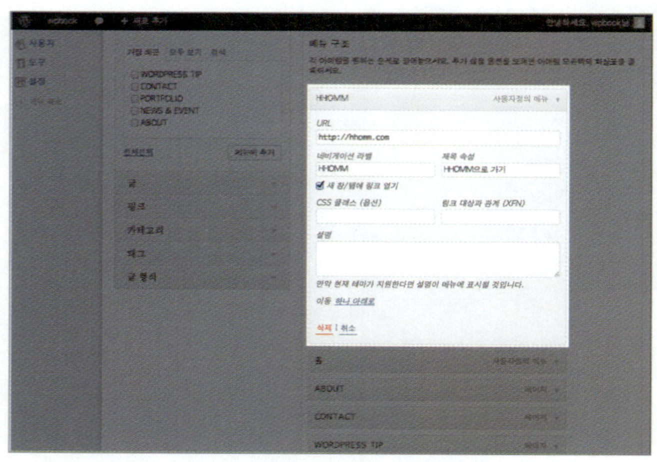

▲ 메뉴에 추가된 페이지. 설정을 바꾸고 순서를 조정할 수 있습니다.

구성을 마친 메뉴를 테마의 네비게이션 메뉴로 지정합니다. 메뉴 구성 상자 하단의 '테마 위치' '내비게이션 메뉴'를 체크하고 [메뉴 저장]을 클릭합니다.

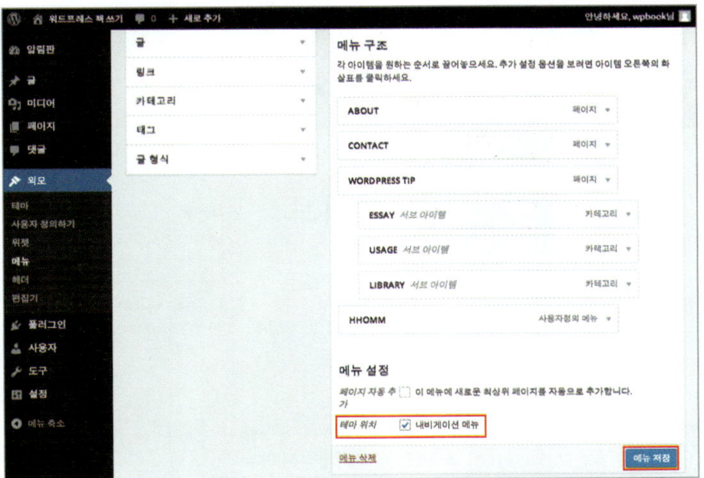

▲ 구성한 메뉴를 네비게이션 메뉴로 지정(1)

또는 '위치 관리' 메뉴에서 설정할 수도 있습니다.

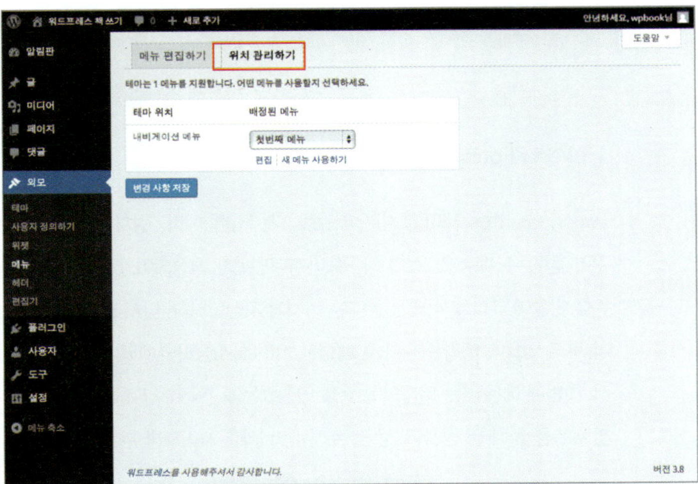

▲ 구성한 메뉴를 네비게이션 메뉴로 지정(2)

미리보기에서 구성한 내용을 확인합니다.

▲ 변경된 네비게이션 메뉴

사용자가 네비게이션 메뉴를 구성하지 않을 경우 테마가 자동으로 메뉴를 표시합니다.

| Twenty Fourteen 테마의 메뉴 |

Twenty Fourteen 테마의 경우, 메뉴를 2개 지원합니다. '위치 관리하기' 탭을 열어보면 다음 그림과 같이 '상단 주 메뉴'와 '좌측 사이드바 부 메뉴'가 배정되어 있는 것을 볼 수 있습니다. 사용자는 메뉴를 만들어 테마에서 배정한 메뉴 위치에 지정합니다. 다시 말해, 사용자는 여러 개의 메뉴를 만들어 두고 필요에 따라 테마에서 배정한 자리에 지정하면 미리보기 화면에 나타나는 식입니다. 앞에서 '첫번째 메뉴'라는 이름의 메뉴를 만들었는데 Twenty Fourteen 테마를 제대로 활용하려면 최소한 메뉴를 하나 더 만들어 '상단 주 메뉴'와 '좌측 사이드바 부 메뉴'에 각각 지정해주어야 합니다.

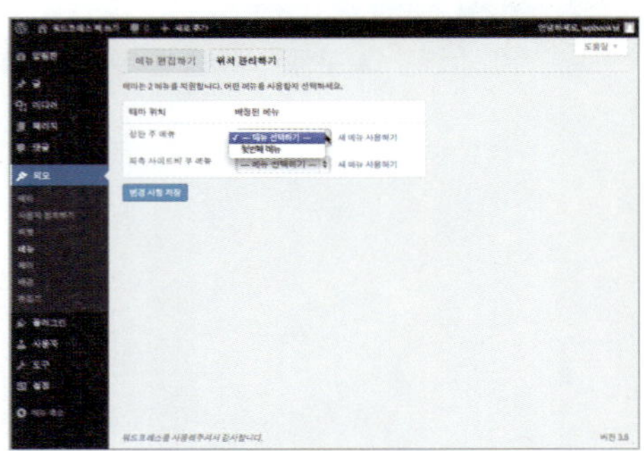

▲ Twenty Fourteen 테마에 배정된 메뉴

플러그인 관리하기

테마가 워드프레스의 디자인을 담당한다면 플러그인은 기술적인 부분에서 기능을 보완하고 확장시켜주는 역할을 합니다. 플러그인의 설치 및 관리법을 알아봅니다.

01 플러그인 고르는 방법

2013년 11월 17일 기준으로 WordPress.org에 등록된 플러그인은 28,009개 입니다. 날이 갈수록 늘어가는 숫자를 보고 있으면 감탄이 절로 나옵니다. '저 많은 걸 대체 누가 다 만드는 것일까?'에서 '저 많은 것을 죽기 전에 다 써 볼 수나 있을까?'하는 생각마저 듭니다. 세계인이 모여서 열과 성을 다해 워드프레스라는 탑을 함께 쌓고 있으니 그 결과에 실로 놀라지 않을 수 없습니다. WordPress.org에 등록된 것은 모두 무료이고 공개된 것이니 누구나 내려받아서 설치할 수 있습니다. 하지만 설치하고 나면 사이트 환경에 맞게 최적화해야 하고 때로는 다른 플러그인과 궁합이 맞지 않아 사용할 수 없는 경우도 있어 내게 맞는 플러그인을 찾는 일이 그리 간단한 일은 아닙니다. 무료로 공개되어 있는 2만 여개의 플러그인을 설치하고 활성화시킨 후 기능을 확인하는 데 얼마나 걸릴까요? 워드프레스는 가능성을 시사하는 툴인 것은 분명하지만 선택은 온전히 사용자의 몫이기 때문에 28,009개의 문항에 답해야 할 운명에 놓인 셈입니다. 워드프레스 플러그인을 선택할 때 다음 내용을 참고하십시오.

■ 플러그인을 찾기 전에 키워드부터 찾아라!

워드프레스를 효과적으로 활용하려면 검색이 필수입니다. 검색을 잘해야 빠른 시간 안에 원하는 것을 찾을 수 있다는 건 말 안해도 누구나 아는 사실. 하지만 내가 찾는 물건이 어떤 키워드로 분류되고 있는지 모른다면 백날 검색을 해봐야 헛일입니다. 예를 들어, RSS 기능을 활용해 다른 사이트의 글을 불러오는 기능을 찾고 싶다면 글을 자동화해서 생산한다는 의미로

'autoblog', 'autoblogging'이라는 용어를 주로 쓴다는 사실을 알아야 합니다. 워드프레스 플러그인을 찾으려면 적당한 키워드부터 먼저 찾아야 한다는 이야기입니다.

■ 별들에게 물어봐야 소용없습니다.

적당한 키워드를 찾아 검색을 하더라도 기능이나 성격이 비슷한 플러그인이 수도 없이 나타난다면 검색 결과로 나타난 플러그인들을 모두 설치해 볼 수도 없는 노릇이고 참 난감해집니다. 우선 다른 사용자들이 추천한 플러그인을 선택하는 것이 현명할지도 모른다는 생각에 별점을 기준으로 플러그인을 고르는 경우가 많습니다. WordPress.org에서는 별점 5개를 만점으로 평균을 내어 표시하고 있는데 WordPress.org의 별점에는 함정이 있습니다. 플러그인 만족도에 응한 결과만으로 평균을 낸 것이기 때문에 만약 어떤 플러그인은 사용자 중 한 명이 별점 다섯으로 투표를 한다면 별 다섯 개짜리 플러그인이 됩니다. 게다가 투표에 참여하는 대부분이 한국인이 아니라는 점도 고려해야 합니다. 그들은 우리와 취향이 다를 수 있습니다. 다시 말해, 워드프레스 플러그인 별점은 그다지 믿을만한 기준이 아니라는 얘기입니다. 오히려 다운로드 수와 비교하고 거기서 투표한 사람의 수를 고려하는 것이 더 현명한 방법입니다. 지속적으로 인기를 얻는 플러그인일수록 오히려 별 5개를 꽉 채우기 힘듭니다. 사용자가 많아질수록 투표하는 사람도 많고 평가가 엇갈릴 수 있기 때문입니다.

■ 단골집을 찾아라!

플러그인을 선택할 때 가장 면밀히 따져봐야 할 부분은 향후 업데이트에 대한 부분입니다. 워드프레스는 최소 6개월 단위로 업그레이드됩니다. 플랫폼을 최신 버전으로 유지하기 위해선 플러그인의 업데이트도 같은 속도로 따라와줘야 하는데 특히나 2.9에서 3.0으로 넘어가는 메이저 업그레이드 같은 때엔 개발이 지속되는지에 따라 플러그인의 향후 운명이 결정됩니다. 또 워드프레스에서 최신을 유지한다는 것은 보안과 관련되어 있기 때문에 매우 중요하고 이런 이유로 워드프레스 플러그인을 고를 때는 업데이트 여부를 신중히 따져봐야 합니다. '지금 당장 한 두 달 쓰다가 새 것으로 교체하면 되지'라고 생각할 수도 있겠지만 매번 새로운 걸 찾아서 확인하는 일이 워드프레스 사용자를 지치게 만든다는 점을 명심하기 바랍니다. 다시 25,000개를 늘어놓고 한참을 헤맬 것인가? 글을 써야 할 시간에 왜 WordPress.org를 배회하고 있나?

웹사이트 관리 면에서도 지속성은 무척 중요한 부분입니다. 우선 버전이 몇이며 어떤 과정을 거쳐왔는지 볼 필요가 있는데 플러그인 페이지에서 Changelog, Support 이 두 가지 항목을 보면 알 수 있습니다. Changelog에서는 버전별로 개선된 내용이 정리되어 있고, Support는 플러그인에 대한 질의응답 게시판이라고 할 수 있으니 얼마나 활발하게 의견이 오가는지 질문과 답변의 양을 확인하는 것만으로도 어느 정도 개발자의 열의나 사용자의 관심도를 확인할 수 있습니다.

■ 영원한 무료는 없다.

참신하고 완성도 높은 플러그인들은 곧잘 유료화되곤 합니다. 그리고 그렇게 유료화되면 WordPress.org에선 검색조차 되지 않습니다. 어느 날 찾았는데 없어서 한참을 수소문했더니 가격표를 달고 쇼윈도에 서 있는 경우를 종종 보게 됩니다. 언제나 무료일거라고 생각하면서 업그레이드되길 바라는 것은 사용자로서의 욕심일 뿐입니다.

02 플러그인 설치하기 – FTP를 이용한 설치

워드프레스에 플러그인을 설치하는 방법을 살펴보겠습니다. 총 3가지가 방법이 있는데 첫 번째는 FTP를 이용한 설치입니다. 다운로드받은 플러그인 파일을 FTP를 이용해 호스팅 서버의 플러그인 폴더에 업로드하는 방법입니다. 워드프레스 초기에는 다른 방법으로 플러그인을 설치할 수 없었기 때문에 가장 오래되었고 확실한 설치법이라고 할 수 있습니다.

설치할 플러그인을 내려받습니다. WordPress.org의 플러그인 디렉토리나 기타 플러그인 제공 사이트 또는 유료 플러그인 판매 사이트 등에서 설치할 플러그인 파일을 구합니다.

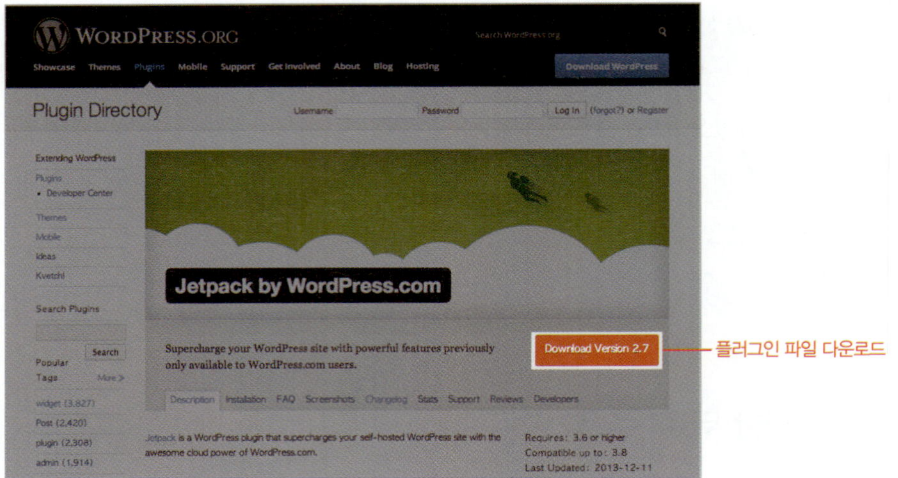

플러그인 파일 다운로드

▲ wordpress.org의 플러그인 디렉토리 설치할 플러그인 파일을 다운로드

플러그인 파일의 압축을 풉니다. 대부분의 플러그인은 압축 파일 형태로 내려받게 되는데 FTP로 플러그인을 업로드하기 전에 압축을 풀어 폴더 형태로 만들어야 합니다.

FTP로 호스팅 서버에 접속해 워드프레스가 설치된 경로를 찾습니다. 'wp-content' 폴더 안에 [plugins]라는 이름의 폴더가 있는데 이 폴더에 워드프레스의 플러그인이 모여 있습니다. 이 폴더 안에 설치할 플러그인을 폴더 채로 업로드합니다. 압축 파일을 업로드하면 워드프레스는 플러그인을 인식하지 못합니다.

워드프레스의 플러그인 관리 메뉴에서 FTP를 통해 설치한 플러그인이 목록에 나타나는지 확인합니다.

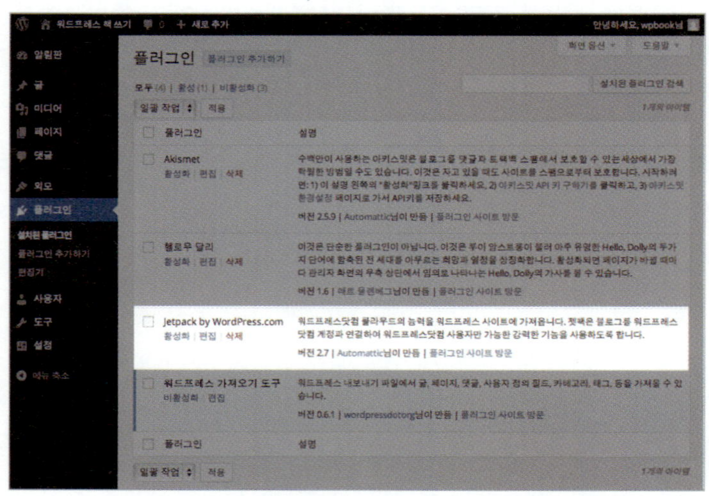

▲ FTP를 통해 설치한 플러그인을 플러그인 관리 메뉴에서 확인

03 플러그인 설치하기 – 자동 설치

워드프레스가 발전하면서 FTP와 같이 일반 사용자들이 생소해하는 도구를 사용할 일도 적어지고 있습니다. 앞에서 소개한 FTP를 이용한 플러그인 설치 방법은 워드프레스에 있어서는 고전이 되어 버렸습니다. 이제는 워드프레스 관리 메뉴에서 플러그인을 검색해 자동으로 설치할 수 있기 때문입니다. 플러그인 파일 다운로드, 업로드가 필요 없는 자동 설치 방법을 알아보겠습니다.

[참고]

> 플러그인은 wordpress.org에 등록된 플러그인에 한해서만 자동으로 설치를 이용할 수 있습니다. 타 사이트에 공개된 플러그인이나 유료 플러그인의 경우, FTP를 이용하거나 플러그인 관리 메뉴의 업로드 기능을 이용해 설치할 수 있습니다.

플러그인 관리 메뉴 중 '플러그인 추가하기' 메뉴로 이동합니다.

적당한 키워드를 입력해 설치할 플러그인을 찾습니다. 인기 태그 중에서 선택할 수도 있습니다.

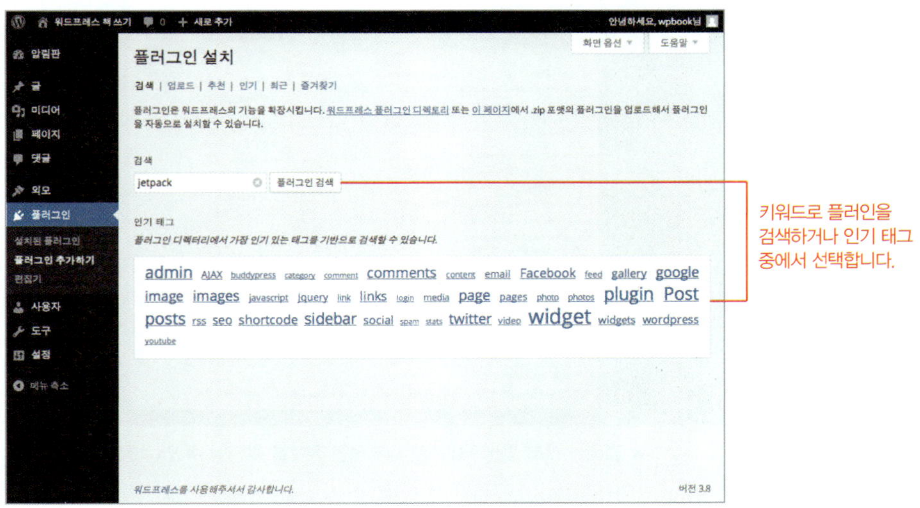

▲ '플러그인 추가하기' 메뉴에서 설치할 플러그인을 검색합니다.

입력한 키워드 또는 선택한 태그를 기준으로 검색 결과가 나타납니다.

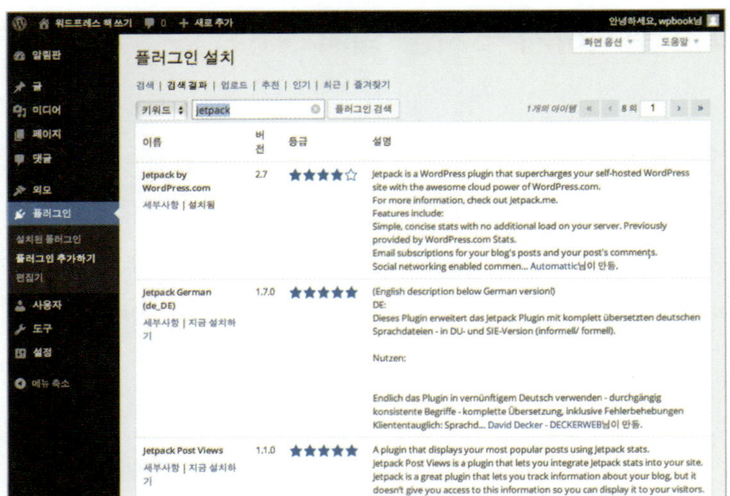

▲ 플러그인 검색 결과

검색된 플러그인 목록에서 설치할 플러그인을 선택합니다. 플러그인 이름 아래 '세부사항'을 클릭하면 해당 플러그인에 대한 설명에서부터 설치 방법, 스크린샷, 플러그인 버전별 변동 사항 등을 볼 수 있는 정보창이 나타납니다.

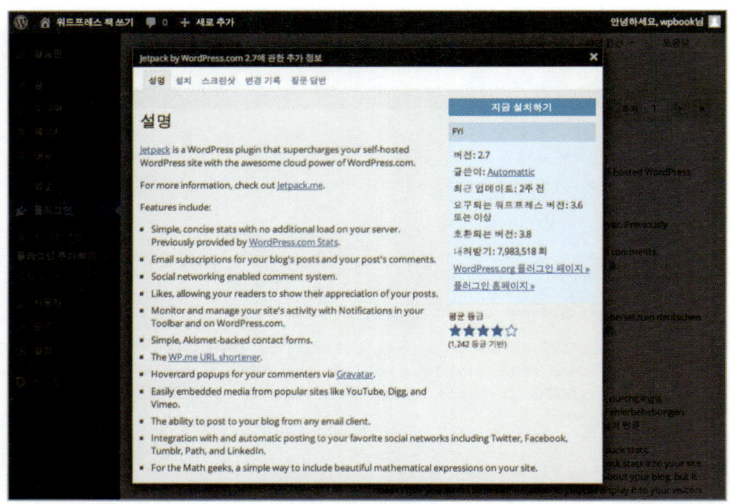

▲ 검색한 플러그인에 대해서 세부적인 정보를 확인할 수 있는 정보창

검색 목록이나 세부 정보창에서 [지금 설치하기]를 클릭해 플러그인을 설치합니다. 워드프레스가 자동으로 WordPress.org 서버로부터 플러그인을 내려받아 압축을 풀고 설치합니다. 모든 과정이

자동으로 이뤄집니다. 설치가 완료되면 다음 그림처럼 '성공적으로 설치했습니다.'라는 메시지가 나타납니다. 플러그인을 사용하려면 '플러그인을 활성화'를 클릭합니다.

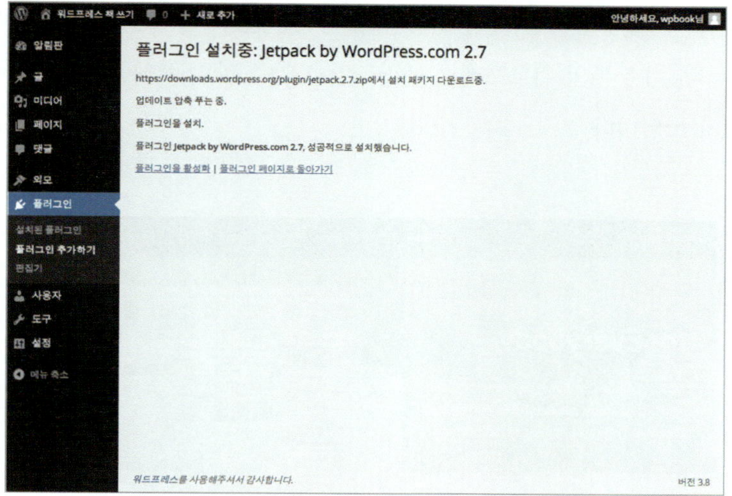

▲ 자동으로 플러그인을 내려받아 설치를 완료한 화면

참고

사용하는 웹 호스팅 서비스에 따라 FTP의 '호스트명(hostname)', '사용자명(username)', '비밀번호(password)'을 묻는 경우가 있습니다. 호스트명에서는 'localhost'를 입력하고 사용자명과 비밀번호는 웹 호스팅 서비스에 등록된 FTP 사용자명과 FTP 비밀번호를 입력합니다. 업체마다 보안 규정과 관리 방법에 차이가 있을 수 있기 때문에 이 방법으로도 해결되지 않을 때는 해당 웹 호스팅 서비스 업체에 문의하십시오.

04 플러그인 설치하기 – 관리 메뉴를 이용한 업로드

WordPress.org의 플러그인 디렉토리에 등록된 플러그인에 한해서만 자동 설치가 가능합니다. 다른 경로를 통해 내려받은 플러그인은 관리 메뉴의 업로드 기능을 이용할 수 있습니다. 물론 WordPress.org의 플러그인 디렉토리에 등록된 플러그인도 이 방법을 이용할 수 있습니다. 관리 메뉴를 이용한 업로드 방법을 살펴보겠습니다.

설치할 플러그인을 확인합니다. 관리 메뉴를 이용해 업로드하려면 플러그인이 zip 형식의 압축 파일이어야 합니다. 만약 압축되어 있지 않다면 폴더 채로 압축해 zip 파일로 만듭니다. 이때 주의할 점은 플러그인 파일(PHP 파일)이 플러그인 폴더에 들어 있어야 하고 플러그인 파일을 감싼 폴더가 여러 겹 생기지 않도록 해야 한다는 것입니다. 가장 좋은 방법은 플러그인을 내려받은 상태 그대로 업로드하는 것입니다. 대부분의 워드프레스 플러그인은 압축 파일로 제공되기 때문에 내려 받은 파일로 설치를 진행하면 됩니다.

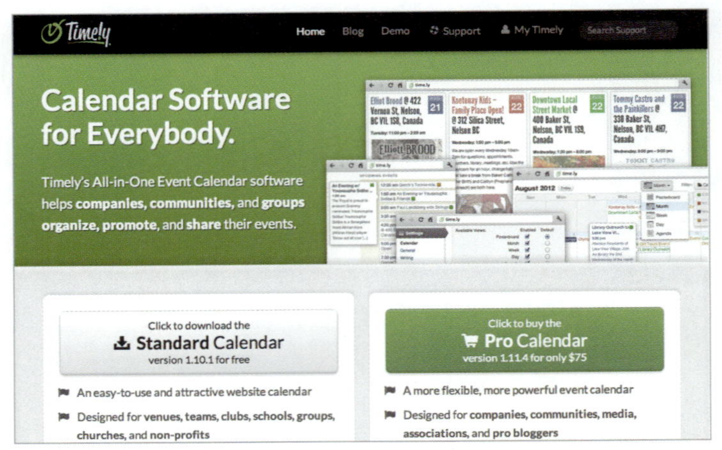

▲ wordpress.org가 아닌 다른 사이트 또는 서비스를 통해서도 플러그인을 구할 수 있습니다.
출처: http://time.ly/

'플러그인 추가하기' 메뉴로 들어가 '플러그인 설치'라고 쓰인 제목 아래, '업로드'를 클릭합니다. 다음 그림과 같은 화면이 나타납니다. 파일을 선택하고 [지금 설치하기]를 클릭합니다.

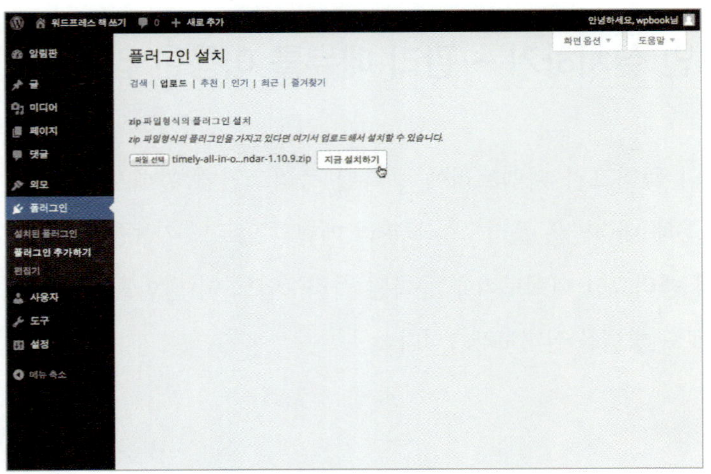

▲ 플러그인을 업로드할 수 있는 관리 메뉴

플러그인이 업로드되고 자동으로 압축이 풀려 설치됩니다. '플러그인을 성공적으로 설치했습니다.'라는 메시지가 나타납니다. 플러그인을 사용하려면 '플러그인을 활성화'를 클릭합니다.

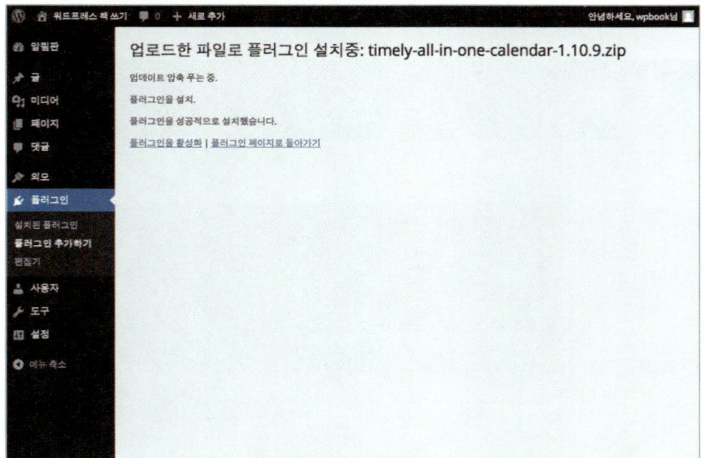

▲ 업로드 및 설치가 완료된 모습

05 플러그인 즐겨찾기

'플러그인 추가하기' 메뉴 상단에는 '검색', '업로드', '추천', '인기', '최근', '즐겨찾기' 총 6개의 세부 메뉴가 있습니다. '검색'은 플러그인을 자동 설치할 때 사용하는 메뉴이고 '업로드'는 플러그인 파일을 업로드해서 설치할 때 사용합니다. 그리고 '추천', '인기', '최근', '즐겨찾기'에서는 wordpress. org에 등록된 플러그인을 각각의 방식으로 분류해 보여줍니다.

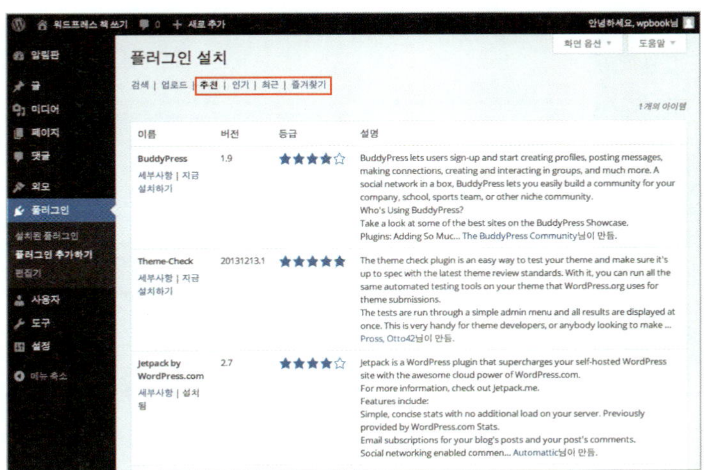

▲ '플러그인 추가하기' 메뉴에서 '추천', '인기', '최근', '즐겨찾기'로
분류된 플러그인 정보를 볼 수 있습니다.

특히, '즐겨찾기' 메뉴를 활용하면 관심 있는 플러그인들을 모아둘 수 있습니다. WordPress.org에 계정을 만들어 로그인하면 각 플러그인의 다운로드 버튼 아래 즐겨찾기 버튼이 나타납니다. 이 버튼을 클릭하면 플러그인이 즐겨찾기 목록에 저장됩니다.

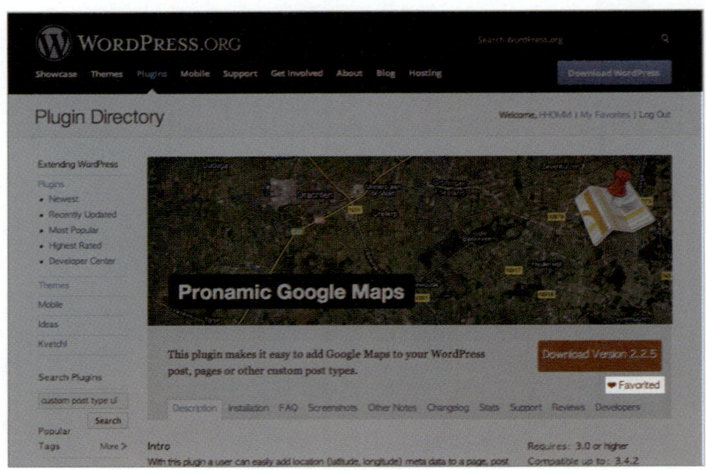

▲ wordpress.org에서 플러그인을 즐겨찾기 목록에 추가할 수 있습니다.

그리고 이렇게 저장된 즐겨찾기 목록은 워드프레스의 플러그인 관리 메뉴에서 볼 수 있습니다. 다음 그림처럼 WordPress.org 사용자명을 입력한 후 [즐겨찾기 가져오기]를 클릭하면 입력한 계정으로 저장된 플러그인 목록을 볼 수 있습니다.

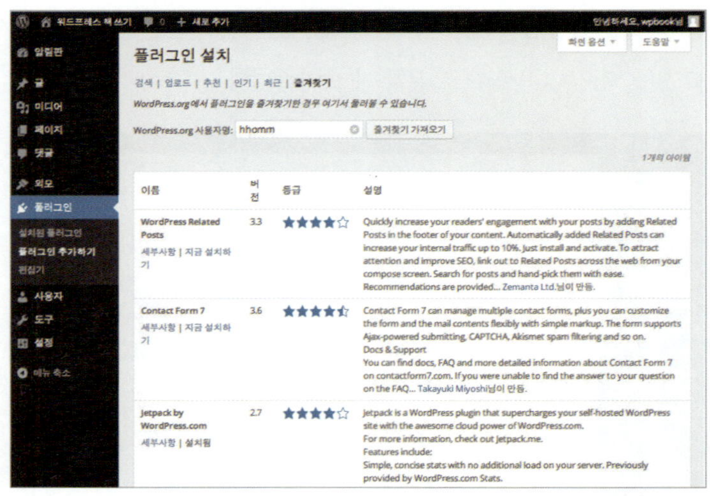

▲ wordpress.org에 계정을 만들어 자신만의 즐겨찾기 목록을 만들 수도 있습니다.

06 플러그인 관리하기

플러그인 관리 메뉴 중 '설치된 플러그인' 메뉴에서 사이트에 설치된 모든 플러그인을 관리할 수 있습니다. 설치된 플러그인을 모두 볼 수 있는데 워드프레스는 플러그인을 설치한 후에 '활성화'라는 과정을 거쳐야 비로소 사용할 수 있습니다. 즉, 플러그인을 작동시키는 전원 스위치 역할을 하는 게 '활성화/비활성화' 버튼입니다. 목록에서 사용 중인 플러그인이 좀 더 밝은 색으로 표시됩니다. 플러그인의 새 버전이 출시되면 노란색 업데이트 알림이 표시되기도 합니다.

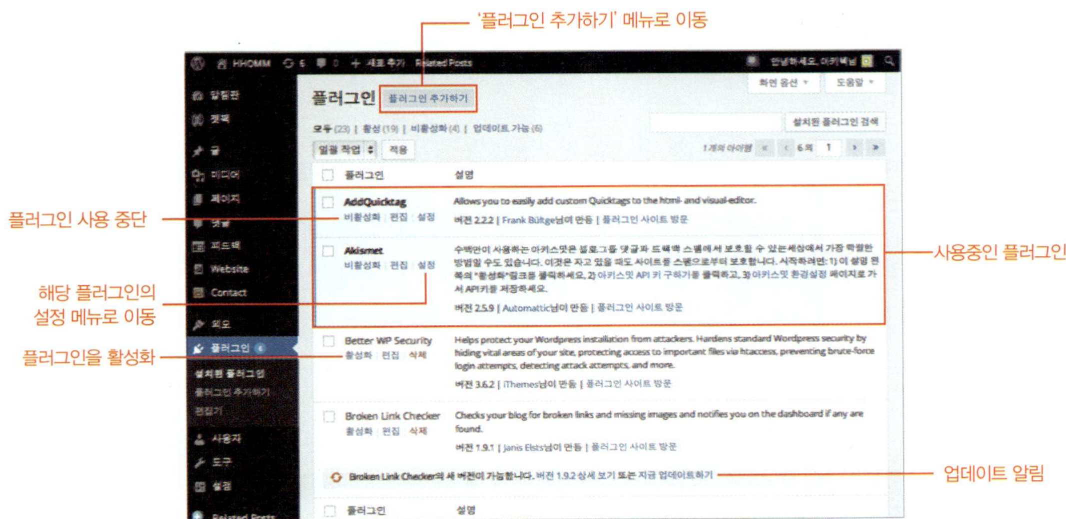

▲ '설치된 플러그인' 메뉴

대부분의 플러그인은 '활성화'와 동시에 플러그인이 작동되지만 어키즈밋(Akismet)이나 젯팩(jetpack)처럼 외부 서비스와 연동 과정을 거쳐야 하는 경우도 있습니다. 또 플러그인이 제대로 작동되기 위해서 설정이 필요한 경우도 있습니다. 다음 그림에서 어키즈밋(Akismet)과 AddQuicktag 플러그인이 이런 경우인데 '설정' 또는 'Settings' 버튼이 생긴 것을 볼 수 있습니다. 이 버튼을 클릭하면 해당 플러그인의 설정 메뉴로 이동합니다.

[참고]

어키즈밋과 젯팩 플러그인에 관해서는 '제5장 워드프레스 플러그인'에서 자세히 다룹니다.

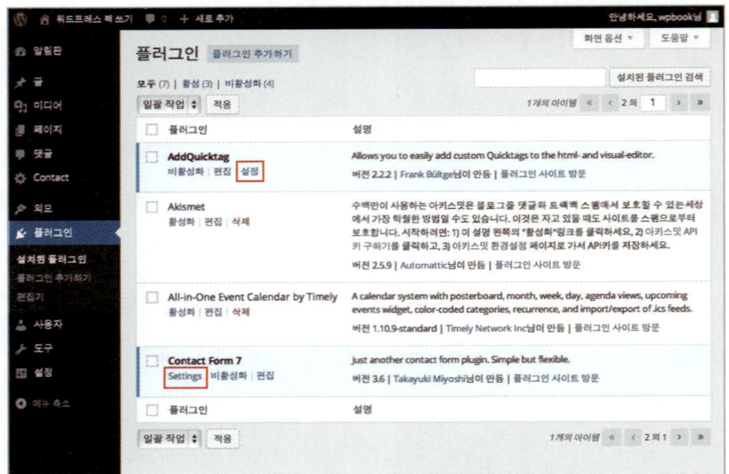

▲ 활성화 시키면 '설정', 'Settings' 버튼이 생기는 플러그인

플러그인의 설정 메뉴는 대부분 주 관리 메뉴인 '설정'의 하위 메뉴로 추가되지만 플러그인마다 설정 메뉴의 위치가 다를 수 있습니다. 어떤 경우는 '도구' 메뉴 안에 들어가기도 하고 어떤 경우는 '플러그인' 메뉴에 들어가기도 합니다. 플러그인마다 제각각이기 때문에 플러그인의 설정 메뉴를 찾을 수 없을 때는 사이트에 설치된 플러그인 목록에서 플러그인의 '설정' 또는 'Settings' 바로 가기 버튼을 이용하는 게 좋습니다.

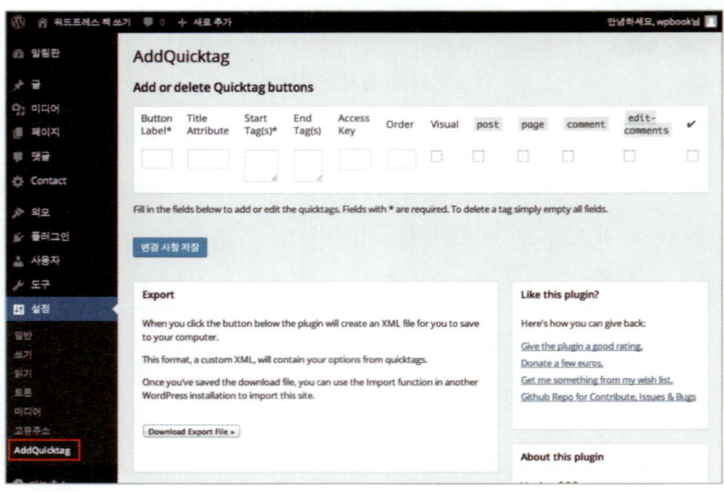

▲ AddQuicktag 플러그인의 설정 메뉴

Contact Form 7 플러그인처럼 주 관리 메뉴의 최상위 메뉴로 추가되는 경우도 있습니다.

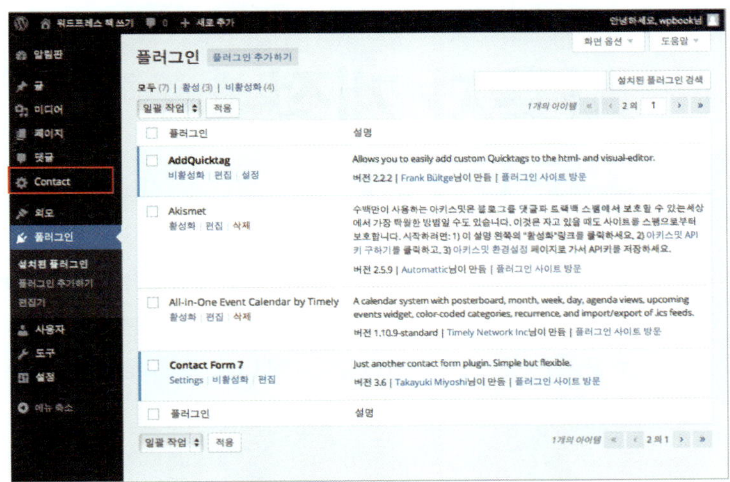

▲ Contact Form 7 플러그인의 설정 메뉴

워드프레스를 효과적으로 사용하려면 특히 플러그인을 잘 관리해야 합니다. 사용하는 플러그인의 숫자가 늘어날수록 웹사이트의 속도가 느려질 수 있습니다. 사용하는 플러그인 수를 적절히 조절하고 플러그인을 추가하는데 신중을 기하는 것이 워드프레스를 오랫동안 안전하게 관리하는 방법입니다.

사용자 계정 관리하기

워드프레스의 사용자 계정은 5단계로 역할을 구분할 수 있기 때문에 사이트의 성격에 맞게 공동 관리, 공동 저작 환경을 만들 수 있고 관리, 편집, 저작 등의 역할을 사용자 별로 분담할 수도 있습니다. 1인 블로그부터 웹진까지 다양한 사용자 환경을 만들 수 있는 계정 관리 방법에 대해서 알아보겠습니다.

01 기본 5가지 사용자 권한

워드프레스는 '관리자(Administrator)', '편집자(Editor)', '글쓴이(Author)', '기여자(Contributor)', '구독자(Subscriber)'의 기본 5가지로 사용자 역할을 구분할 수 있습니다. 사용자 역할에 따라 관리 권한에 차이가 있는데 다음의 표와 같습니다.

[참고]

표에서 'Super Admin'은 멀티사이트로 운영할 경우의 전체 네트워크 관리자를 의미하며 일반 단일 워드프레스 사이트에서는 사용할 수 없습니다.

TIP

사용자 역할을 편집할 수 있게 해주는 플러그인, User Role Editor

User Role Editor라는 플러그인을 이용하면 워드프레스의 사용자 역할을 편집할 수도 있습니다.
단, 대부분의 기본 설정을 유지할 것을 권장합니다.

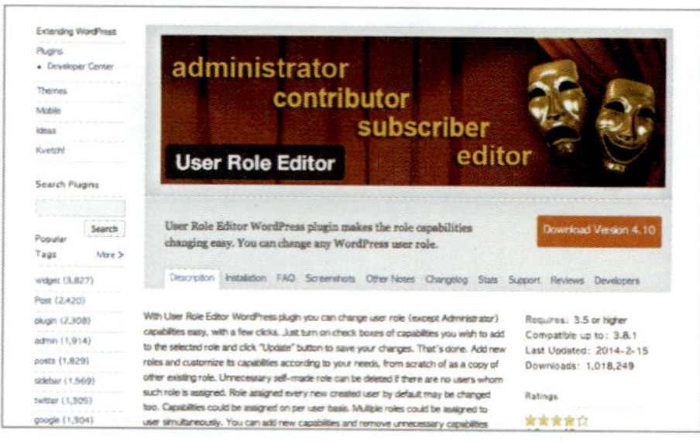

▲ User Role Editor 플러그인

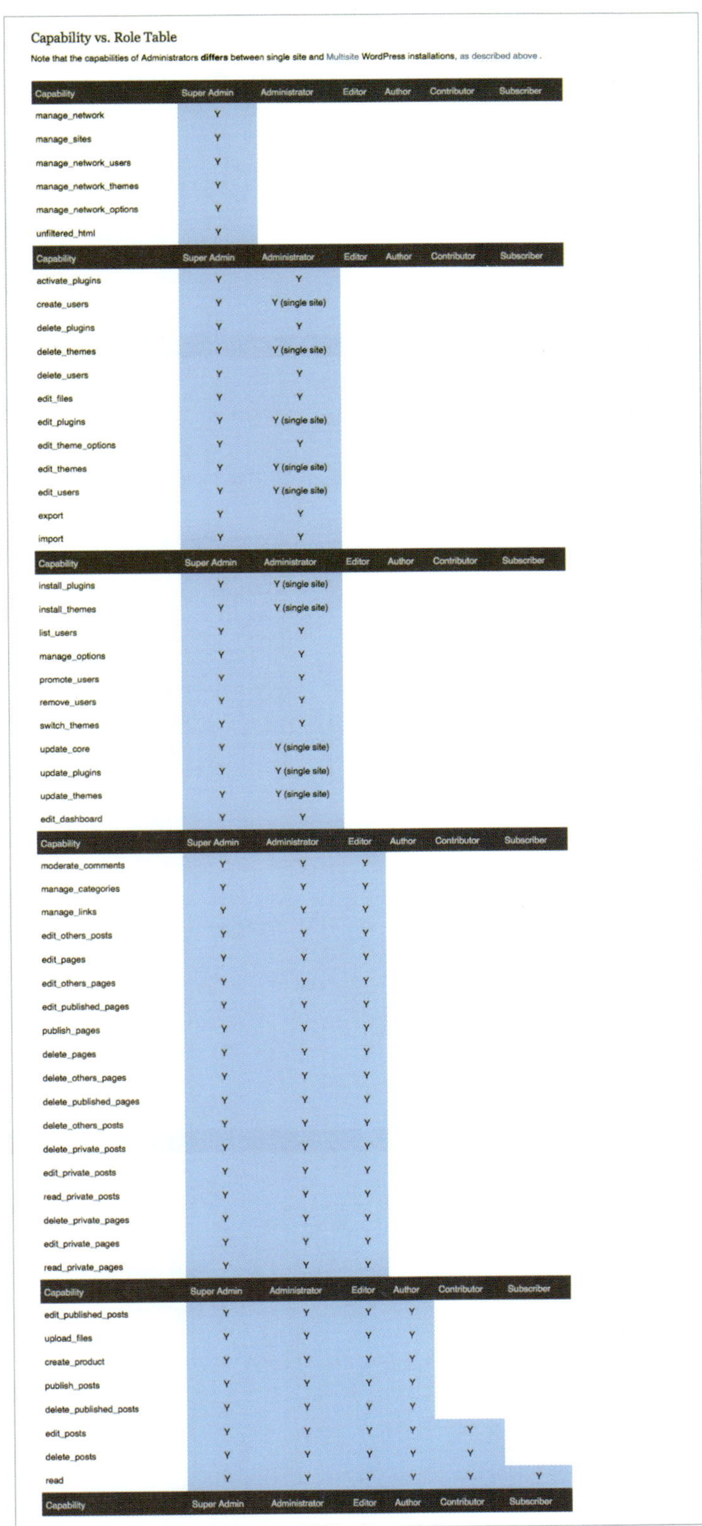

Capability vs. Role Table

Note that the capabilities of Administrators **differs** between single site and Multisite WordPress installations, as described above .

Capability	Super Admin	Administrator	Editor	Author	Contributor	Subscriber
manage_network	Y					
manage_sites	Y					
manage_network_users	Y					
manage_network_themes	Y					
manage_network_options	Y					
unfiltered_html	Y					
Capability	Super Admin	Administrator	Editor	Author	Contributor	Subscriber
activate_plugins	Y	Y				
create_users	Y	Y (single site)				
delete_plugins	Y	Y				
delete_themes	Y	Y (single site)				
delete_users	Y	Y				
edit_files	Y	Y				
edit_plugins	Y	Y (single site)				
edit_theme_options	Y	Y				
edit_themes	Y	Y (single site)				
edit_users	Y	Y (single site)				
export	Y	Y				
import	Y	Y				
Capability	Super Admin	Administrator	Editor	Author	Contributor	Subscriber
install_plugins	Y	Y (single site)				
install_themes	Y	Y (single site)				
list_users	Y	Y				
manage_options	Y	Y				
promote_users	Y	Y				
remove_users	Y	Y				
switch_themes	Y	Y				
update_core	Y	Y (single site)				
update_plugins	Y	Y (single site)				
update_themes	Y	Y (single site)				
edit_dashboard	Y	Y				
Capability	Super Admin	Administrator	Editor	Author	Contributor	Subscriber
moderate_comments	Y	Y	Y			
manage_categories	Y	Y	Y			
manage_links	Y	Y	Y			
edit_others_posts	Y	Y	Y			
edit_pages	Y	Y	Y			
edit_others_pages	Y	Y	Y			
edit_published_pages	Y	Y	Y			
publish_pages	Y	Y	Y			
delete_pages	Y	Y	Y			
delete_others_pages	Y	Y	Y			
delete_published_pages	Y	Y	Y			
delete_others_posts	Y	Y	Y			
delete_private_posts	Y	Y	Y			
edit_private_posts	Y	Y	Y			
read_private_posts	Y	Y	Y			
delete_private_pages	Y	Y	Y			
edit_private_pages	Y	Y	Y			
read_private_pages	Y	Y	Y			
Capability	Super Admin	Administrator	Editor	Author	Contributor	Subscriber
edit_published_posts	Y	Y	Y	Y		
upload_files	Y	Y	Y	Y		
create_product	Y	Y	Y	Y		
publish_posts	Y	Y	Y	Y		
delete_published_posts	Y	Y	Y	Y		
edit_posts	Y	Y	Y	Y	Y	
delete_posts	Y	Y	Y	Y	Y	
read	Y	Y	Y	Y	Y	Y
Capability	Super Admin	Administrator	Editor	Author	Contributor	Subscriber

▲ 사용자 역할에 따른 관리 권한.

출처: http://codex.wordpress.org/Roles_and_Capabilities

워드프레스를 처음 설치할 때는 관리자 계정 하나로 시작하는데 역할을 구분해 여러 개의 계정을 만들어 운영할 수도 있습니다. 관리자는 사이트의 모든 콘텐츠와 설정을 변경할 수 있고, 편집자는 사이트의 설정을 변경할 수는 없지만 등록된 모든 콘텐츠에 대해 편집 권한을 갖습니다. 다음 그림은 편집자 권한으로 로그인한 관리 화면입니다. 주 관리 메뉴에서 '외모', '플러그인', '사용자', '설정' 메뉴가 빠진 것을 볼 수 있습니다.

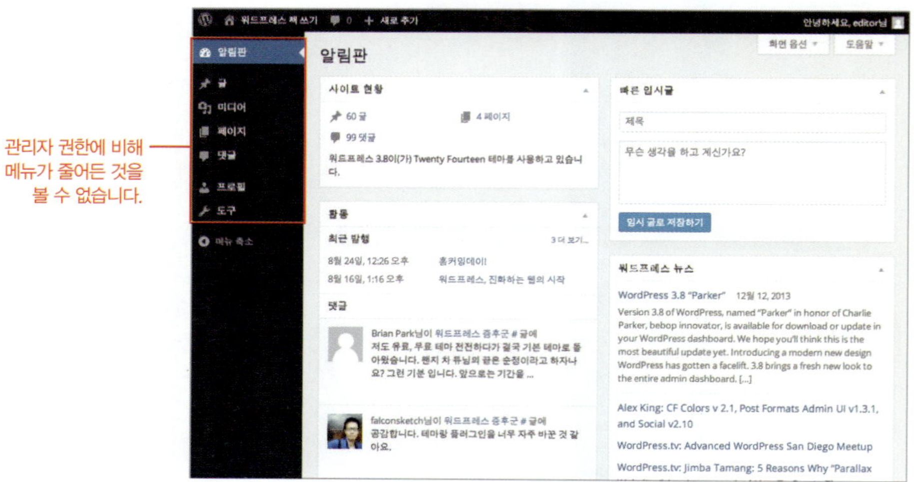

▲ 편집자 계정의 관리 화면

편집자가 사이트에 등록된 모든 콘텐츠를 열람, 편집할 수 있는 반면 글쓴이 계정에서는 해당 계정으로 작성된 글에 한해서만 편집이 가능합니다. 글(Post)은 작성, 편집할 수 있지만 페이지(Page)에는 접근할 수 없습니다.

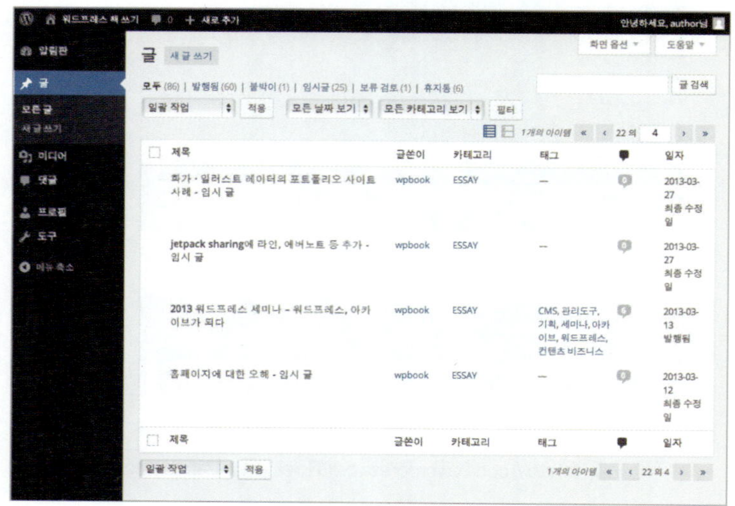

▲ 글쓴이 계정의 관리 화면

기여자는 관리 메뉴에서 프로필 변경만 가능한 구독자 권한에 비해 댓글을 관리할 수 있고 미디어를 포함하지 않은 글을 작성할 수 있습니다. 단, 작성한 글을 발행할 수 없고 발행된 글을 편집할 수도 없습니다. 기여자가 작성한 글은 편집자 또는 관리자를 통해서 편집, 발행됩니다.

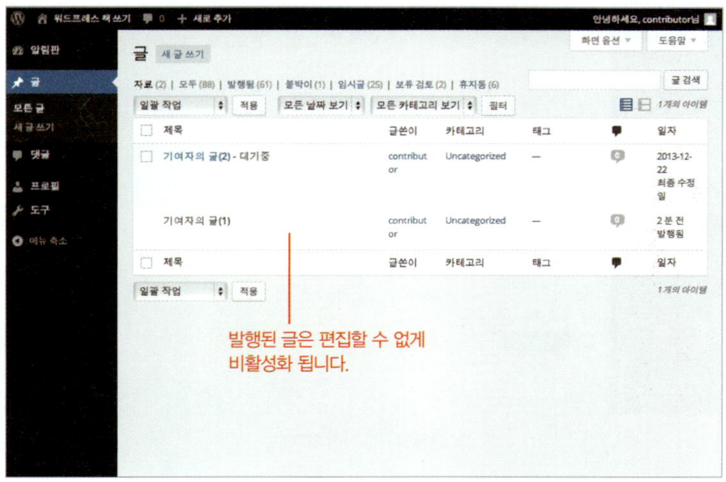

▲ 기여자 계정의 관리 화면

02 새로운 사용자 계정 만들기

처음에는 관리자 계정 하나로 시작합니다. 하지만 워드프레스는 필요에 따라 사용자를 여러 명으로 늘릴 수 있고 그 수에 제한이 없습니다. 관리자, 편집자, 글쓴이, 기여자, 구독자로 계정의 권한을 구분하기 때문에 계정별로 역할을 나눌 수 있고 공동 운영, 공동 집필이 가능합니다. 새로운 사용자 계정을 만드는 방법을 알아보겠습니다.

사용자 관리 메뉴에 포함된 '사용자 추가하기' 메뉴로 이동합니다. 사용자명(아이디), 이메일 주소, 비밀번호, 이름, 웹사이트, 사용자 역할 등을 입력합니다. 사용자명, 이메일, 비밀번호, 사용자 역할은 필수 입력 사항이고, 사용자 역할은 따로 선택하지 않을 경우 기본 설정값을 따릅니다. 워드프레스 설치 초기 설정에서는 사용자 역할이 구독자로 기본 설정되어 있는데 설정 관리 메뉴의 '일반'에서 변경할 수 있습니다.

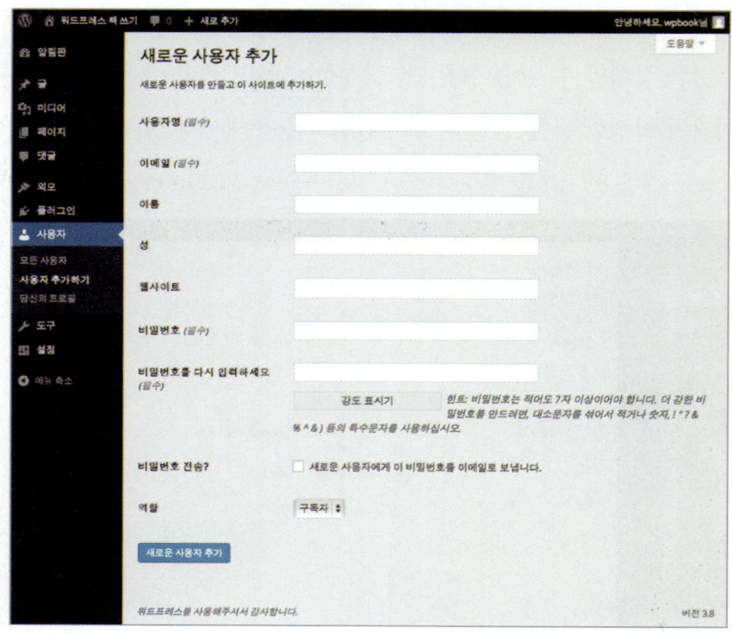

▲ '사용자 추가하기' 메뉴

사용자 추가 방법을 알아보겠습니다.

1. 사용자명을 입력합니다. 사용자명은 로그인시 사용하는 아이디이며 대소문자를 구분합니다.
2. 이름, 성, 웹사이트을 입력합니다. 계정을 만든 후에 프로필을 작성할 때 입력해도 됩니다.
3. 비밀번호를 입력하면 아래 '강도 표시기'가 안정성을 확인해 알려줍니다. 최소 7자 이상으로 대소문자를 섞어서 만들거나 숫자, 특수문자를 사용하면 보안을 강화할 수 있다고 안내하고 있는데 이를 참고해 비밀번호를 만듭니다.

TIP

> 비밀번호가 꼭 7자 이상이어야 하는 것은 아닙니다. 권장 사항일뿐 그보다 짧아도 비밀번호로 사용할 수 있습니다

4. '새로운 사용자에게 이 비밀번호를 이메일로 보냅니다.'라고 쓰여있는 비밀번호 전송 옵션을 선택하면 입력한 이메일 주소로 비밀번호가 전송됩니다. 사용자에게 알리려면 이 옵션을 선택합니다.
5. 사이트에서의 관리 및 편집 권한을 정합니다.
6. [새로운 사용자 추가] 버튼을 클릭합니다.

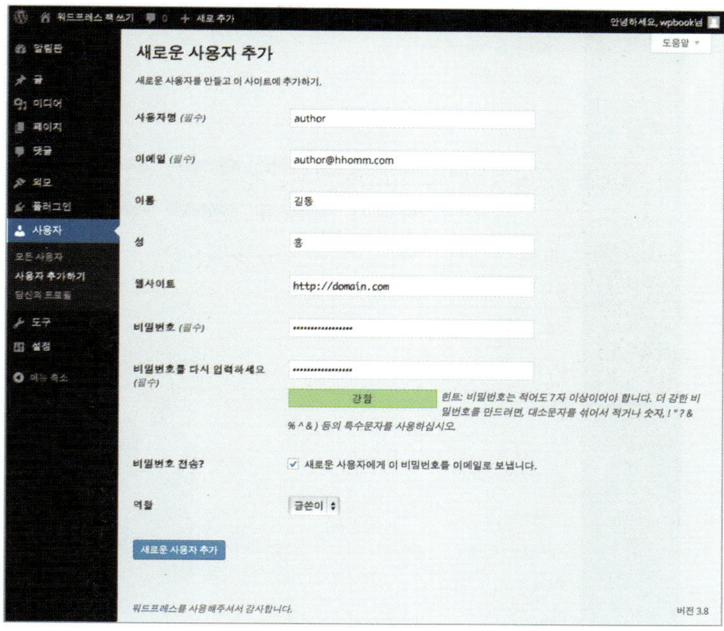

▲ '사용자 추가하기' 메뉴에서 사용자 정보를 모두 입력한 상태

03 프로필 작성 및 편집

계정을 만든 후에는 좀 더 구체적인 개인 정보를 입력할 수 있습니다. 웹사이트나 테마의 특성에 따라 각 계정의 프로필을 표시하는 경우도 있습니다. 예를 들어, 웹진과 같은 미디어에서는 글을 작성한 기자 또는 저자를 글과 함께 표시할 수 있는데 이럴 때 사용자 프로필을 이용하기도 합니다.

사용자 관리 메뉴에서 '당신의 프로필'을 클릭하거나 고정 관리 메뉴에서 '내 프로필 편집'을 클릭하면 현재 로그인한 계정의 프로필 편집 메뉴로 이동합니다. 관리자 계정으로 다른 계정의 정보를 수정하려면 '모든 사용자' 메뉴에서 해당 계정의 편집 메뉴를 클릭, '사용자 편집' 메뉴로 이동합니다. 프로필 편집 메뉴는 다음 그림과 같이 구성되어 있습니다. 프로필뿐만 아니라 관리 환경을 설정하는 옵션도 포함되어 있는데 하나씩 살펴보겠습니다.

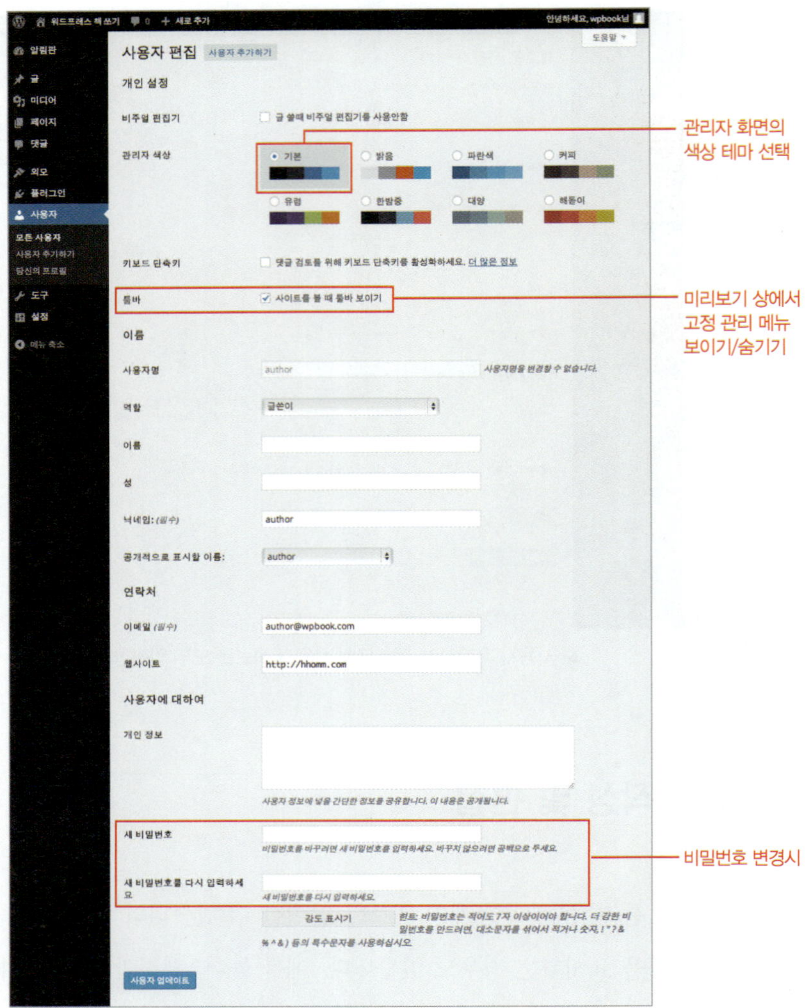

▲ '사용자 편집' 또는 '프로필' 메뉴의 구성

프로필 편집 메뉴는 크게 '개인 설정', '이름', '연락처', '자신에 대하여'로 구성되어 있습니다.

■ '개인 설정' 메뉴 편집

'개인 설정'은 관리 환경을 설정할 수 있는 옵션들을 제공합니다. '개인 설정'의 '비주얼 편집기' 옵션은 글이나 페이지, 댓글을 작성할 때 나타나는 비주얼 편집기와 툴 바를 숨길 수 있게 해줍니다. '글 쓸때 비주얼 편집기를 사용안함'이라는 체크박스를 선택하면 글, 페이지, 댓글의 편집기에서 비주얼 편집기와 툴 바가 사라집니다.

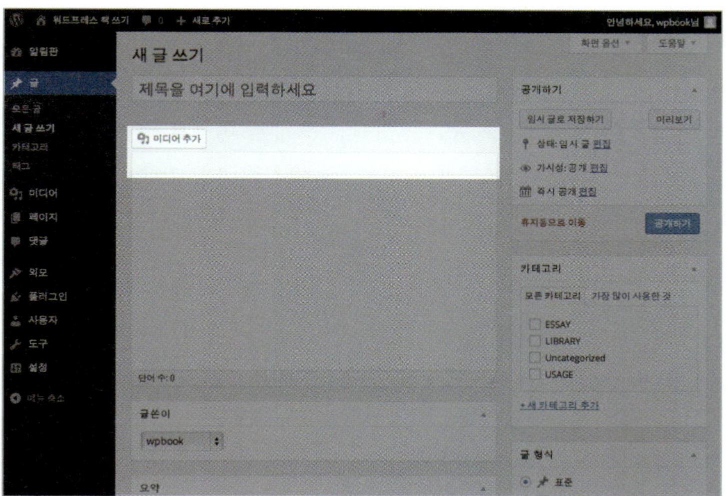

▲ '비주얼 편집기' 옵션을 통해 편집기와 툴바를 숨긴 상태

'관리자 색상'은 관리 화면의 색상 테마를 설정할 수 있는 옵션입니다. 회색과 파란색 중에서 선택할 수 있고 기본 회색으로 설정되어 있습니다. 다음 그림은 관리 화면의 색상 테마를 '해돋이'로 변경한 화면입니다.

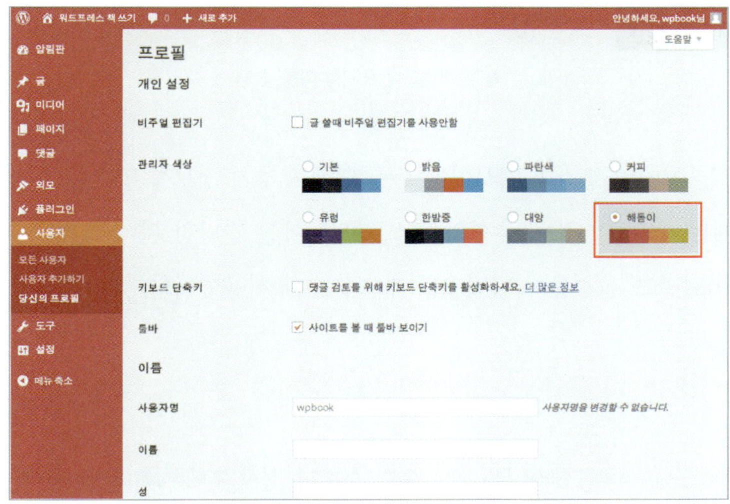

▲ 관리 화면의 색상 테마 변경

'키보드 단축키' 옵션은 댓글 관리 시 사용할 수 있는 단축키를 활성화시킵니다. '툴바' 옵션은 로그인 시 화면 상단에 자리잡는 고정 관리 메뉴를 숨길 때 사용합니다. 이 옵션을 선택하면 미리보기 화면에서 고정 관리 메뉴를 숨길 수 있습니다.

■ '이름' 메뉴 편집

'이름' 메뉴에서는 '사용자명', '이름', '성', '닉네임', '공개로 표시할 이름'을 입력합니다. '닉네임'
은 초기에 사용자명과 같게 설정되는 데 변경할 수 있습니다. '공개적으로 표시할 이름'에서는
'사용자명', '이름', '성', '닉네임' 중에서 정할 수 있습니다.

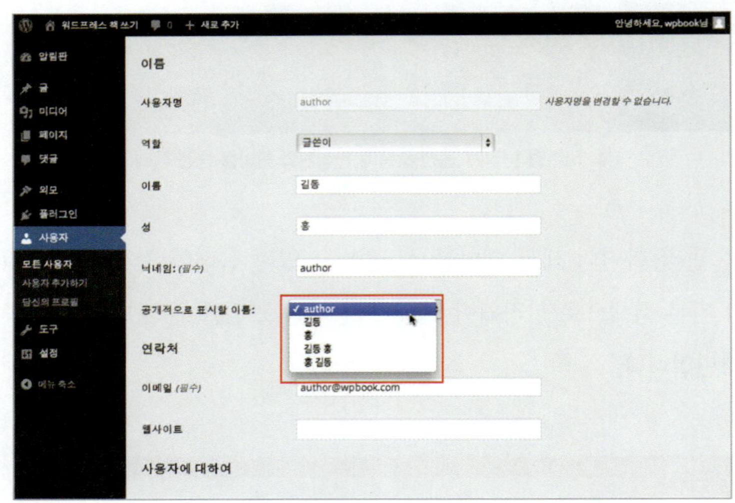

▲ '공개적으로 표시할 이름' 선택

'연락처' 메뉴에는 이메일 주소와 웹사이트 주소 외에도 추가 정보를 입력할 수 있습니다. '사용
자에 대하여' 메뉴 중 '개인 정보' 옵션의 텍스트 필드에는 간단한 자기 소개나 이력을 적을 수
있습니다. '새 비밀번호' 옵션은 비밀번호를 재설정할 때 사용합니다.

참고

프로필 정보를 모두 선택, 입력한 후에는 [사용자 업데이트]를 클릭해 내용을 저장합니다.

도구

도구 관리 메뉴는 콘텐츠 관리에 유용한 몇 가지 기능을 포함하고 있습니다. 특히 사이트에 등록된 콘텐츠를 백업하고 복원하는 기능을 가지고 있습니다. 도구 관리 메뉴에 대해서 살펴봅니다.

01 끌어오기

주 관리 메뉴의 '도구'를 클릭하면 '사용가능한 도구' 메뉴로 이동하는데 '끌어오기'와 '카테고리와 태그 변환기'에 대해서 소개하고 있습니다. '끌어오기'는 웹의 정보를 손쉽게 스크랩해서 글을 작성할 수 있게 해주는 기능인데 그 사용 방법을 알아보겠습니다.

화면에 보이는 [끌어오기] 버튼을 웹 브라우저의 북마크바에 드래그해서 옮겨 놓으면 '끌어오기'라는 이름의 북마크가 추가됩니다.

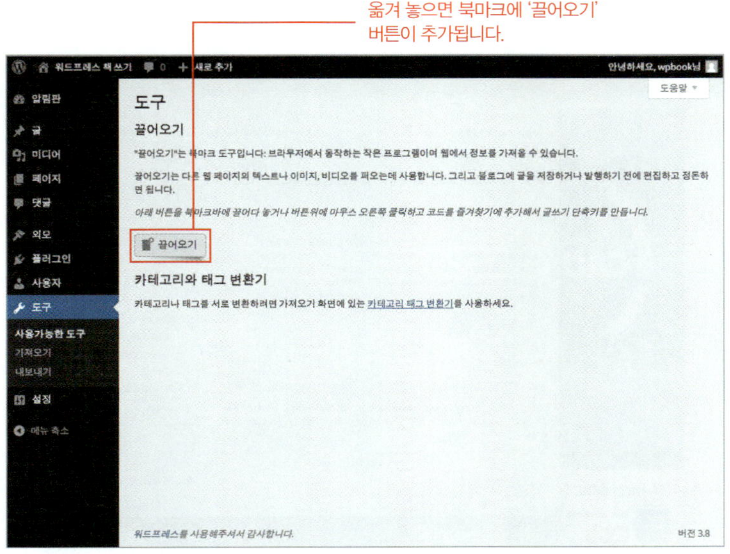

▲ '끌어오기' 북마크 추가

워드프레스 사이트에 로그인한 상태로 웹 브라우저의 새 탭 또는 새 창으로 스크랩할 웹페이지를 엽니다. 또는 웹 서핑 중에 스크랩할 내용이 나타나면 그때 '끌어오기' 기능을 사용할 수도 있습니다. 스크랩할 내용을 발견하면 브라우저의 북마크 바에 추가한 '끌어오기'를 클릭합니다.

다음 그림처럼 새 창에 해당 웹페이지의 제목과 링크(출처)가 입력된 글 쓰기 화면이 나타납니다. 이미지나 영상 중심의 웹페이지를 스크랩하는 경우 글 쓰기 창에 미디어 삽입 메뉴가 추가로 나타납니다.

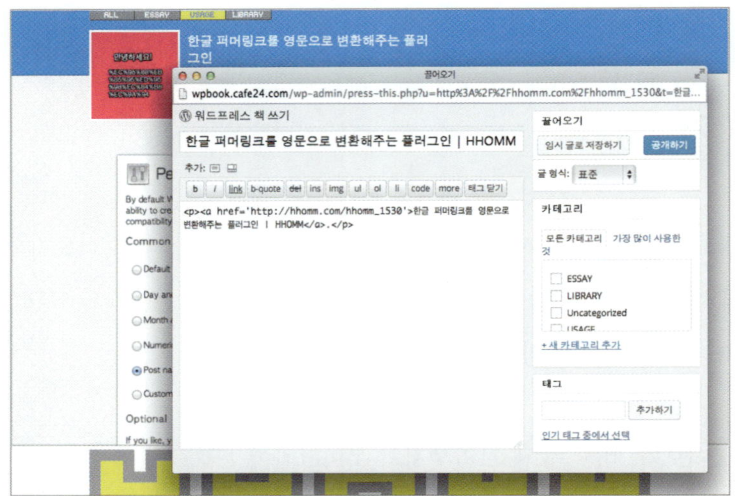

▲ 스크랩할 웹페이지에서 북마크바의 '끌어오기'를 클릭한 화면(1) - 텍스트

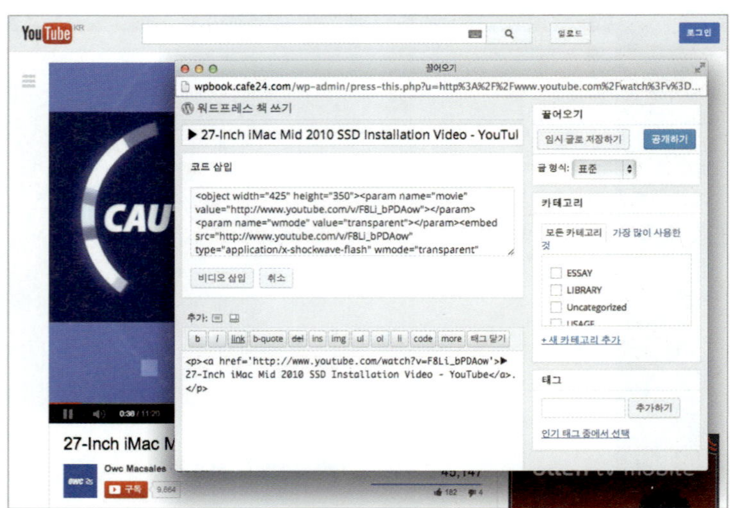

▲ 스크랩할 웹페이지에서 북마크바의 '끌어오기'를 클릭한 화면(2) - 영상

▲ 스크랩할 웹페이지에서 북마크바의 '끌어오기'를 클릭한 화면(3) – 사진

스크랩된 내용의 제목, 본문, 미디어 등을 정리해 임시 글로 저장하거나 발행합니다.

[참고]

'끌어오기' 도구를 활용하면 전 세계 웹에 퍼져있는 정보들을 손쉽게 스크랩해 웹사이트에 정리할 수 있습니다. 하지만 이런 기능은 어디까지나 기술적인 차원의 편의를 제공할 뿐 점점 민감하고 중요한 사안으로 대두되고 있는 저작권 문제 자체를 해결해주지는 못한다는 점은 잊지 말아야 합니다.

02 카테고리와 태그 변환기

'카테고리와 태그 변환기'는 사이트에 등록된 카테고리를 태그로, 태그를 카테고리로 변환시켜주는 기능입니다. '카테고리와 태그 변환기'의 사용 방법을 알아보겠습니다.

'카테고리나 태그를 서로 변환하려면 가져오기 화면에 있는 카테고리 태그 변환기를 사용하세요.'라는 설명이 있는데 이 설명 중 '카테고리 태그 변환기' 부분의 링크를 클릭하면 '가져오기' 메뉴로 이동합니다. '가져오기' 메뉴에는 콘텐츠를 변환시켜주는 확장 도구들이 모여 있는데 이 중 '카테고리와 태그 변환기'를 클릭합니다.

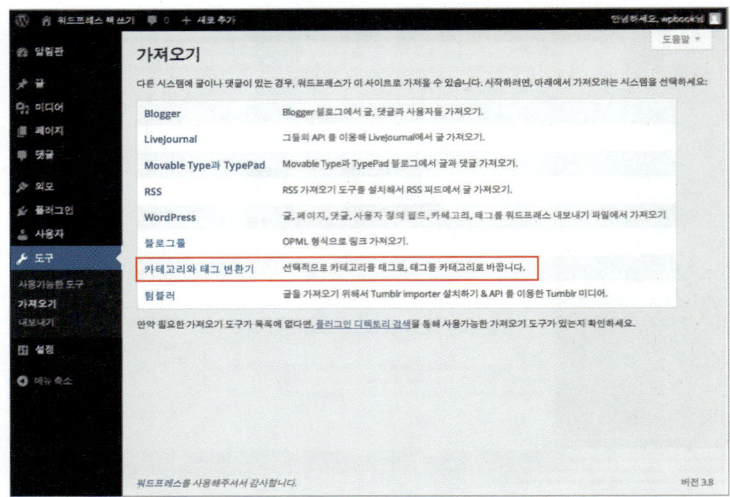

▲ '가져오기' 메뉴

나타나는 플러그인 정보창에서 [지금 설치하기]를 클릭합니다. '카테고리와 태그 변환기' 기능을 사용하려면 플러그인을 설치해야 하는데 [지금 설치하기]를 클릭하면 'Categories to Tags Converter'라는 플러그인이 설치됩니다. 플러그인 자동 설치가 어려울 때는 WordPress.org 플러그인 디렉토리에서 'Categories to Tags Converter'라는 이름의 플러그인을 내려받아 FTP 또는 관리 메뉴의 업로드 기능을 이용해 설치합니다.

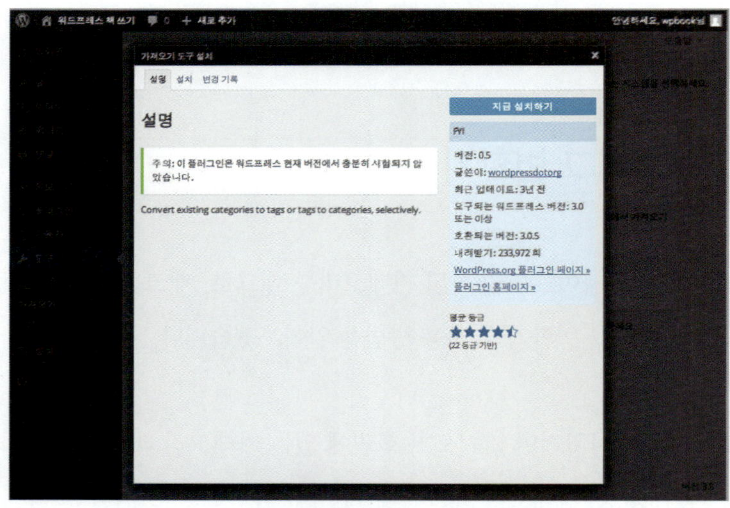

▲ 관련 플러그인 설치

플러그인을 설치하면 다음 그림과 같은 화면이 나타나는데 '플러그인을 활성화 & 가져오기 도구 실행'을 클릭합니다. FTP를 이용해 설치한 경우에는 플러그 관리 메뉴에서 설치한 플러그인을 활성화시키고 도구 관리 메뉴의 '가져오기' 메뉴로 이동해 목록에서 'Categories and Tags Converter'를 클릭합니다.

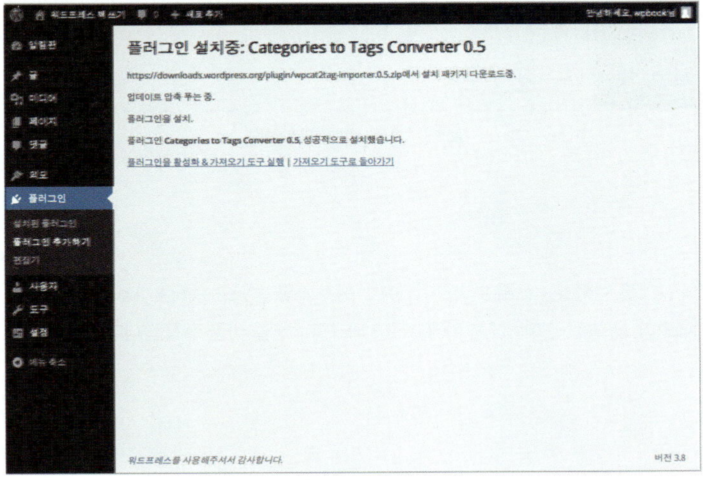

▲ 플러그인 설치 완료

'카테고리와 태그 변환기(Categories and Tags Converter)'를 볼 수 있습니다. 기본 화면은 카테고리를 태그로 변환하는 메뉴로 되어 있습니다. 태그로 변환할 카테고리를 선택한 후, 하단의 [Convert Categories to Tags]를 클릭합니다. 태그를 카테고리로 변환하려면 화면 상단의 [Tags to Categories]를 클릭해 메뉴를 전환합니다. 다음은 카테고리를 태그로 변환하는 메뉴와 태그를 카테고리로 변환하는 메뉴입니다.

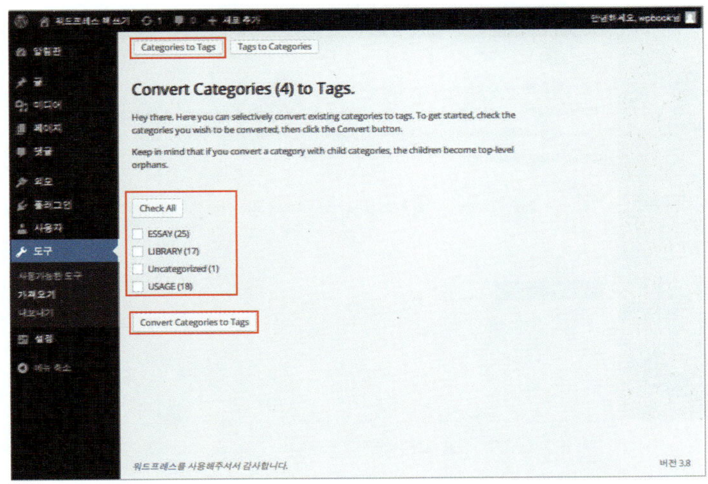

▲ 카테고리를 태그로 변환

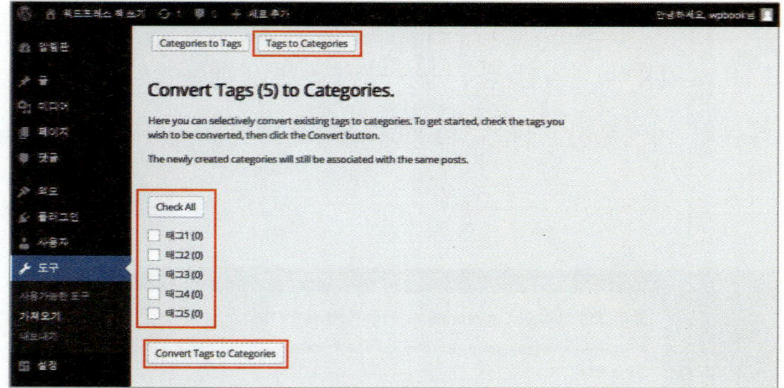

▲ 태그를 카테고리로 변환

카테고리와 태그를 변환하는 플러그인은 이외에도 여러 종류가 있고 Simple Taxonomy 같은 플러그인을 사용하면 카테고리, 태그 관리 메뉴에서 카테고리나 태그의 속성을 바꿀 수 있습니다.

03 내보내기

도구 관리 메뉴의 '내보내기'를 이용하면 워드프레스 사이트에 등록된 콘텐츠를 백업할 수 있습니다. 글, 페이지, 카테고리, 태그, 댓글, 사용자 정의 필드, 네비게이션 메뉴 등의 정보를 XML 형식의 파일로 저장, 내려받을 수 있습니다. 기본적으로 글과 페이지를 선택적으로 백업할 수 있고 등록된 콘텐츠를 모두 내려받을 수도 있습니다.

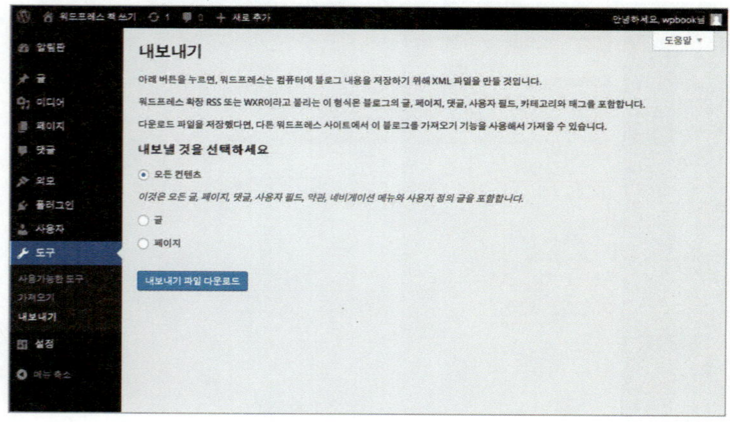

▲ '내보내기' 메뉴(1)

글과 페이지 외에 플러그인이나 테마를 통해 만들어지는 포스트 형식(Custom Post Type)도 백업할 수 있습니다. 다음 그림을 보면 글과 페이지 외에 'Contact Forms', '피드백', 'Website' 3가지 형식이 더 추가된 것을 볼 수 있습니다. 테마나 플러그인을 통해 추가된 형식들이고 이렇게 추가된 형식으로 작성된 콘텐츠를 모두 백업할 수 있습니다.

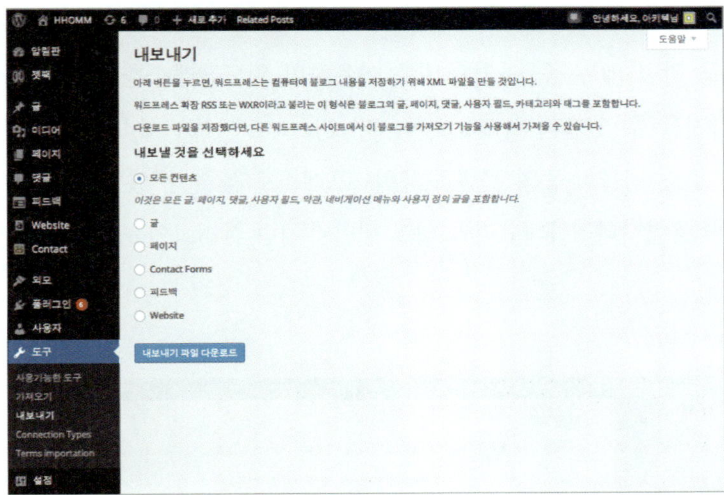

▲ '내보내기' 메뉴(2)

선택적으로 일부만 저장할 경우는 글이나 페이지의 콘텐츠 형식을 선택하고 카테고리, 글쓴이, 작성일자, 상태 별로 백업할 콘텐츠의 범위를 설정할 수도 있습니다.

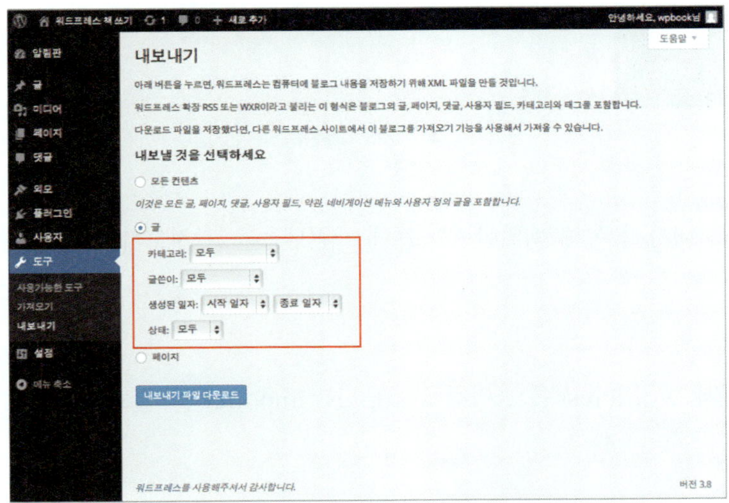

▲ 선택적으로 부분 내보내기가 가능합니다.

백업할 콘텐츠 형식을 선택한 후에 [내보내기 파일 다운로드]를 클릭하면 XML 형식의 파일이 다운로드 됩니다.

04 가져오기

워드프레스의 도구 관리 메뉴 중 '가져오기'를 이용하면 워드프레스를 포함한 타 서비스나 플랫폼의 콘텐츠를 가져올 수 있습니다. Blogger, LiveJournal, Movable Type, TypePad, RSS, WordPress, 블로그롤, 텀블러 등의 콘텐츠를 워드프레스로 옮길 수 있는데 각 서비스나 플랫폼에 맞는 플러그인을 이용합니다. '카테고리와 태그 변환기'처럼 플러그인을 통해 사용할 수 있는 기능들이기 때문입니다.

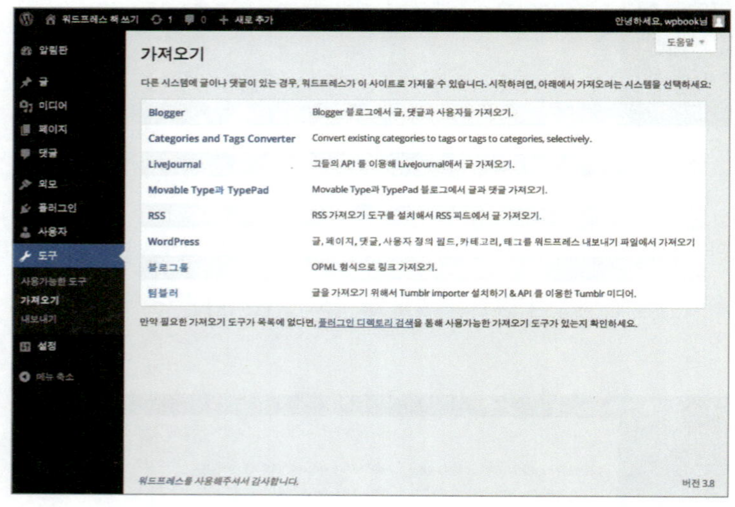

▲ '가져오기' 메뉴

워드프레스의 '내보내기'를 통해 백업한 워드프레스 콘텐츠를 '가져오기'로 복원, 이전하는 방법을 알아보겠습니다.

'가져오기' 메뉴에서 'WordPress'를 클릭해 wordpress Importer 플러그인을 설치합니다.

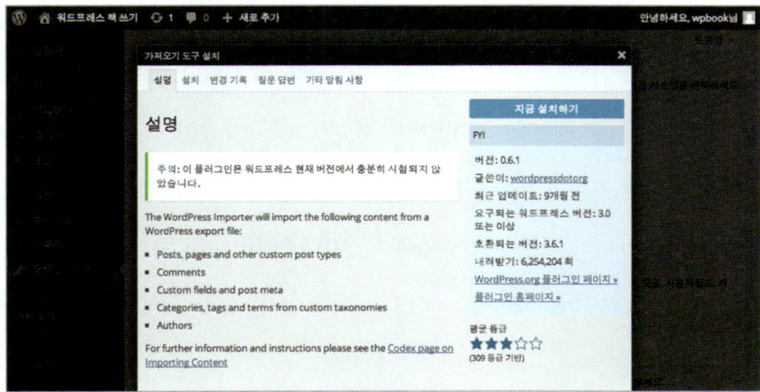

▲ wordpress Importer 플러그인의 정보창

플러그인의 설치가 완료되면 '플러그인을 활성화 & 가져오기 도구 실행'을 클릭합니다. 플러그인이 활성화되고 자동으로 가져오기 도구 메뉴로 이동합니다.

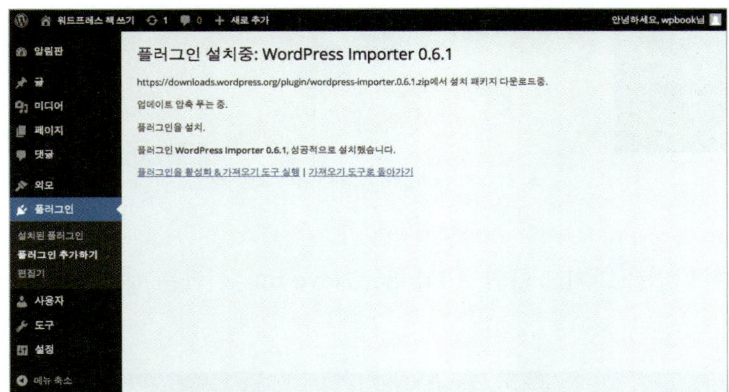

▲ wordpress Importer 플러그인 설치

백업한 파일(XML)을 선택하고 [파일 업로드 후 가져오기]를 클릭합니다.

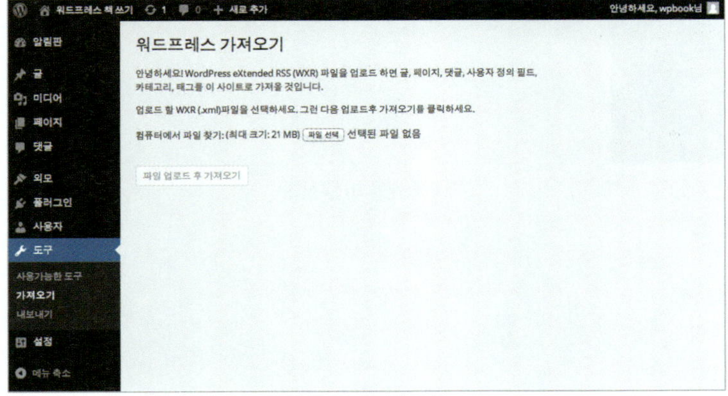

▲ 'Import wordpress' 메뉴

복원에 관한 옵션이 나타납니다. 복원할 콘텐츠의 글쓴이를 대체할 수 있는데 현재 사이트에 등록된 계정 중에서 선택하거나 새로운 계정을 만들어 지정할 수 있습니다. 복원할 콘텐츠의 글쓴이가 여러 명일 경우, 각각을 대체할 계정을 지정할 수 있습니다. 대체할 계정을 선택, 입력하지 않으면 원본 사이트의 글쓴이와 같은 이름으로 계정이 자동 생성되어 콘텐츠의 글쓴이까지 복원됩니다. Import Attachments는 글이나 페이지 등에 첨부된 미디어 파일을 함께 복원할지 선택하는 옵션입니다. 'Download and import file attachments'에 체크하면 첨부 파일도 함께 복원합니다.

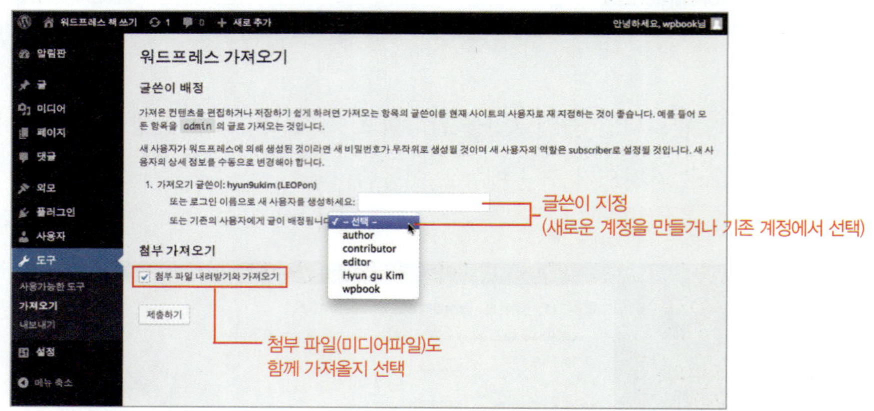

▲ 'Import wordpress'의 데이터 복원 옵션

워드프레스가 복원 작업을 마치고 나면 'All done. Have fun!'이라는 메시지가 나타납니다.

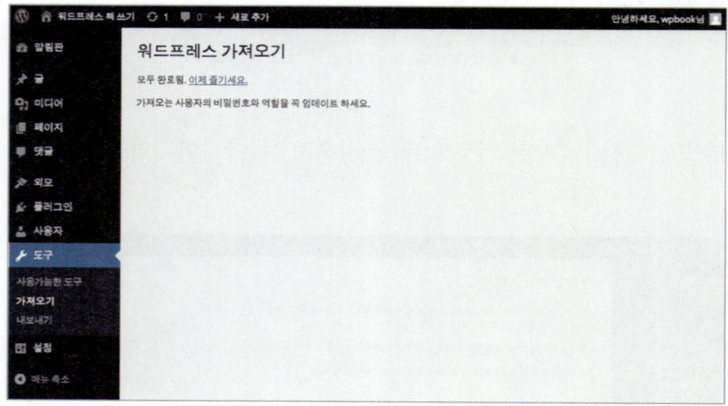

▲ 복원을 마친 상태

05 티스토리/텍스트 큐브 콘텐츠 가져오기

티스토리 콘텐츠를 가져오는 방법을 살펴보겠습니다.

티스토리 관리 메뉴로 들어갑니다. '환경설정〉데이터 관리'를 열고 '데이터 백업' 메뉴 안의 [확인] 버튼을 클릭해 티스토리의 데이터를 백업 받습니다. XML 형식의 백업 파일을 내려 받습니다.

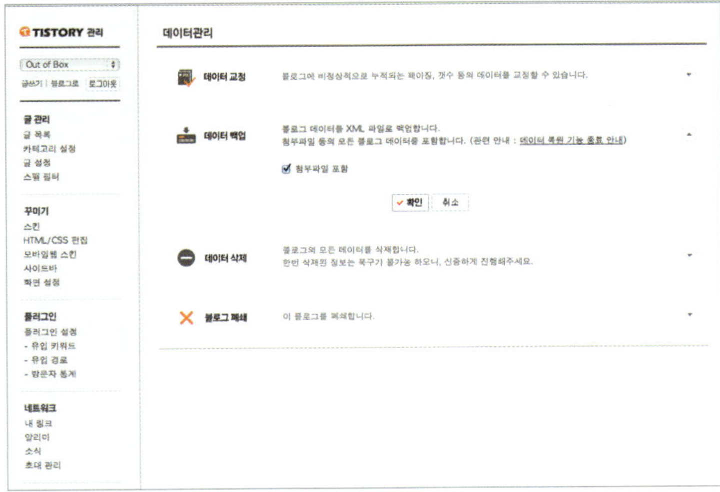

▲ 티스토리 관리 메뉴에서 데이터를 백업

워드프레스 사이트에 'TTXML Importer'라는 플러그인을 설치한 후 플러그인을 활성화시킵니다.

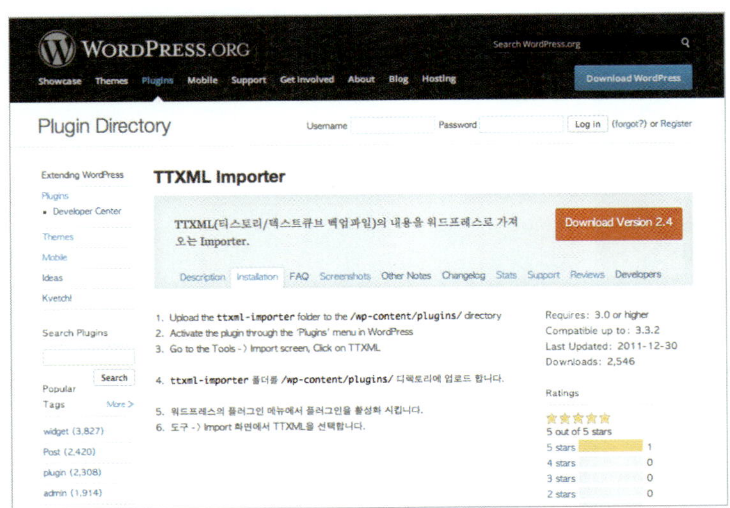

▲ 티스토리 및 텍스트큐브의 백업 파일을 복원할 수 있게 해주는 TTXML Importer 플러그인

도구 관리 메뉴의 '가져오기'로 이동합니다. 도구 목록에 'TTXML'이 추가된 것을 확인할 수 있습니다. 'TTXML'을 클릭해 'Import TTXML' 메뉴로 이동합니다.

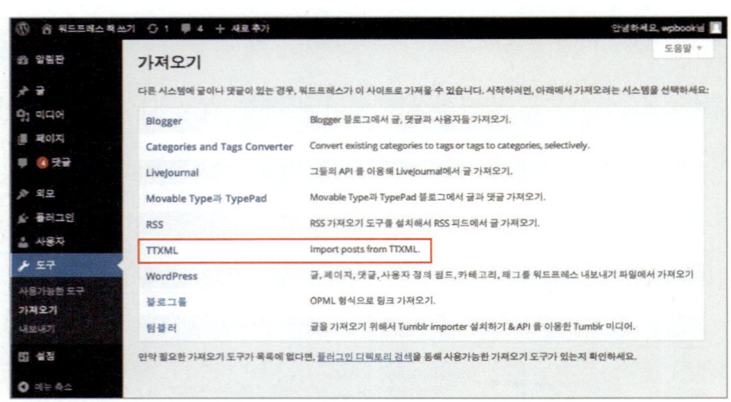

▲ '가져오기' 메뉴의 도구 목록에 추가된 'TTXML'

'Import TTXML'은 '업로드 방식'과 '주소입력 방식' 2가지 방식으로 콘텐츠를 복원할 수 있는데 백업 파일의 용량이 32MB 이하일 때는 '업로드 방식'을 이용할 수 있고 용량이 그 이상일 때는 '주소입력 방식'을 이용합니다. '업로드 방식'의 경우, [파일 선택] 버튼을 클릭하여 탐색창에서 백업 파일을 선택한 후 [파일 업로드 후 가져오기]를 클릭합니다. '주소입력 방식'으로 복원할 경우, 백업 파일을 FTP를 이용해 호스팅 서버에 업로드하고 파일의 경로를 입력한 후, [제출]을 클릭합니다.

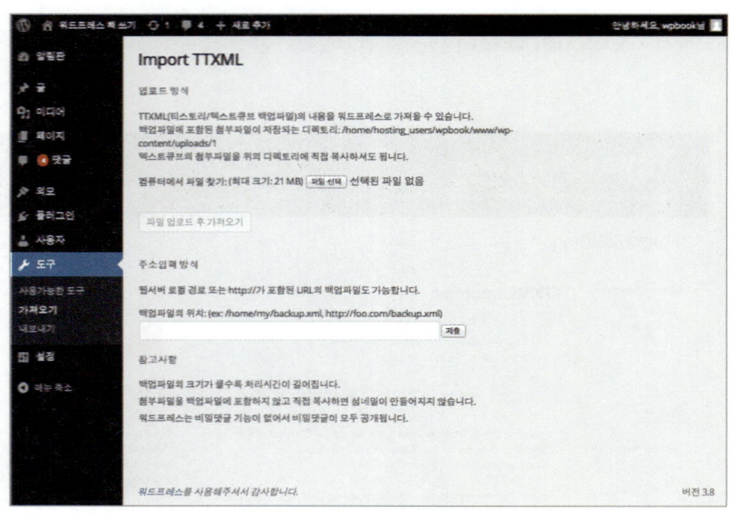

▲ 'Import TTXML' 메뉴

백업 파일에 담긴 콘텐츠가 정상적으로 복원되면 다음 그림과 같이 'All done. Have fun!'이라는 메시지가 나타납니다.

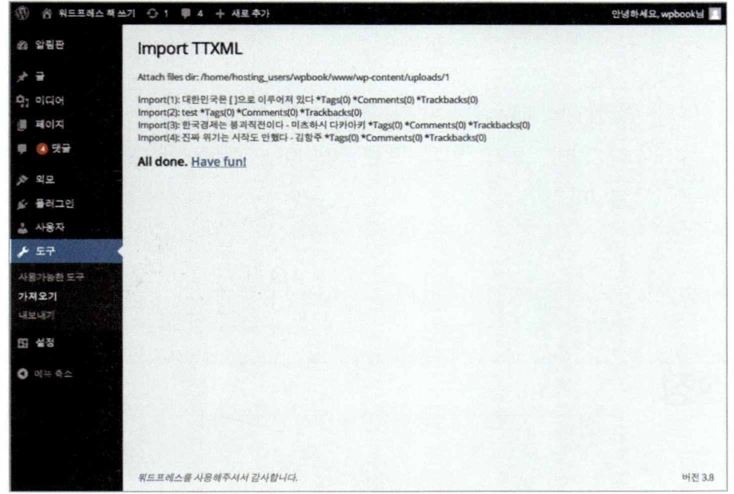

▲ 'Import TTXML'을 이용해 복원을 마친 화면

[참 고]

| 티스토리/텍스트 큐브의 데이터 이전 시 주의 사항 |

❶ 워드프레스에는 비밀 댓글 기능이 없기 때문에 티스토리나 텍스트 큐브 사이트에 등록된 비밀 댓글은 이전과 함께 모두 공개됩니다.

❷ 백업 파일의 용량이 클수록 복원하는 시간이 길어질 수 있습니다.

❸ 티스토리나 텍스트 큐브에서 데이터를 백업할 때 첨부 파일을 포함하지 않으면 콘텐츠를 복원할 때 썸네일이 만들어지지 않습니다.

❹ 복원 시 일부 오류가 있을 수 있습니다. 복원된 콘텐츠에 이상이 없는지 확인하는 것이 좋습니다.

사이트 설정하기

설정 관리 메뉴에는 워드프레스 사이트 운영에 필요한 기본 설정 옵션들이 모여 있습니다. '일반', '쓰기', '읽기', '토론', '미디어', '고유주소'로 구성된 '설정' 메뉴에 대해서 알아봅니다.

01 일반 설정

워드프레스를 설치하고 관리 메뉴에 접속해 가장 먼저 들러야 하는 곳이 바로 일반 설정 메뉴입니다. 사이트의 이름, URL, 시간, 날짜 및 시간 표시 방식 등을 정할 수 있습니다.

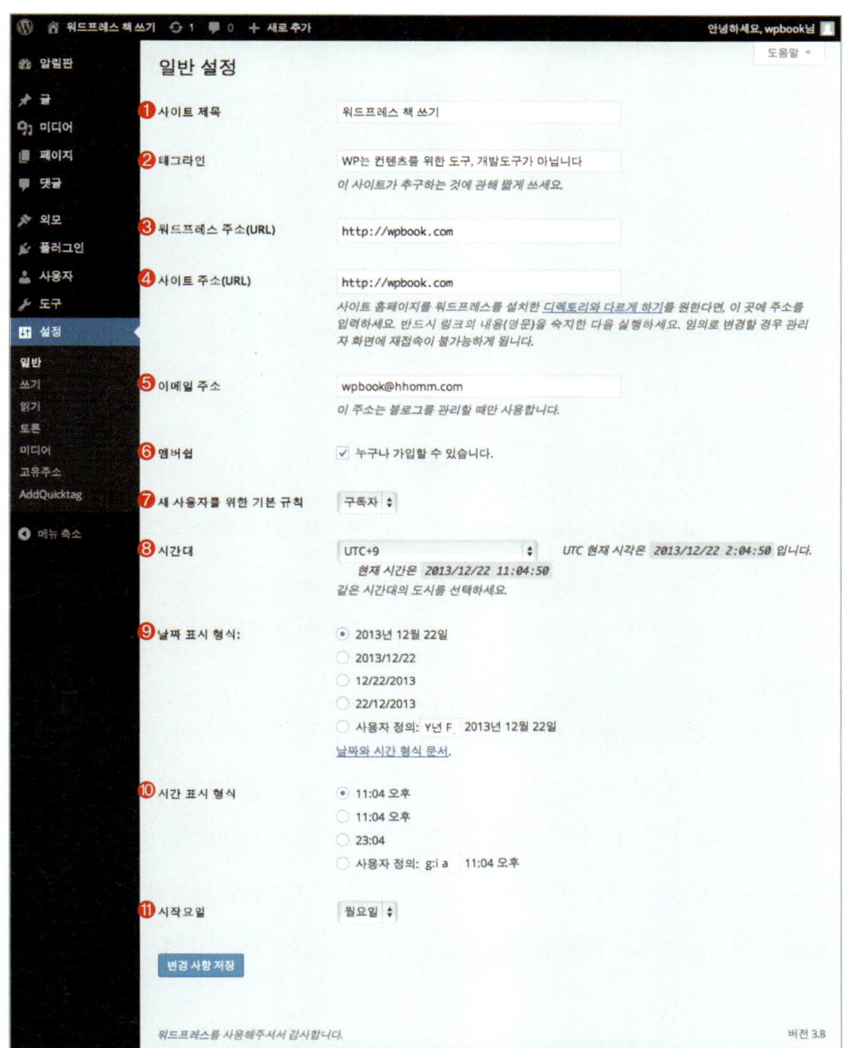

▲ 설정 관리 메뉴 중 '일반' 설정 메뉴

❶ 사이트 제목 : 워드프레스를 설치할 때 입력한 내용을 기본값으로 하며 변경할 수 있습니다.

❷ 태그라인 : 사이트에 대한 설명으로 사이트 제목과 함께 표시되는 경우가 많습니다.

❸ 워드프레스 주소(URL) : 워드프레스가 설치된 경로를 의미합니다.

❹ 사이트 주소(URL) : 웹사이트의 도메인을 의미합니다.

❺ 이메일 주소 : 사이트 대표 관리자의 이메일 주소를 의미합니다.

❻ 멤버쉽 : 이 옵션을 선택할 경우 사이트 방문자 누구나 계정을 만들 수 있습니다

▲ '멤버쉽' 옵션을 선택하면 로그인 화면에 '등록하기'가 추가됩니다.

❼ 새 사용자를 위한 기본 규칙 : 계정을 등록할 경우 기본 적용되는 사용자 역할을 설정합니다. 기본값은 '구독자'입니다.

❽ 시간대 : 워드프레스를 설치하고 가장 먼저 설정해야 할 옵션 중의 하나입니다. UTC(Universal Time Coordinated)는 협정 세계 시를 의미하는데 UTC를 기준으로 위치한 지역에 맞는 시간대를 선택합니다. 기준이 되는 UTC의 현재 시각을 보여주는데 우리(대한민국)의 경우 UTC보다 9시간 빠르기 때문에 'UTC+9'를 선택합니다. 대표 도시를 선택해 설정할 수도 있는데 '서울'이나 '도쿄'는 'UTC+9'와 같은 시간대입니다.

▲ '시간대' 설정

❾ 날짜 표시 형식 : 날짜를 표시하는 방식을 선택합니다. 사용자 정의가 가능합니다.

▲ 날짜 및 시간 표시 방식에 쓰이는 부호들.
출처: http://codex.wordpress.org/ko:Formatting_Date_and_Time

❿ 시간 표시 형식 : 시간을 표시하는 방식을 선택합니다. 사용자 정의가 가능합니다.

⓫ 시작요일 : 한 주의 시작 요일을 정합니다.

웹 호스팅 서비스에서 제공하는 워드프레스 자동 설치 경로 변경하기

웹 호스팅 서비스에 따라서는 워드프레스를 자동 설치하는 부가 서비스를 제공하기도 하는데 이런 경우 사이트 접속 URL에 '/wp'가 추가된 경로에 워드프레스가 설치되고 '워드프레스 주소(URL)'와 '사이트 주소(URL)' 모두에 '/wp'라는 경로가 추가됩니다. 예를 들어 'http://wpbook.com'이라는 주소로 웹사이트를 개설하려고 했는데 워드프레스를 자동 설치하면 'http://wpbook.com/wp'로 웹사이트를 접속합니다. 이런 경우 다음과 같은 방법으로 웹사이트의 도메인을 'http://wpbook.com'으로 바로 잡을 수 있습니다.

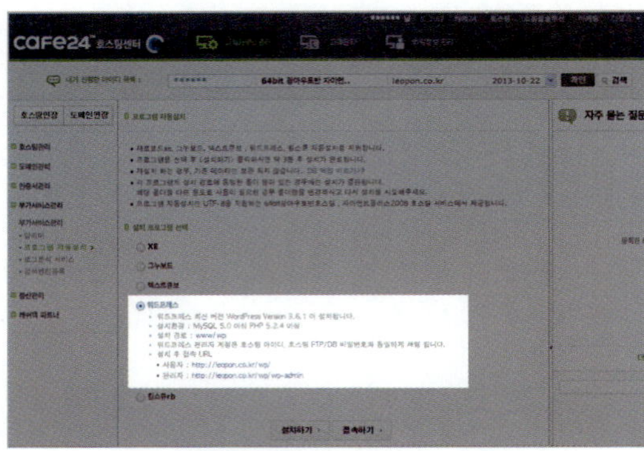

▲ 웹 호스팅 업체에서 제공하는 워드프레스 자동 설치 서비스

❶ FTP로 호스팅 서버에 접속합니다.

❷ 워드프레스가 설치된 경로에서 'index.php'라는 파일을 찾아 다운로드합니다.

❸ 다운받은 index.php 파일을 편집기로 열어 'require('./wp-blog-header.php');'라는 코드는 'require('./wp/wp-blog-header.php');'로 수정한 후 저장합니다. 수정 내용이 잘못 입력되지 않도록 주의합니다.

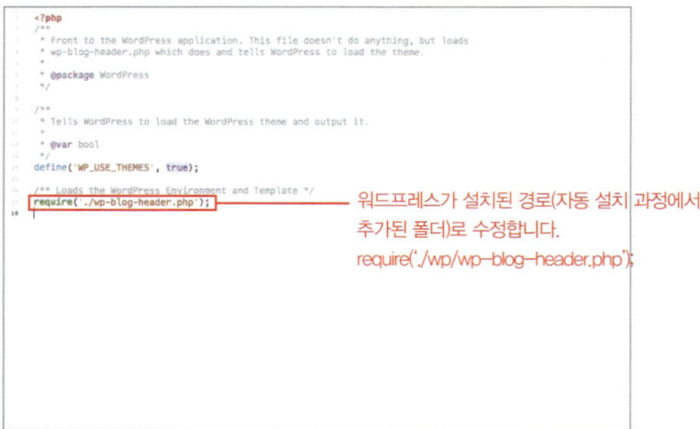

▲ index.php 파일의 일부 코드를 수정

❹ FTP로 수정한 index.php 파일을 원래 있던 [wp] 폴더 안이 아닌 밖에 업로드합니다.

❺ 워드프레스 일반 설정 메뉴에서 '워드프레스 주소(URL)'에는 '/wp'를 포함한 주소를 입력하고 '사이트 주소(URL)'에는 기본 도메인 주소를 입력한 후 [변경 사항 저장] 버튼을 클릭합니다.

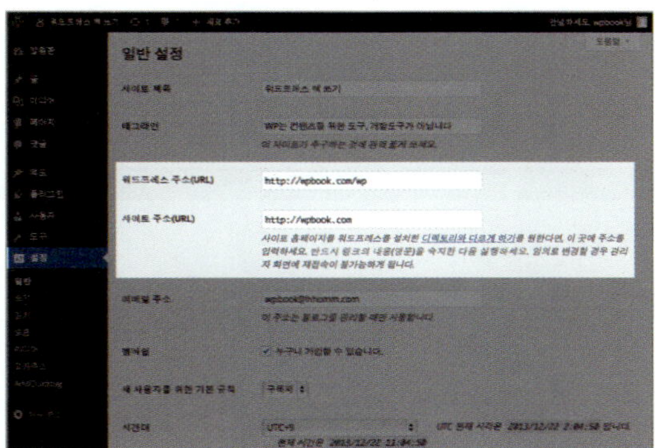

▲ 일반 설정 메뉴에서 '워드프레스 주소(URL)'와 '사이트 주소(URL)' 설정

❻ 미리보기 화면으로 이동합니다. 주소에서 '/wp'가 사라진 것을 확인할 수 있습니다. 단, 관리자 화면의 URL에는 '/wp'가 그대로 포함되어 있습니다. 또 '/wp'를 포함한 URL 미리보기도 가능합니다.

쓰기 설정 메뉴에는 콘텐츠의 작성과 관련된 설정 옵션들이 모여 있습니다. 설정 옵션들을 살펴보겠습니다.

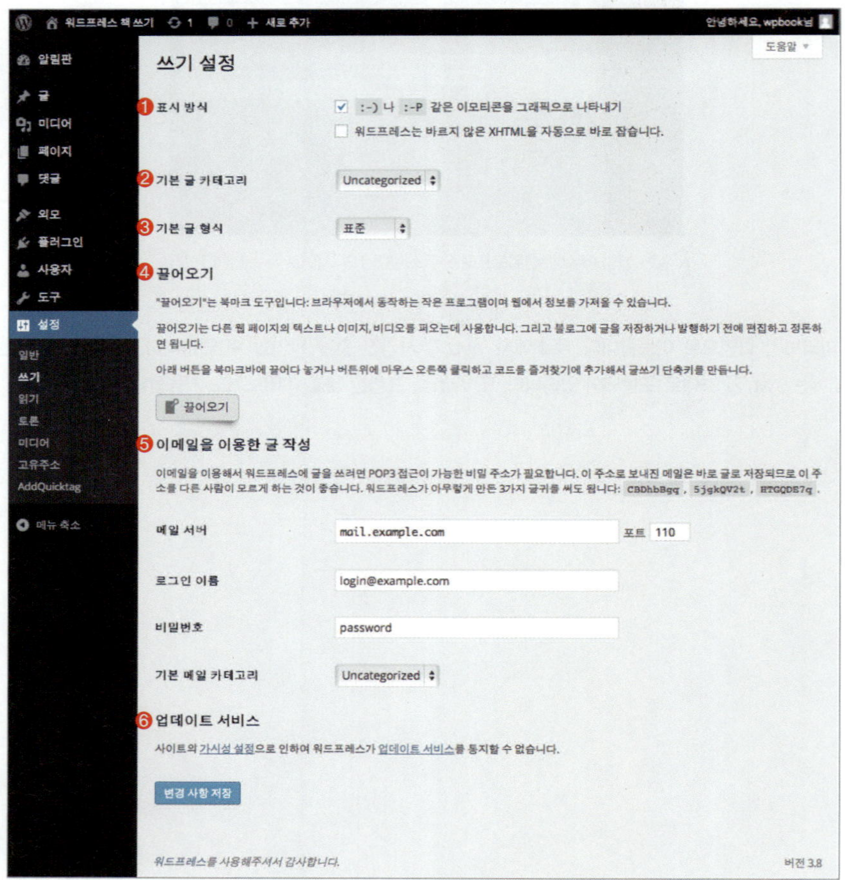

▲ '쓰기' 설정 메뉴

❶ 표시 방식 : ':-)나 :-P 같은 이모티콘을 그래픽으로 나타내기'가 기본 선택되어 있는데 글이나 페이지, 댓글을 입력할 때 특정 문자를 입력하면 '스마일리(Smileys)'라는 이모티콘으로 자동 변환해서 보여주는 옵션입니다.

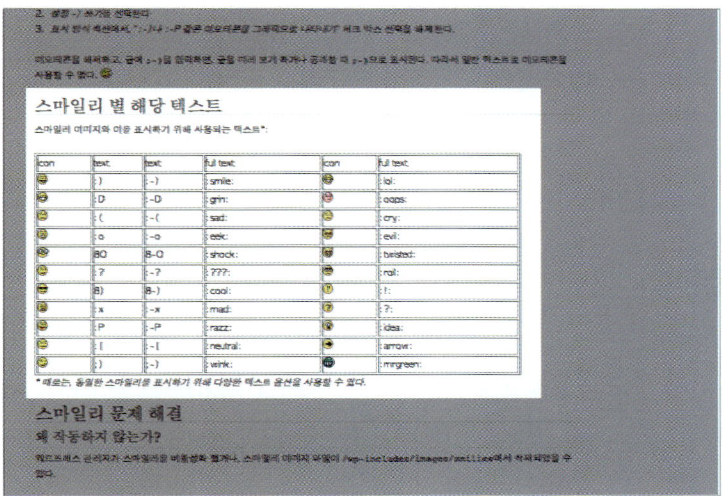

▲ 워드프레스의 스마일리

'워드프레스는 바르지 않은 XHTML을 자동으로 바로 잡습니다.'를 체크할 경우 XHTML 형식에 맞지 않는 내용을 자동으로 바로 잡습니다.

❷ 기본 글 카테고리 : 글의 기본 카테고리를 설정하는 옵션입니다. 글을 작성할 때 카테고리를 지정하지 않을 경우 여기서 지정된 카테고리로 설정됩니다.

❸ 기본 글 형식 : 기본 글 형식을 선택합니다. '기본 글 카테고리'와 마찬가지로 글 작성 시 글 형식을 별도로 설정하지 않을 경우 여기서 지정된 글 형식으로 설정됩니다.

❹ 끌어오기 : 도구 메뉴에 포함된 '끌어오기'와 같습니다. 섹션 10을 참고하십시오.

❺ 이메일을 이용한 글 작성 : 이메일로 글 제목과 내용을 입력해 발송하면 워드프레스의 글로 발행되는 기능입니다. 이 옵션을 사용하려면 메일 서버 주소와 포트, 이메일 주소, 로그인 암호가 있어야 합니다. '기본 메일 카테고리'에서 이메일을 통해 등록할 글의 카테고리를 설정합니다.

TIP

젯팩(Jetpack) 플러그인의 '이메일로 게시' 기능을 이용하면 같은 기능을 보다 간편하게 사용할 수 있습니다.

❻ 업데이트 서비스 : 워드프레스 사이트에서 게시물을 작성, 갱신할 때마다 XML-RPC ping을 전송하여 사이트의 새로운 소식을 업데이트 서비스에 자동으로 알립니다. 그리고 이를 통해 구글이나 야후 같은 검색엔진에 최신 게시물이 알려집니다. 'http://rpc.pingomatic.com/'이 기본 입력되어 있고 추가할 수 있습니다. 한 줄에 하나씩 입력합니다.

03 읽기 설정

읽기 설정 메뉴에서는 콘텐츠를 표시하는 방식 전반에 대한 설정을 할 수 있습니다. 설정 옵션들을 살펴보겠습니다.

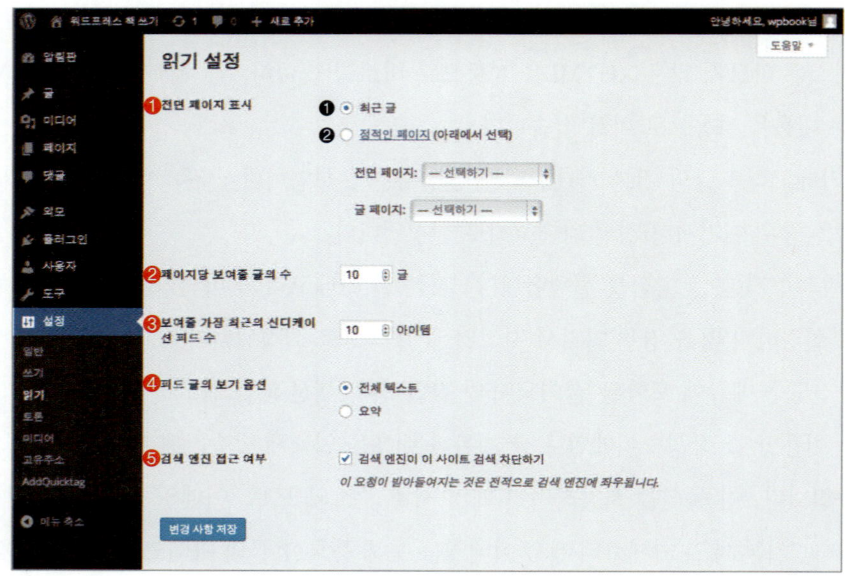

▲ '읽기' 설정 메뉴

❶ – ❶ 전면 페이지 표시

– '최근 글' : 웹사이트의 첫 화면에 보여줄 내용을 선택합니다. 블로그 형식으로 첫 화면에 최근 글이 시간 순으로 나열되게 하려면 '최근 글'을 선택합니다. 물론, 테마의 index.php, front-page.php 등 전면 페이지(첫 페이지)를 담당하는 템플릿에 따라 구성이 다를 수 있습니다. 테마의 전면 페이지에 해당하는 템플릿이 블로그 형식으로 최근 글을 나열하도록 구성되어 있지 않다면 '최근 글' 옵션은 제대로 작동하지 않습니다. 테마의 구조를 놓고 말하자면 '최근 글'은 테마의 index.php 나 front-page.php의 구성을 바탕으로 전면 페이지를 구성한다는 의미가 됩니다.

❶ – ❷ 전면 페이지 표시

– '정적인 페이지' : '정적인 페이지' 옵션을 이용하면 워드프레스 사이트를 홈페이지 형식으로 구성할 수 있습니다. 앞서 글과 페이지의 특성에 대해 설명(3장의 글과 페이지의 차이점)하면서 페이지가 홈페이지의 특성을 표현할 때 사용한다고 했습니다. '정적인 페이지' 옵션을 선택하면 아래 '전면 페이지'와 '글 페이지' 부분이 선택할 수 있게 활성화됩니다. '전면 페이지'에서 웹사이트의 전면 페이지로 사용할 페이지를 지정하고 '글 페이지'에서는 블로그처럼 글 목록을 보여줄 페이지를 선택합니다.

▲ '정적 페이지' 옵션을 선택한 뒤, 사이트 도메인으로 접속한 화면

❷ 페이지당 보여줄 글의 수 : 여러 개의 글을 나열하는 인덱스, 아카이브, 카테고리, 태그, 검색 결과 페이지에서 한 페이지 당 보여줄 글의 수를 정하는 옵션입니다.

❸ 보여줄 가장 최근의 신디케이션 피드 : RSS로 제공할 최근 글의 수를 정하는 옵션입니다.

❹ 피드 글의 보기 옵션 : RSS 피드로 콘텐츠를 제공할 때 본문 전체를 공개하려면 '전체 텍스트'를 선택하고 요약한 내용만 공개하려면 '요약'을 선택합니다. 기본값은 '전체 텍스트' 입니다.

❺ 검색 엔진 접근 여부 : 사이트에 등록되는 콘텐츠가 검색 엔진에 노출되지 않게 하려면 '검색 엔진이 이 사이트 검색 차단하기'를 선택합니다. 웹사이트를 정식 공개하기 전까지는 이 옵션을 선택해 검색 엔진에 사이트가 노출되는 것을 막을 수 있습니다.

토론 관리 메뉴는 댓글, 트랙백, 핑백 등 사이트 운영자와 방문자 간의 소통 방법에 대해 설정하는 메뉴입니다.

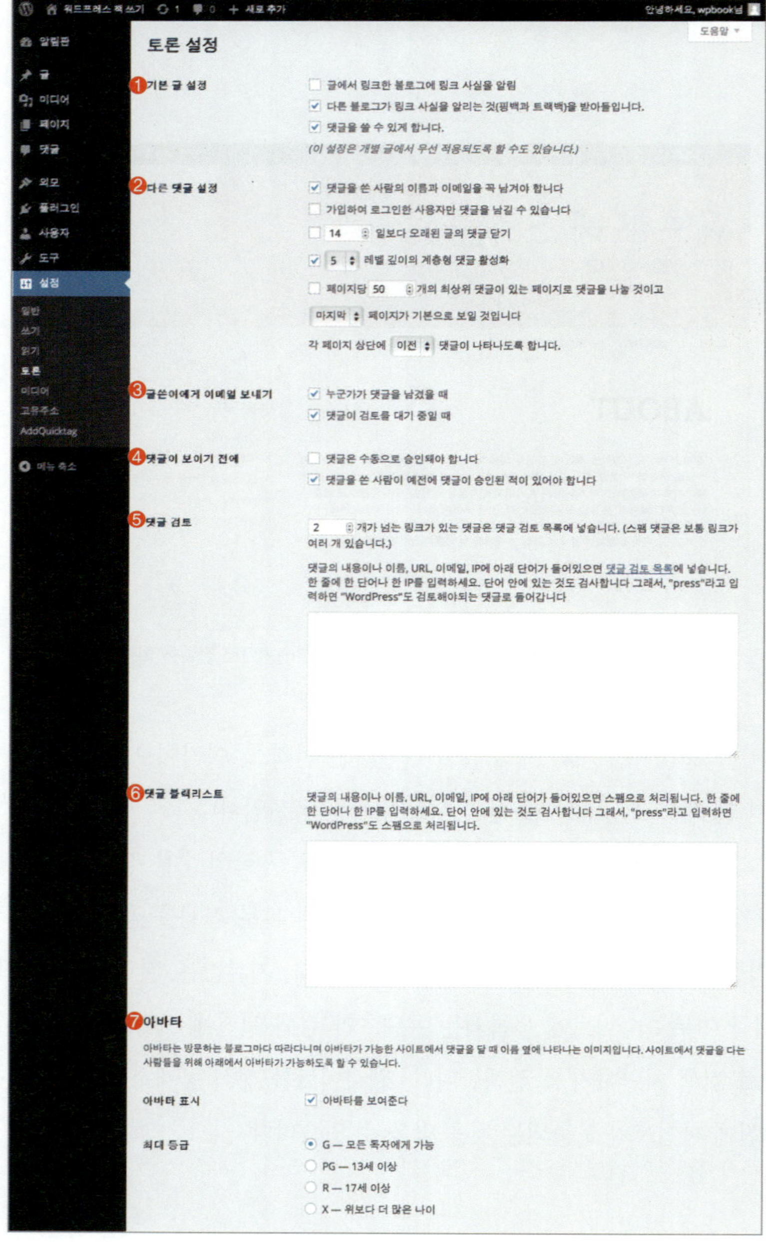

▲ '토론' 설정 메뉴

❶ 기본 글 설정 : '글에서 링크한 블로그에 링크 사실을 알림' 옵션은 핑백의 사용 여부를 정합니다. 본문 중에 링크가 들어가면 링크된 주소로 댓글 형식의 핑백이 전송됩니다. '다른 블로그가 링크 사실을 알리는 것(핑백과 트랙백)을 받아들입니다.'는 타 사이트로부터의 핑백, 트랙백 알림을 수신할지 정하는 옵션입니다. '댓글을 쓸 수 있게 합니다.'는 방문자의 댓글 작성을 허용할지 선택하는 옵션입니다. 이 옵션의 선택을 해제하면 새 글, 새 페이지를 작성할 때 토론 메뉴의 '댓글 허용' 옵션이 기본 해제된 상태로 바뀝니다. 기본적으로 댓글 및 트랙백, 핑백의 허용 여부는 각 글 또는 페이지에서 설정합니다. 이 세 가지 옵션은 초기 설치 시 모두 기본 선택되어 있습니다.

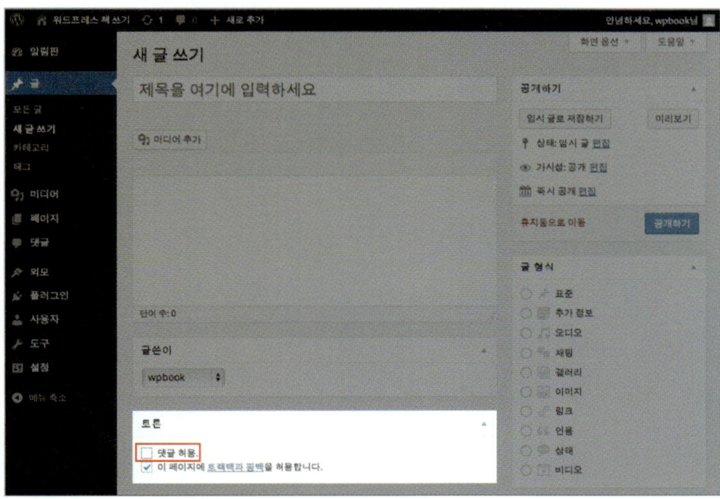

▲ '토론' 설정에서 '댓글을 쓸 수 있게 합니다.'의 선택을 해제하면
새 글이나 페이지의 '토론' 메뉴의 설정이 변경됩니다.

❷ 다른 댓글 설정 : '댓글을 쓴 사람의 이름과 이메일을 꼭 남겨야 합니다'는 댓글을 작성할 때 최소한 이름과 이메일을 입력하도록 설정하는 옵션입니다. '가입하여 로그인한 사용자만 댓글을 남길 수 있습니다'는 사이트에 계정을 등록하고 로그인한 사용자에게만 댓글을 허용할 때 선택합니다. '14일보다 오래된 글의 댓글 닫기' 옵션은 발행 후 일정기간이 지난 글의 댓글을 차단하는 기능으로 댓글을 허용 기간을 지정할 수 있습니다. '5 레벨 깊이의 계층형 댓글 활성화' 옵션은 댓글에 답글이 달릴 경우, 시각적으로 계층화하여 표시할 단계를 정하는 옵션입니다. 답글의 답글을 여기서 설정한 레벨 깊이까지만 허용하게 되는데 다음 그림처럼 표시될 수 있습니다. 단, 미리보기에서 댓글의 계층을 시각화하는 방법은 테마에 따라 다를 수 있습니다.

▲ 댓글 계층화

'페이지당 (A)개의 최상위 댓글이 있는 페이지로 댓글을 나눌 것이고 (B)페이지가 기본으로 보일 것입니다' 옵션은 댓글이 많을 경우 사용합니다. 이 옵션을 체크하면 (A)에 입력한 숫자를 기준으로 댓글 페이지가 생깁니다. 댓글 페이지당 (A)개의 댓글이 표시되고 댓글 페이지 네비게이션으로 넘겨서 볼 수 있습니다. (B)는 '마지막', '처음' 중에서 선택할 수 있는데 댓글의 마지막 페이지를 앞에 보여주려면 '마지막'을, 첫 페이지를 앞에 놓으려면 '처음'을 선택합니다. 다음 그림은 댓글 페이지 옵션을 선택하고 (A)에 '3', (B)에 '마지막'으로 설정했을 때의 화면입니다. 단, 답 글은 댓글 수(A)에 포함되지 않습니다. 다음 그림은 (A)에 '3'이 입력된 결과로 답 글은 댓글 수로 포함하지 않는다는 점을 확인할 수 있습니다.

▲ 댓글 페이지 옵션을 적용한 화면

'각 페이지 상단에 (C) 댓글이 나타나도록 합니다.' 옵션에서는 댓글의 정렬 순서를 정할 수 있습니다. (C)에 '최근'을 선택하면 최근 댓글이 위로 가고 작성된 지 오래된 것일수록 아래로 갑니다. '이전'을 선택하면 최근 댓글이 아래로 가고 오래된 댓글이 위로 갑니다.

▲ 댓글의 정렬 순서를 '이전'으로 선택한 경우

❸ 글쓴이에게 이메일 보내기 : 댓글을 남긴 사람에게 이메일로 알림을 보낼 수 있는데 '누군가 댓글을 남겼을 때' 또는 '댓글이 검토를 대기 중일 때' 선택적으로 알림을 받을 수 있습니다. '댓글이 검토를 대기 중일 때'는 댓글이 바로 발행되지 않고 관리자 검토가 필요한 경우 이메일로 작성자에게 알려주는 옵션입니다.

❹ 댓글이 보이기 전에 : 등록된 댓글 모두를 관리자 승인을 거치게 하려면 '항상 관리자가 승인해야 합니다'를 체크합니다. 이전에 댓글 승인을 받은 적이 있는 경우 관리자 승인없이 공개할 수 있는데 '댓글을 쓴 사람이 예전에 댓글이 승인된 적이 있어야 합니다' 옵션을 체크합니다.

❺ 댓글 검토 : 대부분의 스팸성 댓글은 여러 개의 링크가 포함되어 있습니다. 댓글에 포함된 링크의 개수를 체크해 지정한 수 이상의 링크가 포함된 경우 공개하지 않고 댓글 검토 목록에 추가할 수 있습니다. 또 댓글의 내용이나 이름, URL, 이메일, IP에 특정 단어가 포함되어 있는 경우 댓글 검토 목록으로 분류시킬 수 있습니다.

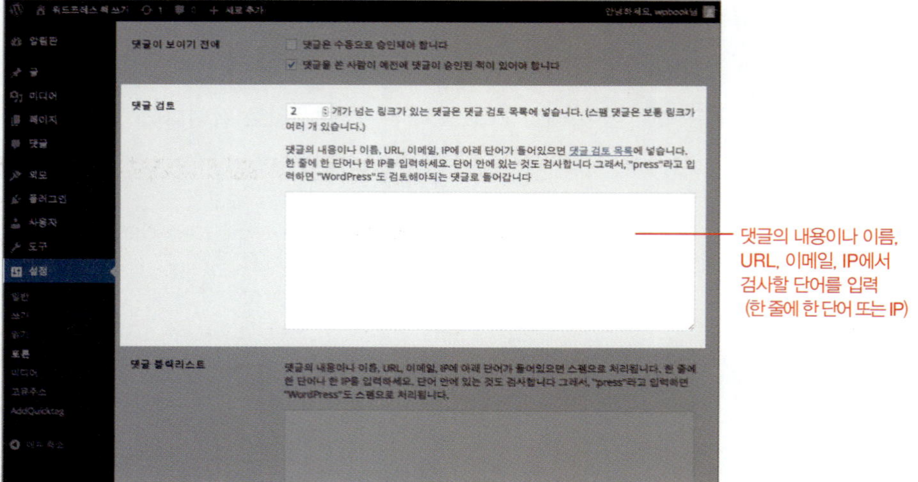

▲ 댓글 검토 분류의 기준이 되는 키워드 또는 IP 입력

❻ 댓글 블랙리스트 : 댓글의 내용이나 이름, URL, 이메일, IP에 특정 단어가 포함되어 있는 경우 스팸으로 처리됩니다.

❼ 아바타 : '아바타 표시' 옵션에서는 아바타를 사용할지 여부를 정합니다. '최대 등급'은 아바타로 사용하는 이미지의 성격을 고려해 등급을 지정합니다. 선정적, 폭력적인 이미지를 아바타로 사용하는 경우 적당한 등급을 선택합니다. '기본 아바타'는 아바타가 등록되지 않은 사용자에게 사용할 아바타 이미지의 유형을 선택하는 옵션입니다. '(자동생성)'이라고 적힌 유형은 사용자별로 이미지를 무작위 생성해 지정하는 방식입니다.

05 미디어 설정

미디어 설정 메뉴에서는 사이트에 등록, 사용되는 미디어 파일에 관해 설정할 수 있습니다. 워드프레스 사이트에 이미지 파일을 업로드하면 원본 이미지 외에 thumbnail, medium, large로 3가지 크기의 이미지가 자동 생성되는데 이 3개 이미지의 크기를 미디어 설정 메뉴에서 지정할 수 있습니다. thumbnail 크기로 만들어진 이미지는 '썸네일'에서 medium 크기는 '중간 크기', large 이미지는 '최대 크기'에서 지정합니다.

이미지를 업로드할 때 크기에 따라 자동 생성되는 이미지는 테마의 설정에 따라 다를 수 있습니다.

업로드한 파일은 [wp-content] 폴더 안에 [uploads] 폴더에 정리되는데 파일 업로드 옵션에서 '내가 올린 파일들을 년/월별로 분류하기'를 선택하면 파일이 업로드될 때, 'uploads' 폴더에 업로드 시점을 기준으로 년도를 나타내는 폴더가 자동 생성되고 그 안에 다시 월별 폴더를 만들어 저장합니다.

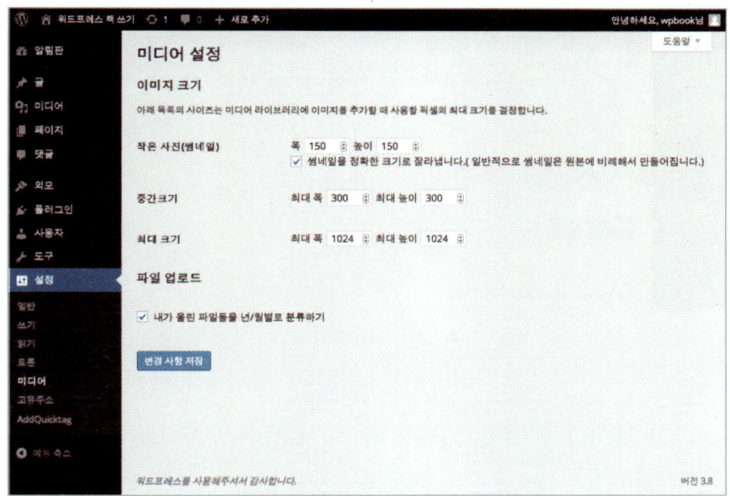

▲ '미디어' 설정 메뉴

06 고유 주소 설정

고유 주소는 웹사이트의 각 페이지 별로 지정되는 URL을 말하는데 워드프레스에서는 이 URL의 형식을 설정할 수 있습니다. 고유 주소를 설정하는 각 옵션들을 살펴봅니다.

참고

고유 주소에 대한 설명은 3장의 '글 제목과 고유 주소'에서 참고하십시오

273

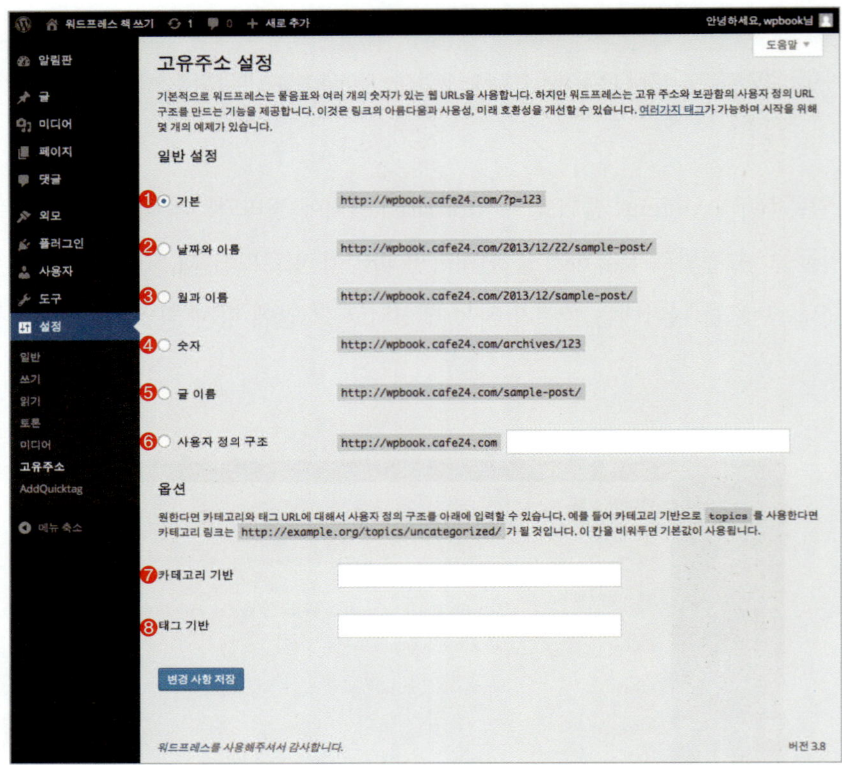

▲ '고유주소' 설정 메뉴

❶ 기본 : 워드프레스의 글이나 페이지, 카테고리, 태그 등은 모두 ID를 가지고 있는데 기본형 고유주소는 콘텐츠의 형식을 나타내는 문자와 ID를 조합해 만들어집니다. 글의 경우, 'http://wpbook.com/?p=123'식으로 페이지는 'http://wpbook.com/?page_id=123'식으로 URL을 만듭니다.

❷ 날짜와 이름 : 글이 발행된 날짜와 글 제목을 이용해 URL을 만듭니다. 'http://wpbook.com/2013/10/19/sample-post/'처럼 글이 발행된 년도와 월, 일, 글 제목으로 구성됩니다.

❸ 월과 이름 : '날짜와 이름'형에서 '일'을 빼고 글이 발행된 년도와 월, 글 제목으로 구성됩니다.

❹ 숫자 : ID 중심으로 URL을 만듭니다.

❺ 글 이름: 글 제목을 이용해 URL을 만듭니다.

❻ 사용자 정의 구조 : 관리자가 직접 원하는 구조로 고유주소의 형식을 지정할 수 있습니다. '기본'을 제외한 '날짜와 이름', '월과 이름', '숫자', '글 이름' 옵션을 선택하면 '사용자 정의 구조' 옵션의 입력란에 선택한 고유주소 형식의 구조가 입력됩니다. '날짜와 이름' 형식의 경우 '/%year%/%monthnum%/%day%/%postname%/'인데 발행 년도가 %year%이고 발행 월이 %monthnum%, 발행일이 %day%, 글 제목이 %postname%인 것을 알 수 있습니다. 이런 태그를 참조해 고유주소 형식을 만들 수 있습니다.

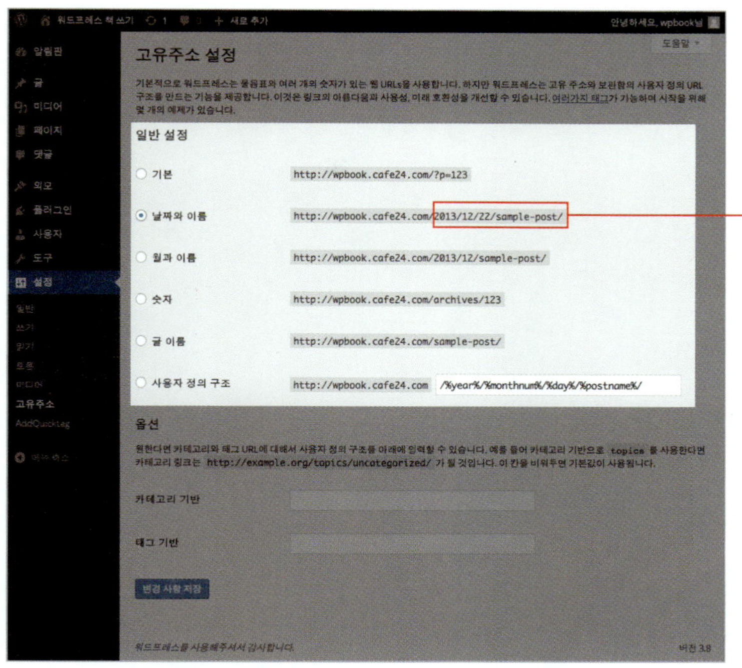

▲ 보기에서 고유주소 형식을 선택하면 '사용자 정의 구조'에
선택한 형식의 구조가 나타납니다.

❼ 카테고리 기반 : 카테고리 페이지의 URL 구조를 정의합니다. 예를 들어, 이 옵션에 'issues'을 입력하면 'wordpress'라는 카테고리 페이지의 주소는 'http://wpbook.com/issues/wordpress'가 됩니다.

❽ 태그 기반 : 태그 페이지의 URL 구조를 정의합니다. 예를 들어, 이 옵션에 'tags'을 입력하면 'wordpress'라는 태그 페이지의 주소는 'http://wpbook.com/tags/wordpress'가 됩니다.

[참고]

| 고유주소의 구조를 만들 때 사용하는 태그 |

- %year% – 글의 발행 년도. 예)2004
- %monthnum% – 발행 월. 예) 05
- %day% – 발행 일. 예) 28
- %hour% – 발행 시. 예) 15
- %minute% – 발행된 시각의 분. 예) 43
- %second% – 발행된 시각의 초. 예) 33
- %post_id% – 글 또는 페이지의 아이디. 예) 423
- %postname% – 글 또는 페이지의 제목. 슬러그를 기준으로 표시됩니다.
- %category% – 카테고리 이름. 슬러그를 기준으로 표시됩니다.
- %author% – 작성자의 사용자명

W O R D

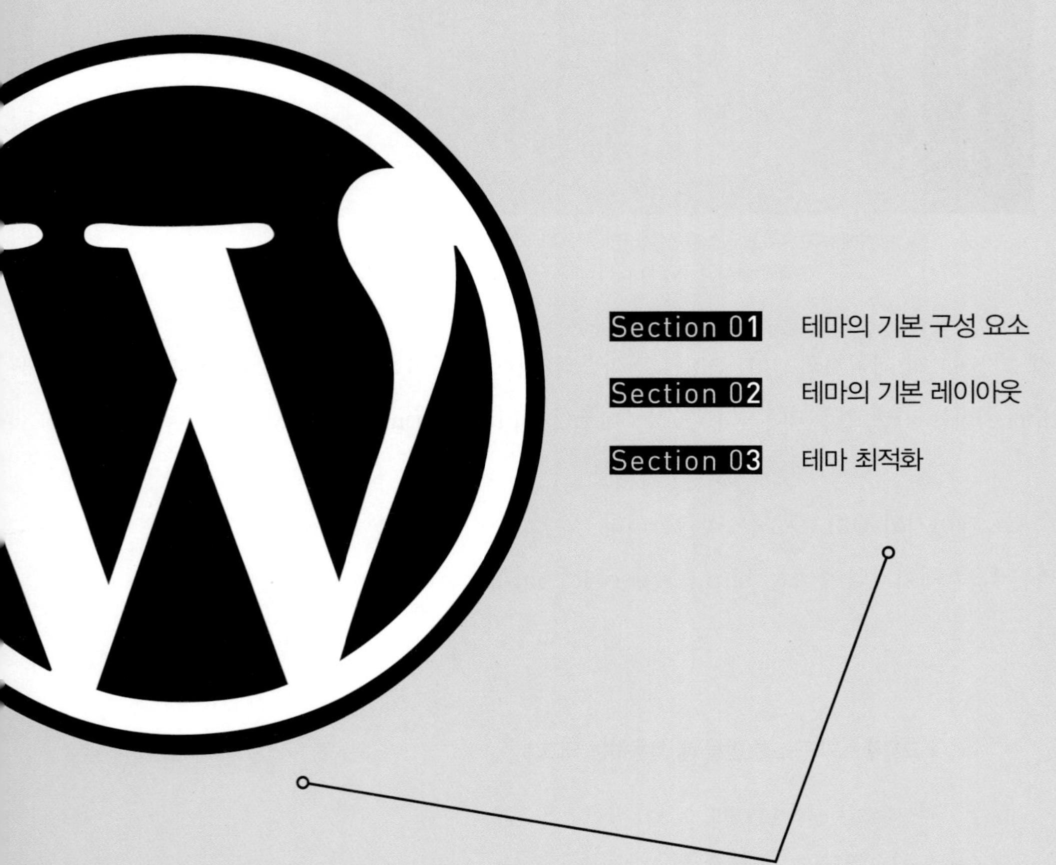

워드프레스 테마

워드프레스 사이트의 디자인을 담당하는 파일들을 묶어 테마라고 부릅니다. 이번 장에서는 워드프레스 테마의 구조를 알아보고 테마를 이루는 각 템플릿 파일들이 어떤 역할을 하는지 살펴봅니다. 워드프레스 사이트를 효과적으로 관리하기 위해서는 테마의 구조를 이해하고 사용되는 템플릿 태그를 알아둘 필요가 있습니다.

테마의 기본 구성 요소

워드프레스 테마는 어떻게 구성되어 있을까요? 이 세상에 '워드프레스'라는 이름이 등장한지도 벌써 10년이 넘었고 그만큼 워드프레스 테마도 다양하게 진화해 왔습니다. 그러다 보니 최근의 테마는 초기에 만들어진 테마에 비해 그 구조가 훨씬 복잡해져서 기본 구조를 파악하기 힘들어졌습니다. 하지만 의외로 테마를 이루는 최소한의 구성요소는 간단합니다. 워드프레스 테마가 되기 위한 최소한의 구성을 알아봅니다.

01 테마가 되기 위한 최소한의 구성

css와 php 파일의 구성 요소들을 살펴보겠습니다.

■ style.css와 index.php

워드프레스가 테마를 인식하려면 최소한 다음 두 개의 파일을 가지고 있어야 합니다.

- style.css
- index.php

style.css와 index.php는 워드프레스 테마의 가장 기본이 되고, 테마의 다른 모든 파일들은 이 두 파일의 내용을 세분화한 것이라고 할 수 있습니다. 재미있는 것은 이 두 개의 파일이 일단 존재하면 워드프레스는 테마로 인식한다는 점입니다. 속이 빈 이름뿐인 파일이라도 그렇습니다. 기본적으로 두 개의 파일만으로도 테마를 만들 수 있지만 그렇게 되면 테마의 구성이 무척 단조로워지거나 하나의 파일에 무척 많은 내용이 포함될 수밖에 없습니다. 다시 말해, 다양한 디자인을 효율적으로 코딩하기 위해 단위별로 쪼개고 분류하다 보니 테마 파일이 style.css, index.php 외에도 여러 개로 늘어났다고 할 수 있습니다. 그러니 워드프레스 테마는 style.css

와 index.php 두 파일을 제대로 이해하는 것부터 시작된다고 할 수 있습니다.
style.css는 전체 웹 페이지의 스타일을 모아놓은 것이고 index.php는 워드프레스 사이트에 기록된 콘텐츠를 불러오는 기능을 합니다. 한마디로 요약하면 테마는 index.php에서 불러온 내용을 style.css가 지정한 스타일로 보여준다는 얘기입니다.

■ header.php, footer.php, functions

2개에서 출발한 테마 파일은 대략 5개 정도로 쪼개볼 수 있는데 header.php, footer.php, functions.php 파일을 추가한 구성입니다.

- style.css
- index.php
- header.php
- footer.php
- functions.php

functions.php는 테마의 기능을 설정하는 역할을 하고, header.php와 footer.php는 index.php에 구성된 내용 중 각 페이지별로 반복되는 부분을 상하단으로 나눈 것입니다. 대부분의 웹사이트는 상하단에 같은 내용이 반복됩니다. 예를 들어, 일반적으로 페이지 상단에는 로고나 사이트 아이덴티티를 나타내는 이미지와 전체 메뉴를 배치합니다. 그리고 하단에는 회사 또는 사업자 정보, 주소, 카피라이트, 사이트맵 링크 등을 넣습니다. index.php가 머리, 몸통, 다리로 나눠지면서 그 중에 머리는 header.php에, 다리는 footer.php로 옮겨서 관리됩니다.

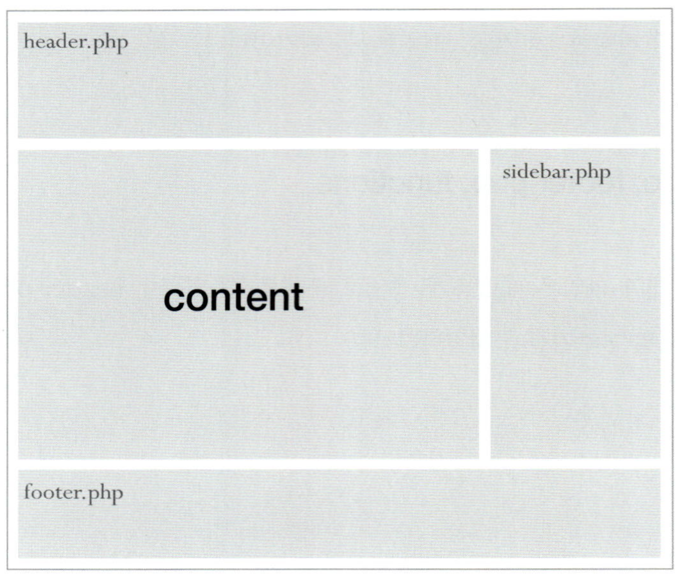

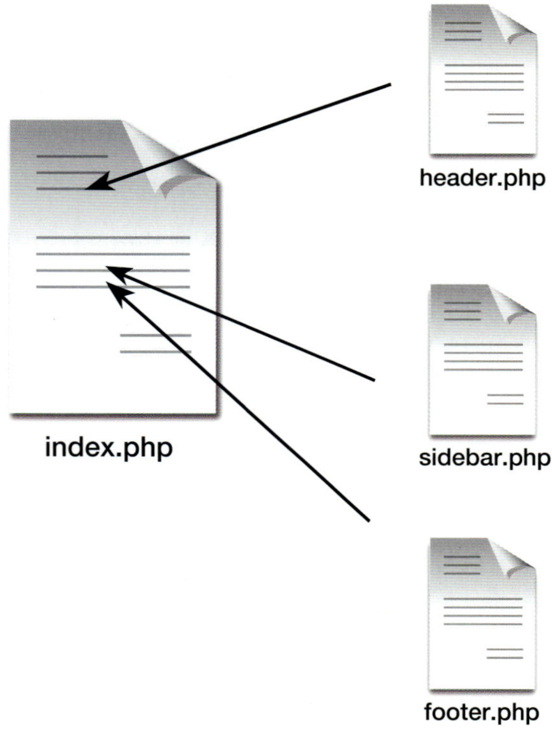

▲ 워드프레스 테마의 기본 구조

테마 파일이 여럿일수록 웹 페이지를 여러 조각으로 나눈 것일 뿐 파일이 많다고 해서 테마 자체의 기능이나 방식에 큰 차이가 있는 것은 아닙니다. 단, 테마를 구성하는 파일이 여럿일수록 하나의 요소, 하나의 테마 파일이 다수의 웹페이지에 부분적으로 영향을 미치기 때문에 기성 테마를 수정, 편집할 때는 이 점을 유의해야 합니다. 웹사이트의 첫 페이지의 어느 부분을 수정했더니 분류 페이지와 싱글 페이지까지 바뀌는 일이 흔히 있습니다.

그러니 테마를 수정하려면 먼저 사용하는 테마의 전체적인 구조를 파악하고 각 파일이 어떤 역할을 하는지 이해해야 합니다. 테마의 각 파일들이 유기적으로 연결되어 있기 때문입니다. 테마 개발자의 입장에서 보면 효율적이지만 편집하려는 사람의 입장에서는 복잡하게 연결된 회로처럼 보일 수도 있습니다. 하지만, 앞에서도 말했듯이 테마 파일이 많다고 해서 index.php, style.css 두 개의 파일로 이뤄졌을 때와 크게 달라지는 것은 없습니다. 워드프레스 테마를 이루는 기본 파일들이 어떤 역할을 하는지 이해한다면 사용하는 테마가 어떤 것이든 여러분 스스로 테마의 주인이 될 수 있습니다.

■ 기본 템플릿 파일들

워드프레스 테마를 구성하는 기본 템플릿 파일들은 다음과 같습니다.

- style.css : 테마에 반드시 포함되어야 하는 스타일시트 파일로, 스타일에 관한 정보를 담고 있습니다.
- rtl.css : 아랍어처럼 글을 오른쪽에서 왼쪽 방향으로 쓰는 언어를 지원하기 위한 스타일시트로, rtl은 right-to-left를 의미합니다.
- index.php : 메인 템플릿 파일로, 테마에 반드시 포함되어야 할 파일 중 하나입니다.
- comment.php : 댓글 양식을 담고 있습니다.
- front-page.php : 웹사이트의 첫 페이지를 고정할 때 사용합니다.
- home.php : 웹사이트의 첫 페이지에 해당합니다. front-page.php와 달리 웹사이트에 업데이트되는 콘텐츠를 반영합니다. 예를 들어, '최근 게시물' 또는 '최근 업데이트 목록' 등을 구성할 때 사용합니다.
- single.php : 글(Posts) 본문이 단독으로 실리는 웹 페이지를 구성합니다.
- single-⟨post-type⟩.php : 글(Posts) 외에 커스텀 포스트 타입의 단독 웹 페이지를 구성

합니다. 예를 들어 테마에서 'portfolio'라는 커스텀 포스트 타입을 제공한다면 portfolio 형식의 콘텐츠의 단일 웹페이지에 대한 구성을 single-portfolio.php에서 할 수 있습니다. single-portfolio.php 파일이 없는 경우 single.php 파일에 구성된 기준을 따릅니다.

- page.php : 페이지(Pages)의 본문이 단독으로 실리는 웹페이지를 구성합니다.
- category.php : 카테고리별로 분류한 콘텐츠 정보를 목록화하거나 이어 붙여 보여줍니다.
- tag.php : 태그별로 분류한 콘텐츠 정보를 목록화하거나 이어 붙여 보여줍니다.
- taxonomy.php : 글(Posts)의 분류체계인 category처럼 커스텀 포스트 타입의 콘텐츠를 분류하고 목록화할 때 사용합니다.
- author.php : 글쓴이를 기준으로 콘텐츠를 목록화하여 구성합니다.
- date.php : 년, 월, 일, 시, 분, 초까지 시간을 기준으로 콘텐츠를 목록화하여 구성합니다.
- archive.php : category.php, author.php, date.php를 종합하여 목록을 구성하며 category.php, author.php, date.php 파일이 없을 때 작동합니다.
- search.php : 검색 결과를 구성합니다.
- attachment.php : 첨부 파일을 독립적으로 보여줍니다.
- image.php : 이미지 첨부 파일을 독립적으로 보여줍니다. image.php 파일이 없을 때는 attachment.php 파일의 구성을 따릅니다.
- 404.php : 일치하는 게시물이 없거나 주소가 잘못되었을 때 표시되는 웹페이지의 구성입니다. 404.php 파일이 없는 경우에는 index.php의 내용이 표시됩니다.

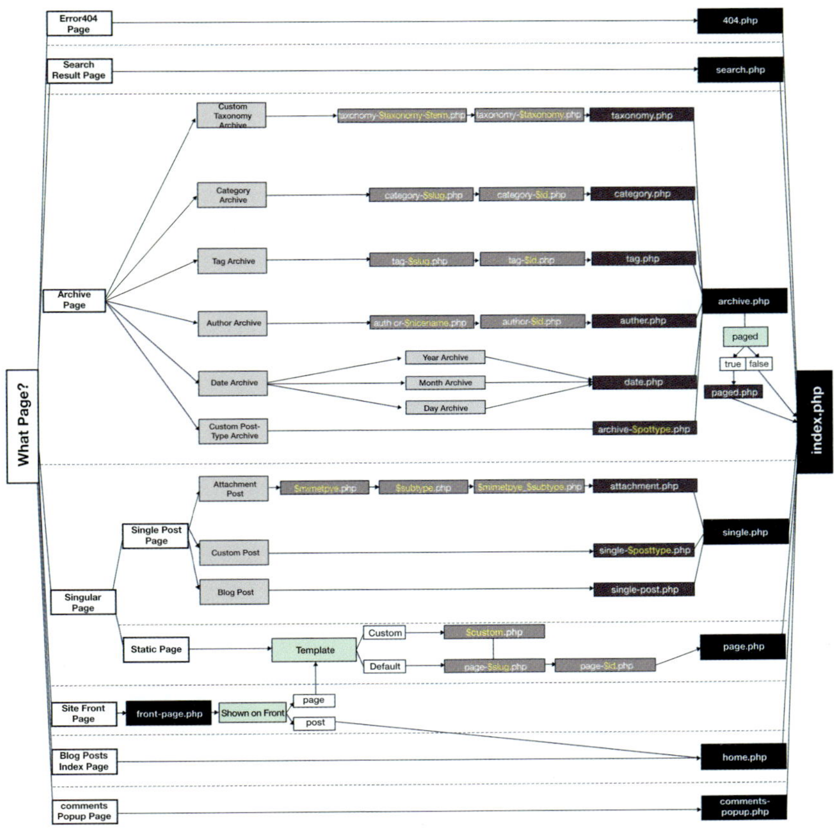

▲ 워드프레스 테마 템플릿의 계층구조
출처: http://codex.wordpress.org/Template_Hierarchy

02 워드프레스 관리자 메뉴에서 테마 파일 열기

웹 개발자가 아니고서야 대부분의 경우 컴퓨터에 웹 에디터용 프로그램이 설치되어 있을 리 없습니다. 이럴 때 테마를 구성하는 각 파일의 내용을 확인, 편집하고 싶다면 워드프레스 관리자의 '외모' 메뉴 안에 '편집기'를 사용합니다.

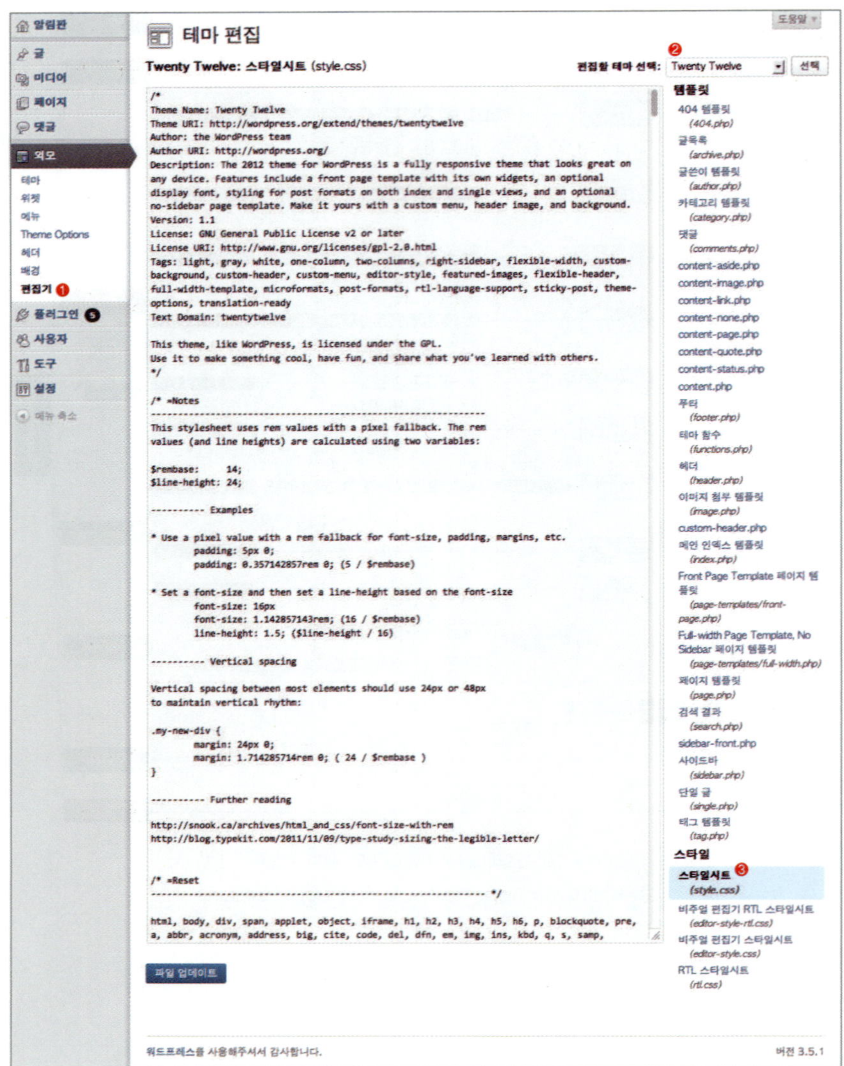

▲ 관리자 화면에서 '외모' 메뉴의 '편집기'를 통해 테마의 파일 내용을
확인, 편집할 수 있습니다.

❶ '외모' 메뉴에서 '편집기'를 클릭합니다.

❷ 오른쪽 상단의 '편집할 테마 선택' 항목에서 원하는 테마를 선택합니다. 처음엔 기본값으로 현재
활성화되어 있는 테마가 선택되어 있습니다.

❸ 선택한 테마의 파일 목록이 오른쪽에 나타납니다. 여기서 확인할 테마 파일을 선택하면 왼쪽 프
레임 안에 파일 내용이 출력됩니다. 초기 기본값은 '스타일시트(style.css)'입니다. style.css 파일
외에 다른 파일을 보려면 오른쪽 파일 목록에서 파일 이름을 선택합니다.

03 테마의 스타일 정보, style.css

style.css에는 웹사이트 전반의 디자인과 레이아웃에 관한 내용을 모아 놓았습니다. 레이아웃에서부터 글꼴, 글씨 크기, 글씨 색상, 바탕 색상, 정렬 방법, 테두리 선의 형식 등 웹페이지 전반의 스타일을 여기서 지정합니다. 최근에는 그림자에서부터 그라데이션, 귀돌림(모서리를 둥글게 만드는 것) 등의 표현까지 CSS를 통해 표현할 수 있기 때문에 웹사이트의 디자인을 부분 수정하거나 최적화할 때는 style.css부터 확인합니다.

웹 프로그래밍의 경험이 전무한 일반 사용자의 입장에서 보더라도 PHP보다는 CSS가 이해하기 쉽고 도전해 볼 만하기 때문에 테마 디자인에 관심이 있을 때는 style.css부터 들여다 보는 것이 순서입니다. CSS는 영어를 있는 그대로 읽기만 해도 대부분 적용된 스타일을 이해할 수 있기 때문에 조금만 관심을 가지면 어렵지 않게 내용을 해석하고 편집할 수 있습니다. 그러면 style.css에는 어떤 내용이 어떤 형식으로 들어 있는지 알아보겠습니다.

```
1   /*
2   Theme Name: Default
3   Theme URI: http://wordpress.org/
4   Description: The default WordPress theme that graced version 1.5 to version 2.9, based on the
      famous <a href="http://binarybonsai.com/kubrick/">Kubrick</a>.
5   Version: 1.7.2
6   Author: Michael Heilemann
7   Author URI: http://binarybonsai.com/
8   Tags: blue, silver, white, two-columns, fixed-width, right-sidebar, fixed-width, custom-
      header, threaded-comments, sticky-post, rtl-language-support, translation-ready
9   Text Domain: kubrick
10
11      Kubrick v1.5
12       http://binarybonsai.com/kubrick/
13
14      This theme was designed and built by Michael Heilemann,
15      whose blog you will find at http://binarybonsai.com/
16
17      The CSS, XHTML and design is released under GPL:
18      http://www.opensource.org/licenses/gpl-license.php
19
20   */
21
```

▲ 워드프레스 버전 1.5부터 2.9까지 기본 테마로 제공되던
Kubrick 테마의 style.css에 담겨 있는 테마 정보

style.css는 테마에 관한 기본 정보로 시작합니다. 워드프레스 버전 2.9까지 기본 테마로 탑재되었던 Kubrick 테마의 경우를 보면 style.css 파일에서 'Theme Name', 'Theme URI', 'Description', 'Version', 'Author', 'Author URI', 'Tags', 'Text Domain' 순으로 테마에 관한 정보가 적혀있는 것을 볼 수 있습니다.

■ **style.css에 포함된 테마 정보**

- Theme Name : 테마 이름으로 대소문자를 구분하고 띄어쓰기가 가능
- Theme URI : 테마를 소개하는 웹 페이지의 주소
- Description : 테마를 소개하는 내용을 서술
- Version : 개발된 테마의 버전
- Author : 테마를 개발한 개인 또는 팀 이름
- Author URI : 개발자 또는 개발사의 웹사이트 주소
- Tags : 테마의 성격이나 특징을 알 수 있는 관련 태그들.(테마 등록 시 http://w.org/themes/tag-filter/에 등록된 태그 목록 중에서만 고르게 되어 있습니다.)

```
1   /*
2   Theme Name: Twenty Twelve
3   Theme URI: http://wordpress.org/extend/themes/twentytwelve
4   Author: the WordPress team
5   Author URI: http://wordpress.org/
6   Description: The 2012 theme for WordPress is a fully responsive theme that looks great on
      any device. Features include a front page template with its own widgets, an optional
      display font, styling for post formats on both index and single views, and an optional no-
      sidebar page template. Make it yours with a custom menu, header image, and background.
7   Version: 1.1
8   License: GNU General Public License v2 or later
9   License URI: http://www.gnu.org/licenses/gpl-2.0.html
10  Tags: light, gray, white, one-column, two-columns, right-sidebar, flexible-width, custom-
      background, custom-header, custom-menu, editor-style, featured-images, flexible-header,
      full-width-template, microformats, post-formats, rtl-language-support, sticky-post, theme-
      options, translation-ready
11  Text Domain: twentytwelve
12
13  This theme, like WordPress, is licensed under the GPL.
14  Use it to make something cool, have fun, and share what you've learned with others.
15  */
16
```

▲ 2012년 9월에 출시된 기본 테마 Twenty Twelve의 style.css에 담긴 테마 정보

■ Twenty Twelve의 테마 정보

2012년부터 기본 테마로 제공되고 있는 Twenty Twelve의 경우에는 표기 순서가 조금 다르고 'License', 'License URI'가 추가된 정도입니다.

▲ 관리자 화면에서 볼 수 있는 테마 정보

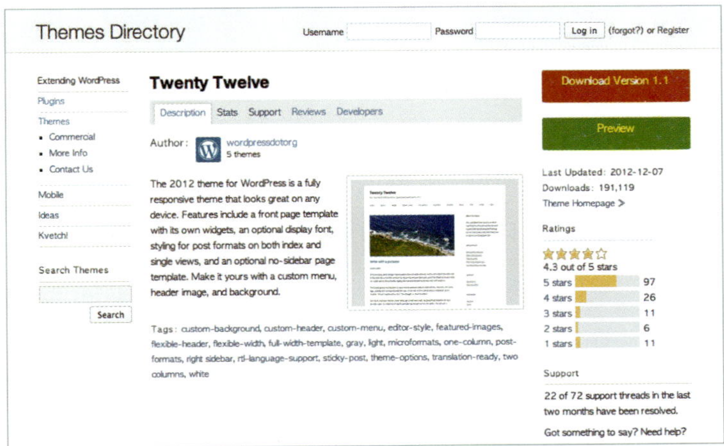

▲ wordpress.org 테마 디렉토리에 등록된 Twenty Twelve

style.css에 적힌 테마 정보는 위의 그림처럼 관리자 화면에 출력되고 Wordpress.org에 등록된 경우, 테마 디렉토리에서도 같은 내용이 공개됩니다.

■ PHP 파일에 적용된 스타일 확인하기

index.php, single.php, header.php, footer.php, sidebar.php 같은 PHP 파일은 워드프레스에서 관리되는 콘텐츠를 불러오는 역할을 합니다. 예를 들어, 워드프레스로 일기를 쓴다고 가정해 보면 일기를 쓴 날짜와 그 날의 날씨 그리고 글과 사진, 영상 등이 들어갈 수 있습니다. 이렇게 그 날의 일기는 다양한 정보와 함께 기록되는데 이렇게 저장된 정보를 데이터베이스에서 불러와 웹사이트에 출력하는 것이 PHP 파일의 역할입니다. 이때 PHP가 불러온 날짜, 날씨, 글, 사진, 영상 등의 정보를 어떤 형식으로 어떻게 배치할지에 대해서는 스타일시트가 정해줍니다.

```
38
39   <div id="header" role="banner">
40
41       <div id="headerimg">
42           <h1>
43               <a href="<?php echo get_option('home'); ?>/">
44                   <?php bloginfo('name'); ?>
45               </a>
46           </h1>
47           <div class="description">
48               <?php bloginfo('description'); ?>
49           </div>
50       </div>
51
52   </div>
53
```

▲ Kubrick 테마의 header.php 내용 일부

Kubrick 테마의 header.php와 style.css 내용을 예로, header.php 파일에서 <div id="header" role="banner">라고 쓰여 있는 부분부터 보겠습니다. div는 스타일을 지정하기 위한 하나의 틀, 그릇이라고 생각하면 됩니다. 앞에서도 설명한 것처럼 PHP 파일은 정보를 불러오고 CSS에서 디자인과 관련된 스타일을 지정하는데 두 파일이 분업하면서도 소통하기 위해서 각 부분, 요소별로 이름을 정합니다. 그래서 div라는 그릇에 'header'라는 이름을 붙인다는 의미로 div id="header"라고 정의합니다. 즉, PHP 파일에선 틀을 만들어 이름을 붙이고 CSS에서 각각의 틀별로 스타일을 지정하는 방식입니다.

```
38
39   #header {
40       background: #73a0c5 url('images/kubrickheader.jpg') no-repeat bottom center;
41   }
42
43   #headerimg {
44       margin: 7px 9px 0;
45       height: 192px;
46       width: 740px;
47   }
48
```

▲ Kubrick 테마의 header.php 내용 일부

위의 그림에서 #header라고 쓰여있고 괄호 안에 스타일이 정의되어 있는 것을 볼 수 있습니다. header.php에서 div id="headerimg"라고 이름 붙인 틀은 style.css에서 #headerimg로 정의되는데 워드프레스 테마는 이런 식으로 PHP와 CSS가 궁합을 맞추고 있습니다.

| <div>로 시작한 틀은 </div>로 끝납니다. |

다음 그림을 기준으로 설명하면 header라는 틀 안에 headerimg라는 틀이 들어 있는 식입니다. HTML에서는 시작과 끝을 정하기 위해서 '/'를 사용합니다. <div>로 시작해서 </div>로 끝나고, <h1>으로 시작해서 </h1>으로 끝나며 <a>로 시작해서 </a>로 끝납니다. 적용 범위, 틀의 범위를 정하는 방법입니다.

| 아이디(id)와 클래스(class) |

앞에서 div라는 틀에 이름을 붙이고 CSS에서 스타일을 입력한다고 설명했는데 이때 이름을 붙이는 방법으로 아이디(id)와 클래스(class) 두 가지가 있습니다. 아이디는 아이덴티티의 준말로 뜻 그대로 유일무이하게 하나뿐일 때 사용합니다. 아이디로 이름 붙여진 경우, 해당 틀은 웹 페이지에서 한 번만 등장해야 합니다. 같은 아이디로 여러 개가 있다면 그건 표준 코딩이라고 할 수 없습니다. 그리고 PHP에서 id로 지정된 틀의 스타일을 스타일시트에서 찾을 때는 #을 붙여서 검색합니다. 예를 들어 PHP에서 div id="frame"이라고 정의했다면 해당 div의 스타일은 스타일시트에서 #frame에 정의되어 있습니다. 이에 비해 클래스는 같은 웹 페이지에서 여러 번 반복적으로 사용할 때 쓰는데 PHP에서 div class="frame"이라고 정의했다면 스타일시트에서는 .frame을 찾아보면 됩니다. 스타일시트에서 아이디는 #, 클래스는 .으로 표기합니다.

아이디와 클래스는 혼용해서 사용하기도 하는데 예를 들어 10개의 같은 다발 중에서 하나만 약간의 변형을 주고 싶을 때, 10개를 각각 같은 이름의 클래스로 지정하고 변형을 주고 싶은 하나에만 아이디를 정의하는 식입니다.

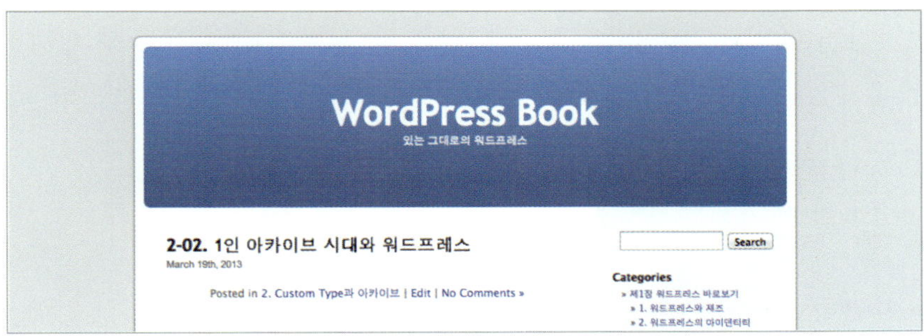

▲ Kubrick 테마의 header 부분 미리보기

워드프레스 테마에서는 디자인에 관한 대부분의 정보가 스타일시트에 모여 있기 때문에 테마 디자인을 최적화하고 편집할 때는 제일 먼저 CSS 파일들을 확인해야 하고 그 중에서도 기본 스타일시트인 style.css의 내용을 살펴보는 것이 우선입니다. 테마 스타일 편집과 최적화에 대해서는 '테마 최적화'에서 자세히 다루도록 하겠습니다.

 웹페이지의 시작, header.php

워드프레스 사이트의 모든 웹 페이지는 header.php로 시작합니다. 그렇기 때문에 웹 페이지에 대한 설정에서부터 워드프레스 사이트에 관한 정보, 스타일시트 및 자바스크립트 라이브러리까지 웹 페이지가 정상적으로 보여지기 위해 필요한 모든 설정 및 소스들을 header.php에서 정의하고 불러옵니다. Twenty Twelve 테마를 예로 설명하겠습니다.

■ 웹 페이지 기본 설정

```php
<?php
/**
 * The Header for our theme.
 *
 * Displays all of the <head> section and everything up till <div id="main">
 *
 * @package WordPress
 * @subpackage Twenty_Twelve
 * @since Twenty Twelve 1.0
 */
?><!DOCTYPE html>
<!--[if IE 7]>
<html class="ie ie7" <?php language_attributes(); ?>>
<![endif]-->
<!--[if IE 8]>
<html class="ie ie8" <?php language_attributes(); ?>>
<![endif]-->
<!--[if !(IE 7) | !(IE 8)  ]><!-->
<html <?php language_attributes(); ?>>
<!--<![endif]-->
<head>
<meta charset="<?php bloginfo( 'charset' ); ?>" />
<meta name="viewport" content="width=device-width" />
<title><?php wp_title( '|', true, 'right' ); ?></title>
<link rel="profile" href="http://gmpg.org/xfn/11" />
<link rel="pingback" href="<?php bloginfo( 'pingback_url' ); ?>" />
<?php // Loads HTML5 JavaScript file to add support for HTML5 elements in older IE versions. ?>
<!--[if lt IE 9]>
<script src="<?php echo get_template_directory_uri(); ?>/js/html5.js" type="text/javascript"></script>
<![endif]-->
<?php wp_head(); ?>
</head>
```

▲ Twenty Twelve 테마의 header.php의 시작 부분

위의 그림에서 보이는 부분은 오로지 웹페이지와 워드프레스에 관해 설정일 뿐 웹브라우저에 어떤 것도 표시하지 않습니다. style.css가 테마에 관한 정보를 설정한다면 header.php는 웹 페이지 전반에 관해 정의합니다. 다음과 같이 하나씩 내용을 알아보겠습니다.

- [1~10번째 줄] : 개발자가 이 테마에 대해 메모한 내용
- [11번째 줄] DOCTYPE html : 웹 페이지(도큐먼트)의 타입을 html로 정의
- [12~20번째 줄] language_attributes( ) : 웹페이지(html)의 언어를 설정합니다. 워드프레스를 설치할 때 설정한 내용이 출력되는데 한글판을 설치했다면 한글로, 영문판을 설치했다면 영어로 설정됩니다.
- [22번째 줄] charset : 문자 인코딩 방식을 지정하는 것인데 워드프레스는 UTF-8을 기본으로 합니다. 문자 인코딩 방식에 관해서는 호스팅 상품 구입, 설정에 관해 설명할 때도 언급되었습니다.
- [23번째 줄] viewport : 뷰 포트에 대한 설정입니다.
- [24번째 줄] title : 웹사이트 이름(제목)과 설명 또는 각 페이지의 제목을 표시하는 방식을 정하는 부분입니다. 이런 내용을 가장 잘 확인할 수 있는 곳이 바로 구글 검색인데, 구글 검색 결과로 특정 웹페이지가 나타날 때 여기서 설정한 내용이 반영됩니다.
- [25~26번째 줄] link : 프로필, 핑백, 스타일시트 등의 URL을 설정합니다.
- [27~30번째 줄] script : 웹페이지 구현에 필요한 자바스크립트 라이브러리를 불러옵니다.
- [31번째 줄] wp_head( ) : 워드프레스 테마에서 </head>전에 항상 들어가야 하고 스타일, 스크립트, 메타 태그 등을 추가합니다. 이런 내용은 Twenty Eleven 테마의 header.php에 설명되어 있습니다.

```
60
61      /* Always have wp_head() just before the closing </head>
62       * tag of your theme, or you will break many plugins, which
63       * generally use this hook to add elements to <head> such
64       * as styles, scripts, and meta tags.
65       */
66      wp_head();
67  ?>
68  </head>
69
```

▲ Twenty Eleven 테마의 header.php에서 wp_head( )에 대해 설명한 내용

</head>까지 웹페이지에 관한 설정이 끝나고 <body>가 등장하는데 여기서부터가 실제로 웹 브라우저에 출력되는 부분이라 할 수 있습니다. 말 그대로 '몸통'인 셈입니다. 어떤 내용이 출력되는지 알아보겠습니다.

```php
33
34   <body <?php body_class(); ?>>
35   <div id="page" class="hfeed site">
36       <header id="masthead" class="site-header" role="banner">
37           <hgroup>
38               <h1 class="site-title"><a href="<?php echo esc_url( home_url( '/' ) ); ?>" title="<?php
                   echo esc_attr( get_bloginfo( 'name', 'display' ) ); ?>" rel="home"><?php
                   bloginfo( 'name' ); ?></a></h1>
39               <h2 class="site-description"><?php bloginfo( 'description' ); ?></h2>
40           </hgroup>
41
42           <nav id="site-navigation" class="main-navigation" role="navigation">
43               <h3 class="menu-toggle"><?php _e( 'Menu', 'twentytwelve' ); ?></h3>
44               <a class="assistive-text" href="#content" title="<?php esc_attr_e( 'Skip to content',
                   'twentytwelve' ); ?>"><?php _e( 'Skip to content', 'twentytwelve' ); ?></a>
45               <?php wp_nav_menu( array( 'theme_location' => 'primary', 'menu_class' => 'nav-menu' ) ); ?
                   >
46           </nav><!-- #site-navigation -->
47
48           <?php $header_image = get_header_image();
49           if ( ! empty( $header_image ) ) : ?>
50               <a href="<?php echo esc_url( home_url( '/' ) ); ?>"><img src="<?php echo
                   esc_url( $header_image ); ?>" class="header-image" width="<?php echo
                   get_custom_header()->width; ?>" height="<?php echo get_custom_header()->height; ?>"
                   alt="" /></a>
51           <?php endif; ?>
52       </header><!-- #masthead -->
53
54       <div id="main" class="wrapper">
```

▲ Twenty Twelve 테마의 header.php에서 웹 브라우저에 출력되는 부분의 수정

- [34번째 줄] body : 여기서부터 웹브라우저에 출력됩니다.

- [37~40번째 줄] bloginfo('name')와 bloginfo('description') : 웹사이트의 이름과 설명
  을 불러와 출력합니다. 관리자 메뉴의 '설정'에서 '일반'의 항목 중에 '사이트 제목', '태그라
  인'에 지정된 내용을 불러옵니다.

- [42~46번째 줄] wp_nav_menu( ) : 내비게이션 메뉴가 출력됩니다. 관리자의 '외모'에서
  '메뉴' 안에 구성된 내용을 불러옵니다.

[참고]

| IE에 대응하는 Twenty Twelve 테마 |

웹 브라우저마다의 특성이 있는데 특히 마이크로소프트에서 개발한 IE 8이하의 브라우저는 문제를 많이 가지고 있습니다. 개발된 지 오래되기도 했고 웹 표준을 제대로 지키고 있지도 않아서 이들 브라우저에 적절히 대응하지 않으면 표준 코딩을 했더라도 화면이 깨지고 구성이 흐트러져 보일 수 있습니다. 이렇게 다양한 웹 브라우저 환경에 대응해 브라우저와 상관없이 동일한 정보를 보여주는 것을 '크로스 브라우징'이라고 합니다.

Twenty Twelve 테마도 크로스 브라우징이 고려되어 있는데 '<!—[if IE 7]>', '<!—[if IE 8]>', '<!—[if !(IE 7) | !(IE 8)]>' 식으로 표시된 조건문이 그렇습니다. IE 7은 마이크로소프트 사에서 개발한 웹 브라우저 '인터넷 익스플로러 7'을 의미하고 IE 8은 같은 브라우저의 버전 8을 의미합니다. Twenty Twelve 테마 header.php의 12~14번째 줄은 현재 웹 브라우저가 인터넷 익스플로러 7일 경우, 15~17번째 줄은 인터넷 익스플로러 8의 경우, 18~20번째 줄은 인터넷 익스플로러 버전이 7, 8이 아닌 경우 즉 9 이상인 경우를 의미하는데 브라우저 버전에 따라 각기 다른 스타일을 적용한다는 뜻입니다. ('Twenty Twelve 테마의 header.php의 시작 부분' 그림 참고)

html의 스타일(Twenty Twelve 테마에는 'css'라는 이름의 폴더 안에 'ie.css'라는 인터넷 익스플로러에 관한 스타일시트 파일이 들어 있습니다.)에 익스플로러 버전에 따라 7일 때는 "ie ie7"이라는 클래스가 적용되고 8일 때는 "ie ie8"이, 9 이상에서는 클래스 정의 없이 그냥 html이 쓰이게 됩니다.

[참고]

| 반응형 웹이 적용된 Twenty Twelve 테마 |

Twenty Twelve 테마는 '반응형 웹(Responsive Web)' 기술이 적용되었는데 뷰 포트 설정에서 이런 내용을 확인할 수 있습니다.

반응형 웹이란 웹 콘텐츠를 데스크탑용 디스플레이 환경에 제한하지 않고 타블렛 PC 및 스마트폰 등 다양한 모바일 기기의 해상도에 맞춰 화면을 재구성, 변환하는 기법을 말합니다.

▲ 반응형 웹이 적용된 Twenty Twelve의 차일드 테마 Simplicity.
출처: http://brightmist.co.uk/simplicity/

최근에 모바일 기기를 비롯해 다양한 환경에서 웹을 접속하게 되는데 이런 다양한 브라우저, 디바이스 환경을 이해하기 위해서 사용합니다. 뷰 포트라는 것은 브라우저에서 웹페이지가 보여지는 영역만을 말하는데 이 영역의 가로 폭을 해당 디바이스의 해상도 가로 폭으로 한다는 의미로 'width=device-width'라고 정의한 것입니다. 즉, 브라우저 및 기기의 해상도를 읽어와서 화면을 구성한다는 의미입니다.

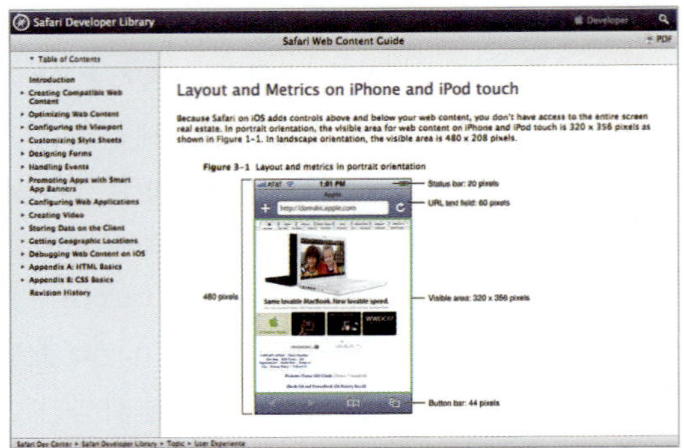

▲ 애플의 사파리 개발자 라이브러리에서 밝히고 있는 뷰포트에 관한 내용.
출처: https://developer.apple.com/library/

만약, 뷰 포트를 지정하지 않은 상태에서 웹페이지가 가로 폭 1024픽셀로 디자인 되었을 때, 해상도가 320x480인 아이폰3G에서는 1024픽셀 폭의 웹페이지가 320픽셀 또는 480픽셀로 축소되어 보여집니다. 데스크탑 화면에서 볼 때와 차이가 없어집니다. 내용이 축소 출력되면 모바일 환경에선 내용을 보기 불편할테고 이런 작은 창의 한계를 깨기 위해서 반응형 웹이 등장했다고 이해할 수 있습니다.

■ header.php에서 웹 페이지 제목을 설정하는 방법

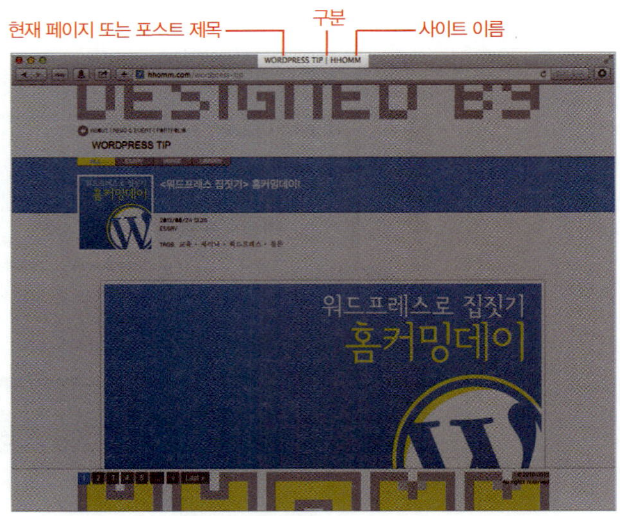

▲ 웹 브라우저에 표시되는 제목을, wp_title로 설정할 수 있습니다.

Twenty Twelve 테마에서는 웹 페이지의 제목을 wp_title('|', true, 'right')이라고 설정하고 있는데 괄호 안의 매개변수 중에서 첫 번째 '|'은 웹사이트 이름과 현재 웹 페이지의 제목 사이를 구분하기 위해 넣는 부호라고 할 수 있고 두 번째 변수인 true는 이렇게 설정한 내용을 출력할지 여부를 정하는 것으로 만약 false라고 입력하면 웹사이트 제목이나 현재 웹 페이지 제목 대신 현재의 URL이 출력됩니다. 그리고 마지막 변수에 'right'라고 입력하면 현재 웹 페이지의 제목이 웹사이트 제목의 오른쪽으로 배치됩니다.

▲ 검색결과로 웹페이지가 나타날 때 header.php에서 wp_title( )로 설정한 내용의 영향을 받습니다

위의 그림처럼 글 제목이 웹사이트 이름의 왼쪽에 오게 하고 둘 사이를 ' | '로 구분하고 싶다면, wp_title(' | ')이라고 입력합니다. 두 번째 매개변수의 기본값이 true이고 세 번째 매개변수를 생략하면 웹사이트 이름이 오른쪽으로 배치되기 때문입니다.

태그의 문법 : <?php wp_title($sep, $display, $seplocation); ?>
- $sep : 웹사이트 이름과 글 제목 사이를 구분하는 부호 또는 글씨
- $display : 출력 여부를 지정. 기본값은 true(출력)

■ 웹 페이지별로 클래스명을 자동 지정해주는 태그, body_class( )

<body <?php body_class( ); ?>>의 한 줄 코드가 담고 있는 내용은 참으로 위대하다라고 할 수 있습니다. 워드프레스 사이트는 이 한 줄로 각 웹 페이지의 스타일을 달리 구현할 수 있기 때문입니다. 워드프레스에서 제공하는 body_class( )라는 템플릿 태그에 대해서 알아보겠습니다.

〈?php body_class( ); ?〉는 각 웹 페이지의 성격, 위치를 파악해서 body에 이름을 붙여줍니다. 예를 들어 사이트의 첫 페이지일 때는 home이라는 이름을 붙여주고 카테고리를 열었을 때는 category라는 이름을 붙여줍니다. 다시 말해, 테마에 입력된 〈body 〈?php body_class( ); ?〉〉이 한 줄이 웹사이트 첫 페이지에서는 〈body class="home"〉으로, 카테고리를 열었을 때는 〈body class="category"〉로 워드프레스가 각 웹 페이지의 성격과 위치를 파악해서 해당하는 클래스 이름을 달아준다는 얘기입니다. 그러니 웹사이트의 첫 화면 디자인만 바꾸고 싶다면 스타일시트에서 .home을 적용해서 스타일을 정의합니다.

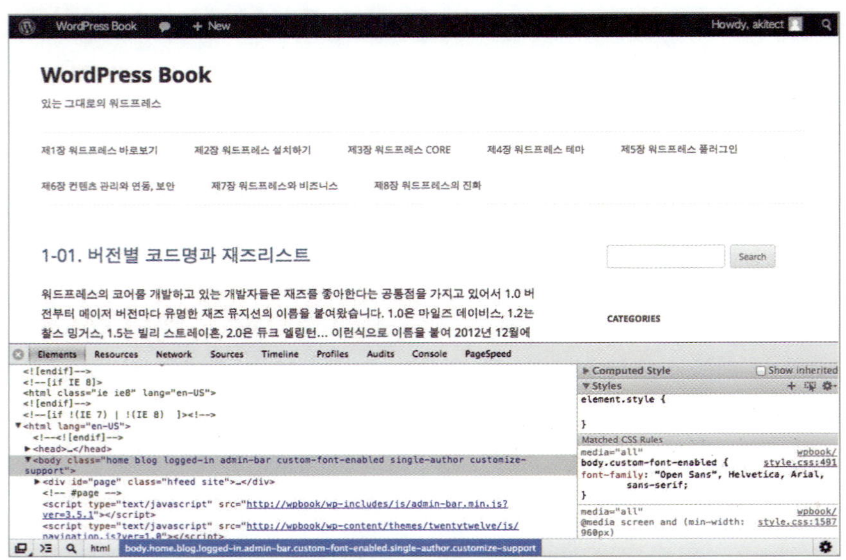

▲ 개발자 툴로 〈body〉의 클래스 이름을 확인한 화면.
현재 웹 페이지의 위치, 상태 등을 의미하는 이름들이 들어 있습니다.

이뿐 아니라 로그인 여부, 배경을 사용자화했는지 여부, 고정 관리 메뉴(Admin Bar)의 표시 여부 등 현재 워드프레스 사이트의 상태를 클래스 이름으로 제공하기 때문에 body_class( )라는 템플릿 태그 하나로 다양한 디자인을 적용할 수 있습니다. 구체적인 내용은 워드프레스 코덱스(http://codex.wordpress.org/Function_Reference/body_class)를 참고하십시오.

■ body_class( )가 자동 지정하는 웹 페이지별 클래스 이름

- 사이트 첫 페이지(최신 글이 목록화 되는 index의 경우) : home과 blog로 정의
- 사이트 첫 페이지(특정 페이지로 고정되어 있을 때) : home과 page로 정의
- 단일 글(Posts) : single로 정의. 해당 글의 아이디와 커스텀 포스트 타입 등 글에 대한 정보가 함께 제공됩니다.
- 페이지(Page) : page로 정의. 해당 페이지의 아이디와 상하위 페이지, 페이지 템플릿 등 페이지에 대한 정보가 함께 제공됩니다.
- 카테고리 페이지 : category로 정의. 해당 카테고리의 아이디 등 카테고리에 대한 정보가 함께 제공됩니다.

■ 웹 페이지의 마무리, footer.php

footer.php는 웹 페이지의 마무리를 담당합니다. header.php가 ⟨html⟩, ⟨body⟩로 웹 페이지의 시작을 알렸다면 footer.php에서는 ⟨/body⟩, ⟨/html⟩로 마무리합니다. 그래서 둘은 데칼코마니처럼 똑같이 닮았으면서도 대칭입니다. header.php에서 ⟨html⟩ 다음에 ⟨boby⟩가 왔다면 footer.php에서는 역순으로 ⟨/body⟩ 다음에 ⟨/html⟩이 옵니다. 대문을 열고 들어가 마당을 지나 현관문을 열고 거실로 들어갔다면 나올 때는 현관문을 닫고 대문을 빠져 나오듯이 html은 문을 열고 닫는 순서에 민감하기 때문에 header.php가 열어 놓은 웹 페이지의 문을 footer.php가 순서대로 닫아줘야 합니다.

```php
<?php
/**
 * The template for displaying the footer.
 *
 * Contains footer content and the closing of the
 * #main and #page div elements.
 *
 * @package WordPress
 * @subpackage Twenty_Twelve
 * @since Twenty Twelve 1.0
 */
?>
		</div><!-- #main .wrapper -->
		<footer id="colophon" role="contentinfo">
			<div class="site-info">
				<?php do_action( 'twentytwelve_credits' ); ?>
				<a href="<?php echo esc_url( __( 'http://wordpress.org/', 'twentytwelve' ) ); ?>"
				title="<?php esc_attr_e( 'Semantic Personal Publishing Platform',
				'twentytwelve' ); ?>"><?php printf( __( 'Proudly powered by %s',
				'twentytwelve' ), 'WordPress' ); ?></a>
			</div><!-- .site-info -->
		</footer><!-- #colophon -->
	</div><!-- #page -->

<?php wp_footer(); ?>
</body>
</html>
```

▲ Twenty Twelve 테마의 footer.php 내용

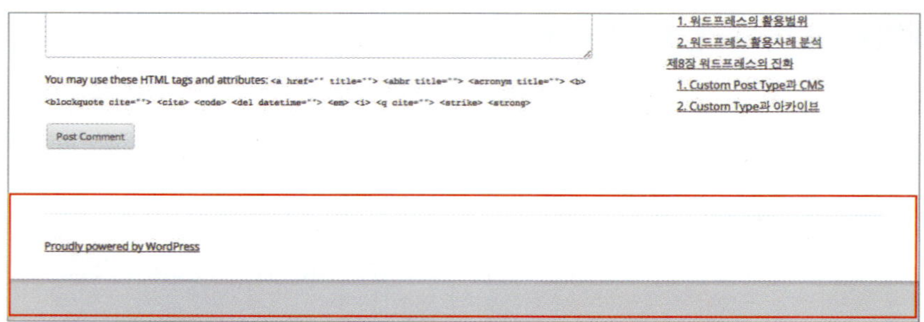

▲ 빨간색으로 표시된 부분이 웹 페이지에서 footer.php에 의해 출력된 것입니다.

단, header.php처럼 웹 페이지에 대해 정의하는 거창한 일을 맡고 있진 않기 때문에 header. php에 비해 내용이 간략합니다. 테마를 어떻게 디자인하느냐에 따라 차이는 있겠지만 대부분의 테마에서 footer.php의 역할을 '문단속' 정도라고 할 수 있습니다. 여기에 몇 가지를 추가하면, 웹페이지의 콘텐츠 저작권에 대해 표시하고 보통의 테마는 테마 개발자와 워드프레스로 구동되고 있음을 표시하는 정도입니다. 기업 홈페이지의 경우 사업장의 주소, 연락처, 사업자번호, 운영자 이메일 등을 함께 표기하기도 하는데 워드프레스에서는 주로 footer.php에 이런 내용을 넣습니다.

05 header.php, footer.php로 분리된 index.php

header.php와 footer.php를 설명했으니 이제 본론으로 들어가겠습니다. 앞에서 테마를 이루는 최소한의 구성 요소를 설명할 때 PHP는 index.php 파일 하나로 끝낼 수도 있다고 했습니다. 원래 index.php 하나에 다 들어있던 내용이 header.php와 footer.php 그리고 index.php로 3단 분리된 것이라고 할 수 있는데 제 역할을 하려면 다시 합체해야 합니다. 이제 index.php가 자신의 분신, header와 footer를 불러오는 방법을 보겠습니다.

■ header.php, footer.php 불러오기

```php
<?php
/**
 * The main template file.
 *
 * This is the most generic template file in a WordPress theme
 * and one of the two required files for a theme (the other being style.css).
 * It is used to display a page when nothing more specific matches a query.
 * For example, it puts together the home page when no home.php file exists.
 *
 * Learn more: http://codex.wordpress.org/Template_Hierarchy
 *
 * @package WordPress
 * @subpackage Twenty_Twelve
 * @since Twenty Twelve 1.0
 */

get_header(); ?>

    <div id="primary" class="site-content">...</div><!-- #primary -->

<?php get_sidebar(); ?>
<?php get_footer(); ?>
```

▲ Twenty Twelve 테마의 index.php에서 콘텐츠의 내용을 생략하고
큰 틀의 구조로 본 그림

위의 그림은 Twenty Twelve 테마의 index.php 파일에서 콘텐츠에 관한 내용만 감춰서 본 것입니다. index.php는 크게 index로 표시할 콘텐츠와 get_header( ), get_sidebar( ), get_footer( ) 총 4가지로 구성되어 있다는 것을 확인할 수 있습니다. 여기서 get_header( )라는 태그를 우리말로 풀어서 설명하면 'header.php야, 이리와!' 입니다. 마찬가지로 get_sidebar( )는 sidebar.php를, get_footer( )는 footer.php를 불러옵니다.

| index.php는 원래 4단 분리? |

워드프레스 웹페이지의 구조를 설명할 때 보통 header, content, siderbar, footer로 4단 구성을 이야기하는데 이 책에선 sidebar에 대한 설명을 생략하고 header, content(index), footer로 줄여서 설명했습니다.

■ 워드프레스 콘텐츠 불러오기 – query_posts와 if 조건문

웹페이지에서 header와 sidebar, footer의 내용을 각 파일에 나눠 담고 나면 index.php에는 콘텐츠 영역을 불러와 구성하는 일만 남습니다. 테마마다 이 부분이 다르겠지만 기본적으로 데이터베이스에 입력된 글(Posts), 페이지(Pages) 등에 관한 정보를 불러오는 방법 또는 문법은 같습니다.

```php
1   <?php get_header(); ?>
2
3       <div id="primary" class="site-content">
4           <div id="content" role="main">
5           <?php query_posts($query_string.'&order=ASC'); ?>
6           <?php if ( have_posts() ) : ?>
7
8               <?php /* Start the Loop */ ?>
9               <?php while ( have_posts() ) : the_post(); ?>
10                  <?php get_template_part( 'content', get_post_format() ); ?>
11              <?php endwhile; ?>
12
13              <?php twentytwelve_content_nav( 'nav-below' ); ?>
14
15          <?php else : ?>
16
17              <article id="post-0" class="post no-results not-found"></article><!-- #post-0
                -->
44
45          <?php endif; // end have_posts() check ?>
46
47          </div><!-- #content -->
48      </div><!-- #primary -->
49
50  <?php get_sidebar(); ?>
51  <?php get_footer(); ?>
```

▲ Twenty Twelve 테마의 index.php에서 콘텐츠 부분의 기본 구조–1

위의 그림에서 5번째 줄에 query_posts라는 태그가 보일 겁니다. 데이터베이스에 저장된 정보를 불러오는 것을 쿼리(query)라고 하는데 워드프레스에서 query_posts라는 템플릿 태그가 주요 콘텐츠 정보를 불러올 때의 옵션이라고 할 수 있습니다. 그리고 바로 다음 줄에 나오는

〈?php if (have_posts( )) : ?〉로 쿼리가 시작됩니다. 워드프레스 언어로 〈?php if (have_posts( )) : ?〉라는 말을 우리말로 통역할 때, '만약 데이터베이스에 저장된 글(Posts)이 하나라도 있다면…' 정도가 됩니다. if 다음에 오는 괄호가 조건인데 have posts라고 했으니 글(Posts)이 존재하는지를 묻는 것입니다. 조건 다음에 콜론(:)이 오는데 조건을 충족할 때 콜론 다음에 나오는 내용을 실행하라는 뜻입니다.

TIP

query_post( )

query_post( )로 데이터베이스에서 정보를 불러올 때, 콘텐츠의 순서나 범위 등을 지정할 수 있습니다. 예를 들어, query_posts($query_string.'&order=ASC')는 글을 오름차순으로 불러들인다는 뜻입니다. 반대로 내림차순으로 불러오고 싶다면 query_posts($query_string.'&order=DESC')라고 하면 됩니다.

query_posts( )로 설정할 수 있는 옵션은 무척 다양합니다. wordpress.org(http://codex.wordpress.org/Function_Reference/query_posts)에서 해당 태그로 검색하면 구체적인 내용을 확인할 수 있습니다.

자, 그럼 입력된 글(Posts)이 하나도 없을 때는 어떻게 하죠? 그림의 15번째 줄에 〈?php else: ?〉라고 쓰인 것이 보일 겁니다. 이쯤에서 대부분 눈치챘겠지만 〈?php else: ?〉를 우리말로 번역하면 '데이터베이스에 글(Posts)이 하나도 없다면…'이 됩니다. 워드프레스가 아니더라도 컴퓨터 프로그래밍 언어에서 가장 흔히 등장하는 문법이 바로 조건문인데 if, else가 그것입니다. if 다음에 오는 괄호에 조건을 넣고 여기에 맞으면 if와 else 사이에 있는 내용을 실행하고 조건을 충족하지 못하면 else 다음에 오는 내용을 실행합니다. 그리고 else 다음에 실행할 내용의 범위를 정하기 위해서 조건문의 마지막에 〈?php endif; ?〉가 등장합니다. 자세히 보면 if와 else 뒤에는 콜론이 오고 endif 다음에는 세미콜론이 오는 것을 알 수 있습니다. 세미콜론은 마침표와 같습니다. endif 다음에만 세미콜론이 오는데 해당 구문이 끝났다는 뜻입니다.

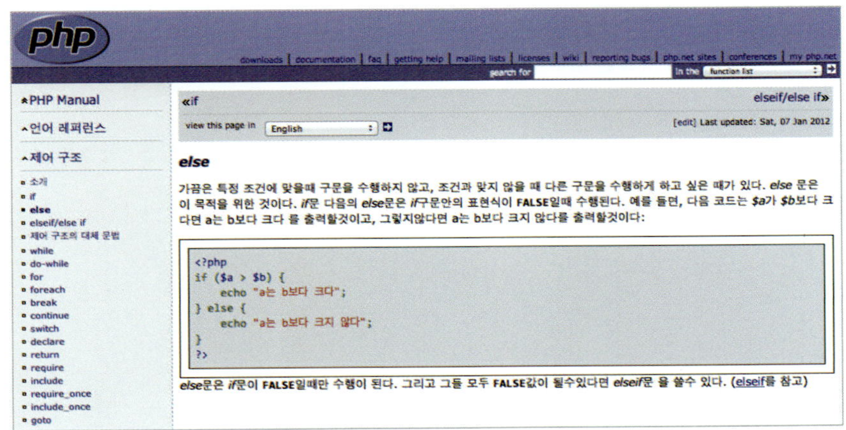

▲ php.net에서 설명하는 if else의 문법, 출처:http://www.php.net/

if 조건문을 통해 데이터베이스에 저장된 글의 유무를 확인했습니다. else 뒤, 데이터베이스에 저장된 내용이 없을 때는 크게 신경 쓸 필요가 없으니 if와 else 사이에 어떤 내용이 있는지 확인해 보겠습니다.

```php
5       <?php query_posts($query_string.'&order=ASC'); ?>
6       <?php if ( have_posts() ) : ?>
7
8           <?php /* Start the Loop */ ?>
9           <?php while ( have_posts() ) : the_post(); ?>
10              <?php get_template_part( 'content', get_post_format() ); ?>
11          <?php endwhile; ?>
12
13          <?php twentytwelve_content_nav( 'nav-below' ); ?>
14
15      <?php else : ?>
16
```

▲ Twenty Twelve 테마의 index.php에서 콘텐츠 부분의 기본 구조-2

> **TIP**
>
> **개발자의 메모**
>
> 워드프레스 테마를 열어보면 코드 중간중간에 개발자의 메모를 발견하게 됩니다. 다음 그림에서 회색으로 표시된 '/* Start the Loop */'가 여기에 해당하는데, /*과 */ 사이, ⟨!– –과 – –⟩ 사이에 넣거나 // 다음에 한 줄 메모를 하는 방식입니다. 이렇게 입력된 내용은 단순히 테마의 구조를 이해할 수 있도록 도움을 주는 일종의 주석 같은 역할을 할 뿐, 실제 웹 페이지를 구성하는데 영향을 주지는 않습니다.

8번째 줄에 ⟨?php /* Start the Loop */ ?⟩라고 쓰여 있습니다. 개발자가 '여기서부터 루프가 시작됩니다'라고 메모해 둔 겁니다. 루프는 워드프레스가 여러 개의 글(Posts)을 불러오기 위해 쓰는 PHP 코드입니다. 워드프레스가 데이터베이스에서 정보를 불러오는 콘텐츠 단위라고도 할 수 있는데 웹사이트의 첫 화면에서 최신 글 10개를 보여준다면 루프 안에 단위 글이 구성되고 10번에 걸쳐 순차적으로 반복됩니다.

Using The Loop

The Loop should be placed in `index.php` and in any other Templates used to display post information.

Be sure to include the call for the header template at the top of your Theme's templates. If you are using The Loop inside your own design (and your own design is not a template), set `WP_USE_THEMES` to `false`:

```php
<?php define('WP_USE_THEMES', false); get_header(); ?>
```

The loop starts here:

```php
<?php if ( have_posts() ) : while ( have_posts() ) : the_post(); ?>
```

and ends here:

```php
<?php endwhile; else: ?>
<p><?php _e('Sorry, no posts matched your criteria.'); ?></p>
<?php endif; ?>
```

This is using PHP's alternative syntax for control structures, and could also be expressed as:

```php
<?php
    if ( have_posts() ) {
        while ( have_posts() ) {
            the_post();
            //
            // Post Content here
            //
        } // end while
    } // end if
?>
```

▲ 워드프레스의 루프 구문, 출처: http://codex.wordpress.org/The_Loop

이번에는 반복되는 루프를 구성하기 위해 while 구문에 대해 알아보겠습니다. while 반복문도 앞에서 알아본 if 조건문과 구조는 크게 다르지 않습니다. while 다음 괄호 안에 조건이 있고 이 조건이 만족된다면 루프는 계속 반복됩니다. 위의 그림에서도 볼 수 있는 'while (have_posts( ))'은 데이터베이스에 입력된 마지막 글(Posts)까지 루프를 반복한다는 의미로 해석할 수 있습니다.

단, 여기서 한 가지 알아두어야 할 것이 있습니다. 루프가 무조건 데이터베이스의 마지막까지 반복되지는 않는다는 점입니다. 예를 들어, 지금까지 쓴 글이 100개라고 첫 화면에 100개의 글이 쭉 나열되진 않습니다. 만약 그렇게 된다면 100개의 글을 불러오느라 브라우저가 다운될지도 모릅니다.

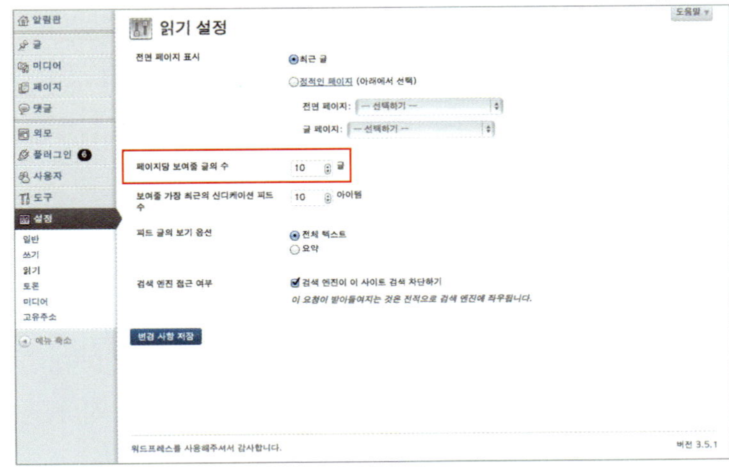

▲ 워드프레스 관리자에서 루프를 설정

관리자의 '읽기 설정'에서 '페이지당 보여줄 글의 수'라는 항목을 통해서 루프의 반복 횟수를 정할 수 있습니다. 단일 글 페이지를 제외하고 목록을 보여주는 모든 부분이 이 곳의 설정값을 기준으로 루프를 반복합니다.

참고로 single.php, page.php에도 루프와 while 반복문이 들어가 있지만 워드프레스는 이들 템플릿 파일의 특성을 알고 있기 때문에 루프를 한 번만 돌립니다.

06 글 형식(Post Formats)별 템플릿 파일

워드프레스에서 웹 페이지의 몸통이 되는 index.php, archive.php, category.php, single.php, page.php 등의 템플릿은 if와 while 구문을 통해 루프를 만들고 그 안에 단위 콘텐츠의 형식을 정하는 것을 기본으로 합니다. Twenty Twelve 테마는 루프 안의 단위 콘텐츠를 content.php 템플릿에 나눠 담아놨는데 글 형식(Post Formats)에 따라 content.php, content-aside.php, content-image.php, content-link.php, content-none.php, content-quote.php, content-status.php로 구분하고 있습니다.

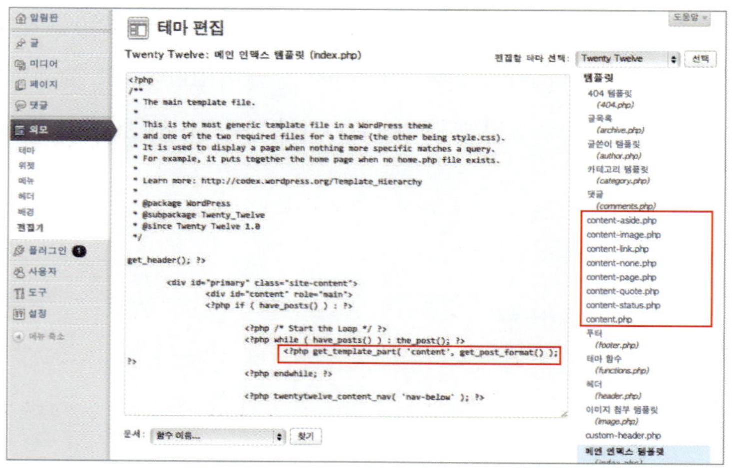

▲ Twenty Twelve 테마에서 콘텐츠를 포스트의 형식별로 구분한 템플릿 파일들

루프 안에 <?php get_template_part('content', get_post_format( )); ?>라는 태그가 각 콘텐츠 형식에 따라 content.php, content-aside.php, content-image.php, content-link.php, content-none.php, content-quote.php, content-status.php 중 하나를 불러옵니다. get_ post_format( )로 포스트의 형식에 관한 정보를 불러오는데 예를 들어, 포스트 형식이 aside라면 content-aside.php 파일을 불러오고 포스트 형식이 quote라면 content-quote.php를 불러옵니다.

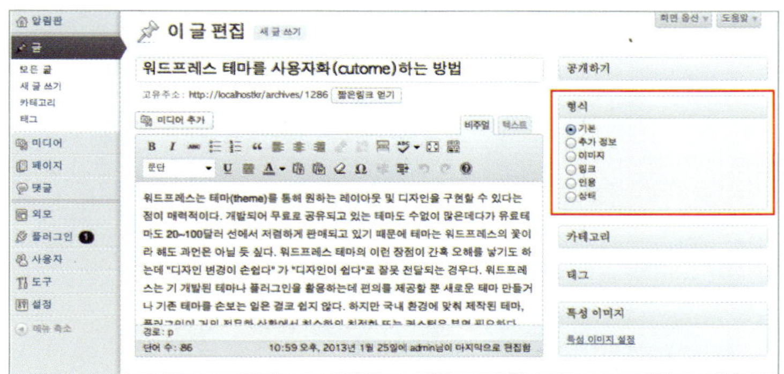

▲ 글을 쓸 때 포스트의 형식을 선택하는 옵션

Twenty Twelve 테마처럼 포스트 포맷 기능을 지원하는 테마를 사용하면 위의 그림에서 보듯이 글의 형식을 정할 수 있습니다. 그리고 테마에서는 각 형식별로 템플릿을 제공, 콘텐츠의 성격에 맞게 구성을 할 수 있습니다.

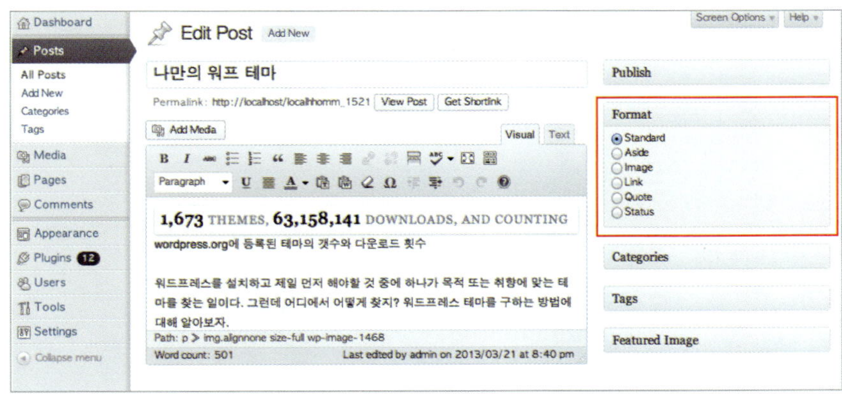

▲ 글을 쓸 때 포스트의 형식을 선택하는 옵션(영문판)

워드프레스 한글판에서는 형식에 관한 옵션도 번역되어 있어 각 형식별로 어떤 템플릿이 연결되는지 잘 와 닿지 않을 수 있는데 영문판에서 보면 쉽게 이해할 수 있습니다. 형식을 선택하는 옵션에서 '기본(Standard)'은 content.php, '추가 정보(Aside)'는 content-aside.php, '이미지(Image)'는 content-image.php, '링크(Link)'는 content-link.php, '인용(Quote)'은 content-quote.php, '상태(Statue)'는 content-status.php로 각각 연결됩니다.

| 테마와 글 형식(Post Formats) 옵션 |

글 형식(Post Formats) 기능은 3.1버전부터 제공되기 시작되었고 테마에서 이 기능을 지원하지 않으면 글 형식은 글쓰기의 옵션으로 나타나지 않습니다. functions.php에서 이런 기능을 활성화시켜야 하는데 이 부분에 대해선 다음의 functions.php에 대한 설명을 참고하십시오.

07 테마의 기능을 설정, functions.php

functions.php에서는 테마에서 작동될 추가 기능을 설정합니다. 마치 플러그인을 테마에 탑재한다고 생각하면 됩니다. jQuery 플러그인을 활용한다던가 워드프레스의 메뉴 기능에 대한 환경 설정, 위젯 설정, 썸네일 크기나 별도로 자동 생성할 이미지 사이즈 설정 등 테마의 기능 및 환경 설정을 담당한다고 할 수 있습니다.

```php
30
31   /**
32    * Sets up theme defaults and registers the various WordPress features that
33    * Twenty Twelve supports.
34    *
35    * @uses load_theme_textdomain() For translation/localization support.
36    * @uses add_editor_style() To add a Visual Editor stylesheet.
37    * @uses add_theme_support() To add support for post thumbnails, automatic feed links,
38    *   custom background, and post formats.
39    * @uses register_nav_menu() To add support for navigation menus.
40    * @uses set_post_thumbnail_size() To set a custom post thumbnail size.
41    *
42    * @since Twenty Twelve 1.0
43    */
44   function twentytwelve_setup() {
45      /*
46       * Makes Twenty Twelve available for translation.
47       *
48       * Translations can be added to the /languages/ directory.
49       * If you're building a theme based on Twenty Twelve, use a find and replace
50       * to change 'twentytwelve' to the name of your theme in all the template files.
51       */
52      load_theme_textdomain( 'twentytwelve', get_template_directory() . '/languages' );
53
54      // This theme styles the visual editor with editor-style.css to match the theme style.
55      add_editor_style();
56
57      // Adds RSS feed links to <head> for posts and comments.
58      add_theme_support( 'automatic-feed-links' );
59
60      // This theme supports a variety of post formats.
61      add_theme_support( 'post-formats', array( 'aside', 'image', 'link', 'quote',
62         'status' ) );
63
63      // This theme uses wp_nav_menu() in one location.
64      register_nav_menu( 'primary', __( 'Primary Menu', 'twentytwelve' ) );
65
63      // This theme uses wp_nav_menu() in one location.
64      register_nav_menu( 'primary', __( 'Primary Menu', 'twentytwelve' ) );
65
66      /*
67       * This theme supports custom background color and image, and here
68       * we also set up the default background color.
69       */
70      add_theme_support( 'custom-background', array(
71         'default-color' => 'e6e6e6',
72      ) );
73
74      // This theme uses a custom image size for featured images, displayed on "standard"
         posts.
75      add_theme_support( 'post-thumbnails' );
76      set_post_thumbnail_size( 624, 9999 ); // Unlimited height, soft crop
77   }
78   add_action( 'after_setup_theme', 'twentytwelve_setup' );
79
```

▲ Twenty Twelve 테마의 functions.php에서 테마에 관해 설정하고 있는 부분

기본 테마인 Twenty Twelve의 functions.php를 열어보면 내용이 무척 많고 복잡해 보입니다. 위의 그림은 Twenty Twelve 테마의 functions.php 파일에서 테마를 설정하는 부분만 발췌한 것인데 내용이 많고 복잡해 보이지만 회색으로 표시된 개발자 메모를 빼면 실제 내용은 반도 되지 않습니다. 워드프레스에서 제공하는 기본 테마라 그런지 각 코드에 관한 설명이 자세히 적혀 있습니다. 메모 내용을 참고하면서 들여다보겠습니다.

44번째 줄에서 function twentytwelve_setup( )이라고 하고 괄호가 열려 있는데 77번째 줄에서 괄호 닫고 add_action('after_setup_theme', 'twentytwelve_setup')라고 쓰여 있습니다. 괄호 안의 내용을 twentytwelve_setup 기능이라고 정의하고 마지막에서 add_action으로 이 기능을 활성화 시킨다는 의미입니다. twentytwelve_setup 기능에는 어떤 것들이 포함되어 있는지 하나씩 알아보겠습니다.

- [45~52번째 줄] load_theme_textdomain : 테마의 번역 기능을 담당한다고 합니다. Twenty Twelve 테마 안에 'languages'라는 이름의 폴더가 있는데 여기에 번역 파일(.mo)을 추가하면 해당 기능을 활용할 수 있습니다.
- [54~55번째 줄] add_editor_style : 워드프레스의 비주얼 에디터(TinyMCE)를 테마 스타일에 맞게 사용자화할 수 있도록 별도의 스타일시트 파일을 두고 관리합니다. Twenty Twelve 테마에 기본 스타일시트(style.css)외에 editor-style.css라는 스타일시트 파일이 있는데 여기에 비주얼 에디터의 스타일을 정의하고 있습니다.
- [57~58번째 줄] automatic-feed-links : header에 RSS 피드 링크를 추가해 워드프레스 사이트가 RSS기능을 제공할 수 있도록 만듭니다.
- [60~61번째 줄] post-formats : 포스트 포맷(Post Formats)은 3.1버전이 출시되면서 소개된 것인데 글(Posts)에 대한 일종의 메타 정보라고 할 수 있습니다. 테마에서 포스트 포맷 기능을 활성화 합니다.
- [63~64번째 줄] register_nav_menu : 3.0버전에 추가된 커스텀 내비게이션 메뉴(Custom Navigation Menus) 기능을 사용하기 위해 필요한 설정입니다. 만약 functions.php에서 이 기능을 활성화하지 않으면 관리자에서 '외모'의 '메뉴'에서 내비게이션 메뉴를 편집할 수 없습니다.

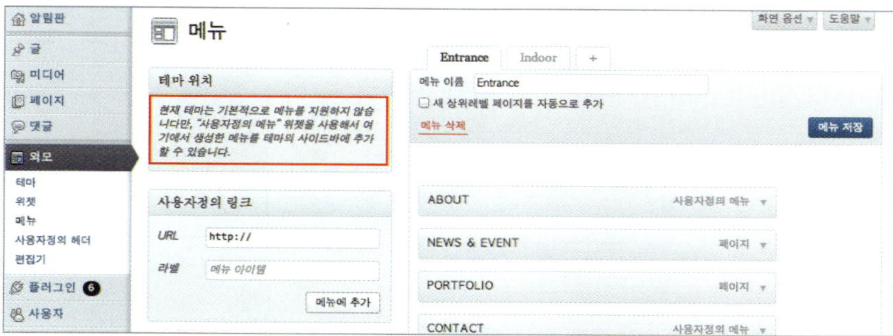

▲ 테마의 functions.php에서 커스텀 네비게이션 메뉴를 설정하지 않으면 관리자의
'메뉴'를 편집할 수 없습니다.

- [66~72번째 줄] custom-background : 관리자에서 특정 색상이나 이미지를 웹사이트 배경으로 설정할 수 있도록 해주는 커스텀 백그라운드(Custom Backgrounds) 기능을 활성화합니다.

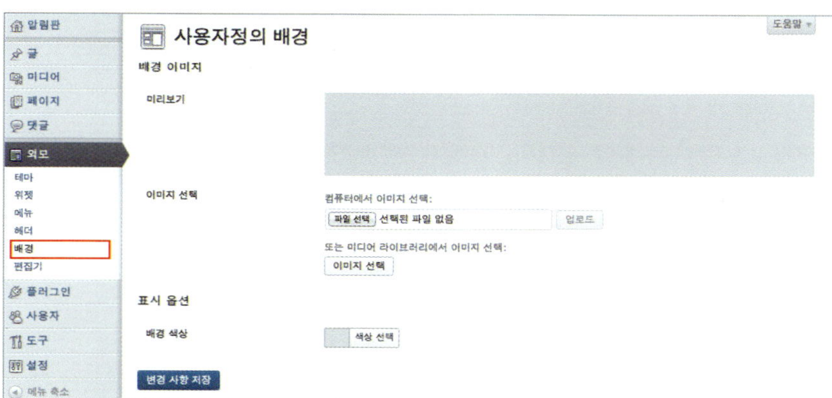

▲ 테마의 functions.php에서 커스텀 백그라운드 기능을 설정하지 않으면
관리자에서 '배경'이라는 항목이 나타나지 않습니다.

- [74~76번째줄] add_theme_support('post-thumbnails'): 글(Posts)에서 특성 이미지(Featured Image) 기능을 활성화시킵니다. functions.php에 이 코드가 없다면 워드프레스의 글쓰기 화면에서 특성 이미지 항목이 나타나지 않습니다.

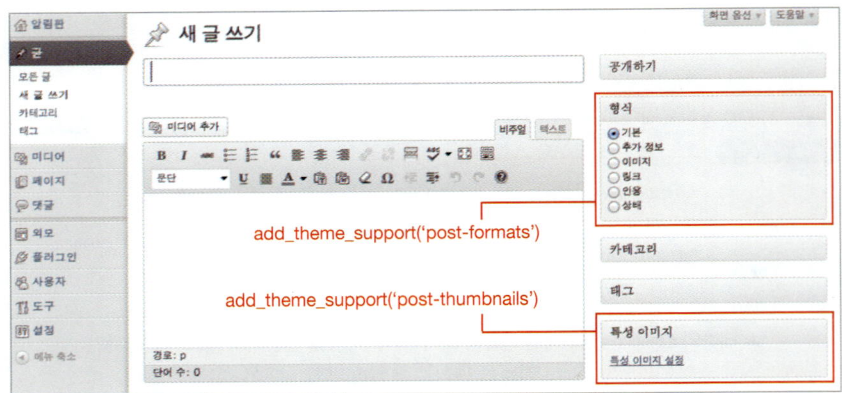

▲ 테마의 functions.php에서 글(Posts)와 관련된 설정들

functions.php는 워드프레스에서 제공하는 기능을 테마에 적용하는 것외에도 테마의 스타일(CSS)과 스크립트(JS)를 관리하는 일까지 합니다.

```php
/**
 * Adds support for a custom header image.
 */
require( get_template_directory() . '/inc/custom-header.php' );

/**
 * Enqueues scripts and styles for front-end.
 *
 * @since Twenty Twelve 1.0
 */
function twentytwelve_scripts_styles() {
    global $wp_styles;

    /*
     * Adds JavaScript to pages with the comment form to support
     * sites with threaded comments (when in use).
     */
    if ( is_singular() && comments_open() && get_option( 'thread_comments' ) )
        wp_enqueue_script( 'comment-reply' );

    /*
     * Adds JavaScript for handling the navigation menu hide-and-show behavior.
     */
    wp_enqueue_script( 'twentytwelve-navigation', get_template_directory_uri() . '/js/
        navigation.js', array(), '1.0', true );

    /*
     * Loads our special font CSS file.
     *
     * The use of Open Sans by default is localized. For languages that use
     * characters not supported by the font, the font can be disabled.
     *
     * To disable in a child theme, use wp_dequeue_style()
     * function mytheme_dequeue_fonts() {
     *     wp_dequeue_style( 'twentytwelve-fonts' );
     * }
```

```php
...
118     /* translators: If there are characters in your language that are not supported
119        by Open Sans, translate this to 'off'. Do not translate into your own language. */
120     if ( 'off' !== _x( 'on', 'Open Sans font: on or off', 'twentytwelve' ) ) {
121         $subsets = 'latin,latin-ext';

123         /* translators: To add an additional Open Sans character subset specific to your
               language, translate
124            this to 'greek', 'cyrillic' or 'vietnamese'. Do not translate into your own
               language. */
125         $subset = _x( 'no-subset', 'Open Sans font: add new subset (greek, cyrillic,
               vietnamese)', 'twentytwelve' );

127         if ( 'cyrillic' == $subset )
128             $subsets .= ',cyrillic,cyrillic-ext';
129         elseif ( 'greek' == $subset )
130             $subsets .= ',greek,greek-ext';
131         elseif ( 'vietnamese' == $subset )
132             $subsets .= ',vietnamese';

134         $protocol = is_ssl() ? 'https' : 'http';
135         $query_args = array(
136             'family' => 'Open+Sans:400italic,700italic,400,700',
137             'subset' => $subsets,
138         );
139         wp_enqueue_style( 'twentytwelve-fonts', add_query_arg( $query_args, "$protocol://
               fonts.googleapis.com/css" ), array(), null );
140     }
141
142     /*
143      * Loads our main stylesheet.
144      */
145     wp_enqueue_style( 'twentytwelve-style', get_stylesheet_uri() );
146
147     /*
148      * Loads the Internet Explorer specific stylesheet.
149      */
150     wp_enqueue_style( 'twentytwelve-ie', get_template_directory_uri() . '/css/ie.css',
           array( 'twentytwelve-style' ), '20121010' );
151     $wp_styles->add_data( 'twentytwelve-ie', 'conditional', 'lt IE 9' );
152 }
153 add_action( 'wp_enqueue_scripts', 'twentytwelve_scripts_styles' );
```

▲ Twenty Twelve 테마의 functions.php에서 스타일시트와 스크립트

wp_enqueue_style( ) 태그는 스타일을 정의하고 wp_enqueue_script( ) 태그는 스크립트를 정의합니다.

이외에도 functions.php가 하는 역할은 무척 다양합니다. functions.php 파일만 봐도 테마의 구조를 파악할 수 있을 만큼 테마에서 가장 중추적인 역할을 하고 있습니다. 단, 여러분이 테마 개발에 관심을 가지고 있고 프로그래밍 언어를 이해하는 것이 아닌 이상 다른 템플릿 파일들에 비해 functions.php에 접근하는 일은 쉽지 않을 수 있습니다. 그리고 테마를 개발하는 경우가 아니라면 funtions.php을 편집하거나 할 일이 거의 없기 때문에 functions.php가 테마의 중추며 테마 구현에 필요한 기능과 스타일, 스크립트를 설정한다는 사실만 기억하면 됩니다.

| RSS란? |

RSS는 보통 '구독한다'는 표현과 함께 쓰이는 경우가 많은데 이 표현이 RSS의 성격을 가장 잘 말해주지 않나 싶습니다. RSS는 'Really Simple Syndication'의 줄임말이고 여기서 신디케이션 (syndication)은 프로그램을 제작한 곳에서 중간 과정 없이 방송국으로 바로 전달한다는 뜻이니 RSS를 우리말로 풀어 쓰면 '진짜 쉽고 간단한 발송장치'라고 할 수 있습니다. 웹사이트의 정보를 보다 쉽게 전달할 수 있는 방법은 없을까? RSS는 그런 고민 속에서 만들어진 기능입니다.

▲ RSS 리더 서비스, 한 RSS에서 RSS의 개념을 만화로 설명하고 있습니다.
출처: http://www.hanrss.com/help/guide.qst/

한 가지 예를 들어 보겠습니다. 언론사에서 매일 같이 쏟아져 나오는 소식을 듣기 위해 신문을 구독 합니다. 매일 신문사에 찾아가서 '오늘 나온 소식 없어?'라고 물을 필요가 없습니다. 모두 자기 자리 를 지키고 있으면 뉴스는 알아서 내 귓 전에, 눈 앞에 날라오는 것이 당연한 것이 되었습니다. 그런 데 여러분의 웹은 어떻습니까? 자주 찾는 사이트가 있어도 정작 주소 창에 웹사이트 주소를 넣거나 즐겨찾기 목록에서 찾아 직접 방문하기 전에는 거기서 어떤 콘텐츠가 새로 업데이트되었는지 무언 이 이슈가 되고 있는지 도통 알지 못하고 이런 비효율적인 정보 습득 과정에 문제를 느끼지도 않습 니다. 오프라인보다도 뒤쳐진 방식으로 웹을 접하고 있는 것은 아닐까 생각해 볼 일입니다. RSS는 이런 문제의 해결책이 될 수 있습니다. 앞서도 말했지만 신문처럼 콘텐츠를 구독해 볼 수 있게 해주 니까 말입니다.

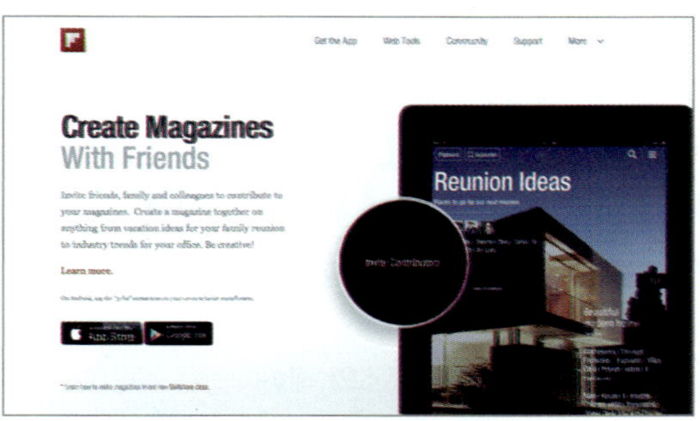

▲ RSS 리더의 일종인 플립보드, 출처: http://flipboard.com/

사실 모바일 기기가 보급되면서 이미 많은 분들이 RSS를 활용하고 있는데 심플하고 동적인 디자인 때문에 많이 알려진 타블릿용 앱, 플립보드도 RSS를 활용하는 일종의 RSS 리더라고 할 수 있습니다. RSS라는 말은 생소해도 우리는 이미 이 기술을 이용하고 있는 셈입니다. 개발된지 10년 넘은 기술이 이제서야 조금 쓰임새를 찾고 있는 것 같습니다.

워드프레스를 비롯한 최신의 CMS를 사용하면 여러분의 웹사이트에 RSS 기능을 넣을 수 있습니다. RSS 리더를 사용해 콘텐츠를 구독하는 모든 독자에게 직접 제작한 프로그램(콘텐츠)을 전송할 수 있게 된다는 뜻입니다.

002

테마 기본 레이아웃

테마의 구조와 레이아웃을 개념적으로 알아봅니다. 테마를 수정하거나 편집해야 하는 경우가 아니라면 테마의 개념을 이해하는 것만으로도 충분합니다. '테마의 기본 구성 요소'에서 워드프레스 테마를 코드 단위까지 자세히 쪼개봤다면 이번에는 전체 테마의 구조와 레이아웃을 종합해 봅니다.

01 반복되는 머리(header.php)와 다리(footer.php)

앞에서 테마를 구성하는 최소한의 구성을 알아봤습니다. style.css와 index.php 단 두 개의 파일만으로도 테마를 구현할 수 있다고 얘기했는데 일반적인 웹페이지의 레이아웃에 대해 좀 더 알아보기 위해 하나의 완전체였던 index.php가 머리와 다리를 header.php와 footer.php에게 내주고 몸통만으로 살게 된 사연을 들어봅니다.

워드프레스 테마는 index.php 하나로 구성될 수도 있다고 했는데 이제 최소한의 단위가 결합되는 방식에 대해 이야기해보겠습니다. 뒤로 돌아가 워드프레스 템플릿의 계층 구조를 도식화한 앞의 그림을 보면 잘 알 수 있는데 워드프레스의 콘텐츠를 구성하는 방식은 매우 다양합니다. 기본적으로 글(Posts)을 쓰고 나면 웹사이트의 어떤 페이지에서는 그 내용이 요약되어 일부만 보여지기도 하고 어떤 페이지에서는 같은 카테고리가 모여 보여지기도 하고, 글 전문에 댓글을 달 수 있게 구성되기도 합니다. 또 저자, 태그, 검색 키워드 별로 글을 분류하거나 날짜별로 정렬하기도 하는데 각 페이지의 성격에 따라 레이아웃이나 디자인이 달라집니다.

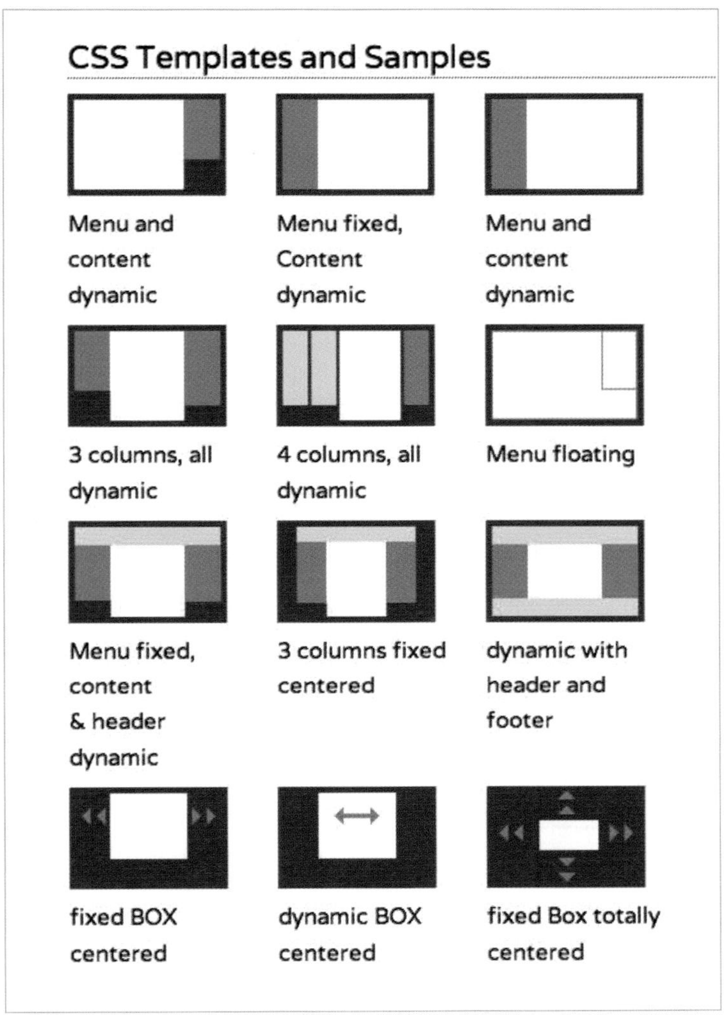

▲ 레이아웃에 관한 CSS 템플릿들,
출처: http://past.intensivstation.ch/en/templates/

하지만 각 페이지마다 레이아웃, 디자인이 다르면 웹사이트 방문자들은 하나의 웹사이트라고 느끼기 어려울 겁니다. 그러니 웹 디자인에 통일감을 주려면 레이아웃이나 디자인에서 변하지 않고 유지되는 영역도 있어야 하는데, header.php와 footer.php는 디자인에 있어 바뀌지 않고 고정 반복되는 구간이라고 할 수 있습니다. 하나의 index.php가 header.php와 footer.php로 나뉜 이유를 단순히 기능적인 면에서만 찾을 것이 아니라 웹 디자인의 유형을 분석한 결과라고 할 수도 있습니다. 사실, header라고 해서 항상 웹 페이지의 상단을 구성하고 footer라고 항상 하단을 맡는 것은 아닌데 마치 위 아래로 위치가 정해져 있는 것처럼 부르는 이유는 대부분의 웹사이트가 그렇게 구성되어 있기 때문이라고 할 수 있습니다.

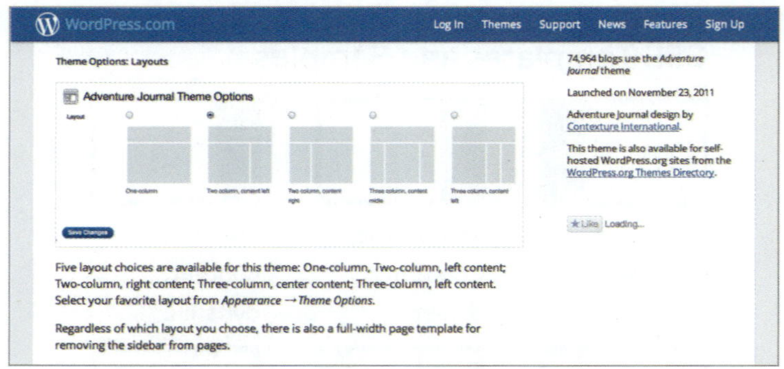

▲ 레이아웃을 정할 수 있는 Adventure Journal 테마,
출처: http://theme.wordpress.com/themes/adventure-journal/

문서를 만들 때 워드프로세서에서는 머릿말, 꼬릿말 기능을 제공하지만 이 기능을 사용하지 않는 사람이 더 많습니다. 일반적인 문서는 텍스트 중심이기 때문에 형식화시키는 요소가 거의 없고 있다 하더라도 글자의 크기나 글꼴, 부호를 통해 표현되는 성향이 커서 머리말이나 꼬리말 기능은 단순히 페이지 번호나 넣는데 활용할 뿐입니다. 하지만 웹사이트는 인쇄물과는 그 성격이나 쓰임새가 달라 디자인적인 요소가 많습니다. 시각적인 디자인도 중요하지만 내비게이션 메뉴(웹사이트의 주 메뉴)처럼 방문자가 사용하기에 편한 위치에 고정 배치되어야 할 요소도 있기 때문에 전체 레이아웃에서 고정해야 할 부분과 변화를 줘야 할 부분을 구분해서 계획하게 됩니다. 예를 들어 내비게이션 메뉴의 위치가 각 페이지마다 이동하면 매 페이지마다 메뉴가 있는 곳으로 마우스 포인터를 옮겨야 합니다.

워드프레스 테마가 웹사이트를 머리, 몸통, 다리로 나누는 이유는 이렇게 정리할 수 있습니다. 태초에 웹의 창시자가 웹이라는 우주에 웹사이트라는 땅을 만들고 보니 보기 좋더라! 그래서 이런 웹 세계의 복음을 워드프레스라는 책으로 엮어 정리했는데 그 책의 내용인 즉, 세상 만물이 머리, 몸통, 다리로 되어있더라는 겁니다.

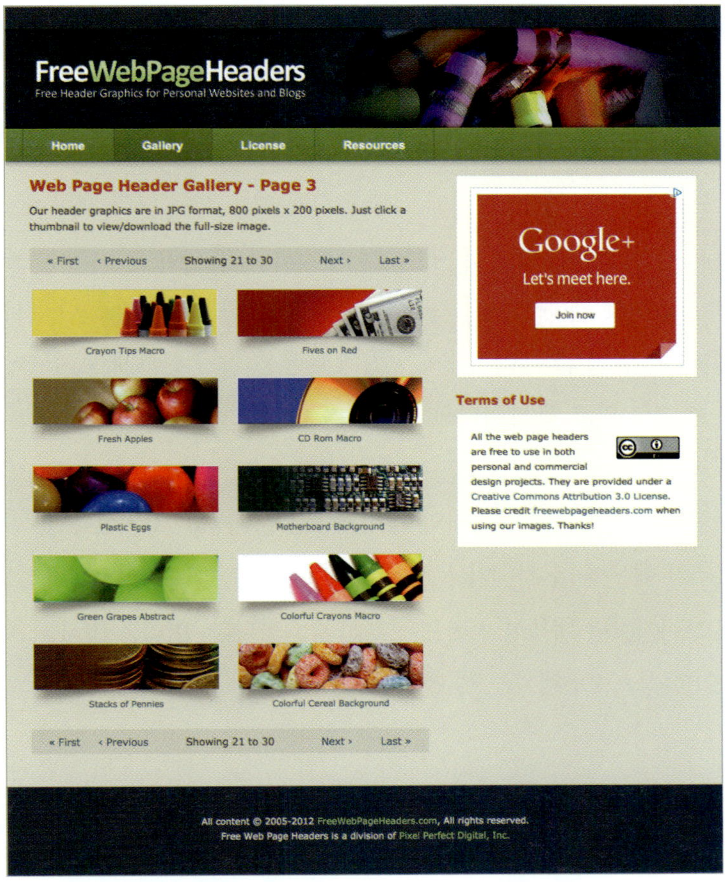

▲ 무료로 헤더 이미지를 제공하는 freewebpageheaders.com.
출처: http://freewebpageheaders.com/

대부분의 웹사이트에서 상단의 로고나 웹사이트를 대표하는 이미지 또는 사이트 명이 있고 주 메뉴 바가 고정 배치되어 있습니다. 하단에는 저작권에 대한 표시, 기업에 관한 기본 정보, 사이트맵, 부 메뉴 등이 들어갑니다. header와 footer는 웹사이트에서 큰 변화 없이 반복되는 부분이면서 웹사이트 디자인의 아이덴티티를 나타내는 부분이기도 합니다. 결국, header와 footer가 떨어져 나간 index.php, 웹 페이지의 몸통은 콘텐츠 중심으로 구성됩니다.

 ## 콘텐츠를 담고 있는 몸통, index.php

웹 페이지의 몸통에 해당하는 index.php, archive.php, category.php, tag.php, single.php 등의 템플릿에서는 콘텐츠를 보여주는 형식에 집중합니다. 예를 들어 여러 개의 글을 나열하는 인덱스 또는 카테고리 페이지의 경우, 본문 전체를 보여주기보다 제목과 두어 줄의 본문 요약을 보여주는 형태로 구성합니다. 전체 웹 페이지의 길이를 줄여 스크롤하지 않더라도 한 눈에 여러 개의 글을 볼 수 있기 때문입니다. 단일 글 페이지에서는 전체 내용을 읽기 편하게 보여주어 글씨 크기와 줄 간격을 조금 크게 할 수도 있고 웹 페이지의 가로 폭을 다 쓸 수도 있습니다.

머리와 다리에서 웹 디자인의 아이덴티티와 내비게이션의 기능을 고민했다면 몸통에서는 콘텐츠 자체에 초점을 맞추기 때문에 글 자체가 돋보이고 가독성을 높일 수 있는 디자인을 선택하는 것이 좋습니다. 예쁘게 보이기보다 내용이 읽히는 구성이 중요합니다. 머리는 머리 대로 다리는 다리 대로의 방식이 있듯이 index.php에서는 '몸'에 맞는 옷을 찾아야 합니다.

03 모든 템플릿의 시작, index.php

워드프레스는 콘텐츠 관리에 있어 탁월하다고 여러 번 강조했습니다. 테마 구조에서도 이런 CMS로서의 면모가 잘 나타나는데 index.php로 대표되는 몸통 부분의 템플릿이 home.php, single.php, page.php, archive.php, search.php 등으로 나뉘고 이 중에서 archive.php가 category.php, tag.php, author.php, date.php, taxonomy.php 등으로 세분화될 수 있습니다. 콘텐츠를 구성하는 방식이 워낙 다양해서 '무엇을 생각하던 워드프레스는 준비되어 있다' 이렇게 말해도 결코 과언은 아닐 겁니다. 이런 말이 잘 믿기지 않는다면 워드프레스 테마 템플릿의 계층구조를 한 번 더 확인해 보십시오.

```php
<?php
/**
 * The template for displaying Archive pages.
 *
 * Used to display archive-type pages if nothing more specific matches a query.
 * For example, puts together date-based pages if no date.php file exists.
 *
 * If you'd like to further customize these archive views, you may create a
 * new template file for each specific one. For example, Twenty Twelve already
 * has tag.php for Tag archives, category.php for Category archives, and
 * author.php for Author archives.
 *
 * Learn more: http://codex.wordpress.org/Template_Hierarchy
 *
 * @package WordPress
 * @subpackage Twenty_Twelve
 * @since Twenty Twelve 1.0
 */

get_header(); ?>

	<section id="primary" class="site-content">
		<div id="content" role="main">

		<?php if ( have_posts() ) : ?>
			<header class="archive-header">
				<h1 class="archive-title"><?php
					if ( is_day() ) :
						printf( __( 'Daily Archives: %s', 'twentytwelve' ), '<span>' .
							get_the_date() . '</span>' );
					elseif ( is_month() ) :
						printf( __( 'Monthly Archives: %s', 'twentytwelve' ), '<span>' .
							get_the_date( _x( 'F Y', 'monthly archives date format',
								'twentytwelve' ) ) . '</span>' );
					elseif ( is_year() ) :
						printf( __( 'Yearly Archives: %s', 'twentytwelve' ), '<span>' .
							get_the_date( _x( 'Y', 'yearly archives date format',
								'twentytwelve' ) ) . '</span>' );
					else :
						_e( 'Archives', 'twentytwelve' );
					endif;
				?></h1>
			</header><!-- .archive-header -->

			<?php
			/* Start the Loop */
			while ( have_posts() ) : the_post();

				/* Include the post format-specific template for the content. If you want to
				 * this in a child theme then include a file called called content-___.php
				 * (where ___ is the post format) and that will be used instead.
				 */
				get_template_part( 'content', get_post_format() );

			endwhile;

			twentytwelve_content_nav( 'nav-below' );
			?>

		<?php else : ?>
			<?php get_template_part( 'content', 'none' ); ?>
		<?php endif; ?>

		</div><!-- #content -->
	</section><!-- #primary -->

<?php get_sidebar(); ?>
<?php get_footer(); ?>
```

▲ Twenty Twelve 테마의 archive.php, 노란색으로 표시한 부분 외에는
index.php와 큰 차이가 없는 것을 알 수 있습니다.

```php
<?php
/**
 * The template for displaying Category pages.
 *
 * Used to display archive-type pages for posts in a category.
 *
 * Learn more: http://codex.wordpress.org/Template_Hierarchy
 *
 * @package WordPress
 * @subpackage Twenty_Twelve
 * @since Twenty Twelve 1.0
 */

get_header(); ?>

    <section id="primary" class="site-content">
        <div id="content" role="main">
        <?php query_posts($query_string.'&order=ASC'); ?>
        <?php if ( have_posts() ) : ?>
            <header class="archive-header">
                <h1 class="archive-title"><?php printf( __( 'Category Archives: %s',
                    'twentytwelve' ), '<span>' . single_cat_title( '', false ) . '</span>' ); ?
                    ></h1>

            <?php if ( category_description() ) : // Show an optional category description ?>
                <div class="archive-meta"><?php echo category_description(); ?></div>
            <?php endif; ?>
            </header><!-- .archive-header -->

            <?php
            /* Start the Loop */
            while ( have_posts() ) : the_post();

                /* Include the post format-specific template for the content. If you want to
                 * this in a child theme then include a file called called content-____.php
                 * (where ____ is the post format) and that will be used instead.
                 */
                get_template_part( 'content', get_post_format() );

            endwhile;

            twentytwelve_content_nav( 'nav-below' );
            ?>

        <?php else : ?>
            <?php get_template_part( 'content', 'none' ); ?>
        <?php endif; ?>

        </div><!-- #content -->
    </section><!-- #primary -->

<?php get_sidebar(); ?>
<?php get_footer(); ?>
```

▲ Twenty Twelve 테마의 category.php, 노란색으로 표시한 부분 외에는
index.php와 큰 차이가 없는 것을 알 수 있습니다.

```php
<?php
/**
 * The Template for displaying all single posts.
 *
 * @package WordPress
 * @subpackage Twenty_Twelve
 * @since Twenty Twelve 1.0
 */

get_header(); ?>

	<div id="primary" class="site-content">
		<div id="content" role="main">

			<?php while ( have_posts() ) : the_post(); ?>

				<?php get_template_part( 'content', get_post_format() ); ?>

				<nav class="nav-single">
					<h3 class="assistive-text"><?php _e( 'Post navigation',
						'twentytwelve' ); ?></h3>
					<span class="nav-previous"><?php previous_post_link( '%link', '<span
						class="meta-nav">' . _x( '&larr;', 'Previous post link',
						'twentytwelve' ) . '</span> %title' ); ?></span>
					<span class="nav-next"><?php next_post_link( '%link', '%title <span
						class="meta-nav">' . _x( '&rarr;', 'Next post link', 'twentytwelve' ) .
						'</span>' ); ?></span>
				</nav><!-- .nav-single -->

				<?php comments_template( '', true ); ?>

			<?php endwhile; // end of the loop. ?>

		</div><!-- #content -->
	</div><!-- #primary -->

<?php get_sidebar(); ?>
<?php get_footer(); ?>
```

▲ Twenty Twelve 테마의 single.php

해당 템플릿들은 대부분 비슷한 구성으로 짜여지는데 Twenty Twelve 테마의 템플릿 파일들을 놓고 비교해 보면 잘 알 수 있습니다. index.php, category.php에서 콘텐츠 부분이 <section id="primary" class="site-content">로 시작하고 다음에 <div id="content" role="main">이 오는 것이 똑같고 single.php에서는 section이 div로 바뀌었을 뿐 기본적으로 거의 레이아웃이 동일한 것을 알 수 있습니다. 기본 레이아웃은 거의 같고 그 안에 콘텐츠를 불러오는 방식만 다릅니다.

테마 최적화

테마의 구조를 이해했다면 웹사이트의 운영 목적이나 성격, 플러그인과의 조화 등을 고려해 테마를 최적화하는 작업에 관심을 갖게 됩니다. 웹 브라우저의 개발자 도구를 활용하는 방법에서부터 테마 스타일 변경시 자주 사용되는 워드프레스 템플릿 태그 등에 대해 알아보고 테마를 최적화하는 방법까지 살펴보겠습니다.

01 다양한 웹 브라우저와 웹 개발 도구

워드프레스를 설치하고 그 위에 테마와 플러그인을 사용하여 내가 원하는 디자인, 내게 필요한 기능을 추가하고나면 사용 준비가 모두 끝난 것이라고 할 수 있습니다. 하지만 코어는 코어대로, 테마는 테마대로, 플러그인은 플러그인대로, 개발한 사람이 모두 다르니 모두가 알아서 조화를 이루기란 쉽지 않은 게 당연합니다. 그래서 대부분의 워드프레스 사용자는 테마나 플러그인을 사용하면서 아쉬움을 느낍니다. 워드프레스 테마가 국내 웹 환경에 맞지 않아 생기는 문제이기도 하고 국내 사용자의 눈높이가 해외보다 높다는 증거이기도 합니다.

어찌되었건 직접 의뢰해서 제작한 테마가 아니라면 신속한 A/S를 기대할 수 없으니 워드프레스는 일종의 DIY라고 생각하는 게 맞습니다. 그러니 보통 웹사이트를 만들 때와는 달리 사용자가 직접 개발 도구를 꺼내는 것도 이상할 일은 아닙니다. 다만, 주의해야 할 점이 있습니다. 1장에서도 언급했지만 워드프레스를 설치하고 활용하는 것과 워드프레스 테마를 개발하는 것은 전혀 다른 성격의 일이란 점을 잊지 마십시오. 여러분의 홈페이지를 집이라 한다면 지금부터는 내 집에서 생기는 최소한의 문제를 직접 해결해 보는 겁니다. 이 책 한 권으로 여러분을 건축가로 만들어 드릴 수 없다는 점을 다시 한번 강조하면서 시작하겠습니다.

일단, 모든 것에 앞서 필요한 장비를 알아보도록 하겠습니다.

우선 여러분의 컴퓨터에 어떤 웹 브라우저가 설치되어 있는지 브라우저의 이름부터 확인해야 합니다. 아마 이 질문에 '그게 뭐야?'라고 한다면 십중팔구 인터넷 익스플로러를 사용하고 있는 겁니다.

윈도우를 설치할 때 기본으로 포함되어 있기 때문에 컴퓨터나 웹에 특별히 관심을 가진 분이 아니라면 기본 설치된 윈도우 익스플로러를 사용하고 있을 확률이 높습니다.

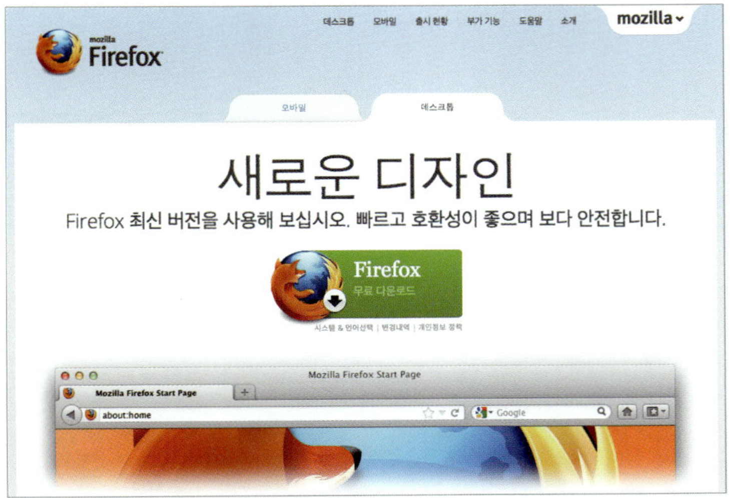

▲ 비영리 재단 모질라에서 개발한 웹브라우저 파이어폭스,
출처: http://www.mozilla.or.kr/ko/firefox/fx/#desktop

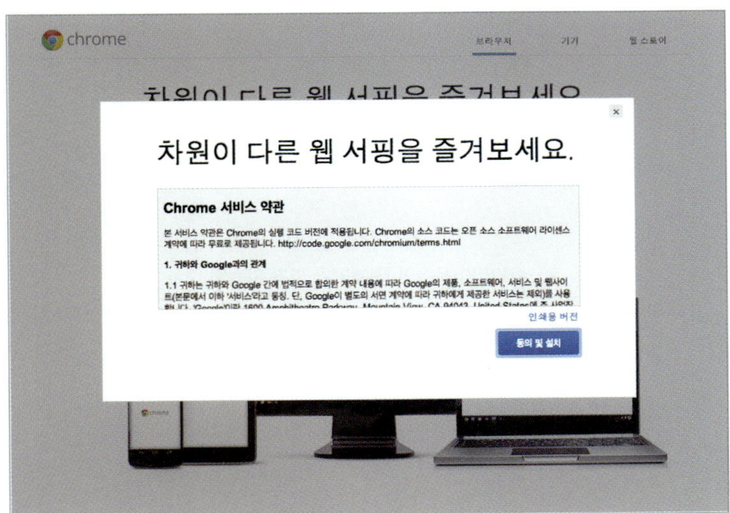

▲ 구글에서 개발한 웹브라우저 크롬,
출처: http://www.google.com/intl/ko/chrome/browser/

이제까지 익스플로러를 사용했다면 지금 새로 설치할 웹 브라우저 하나를 고르십시오. 파이어폭스(Firefox), 크롬(Chrome), 사파리(Safari), 오페라(Opera) 등 웹브라우저의 종류는 다양합니다. 하지만 웹 개발 환경을 고려하면 파이어폭스나 크롬을 권장합니다. 브라우저에 기본 탑재되어 있거나 추가할 수 있는 개발 도구가 강력하기 때문입니다.

▲ 파이어폭스의 웹 개발용 부가 기능들.
출처: https://addons.mozilla.org/ko/firefox/extensions/web-development/

▲ 크롬 웹 스토어의 개발자 도구들.
출처: https://chrome.google.com/webstore/category/app/11-web-development

웹 브라우저 안에 앱스토어가 있다?

최근에는 웹 브라우저를 바탕으로 다양한 기능을 추가할 수 있게 되었는데 그 사용 방법이 마치 스마트폰의 앱스토어와 같습니다. 이제 더 이상 웹 브라우저는 단순한 인터넷 접속기라고 할 수 없습니다. 웬만한 소프트 웨어들은 이제 거의 다 웹 브라우저의 부가 기능이 되고 있는 추세니까 말입니다.

02 파이어버그(Firebug) 설치하기

이 책에서는 웹 개발 도구로 가장 많이 알려진 파이어폭스의 파이어버그(Firebug)를 기준으로 설치 및 사용법을 알아보겠습니다.

먼저 최신 버전의 파이어폭스를 설치한 후에 파이어버그 홈페이지 http://getfirebug.com에 접속하여 [Install Firebug] 버튼을 클릭합니다.

▲ 파이어버그 홈페이지 접속하기

다운로드 페이지가 나타나면 다운로드 목록에서 제일 상단의 최신 버전에 있는 'Download'를 클릭합니다.

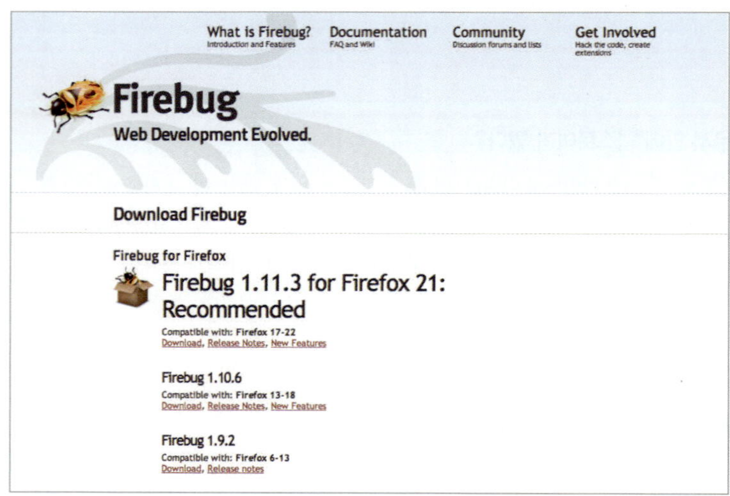

▲ 파이어폭스 다운로드 페이지

모질라 재단 홈페이지에 부가 기능으로 등록된 파이어버그 페이지가 나타나면 상단에 최신 버전에 대한 [다운로드] 버튼을 클릭합니다. [Firefox에 추가] 버튼을 클릭하면 파이어버그 설치를 묻는 창이 나타나고 거기서 [설치] 버튼을 클릭하면 파이어폭스에 자동으로 파이어버그가 추가됩니다.

▲ 파이어버그 자동 추가하기

파이어폭스 메뉴에서 '도구'의 '부가 기능'을 선택하거나 단축키 Ctrl + Shift + A 를 누르면 '부가 기능 관리자' 화면이 나타납니다. 다음 그림처럼 '확장 기능' 중에 파이어버그가 추가되어 있는지 확인하십시오. 파이어버그가 정상적으로 설치되었다면 브라우저 오른쪽 상단에 벌레 모양의 아이콘이 추가되어 있을 겁니다.

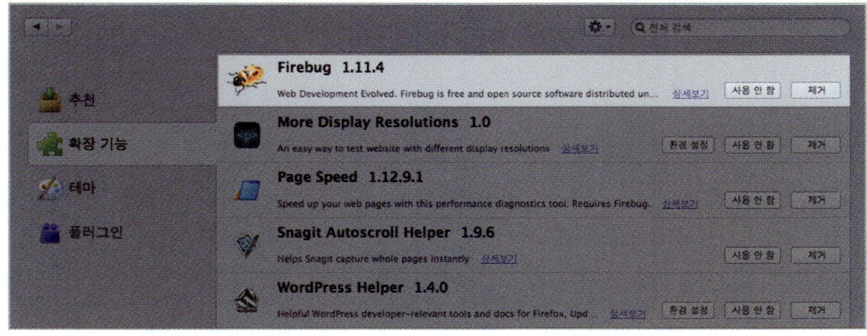

▲ 정상 설치 완료 화면

TIP

파이어폭스의 '부가 기능 관리자' 활용하기

파이어폭스의 부가 기능을 '부가기능 관리자'에서 검색하고 바로 설치할 수 있습니다. 위의 그림의 오른쪽 상단에 보면 검색창을 볼 수 있습니다. 여기서 키워드를 넣고 검색하면 해당 부가 기능이 목록으로 나타나는데 각각의 기능에 대한 간단한 소개와 함께 오른쪽에 [설치] 버튼이 붙어 있습니다. 이 버튼을 클릭하면 파이어 폭스에 부가 기능이 자동으로 추가됩니다.

방문 사이트가 워드프레스인지 알려주는 부가 기능

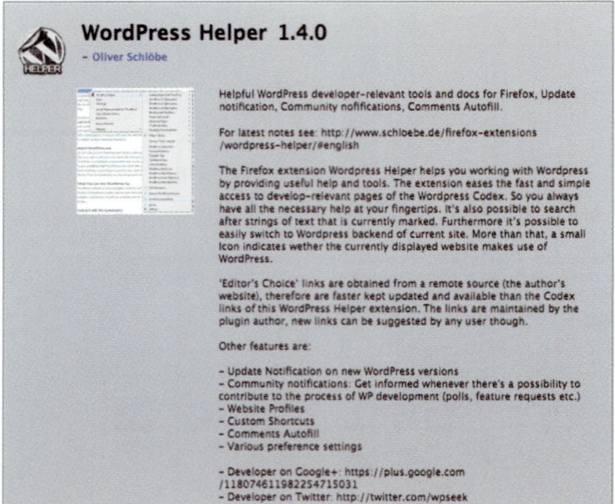

▲ 워드프레스에 관해 다양한 정보를 제공하는 부가 기능 wordpress Helper

'wordpress Helper'라는 부가 기능은 워드프레스에 관해 다양한 정보를 제공하는데 특히 방문한 웹사이트가 워드프레스인지 알려줍니다. wordpress Helper를 설치하고 파이어폭스 메뉴의 '보기'에서 '도구 모음' 안에 '부가 기능 모음'을 체크하면 웹 브라우저 하단에 워드프레스 로고가 나타나고 로고 오른쪽 아래 빨간 불이 들어온 것이 보일 겁니다. 이 빨간 불이 초록색으로 바뀌면 현재 브라우저로 방문한 웹사이트가 워드프레스로 만들어졌다는 신호입니다.

03 파이어버그 사용법

파이어버그의 사용 방법에 대해 알아보겠습니다.

파이어폭스 웹 브라우저 오른쪽 상단의 벌레 모양의 버튼을 클릭하면 다음 그림과 같이 파이어버그가 활성화되고 동시에 방금 전에 클릭한 벌레에 노랗게 불이 들어옵니다. 파이어버그가 활성화되면 브라우저 아래쪽에 현재 웹 페이지의 HTML과 CSS 코드를 볼 수 있는 창이 생깁니다.

▲ 파이어버그를 활성화시킨 화면

다음 그림에서 회색 부분이 파이어버그 창이고 그 위가 현재의 웹 페이지입니다. 파이어버그는 웹 페이지의 코드를 들여다볼 수 있게 해주는데 마치 나모웹에디터처럼 미리 보기와 에디터로 구성된 다고 볼 수도 있습니다. 파이어버그 창의 왼쪽은 HTML 에디터, 오른쪽은 CSS 에디터로 구성되어 있습니다.

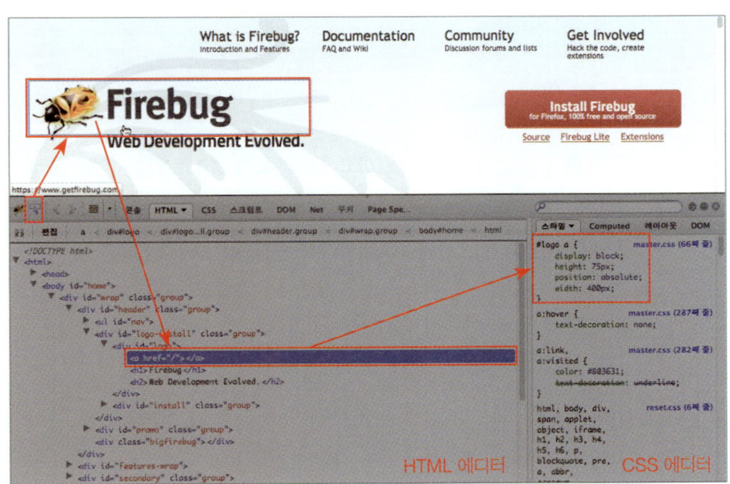

▲ 파이어버그를 통해 웹페이지의 HTML, CSS를 확인하는 방법

파이어버그 창의 오른쪽 위에 파이어버그 아이콘 ( ) 이 있는데 그 오른편에 요소 검사 버튼 ( ) 이 있습니다. 이 버튼을 누르고 현재 웹페이지 영역에 마우스를 올려놓으면 각 요소별로 선택이 가 능해집니다. 다음 그림은 파이어버그 홈페이지에서 로고 이미지를 선택했을 때입니다. 요소 검사

버튼 (　)을 클릭하고 웹페이지 미리보기 화면에서 파이어버그 홈페이지의 로고 이미지를 선택했더니 HTML 에디터 창에선 해당 부분의 HTML이 표시되고 오른쪽 CSS 에디터 창에 요소의 스타일이 표시됩니다.

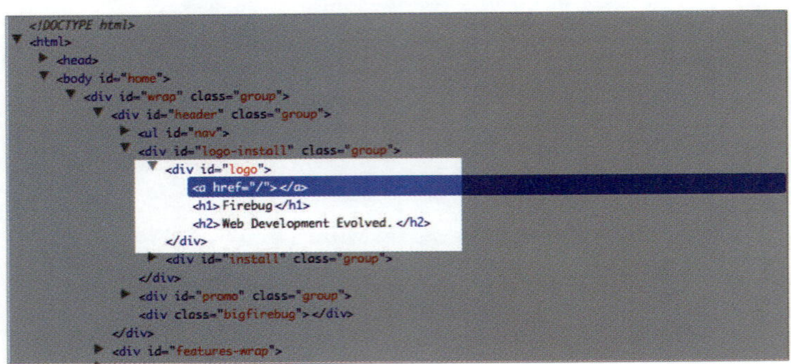

▲ 파이어버그에서 HTML 에디터 부분

HTML 부분을 자세히 보면, 'logo'라는 이름의 틀(div) 안에 ⟨a href="/"⟩⟨/a⟩라는 부분이 파랗게 표시되어 있습니다. logo라는 이름을 아이디로 지정했으니 스타일시트에서 찾을 때는 #logo가 되고 파랗게 표시된 ⟨a⟩는 #logo 안에 있으니 스타일시트에서는 #logo a로 찾으면 됩니다.

> **참고**
>
> **| HTML의 ⟨a⟩태그 |**
>
> HTML에서 ⟨a⟩는 '앵커(anchor)'라고 읽는데 특정 URL로 연결시키는 링크를 만들어주는 역할을 합니다. ⟨a href="http://hhomm.com"⟩go to HHOMM.COM⟨/a⟩라고 하면 'go to HHOMM.COM'이라는 텍스트가 http://hhomm.com으로 연결되는 링크가 됩니다.

```css
#logo a {                    master.css (66째 줄)
    display: block;
    height: 75px;
    position: absolute;
    width: 400px;
}
a:link,                      master.css (282째 줄)
a:visited {
    color: #B03631;
    text-decoration: underline;
}
html, body, div,             reset.css (6째 줄)
span, applet,
object, iframe,
h1, h2, h3, h4,
h5, h6, p,
blockquote, pre,
a, abbr,
acronym,
address, big,
cite, code, del,
```

▲ 파이어버그에서 CSS 에디터 부분

위의 그림처럼 #logo a에 대해 스타일시트에 정의된 내용을 확인할 수 있습니다. 첫 번째 'display: block;'은 #logo a 전체를 하나의 블록으로 정의한다는 뜻이고, 두 번째 'height: 75px;'은 높이가 75픽셀이라는 뜻입니다. 세 번째 'position: absolute;'는 배열할 때 다른 요소에 영향을 안받고 절댓값을 기준으로 배치하고, 마지막으로 'width: 400px;'는 가로 사이즈를 400픽셀로 한다는 뜻입니다.

참고

| display:none의 반대말 display:block |

스타일시트에 display:block이라는 정의는 해당 요소를 하나의 블록으로 보고 다룬다는 뜻인데 display:inline으로 정의할 때에 비해 margin과 padding, float, width, height 등의 속성을 사용할 수 있고 줄바꿈이 됩니다. 게다가 display:none은 해당 요소를 출력하지 않습니다. 즉 화면에서 감춘다는 뜻인데 이렇게 정의된 요소를 나타나게 할 때 display:block이 사용되기도 합니다.

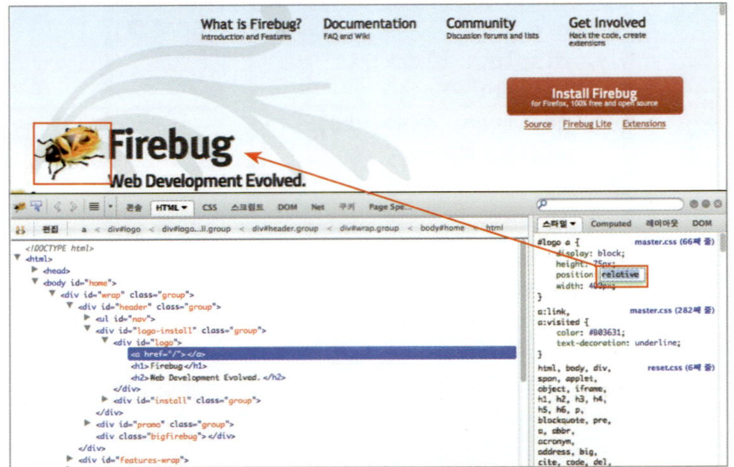

▲ 파이어버그에서 스타일을 변경했을 때

#logo a의 스타일 중에서 'position: absolute;'라고 정의된 것을 'position: relative;'로 변경하면 위의 그림과 같이 웹 페이지에 변경된 내용이 적용됩니다. 로고 이미지의 위치가 바뀐 것을 알 수 있습니다.

04 파이어버그 활용 예

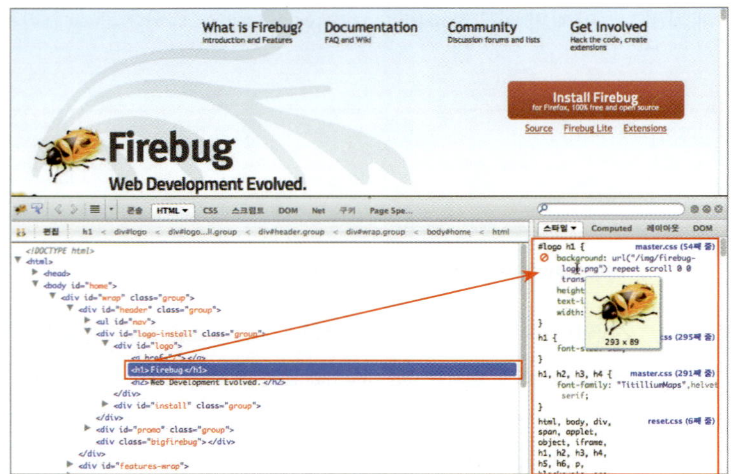

▲ 왼쪽 HTML 에디터에서 태그를 클릭하면 해당 태그의 스타일을
확인할 수 있습니다.

이번에는 #logo a 말고 다른 요소를 변경해 보겠습니다. 왼쪽의 HTML 에디터에서 선택되어 있던 앵커 바로 아래 〈h1〉을 클릭합니다. 〈h1〉Firebug〈/h1〉에서 'Firebug' 부분을 클릭하면 텍스트 자체를 수정할 수 있고 '〈h1〉'이나 '〈/h1〉' 부분을 클릭하면 해당하는 태그의 스타일이 CSS에디터 상단에 나타납니다.

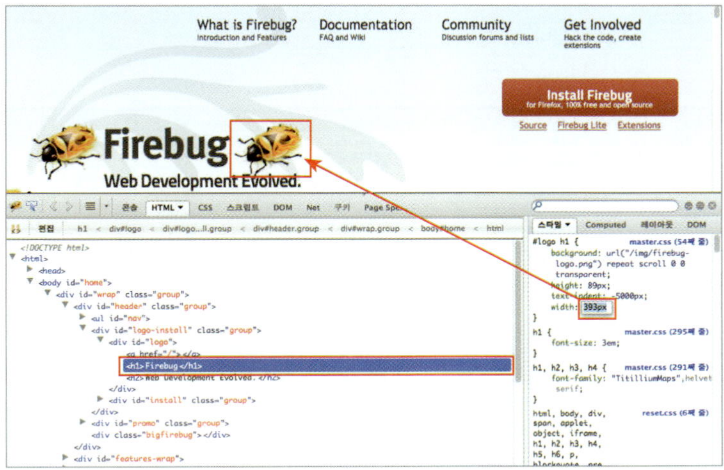

▲ 왼쪽 HTML 에디터에서 태그를 클릭하면 해당 태그의 스타일을
확인할 수 있습니다.

이번에는 #logo h1의 스타일 중 'width: 293px;'를 'width: 393px;'으로 바꿔봤습니다. 그랬더니, 웹 페이지에 불벌레 한 마리가 더 늘었습니다. 마지막으로 벌레 아래, 'Web Development Evolved.'라는 문구를 바꿔보겠습니다. 다음 그림은 텍스트를 변경한 예입니다.

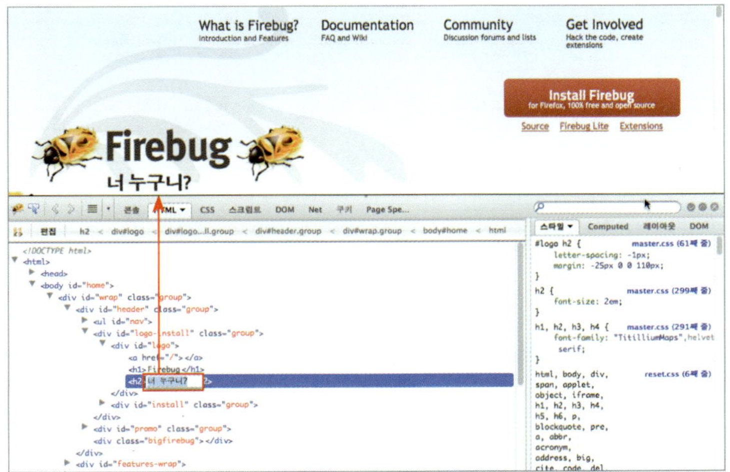

▲ 왼쪽 HTML 에디터에서 텍스트를 클릭해 내용을 변경할 수 있습니다

| 오해하지 마십시오. 파이어버그는 해킹 툴이 아닙니다. |

파이어버그의 편집 그 능력에 놀란 나머지 지나치게 과대평가를 하는 경우가 있습니다. 누군가의 웹사이트를 이렇게 맘대로 바꿔도 되느냐고 묻기도 하는데, 걱정하지 마십시오. 파이어버그는 해킹을 하지 않습니다. 파이어버그를 통해 변경된 내용은 현재의 웹 브라우저에서만 볼 수 있고 저장되지도 않습니다.

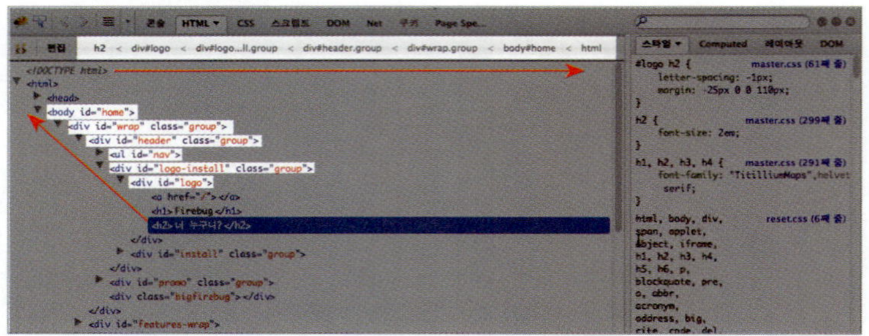

▲ '너 누구니?'라는 요소를 감싸고 있는 틀과 태그

파이어버그의 HTML 에디터 상단에는 현재 선택한 요소를 감싸고 있는 틀을 순서대로 나열해서 보여줍니다. 선택한 '너 누구니?'라는 문구는 h2 안에 있지만 h2는 div#logo 안에 있습니다. div#logo는 div#logo-install.group가 감싸고 있고 다시 div#header.group가 그밖을 싸고 있습니다. '너 누구니?'라는 문구가 가깝게는 〈h2〉라는 태그의 영향을 받지만 div#logo 안에 있기 때문에 div#logo 또는 #logo에 지정된 스타일을 따릅니다. 물론 #header나 group의 영향도 받습니다. 단, 우선순위는 거리 순입니다. 가까이 있을수록 우선적으로 스타일을 적용 받습니다.

▲ '너 누구니?'라는 요소가 h2뿐만 아니라 상위의 #logo에 의해 영향을 받기도 합니다.

예를 들어 #logo에 'font-size: 200px;'이라고 정의되어 있어도 h2가 'font-size: 20px;'이라고 정의되어 있다면 '너 누구니?'라는 글자는 20픽셀의 크기로 출력됩니다. 하지만 #logo에 'color: red;'라고 정의했는데 h2에 글자색상에 대한 정의가 따로 없다면 '너 누구니?'는 빨강 글자로 보여집니다.

지금까지 파이어버그를 이용해 웹페이지의 스타일을 변경하는 방법을 알아봤습니다. 파이어폭스와 파이어버그를 가지고 있다면 대부분의 웹 페이지에서 HTML과 CSS 구성을 확인할 수 있습니다. 평소 맘에 들었던 웹사이트가 있다면 불여우(우리나라 사용자들이 파이어버그를 번역해서 '불여우'라고 부르기도 합니다)와 불벌레를 이끌고 출동하십시오. 파이어버그가 익숙해지면 제일 먼저 CSS가 눈에 들어옵니다. 특히, CSS는 영어 단어의 뜻만 알아도 대략적인 문법이나 활용 범위를 유추할 수 있습니다. 또, CSS를 소개하는 블로그나 웹사이트도 많기 때문에 파이어버그에 익숙해지고 검색해서 내용을 찾는데 익숙해지면 CSS를 이해하는 데 큰 도움이 됩니다. 그리고 CSS를 이해하면 테마를 최적화하는 일이 수월해지기 때문에 CSS는 테마 디자인의 시작이라고 할 수 있습니다.

05 테마 편집 시 주의 사항

여러분이 프로그래밍 또는 웹 자체에 경험이 적다면 기성 테마를 편집할 때 PHP 파일은 최대한 손대지 않는 게 좋습니다. PHP는 CSS보다 훨씬 복잡하고 문제를 일으킬 소지가 큽니다. 스타일시트는 잘못 건드려도 단지 콘텐츠 출력하는 방식, 즉 스타일에 관한 것이기 때문에 에러가 뜬다거나 페이지가 죽어버리는 최악의 상황은 일어나지 않습니다. 이에 비해 PHP를 전체 템플릿의 구조를 파악하지 않고 손을 댔다가는 낭패를 보기 십상이니 프로그래밍에 경험이 있고 PHP와 워드프레스 템플릿의 구조에 대해 충분히 이해하고 있지 않다면 편집을 시도하지 않는게 좋습니다. 자칫 예상하지 못한 문제를 불러일으킬 수 있기 때문에 테마에서 PHP 파일을 수정할 때는 신중할 필요가 있습니다.

개발자의 입장에서 생각해 보더라도 이 점은 마찬가지입니다. 흔히, 40~50달러의 유료 테마를 구입한 뒤에 '요 부분만 이렇게 고쳐 주실 수 없나요?'하고 문의하는 경우가 많습니다. 그리고 곧바로 소요되는 시간과 금액을 알려달라고 하는데 참 어려운 문제입니다. 워드프레스는 각 테마마다 구조가 다르기 때문에 속을 열어보기 전까지는 장담할 수 있는 것이 별로 없습니다. 그리고 디자인 면에서도 원래 디자인을 흔들어 더 좋아지는 경우도 별로 없습니다. 개발자의 입장으로 보면 다른 사람이 만든 것을 하나 하나 해부해서 다시 조립하는 것이 새로 만들 때에 비해 귀찮고 보람없는 일인 경우가 많습니다. 또, 디자이너의 입장에서 봐도 노력해서 디자인을 망치는 꼴이 될 수 있기 때문에 기성 테마를 편집하는 일은 그다지 흥미로운 일이 될 수 없습니다.

그러니 테마를 편집하고 수정할 때는 다음과 같이 몇 가지 기준을 정하는 것이 좋습니다.

첫째, 워드프레스 테마는 기성품입니다. 맞춤옷처럼 내 몸에 꼭 맞기를 기대하지 맙시다.
둘째, 최소한의 비용과 노력으로 효과를 극대화합니다. 팔, 다리 기장만 맞춰도 맵시가 날 수 있습니다. 어디까지나 테마를 고르는 여러분의 안목에 따른 것입니다.
셋째, 테마 수정은 '리뉴얼'이 아니라 '최적화'입니다. 테마를 수정할 때는 '최적화'에 목표를 두고 수정할 내용을 최소화하는 것이 좋습니다.

테마는 하나의 디자인 결과물입니다. 각 페이지가 서로 조화를 이루지 못한다면 하나의 디자인이라 하기 어렵습니다. 테마에서 어느 한 부분만 고쳐서 디자인이 좋아지기도 어렵습니다. 결국 디자인도 시스템을 이해하는 것이 우선이라는 얘기입니다. 그리고 이 부분은 기술적인 면에서도 똑같이 얘기할 수 있습니다. 앞서 테마 템플릿 파일들이 어떻게 세분화되고 조직되는지 설명했습니다. 파일 하나를 수정해도 웹사이트 전반에 영향을 미칠 수 있습니다. 결론적으로 테마를 수정할 때 가장 중요한 것은 템플릿 파일이나 스타일이 미치는 영향력을 고려해 테마의 전체 구조를 파악하는 것이 중요합니다.

여기서 다시 한번 생각해봐야 할 것이 있습니다. '전체를 파악하는 일이 쉬운가?' 하는 점 말입니다. "네, 쉽지 않습니다." 특히 이제 막 워드프레스를 시작하는 경우라면 더욱 그렇습니다. 그리고 이렇게 전체를 파악해서 고치는 것이 효율적이지도 않습니다. 여러분이 웹 개발, 워드프레스 개발에 관심이 있는 것이 아니라면 더욱 그렇습니다.

▲ 기성 테마를 국내 환경, 사용자 요구에 맞춰 최적화하는 것에 초점을 맞춘 상품.
출처: http://300.metapresso.com/

요즘 국내 워드프레스 에이전시 중에서는 테마를 새로 만들지 않고 해외에서 제작 판매되는 테마를 우리 환경에 맞게 최적화 시켜주는 상품을 내 놓은 곳도 있습니다. 그러니 적당한 테마를 고르고 최적화시키는 일도 전문가에게 비용을 치르고 해야 할 일이라고 할 수 있습니다. 여러분이 직접 개발자이면서 디자이너가 될 자신이 있는 게 아니라면 말입니다.

06 테마의 스타일 변경하기

워드프레스에 관한 질문 중 반 이상을 차지하는 부분이 바로 '테마에서 요 부분만 좀 바꿨으면 좋겠어요'입니다. 기성 테마를 사용하다 보면 아쉬운 부분 하나쯤은 생깁니다. 그런데 전문가의 입장에서 볼 때, 사용자가 말한 '요 부분만'이 결코 그 부분만으로 해결되지 않는 것일 수도 있습니다. 테마를 변경하기 전에 수정, 변경할 범위를 정해야 합니다.

우선 프로그래밍 경험이 있는 독자라면 PHP 템플릿 파일까지 편집하고 재구성하는 것이 가능할 수 있지만 이 책은 개발자가 아닌 일반 사용자를 대상으로 하고 있으니 테마 편집을 스타일시트 중심으로 한정 짓고 뒤에서 활용성 높은 워드프레스 템플릿 태그를 소개하도록 하겠습니다. CSS에 대해 좀 더 구체적으로 알고 싶다면 관련 책을 참고하거나 인터넷 검색을 적극 활용하기 바랍니다.

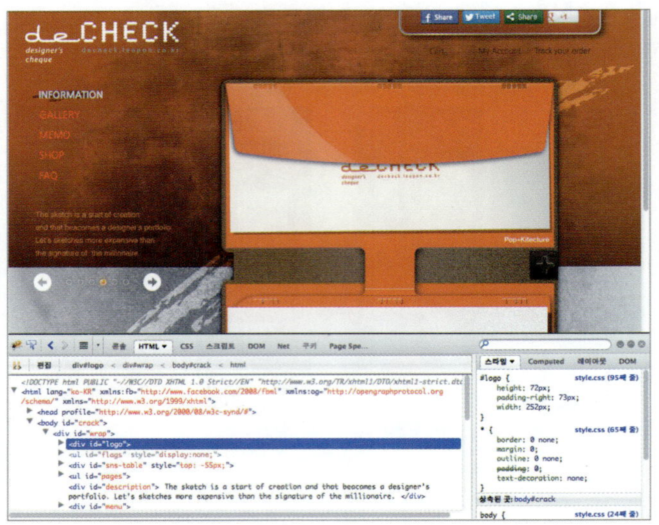

▲ 워드프레스로 구축된 사이트를 파이어버그로 본 모습.
출처: http://decheck.leopon.co.kr/

앞에서 파이어버그를 활용해 웹 페이지의 각 요소별 스타일을 확인하고 변경하는 방법을 간단하게 알아봤습니다. 이제 웹 개발 도구로 웹 페이지의 코드를 들여다볼 수 있게 되었습니다. 다음으로 필요한 것은 파이어버그를 통해 웹 페이지를 꿰뚫어보는데 익숙해지는 일입니다. 그리고 스타일시트를 이해하기 위해 CSS를 익혀야 합니다.

▲ decheck.leopon.co.kr의 변경 전 모습, 출처: http://decheck.leopon.co.kr/

07 파이어버그를 이용해 테마 스타일 변경하기

앞에서 파이어버그의 사용법을 알아볼 때와 마찬가지로 워드프레스 사이트에서 파이어버그를 활성화하고 요소를 선택해 스타일을 확인하는 것까지는 똑같습니다. 이젠 파이어버그에서 확인, 수정한 내용을 테마에 적용하는 과정을 알아볼 차례입니다. http://decheck.leopon.co.kr을 예로 파이어버그를 활용해 워드프레스 테마의 스타일을 변경하는 방법을 알아보겠습니다.

변경할 요소를 선택하고 스타일을 확인합니다. #logo에 대해 스타일시트에서 'height: 72px; padding-right: 73px; width: 252px;'라고 정의하고 있습니다. #logo의 크기가 가로 252픽셀, 세로 72픽셀이며 왼쪽으로 73픽셀 띄운다고 되어 있습니다.

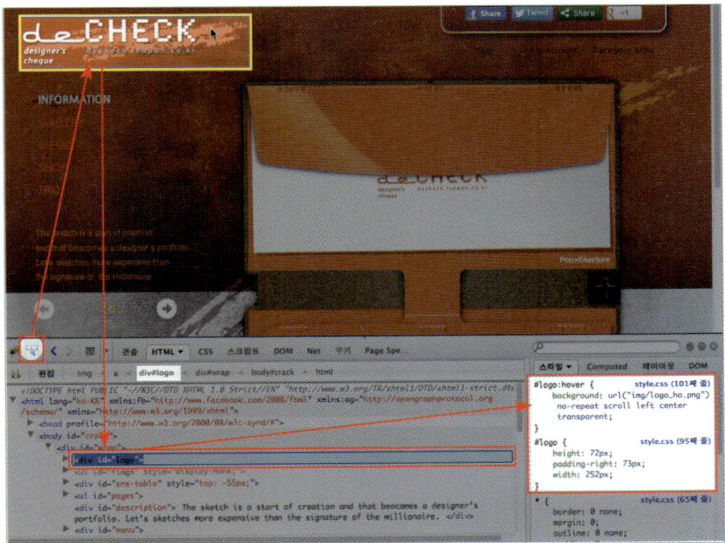

▲ decheck.leopon.co.kr의 변경 전 모습, 출처: http://decheck.leopon.co.kr/

CSS에서 여백을 정의할 때 padding과 margin의 차이

CSS에서 여백을 지정할 때 흔히 쓰는 것이 padding과 margin 입니다. 둘 다 여백을 줄 때 쓰는데 차이가 있습니다. 간단히 말해, padding은 요소의 안쪽이고 margin은 바깥쪽을 의미하는데 border를 기준으로 안과 밖이 나뉩니다.

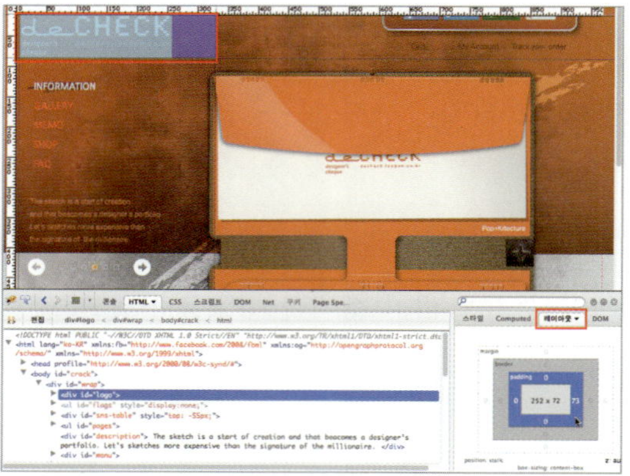

▲ 파이어버그의 스타일에디터 상단 탭 중에서 '레이아웃'을 선택하면
현재 요소의 레이아웃이 도식화되어 나타납니다.

위의 그림처럼 파이어버그 스타일에디터 상단에 '레이아웃' 탭을 클릭하면 현재 선택한 요소의 margin, border, padding의 관계를 알 수 있는데 252x72픽셀 크기의 #logo를 padding이 1차적으로 감싸고 있으며 그 밖에 border가 있고 margin이 있는 순서입니다.

파이어버그의 스타일 에디터에서 스타일을 변경합니다. 미리보기로 확인하면서 적당한 값을 찾아냅니다. 여기서는 #logo의 위치를 변경해 보겠습니다. 다음 그림에서처럼 #logo에 margin 속성을 추가해 #logo의 위치를 위에서 10픽셀 내리고 왼쪽에서 15픽셀 띄웠습니다.

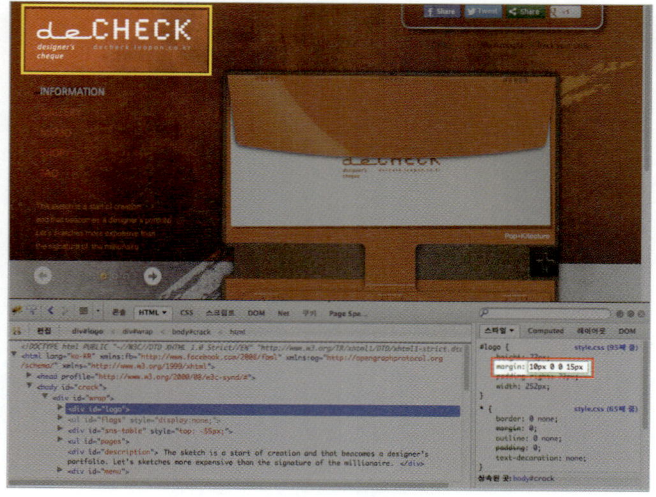

▲ #logo에 margin에 대한 정의를 추가한 화면

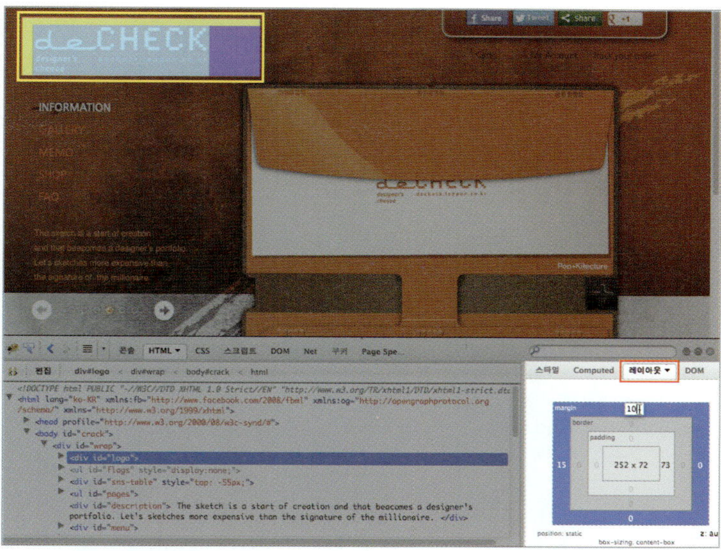

▲ 스타일 에디터의 '레이아웃' 탭에서 margin에 대한 정의를
추가하거나 편집할 수 있습니다.

> **TIP**
>
> **파이어버그 스타일 에디터에서 요소에 새로운 정의를 추가하는 방법**
>
> 위의 그림처럼 #logo에 margin에 대한 정의가 없을 때 새로 한 줄을 추가하는 방법입니다. #logo에 관해 정의된 내용 중 가장 마지막 줄의 'width: 252px;'에서 '252px;' 부분을 클릭하면 해당 값을 변경할 수 있도록 활성화되는데 이때, enter를 누릅니다. 다음 줄로 넘어가면서 새로운 속성을 입력할 수 있습니다. 여기에 'margin'이라고 입력하고 다시 한번 enter를 누르면 margin값을 입력할 수 있습니다.

선택한 요소에 대해 정의되어 있는 스타일시트의 파일 이름과 변경할 요소에 대해 정의된 부분의 위치를 확인합니다. #logo는 테마의 style.css의 95번째줄에 있다고 적혀 있는 것을 볼 수 있습니다.

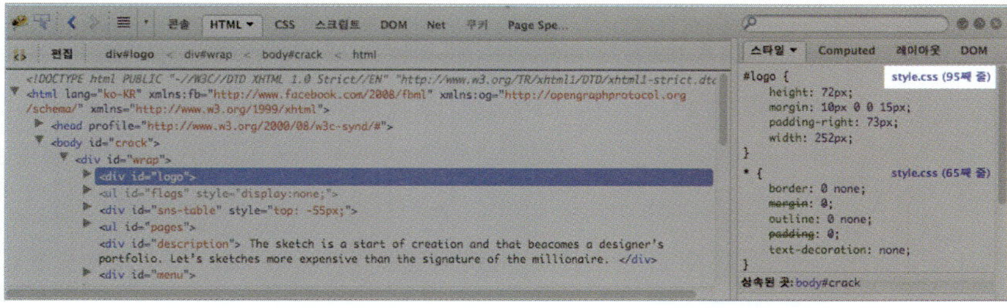

▲ 스타일시트 파일명과 변경할 요소에 대해 정의된 위치를 확인합니다.

이제 테마에서 style.css 파일을 수정하기 위해서 워드프레스 관리자로 들어갑니다. '외모' 안에 '편집기'로 이동합니다. 그러면 현재 활성화되어 있는 테마의 style.css 파일을 볼 수 있습니다. 여기서 #logo에 대해 정의된 부분을 찾아 파이어버그에서 추가했던 'margin: 10px 0 0 15px;'을 추가하고 [파일 업데이트] 버튼을 클릭해 편집한 내용을 저장합니다. 편집기에서 해당 내용을 찾기 어려울 때는 파일 내용이 보이는 편집창을 선택하고 [Ctrl]+[F]을 클릭해 파일 내용을 검색할 수도 있습니다.

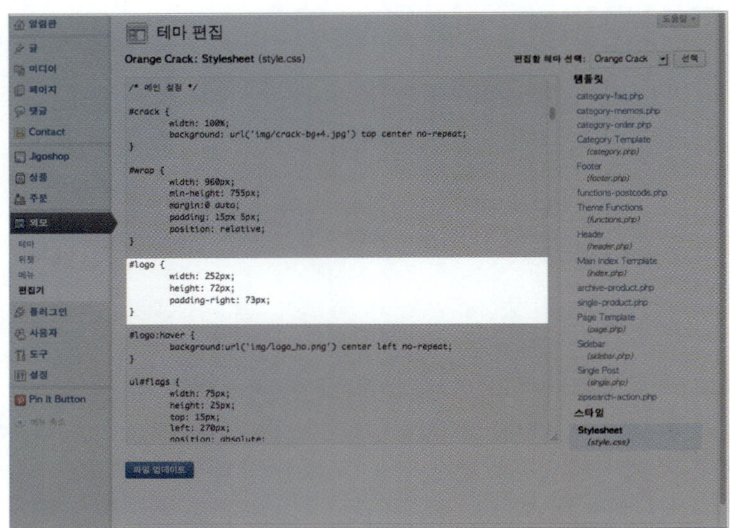

▲ 워드프레스 관리자의 테마 편집기에서 style.css를 수정할 수 있습니다.

| 워드프레스 템플릿 파일을 수정할 때 유용한 플러그인들 |

워드프레스 템플릿 파일을 수정할 때 가장 좋은 방법은 컴퓨터에 에디터 프로그램을 설치하는 겁니다. 하지만 웹 개발자가 되려는 게 아닌 이상 워드프레스 안에서 해결하는 것이 좋습니다. 워드프레스 관리자에서 테마, 플러그인의 편집기를 웹 개발용 에디터처럼 구현해주는 플러그인이 있습니다. wordrpess.org의 플러그인 디렉토리에서 'theme editor' 같은 키워드로 관련 플러그인을 검색할 수 있습니다. Advanced Code Editor나 WP Editor, Better File Editor 등이 이런 기능을 제공하는데 다음 그림은 이 중에서 설정이 복잡하지 않은 Better File Editor을 적용했을 때를 기본 에디터와 비교한 화면입니다.

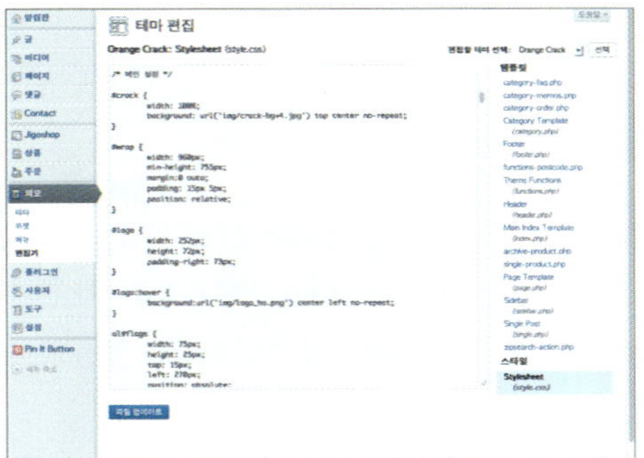

▲ Better File Editor를 설치하기 전

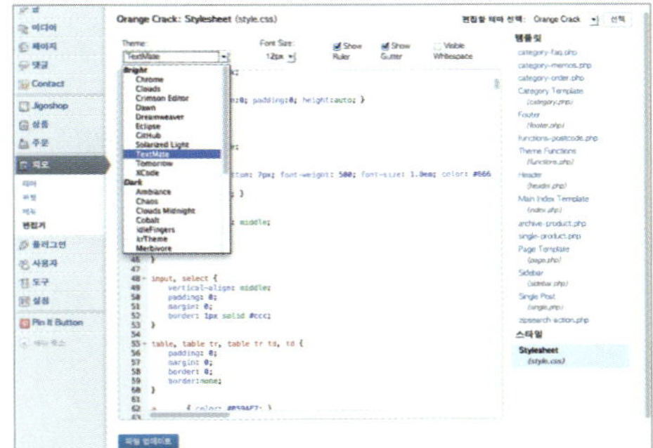

▲ Better File Editor를 설치한 후

테마를 변경한 뒤에는 내용이 제대로 적용되었는지 확인하는 일만 남았습니다. 관리자에서 삭제하고 나가 방금 변경한 웹 페이지를 엽니다. 방금 변경한 내용이 제대로 적용되었는지 확인해보고 파이어버그로 #logo에 margin이 추가되었는지 확인합니다.

▲ 변경된 내용을 파이어버그로 확인합니다.

08 글꼴을 변경하는 방법

테마를 최적화할 때 가장 먼저 해야 할 부분이 바로 글꼴 지정입니다. 대부분 테마가 영문 환경에 맞춰 제작되기 때문에 한글에 대해 고려하는 것이 무엇보다 중요합니다. 1장의 '국내 환경과 워드프레스'에서도 한글 글꼴에 대해 설명하면서 영문에 비해 한글 글꼴을 적용하는 데 어떤 문제가 있는지 이야기했었습니다. 그 내용을 다시 떠올리면서 테마에 한글을 적용하는 방법을 알아보겠습니다. 워드프레스 테마에 한글 글꼴을 적용하는 방법은 대략 3가지 정도가 있습니다.

- 스타일시트에서 글꼴을 지정하는 방법
- 스크립트의 일종인 웹 폰트를 활용하는 방법
- 텍스트를 이미지로 변환해서 웹 페이지에 배치하는 방법

이 장에서는 스타일시트에서 글꼴을 지정하는 방법과 웹 폰트를 이용하는 방법, 두 가지를 알아보겠습니다. 텍스트를 이미지로 변환하는 방법은 디자인적인 측면이 크기 때문에 전문 웹 디자이너에게 의뢰하거나 자문을 구하는 것이 좋습니다. 그리고 콘텐츠 유지 보수 측면에서 텍스트를 이미지화 하는 것은 그리 좋은 방법이 아닙니다. 특히 워드프레스는 콘텐츠 관리에 효과적인 CMS 엔진이기 때문에 가능하면 워드프레스 테마에서 텍스트를 대신해 이미지를 사용하는 것은 지양할 필요가 있습니다.

■ 스타일시트에서 글꼴 지정

스타일시트에서 글꼴을 지정하는 방법을 알아보겠습니다. 스타일시트에서 font-family를 변

경하는 방법은 테마의 글꼴을 변경하거나 적용하는 가장 기본적인 방법입니다. 웹사이트에 접속하는 컴퓨터, 즉 방문자의 컴퓨터에 같은 글꼴이 설치되어 있어야 하기 때문에 윈도우나 맥 OS 같은 시스템에 기본 설치되어 있는 글꼴에 한하여 사용합니다. 웹에서는 어떤 환경의 컴퓨터 또는 브라우저에서도 같은 화면을 보여주는 것이 중요하기 때문에 글꼴을 적용할 때 이 부분을 충분히 고려해야 하고 CSS를 통해 글꼴을 지정할 때는 이 점이 특히 중요합니다. 예를 들어, 영문 테마에 일반적으로 많이 사용되는 글꼴로 'Arial', 'sans-serif', 'Lucida Grande', 'Tahoma' 등이 있는데 대부분의 컴퓨터에 이 글꼴이 설치되어 있기 때문입니다.

```css
/* Body, links, basics */
html {
    font-size: 87.5%;
}
body {
    font-size: 14px;
    font-size: 1rem;
    font-family: Helvetica, Arial, sans-serif;
    text-rendering: optimizeLegibility;
    color: #444;
}
```

▲ Twenty Twelve 테마의 body에 지정된 글꼴

일반적으로 스타일시트에서는 body에서 제일 처음 글꼴을 정의합니다. 'font-family'는 글꼴을 의미하는데 body의 font-family는 전체 웹 페이지의 기본 글꼴을 정의한다는 뜻이며 이후에 요소별로 글꼴을 지정하지 않는다면 기본적으로 body에서 설정한 글꼴을 따릅니다. Twenty Twelve 테마의 style.css에서는 body에 'font-family: Helvetica, Arial, sans-serif;'라고 기본 글꼴을 정의하고 있습니다.

참고

| font-family의 적용 우선 순위 |

font-family로 글꼴을 정의할 때, 글꼴 하나만 넣는 경우는 거의 없습니다. 보통 3~4개 이상 입력하는데 방문자 컴퓨터의 글꼴 환경을 고려해서 혹시라도 지정한 글꼴이 없을 때를 대비해서 여러 개를 지정하는 것입니다. 지정된 글꼴을 모두 가지고 있을 경우를 고려해 글꼴의 우선 순위도 함께 정해주는데 예를 들어, 'font-family: Helvetica, Arial, sans-serif;'라고 정의했다면 왼쪽에서부터 순서대로 Helvetica가 1순위, Arial이 2순위, sans-serif가 3순위가 됩니다.

테마의 기본 글꼴에 한글 글꼴을 추가하려면 스타일시트에서 body에 정의된 글꼴 부분을 변경합니다. 예를 들어 Twenty Twelve 테마에 돋움체를 추가하고 싶다면 style.css에서 body

를 찾아 'font-family: Helvetica, Arial, sans-serif;'라고 정의된 부분을 'font-family: Dotum, Helvetica, Arial, sans-serif;'로 바꿉니다. 기존의 글꼴을 모두 지우고 돋움으로 바꾸어도 결과는 다르지 않습니다. 다만, 다양한 변수를 고려해서 여러 개의 대안을 두는 것이 좋은데 'font-family: Dotum, Gulim, AppleGothic;'과 같이 컴퓨터 환경을 고려해 글꼴을 여러 개 정의합니다.

```css
/* 기본 설정 */

html, body {
    padding:0;
    margin:0;
    top: 0;
    color: #fff;
    overflow: hidden;
    height: 100%;
    width: 100%;
}

body {
    font-family: 돋움, Dotum, Arial, sans-serif;
    font-size: 12px;
}
```

▲ hhomm.com에 정의된 기본 글꼴

웹사이트의 기본 글꼴은 이렇게 스타일시트의 body에서 찾습니다. 하지만, 글(Posts)의 제목이나 날짜, 시간, 태그 등 요소별로 기본 글꼴과 다른 글꼴이 재정의되기 때문에 부분적으로 적용된 글꼴을 변경하려면 어떤 경로를 통해 글꼴이 지정되는지 확인해야 합니다. 이 부분은 파이어버그와 같은 웹 개발 도구로 확인할 수 있습니다.

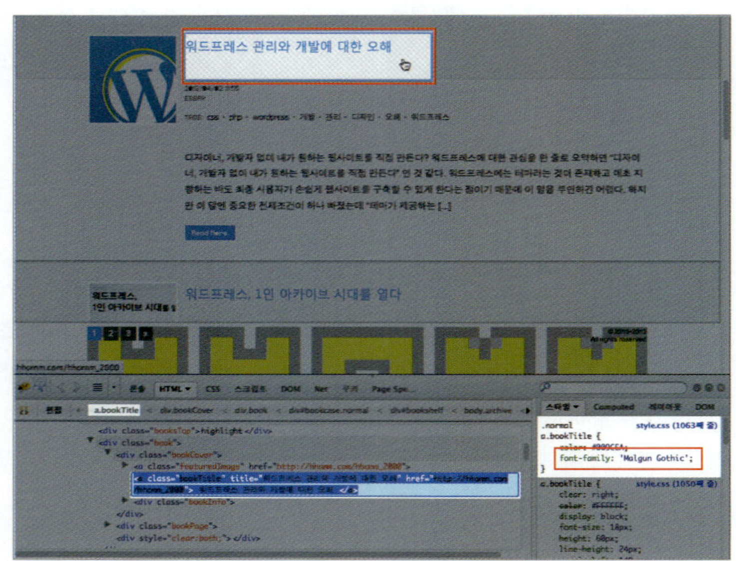

▲ 글 제목만 글꼴을 변경하고자 할 때, 파이어버그로 글 제목 부분을 선택해서
해당 스타일에 font-family를 확인합니다.

위의 그림에서 파이어버그로 선택한 부분 .normal a.bookTitle에 글꼴(font-family)에 대한 정의를 수정하거나 추가해서 글 제목만 원하는 글꼴로 변경할 수 있습니다. 단 .normal a.bookTitle이 다른 페이지에서도 똑같이 적용되는지 선택한 요소의 적용 범위를 확인해봐야 합니다. 다음 그림에서처럼 단일 글 페이지에서는 글 제목에 해당하는 요소가 a.bookTitle로 나타난다면 두 페이지 모두에서 글 제목을 동일하게 변경하려고 할 경우 테마에서 .normal a.bookTitle이 아닌 a.bookTitle을 수정하는 것이 맞습니다.

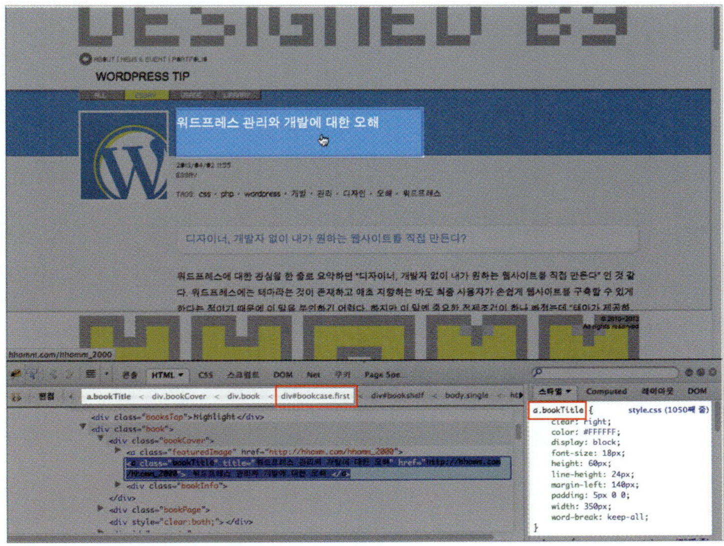

▲ 단일글 페이지에서는 글 제목을 선택했을때 요소의 이름에서
.normal이 빠져 있는 것을 알 수 있습니다.

| .normal a.bookTitle과 a.bookTitle의 차이 |

왜 같은 글 제목 요소를 선택했는데 이름이 다른 것일까? 그 답은 위의 그림들을 비교해보면 알 수 있습니다. a.bookTitle은 div.bookCover가 감싸고 있고 그 위에 div.book, 그리고 그 위에 div#bookcase가 감싸고 있습니다. 두 그림에서 파이어버그에 나타난 div#bookcase를 잘 비교해 보십시오. 위의 그림들은 각각 div#bookcase에 .normal이라는 이름이 덧붙어 있고 .first라는 이름이 붙어 있습니다. .normal a.bookTitle은 .normal이라는 속성 하에 있는 a.bookTitle을 의미합니다. 즉 .normal a.bookTitle은 a.bookTitle 중에서 .normal에 속한 것만을 예외로 해서 정의하고 있습니다. 그러니 모든 글 제목에 같은 글꼴을 적용하려면 .normal a.bookTitle이 아닌 a.bookTitle을 수정하는 것이 맞습니다.

```css
a.bookTitle {
    margin-left: 140px;
    padding: 5px 0 0 0;
    width: 350px;
    height: 60px;
    color: #fff;
    font-size: 18px;
    line-height: 24px;
    word-break:keep-all;
    display: block;
    clear: right;
}

.normal a.bookTitle {
    color: #009cea;
}
```

▲ a.bookTitle 중 .normal에 속한 것만 예외로 정의하기 위해
.normal a.bookTitle로 정의

■ 웹 폰트 적용 시 주의사항

웹 폰트를 활용하는 방법입니다. '제 1 장 워드프레스 바로보기'에서 한글과 영문 글꼴의 차이에 대해 이야기하면서 영문에 비해 한글은 웹 폰트의 용량이 문제가 되고 저작권 등의 문제로 활용하는데 제한적이라고 설명했었습니다. 웹 디자인에서 글꼴이 차지하는 부분은 무척 크지만 본격적으로 디자인을 하기 전에 먼저 웹에서 한글을 사용할 때 나타나는 어려움을 이해하는 것이 중요합니다. 웹 폰트는 웹사이트에 방문하는 사용자 컴퓨터의 환경과 무관하게 웹 페이지의 글꼴을 적용할 수 있다는 점이 장점이지만 한글 글꼴의 용량이 영문에 비해 워낙 크기 때문에 문제가 될 수 있습니다. 웹페이지의 로딩 속도는 무척 중요한 부분이기 때문입니다. 클릭하면 바로 웹페이지가 떠야 하고 지연되는 순간 방문자의 발길을 돌려놓기 때문에 과연 디자인 때문에 속도를 포기해도 될지 심각하게 고민해봐야 합니다. 디자인이 중요하다고 해도 속도를 늦춰 방문자수를 떨어뜨릴 수는 없는 노릇입니다.

이런 이유로 웹 폰트를 사용할 때, 본문 전체에 웹 폰트를 적용하지 않을 것을 권합니다. 웹 폰트 자체의 용량이나 변환한 텍스트의 양에 따라 웹 페이지를 띄우는 시간이 늘어나기 때문입니다. 경우에 따라서는 기본 글꼴로 글이 떴다가 웹 폰트로 변환되는 과정이 화면에 그대로 노출되기도 합니다. 그러니 웹 폰트를 적용하기 전에 이런 부작용을 고려해 글 제목이나 웹사이트 이름 등 적용할 범위를 최소한으로 줄이는 것이 좋습니다.

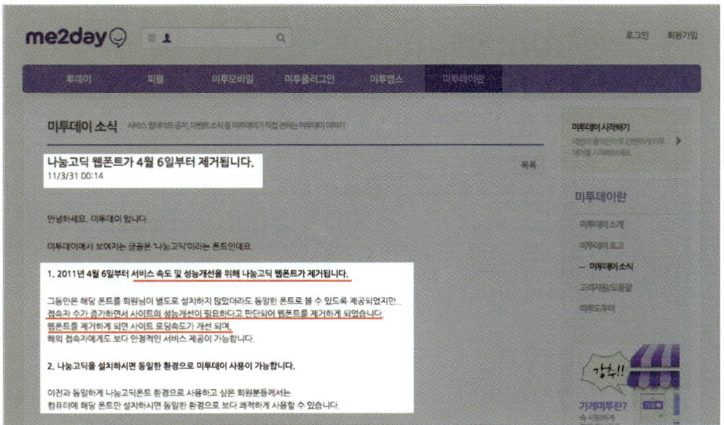

▲ 국내의 한 SNS 서비스에서 웹 폰트를 제거한다는 공지.
웹 폰트가 사이트 로딩 속도에 영향을 준다는 것을 알 수 있습니다.

참고

| 디자이너 입장에서 보는 글꼴 |

웹 폰트를 사용한다 해도 저작권 문제는 동일하게 남아있습니다. 무료로 공개된 글꼴이 아니라면 웹 폰트로 사용하기 전에 글꼴을 개발한 업체나 개인에게 동의를 구하거나 일정한 비용을 지불해야 합니다. 웹 폰트로 사용할 수 있는 글꼴이 네이버에 공개 배포하는 나눔 글꼴 외에 몇 개 되지 않는 실정인데 가독성 면에서 그리 좋지 않고 디자인적으로 뛰어나지도 않기 때문에 웹 페이지 로딩 속도를 늦춰가면서까지 웹 폰트를 적용하려 하지 않습니다. 차라리 PC의 기본 글꼴인 돋움이나 굴림을 최대한 잘 활용하는 것이 더 낫습니다. 웹 폰트를 적용하기에 앞서 꼭 필요한지 검토할 필요가 있습니다.

09 웹 폰트 적용하기

웹 폰트를 적용하는 방법을 알아보겠습니다. 웹 폰트를 적용하는 방법도 세분화하면 여러 가지라고 할 수 있는데 여기서는 Google Fonts의 Early Access를 통해 네이버의 나눔 글꼴을 적용하는 방법을 알아보겠습니다.

▲ 웹 폰트를 소개하고 서비스하는 웹사이트 중 하나인 @font-face,
출처: http://fontface.kr/

구글에서 제공하는 웹 폰트는 총 600여 종이며 그 수는 계속 늘어날 것으로 보입니다. 무척 희망적인 이야기인데 안타깝게도 이 중에 정식 등록된 한글 글꼴은 아직 없습니다. 다만, 한나체와 나눔 글꼴 몇 가지가 임시 등록되어 시험 중에 있는데 여기에 있는 나눔 고딕 글꼴을 워드프레스 사이트에 적용해 보겠습니다.

구글 폰트 홈페이지(http://www.google.com/fonts/) 상단 메뉴 중에서 'More scripts'를 클릭합니다.

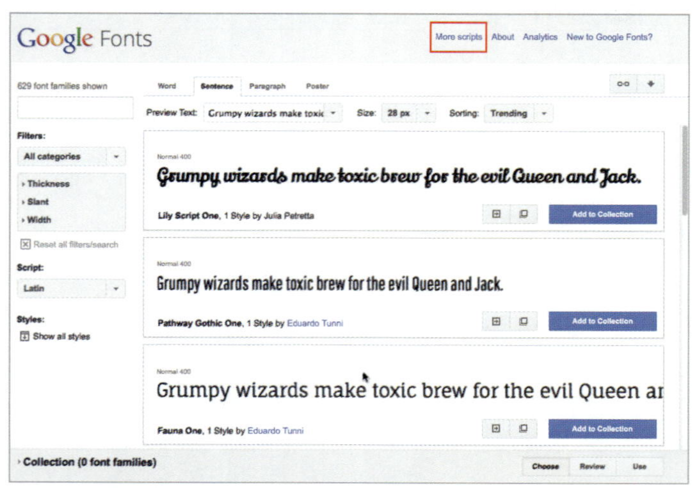

▲ 구글에서 제공하는 웹 폰트 서비스, 출처: http://www.google.com/fonts/

새 탭으로 Early Access 페이지가 열립니다. Google Fonts에 임시 등록된 웹 폰트들을 볼 수 있습니다.

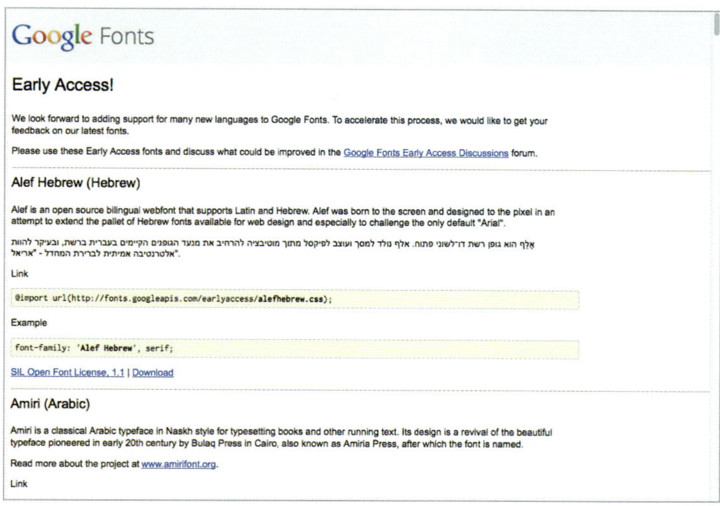

▲ 임시 등록된 웹 폰트들을 볼 수 있는 Early Access 페이지.
출처: http://www.google.com/fonts/earlyaccess

목록은 알파벳순으로 나열되어 있으니 스크롤을 내려 페이지 중간에 있는 나눔 고딕 글꼴 'Nanum Gothic(Korean)'을 찾습니다. 나눔 고딕 글꼴에 대해 간단한 설명이 있고 아래 'Link'와 'Example'로 노란색 박스 처리된 부분이 있습니다.

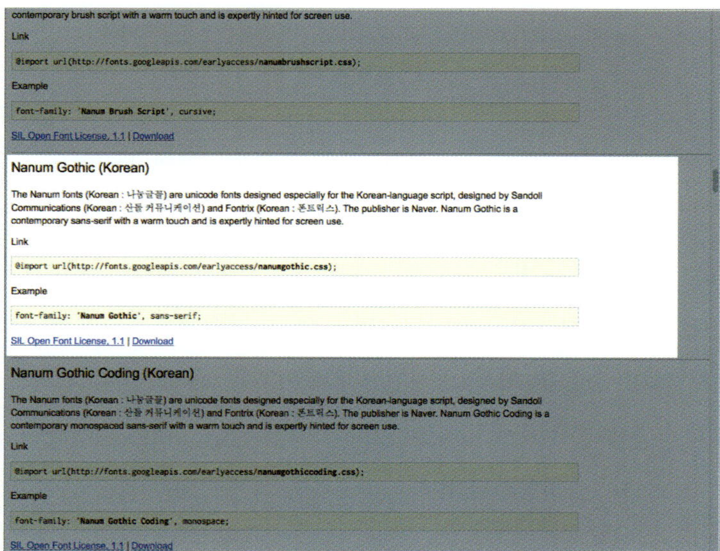

▲ Early Access 페이지에서 나눔고딕 글꼴에 관한 내용을 찾습니다.

- @import url(http://fonts.googleapis.com/earlyaccess/nanumgothic.css);

- font-family: 'Nanum Gothic';

둘 다 테마의 스타일시트에 옮겨 적을 내용인데 첫 번째, Link는 나눔 고딕 글꼴을 테마에 설치한다는 의미이고 두 번째, Example은 설치된 나눔 글꼴을 특정 요소에 정의할 때, 글꼴의 이름(font-family)을 어떻게 적는지 보여주고 있습니다.

이제 파이어버그를 활용하여 워드프레스 사이트에서 나눔 고딕을 적용할 요소를 찾습니다. Twenty Twelve 테마가 적용된 사이트의 글 제목에 나눔 고딕 글꼴을 적용해 보겠습니다.

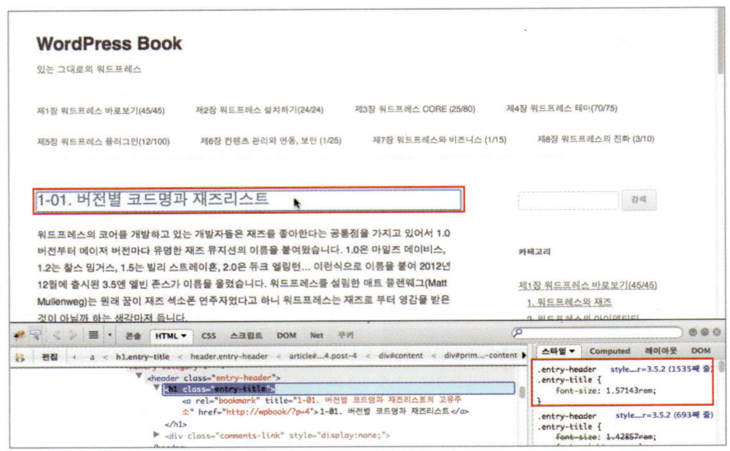

▲ 파이어버그를 이용해 워드프레스 사이트에서 웹폰트를 적용할
요소의 이름을 찾아냅니다.

글 제목의 스타일이 '.entry-header .entry-title'이라는 요소로 정의되어 있는 걸 확인했습니다.

앞에 스타일시트를 통해 글꼴을 적용할 때처럼 .entry-header .entry-title은 .entry-header에 속한 .entry-title에 한해 정의된 것일 수 있습니다. 스타일시트에서 .entry-title로 정의된 내용이 따로 있는지 검색해봅니다. 관리자의 테마 편집기에서 왼쪽의 에디터 창을 선택한 후, Ctrl + F 를 누르면 웹 브라우저 하단에 검색 창이 나타납니다. 여기에 '.entry-title'을 입력하고 오른쪽에 [아래로], [위로] 버튼을 클릭해서 스타일시트에서 .entry-title로 정의된 내용을 훑어 봅니다.

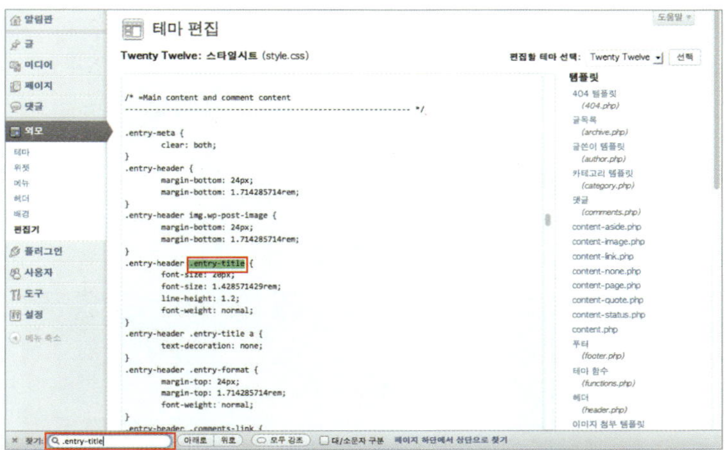

▲ 관리자의 테마 편집기에서 웹 폰트를 적용할 요소를 찾습니다.

Twentey Twelve 테마에서는 글 제목에 대해 .entry-title로 따로 정의된 것이 없으니 이제 style.css의 1535째 줄에서 .entry-header .entry-title을 찾아 웹 폰트를 정의해주면 됩니다.

위의 그림과 같이 웹 폰트를 설치하고 웹 폰트를 적용할 요소에 'font-family: 'Nanum Gothic';'이라는 속성을 추가합니다. 웹 폰트를 설치하는 내용(Google Fonts에서 'Link' 항목)은 스타일시트 어느 위치에 넣어도 상관없습니다.

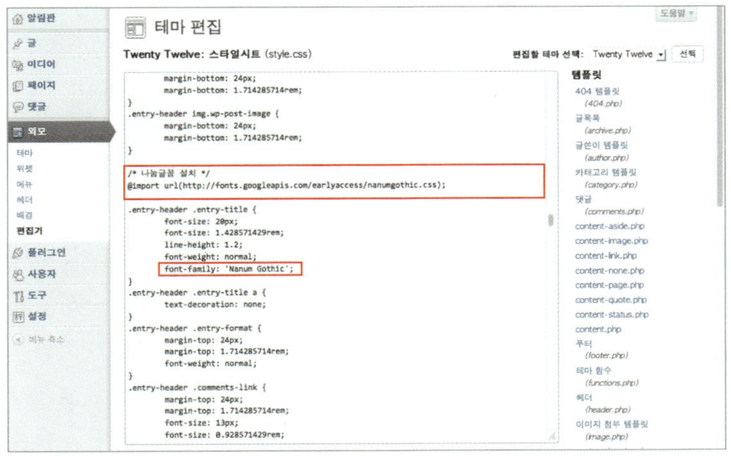

▲ 관리자의 테마 편집기에서 웹폰트를 설치합니다.

웹 폰트가 적용되었는지 확인합니다. 단, 현재 컴퓨터에 나눔 고딕 글꼴이 이미 설치되어 있다면 웹 페이지의 나눔 고딕 글꼴이 웹 폰트를 통해 적용된 것이 아닐 수 있기 때문에 가능하면 나눔 고딕 글꼴이 설치되지 않은 컴퓨터에서 확인하는 것이 좋습니다.

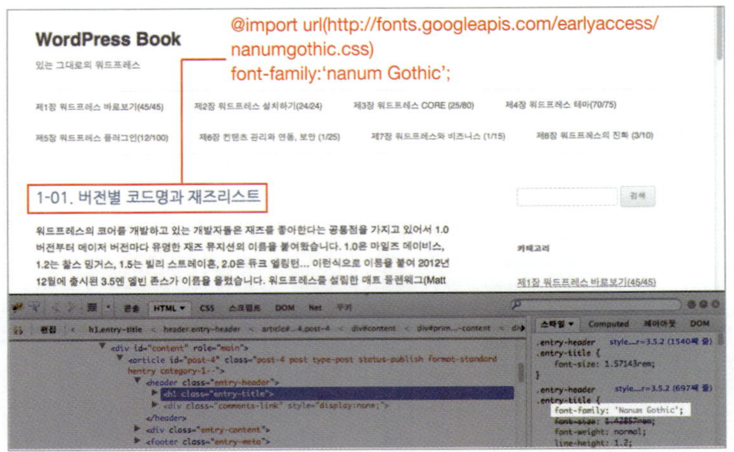

▲ 웹폰트가 적용된 모습

<h1 style="display:inline">10 header.php에서 자주 쓰는 템플릿 태그</h1>

header.php는 웹 페이지를 시작하는 부분이기 때문에 웹 페이지에 대해 정의하고 웹사이트에 관한 정보, 테마를 구현하는데 필요한 기본 정보들을 불러옵니다. 그리고 header.php는 웹사이트를 브라우저에 출력하는 데 필요한 전반의 환경 설정을 한다고 볼 수 있습니다. 그래서 header.php에서 가장 많이 등장하는 템플릿 태그가 바로 bloginfo( )입니다. 이 태그 하나만 알아도 header.php의 반은 이해한 것이나 다름없습니다.

```
<!DOCTYPE html PUBLIC "-//W3C//DTD XHTML 1.0 Transitional//EN" "http://www.w3.org/TR/xhtml1-transitional.dtd">

<html lang="ko-KR" xml:lang="ko-KR" xmlns="http://www.w3.org/1999/xhtml">
<head profile="http://gmpg.org/xfn/11">
<meta http-equiv="Content-Type" content="<?php bloginfo('html_type'); ?>; charset=<?php bloginfo('charset'); ?>" />
<meta http-equiv="X-UA-Compatible" content="IE=Edge" />

<title>
<?php bloginfo('name'); ?> <?php wp_title(' | '); ?>
</title>

<link rel="stylesheet" href="<?php bloginfo('stylesheet_url'); ?>" type="text/css" media="screen" />
<link rel="alternate" type="application/rss+xml" title="<?php bloginfo('name'); ?>" href="<?php bloginfo('rss2_url'); ?>">
<link rel="pingback" href="<?php bloginfo('pingback_url'); ?>" />
<link rel="shortcut icon" href="<?php bloginfo('stylesheet_directory'); ?>/favicon.ico" />

<?php wp_head(); ?>

</head>

<body>
```

▲ header.php에서 bloginfo 태그가 쓰이는 예

위의 예에서 body가 시작하기도 전에 bloginfo( )라는 템플릿 태그가 무려 8번이나 반복되는 것을 볼 수 있습니다. 이 태그는 말 그대로 블로그(웹사이트)의 정보를 불러오는 역할을 하는데, 태그의 괄호 안에 어떤 매개변수를 넣느냐에 따라 해당하는 정보를 불러옵니다. bloginfo( ) 하나로 웹사

이트에 관한 정보 전반을 알 수 있기 때문에 header.php에서 유독 많이 사용됩니다. bloginfo( )의 사용법과 각 매개변수별로 읽어볼 수 있는 웹사이트 정보를 알아보겠습니다.

> 태그의 문법 : <?php bloginfo(' [매개변수] '); ?>
>
> * 매개변수에 따른 출력 결과
> - name : 웹사이트명
> - description : 웹사이트를 설명하는 태그 라인
> - admin_email : 관리자 이메일 주소
> - url : 웹사이트 주소
> - wpurl : 웹사이트의 워드프레스 설치 경로
>
> * 매개변수에 대한 설명입니다.
> - stylesheet_directory : 활성화되어 있는 테마의 디렉토리 경로
> - stylesheet_url : 활성화되어 있는 테마의 스타일시트(style.css) 주소
> - template_directory : child 테마의 경우 parent 테마의 디렉토리 경로
> - template_url : parent 테마의 경로(template_directory와 동일)
> - 피드 관련 변수 – atom_url, rss2_url, rss_url, pingback_url, rdf_url, comments_atom_url, comments_rss2_url
> - 기타 변수 : charset, html_type, language, text_direction, version

header.php를 통해 화면에 출력되는 부분은 크게 두 가지 정도라고 할 수 있는데 웹사이트를 나타내는 로고와 내비게이션 메뉴입니다. 로고는 이미지일 수도 있고 사이트 이름과 설명이 텍스트로 표시될 수도 있습니다.

```php
38
39  <div id="header" role="banner">
40      <div id="headerimg">
41          <h1><a href="<?php echo get_option('home'); ?>/"><?php bloginfo('name'); ?></a></h1>
42          <div class="description"><?php bloginfo('description'); ?></div>
43      </div>
44  </div>
45  <hr />
46
```

▲ Kubrick 테마의 header.php에서 웹사이트의 이름과 설명을 불러오는 부분

웹사이트 이름은 〈?php bloginfo(‘name’); ?〉으로, 웹사이트에 대한 설명은 〈?php bloginfo(‘description’); ?〉으로 불러옵니다. 관리자의 일반 설정에서 ‘사이트 제목’, ‘태그 라인’이라는 항목에 입력된 내용을 불러오는 것이니 이 부분을 변경하려면 테마를 수정할 것이 아니라 워드프레스의 설정을 바꿔야 합니다.

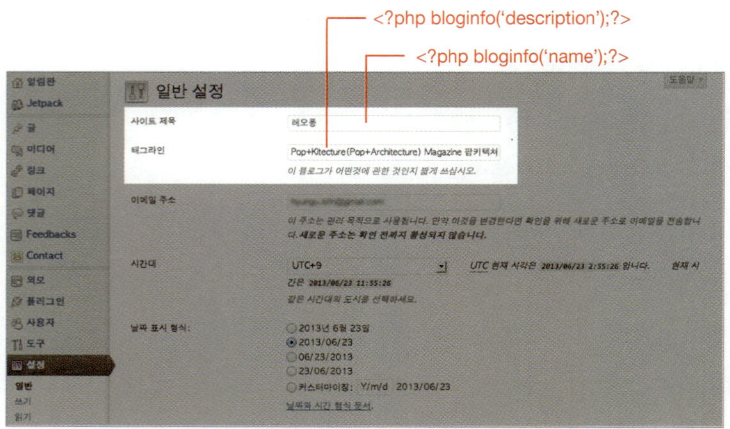

▲ 웹사이트의 이름과 설명은 관리자의 일반 설정에서 입력한 내용이 출력됩니다.

내비게이션 메뉴를 구성하는 태그로는 wp_list_categories( ), wp_list_pages( ), wp_nav_menu( ) 등이 있는데 최근에는 wp_nav_menu( )를 주로 사용합니다. wp_list_categories( ), wp_list_pages( )는 워드프레스 3.0 이후 커스텀 내비게이션 메뉴 기능이 추가되면서 최근에 출시되는 테마에서는 찾아보기 힘들어졌습니다.

- wp_list_categories( ) : 카테고리 목록을 출력
- wp_list_pages( ) : 페이지 목록을 출력
- wp_nav_menu( ) : 커스텀 내비게이션 메뉴를 출력

커스텀 내비게이션 메뉴 기능이 생기기 전까지는 웹사이트의 내비게이션 메뉴(주 메뉴)를 사용자가 편집할 수 없었습니다. 내비게이션 메뉴를 편집하려면 테마의 header.php 파일을 직접 수정해야 했기 때문에 당시만 해도 이 부분이 어떻게 구성되어 있느냐가 테마를 선택하는 기준이 되기도 했습니다. 하지만 3.0 이후 채택된 커스텀 내비게이션 메뉴 기능 덕분에 이 기능을 지원하는 테마에서는 테마 수정 없이 워드프레스 관리자에서 메뉴를 재배열하고 편집할 수 있게 되었고 그 방법도 무척 손쉬워져 웹사이트 관리에 응용할 수 있는 부분이 많아졌습니다.

| 커스텀 내비게이션 설정 |

커스텀 내비게이션 메뉴를 설정하고 출력하는 방법에 대해서는 'functions.php에 기능 추가하기'에서 구체적으로 설명하겠습니다.

11 single.php에서 자주 사용하는 템플릿 태그

index.php, archive.php, category.php, single.php 등 콘텐츠 부분을 담당하는 템플릿 파일의 루프 안에 단위 콘텐츠에 관련된 태그들이 모여 있습니다. 특히 글 본문에 관한 템플릿 파일인 single.php(Twenty Twelve 테마의 경우 content.php)를 보면 콘텐츠와 관련된 템플릿 태그들을 확인할 수 있습니다. 각 템플릿 태그의 역할을 알아보도록 하겠습니다.

- the_title( ) : 글 제목 출력
- the_excerpt( ) : 글 요약본 출력
- the_content( ) : 글 본문 출력
- the_date( )와 the_time( ) : 글이 발행된 날짜 또는 시간을 출력
- the_permalink( ) : 글의 단일 본문 페이지의 URL을 출력
- the_post_thumbnail( ) : 글의 특성 이미지 출력
- the_tags( ) : 글의 관련 태그가 해당 태그 페이지의 링크 형식으로 출력
- the_author( ): 글쓴이가 해당 글쓴이 페이지의 링크 형식으로 출력
- edit_post_link( ): 해당 글의 편집 화면으로 연결되는 링크. 로그인한 경우에만 보임

■ the_title

the_title( ) 태그는 글 제목을 불러옵니다. 제목 앞에 '제목:'이라는 라벨을 넣고 싶다면 the_title('제목:', ' ')과 같이 합니다. 다음 적용 예에서 보듯이 제목의 스타일을 지정하는 <h2>

를 the_title( ) 태그 안에서 넣을 수도 있는데 괄호 안의 첫 번째 변수는 불러올 글의 제목 앞에, 두 번째 변수는 제목 뒤에 출력됩니다. 즉, <?php the_title('<h2>', '</h2>'); ?>와 <h2><?php the_title( ); ?></h2>는 결과적으로 같다는 얘기입니다.

```
CODE    <?php the_title( ); ?>
        // 적용 예
        <?php the_title( '<h2>', '</h2>' ); ?> // 출력되는 내용은 다음 줄과 같다.
        <h2><?php the_title( ); ?></h2>

        <?php the_title( '제목:', '' ) ?>
```

■ the_ excerpt( )

the_excerpt( )는 글의 요약본을 불러오는 태그로 주로 인덱스, 분류, 검색 결과를 보여주는 템플릿(index.php, category.php, archive.php, search.php, tag.php 등)에서 자주 볼 수 있습니다. 글을 작성할 때 요약(Excerpt) 항목에 입력된 내용을 불러오고 이곳을 비워둘 경우 본문에서 발췌하게 되는데 55개 어절까지 표시되는 것이 기본으로 설정되어 있습니다.

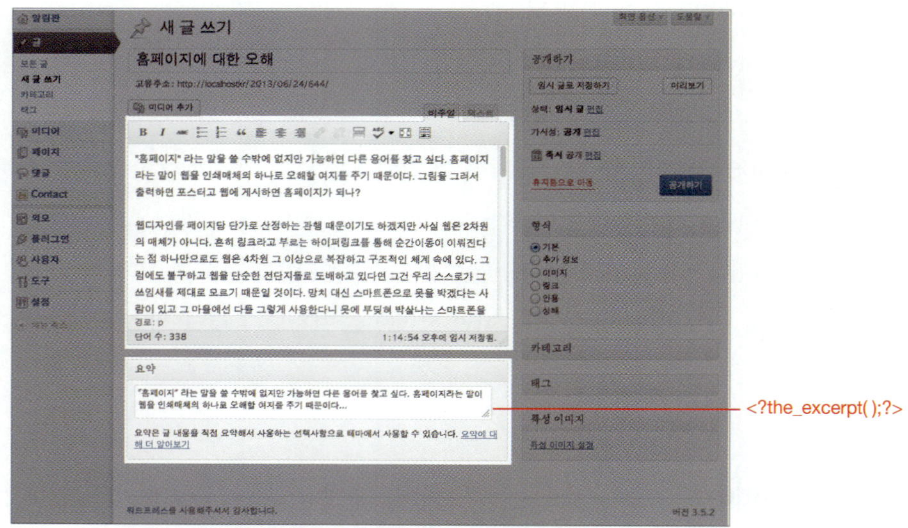

▲ the_excerpt( ) 태그는 글의 요약본을 불러옵니다.

▪ the_ date( )와 the_ time( )

the_date( )와 the_time( )은 글이 발행된 날짜와 시간을 표시할 때 사용합니다. 괄호 안에 표시할 날짜나 시간 형식을 지정할 수 있고 비워 둘 경우는 관리자의 일반 설정에 지정된 형식을 따릅니다.

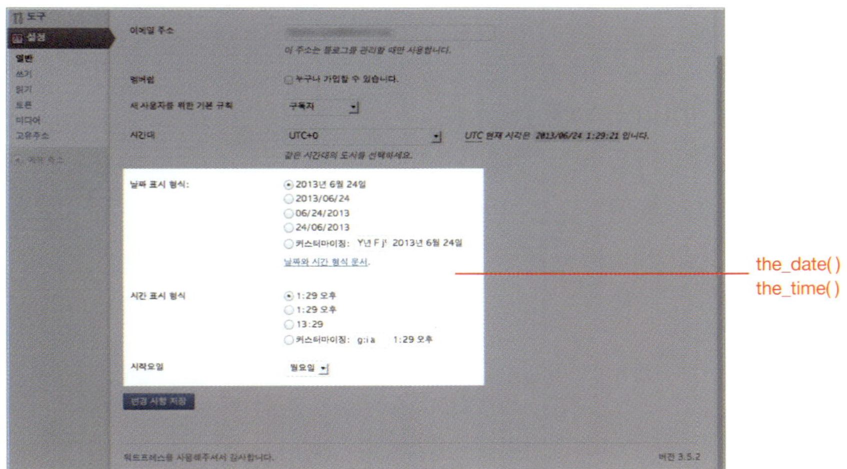

▲ the_date( )와 the_time( ) 태그는 날짜와 시간을 형식에 맞춰 표시하는데 기본값은
관리자의 일반 설정에서 정의합니다.

▪ the_permalink( )

the_permalink( )는 포스트의 고유주소를 불러오는 태그로 고유주소(permalink)는 페이지나 포스트 별로 할당되는 URL을 의미합니다. 보통 글 제목을 클릭하면 그 글의 본문을 볼 수 있는 단일 글 페이지로 이동하게 되는데 글 제목에 고유 주소를 링크했기 때문입니다. 다음은 제목에 고유 주소를 링크한 예입니다.

```
CODE    <a href="<?php the_permalink( ); ?>">
                <?php the_title( ); ?>
        </a>
```

</a> 태그가 글 제목을 감싸고 있는데 a는 특정 주소나 위치로 이동시켜주는 HTML 태그로 href="[이동할 URL 이나 위치]"와 같이 사용합니다. 여기에 URL 대신에 <?php the_

permalink( ) ?>를 넣으면 워드프레스에서 해당 글의 URL을 불러와서 채워 넣기 때문에 위의
코드는 다음과 같이 출력됩니다.

```
CODE    <a href="[글의 고유주소(URL)]">
            [글 제목]
        </a>
```

■ the_post_thumbnail( )

the_post_thumbnail( )은 특성 이미지를 불러와 출력하는 태그입니다. 워드프레스에서는 글
마다 하나의 특성 이미지를 선택할 수 있는데 이렇게 선택한 이미지는 주로 글 목록에서 제목
과 함께 그 글을 지시하는 아이콘처럼 사용됩니다. 손톱만큼 작다는 의미로 thumbnail이라고
부르는데 the_post_thumbnail( ) 태그를 통해 화면에 불러오는 방법은 다음과 같습니다.

```
CODE    the_post_thumbnail( );

        the_post_thumbnail('thumbnail');    // 썸네일 크기
        the_post_thumbnail('medium');       // 중간 크기
        the_post_thumbnail('large');        // 최대 크기
        the_post_thumbnail('full');         // 원본

        the_post_thumbnail( array(100,100) );  // 사용자 크기
```

the_post_thumbnail( ) 태그의 괄호 안에는 불러올 특성 이미지의 크기를 지정하는데 기본적
으로 thumbnail, medium, large, full 총 4가지가 있습니다. 워드프레스를 통해 이미지를 업
로드하면 워드프레스는 원본 외에 각기 다른 크기의 이미지를 만드는데 thumbnail, medium,
large 3가지입니다. 자동 생성하는 이미지의 크기를 관리자의 미디어 설정에서 지정할 수 있습
니다. full은 원본을 의미하고 '작은 사진(썸네일)'이라고 표시된 것이 thumbnail, '중간 크기'는
medium, '최대 크기'는 large입니다.

▲ the_post_thumbnail( )로 불러올 이미지의 크기를 관리자의 미디어 설정에서
지정할 수 있습니다.

주의할 점은 '작은 이미지(썸네일)'는 원본 이미지의 비례를 왜곡하지 않고 설정한 크기와 비례
대로 잘라 만들지만 나머지 중간, 최대 크기의 이미지는 업로드한 원본의 비례를 그대로 유지
해 만든다는 점입니다.

[참고]

| 원본 이미지와 비율이 다른 썸네일 만들기 |

위의 설정 화면을 보면 썸네일의 크기 밑에 '썸네일을 정확한 크기로 잘라냅니다.(일반적으로 썸네
일은 원본에 비례해서 만들어집니다.)'라고 쓰여진 옵션이 보입니다. 다른 크기의 이미지와 달리 썸
네일에만 있는 옵션인데 원본 이미지와 가로 세로 비율이 다른 썸네일을 만들고 싶을 때 이 옵션을
선택합니다.

이런 이유 때문에 원본 이미지와 다른 비례로 특성 이미지를 사용하고 싶을 때, 썸네일을 주로
활용하고 그만큼 썸네일이 테마 디자인에서 중요한 역할을 한다고 할 수 있습니다. 이 외에도
array로 태그 상에서 thumbnail, medium, large, full 외에 별도의 크기로 정할 수 있는데 이
경우도 중간, 최대 크기 이미지와 마찬가지로 원본과 같은 비례의 이미지가 지정된 크기에 맞
춰 축소/확대되는 식입니다. 썸네일처럼 잘라서 이미지를 만들지는 않는다는 얘기입니다.

the_permalink( ), the_post_thumbnail( ) 태그를 이용해 썸네일을 클릭하면 해당 글로 연결
되는 링크는 다음과 같이 적용하여 만들 수 있습니다.

CODE

```
// 적용 예
<a href="<?php the_permalink( ); ?>">
<?php the_post_thumbnail('thumbnail') ?>
</a>
```

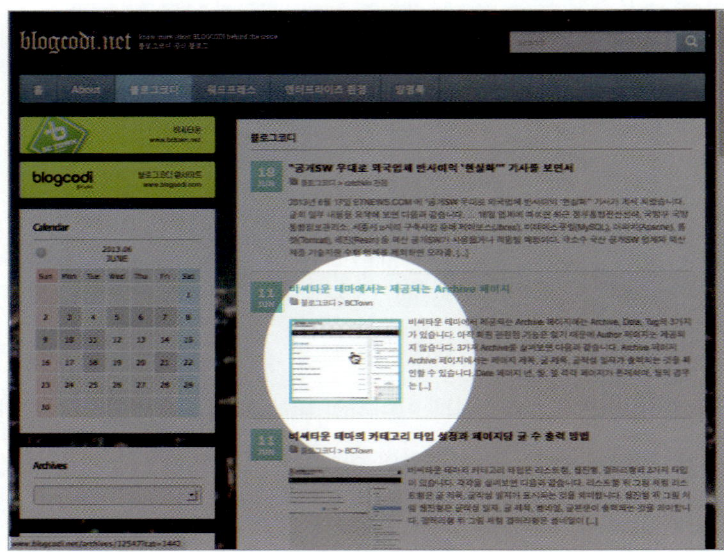

▲ the_permalink( )와 the_post_thumbnail( ) 태그를 활용, 썸네일에
해당 글의 단일페이지를 링크

■ the_tags( )

the_tags( )는 글의 tag 목록을 출력합니다. 보통 글의 관련 tag는 하나가 아닌 여럿이기 때문
에 tag 앞, 뒤, 사이에 넣을 부호나 형식이 들어갑니다.

CODE

```
<?php the_tags( [앞에 넣을 내용], [각각의 tag 사이 넣을 부호], [뒤에 넣을 내용] ); ?>
// 적용 예
<?php the_tags('Tags:', ', ', '<br />'); ?>
```

▲ the_tags( )를 통해 출력된 태그 목록

■ the_author( )

the_author( )는 해당 글을 쓴 작가의 글들을 모아서 보여주는 작가 페이지로 연결되는 링크를 출력합니다. 매거진이나 팀 블로그처럼 웹사이트에 저자가 여러 명일 경우 이 태그가 중요해집니다.

마지막으로 edit_post_link( )는 해당 글을 바로 수정할 수 있도록 글 편집 화면으로 연결시켜주는 EDIT 링크를 넣을 때 사용됩니다. 이 'edit'라는 표시는 글쓴이나 편집자, 관리자에게만 보이고 방문자에겐 보이지 않습니다. EDIT가 아닌 원하는 문자나 부호로 표시할 수 있습니다.

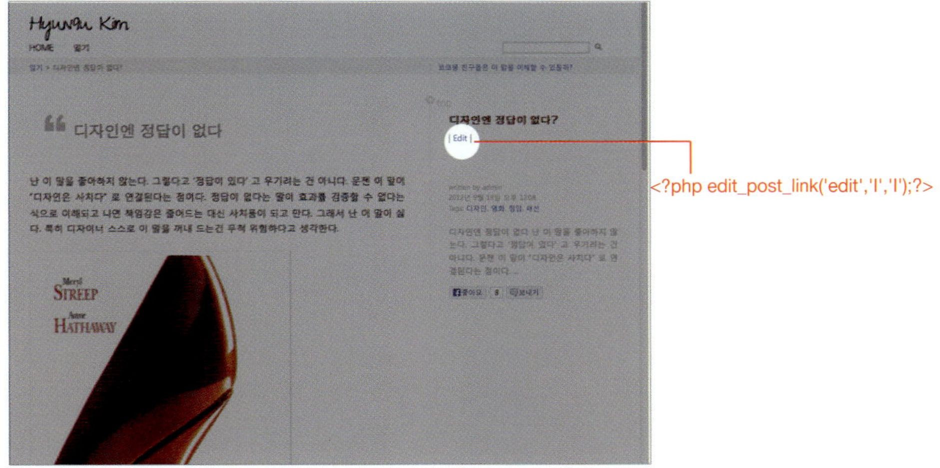

▲ 글을 바로 수정할 수 있도록 edit 링크를 추가할 때, edit_post_link( )를 사용합니다.

CODE

```php
<?php edit_post_link( $link, $before, $after ); ?>
// $link : [링크로 표시할 문자 (예: edit)]
// $before : [링크 앞에 넣을 부호 또는 내용]
// $after : [링크 뒤에 넣을 부호 또는 내용]

// 적용 예
<?php edit_post_link('edit', '|', '|'); ?>
```

최근 해외의 유료 테마들을 보면 테마 안에 별의 별 기능들이 다 탑재되어 있는데 마치 여러 종류의 플러그인을 내장하고 있는 것 같습니다. 테마의 템플릿 파일 중에서 functions.php가 그런 역할을 담당하는데 functions.php에 추가할 수 있는 주요 기능들을 알아보겠습니다.

■ 글 요약본의 제한 글자 수 수정

the_excerpt( ) 태그로 불러올 요약본의 글자수는 기본 55어절로 되어 있습니다. 이 기준을 수정하려면 테마의 functions.php에 다음 코드를 추가합니다. 여기서 'return 20'은 요약할 글자 수를 20어절로 정한다는 뜻이니 20이라는 숫자 대신 원하는 숫자로 바꿔 넣습니다.

CODE
```
function custom_excerpt_length( $length ) {
    return 20;  // 요약할 글자 수를 20어절로 설정
}
add_filter( 'excerpt_length', 'custom_excerpt_length', 999 );
```

■ 글 제목 줄이기

템플릿에서 글 제목을 불러올 때, the_title( )이라는 템플릿 태그를 기본으로 사용하는데 글 제목을 줄여서 불러올 수 있는 short_title( )이라는 새로운 사용자 태그를 정의해서 사용할 수 있습니다. 다음 코드를 functions.php에 추가하고 글 제목을 줄여서 표시하고 싶은 부분에 <?php the_title( ); ?> 대신에 short_title( ) 태그를 사용하는데 예를 들어, 제목의 50자 이후에 '…'으로 말줄임 표시를 넣고 싶다면 <?php short_title('…',50); ?>이라고 사용합니다. 즉, 괄호 안에 말줄임 표시와 제한할 글자 수를 설정해 넣습니다.

CODE
```
/* 글 제목 줄이기 설정 */
function short_title($after = '', $length) {
        $mytitle = get_the_title( );
        $strim = mb_strimwidth($mytitle, '0', $length, $after, 'utf-8');
        echo $strim;
```

■ 고정 관리 메뉴(Admin Bar) 숨기기

고정 관리 메뉴는 로그인한 사용자에게만 나타나기 때문에 일반 방문자에겐 보이지 않습니다. 하지만 상단에 고정되는 이 메뉴 때문에 테마가 깨져 보이는 경우도 있고 이 기능을 잘 사용하지 않는데 눈에 거슬리기만 한다면 차라리 숨기는 것이 낫습니다. 이때, 다음과 같이 funtions.php에 필터를 추가합니다.

▲ 고정 관리 메뉴(Admin Bar)를 숨기는 방법

```
CODE    /* 고정 관리 메뉴 숨기기 */
        add_filter( 'show_admin_bar', '__return_false' );
```

■ 썸네일 이미지 크기 설정

썸네일 이미지의 크기는 관리자의 미디어 설정에서 지정하지만 테마에서도 할 수 있습니다. 또 기본 썸네일 외에도 별도의 크기를 더 정의할 수 있는데 다음과 같이 지정하면 기본 썸네일의 크기를 가로, 세로 150픽셀 크기로 정한다는 뜻입니다.('true'는 지정 크기 비례로 이미지를 잘라낸다는 뜻입니다.) 또, add_image_size('second-thumb', 300, 120, true)는 기본 썸네일, 중간 크기, 최대 크기, 원본 크기 외에 'second-thumb'이라는 이름으로 자동 생성할 이미지를 추가하고 second-thumb은 가로 300픽셀, 세로 120 픽셀로 잘라내 만든다는 뜻입니다. functions.php에서 이렇게 정의한 내용을 테마에서 <?php the_post_thumbnail('second-thumb'); ?>로 불러오면 300*120픽셀 크기로 재단된 특성 이미지가 출력됩니다.

CODE

```
/* 썸네일 설정 */
if ( function_exists( 'add_image_size' ) ) {
add_theme_support( 'post-thumbnails' );
set_post_thumbnail_size( 150, 150, true ); // 기본 썸네일 크기 설정
add_image_size( 'second-thumb', 300, 120, true );
// 'second-thumb'이라는 이름의 이미지 크기 추가
```

■ 커스텀 내비게이션 메뉴 지원

커스텀 내비게이션 메뉴 기능을 사용하려면 테마에서 이를 지원해야 하는데 functions.php
에 다음과 같이 해당 기능을 활성화시켜주는 코드를 넣어줍니다. 다음 예에서는 'entrance-
menu'와 'indoor-menu'라는 이름으로 테마에서 두 개의 메뉴를 사용할 수 있도록 설정
했습니다. 관리자의 '외모(Appearance)'의 '메뉴(Menus)'에 들어가면 테마 위치(Theme
Locations) 창 안에 'Your theme supports 2 menus. Select which menu appears in each
location.'라고 현재 테마가 두 개의 메뉴를 지원한다고 표시됩니다. functions.php에서 메뉴
를 두 개 활성화시켰기 때문입니다.

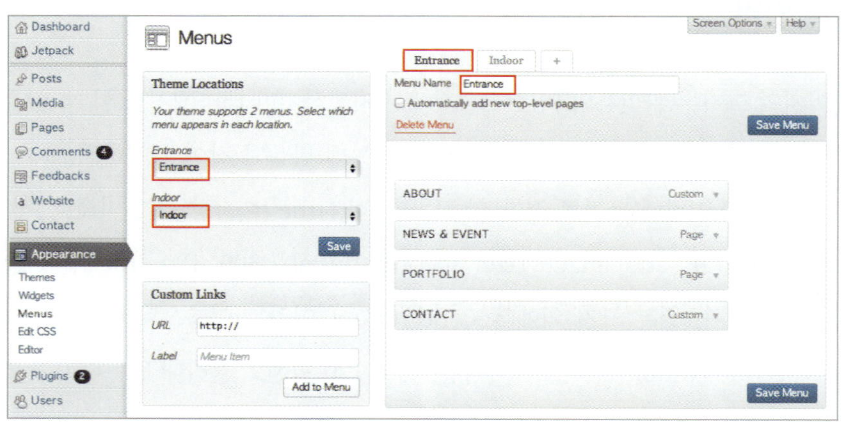

▲ functions.php에서 활성화시킨 내비게이션 메뉴를 관리자에서 설정합니다.

functions.php에서 커스텀 내비게이션 메뉴 기능을 활성화시키고 관리자에서 각 메뉴를 구
성하면 header.php에서 <?php wp_nav_menu(array('theme_location' => 'entrance-
menu')); ?> 또는 <?php wp_nav_menu(array('theme_location' => 'indoor-menu'));
?>로 해당 내비게이션 메뉴를 불러올 수 있습니다.

CODE

```
/* 커스텀 내비게이션 메뉴 지원 */
function register_my_menus( ) {
 register_nav_menus(
  array(
      'entrance-menu' => __( 'Entrance' ),
      'indoor-menu' => __( 'Indoor' )
      )
 );
}
add_action( 'init', 'register_my_menus' );
```

13 footer.php에 웹 사이트 분석 코드 넣기

국내 웹 로그 분석 서비스 중에는 다음 웹 인사이드가 많이 사용되었는데 2011년 서비스를 종료했고 최근에 네이버에서 네이버 애널리틱스를 서비스하기 시작했습니다. 해외에서는 오래 전부터 구글 애널리틱스가 알려져 있습니다. 이들 서비스를 받기 위해서는 각 서비스에서 제공하는 웹로그 추적 코드를 footer.php에 추가해야 합니다. 여기에서는 구글 애널리틱스를 설치하는 방법을 알아볼텐데 각 서비스에서 분석하는 기준이 다를 뿐 웹사이트에 추적 코드를 다는 방식은 크게 다르지 않아 구글 애널리틱스를 기준으로 다른 서비스의 설치 방법을 따라 해보는 것도 좋습니다. 자, 시작합니다.

구글 계정으로 로그인합니다. 계정이 없다면 [계정 만들기] 버튼을 클릭하여 새로운 계정을 만듭니다. 구글의 이메일 서비스나 기타 구글 서비스를 사용하고 있다면 해당 계정으로 로그인이 가능합니다.

▲ 구글 애널리틱스를 사용하려면 구글 계정이 필요합니다.

구글 계정으로 로그인하면 해당 계정으로 구글 애널리틱스 서비스 가입 버튼이 나타납니다. [가입] 버튼을 클릭합니다.

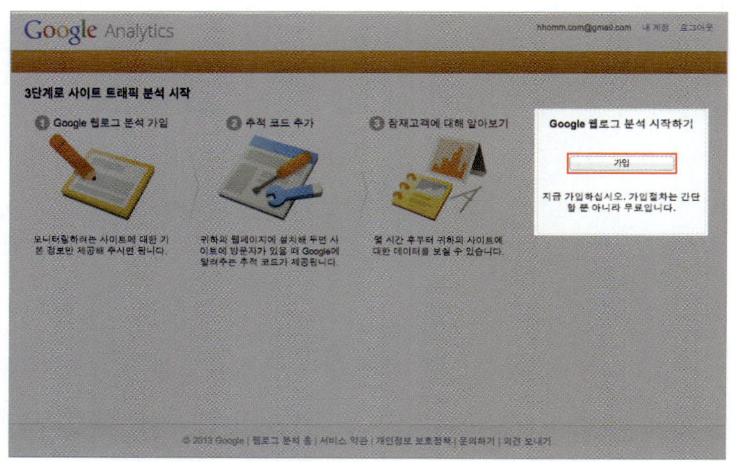
▲ 구글 계정으로 로그인하면 나타나는 웹로그 가입 화면

서비스에 가입하기 위해서는 등록할 웹사이트에 관한 정보를 입력해야 합니다. 다음 그림을 보면서 위에서부터 순서대로 알아보겠습니다.

'무엇을 추적하시겠습니까?'라는 질문 아래, [웹사이트]와 [앱] 중에서 [웹사이트]를 선택합니다. 추적 방법은 '범용 웹로그 분석'을 체크하고 '내 웹 속성 설정'에서 웹사이트 이름과 URL을 입력하고 업종을 카테고리 안에서 선택합니다. 그리고 '보고서 시간대'를 '대한민국'으로 선택합니다. '내 계정 설정'의 '계정 이름'에는 구글 애널리틱스 서비스를 관리할 이름을 하나 정해서 입력합니다. 그리고 '데이터 공유 설정' 안에 선택사항들이 모두 선택되어 있는데 필요에 따라 선택 또는 해제하면 됩니다. 여기서는 선택사항을 모두 해제해보겠습니다. [추적 ID 가져오기] 버튼을 클릭합니다.

▲ 구글 애널리틱스 서비스 가입 폼

서비스 약관이 나타나면 내용을 확인한 후, [동의함] 버튼을 클릭합니다.

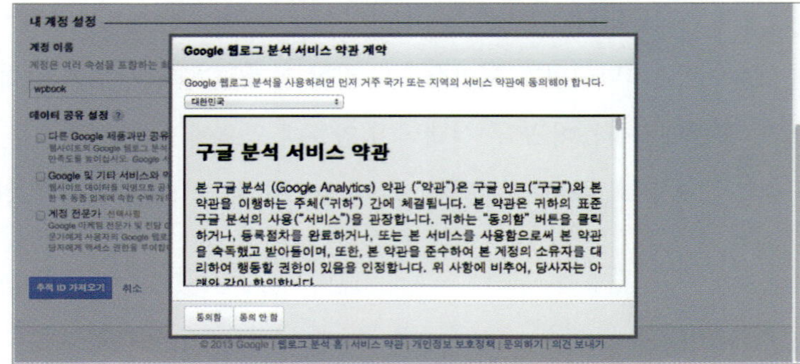

▲ 구글 웹로그 분석 서비스 약관

서비스 가입이 완료되면 다음 그림과 같이 웹사이트에 심을 추적코드가 만들어집니다. 가운데 박스 안의 코드 전체를 선택하고 Ctrl + C 를 눌러 클립보드에 복사합니다.

▲ 생성된 추적 코드

워드프레스 관리자의 테마 편집기로 갑니다. 오른쪽 템플릿 목록에서 '푸터(footer.php)' 파일을 선택하고 왼쪽 편집 창에 내용이 나타나면, 〈?php wp_footer( ) ?〉 위에 구글 애널리틱스의 추적 코드를 복사해 넣고 파일을 저장합니다.

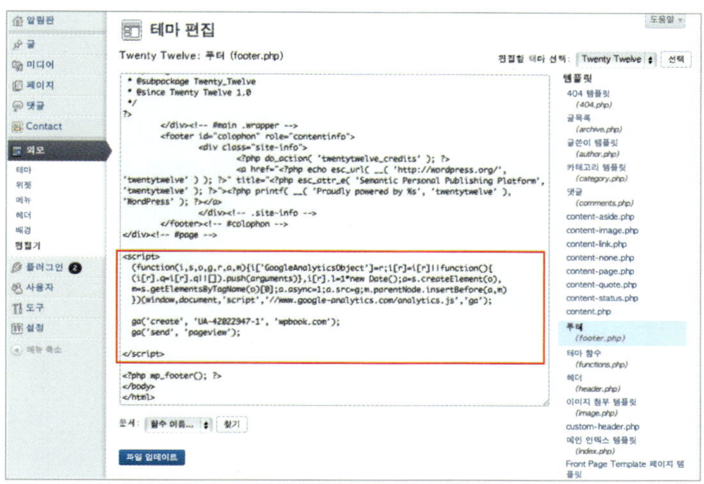

▲ 테마의 footer.php에 추적 코드를 복사해 넣습니다.

모든 설치가 끝났습니다. 설치하고 나서 바로 확인되는 내용은 없지만 이제부터 하루하루 웹사이트의 방문 기록이 자동 정리됩니다. 참고로 좌측 메뉴에서 '표준 보고서'를 선택하고 그 안에 '실시간' 항목을 선택하면 실시간 방문자 수를 확인할 수 있습니다. 웹사이트를 페이지를 이동해 가면서 실시간 통계에 보고되는지를 확인해 보십시오.

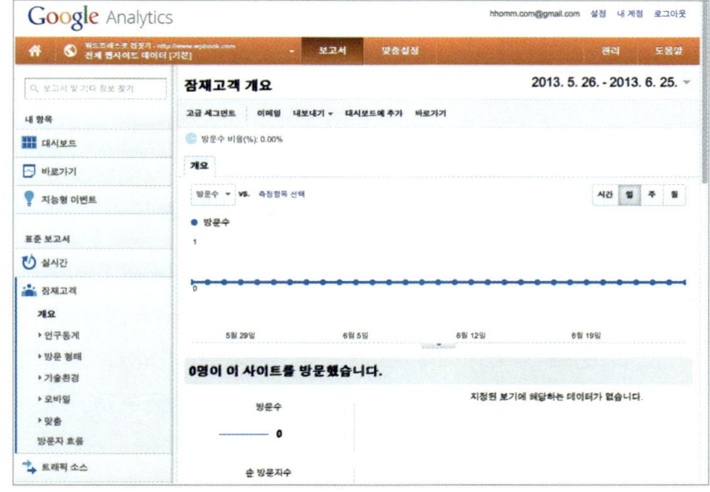

▲ 설치 후 초기의 분석 보고서

▲ 일정 기간 이상 웹로그 정보가 쌓이면 웹 기획에 있어 중요한 지표가 됩니다.

[참고]

| 플러그인을 활용한 구글 애널리틱스 설치 및 연동 |

최근 구글 애널리틱스를 사용하는 워드프레스 사용자가 늘어나면서 플러그인으로 설치를 대신하거나 연동해서 워드프레스 관리자 메뉴 상에서 웹로그 분석 정보를 볼 수 있습니다. 대표적인 플러그인으로 Google Analytics for wordpress가 있고 이외에도 플러그인 디렉토리에서 'Google Analytics'로 검색하면 비슷한 기능의 플러그인을 여럿 찾을 수 있습니다.

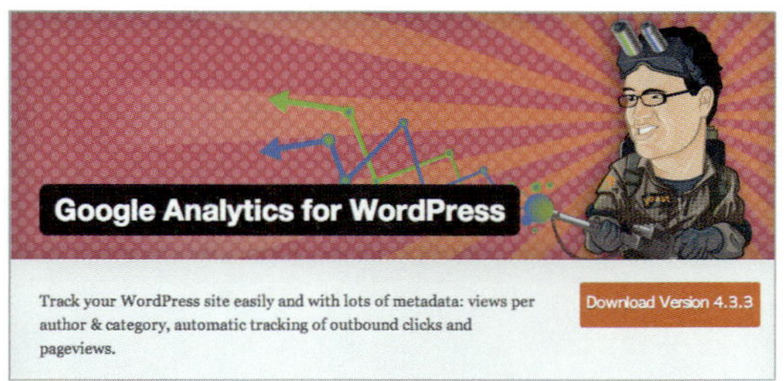

▲ 구글 애널리틱스 서비스를 설치하고 연동시켜주는 플러그인,
출처: http://wordpress.org/

플러그인을 활용한 방법을 설명하기 전에 테마를 직접 편집해 추적 코드를 추가하는 방식을 설명한 이유는 일단, 플러그인의 숫자를 줄이는 것이 웹사이트의 로딩 속도 면에서 유리하고 플러그인을 사용하더라도 구글 계정으로 로그인해서 웹로그 서비스에 가입을 하는 과정까지는 똑같고 테마에 추적코드를 설치하는 것 외에는 큰 차이가 없기 때문입니다.

TIP

네이버 애널리틱스의 적용 방법

네이버 애널리틱스를 설치하는 방법도 구글 애널리틱스와 크게 다르지 않습니다. 일단 네이버 계정으로 로그인한 후에 웹로그 분석 서비스를 신청하고 거기에 웹사이트에 대한 정보를 입력하면 분석 스크립트(구글 애널리틱스의 추적 코드와 같은 역할을 합니다.)가 주어집니다. 이 분석 스크립트를 구글 애널리틱스에서와 마찬가지로 테마의 footer.php에 추가하면 끝입니다.

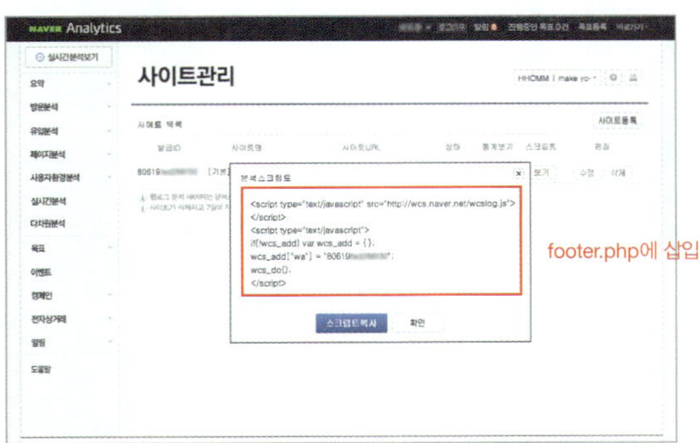

▲ 네이버 애널리틱스의 분석스크립트, 출처: http://analytics.naver.com/

WORD

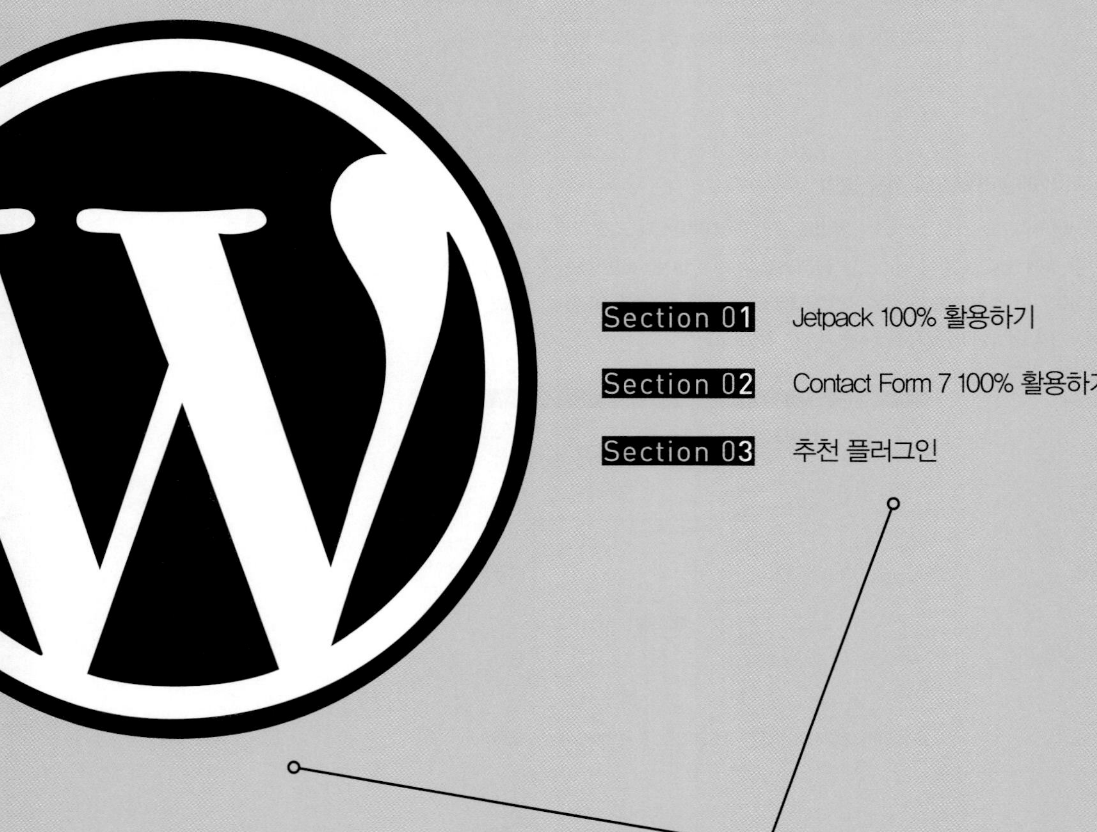

워드프레스 플러그인

워드프레스는 플러그인을 통해 웹사이트 성격에 맞춰 필요한 기능을 사용자가 직접 선택적으로 추가할 수 있습니다. 이 장에서는 워드프레스의 날개가 되어주는 플러그인을 소개하고 활용 방법을 알아봅니다.

Jetpack 100% 활용하기

젯팩(Jetpack)은 wordpress.com의 가입형 서비스를 통해 검증된 다양한 기능을 설치형 워드프레스에서도 사용할 수있게 해주는 플러그인입니다. 웹사이트 운영에 필수적인 다수의 기능을 젯팩 플러그인 하나로 해결할 수 있습니다.

01 젯팩(Jetpack) 소개

젯팩은 wordpress.com의 가입형 서비스에서만 제공되던 기능을 설치형에서 사용할 수 있도록 해주는 플러그인입니다. 젯팩 플러그인에는 SNS 공유 및 연동, 방문자 통계 보기, 알림, 테마 스타일 편집, 이미지 슬라이드, 숏코드 생성 등 다양한 편의 기능을 제공합니다. 게다가 이 모든 기능을 플러그인 하나로 활성화시킬 수 있고 젯팩의 버전이 올라갈 때마다 활용 범위가 넓어지고 새로운 기능이 탑재되기 때문에 다른 여타의 플러그인을 설치하기 전에 제일 먼저 선택해야 할 필수 아이템입니다.

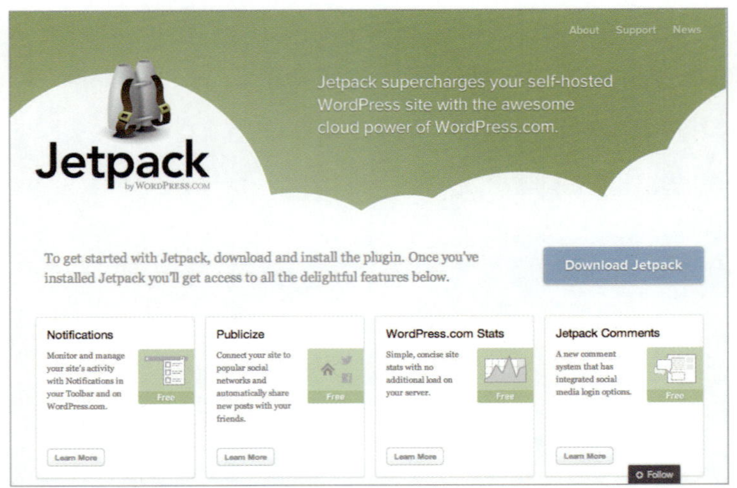

▲ 젯팩 홈페이지, 출처 : http://jetpack.me/

젯팩의 가장 큰 장점은 플러그인 하나로 다양한 기능을 사용할 수 있다는 점입니다. 워드프레스 기반의 사이트는 설치, 활성화된 플러그인의 숫자가 늘어날수록 시스템이 느려질 수 있습니다. 추후 기능 개선이 보장되고 검증된 플러그인을 사용하는 것이 좋은데, 젯팩은 이런 점에서 무척 안정적이면서도 다양한 기능을 기대할 수있습니다. 이름처럼 웹사이트에 제트엔진을 다는 것이라고 생각하면 됩니다.

02 젯팩 설치 및 WordPress.com 연결하기

다음에서 워드프레스로 만든 사이트에 제트 엔진을 다는 방법을 알아보겠습니다.

Wordpress.org의 플러그인 디렉토리에서 'jetpack'으로 검색하여 플러그인을 찾습니다. 플러그인을 내려받아 FTP를 통해 웹사이트에 업로드하거나 다음 그림처럼 관리자의 '플러그인 추가하기'에서 검색해 '지금 설치하기'를 클릭합니다.

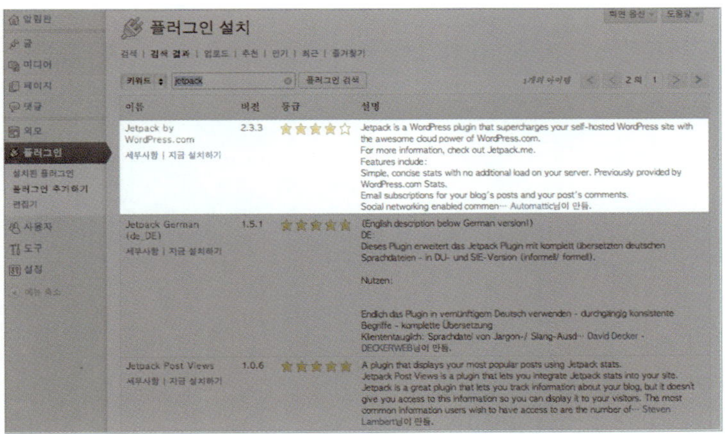

▲ 관리자의 '플러그인 추가하기'에서 젯팩을 검색한 화면

플러그인이 성공적으로 설치되면 다음 그림과 같은 메시지가 나타납니다. 메시지 마지막에 있는 '플러그인을 활성화'를 클릭합니다.

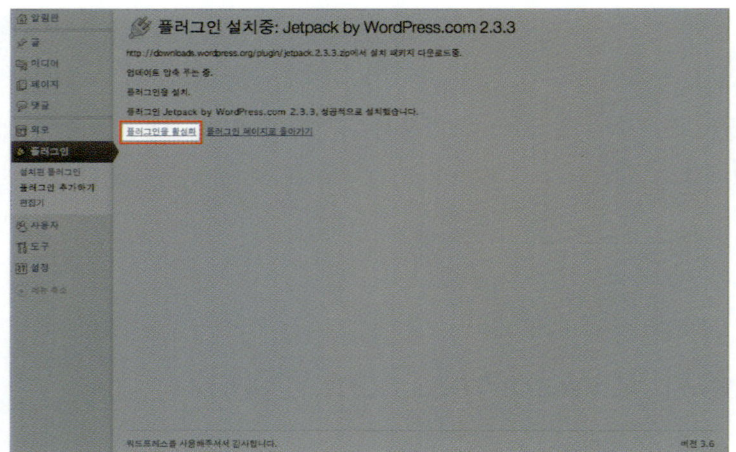

▲ 젯팩 플러그인 설치가 성공적으로 마무리된 화면. 플러그인을 활성화시킵니다.

대부분의 플러그인은 활성화시키기만 해도 사용할 수 있지만 젯팩 플러그인은 활성화시키면 다음 그림처럼 wordpress.com에 연결해야 한다는 메시지가 나타납니다. 젯팩을 제대로 작동시키기 위해서 아직 몇 가지 해야 할 일이 남아있다는 얘기입니다. 메시지 오른쪽에 있는 [wordpress.com 연결하기] 버튼을 클릭합니다.

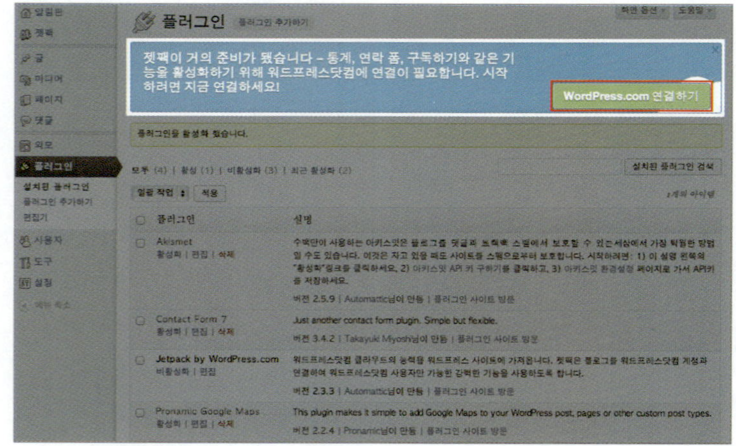

▲ 젯팩 플러그인이 활성화된 상태. wordpress.com에 연결해야 한다는 메시지가 나타납니다.

| 젯팩 설치에 필요한 준비물, 워드프레스 wordpress.com 계정 |

젯팩은 wordpress.com의 가입형 서비스에서만 제공되던 기능을 설치형 워드프레스에서 사용할 수 있게 해주는데 닷컴 계정과의 연동을 통해 가능합니다. 그래서 젯팩을 설치하고 사용하기 위해서는 wordpress.com 계정이 필요합니다.

웹사이트에 설치된 젯팩과 wordpress.com을 연결하기 위해서 인증 페이지로 이동합니다. 이전에 wordpress.com에 가입한 적이 있다면 계정 정보를 입력하고 인증을 받습니다. 만약 계정이 없다면 사용자 이름을 입력하는 폼 오른쪽에 '계정이 필요하세요?'를 클릭합니다.

▲ 젯팩을 wordpress.com에 연결하는 과정. wordpress.com 계정이 필요합니다. 출처: https://jetpack. wordpress.com/

wordpress.com 가입 화면으로 이동하는데 이메일과 사용자명, 암호를 입력해 계정을 만듭니다.

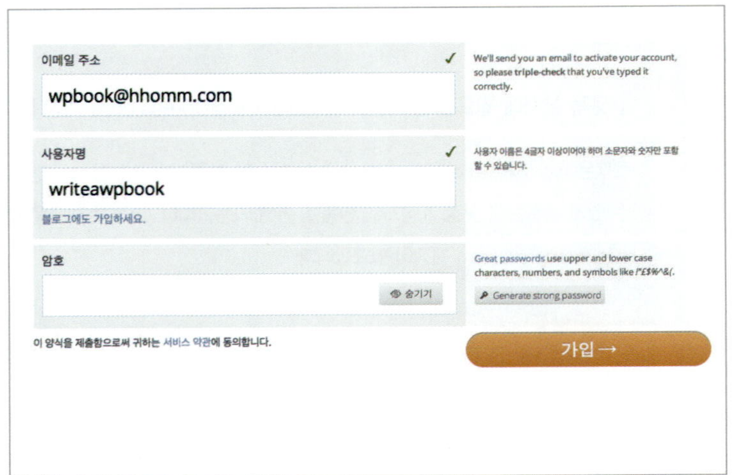

▲ wordpress.com의 가입 화면.
출처: https://ko.wordpress.com/signup

이메일 주소, 사용자명, 암호를 입력하고 오른쪽 하단의 [가입] 버튼을 클릭하면 다음 그림과 같은 메시지가 나타납니다. 계정을 활성화하기 위해선 방금 입력한 이메일 주소로 수신된 이메일 확인 링크를 클릭해야 합니다. 대부분 가입과 동시에 이메일이 발송되고 최대 30분 이내에 받게 됩니다.

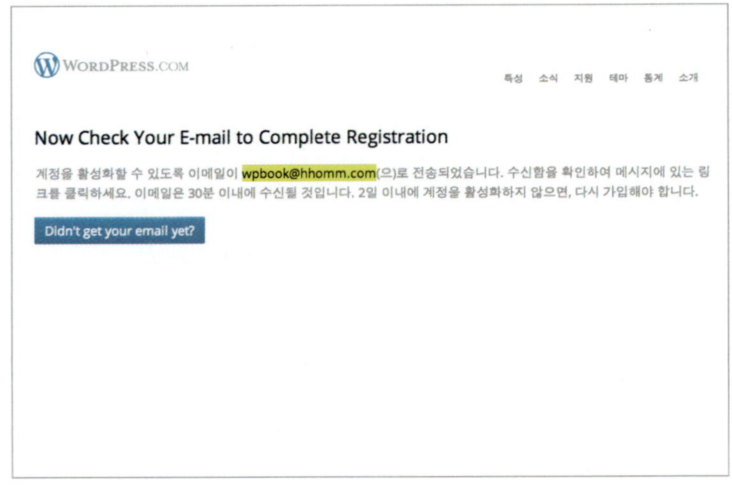

▲ wordpress.com 가입 후 이메일을 확인하라는 내용이 나타납니다.
출처: https://ko.wordpress.com/signup

TIP

계정 활성화 이메일이 오지 않을 때

[Didn't get your email yet?] 버튼을 클릭하면 계정 활성화 이메일이 오지 않을 때의 대처법이 나타납니다. 경우에 따라 이메일 발송이 지연되는 경우가 있으니 조금 더 기다려보고 혹시 수신된 이메일이 자동으로 스팸 메일로 분류되지는 않았는지 확인합니다. 입력한 이메일 주소가 맞는지 확인한 후에 하단의 [이메일 업데이트] 버튼을 클릭하면 수정된 이메일 주소로 다시 한 번 이메일이 전송됩니다.

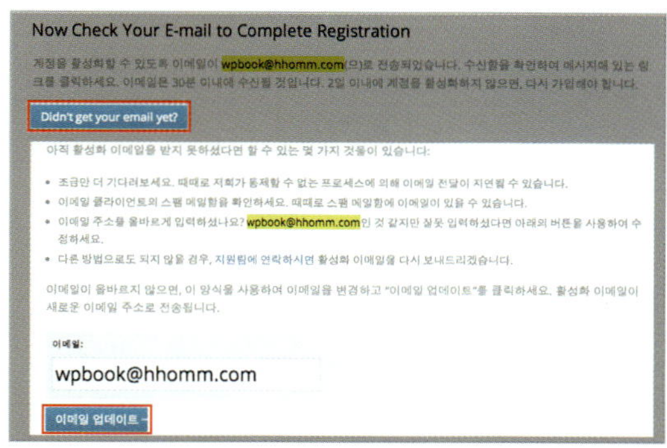

▲ 계정 활성화 이메일이 오지 않을 때의 대처법을 안내하고 있습니다.

출처: https://ko.wordpress.com/signup

wordpress.com으로부터 날아온 이메일을 열면 다음 그림과 같은 내용을 확인할 수 있습니다. 여기서 [계정 활성화] 버튼을 클릭하면 다시 젯팩 연결 과정으로 돌아갑니다.

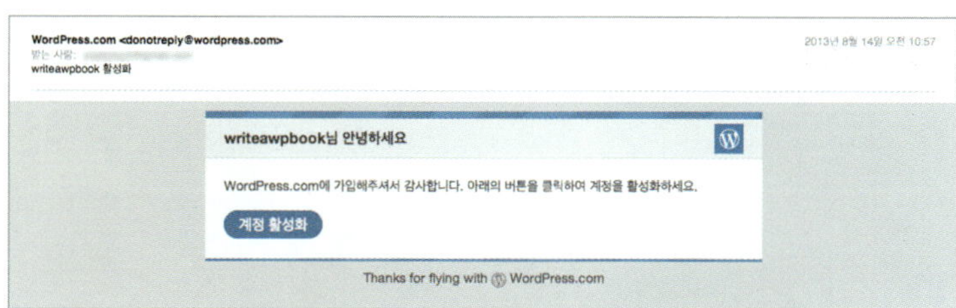

▲ Wordpress.com으로부터 받은 계정 활성화 이메일

기존에 가지고 있던 wordpress.com 계정으로 로그인하거나 새로 계정을 만들어 활성화시키면 다음 그림과 같이 젯팩 인증을 묻습니다. 이제 하단의 [Jetpack 인증] 버튼을 클릭하면 워드프레스 사이트에 제트 엔진을 달 수 있습니다.

▲ wordpress.com에 계정을 만들고 로그인 된 상태에서 다시 젯팩을
연결하는 화면, 출처: https://jetpack.wordpress.com/

젯팩 연결 과정에 이상이 없다면 [Jetpack 인증] 버튼 클릭과 함께 워드프레스 사이트의 관리자 화
면으로 돌아옵니다. 다음 그림과 같이 '연료가 채워졌으니 이제 출발하세요.'라는 메시지가 보일 겁
니다. 오른쪽 상단에 'wordpress.com에 연결됨'이라는 문구와 그 앞에 초록색 불이 들어와 있는
것도 확인할 수 있습니다.

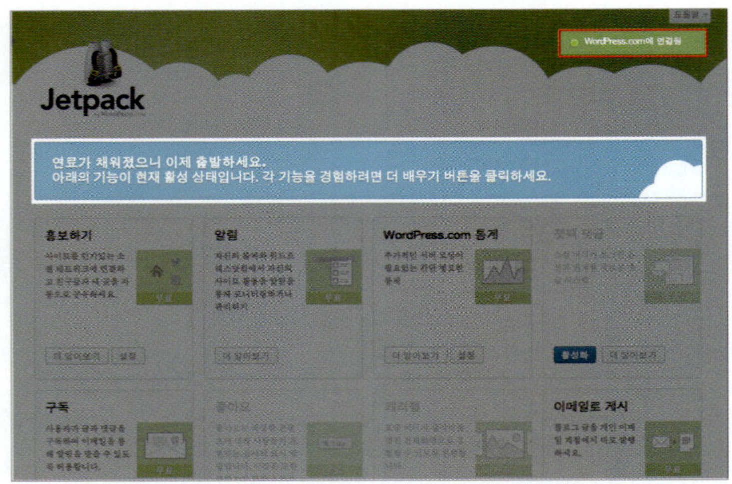

▲ 젯팩 연결을 마치면 워드프레스 사이트의 관리자 화면에서 연결을 마쳤다는
메시지를 볼 수 있습니다.

03 일부 기능의 활성화, 비활성화

젯팩을 설치하고 wordpress.com과 연결시켰다고 해서 젯팩의 모든 기능을 바로 사용할 수 있는 것은 아닙니다. 다음 그림에서 보듯이 젯팩 댓글, 좋아요, 캐러젤(Carousel), 타일 갤러리, 모바일 테마, 포톤(Photon) 기능은 별도로 활성화를 거쳐야 사용할 수 있고 공개, wordpress.com 통계, 구독, 이메일로 게시, Gravatar 호버카드, 사용자 정의 CSS, 추가 사이드바 위젯 등은 설정이 필요한 기능들입니다. 보안, 백업과 관련된 볼트프레스(VaultPress)를 제외하고 모두 무료로 사용할 수 있습니다.

▲ 젯팩에 포함된 기능들

젯팩이 제공하는 기능을 모두 사용할 필요는 없지만 각 기능별로 어떤 것이 가능한지 알아보고 웹 사이트 성격에 맞춰 구성하는 일이 남았습니다. 각 기능별로 [더 알아보기] 버튼을 클릭해 구체적인 내용을 확인합니다. 필요한 기능은 활성화시키고 불필요한 부분은 비활성화시킵니다.

■ 젯팩의 일부 기능 비활성화 시키기

워드프레스 관리자에서 '알림판' 바로 아래 '젯팩' 메뉴가 있습니다. 이 메뉴를 클릭하면 다음 그림과 같이 젯팩이 제공하는 기능들이 나열되는데 불필요한 기능은 비활성화시킬 수 있습니다. 각 기능별로 [더 알아보기] 버튼이 있는데 이 버튼을 클릭하면 해당 기능에 대한 설명이 나타나고 동시에 [더 알아보기] 버튼 오른쪽에 [비활성화] 버튼이 생깁니다. 이 버튼을 클릭하면 젯팩의 해당 기능이 비활성화됩니다.

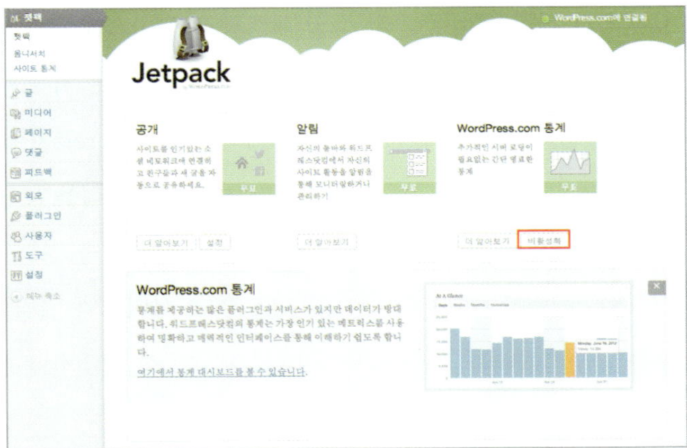

▲ 젯팩의 기능 [더 알아보기] 버튼을 클릭하면 나타나는 [비활성화] 버튼

다음 그림은 젯팩의 사이트 통계 기능을 비활성화시킨 모습인데 왼쪽 젯팩의 관리자 메뉴에서 '사이트 통계'가 사라지고 전체 기능 목록 중 'wordpress.com 통계'에 파란색 [활성화] 버튼이 생긴 것을 확인할 수 있습니다.

▲ 젯팩의 사이트 통계 기능을 비활성화 했을 때

젯팩은 워낙 다양한 기능을 담고 있고 업데이트될수록 새로운 기능이 추가되기 때문에 필요한 기능만 정리해 관리하는 것이 좋습니다.

04 공개(SNS 연동) 기능

젯팩 기능 중에 공개, 공유는 워드프레스 사이트의 콘텐츠를 트위터나 페이스북과 같은 SNS에 연결해주는 기능입니다. 공개와 공유 기능 모두 관리자의 '설정'의 '공유'에서 설정하게 되어 있습니다. 공개(Publicize)는 워드프레스 사이트의 글을 타 소셜 네트워크 서비스에 자동으로 발행, 즉 연동하는 기능을 의미하고 공유(Sharing)는 각 콘텐츠 안에 SNS 공유 버튼을 설치해 주는 기능입니다.
먼저 공개 기능부터 알아보겠습니다. 워드프레스 사이트에서 새 글을 쓰고 발행하면 동시에 페이스북, 트위터, 링크드인, 텀블러, 패스 등에 자동으로 콘텐츠 업데이트 소식을 보낼 수 있습니다.
관리자의 '설정' 메뉴 중에서 '공유'를 열면 상단에 젯팩의 공개 기능을 설정하는 부분이 있습니다. 페이스북, 트위터, 링크드인, 텀블러, 패스 등 각 소셜 네트워크 서비스와 연결할 수 있도록 링크가 주어져 있습니다.

■ 페이스북 계정 연결하기

다음은 워드프레스 사이트를 페이스북 계정과 연결하는 방법입니다.

페이스북 계정과 연동시키려면 페이스북 로고 또는 로고 오른쪽의 '새 Facebook 연결 추가'를 클릭합니다.

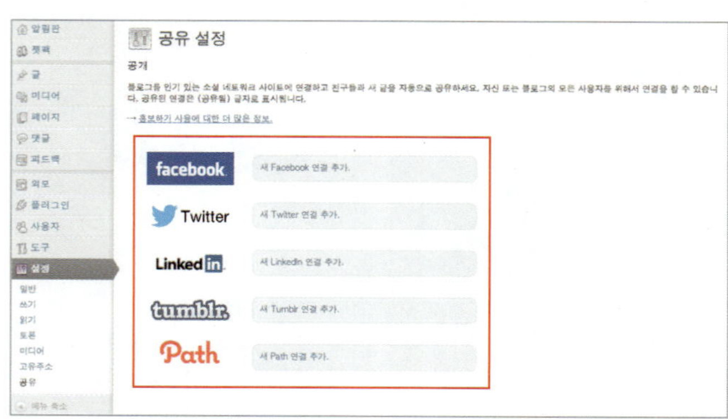

▲ 관리자의 '공유' 설정에서 젯팩의 공개 기능을 설정하는 화면

웹브라우저가 이미 페이스북 계정에 로그인된 상태라면 다음과 같은 화면이 바로 나타나고 아니라면 페이스북 로그인 페이지를 통해 같은 화면이 나타납니다. 그리고 연동하려는 워드프레스 사이트의 콘텐츠 공개 범위(기본 '전체 공개'로 되어 있습니다.)를 정하고 [확인] 버튼을 클릭합니다.

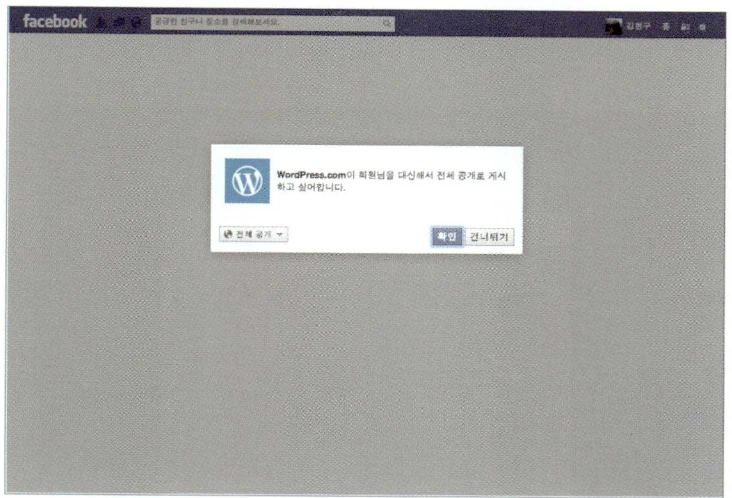

▲ 젯팩의 공개 기능을 이용해 워드프레스 사이트와 페이스북 계정을
연결하는 화면–1

'wordpress.com이(가) 회원님의 페이지 관리 권한을 요청합니다.'라는 메시지가 나타나는데 해당 페이스북 계정으로 운영중인 팬페이지에 워드프레스 사이트의 콘텐츠를 연동하려면 페이지 관리 권한이 있어야 하기 때문에 묻는 것입니다. 여기서 승인을 한다고 페이지에 곧바로 콘텐츠가 전송되는 것은 아니니 안심하고 다시 한 번 [확인] 버튼을 클릭합니다.

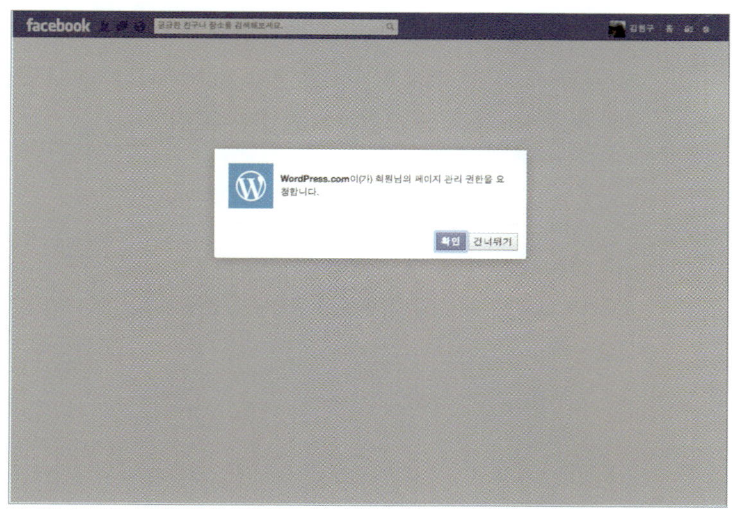

▲ 젯팩의 공개 기능을 이용해 워드프레스 사이트와 페이스북 계정을
연결하는 화면–2

다음 그림과 같이 페이스북의 사용자 계정 및 관리하는 페이지의 목록이 나타납니다. 워드프레스 사이트의 콘텐츠를 페이스북 계정 담벼락에 연동시킬지 아니면 관리하는 페이지의 담벼락에 연동시킬지 묻는 것입니다. 워드프레스 사이트와 페이스북의 콘텐츠 연동은 페이스북의 개인 계정을 통해 이뤄지지만 예를 들어 연동하는 웹사이트가 개인 홈페이지가 아니고 기업의 웹사이트라면 페이스북에 개설한 기업용 팬페이지에 연동시킬 수 있습니다.

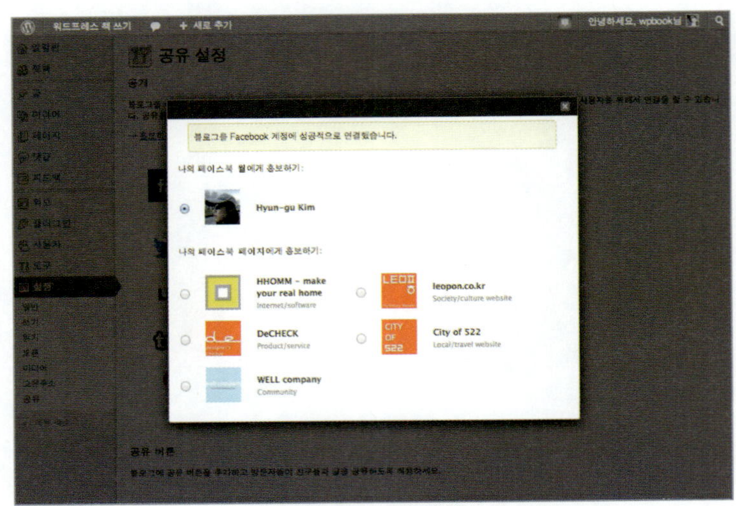

▲ 연동한 콘텐츠가 공개될 페이스북의 위치를 묻는 화면

필자의 경우를 예로 들자면, Hyun-gu Kim이라는 이름으로 페이스북을 사용하지만 여기엔 개인적인 글이나 감상을 주로 적고 제가 운영하는 회사나 모임에 관한 글은 해당 그룹이나 페이지를 만들어 거기에 담습니다. 그러니 연동하려는 웹사이트에 연재할 내용이 개인적인 것이라면 Hyun-gu Kim의 담벼락, 즉 개인 계정 공간에 연결시키고, 기업의 서비스에 관한 내용은 해당 기업용 팬페이지인 'HHOMM – make your real home'에 연결시킵니다.

페이스북 그룹에는 콘텐츠를 연동할 수 없습니다. 연동은 개인 계정 또는 팬페이지에 한해 가능합니다.

페이스북과의 연결이 마무리되면 다음 그림처럼 연결된 계정이나 페이지가 표시됩니다. 'HHOMM – make your real home'이라는 페이지에 연결된 것을 볼 수 있습니다. 연결된 페이지(또는 계정) 이름을 클릭하면 페이스북의 해당 주소로 이동하게 되고 오른쪽에 있는 옅은 회색의 'X' 표시를 클릭하면 연결이 해제됩니다.

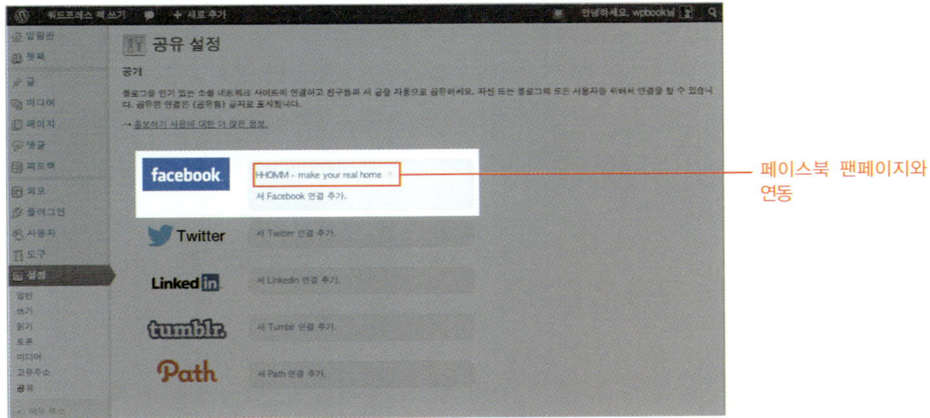

▲ 워드프레스 사이트의 콘텐츠를 페이스북 팬페이지에 연결한 경우

연결된 페이지 이름 아래, 다시 '새 Facebook 연결 추가'라는 메시지가 있는 것을 볼 수 있습니다. 젯팩의 공개 기능은 하나의 워드프레스 사이트를 페이스북 계정 여러 개에 동시에 연결할 수 있기 때문입니다.

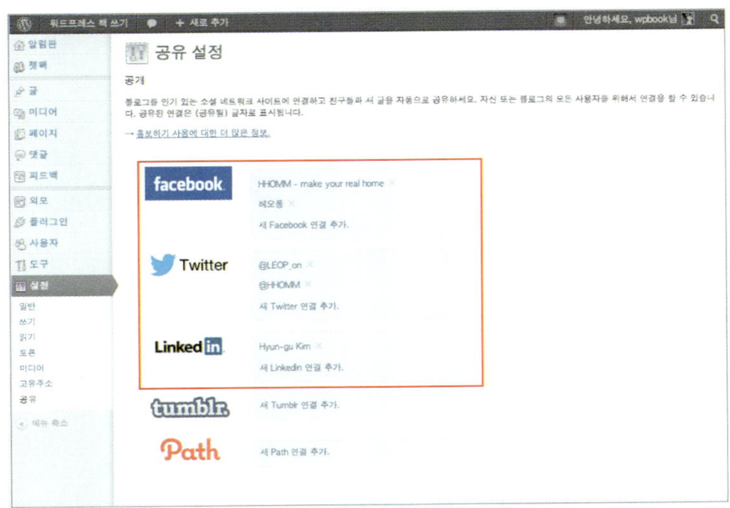

▲ 하나의 워드프레스 사이트에 다수의 SNS 계정을 연동할 수 있습니다.

■ 다른 SNS 계정 연결하기

트위터, 링크드인, 텀블러, 패스 등도 페이스북과 같은 방식으로 연결시킬 수 있습니다. 다음 그림은 트위터 계정에 연결할 때의 화면입니다. 트위터는 페이스북처럼 팬페이지를 계정 안에서 새로운 공간을 만드는 기능이 없기 때문에 계정을 연결하는 과정에서 추가로 선택할 내용이 없다는 차이만 있을 뿐, 페이스북과 동일한 방법으로 연결하게 됩니다.

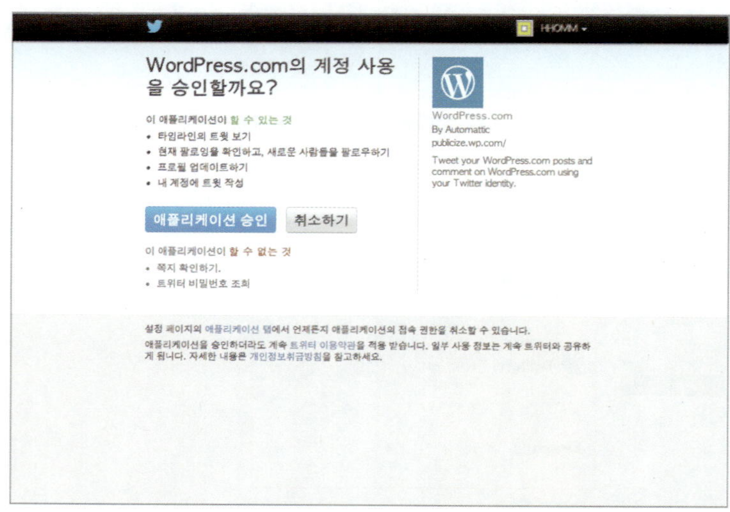

▲ 젯팩의 공개 기능을 이용해 트위터 계정에 연결하는 화면-1

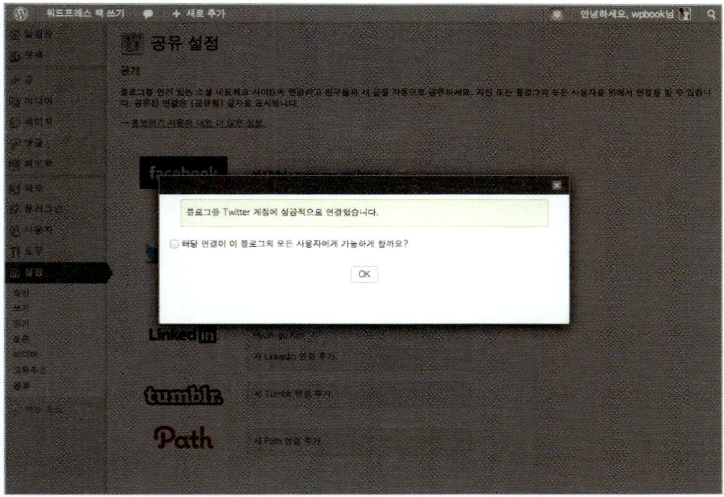

▲ 젯팩의 공개 기능을 이용해 트위터 계정에 연결하는 화면–2

[참고]

| '해당 연결이 이 블로그의 모든 사용자에게 가능하게 할까요?' |

각 SNS 계정을 연결할 때마다 마지막 단계에서 [OK] 버튼 위에 '해당 연결이 이 블로그의 모든 사용자에게 가능하게 할까요?'라는 질문을 합니다. 이 질문을 이해하기 쉽게 바꾸면 이렇습니다. '이 블로그의 모든 글을 현재 연결한 SNS 계정으로 연동해도 될까요?'

워드프레스 사이트에 글을 쓰는 사람이 나 혼자라면 이 질문은 고려할 필요없이 넘어가도 됩니다. 하지만 사이트에 글을 쓰는 사람이 여럿이라면 다른 사용자가 작성한 글도 현재 연결한 페이스북, 트위터 등의 SNS 계정으로 연동, 공개할 것인지 정해야 하는데 이 부분에 대해 묻는 것입니다. 질문 앞의 체크박스를 선택하면 사이트에서 발행되는 모든 글이 글쓴이를 구분 없이 연동됩니다.

■ SNS에 글 연동하기

공유 설정에서 워드프레스와 SNS 계정을 연결하고 나면 사이트의 글이 공개됨과 동시에 연결한 SNS 계정으로 연동됩니다. 워드프레스의 글을 SNS로 연동하는 방법을 알아봅니다.

관리자의 공유 설정에서 SNS 계정을 연결했다면 '새 글 쓰기' 화면에서 다음 그림과 같이 연결된 SNS 계정들을 확인할 수 있습니다.

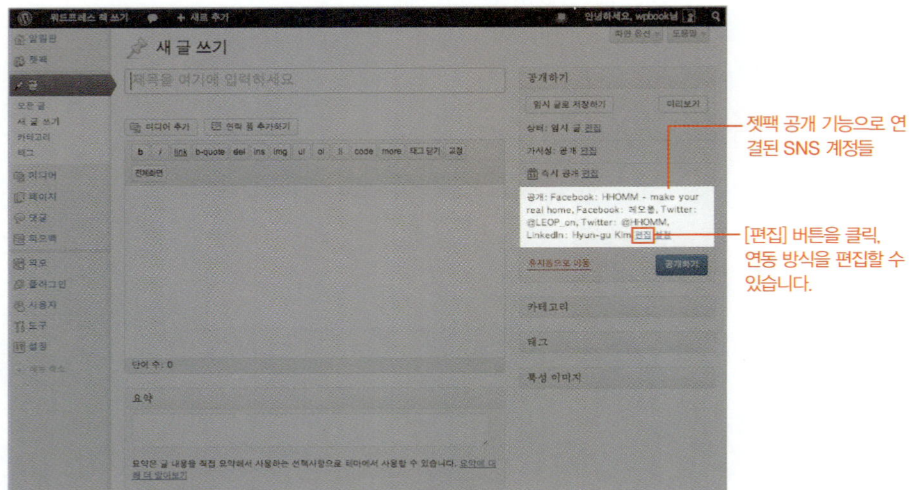

▲ '새 글 쓰기'에서 연결된 SNS 계정들을 확인할 수 있습니다.

만약 연결이 제대로 되지 않았거나 연결이 끊겨 있다면 다음 그림처럼 '홍보하기: 연결되지 않음'이라는 메시지가 표시됩니다. 이런 경우, 공유 설정 화면으로 돌아가 SNS 계정과의 연결을 다시 시도합니다.

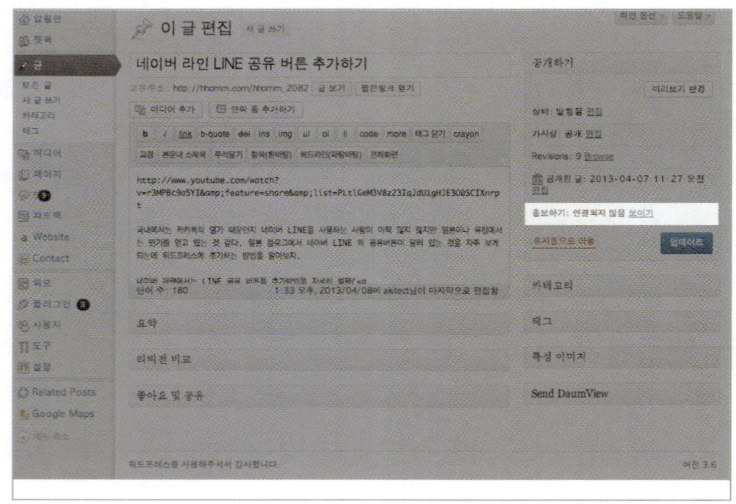

▲ 공개 설정이 제대로 되지 않았거나 연결이 끊겼을 때 글 쓰기 화면에서 나타나는 메시지

문제가 없다면 '새 글 쓰기', '이 글 편집'에서 다음 그림과 같이 연결된 SNS 계정 목록을 볼 수 있습니다. 워드프레스에서 콘텐츠를 작성하고 이 연동 목록의 마지막에 있는 '편집'을 클릭하면 해당 글의 연동과 관련된 설정을 할 수 있는 다음과 같은 메뉴가 나타납니다.

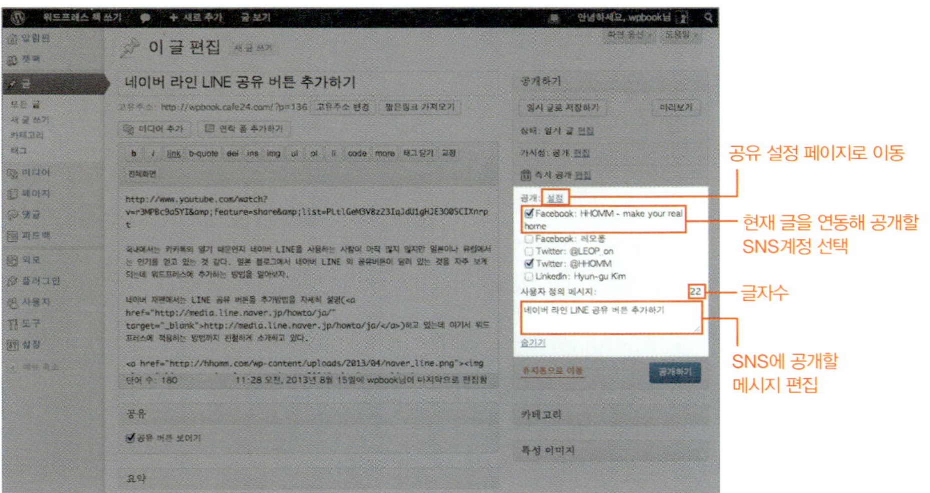

▲ 각 글별로 연동할 SNS 계정을 선택하고 공개될 메시지를 편집할 수 있습니다.

글 작성을 마친 뒤 '편집'을 클릭하면 공유설정에서 연결한 SNS 계정이 모두 체크된 상태로 '사용자 정의 메시지'에는 글의 제목이 입력되어 있습니다. 여기서 연동하지 않을 SNS계정의 체크박스의 선택을 풀고 '사용자 정의 메시지' 문구 아래 폼에서 SNS에 공개할 메시지를 편집할 수 있습니다. 폼 오른쪽 위에 표시된 숫자는 현재 입력된 메시지의 글자 수입니다. 트위터는 공개할 메시지의 글자 수를 140자 이내로 제한하기 때문에 글자 수를 고려해 전송할 메시지를 편집합니다. 모든 SNS와의 연동은 글을 공개함과 동시에 이뤄집니다.

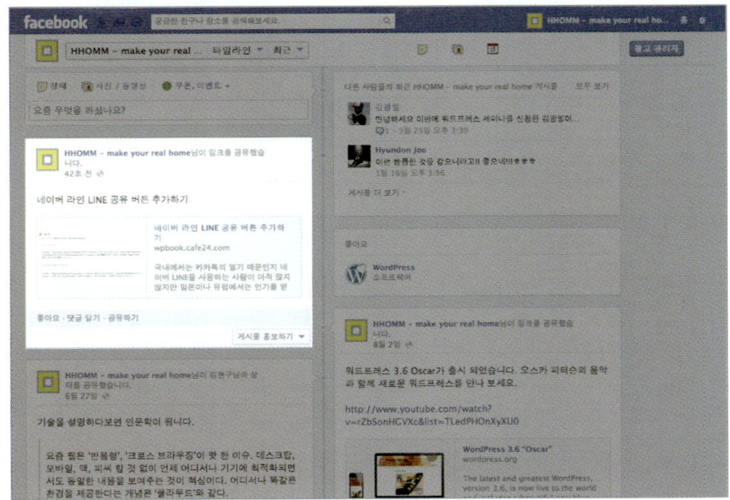

▲ 젯팩의 공개 기능을 통해 페이스북에 연동 공개된 워드프레스 사이트의 콘텐츠

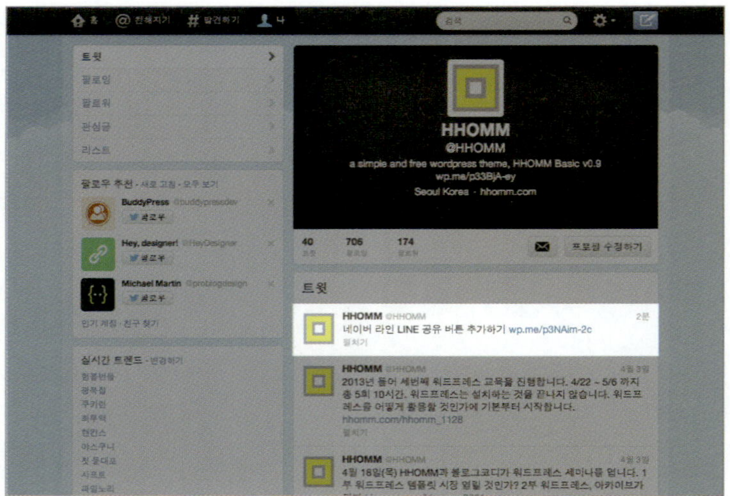

▲ 젯팩의 공개 기능을 통해 트위터에 연동 공개된 워드프레스 사이트의 콘텐츠

워드프레스 사이트에서 글이 공개됨과 동시에 연결된 페이스북, 트위터 등의 SNS 계정에 링크
와 함께 메시지가 전송되고 다음 그림과 같이 공개됩니다. 그리고 이렇게 공개, 연동된 콘텐츠
는 젯팩의 공개 기능을 통해 다시 연동되지는 않습니다. '이 글 편집'에서 보면 모든 체크박스
가 선택할 수 없도록 비활성화된 것을 확인할 수 있습니다.

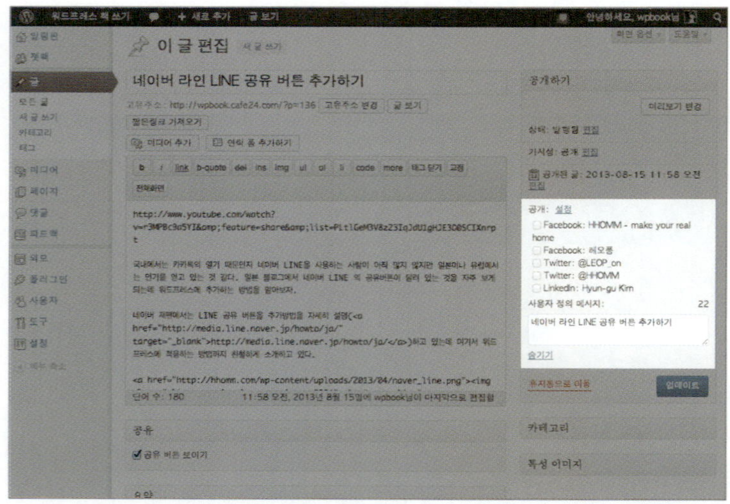

▲ 젯팩의 공개 기능을 통해 트위터에 연동 공개된 워드프레스 사이트의 콘텐츠

젯팩의 공개 기능은 워드프레스 사이트에서 작성된 콘텐츠를 자동으로 여러 개의 SNS 계정에 전송할 수 있게 해줍니다. 여러 개의 웹사이트를 관리하는 경우라면 더욱 유용한 기능입니다. 하지만 글이 공개되는 시점에 동시에 배포가 이뤄지는 셈이기 때문에 공개 시점을 고려할 필요가 있습니다. 이 점에 유의해 콘텐츠 배포 계획을 세우기 바랍니다.

05 공유(SNS 공유) 기능

젯팩의 공유 기능은 웹사이트의 방문자가 자신의 SNS 계정이나 이메일 같은 외부 서비스에 콘텐츠를 손쉽게 공유할 수 있도록 만들어주는 것으로 트위터, 페이스북, 텀블러, 구글플러스, 핀터레스트, 링크드인, 이메일, 프린터 등 다양한 매체에 연결되며 젯팩이 업데이트될 때마다 지원하는 서비스가 늘어나고 있습니다.

좋은 콘텐츠를 만드는 일 못지 않게 어떻게 홍보하고 유통시킬 것인가는 무척 중요한 문제입니다. 최근 소셜 네트워크 서비스가 콘텐츠 홍보와 유통에 용이하다는 점이 알려지면서 국내에서 트위터와 페이스북은 개인적인 차원을 넘어 비즈니스의 도구로 인식되고 있습니다. 그러니 젯팩의 공유 기능은 SNS의 인기를 워드프레스로 옮기는 역할을 하고 있다고 볼 수 있습니다.

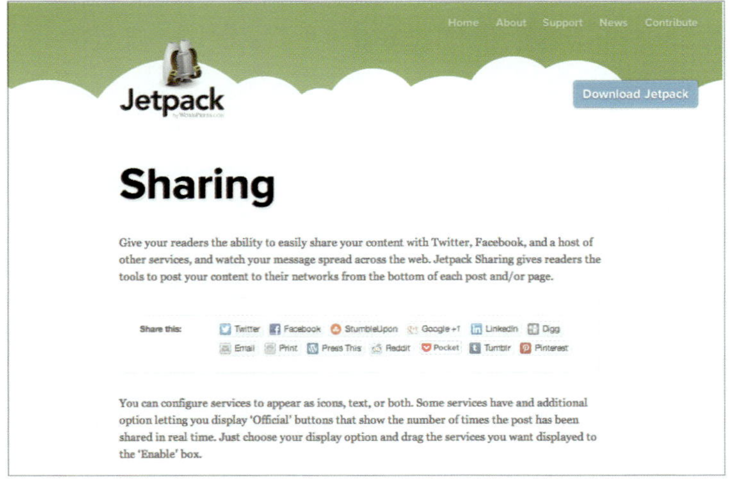

▲ 젯팩의 공유 기능. 출처: http://jetpack.me/support/sharing/

■ 워드프레스의 SNS 공유 플러그인들

젯팩이 등장하기 전부터 워드프레스에는 SNS 공유를 도와주는 다양한 플러그인이 존재했습니다. 그리고 아직도 워드프레스 사용자 중 상당수는 젯팩의 공유 기능이 아닌 별도의 SNS 공유 서비스를 이용하고 있습니다. 워드프레스는 이 부분에 있어 상당히 다양한 플러그인을 보유하고 있고 각 플러그인마다 고유한 편의 기능을 제공하면서 진화해왔기 때문에 오랫동안 워드프레스를 사용해온 사용자의 입장에선 그다지 새롭지도 대단하지도 않은 기능일 수 있습니다.

참고

| 다양한 SNS 공유 플러그인들 |

SNS 공유 기능을 제공하는 워드프레스 플러그인은 ShareThis(http://sharethis.com/), ShareHolic(https://shareaholic.com/), AddThis(http://www.addthis.com/) 등 다양합니다. 이 부분에 대해선 6장의 '다양한 콘텐츠 연동 방법'에서 다시 한 번 언급됩니다.

오히려 젯팩의 공유 기능은 기존에 있었던 SNS 공유와 관련된 플러그인을 가볍고 안정적으로 정리한 것이라고 할 수 있습니다. 사실 젯팩에서 제공하는 기능 대부분이 그렇습니다. 이미 타 플러그인으로 알려진 기능들이 많습니다. wordpress.com의 가입형 서비스에 제공하기 위해 모듈화되고 다듬어진 것이라고 볼 수 있는데 젯팩의 가장 큰 장점은 지속적인 업데이트를 기대할 수 있고 기본 코어와의 궁합을 의심할 필요없으며 안정적이라는데 있습니다.

■ 젯팩 공유 기능 설정하기

젯팩의 공유 기능에 대해서 알아보도록 하겠습니다. 젯팩의 공유 기능을 설정하고 활성화시키면 다음 그림과 같이 다양한 외부 서비스로 공유할 수 있는 버튼들이 나타납니다.

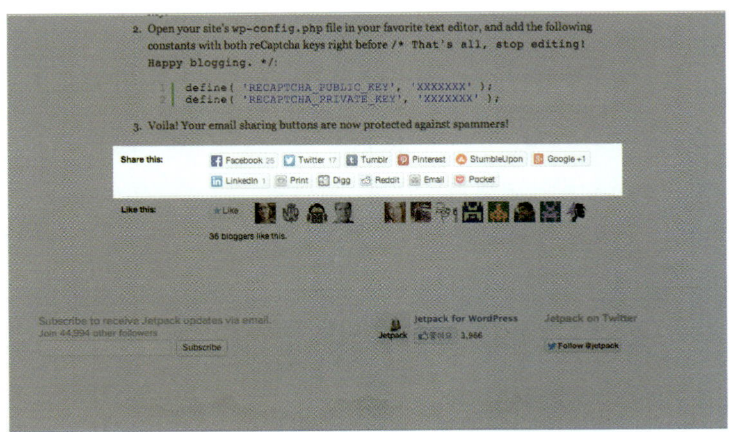

▲ 젯팩의 공유 기능이 적용된 예, 출처: http://jetpack.me/support/sharing/

젯팩의 공유 기능 설정은 공개 기능과 마찬가지로 '설정'의 '공유'에서 할 수 있습니다. 공유 설정 페이지에서 젯팩의 공개 기능과 공유 기능 모두를 설정할 수 있습니다. 설정 페이지 상단이 공개 기능에 관한 것이고 '공유 버튼'이라고 표시된 부분부터가 공유 기능에 관한 설정입니다. 공유 기능을 설정하는 방법을 알아보겠습니다.

사용할 공유 버튼을 '이용 가능한 서비스'에서 '켜진 서비스' 영역으로 옮깁니다. 버튼을 옮기면 아래, '실시간 미리보기' 부분에서 실제 출력될 버튼의 형태와 배열 상태를 볼 수 있습니다. 각 서비스의 공유 버튼들은 마우스로 드래그해 표시 순서를 바꿀 수도 있습니다.

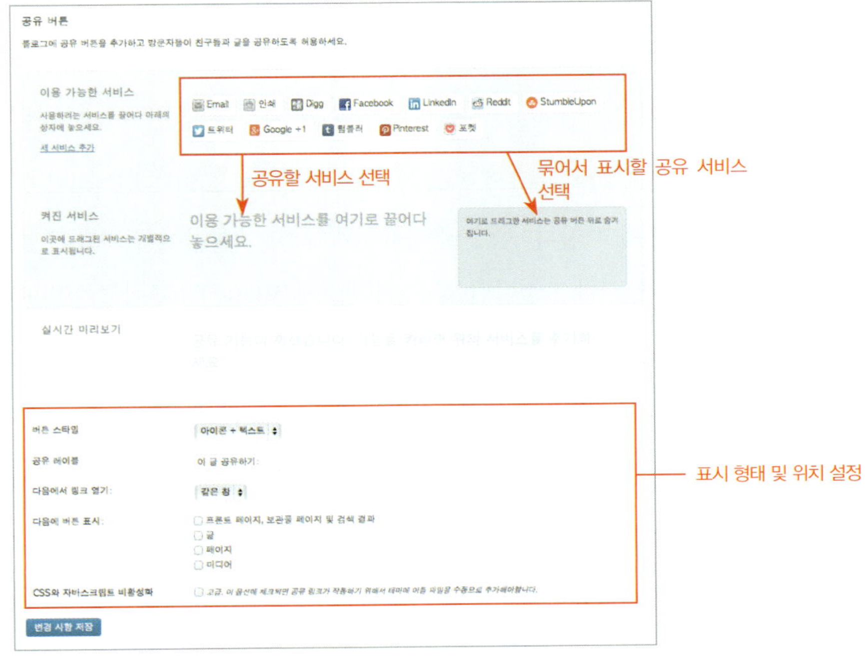

▲ 젯팩의 공유 설정 화면

켜진 서비스 영역 안에는 진한 회색의 박스가 구분되어 있는데 그 안에 '여기로 드래그한 서비스는 공유 버튼 뒤로 숨겨집니다.'라고 쓰여 있습니다. 박스의 메시지 대로 해당 박스에 담은 버튼은 출력되는 공유 버튼 가장 뒤에 '더 보기' 형식으로 배치되어 마우스를 올려 놨을 때 박스 안의 버튼들이 펼쳐져 나타나는 방식으로 작동합니다.

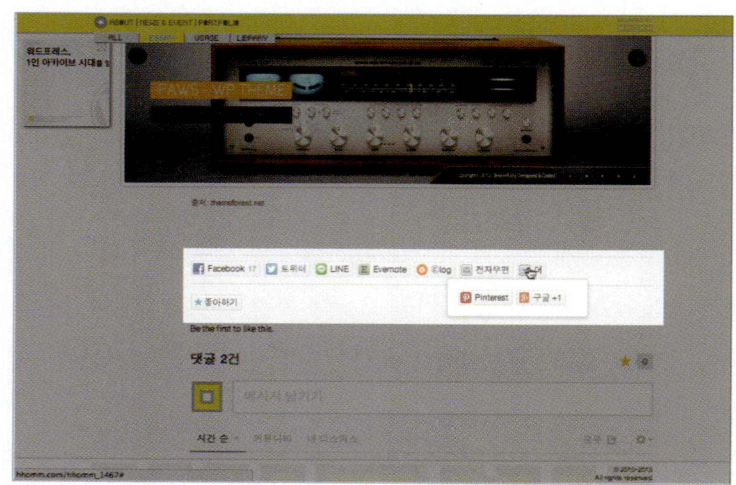

▲ 젯팩의 공유 버튼에서 '더 보기' 영역이 적용된 사례, 출처: http://hhomm.com/

버튼 스타일도 선택할 수 있는데 아이콘 뒤에 서비스 명이 글자로 표시되는 '아이콘 + 텍스트', 아이콘만 나오는 '아이콘만', 아이콘 없이 글자로만 표시되는 '텍스트만', 각 서비스의 공식 표기 방식인 '공식 버튼' 중에서 선택할 수 있고 버튼 스타일도 '실시간 미리보기'에서 확인할 수 있습니다.

모든 공유 버튼 앞에 이 버튼들을 통해 공유할 수 있다는 의미로 메시지를 넣을 수 있는데 이것을 '공유 레이블'이라고 합니다. '이 글 공유하기:'라고 기본값이 입력되어 있습니다. 영문 버전인 다음 그림처럼 표시하고 싶다면 '공유 레이블'에 'Share This:'라고 입력합니다.

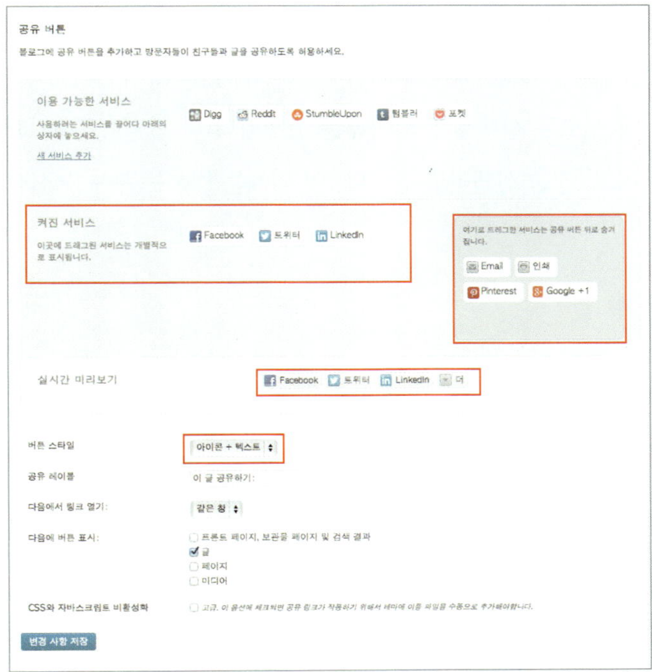

▲ 젯팩의 공유 설정 화면, 서비스 버튼을 '켜진 서비스'로 옮기고 버튼 스타일을
정합니다.

'다음에서 링크 열기:'라고 쓰여 있고 '새 창'과 '같은 창' 중에서 선택할 수 있게 되어 있습니다.
공유 버튼을 클릭하면 현재 콘텐츠의 URL과 제목이 포함된 공유 메시지 창이 나타나는데 이
창을 웹브라우저의 새 창에서 열 것인지, 아니면 같은 창에서 링크로 옮겨가는 방식을 이용해
열 것인지를 묻는 것입니다.

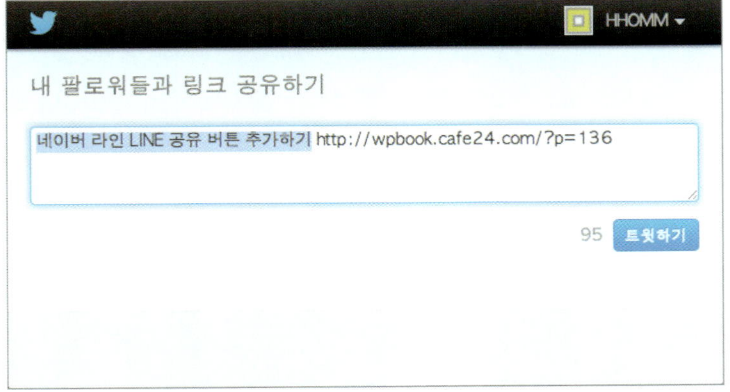

▲ 트위터 공유 버튼을 클릭 하면 워드프레스 사이트 콘텐츠의 URL과 제목이 포함된
공유 메시지가 나타납니다.

워드프레스 사이트에서 공유 버튼을 표시할 위치를 정할 수 있습니다. '다음에 버튼표시:' 라는 레이블 오른쪽에 선택할 수 있는 위치에 대한 체크박스가 함께 나열되어 있습니다. 젯팩이 설치, 활성화된 초기에는 모두 선택해제 되어있는 상태입니다. 단일 글 페이지에는 공유 버튼을 표시하는게 일반적이고 '글'을 선택하면 됩니다. 이 외에는 원하는 부분을 선택하여 체크합니다.

| CSS와 자바스크립트 비활성화 |

공유 설정 마지막에 'CSS와 자바스크립트 비활성화'를 선택할 수 있는데 이 부분은 체크하지 않습니다. 체크박스에 있는 내용을 보면 알 수 있듯이 공유 버튼의 표시 스타일을 수동으로 조절할 때 선택하는 옵션이기 때문에 테마 개발자가 아닌 일반 사용자의 경우 이 부분은 무시합니다. 이 옵션을 체크하면 공유 버튼에 관한 스타일이 모두 사라져 목록화된 링크로 표시됩니다.

■ 기본 공유 버튼 외의 서비스 추가하기

젯팩의 공유 기능이 업데이트될 때마다 공유 버튼으로 추가할 수 있는 서비스가 늘어나고 있지만 현재 목록에 없는 서비스의 경우, '이용 가능한 서비스' 영역에 있는 '새 서비스 추가' 기능을 통해 추가할 수도 있습니다. 기본 제공되는 공유 버튼 외의 SNS 공유 버튼을 추가하는 방법을 알아보겠습니다.

다음 그림에서 젯팩에서 제공하지 않는 라인, 에버노트, 싸이월드 공유 버튼이 추가되어 있는 것을 볼 수 있는데 모두 '새 서비스 추가' 기능을 통해 추가한 것입니다.

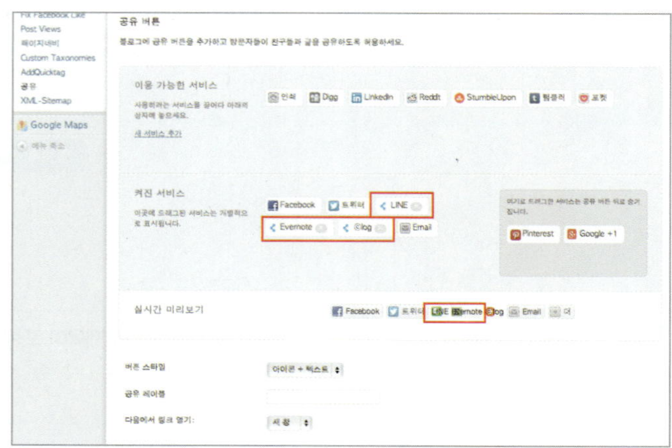

▲ '새 서비스 추가' 기능을 통해 서비스를 추가한 경우

이렇게 기본 제공되는 공유 버튼 외에 새로운 서비스를 젯팩 공유 버튼으로 추가하려면 '이용 가능한 서비스' 안에 '새 서비스 추가'를 클릭하여 서비스 이름, 공유 URL, 아이콘 URL 세 가지 정보를 입력합니다.

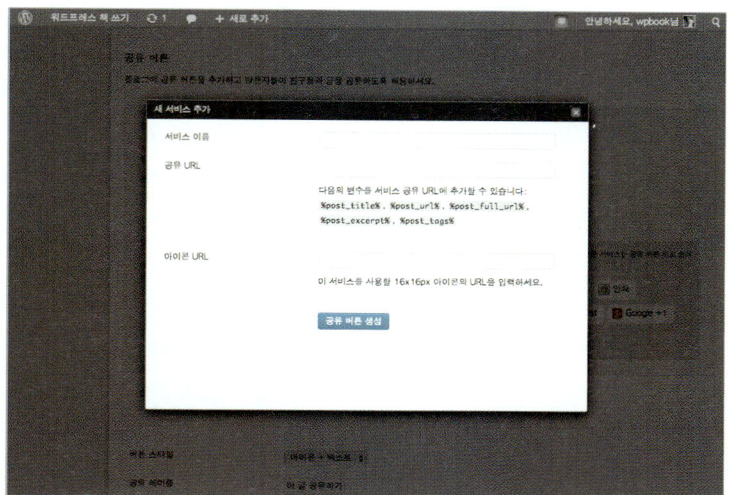

▲ '새 서비스 추가'를 클릭, 서비스를 추가 등록할 수 있습니다.

서비스 이름에는 'LINE', 'Evernote', 'Buzz'처럼 등록할 서비스의 이름을 입력합니다. 공유 URL은 '%post_title%', '%post_url%', '%post_full_url%', '%post_excerpt%', '%post_tags%'과 같은 코드를 활용해 각 서비스별로 형식에 맞춰 넣습니다.

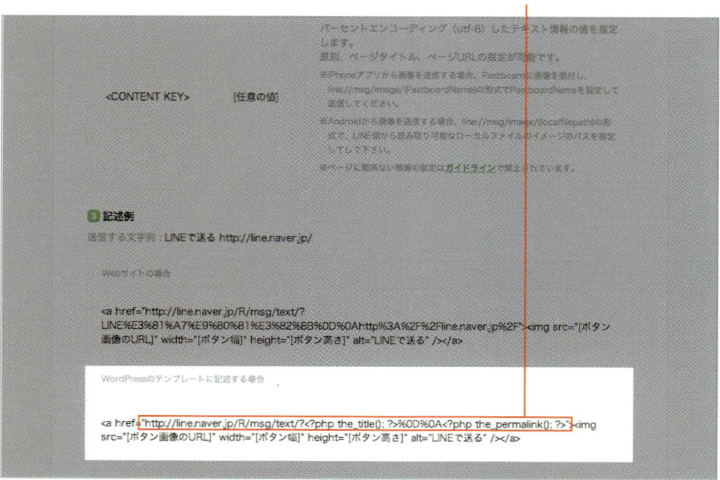

▲ 네이버 라인 홈페이지에서 공유링크에 관한 정보를 찾아 젯팩의 새 서비스 공유 URL로 변환. 출처: http://media.line.naver.jp/howto/ja/

| SNS별 공유 URL |

서비스별로 공유 URL을 알아보면 다음과 같습니다.

- Delicious: http://del.icio.us/post?url=%post_url%&title=%post_title%¬es=%post_excerpt%
- Evernote: http://www.evernote.com/clip.action?url=%post_url%&title=%post_title%
- Facebook: http://www.facebook.com/share.php?u=%post_url%&title=%post_title%
- Google+: https://plus.google.com/share?url=%post_url%
- Linkedin: http://www.linkedin.com/shareArticle?mini=true&url=%post_url%&title=%post_title%
- Technorati: http://technorati.com/faves?add=[URL]&title=%post_title%
- Tumblr: http://www.tumblr.com/share?v=3&u=%post_url%&t=%post_title%
- Twitter: http://twitter.com/home?status=[TITLE]+%post_title%
- Yahoo! Buzz: http://buzz.yahoo.com/buzz?targetUrl=%post_url%&headline=%post_title%
- Google Buzz: http://www.google.com/buzz/post?message=%post_title%&url=%post_url%
- Instapaper: http://www.instapaper.com/hello2?url=%post_full_url%&title=%post_title%
- MySpace: http://www.myspace.com/Modules/PostTo/Pages/?u=%post_url%
- me2day: http://me2day.net/posts/new?new_post%5bbody%5d=%22%post_title%%22:%post_url%
- Naver LINE: http://line.naver.jp/R/msg/text/%post_title%%0D%0A%post_url%

아이콘 URL은 각 서비스별 공식 사이트 등에서 가로 세로 16픽셀 크기의 아이콘을 찾아서 내려받거나 편집해서 만든 후, 워드프레스의 미디어 라이브러리에 올립니다. 파일이 올라가면 하단에 아이콘과 파일명이 표시되는데 그 오른쪽에 '편집'을 클릭합니다.

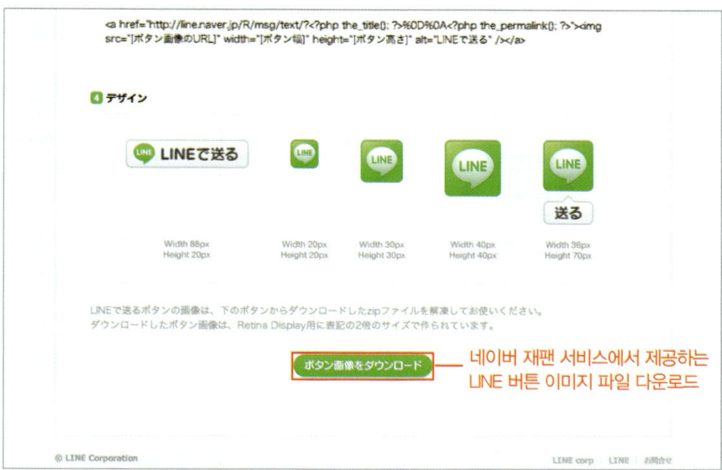

▲ 네이버 라인 홈페이지에서 공유 버튼 이미지 세트를 다운로드.
출처: http://media.line.naver.jp/howto/ja/

▲ 가로 세로 16픽셀 아이콘을 워드프레스의 미디어 라이브러리에 등록

‘편집’을 클릭하면 ‘미디어 편집’ 화면으로 이동됩니다. 오른쪽 ‘저장하기’ 박스 안에 ‘파일 URL’
이라는 항목에 업로드된 아이콘의 URL이 적혀 있습니다. 이 주소를 복사해 젯팩의 새 서비스
아이콘 URL에 입력합니다.

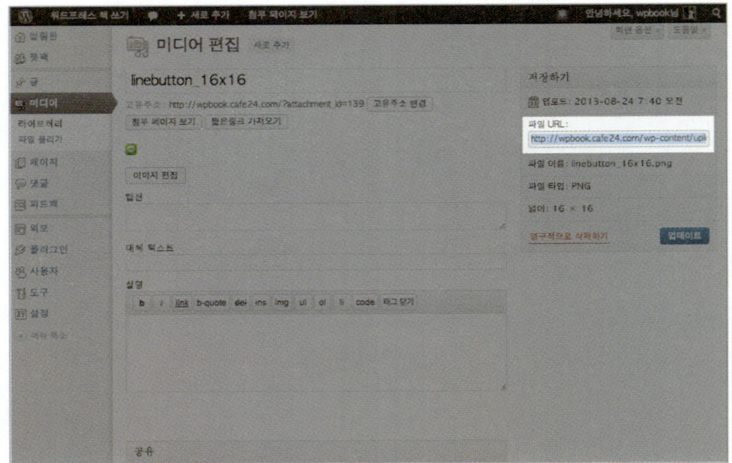

▲ '미디어 편집'에서 추가한 아이콘의 URL을 알 수 있습니다.

서비스 이름, 공유 URL, 아이콘 URL 입력 폼에 각각 해당하는 내용을 넣고 [공유 버튼 생성] 버튼을 클릭합니다.

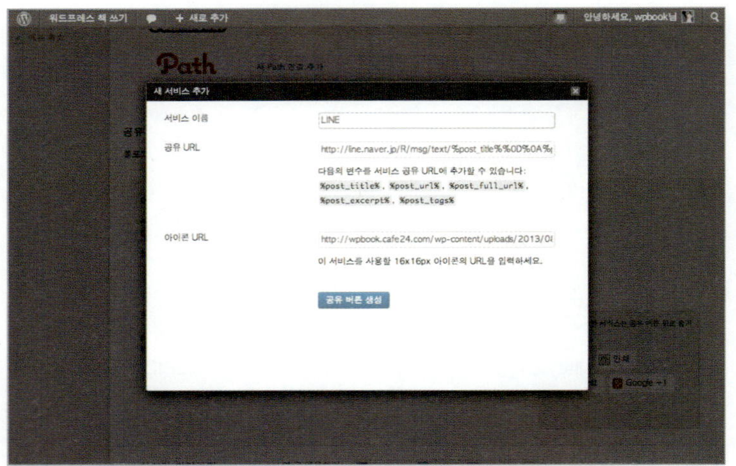

▲ 서비스 이름, 공유 URL, 아이콘 URL에 각 입력값을 넣은 상태

'이용 가능한 서비스'에 새로운 버튼이 추가된 것을 확인할 수 있습니다. '켜진 서비스'의 적당한 위치에 버튼을 드래그합니다. '실시간 미리보기'에서 아이콘과 텍스트(서비스 이름)가 겹쳐져 깨진 것처럼 보일 수 있는데 관리자 화면 상에서만 생기는 문제이므로 걱정할 필요는 없습니다.

▲ '이용 가능한 서비스'에 공유 버튼이 추가된 모습

06 숏코드로 외부 미디어 삽입하기

숏코드 임베드는 SlideShare, SoundCloud, Flickr, YouTube, Vimeo 같은 사진, 슬라이드, 문서, 음성, 영상 서비스에 등록된 미디어를 짧고 단순한 코드(숏코드)만으로 워드프레스 콘텐츠 안에 끼워넣을 수 있게 해주는 기능입니다.

▲ 젯팩 기능 중 숏코드 임베드 기능에 대한 설명

젯팩의 숏코드를 활용해 삽입할 수 있는 미디어와 사용법에 대해 알아보겠습니다.

■ Blip

Blip(http://blip.tv)은 시리즈 영상물을 다루는 인터넷 방송 채널입니다.

▲ 시리즈 영상물만을 다루는 인터넷 방송 채널 Blip, 출처: http://blip.tv/

Blip에 등록된 영상을 워드프레스에 삽입할 때는 영상의 URL만 넣어줍니다. 워드프레스 본문에 입력한 링크(URL)가 영상을 불러오는 숏코드로 작용하는 셈입니다. Blip의 영상에서 'share' 기능 안에 [Copy Link] 버튼을 클릭하면 현재 재생되고 있는 영상의 URL이 클립보드에 복사됩니다. 웹브라우저의 주소창에서 URL을 복사해도 됩니다.

▲ 워드프레스에 Blip 영상을 삽입하는 방법, 출처: http://blip.tv/

TIP

Blip 영상의 링크만 넣을 때와 Embed 코드를 입력할 때의 차이

URL만 넣을 때는 영상의 크기를 지정할 수 없습니다. 지원하는 기본 사이즈 외에 폭과 높이를 지정하려면 [Copy Embed] 버튼을 클릭해 전체 Embed 코드를 복사한 후, 워드프레스의 텍스트 에디터 상에서 입력해야 합니다. URL을 넣어 영상을 삽입할 때는 비주얼 에디터에서 해도 무방하지만 Embed 코드는 텍스트 에디터에서만 쓸 수 있습니다.

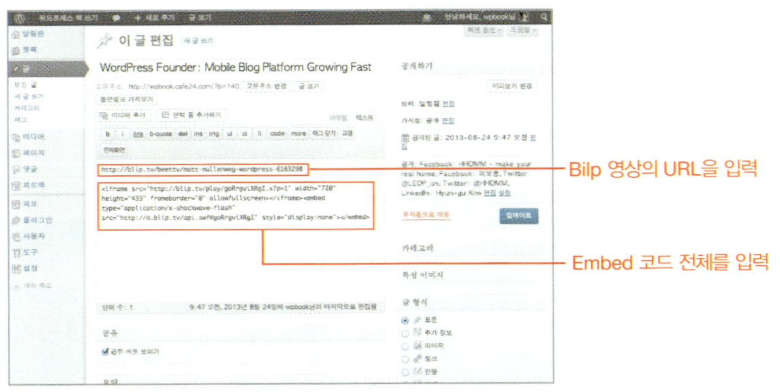

▲ Blip 영상의 URL을 본문에 삽입, 위에는 링크만 입력하고 아래는 Embed 코드
전체를 입력했습니다.

위 그림은 텍스트 에디터 상에서 URL과 Embed 코드 방식 두 가지 모두를 넣은 것인데 다음 그림을 보면 크기에서 차이가 나는 것을 알 수 있습니다.

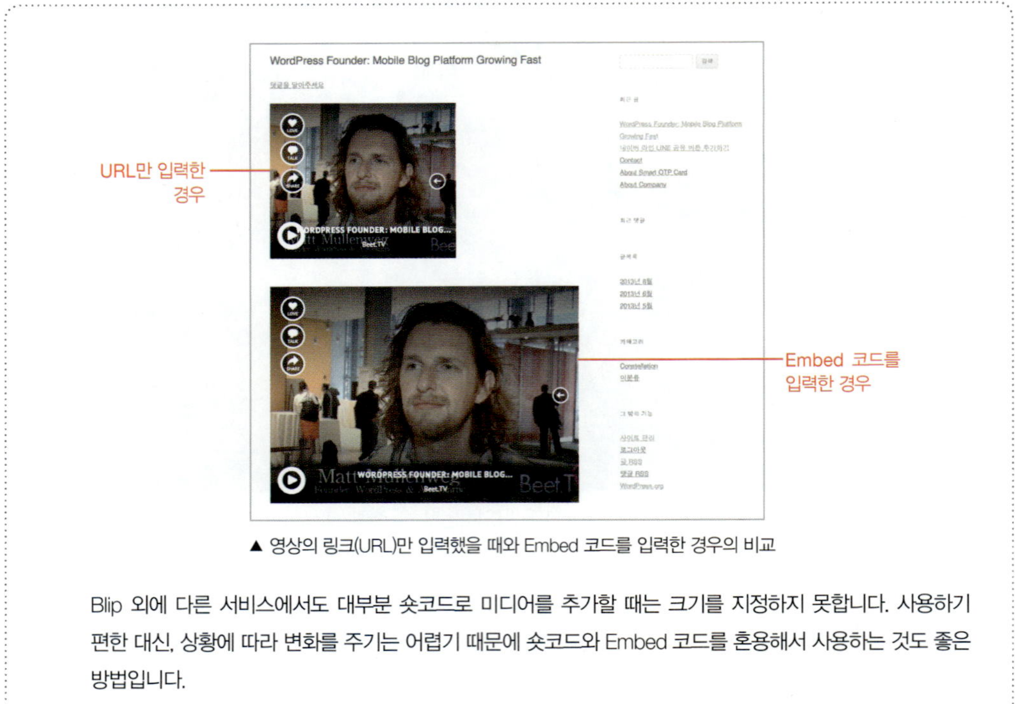

URL만 입력한
경우

Embed 코드를
입력한 경우

▲ 영상의 링크(URL)만 입력했을 때와 Embed 코드를 입력한 경우의 비교

Blip 외에 다른 서비스에서도 대부분 숏코드로 미디어를 추가할 때는 크기를 지정하지 못합니다. 사용하기 편한 대신, 상황에 따라 변화를 주기는 어렵기 때문에 숏코드와 Embed 코드를 혼용해서 사용하는 것도 좋은 방법입니다.

■ DailyMotion

동영상 공유 서비스 DailyMotion에 등록된 영상을 워드프레스에 삽입하는 방법을 알아보겠습니다.

▲ 동영상 공유 서비스 DailyMotion의 홈페이지,
출처: http://www.dailymotion.com/

Blip과 마찬가지로 영상의 링크를 활용합니다. 영상 위에 마우스 포인터를 올려 놓으면 [Export] 버튼이 나타납니다. 이 버튼을 클릭하면 재생되던 영상이 멈추고 중앙에 '임베드', '링크' 아이콘이 나타납니다. Blip과 마찬가지로 '링크'를 클릭하면 해당 영상의 링크가 클립보드에 복사되고 '임베드'를 클릭하면 Embed 코드가 복사됩니다.

클립보드에 복사한 Embed 코드를 본문 중 삽입할 위치에 붙여넣으면 됩니다. Blip과 마찬가지로 영상의 크기를 지정해야 할 때는 Embed 코드를 사용합니다.

▲ Daily Motion 영상위에나타나는공유버튼, 출처: http://www.dailymotion.com/

■ Flickr

Flickr도 Blip, DailyMotion과 마찬가지로 링크만으로 워드프레스에 끼워 넣을 수 있습니다. 다음 그림과 같이 오른쪽 하단의 [내보내기] 버튼을 클릭하면 나타나는 상자 안에서 'URL 보기'를 클릭합니다. 나타나는 동영상 링크를 선택해 클립보드에 복사해 워드프레스 본문의 원하는 위치에 붙여 넣습니다.

▲ 로그인 하면 나타나는 Flickr 공유 메뉴, 출처: http://www.flickr.com/

Flickr의 사진과 영상을 이용해 원격으로 워드프레스 콘텐츠 발행하기

Flickr에서 사진과 영상을 선택하고 그에 관한 글을 덧붙여 원격으로 발행되도록 하는 방법도 있습니다. 워드프레스 관리자에서 글을 쓰는 것이 아니라 Flickr에서 글을 쓰는 것인데 우선 Flickr 계정이 필요합니다.
Flickr에 로그인 한 후, [내보내기] 버튼을 클릭하면위의그림에서는 볼 수 없었던 '공유 기본 설정'과 '다양한 공유 방법' 두 개의 메뉴가 추가된 것을 확인할 수 있습니다. '다양한 공유 방법'을 클릭하면 다음 그림처럼 추가로 제공하는 공유 방법들이 나타나는데 여기서 'wordpress'를 선택합니다.

▲ Flickr에 로그인하면 나타나는 공유 옵션들, 출처: http://www.flickr.com/

Flickr 계정에 워드프레스 사이트를 등록하기 위해 'API 엔드포인트'와 '사용자 이름', '암호'를 묻는 창이 나타납니다. 'API 엔드포인트' 입력란에는 'http://your-blog.url/xmlrpc.php'이라고 기본으로 입력되어 있고 'your-blog.url' 부분이 선택되어 있습니다. 이 부분을 워드프레스 사이트 주소(URL)로 바꿔줍니다. 예를 들어, 사이트 주소가 'http://hhomm.com'이라면 'API 엔드포인트'에는 'http://hhomm.com/xmlrpc.php'라고 입력합니다. 도메인 뒤에 '/xmlrpc.php'를 붙이는 식입니다.

'사용자 이름'과 '암호'에는 워드프레스 사이트를 로그인할 때 입력하는 계정 정보를 입력합니다. 세 개의 필드를 채운 후, 오른쪽 하단의 [다음] 버튼을 클릭해 다음 단계로 넘어갑니다.

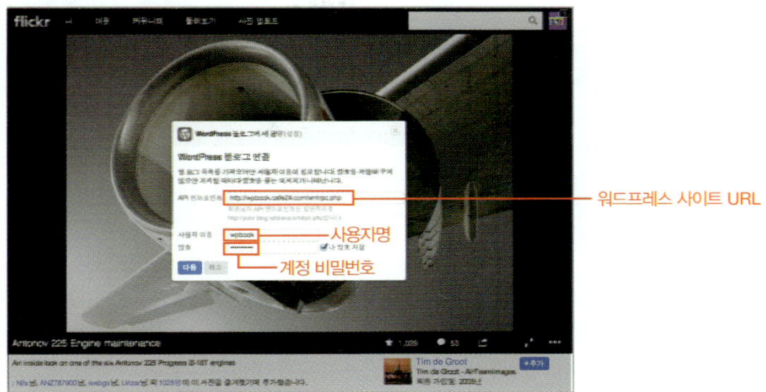

▲ Flickr에 워드프레스 사이트를 등록, 출처: http://www.flickr.com/

이제 워드프레스 관리자 상에서 글을 쓰듯이 글의 제목과 내용을 입력합니다. 'wordpress 블로그에서 공유'라고 쓰여진 입력창의 왼쪽에 첨부될 사진과 소유자 정보를 입력하고, 오른쪽에는 글의 제목과 본문 입력 필드가 배치되어 있습니다. 글 제목에는 기본적으로 사진 제목이 들어가는데 편집할 수 있습니다. 사진을 중심으로 글이 구성되기 때문에 본문에는 사진에 관한 설명을 적는다고 볼 수 있습니다.

▲ 사이트에 발행될 글의 제목과 본문을 입력할 수 있는 창이 나타납니다.
출처: http://www.flickr.com/

제목과 본문 설명을 입력하고 [게시] 버튼을 클릭하면 다음 그림과 같이 '완료! 사진을 공유했습니다.'라는 메시지 창이 나오는데 사이트에 글이 발행되었다는 의미이기도 합니다. 'wordpress 블로그를 방문'이라는 링크를 클릭하면 워드프레스 사이트로 이동, 발행된 내용을 확인할 수 있습니다.

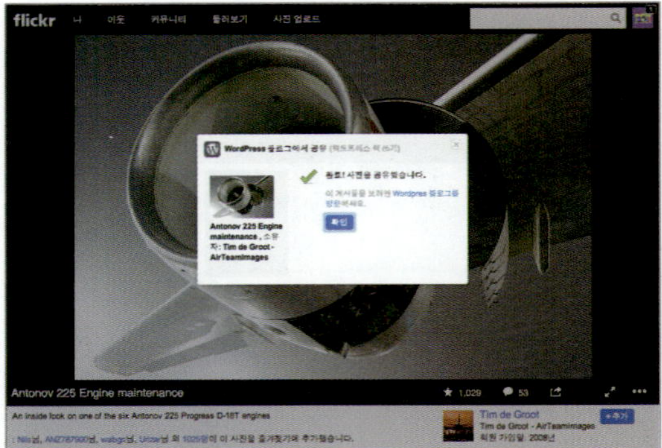

▲ Flickr에서 워드프레스 사이트로 글의 발행을 마친 화면. 출처: http://www.flickr.com/

다음 그림처럼 Flickr에서 선택한 사진과 입력한 내용을 바탕으로 글이 발행된 것을 볼 수 있습니다.

▲ Flickr를 통해 워드프레스 사이트에 원격 발행한 글

Flickr계정에 등록된 워드프레스 사이트는 기본 공유 방법의 하나로 저장되기 때문에 다음부터는 Flickr에 동일한 계정으로 로그인만 하면 사이트를 다시 등록할 필요 없이 사용할 수 있습니다.

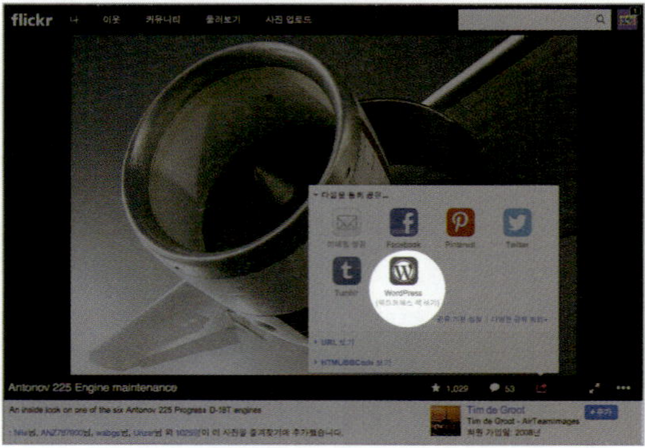

▲ Flickr 계정에 등록된 워드프레스 사이트

■ TED

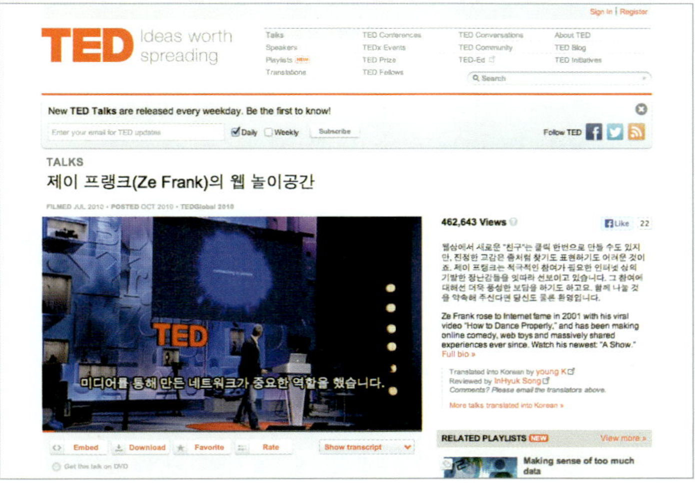

▲ TED 홈페이지, 출처: http://www.ted.com

TED는 다양한 분야의 강연 영상을 웹을 통해 공유하고 있습니다. 숏코드를 통해 TED의 강연 영상을 워드프레스에 손쉽게 삽입할 수 있는데 TED 홈페이지에서 삽입할 영상을 찾아 영상 왼쪽 아래에 있는 [Embed] 버튼을 클릭하면 Embed 창이 나타나는데 그 안에 있는 워드프레스용 숏코드를 사용합니다.

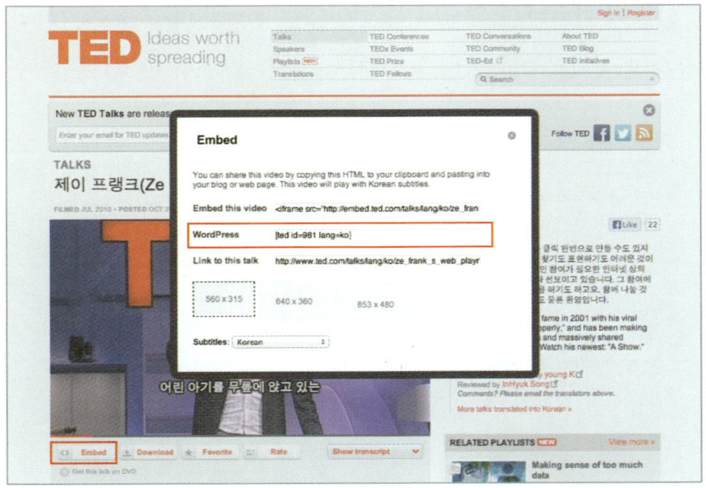

▲ TED에서 제공하는 워드프레스용 숏코드, 출처: http://www.ted.com

| TED에서 제공하는 숏코드, 자막은 설정할 수 있지만 크기는 조절할 수 없습니다. |

TED 영상의 Embed 창에서 크기와 자막의 언어를 선택할 수 있지만 숏코드에는 자막 설정만 적용될 뿐 크기는 설정할 수 없습니다. 다른 미디어의 숏코드들과 마찬가지로 크기 조절이 되지 않습니다. '560 x 315', '640 x 360', '853 x 480' 세 가지, 크기를 선택할 수 있지만 이 옵션이 숏코드에 영향을 주진 않고 'Embed this video'라는 Embed 코드에만 적용됩니다. 크기를 지정하려면 숏코드가 아닌 Embed 코드를 워드프레스의 텍스트 에디터 모드에서 추가해 사용하십시오.

TED 숏코드가 제대로 작동하지 않을 때는 자막 설정을 삭제

TED에서 제공하는 숏코드를 입력했는데 워드프레스에서 영상이 제대로 나오지 않는다면 자막 설정이 문제일 수 있습니다. 숏코드에는 'lang=ko'와 같이 영상과 함께 출력될 자막의 언어를 설정하는데 만약 숏코드에 입력된 언어로 자막이 준비되어 있지 않다면 해당 영상은 재생되지 않을 수 있습니다. 각 강의마다 준비된 자막이 다를 수 있는데, 예를 들어 한국어 자막이 없는 영상을 삽입할 때 숏코드에 자막을 한국어로 재생한다는 뜻의 'lang=ko'이 포함되어 있으면 숏코드가 제 기능을 하지 못할 수 있습니다. 이런 경우엔 숏코드에서 자막 설정에 관한 부분, 'lang=ko'를 삭제합니다.

워드프레스용 TED 숏코드는 TED 홈페이지에서만 제공합니다. 타 사이트에 삽입된 영상에서는 제공받을 수 없습니다. 대신 다음 그림과 같이 영상 왼쪽 상단의 TED 로고를 클릭하거나 [Embed] 버튼을 클릭해 나타나는 상자의 하단에 있는 'customize'를 클릭하면 TED 홈페이지에 있는 영상의 상세 페이지로 이동합니다. 여기서 워드프레스용 숏코드를 확인합니다.

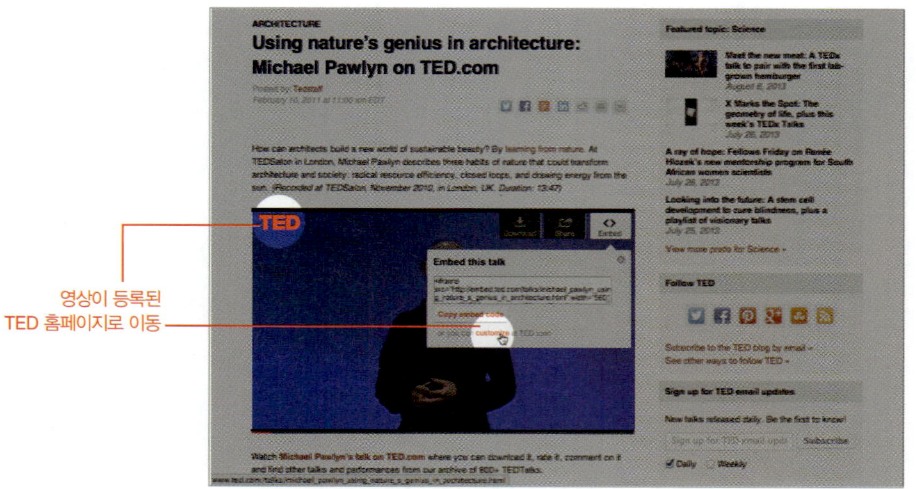

▲ TED 홈페이지의 영상 상세 페이지로 이동하는 방법, 출처: http://blog.ted.com

■ Vimeo

동영상 공유 서비스로 유명한 Vimeo의 영상을 워드프레스 글 안에 삽입하는 방법을 알아보겠습니다.

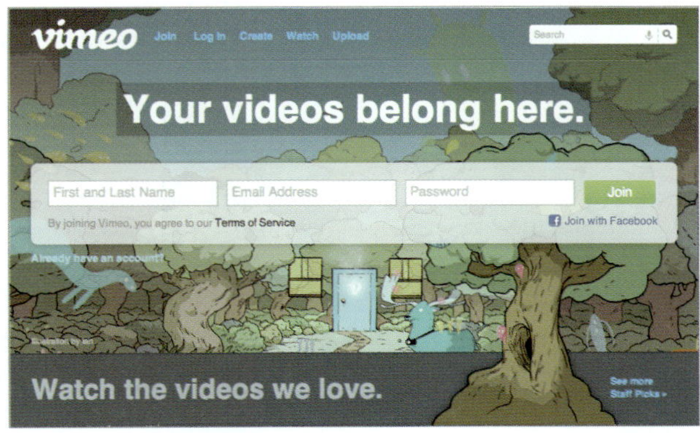

▲ 동영상 공유 서비스 Vimeo의 홈페이지, 출처: https://vimeo.com/

Vimeo도 영상의 링크가 숏코드 역할을 합니다. 또, 링크에 있는 숫자를 이용해 영상의 크기를 지정할 수도 있는데 예를 들어, 영상의 링크가 'http://vimeo.com/72874423'이라면 '[vimeo 72874423]'이나 '[vimeo http://vimeo.com/72874423]'은 링크를 입력했을 때와 같이 크기 지정 없이 삽입됩니다. 하지만 '[vimeo 72874423 w=500&h=280]' 또는 '[vimeo http://vimeo.com/72874423 w=500&h=280]'이라고 입력하면 폭 500픽셀, 높이 280픽셀 크기의 영상이 들어갑니다. 즉, 'w'는 가로폭을, 'h'는 세로폭을 의미하고 숏코드를 통해 크기를 조절할 수 있습니다.

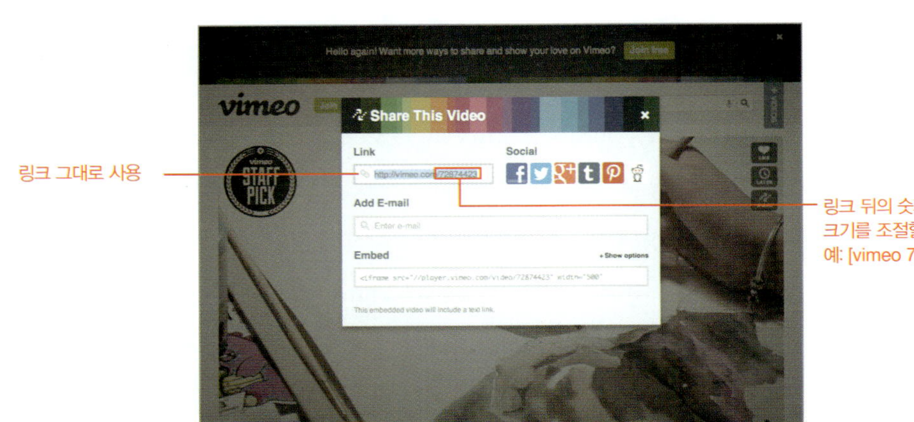

▲ 크기를 지정할 수 있는 Vimeo의 숏코드, 출처: https://vimeo.com/

■ Youtube

동영상 공유 서비스 중에서 가장 많이 알려진 YouTube의 영상을 워드프레스 글 안에 삽입하는 방법을 알아보겠습니다.

▲ 동영상 공유 서비스 YouTube의 홈페이지, 출처: http://www.youtube.com/

YouTube도 Blip, Vimeo와 마찬가지로 URL만으로 영상 삽입이 가능하고 Vimeo와 같이 숏코드를 통해 크기를 지정할 수도 있습니다. 예를 들어, 영상의 링크가 'http://www.youtube.com/watch?v=jjEAZjRpSz4'라면 본문에 링크만 입력했을 때는 '[youtube=http://www.youtube.com/watch?v=jjEAZjRpSz4]'라고 입력했을 때와 같이 기본 사이즈의 영상이 들어갑니다. 하지만 '[youtube=http://www.youtube.com/watch?v=jjEAZjRpSz4&w=500&h=280]'으로 숏코드의 URL 뒤에 '&w=500&h=280'을 추가하면 가로 500픽셀, 세로 280픽셀의 영상이 출력됩니다. Vimeo와 마찬가지로 'w'는 가로폭, 'h'는 세로폭을 의미합니다. 또, 영상이 끝까지 재생된 뒤에 나타나는 관련 영상 목록을 보이고 싶지 않다면 '&rel=0'을 URL 뒤에 붙여 '[youtube=http://www.youtube.com/watch?v=jjEAZjRpSz4&rel=0]'을 입력합니다. 그리고 영상의 일부만을 재생할 수도 있는데 재생을 시작할 부분과 끝낼 부분을 초단위로 입력합니다. 예를 들어, 원래 영상의 1분 15초 지점에서 시작해 30초 구간만 재생되게 하려면 '&start=75&end=105'를 숏코드 안에 추가해 '[youtube=http://www.youtube.com/watch?v=jjEAZjRpSz4&start=75&end=105]'를 입력합니다.

[참고]

| 댓글에서 **YouTube 영상 넣기** |

YouTube 영상의 URL을 댓글에 입력하면 본문의 에디터에 입력했을 때와 마찬가지로 숏코트처럼 인식해 영상을 불러오게 됩니다. Vimeo나 다른 서비스와 달리 YouTube만 가능합니다.

▲ 댓글에 YouTube 영상의 URL을 입력하면 숏코드로 해석, 영상이 삽입되게 됩니다.

■ SoundCloud

음원 공유 서비스인 SoundCloud의 음원을 워드프레스에서 글 안에 삽입하는 방법을 알아보겠습니다.

▲ 음원 공유 서비스 SoundCloud의 홈페이지, 출처: https://soundcloud.com/

SoundCloud는 AIFF, WAVE, FLAC, OGG, MP2, MP3, AAC, AMR, WMA 등 다양한 형식의 음원을 지원하는 음원 공유 서비스입니다. SoundCloud의 공유 기능 중에는 워드프레스용

숏코드도 포함되어 있는데 SoundCloud 홈페이지에서 음원 아래에 있는 공유 버튼을 클릭하여 'wordpress Code:'라고 표시된 항목에서 확인할 수 있습니다. 필드 안에 입력된 숏코드를 Ctrl + C 를 눌러 클립보드에 복사하고 워드프레스 글쓰기에서 본문의 원하는 위치에 붙여넣습니다.

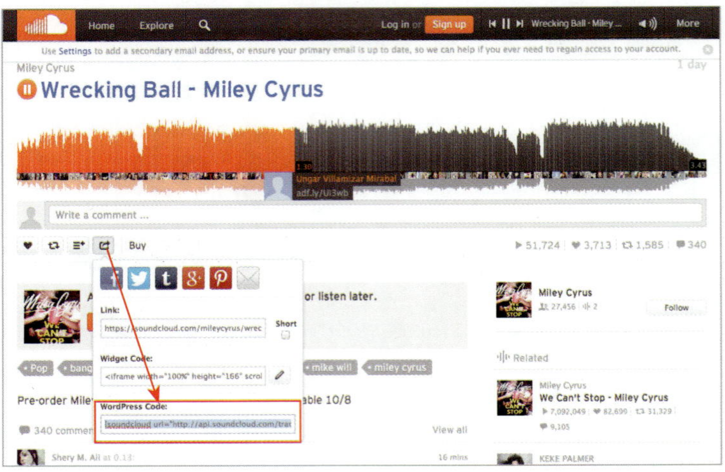

▲ 음원 공유 서비스 SoundCloud의 홈페이지, 출처: https://soundcloud.com/

다음 그림은 SoundCloud에서 제공하는 워드프레스용 숏코드 '[soundcloud url="http://api.soundcloud.com/tracks/107310727" params="" width="100%" height="166" iframe="true" /]'를 입력한 결과입니다.

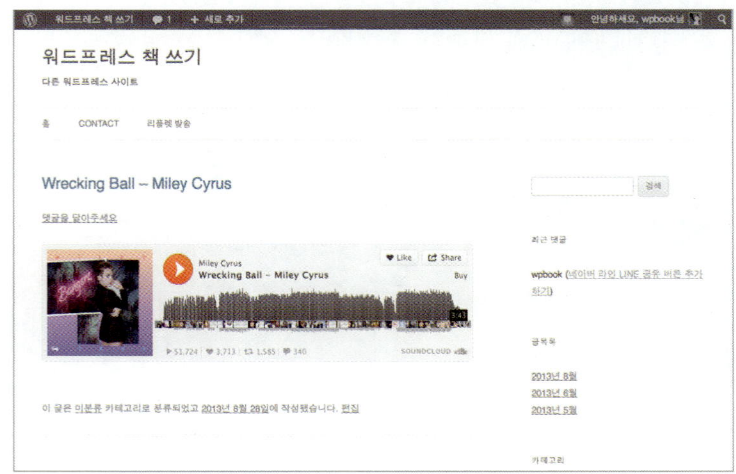

▲ 숏코드를 통해 삽입한 SoundCloud의 음원 예

숏코드의 내용을 보면 알 수 있지만 삽입할 미디어의 크기를 정할 수 있습니다. 다음 그림은 SoundCloud에서 제공하는 기본 숏코드와 크기를 수정한 숏코드 두 개를 본문에 입력한 화면입니다. 기본 숏코드는 가로폭 100%로 테마의 본문 가로 폭을 꽉 채워 들어가게 되어 있는데 기본으로 제공받은 숏코드 아래에 가로폭으로 '100%' 대신에 '300'(300픽셀을 의미)을 입력하고 높이를 '66'으로 수정한 숏코드를 추가해 보았습니다.

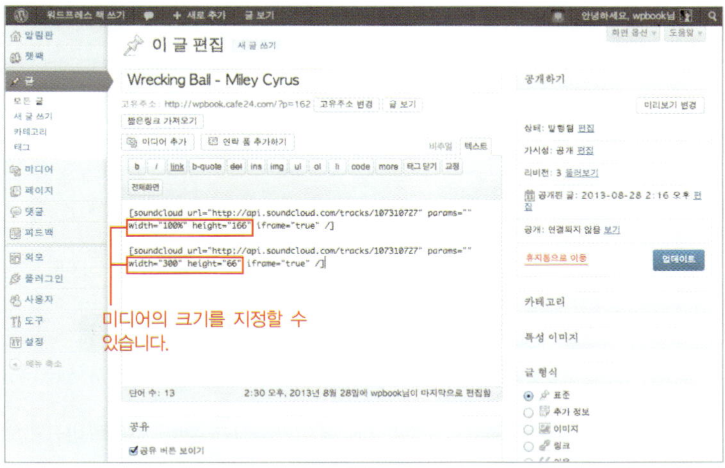

▲ SoundCloud 숏코드에서 같은 음원을 크기만 다르게 입력한 예

다음 그림은 이렇게 입력한 내용을 미리보기한 화면인데 지정한 크기에 따라 SoundCloud 플레이어가 다른 형식으로 표시되는 것을 알 수 있습니다.

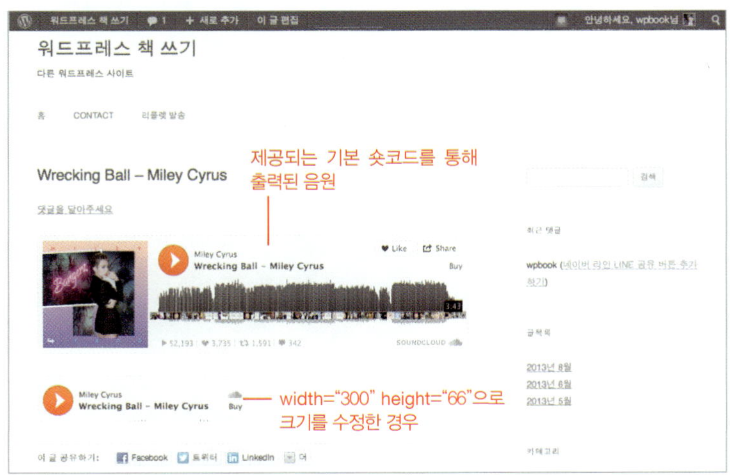

▲ SoundCloud 숏코드에서 같은 음원을 크기만 다르게 입력한 예 (미리보기)

| 외부 사이트에 공유된 SoundCloud 음원에서 워드프레스 숏코드 확인하기 |

SoundCloud 홈페이지가 아닌 외부 사이트에 공유된 음원에서 워드프레스용 숏코드를 찾으려면 본문에 삽입된 SoundCloud 미디어 오른쪽 상단에 있는 [Share] 버튼을 클릭합니다. 그러면 다음 그림과 같이 공유할 수 있는 SNS 버튼들과 공유 링크가 나타나는데 오른쪽 하단의 [Embed Code] 버튼을 클릭합니다.

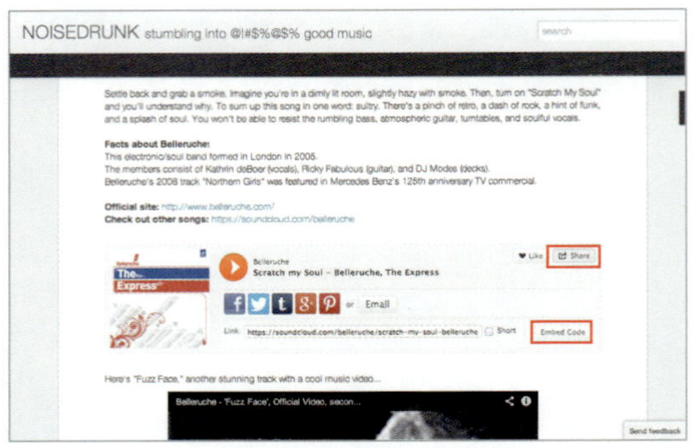

▲ 한 블로그에 삽입된 SoundCloud의 미디어, 출처: http://noisedrunk.blogspot.kr/

다음 그림처럼 SNS 공유 버튼 아래에 있던 링크가 임베드 코드로 바뀌고 오른쪽에 'wordpress'라고 표시된 체크박스가 나타나는데 이 체크박스를 선택하면 임베드 코드가 워드프레스용 숏코드로 바뀝니다. 이 코드를 복사해 워드프레스에 미디어를 삽입합니다.

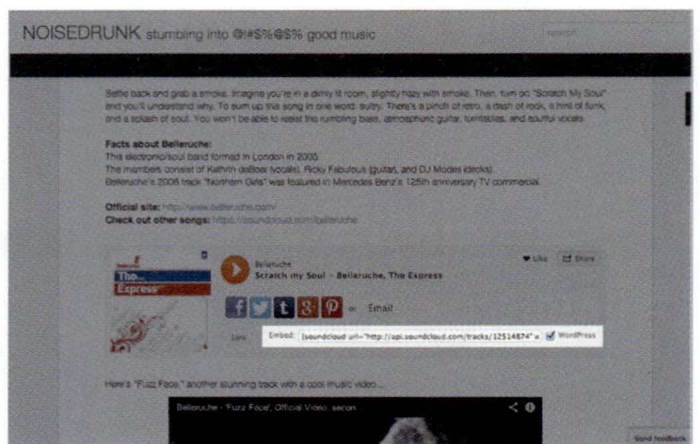

▲ 블로그에 삽입된 SoundCloud 음원에서 워드프레스용 숏코드를 추출,
출처: http://noisedrunk.blogspot.kr/

■ Bandcamp

음원 공유 서비스 Bandcamp의 음원을 워드프레스에서 작성하는 글 안에 삽입하는 방법을 알아보겠습니다.

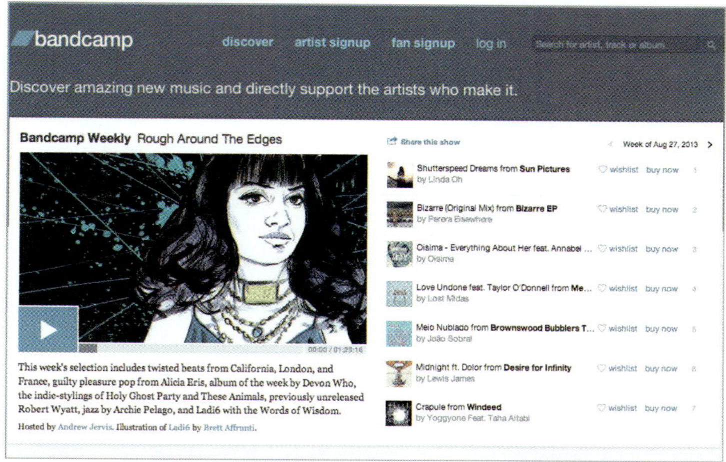

▲ 음원 공유 서비스 Bandcamp의 홈페이지, 출처: http://bandcamp.com

Bandcamp 홈페이지에서 삽입할 음원의 상세 페이지로 이동해 [Share / Embed] 버튼을 클릭합니다.

▲ 음원의 상세 페이지에 있는 공유 버튼, 출처: http://bandcamp.com/

버튼 아래 공유 창이 나타나는데 여기서 'Embed this track'을 클릭합니다.

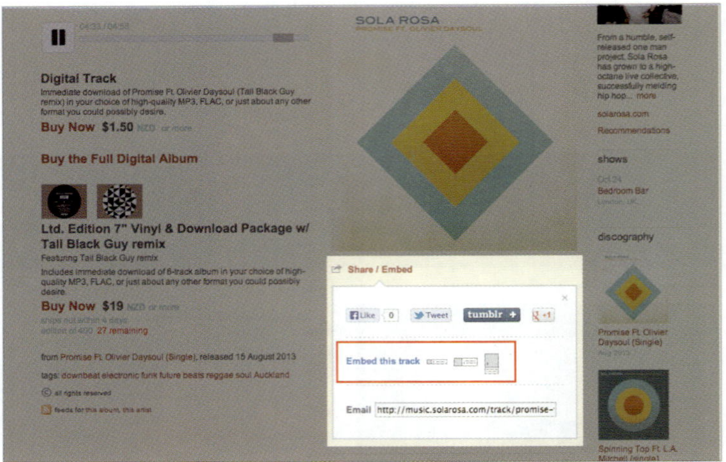
▲ 공유버튼을 클릭하면 나타나는 공유 창, 출처: http://bandcamp.com/

다음 그림과 같이 Standard, Horizontal, Small 3가지 형식으로 미디어를 삽입할 수 있는데
이 중에서 하나를 골라 클릭합니다.

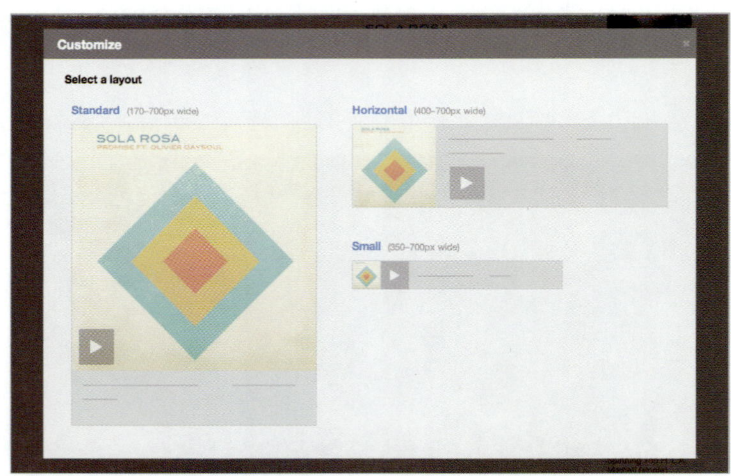
▲ 삽입할 미디어의 표시 방식을 선택할 수 있습니다, 출처: http://bandcamp.com/

삽입할 미디어의 형태를 선택하면 다음 그림과 같이 레이아웃, 크기, 색상에 관한 옵션이 나타
납니다. 왼쪽 상단에는 그 아래 옵션들이 적용된 임베드 코드가 출력되고 오른쪽 'Preview of
your player'라는 문구 아래 미리보기 화면이 제공됩니다. 임베드 코드 아래 'html'로 체크되어

있는 것을 'wordpress.com'으로 바꾸면 그 위 임베드 코드가 워드프레스용 숏코드로 변환됩니다.

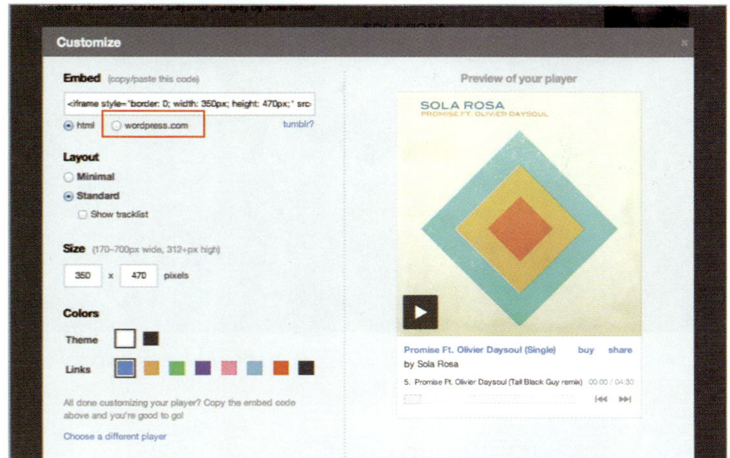

▲ 레이아웃, 크기, 색상을 정할 수 있고 워드프레스 숏코드를 제공,
출처: http://bandcamp.com/

■ 〈Scribd〉

전자책 공유 서비스 Scribd의 미디어를 워드프레스에서 작성하는 글 안에 삽입하는 방법을 알아보겠습니다. Scribd 홈페이지(http://www.scribd.com)에서 공유할 전자책이나 문서를 선택해 해당 상세 페이지로 이동하면 다음 그림과 같이 전자책 미리보기 화면 위에 공유 링크와 임베드 코드를 제공하는 버튼이 보입니다. 워드프레스에 Scribd의 미디어를 삽입할 때는 공유 링크를 입력하거나 숏코드를 입력하는 방법 모두 가능합니다.

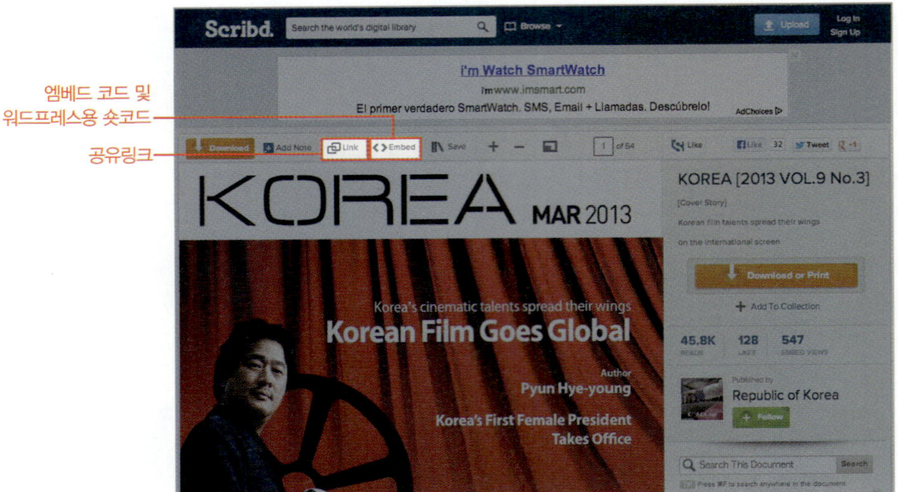

▲ 선택한 전자책별로 제공되는 임베드 기능, 출처: http://www.scribd.com/

다음 그림은 워드프레스용 숏코드를 확인하는 방법인데, 사실 임베드 코드와 달리 크기나 기타 설정을 할 수 없기 때문에 링크를 입력했을 때와 출력물에 차이가 없습니다. 크기 등의 옵션을 적용하려면 임베드 코드를 사용하고, 기본으로 제공하는 크기와 옵션을 그대로 사용한다면 숏코드보다는 링크를 사용하는 편이 낫습니다.

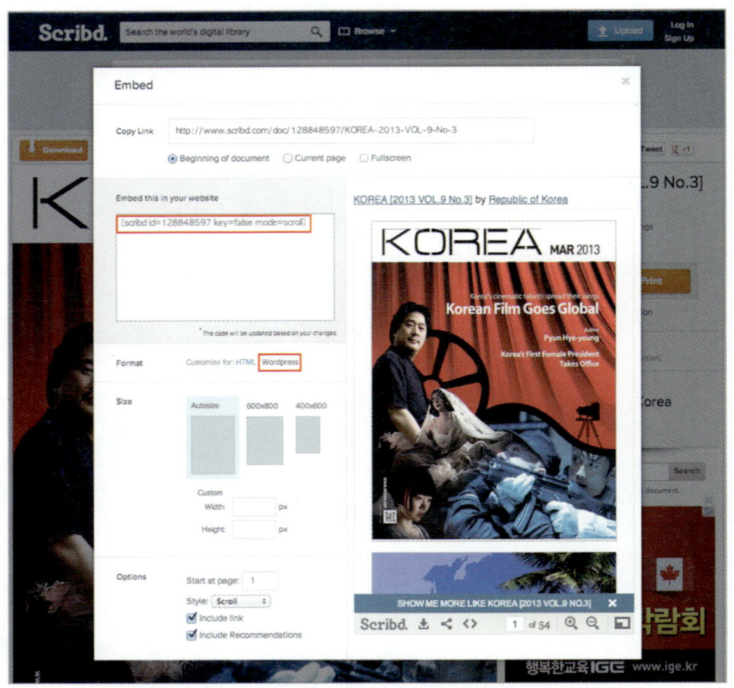

▲ 임베드 창에서 워드프레스용 숏코드를 구하는 방법,
출처: http://www.scribd.com/

다음 그림은 숏코드를 통해 삽입된 Scribd의 문서입니다. 링크를 입력했을 때도 같은 결과를 얻을 수 있습니다.

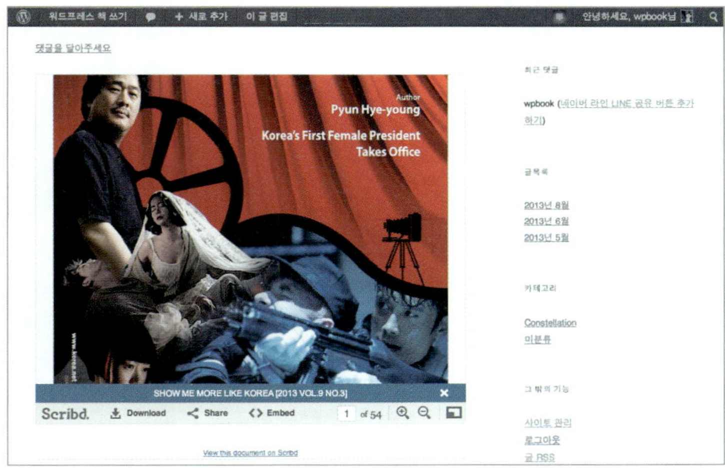

▲ 숏코드를 통해 워드프레스 사이트에 삽입된 Scribd의 문서

■ 〈SlideShare〉

프레젠테이션 파일 공유 서비스인 SlideShare의 미디어를 워드프레스에서 작성하는 글 안에 삽입하는 방법을 알아보겠습니다.

▲ SlideShare의 홈페이지, 출처: http://www.slideshare.net/

워드프레스에 삽입할 프레젠테이션의 상세 페이지에서 슬라이드 상단에 [Embed] 버튼을 클릭합니다.

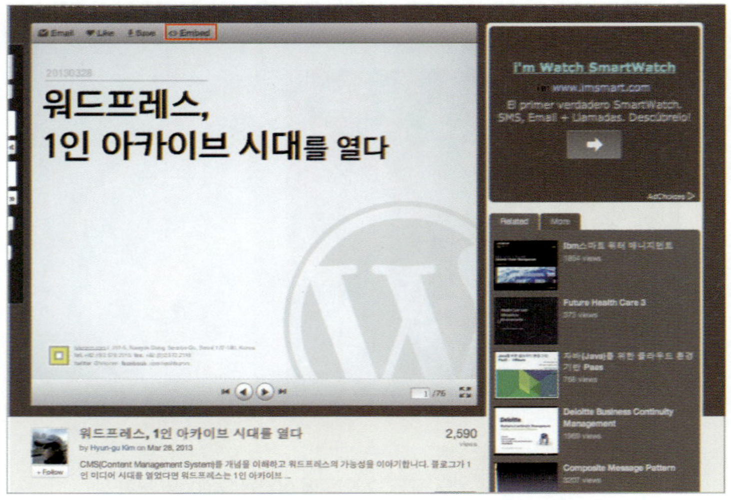

▲ 프레젠테이션 상세 페이지, 출처: http://www.slideshare.net/

버튼 아래로 기본 임베드 코드가 나타납니다. 코드 밑에 [Customize] 버튼이 배치되어 있는데 이 버튼을 클릭합니다.

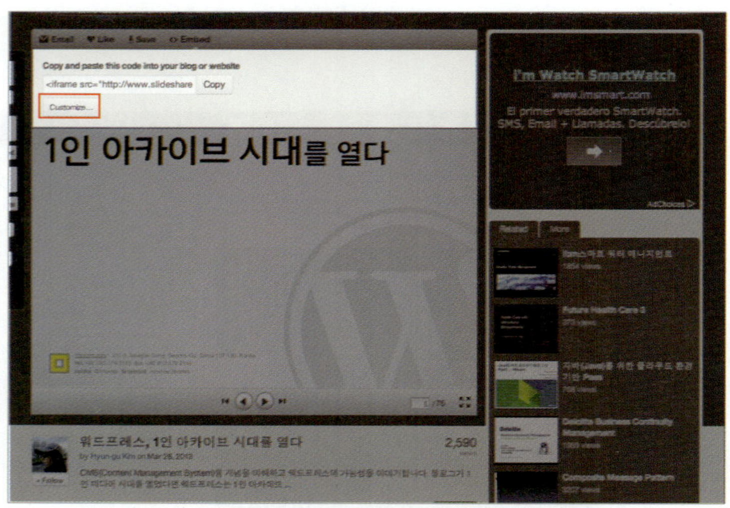

▲ 슬라이드의 기본 임베드 코드, 출처: http://www.slideshare.net/

삽입할 슬라이드에 관한 옵션이 추가로 나타나는데 제일 밑에 'Shortcode for wordpress. com blogs?'라는 메시지와 함께 워드프레스용 숏코드가 있습니다. 숏코드 오른쪽에 [Copy] 버튼을 클릭해 숏코드를 클립보드에 복사해 사용합니다.

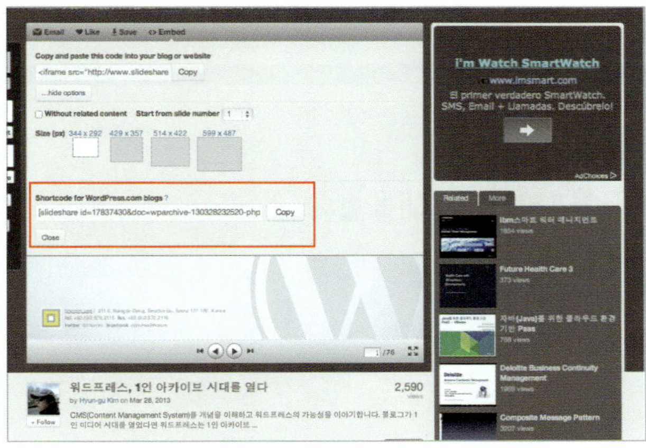

▲ 슬라이드 임베드 코드 옵션과 워드프레스용 숏코드,
출처: http://www.slideshare.net/

참 고

SlideShare에서 제공하는 숏코드는 임베드 코드와 달리 크기나 옵션을 지정할 수 없습니다.

다음 그림은 숏코드를 통해 슬라이드를 삽입한 화면입니다. 슬라이드 하단의 [Share] 버튼을 클릭하면 임베드 코드와 공유 URL을 확인할 수 있습니다.

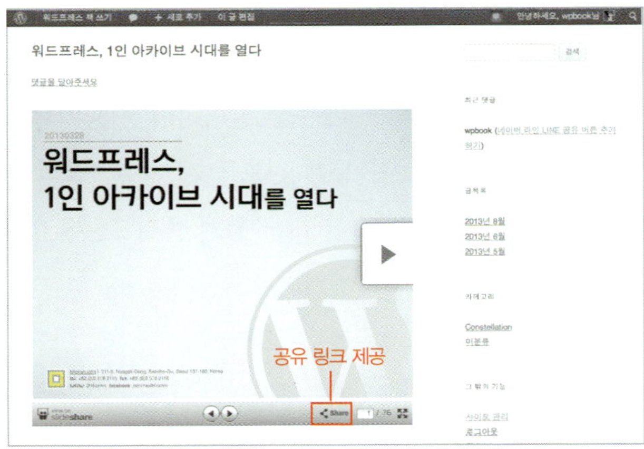

▲ 워드프레스 사이트에 슬라이드를 공유한 화면

워드프레스용 숏코드는 SlideShare 홈페이지의 미디어 상세 페이지에서만 제공하고 타 사이트에 공유된 슬라이드에서는 임베드 코드와 공유 URL만을 제공하는데 공유 URL을 통해서도 SlideShare의 슬라이드를 삽입할 수 있습니다. 단, 다음 그림처럼 본문에 추가될 때 미디어의 크기가 다르게 나타납니다.

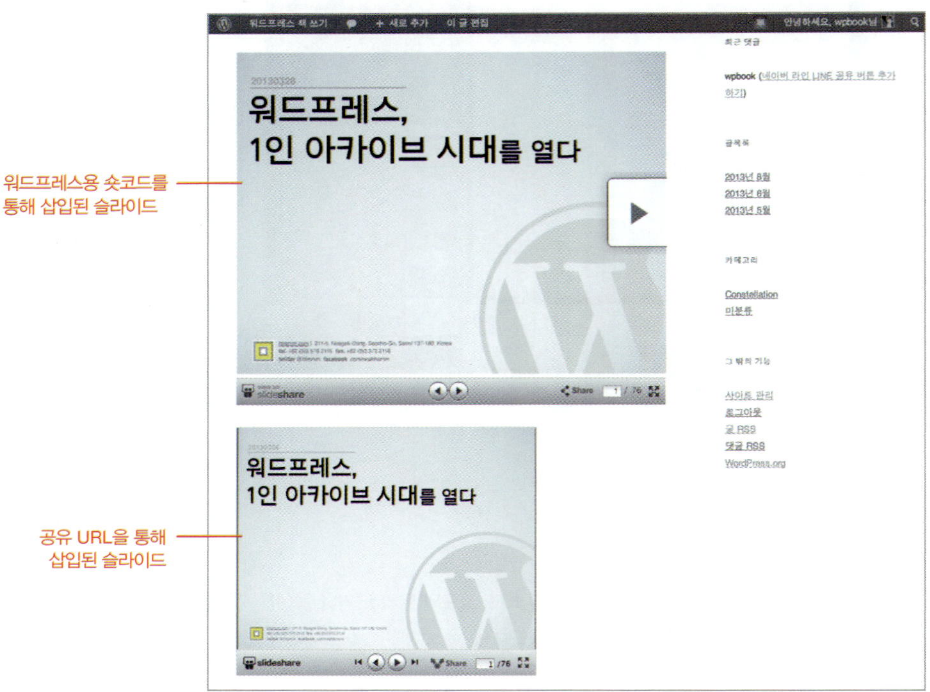

▲ 슬라이드를 숏코드로 추가할 때와 공유 URL로 추가할 때의 차이

 ## 사이트 통계 보기

워드프레스 관리자 중 젯팩의 '사이트 통계' 메뉴를 클릭하면 웹사이트 방문자와 관련된 다양한 통계 정보를 확인할 수 있습니다. 방문자 통계 정보를 제공하는 플러그인과 서비스가 많지만 wordpress.com과 연계된 젯팩의 통계 서비스는 다른 통계 플러그인에 비해 가볍고 설치, 관리가 간단하다는 장점을 가지고 있습니다.

■ 사이트 통계의 기본 구성

기본 통계판은 다음 그림과 같이 웹사이트 페이지뷰, 웹사이트 유입 경로, 인기 글(페이지), 구독 현황 등으로 구성되어 있습니다. 가장 위에 배치된 그래프는 유입된 트래픽을 페이지 뷰 기준으로 시각화한 것이고 그 아래 왼쪽에 'Referrers'는 유입 경로를 보여주는 것으로, 운영하는 사이트의 콘텐츠 링크를 통해 연결된 곳을 알 수 있습니다. 'Search Engine Terms'는 방문자들이 구글과 같은 검색엔진에서 어떤 키워드로 검색해 들어왔는지 보여주고 'Top Posts & Pages'는 하루 동안 가장 인기 있었던 글과 페이지의 콘텐츠를 집계한 내용이고 'Clicks'는 발행한 콘텐츠에 포함된 링크를 통해 외부 사이트로 연결된 경우의 통계입니다.

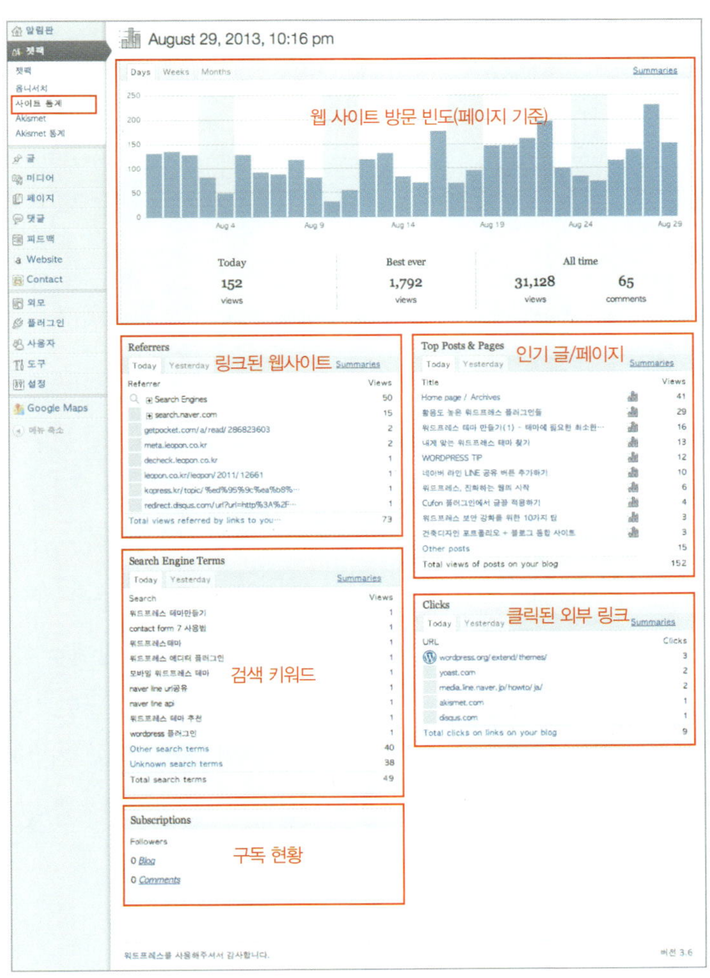

▲ 젯팩 사이트 통계에서 확인할 수 있는 방문자 관련 데이터

■ 기본 페이지 뷰 그래프

페이지뷰 그래프는 왼쪽 상단의 탭을 클릭해 일, 주, 월 단위로 바꿔 볼 수 있고 각 막대 그래
프에 포인터를 올려 놓으면 하늘색이던 막대가 노란색으로 바뀌면서 해당 일자와 페이지 뷰가
표기된 말풍선이 나타납니다. 그래프 밑에는 당일 현재까지 집계된 페이지뷰와 일 단위로 집계
된 최대 페이지 뷰, 현재까지 집계된 총 페이지뷰와 댓글의 숫자가 표시됩니다.

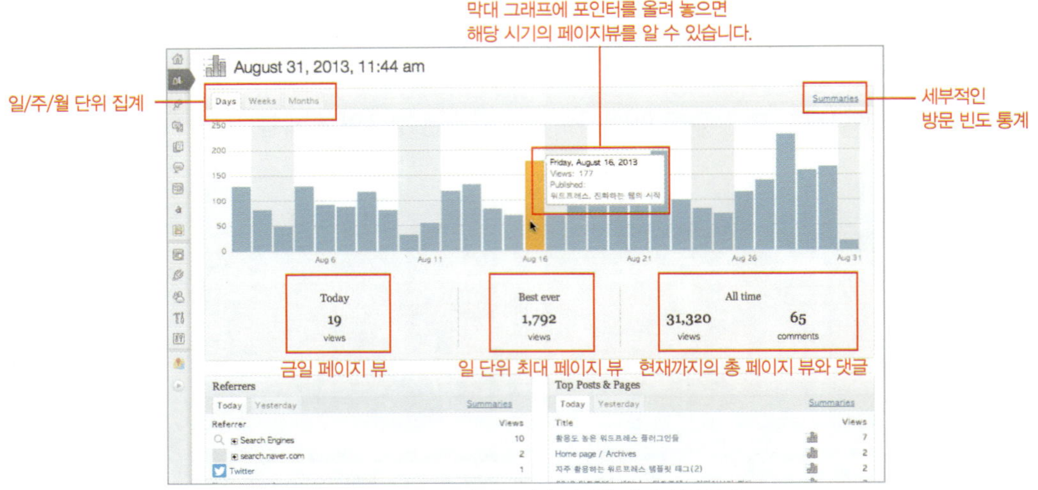

▲ 젯팩 사이트 통계 기능에서 집계한 페이지 뷰 통계

■ 통계 상세 보기

방문 빈도 그래프의 오른쪽 상단에 있는 'Summaries'를 클릭하면 다음 그림과 같이 방문 빈도
에 대한 좀 더 상세한 통계를 볼 수 있습니다. 젯팩의 사이트 통계 기능을 사용한 시점부터 현
재까지의 통계를 한 눈에 볼 수 있습니다. 월, 년 단위의 페이지 뷰 합계와 하루 평균 페이지
뷰를 월, 년 단위로 계산해서 보여줍니다. 그리고 최근 1개월간 일, 주 단위로 페이지뷰를 합산
하여 주 단위로 변화 추이를 백분율로 계산해서 알려주고 각 테이블에서 최고치는 연두색으로
표시합니다.

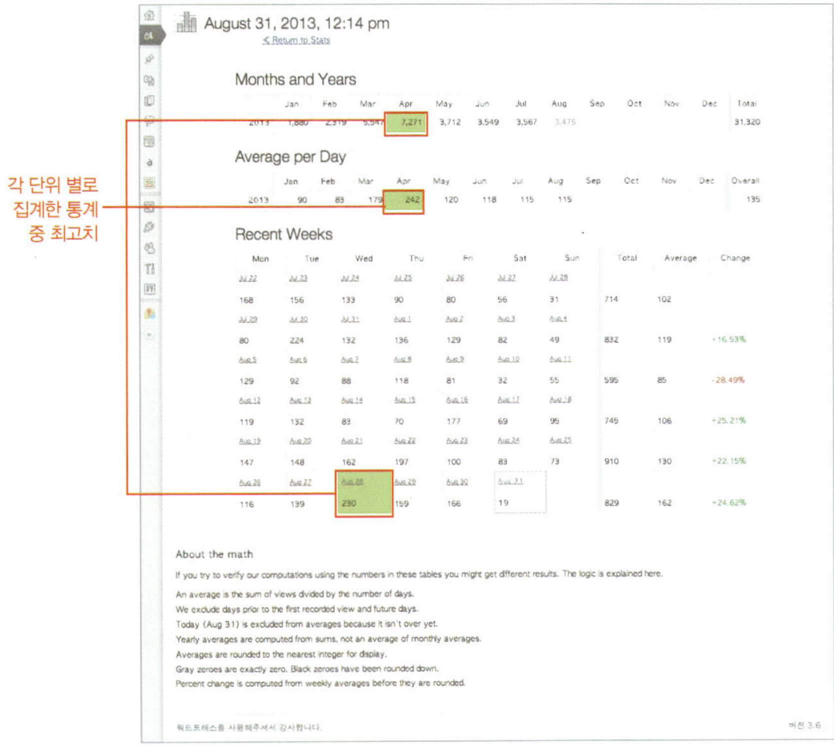

▲ 방문 빈도 통계 상세

유입 경로, 인기 글, 외부 링크 연결 등에 관한 통계도 'Summaries'라는 링크를 통해 보다 상
세한 내용을 확인할 수 있습니다. 인기 글 통계에서는 글 제목 오른쪽에 있는 그래프 모양의 아
이콘을 클릭하면 다음 그림과 같이 해당 글의 페이지 뷰 통계를 볼 수 있습니다.

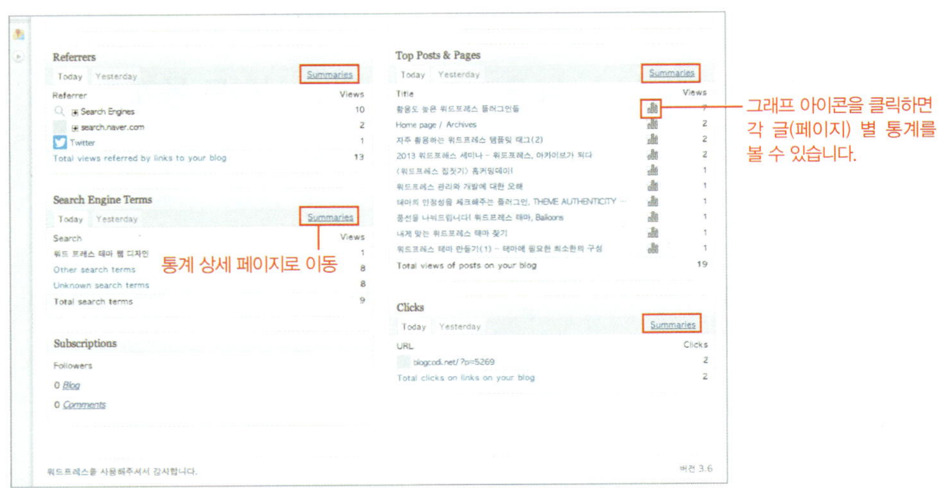

▲ 기본 통계판 각 항목별로 제공한 상세 정보, 'Summaries'를 통해
확인할 수 있습니다.

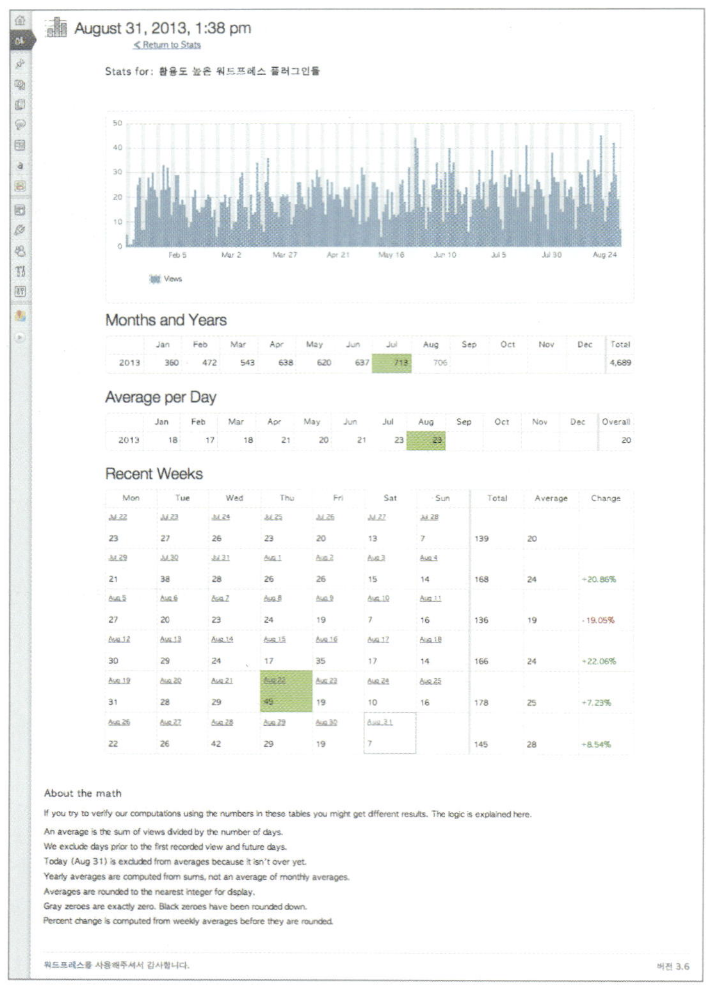

▲ 인기 글 또는 페이지 별 페이지 뷰 통계

■ 고정관리 메뉴(Admin Bar)에 표시되는 사이트 통계

젯팩의 사이트 통계는 고정 관리 메뉴(Admin Bar)에서도 볼 수 있는데 다음 그림과 같이 표시됩니다. 고정 관리 메뉴에 표시된 사이트 통계는 최근 48시간 동안의 페이지 뷰를 보여주는데 시간 단위로 48개의 막대로 시각화되어 있습니다. 이 막대 그래프를 클릭하면 관리자의 사이트 통계 페이지로 이동합니다.

최근 48시간 동안의 트래픽을 그래프로 표시

▲ 고정 관리 메뉴(Admin Bar)에 표시된 사이트 통계

08 젯팩 댓글

트위터, 페이스북 같은 소셜 네트워크 서비스의 사용자가 늘어나면서 웹사이트에 가입을 하거나 개인 정보를 입력하는 대신 SNS 계정을 활용하는 경우가 늘어나고 있습니다. 개인정보 유출에 대한 우려가 깊어지고 있고 트위터, 페이스북과 같은 대표적인 SNS가 전세계적으로 광범위하게 보급되었기 때문이기도 합니다. '페이스북 국민'이라는 말이 유행될 정도로 모바일과 SNS 사용자 수가 계속 늘어나고 있는 추세이기 때문에 웹사이트의 댓글 시스템도 이런 추세를 반영해 별도 가입과정 없이 SNS 계정으로 로그인을 하거나 댓글을 남길 수 있게 해주는 것이 웹사이트를 통한 소통에 도움이 될 수 있습니다.

젯팩 댓글은 워드프레스 기본 댓글 시스템의 이런 부족한 부분을 채워줍니다. 젯팩 댓글을 사용하면 wordpress.com, 트위터, 페이스북 계정으로 댓글을 남길 수 있습니다.

젯팩을 설치한 후, 별도로 젯팩 댓글 기능을 활성화시켜줘야 하는데 파란색의 [활성화] 버튼을 클릭합니다.

▲ wordpress.com, 트위터, 페이스북의 계정을 활용해 댓글을 남길 수 있는
젯팩 댓글

활성화 버튼을 클릭하면 젯팩의 기능 목록에서 흐릿하게 표시되던 젯팩 댓글 박스가 또렷하게 바뀌고 파란색의 [활성화] 버튼이 사라진 후 [설정] 버튼이 표시됩니다.

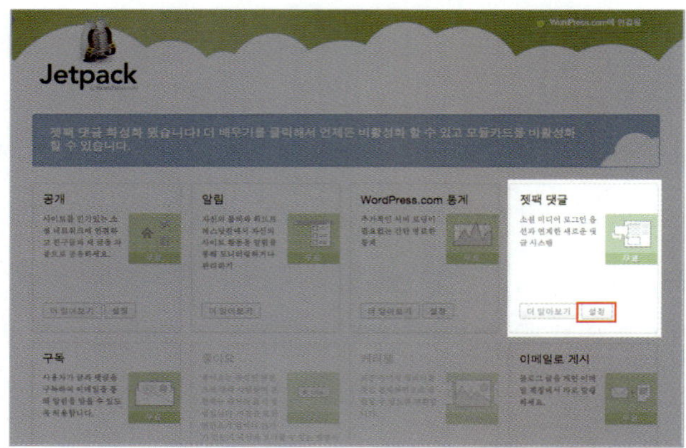

▲ 젯팩 댓글 기능을 활성화시키면 [설정] 버튼이 나타납니다.

활성화와 동시에 워드프레스의 댓글 시스템이 젯팩 댓글로 바뀝니다. 젯팩 댓글이 적용되면 댓글의 입력 양식이 바뀌는데 '댓글 남기기' 또는 'Comments' 같은 라벨 밑에 댓글을 입력하는 필드 하나만 보이고 그 안을 클릭하면 다음 그림과 같이 옵션들이 하단에 나타납니다.

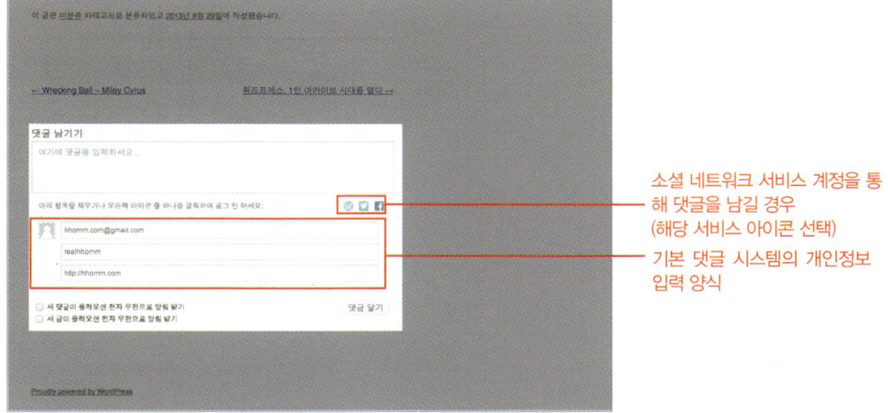

▲ 워드프레스의 댓글 시스템에 젯팩 댓글이 적용된 예

참 고

| 젯팩 댓글의 구성 |

구성을 보면, '여기에 댓글을 입력하세요.'라고 쓰여있는 댓글 입력 폼 바로 아래에 '아래 항목을 채우거나 오른쪽 아이콘 중 하나를 클릭하여 로그인 하세요:'라고 쓰여 있고 오른쪽에 워드프레스, 트위터, 페이스북 아이콘이 있습니다. 그 아래에는 워드프레스 기본 댓글의 입력 양식과 같이 이메일, 이름, 웹사이트 주소를 묻는 필드가 있습니다. wordpress.com, 트위터, 페이스북 계정을 이용해 댓글을 남기려면 해당 서비스의 아이콘을 클릭하고 기존 방식대로 할 경우엔 이메일과 이름, 웹사이트 주소 각 필드를 채워 넣고 댓글을 완성합니다.

wordpress.com이나 트위터, 페이스북 계정으로 로그인해서 댓글을 남기려면 해당 서비스의 아이콘을 클릭합니다. 다음 그림들처럼 로그인 또는 애플리케이션 승인 창이 나타나는데 여기에서 해당 서비스 계정으로 로그인합니다.

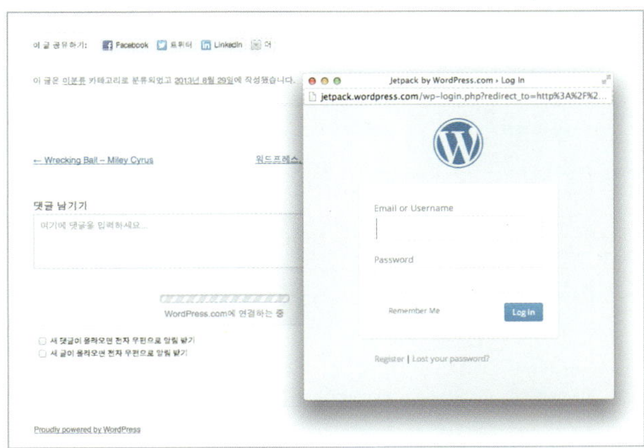

▲ wordpress.com 계정을 이용해 로그인할 경우

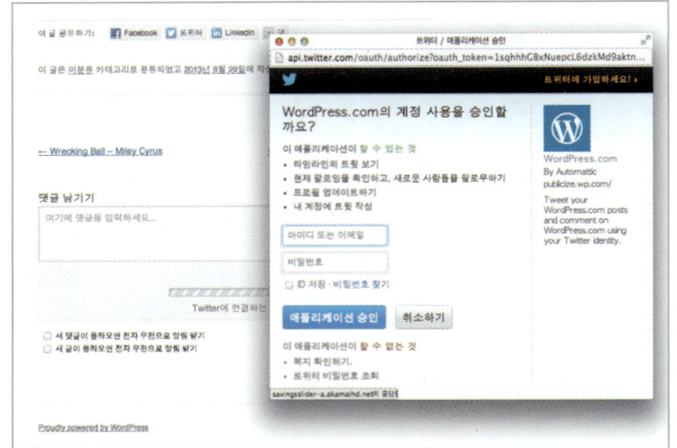

▲ 트위터 계정을 이용해 로그인할 경우

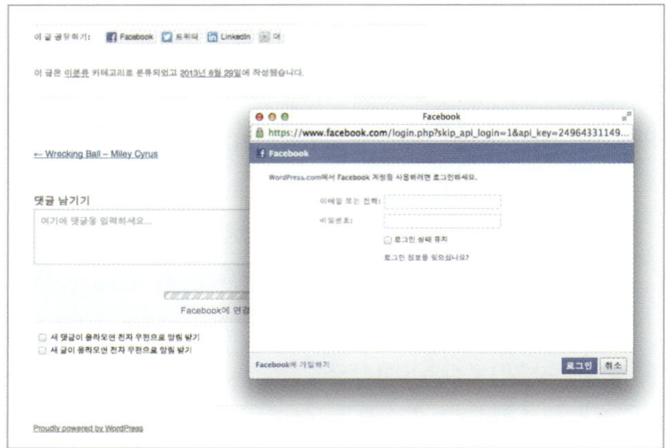

▲ 페이스북 계정을 이용해 로그인할 경우

다음 그림은 페이스북 계정으로 로그인했을 때의 화면입니다.

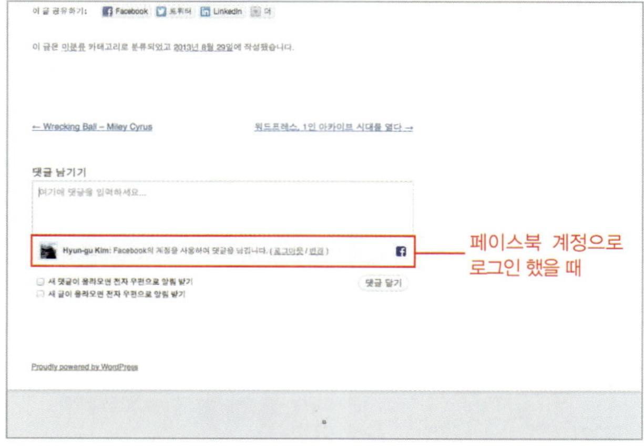

▲ 페이스북 계정으로 로그인 한 상태

| 젯팩 댓글이 적용되지 않을 때 |

사용하는 테마에 따라서는 젯팩 댓글이 적용되지 않을 수 있습니다. 워드프레스 사이트의 테마를 Twenty Eleven, Twenty Twelve와 같이 워드프레스 설치시 제공되는 기본 테마로 바꿔보고 여기서 젯팩 댓글이 이상이 없이 작동한다면 현재 사용하는 테마가 젯팩 댓글을 지원하지 않는 것입니다.

워드프레스 관리자의 '토론' 설정에 들어가면 설정 항목들 중 마지막에 '젯팩 댓글'이 있습니다. 여기서 '인사 글'과 '색상표'를 지정할 수 있는데 '인사 글'은 댓글 부분을 나타내는 라벨이고 '색상표'는 테마의 색상에 댓글 부분의 색상을 맞출 수 있게 지원하는 스타일 옵션으로 '밝음', '어둠', '투명'으로 세 가지 중 선택할 수 있습니다.

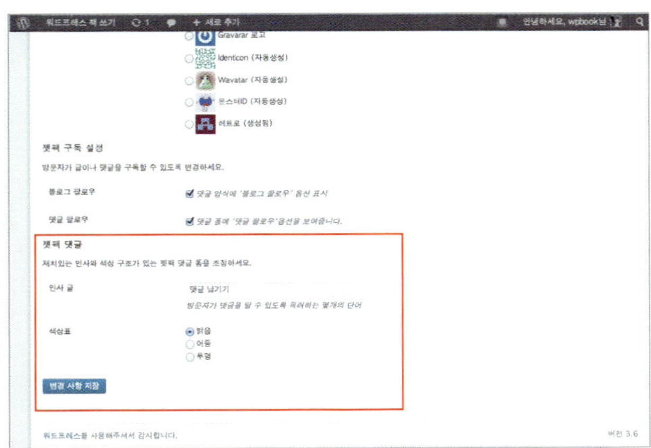

▲ 젯팩 댓글 설정

09 구독 기능

잘되는 가게에 단골이 많듯이 성공하는 웹사이트를 만들기 위해서 한 번 왔던 손님이 두 번, 세 번 다시 오도록 만들어야 하는데 이렇게 재방문 비율을 높이기 위해선 웹사이트의 콘텐츠를 구독해 볼 수 있어야 합니다. 새로운 글이나 답글을 남겼을 때, 이런 웹사이트의 업데이트 내용을 전 방문자들에게 알릴 수 있어야 하는데 젯팩의 구독 기능이 이 부분에 있어 도움을 줄 수 있습니다. 젯팩의 구독 기능은 별도의 설정없이 작동하는데 이 기능을 이용하면 다음 3가지 방식을 통해 웹사이트의 구독자를 늘릴 수 있습니다.

■ 댓글의 구독 옵션

댓글에서 구독 옵션을 제공하는데 다음 그림과 같이 댓글 아래, '댓글 알림 이메일 받기', '새 글 알림 이메일 받기' 두 가지입니다. 다음 그림을 보면 젯팩 댓글에서도 같은 옵션이 댓글 아래 있는 것을 확인할 수 있는데 젯팩 댓글에 표시된 문구가 더 이해하기 쉽습니다. '새 댓글이 올라오면 전자 우편으로 알림 받기', '새 글이 올라오면 전자 우편으로 알림 받기'라고 쓰여 있습니다. 댓글에 대한 답글이 추가되었을 때 이메일로 알람을 받을지, 웹사이트에 올라오는 새 글들에 대해 알람을 받을지 중복 선택이 가능합니다.

▲ 젯팩 댓글의 구독 옵션

댓글과 함께 표시되는 젯팩 구독 옵션을 선택적으로 숨길 수도 있습니다. 관리자의 토론 설정에 '젯팩 구독 설정'이라는 항목이 있는데 여기서 숨기고 싶은 옵션의 체크박스를 풀어줍니다. '블로그 팔로우'와 '댓글 팔로우'가 있는데 '블로그 팔로우'는 웹사이트에 새 글이 발행될 때마다 알리는 기능을 의미하고 '댓글 팔로우'는 댓글을 남긴 글에 한 해, 추가적인 댓글이나 답글이 올라왔을 때 이메일로 알리는 기능입니다. 젯팩 댓글을 기준으로 했을 때, '새 글이 올라오면 전자 우편으로 알림 받기'라는 옵션이 '블로그 팔로우'에 해당하고 '새 댓글이 올라오면 전자 우편으로 알림 받기'가 '댓글 팔로우'에 해당합니다.

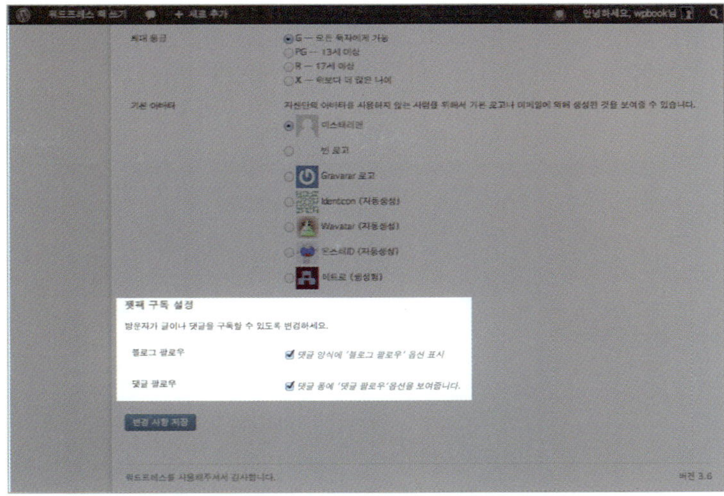

▲ 관리자의 토론 설정에서 있는 젯팩 구독 기능 설정

■ 사이드바의 구독 위젯

사이드바에 추가할 수 있는 구독 위젯을 이용해 웹 사이트의 구독자를 늘릴 수 있습니다.

젯팩을 활성화시키면 '블로그 구독(젯팩)'이라는 위젯이 추가되는데 이 위젯을 통해 사이드바에 이메일을 등록해 구독을 신청하는 모듈을 배치할 수 있습니다.

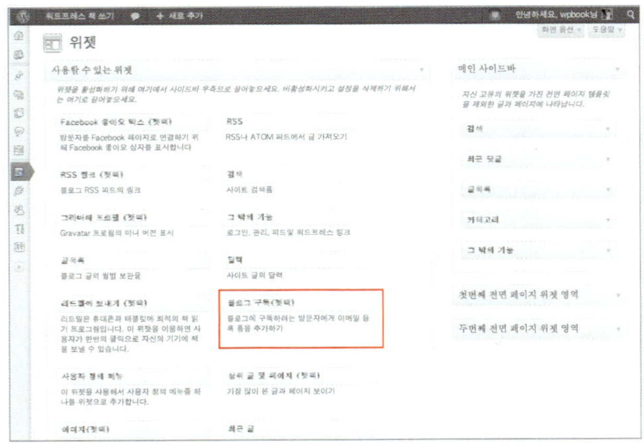

▲ 젯팩의 구독 기능을 통해 추가된 '블로그 구독' 위젯

위젯을 사이드바로 옮긴 뒤, 설정합니다. 위젯 하단에 [가시성] 버튼을 클릭하면 다음 그림처럼 구독 위젯을 특정 위치에서 숨기거나 보이게 설정할 수 있는 추가 옵션이 나타납니다. '위젯

439

제목', '방문자에게 보일 옵션 글자', '구독 버튼' 등에 적합한 내용을 입력하고 이 모듈에서 현재
총 구독자 수를 표시할지 선택한 후 [저장하기] 버튼을 클릭합니다.

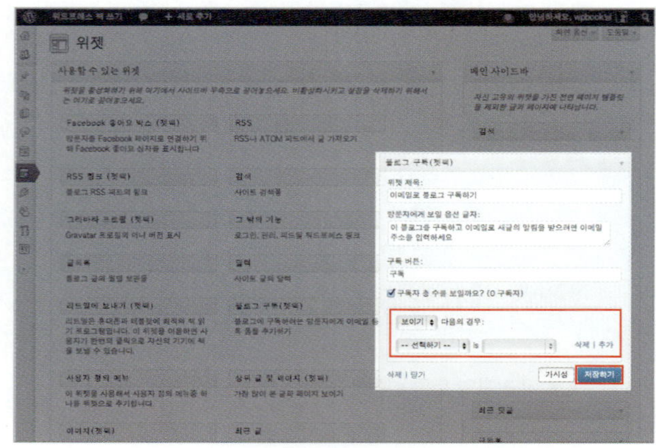

▲ '블로그 구독' 위젯의 설정

다음 그림은 위젯을 통해 사이드바에 추가된 구독 모듈의 모습입니다. 위젯 설정시 '위젯 제목'
으로 입력한 내용이 맨 위에 제목이 되고 그 아래 '방문자에게 보일 옵션 글자', 이메일을 입력
하는 필드가 나오고 그 아래에 위젯 설정시 입력한 '구독 버튼'의 글자가 버튼화되어 들어갑니
다. 그리고 '가시성' 옵션으로 사용할 경우, 웹사이트의 특정 페이지에서 구독 모듈이 보이게
또는 보이지 않게 할 수 있습니다.

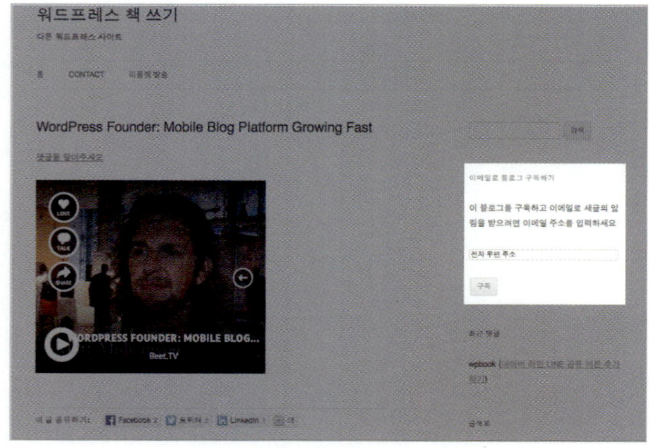

▲ 위젯을 통해 사이드바에 배치한 구독 모듈

■ 숏코드를 이용해 구독 모듈 삽입하기

숏코드를 이용해 글이나 페이지의 본문에 구독 모듈을 삽입할 수 있는데 그 방법을 알아보겠습니다.

'[jetpack_subscription_form]'라는 숏코드를 통해 글이나 페이지의 본문 중에 젯팩의 구독 모듈을 끼워 넣을 수 있습니다.

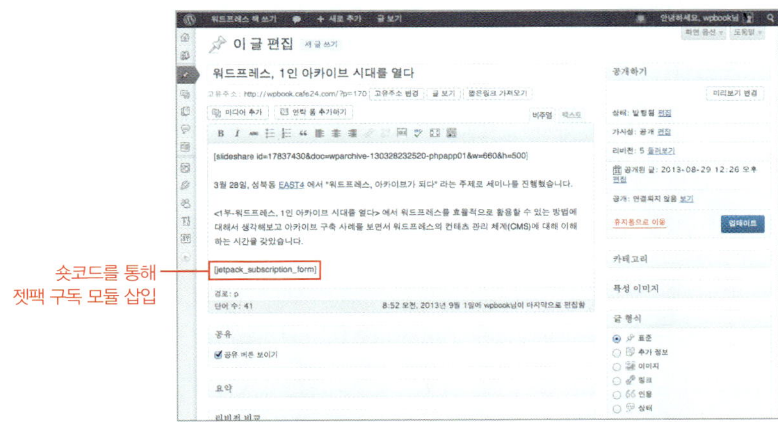

▲ 글 본문 중에 젯팩 구독 모듈을 구현하는 숏코드 삽입

다음 그림은 글 중간에 숏코드를 통해 구독 모듈을 삽입했을 때의 미리보기 화면입니다.

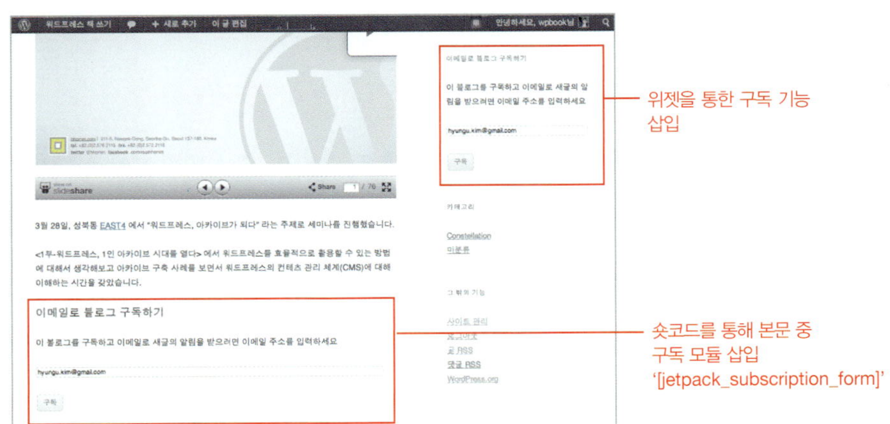

▲ 숏코드를 통해 글 중간에 구독 모듈을 삽입한 예

441

10 모바일용 테마

스마트폰 사용자가 늘어나면서 웹에 접속하는 컴퓨터 환경에서 모바일이 차지하는 비중이 점점 늘어나고 있습니다. 스마트폰이나 타블렛 PC를 이용해 웹사이트에 방문하는 사람이 늘어나고 있고, 데스크탑 모니터보다 작은 화면에서 콘텐츠의 가독성을 높이기 위해선 그에 맞는 환경을 제공할 필요가 있습니다. 모바일 기기들은 화면이 작아 데스크탑 모니터에 비해 가독성이 떨어질 수 있기 때문에 아이덴티티를 나타내기 위해 과도한 디자인을 넣는 것보다 콘텐츠 자체를 보다 효과적으로 전달하는데 초점을 맞추는 것이 좋습니다. 같은 양의 데이터라 하더라도 유선 인터넷망이 연결된 데스크탑 PC에 비해 웹페이지를 로딩하는데 더 많은 시간이 소요되기 때문에 최대한 문자 중심으로, 불필요한 이미지는 걷어내거나 모바일 환경에 맞게 용량을 낮춰줘야 합니다. 그래야 페이지를 로딩, 전환하는 시간을 줄일 수 있기 때문입니다. 워드프레스에서는 데스크탑 환경과 별도로 이런 모바일 환경에 대응할 수 있는 플러그인이 여럿있습니다. 그 중에서도 젯팩의 모바일 테마 기능은 단순하면서도 가볍게 구현되는 것이 장점이라고 할 수 있습니다.

■ 모바일 테마 기능 활성화

젯팩의 모바일 테마 기능은 젯팩의 댓글 기능처럼 초기 비활성화 상태로 포함되어 있습니다. 관리자의 젯팩 기능 목록에서 '모바일 테마' 박스 안에 파란색 [활성화] 버튼을 클릭합니다. 달리 설정이 필요하지 않습니다.

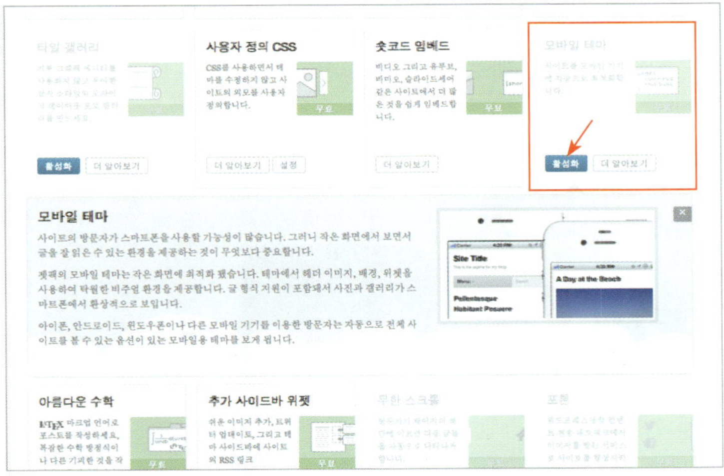

▲ 기본 비활성화되어 있는 젯팩의 모바일 테마 기능

■ 스마트폰에서 확인하기

활성화시킨 뒤에 스마트폰에서 모바일용 테마가 작동하는지 확인하기만 하면 됩니다. 다음 그림은 같은 웹사이트를 데스크탑과 모바일 화면으로 비교한 것입니다. 웹사이트명과 네비게이션 메뉴, 글이 젯팩의 모바일 테마에 의해 재배치됩니다. 모바일 테마를 사용하지 않을 때, 데스크탑 화면이 1/3도 안되는 스마트폰 화면에 맞춰 축소되기 때문에 상대적으로 글씨 크기가 1/3로 줄게 되는데 젯팩의 모바일 테마 기능을 활용하면 모바일 기기의 화면 크기에 맞춰 웹페이지가 재구성되기 때문에 글씨가 작아지지 않습니다.

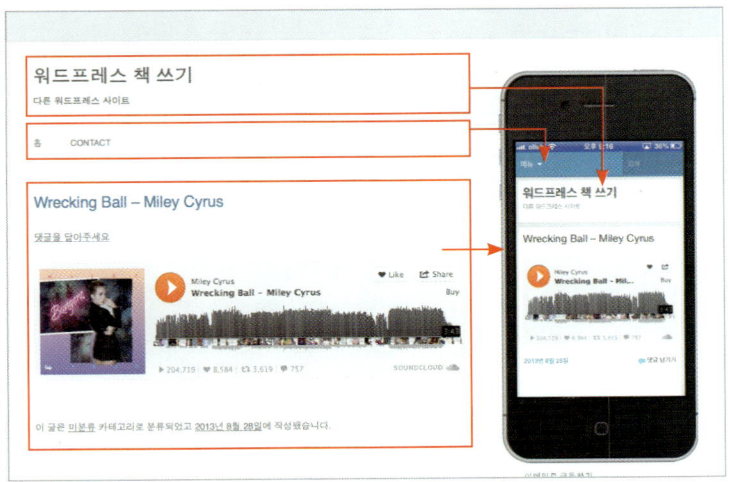

▲ 데스크탑과 모바일에서 각기 다른 구성으로 보여지는 워드프레스 사이트

데스크탑에서 크게 좌우 2단으로 되어 있던 구성이 1단으로 수직 배열되고, 데스크탑에서 측면에 있던 사이드바는 콘텐츠 아래로 재배치 됩니다. 결국 사이드바가 웹페이지 가장 밑으로 옮겨집니다.

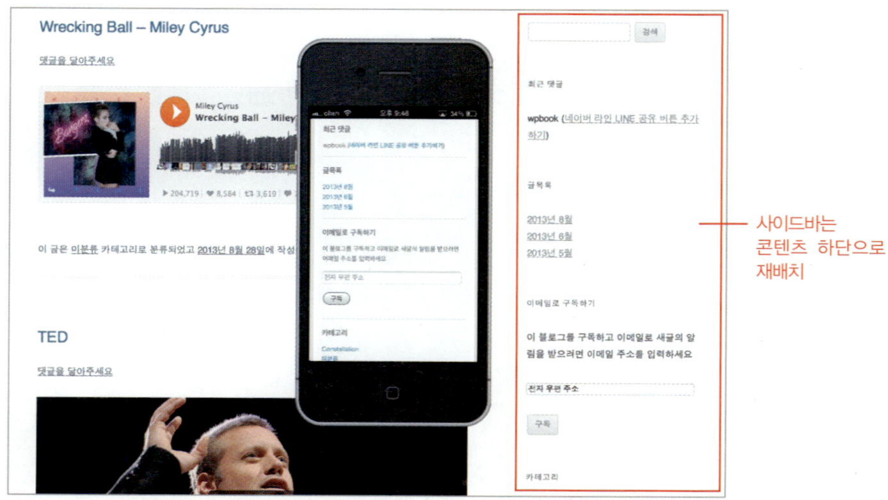

▲ 측면에 있던 사이드바는 모바일 상에서 콘텐츠 아래로 재배치됩니다.

다양한 테마를 갖춘 워드프레스 모바일 플러그인, WPtouch

이런 플러그인으로 대표적인 것이 WPtouch인데 워드프레스 테마와 별도로 모바일 환경에서 작동하는 테마를 설치할 수 있게 해주는데 플러그인입니다. 오래 전부터 인기를 얻어왔고 워드프레스 사용자들 사이에서는 모르는 사람이 없을 정도로 널리 알려져 있습니다. 기본 기능은 무료로 제공하고 테마와 프로 버전을 유료화해서 다양한 디자인과 기능으로 나름의 시장을 형성하고 있습니다.

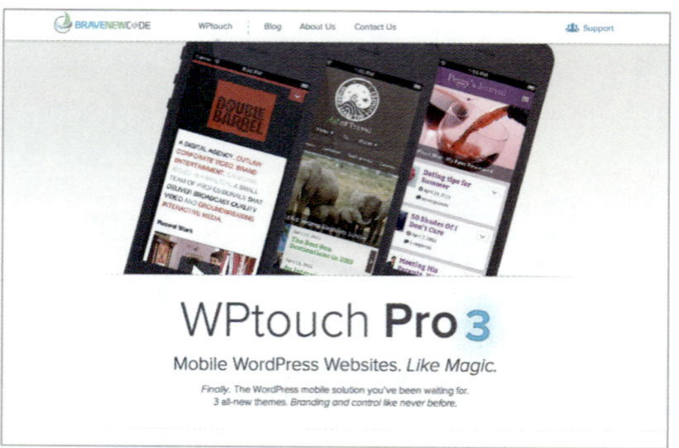

▲ 워드프레스를 모바일 환경에 맞게 구현해주는 플러그인 WPtouch의 홈페이지.
출처: http://www.bravenewcode.com/

11 연락 양식(Contact Form) 추가 기능

젯팩의 Contact Form 기능을 이용하면 글이나 페이지 중에 연락 양식을 삽입해 작성된 내용을 이메일로 받아 볼 수 있습니다. 이런 기능으로 대표적인 플러그인이 뒤에서 다룰 Contact Form 7인데 젯팩의 Contact Form 기능은 글이나 페이지 작성 중에 바로 양식을 만들어 바로 추가할 수 있기 때문에 양식이 간단한 경우 사용하기 좋습니다. 젯팩의 Contact Form 기능은 Contact Form 7의 간편 기능만을 모아 놓은 것이라고 볼 수 있습니다.

젯팩의 Contact Form 기능을 이용해 본문에 연락 양식을 추가하는 방법을 알아보겠습니다.

젯팩을 설치, 활성화시키고 나면 글이나 페이지의 편집기 위에 [연락 폼 추가하기] 버튼이 생기는데 이 버튼을 클릭하면 본문에 삽입할 연락 양식을 설정할 수 있는 '연락 폼 추가하기' 창이 나타납니다.

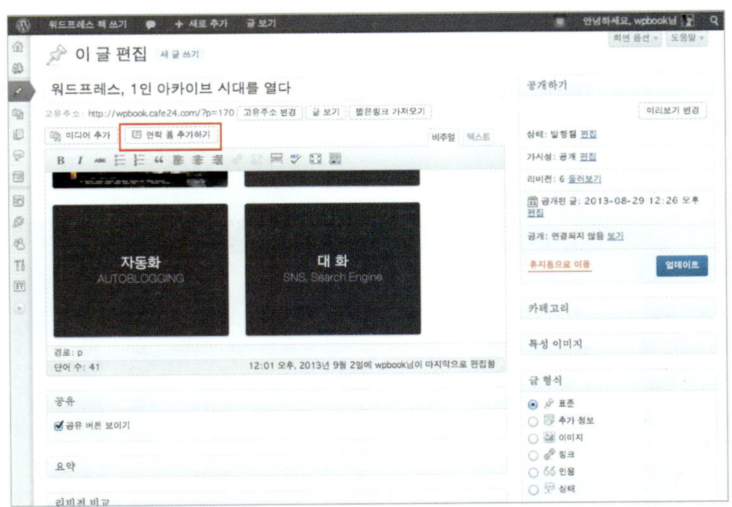

▲ 글, 페이지 편집기 위에 보이는 [연락 폼 추가하기] 버튼

창 상단에는 '폼 생성기', '이메일 알림' 두 개의 탭이 있고 폼 생성기 탭이 선택되어 있는 상태입니다. 폼 생성기 탭에서는 본문 중에 삽입할 연락 양식을 구성할 수 있습니다. '이것이 폼의 미리보기입니다.'라는 문구 아래, 기본적으로 이름, 이메일, 웹사이트, 댓글로 4개의 필드가 구성되어 있습니다.

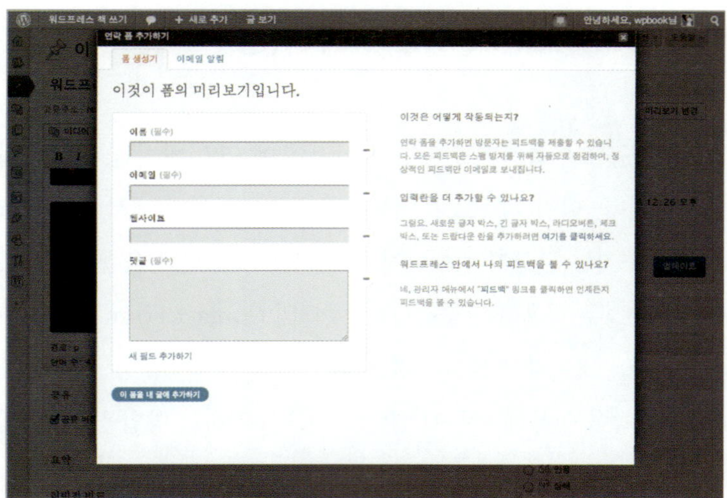

▲ '연락 폼 추가하기' 창

기본 구성되어 있는 4개의 필드는 이동, 삭제가 가능합니다. 필드 위에 마우스 포인터를 올려 놓으면 해당 필드가 활성화되면서 연한 하늘색 바탕에 하늘색 점선 테두리가 나타납니다. 그리고 필드 오른쪽 상단에 [이동하기], [편집] 버튼이 나타납니다. [이동하기] 버튼 위에 포인터를 올려놓으면 '재정렬하기 위해 끌어 올리거나 내리기'라는 대화상자가 나타납니다. 이 상태에서 필드를 클릭하면 원하는 위치로 이동할 수 있습니다.

▲ 필드 이동하기

다음 그림은 맨 위에 있던 '이름' 필드를 '웹사이트' 필드 아래로 옮긴 것입니다. 필드 오른쪽에 있는 [-] 버튼을 클릭하면 해당 필드를 삭제할 수 있고 마지막 필드 아래, '새 필드 추가하기'를 클릭해 새로운 필드를 추가할 수 있습니다.

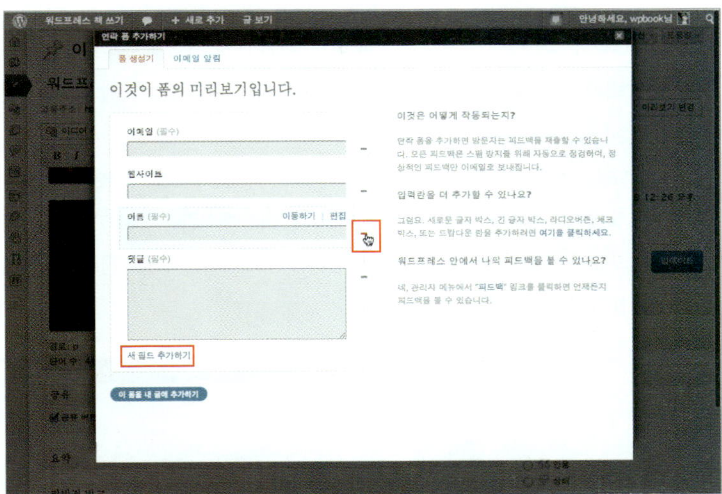

▲ 필드 삭제하기

'새 필드 추가하기'를 클릭하여, 연락 양식에 새로운 필드가 추가되면 다음 그림과 같이 미리보기 화면 오른쪽에 추가한 필드의 설정 메뉴가 나타납니다.

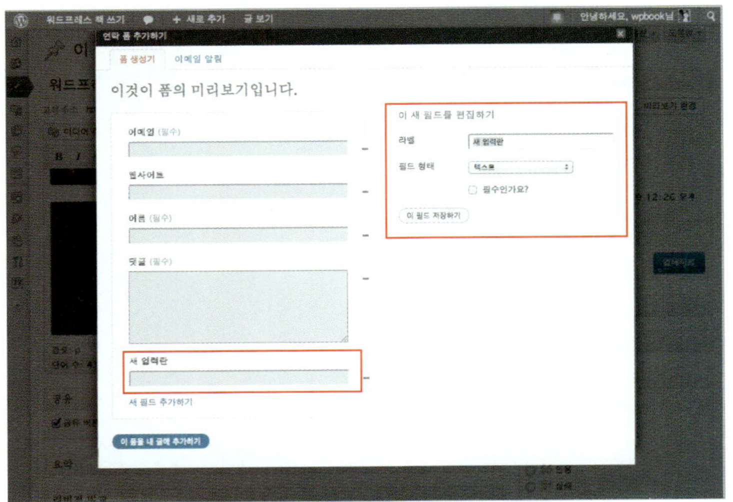

▲ 새로운 필드 추가하기

| '라벨'과 '필드 형태' |

'라벨'은 필드에 입력할 내용을 설명하는 것이고 '필드 형태'는 입력할 내용의 양식을 의미합니다. 필드 형태는 체크박스, 드랍다운, 이메일, 이름, 라디오버튼, 텍스트, 긴 글자 박스, 웹사이트 중에서 선택할 수 있습니다. 그 아래에는 '필수인가요?'라는 질문의 체크박스가 있는데 해당 필드를 체크하면 방문자가 연락 양식을 작성할 때 필수로 입력해야 하는 항목이 됩니다. 미리보기에서 라벨 옆에 '(필수)'라고 표시됩니다.

다음 그림은 라디오버튼 형식으로 성별을 선택하는 필드를 추가한 경우입니다. 라디오버튼은 다수의 옵션에 추가해 그 중 하나를 선택하도록 하는 형식입니다. 체크박스는 질문에 대해 예, 아니오 식의 답을 구할 때 사용하고 드랍다운은 라디오버튼과 같이 보기(옵션) 중 하나를 선택하는데 그 보기가 많을 때 사용합니다.

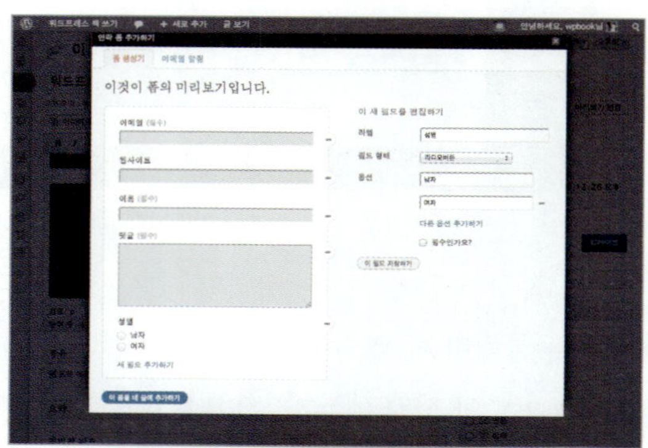

▲ 라디오버튼 형식으로 필드를 추가한 예

기존 추가된 필드를 편집할 때는 다음 그림처럼 편집할 필드에 포인터를 올려 나타나는 [편집] 버튼을 클릭합니다. 새 필드를 추가할 때처럼 연락 양식 미리보기 오른쪽에 편집 메뉴가 나타납니다. 필드를 편집한 뒤에는 [이 필드 저장하기] 버튼을 클릭합니다.

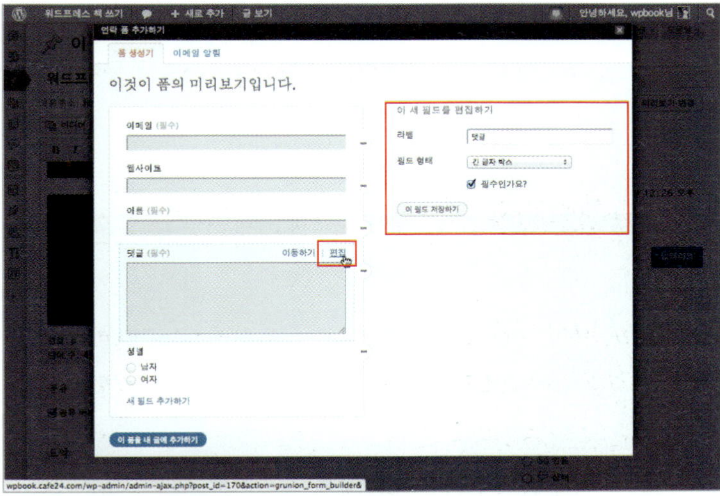

▲ 필드 편집

연락 양식을 모두 구성한 뒤에는 창 상단에 있는 '이메일 알림' 탭을 클릭합니다. 여기서는 연락 양식을 수신할 이메일 주소와 전체 연락 양식의 제목을 정합니다. 방문자가 연락 양식에 입력한 내용은 '이메일 주소 입력' 필드에 입력한 주소로 발송됩니다. 이메일 주소와 제목을 입력하고 아래, [저장하고 폼 생성기로 돌아가기] 버튼을 클릭합니다.

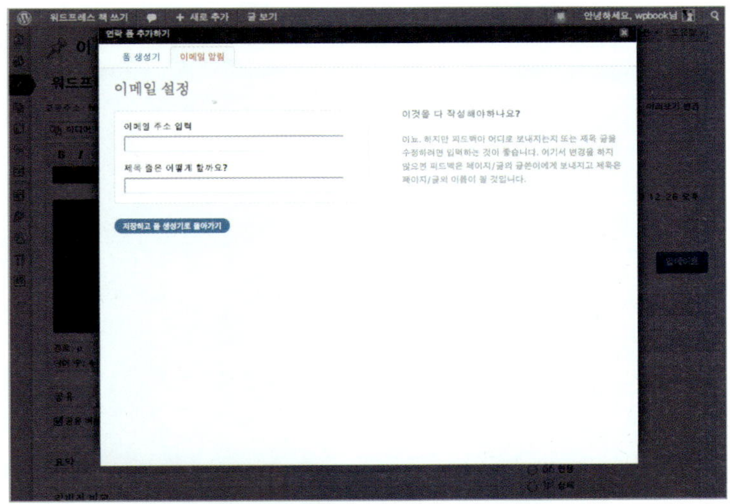

▲ '연락 폼 추가하기' 창의 '이메일 알림' 탭

연락 양식에 관한 모든 설정을 마친 뒤에는 '폼 생성기' 탭 하단에 있는 [이 폼을 내 글에 추가하기] 버튼을 클릭합니다. '연락 폼 추가하기' 창이 사라지고 다음 그림처럼 본문에 연락 양식이 숏코드 형식으로 추가됩니다.

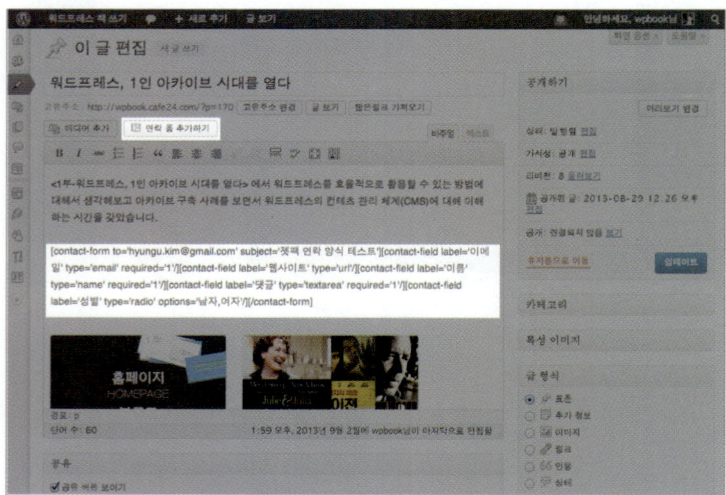

▲ 본문에 추가된 연락 양식 숏코드

미리보기 화면에 다음 그림과 같이 본문 중에 삽입된 연락 양식을 확인할 수 있습니다.

▲ 본문에 추가된 연락 양식

젯팩의 연락 양식을 통해 발송된 내용은 연락 양식을 설정할 때 입력한 이메일에서 확인할 수 있고 관리자의 피드백 메뉴에 함께 정리되기 때문에 워드프레스 관리자 화면에서도 확인할 수 있습니다.

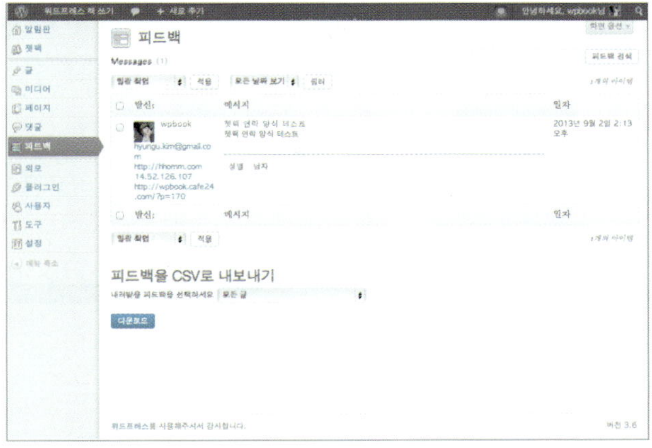

▲ 관리자의 피드백 메뉴에서 확인할 수 있는 발송 목록

12 타일 갤러리 기능

젯팩의 타일 갤러리는 마치 페이스북에서 사진 여러 장을 하나의 사진첩으로 묶어 등록할 때처럼 여러 장의 사진을 보기 좋게 나열해 주는 기능입니다. 다음 그림에서 보듯이 다양한 형식으로 사진 첩을 구성할 수 있습니다. 젯팩의 타일 갤러리 기능을 사용하는 방법을 알아보겠습니다.

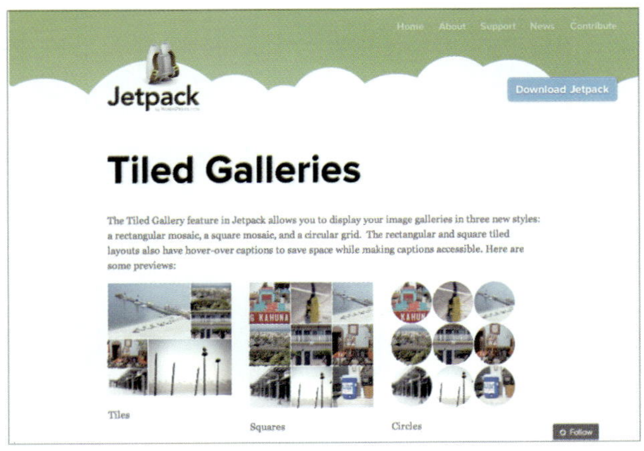

▲ 젯팩의 타일 갤러리 기능

젯팩의 타일 갤러리 기능을 사용하려면 젯팩 댓글이나 젯팩 모바일 테마 기능처럼 젯팩 기능 목록에서 타일 갤러리 기능을 활성화시키고 간단한 설정 과정을 거쳐야 하는데 다음과 같습니다.

젯팩 관리 메뉴의 기능 목록에서 타일 갤러리 기능 항목의 [활성화] 버튼을 클릭합니다.

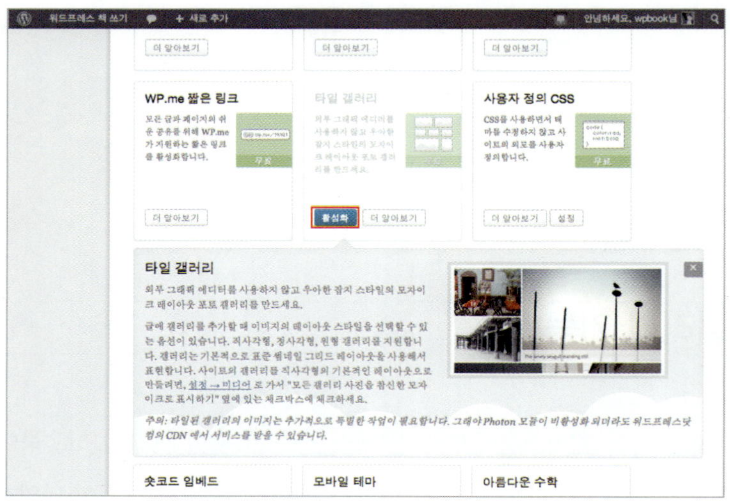

▲ 젯팩의 타일 갤러리 활성화

기능을 활성화시키고 나면, 파란색의 [활성화] 버튼은 사라지고 대신 [설정] 버튼이 생깁니다. 이 버튼을 클릭하면 관리자의 미디어 설정 메뉴로 이동하는데 타일 갤러리 옵션이 추가된 것을 확인할 수 있습니다. '모든 갤러리 사진을 참신한 모자이크 형식으로 표현하기'라고 쓰여진 옵션의 체크박스를 선택하고 하단의 [변경 사항 저장] 버튼을 클릭하면 젯팩의 타일 갤러리 기능을 사용할 수 있습니다.

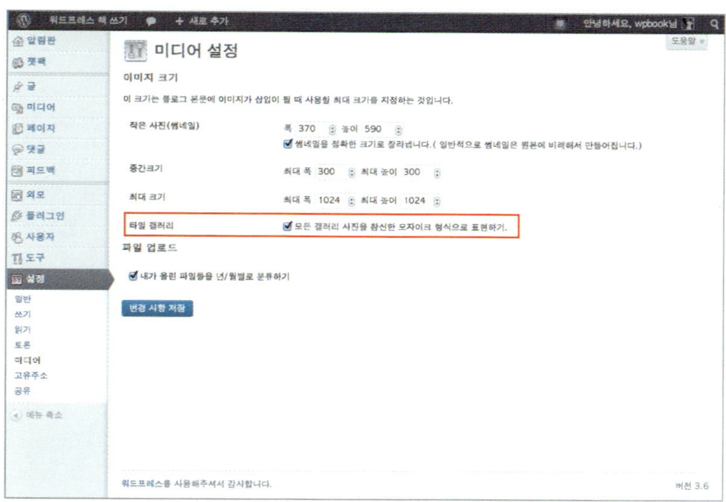

▲ 미디어 설정 메뉴에 추가된 타일 갤러리 옵션

■ 타일 갤러리 삽입하기

글을 쓸 때 젯팩의 타일 갤러리 기능을 이용해 보다 보기 좋은 사진첩(갤러리)을 구성할 수 있습니다. 타일 갤러리를 만들고 글 속에 삽입하는 방법을 알아보겠습니다.

[**참고**]

젯팩의 타일 갤러리 기능을 활성화시키면 워드프레스로 만들 수 있는 갤러리 타입 옵션에 '타일 모자이크', '정사각형 타일', '원형' 등을 선택할 수 있는 표시 방식이 추가됩니다. 갤러리를 만들고 삽입하는 방법은 기본적인 워드프레스 갤러리를 생성, 삽입하는 방법과 같습니다.

글이나 페이지 본문 안에 타일 갤러리를 삽입하려면 다음 그림과 같이 본문 편집기 위에 있는 [미디어 추가] 버튼을 클릭합니다.

▲ 글 본문에 삽입할 타일 갤러리를 만들기 위해서 '미디어 추가'를 선택

화면 위에 미디어를 추가할 수 있는 창이 나타나는데 창 왼쪽 상단에 '미디어 삽입', '갤러리 생성하기', '특성 이미지 설정', 'URL에서 삽입하기' 같은 메뉴가 보입니다. 여기서 '갤러리 생성하기'를 클릭하면 창 오른쪽에 나열된 이미지(미디어 라이브러리에 등록된 이미지)들이나 추가로 업로드한 이미지로 갤러리를 만들 수 있습니다.

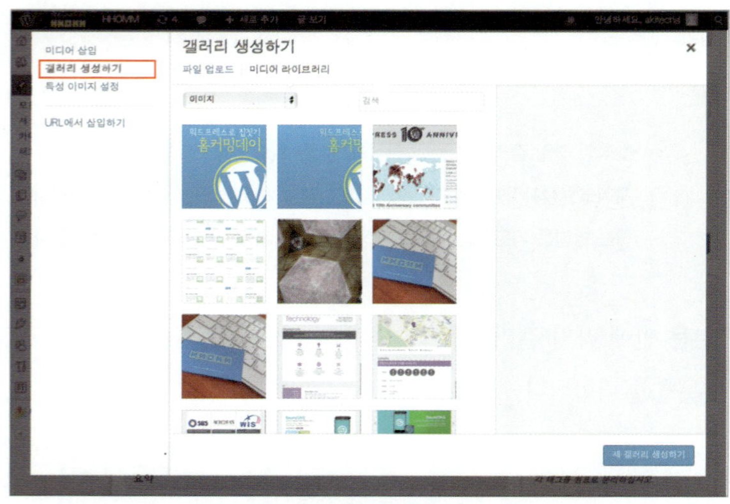

▲ 왼쪽 메뉴에서 '갤러리 생성하기' 선택

미디어 라이브러리에 추가할 사진이 있다면 업로드한 후, 갤러리로 만들 이미지들을 목록에서 선택합니다. 선택된 이미지 위에는 체크 표시가 생깁니다. 선택을 해제하려면 이 체크 표시를 클릭합니다. 이미지를 모두 선택한 뒤에 창 오른쪽 하단에 있는 [새 갤러리 생성하기] 버튼을 클릭합니다.

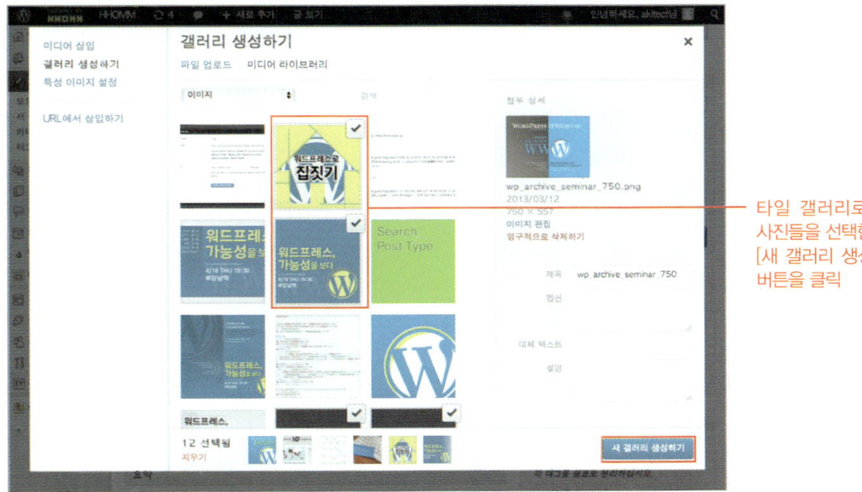

▲ 갤러리로 만들 사진들을 선택

선택한 이미지들만 모아 갤러리 편집창이 나타납니다. 이미지의 표시 순서, 캡션, 이미지를 클릭했을 때의 연결될 위치, 표시 형식 등을 설정합니다.

▲ 갤러리 편집

| 갤러리 편집하기 |

새 갤러리를 생성하고 나면 '갤러리 편집'창이 나타납니다. 창 왼쪽 상단에는 '갤러리 취소', '갤러리 편집', '갤러리에 추가하기' 메뉴가 있는데 갤러리 생성을 취소하려면 '갤러리 취소'를 클릭하고, 갤러리에 추가할 이미지가 더 있다면 '갤러리에 추가하기'를 클릭합니다.

갤러리 편집창 중앙에는 선택한 이미지들이 있는데 표시할 순서를 바꿀 수 있습니다. 이미지를 클릭해 원하는 위치로 이동시켜 이미지 표시 순서를 바꿀 수 있습니다. 이미지에 마우스 포인터를 올려놓으면 이미지 오른쪽 상단에 'X' 표시가 나타나는데 이 부분을 클릭하면 해당 이미지를 갤러리에서 뺄 수 있습니다.

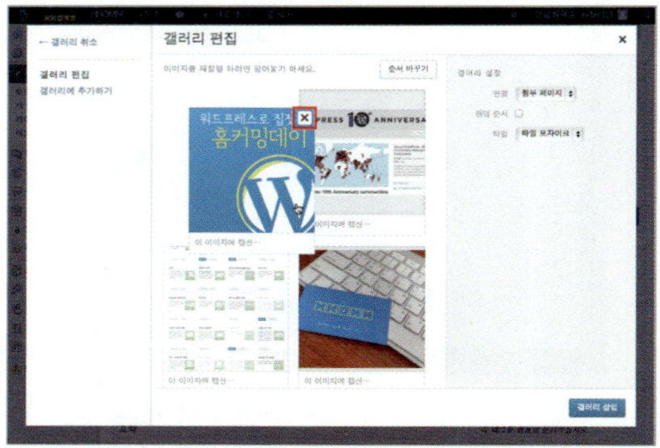

▲ 갤러리에 포함된 이미지를 재정렬하거나 갤러리에서 뺄 수 있습니다.

[순서 바꾸기] 버튼은 갤러리에 추가된 이미지 전체의 나열 순서를 오름차순 또는 내림차순으로 변경할 때 사용합니다. 각 이미지별로 캡션을 추가할 수도 있습니다. 오른쪽 '갤러리 설정'에서는 각 이미지별로 클릭했을 때 이동할 링크를 선택하는 연결 옵션, 이미지 표시 순서를 무작위로 만들어 주는 랜덤 순서 옵션, 갤러리의 표시 형식을 선택하는 타입 옵션이 있습니다.

연결 옵션에서는 '첨부 페이지', '미디어 파일', '없음' 중에서 선택할 수 있고, 타입 옵션에서는 '썸네일 그리드', '타일 모자이크', '정사각형 타일', '원형', ' 슬라이드'를 선택할 수 있는데 각 타입별로 시각적인 효과나 표시 방식이 다릅니다.

기본 워드프레스 코어는 갤러리 타입에 '썸네일 그리드'와 '슬라이드' 두 가지만 지원합니다. 젯팩 타일 갤러리 기능을 통해 나머지 옵션들이 추가됩니다.

갤러리 편집을 마치고 [갤러리 삽입] 버튼을 클릭하면 갤러리가 본문 안에 삽입됩니다. 다음 그림중 첫 번째는 본문에 삽입된 갤러리를 비주얼 편집기 상에서 본 것이고 두 번째 그림은 텍스트 편집기에서 본 것입니다. 텍스트 편집기에서 보면 갤러리가 숏코드 형식으로 추가되는 것을 볼 수 있습니다. 갤러리 타입과 이미지 연결 방식, 표시 순서, 이미지 ID 정보가 숏코드 안에 포함되어 있습니다.

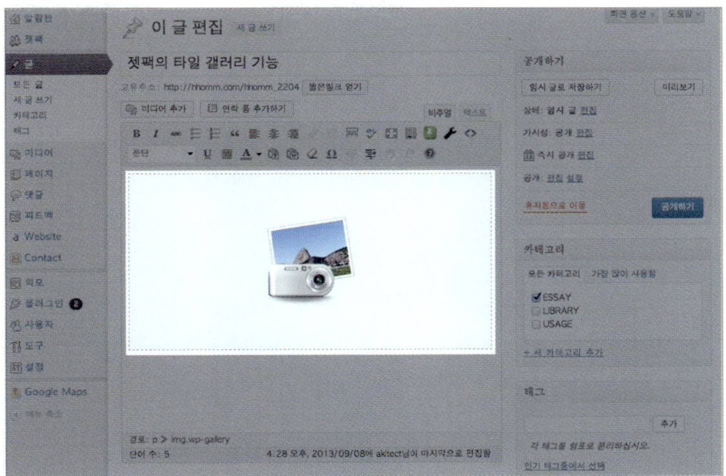

▲ 삽입된 갤러리 비주얼 편집기에서 본 모습

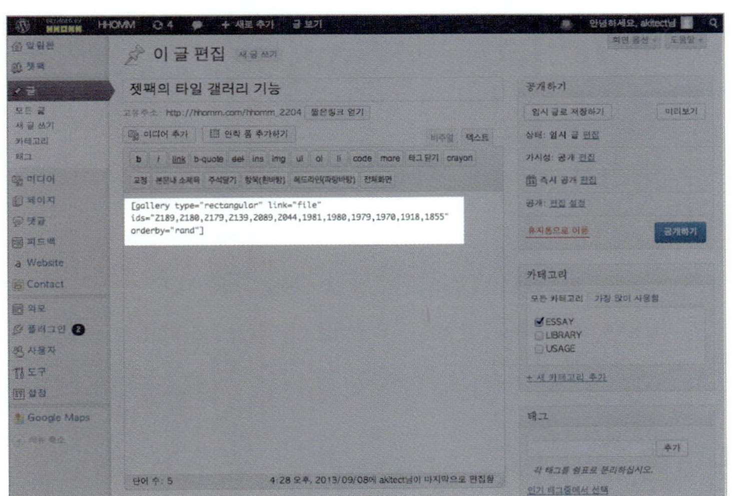

▲ 텍스트 편집기에 삽입된 갤러리 숏코드

글을 저장한 뒤에 미리보기로 갤러리가 삽입되었는지 확인합니다. 다음 그림은 젯팩의 타일 갤러리 기능을 이용해 본문에 삽입한 갤러리의 모습입니다.

▲ 젯팩 타일 갤러리 기능을 통해 타일 모자이크 타입으로 삽입한 갤러리

13 캐러젤 기능

위에서 설명한 젯팩 타일 갤러리 기능은 워드프레스의 기본 갤러리 기능에 시각효과를 추가시켜줍니다. 일종의 갤러리 확장팩이라 할 수 있는데 젯팩 캐러젤도 갤러리 기능을 확장시켜주는 기능 중 하나라고 할 수 있습니다. 본문에 여러 장의 이미지(갤러리)를 삽입하고 한 장 한 장을 클릭해서 확대해보는 일은 무척 번거로운 일인데, 젯팩의 캐러젤은 본문에 삽입된 갤러리의 이미지들을 전체화면 크기로 확대해 슬라이드 형식으로 넘겨볼 수 있게 해주기 때문에 갤러리 기능과 함께 사용하면 효과적입니다.

▲ 여러 장의 이미지를 전체화면 크기로 한 장씩 넘겨 볼 수 있는 젯팩 캐러젤 기능

캐러젤 기능을 사용하려면 젯팩 기능 목록에서 캐러젤 기능을 활성화시킨 후 나타나는 [설정] 버튼을 클릭해, 관리자의 미디어 설정 메뉴로 이동합니다.

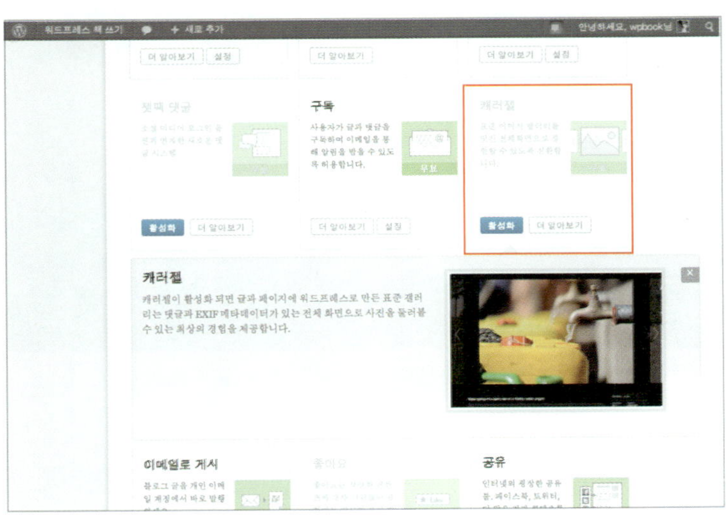

▲ 젯팩 캐러젤 기능 활성화

'이미지 갤러리 캐러젤'이라는 제목으로 젯팩 캐러젤과 관련된 옵션이 추가된 것을 확인할 수 있습니다. 설정할 수 있는 옵션은 두 가지인데 배경(바탕) 색상을 검정, 흰색 중에서 선택할 수 있고, 사진의 메타 데이터(Exif)를 함께 보여줄지 선택할 수 있습니다. 다음 그림중 밑에 있는 그림은 캐러젤을 통해 갤러리 이미지가 전체 화면 모드로 전환되었을 때, 이미지 하단에 출력된 사진의 메타 데이터입니다.

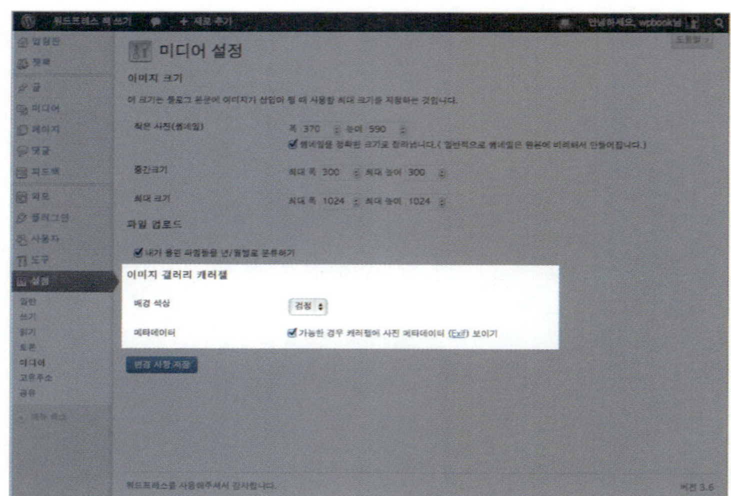

▲ 미디어 설정 메뉴에 추가된 캐러젤 설정 부분

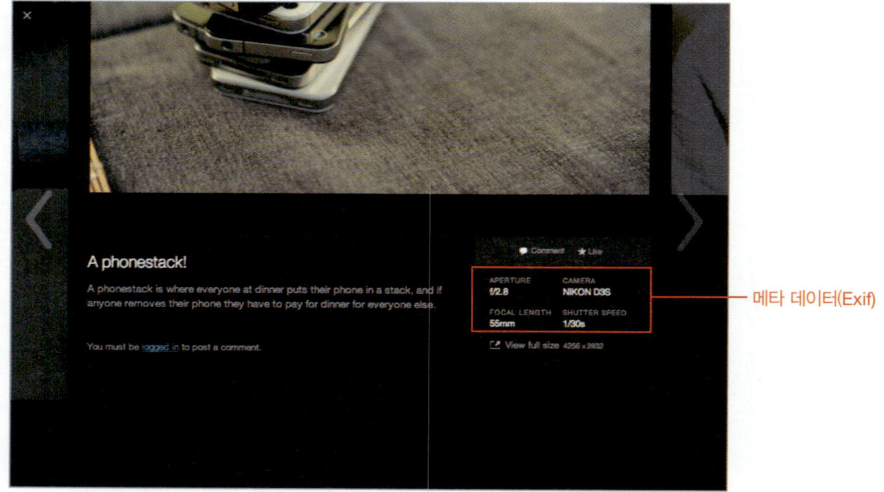

메타 데이터(Exif)

▲ 캐러젤을 통해 볼 수 있는 사진의 메타 데이터(Exif)

본문에 삽입한 갤러리 이미지를 클릭하면 캐러젤 기능이 작동해 이미지를 전체 화면으로 볼 수 있습니다. 다음 그림은 캐러젤의 배경 색상을 흰색으로 설정했을 때의 화면입니다.

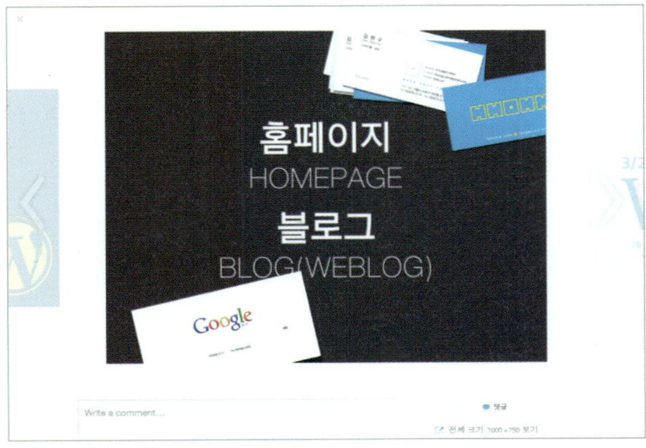

▲ 배경색으로 흰색으로 설정했을 때

14 무한 스크롤 기능

페이스북 사용자라면 이미 익숙한 웹 기술 중에 하나가 무한 스크롤(Infinite Scroll)입니다. 화면을 하단 끝까지 스크롤하면 자동으로 다음 페이지의 내용을 끌어와 이어붙여주는 기능으로 스크롤만 하면 페이지를 이동할 필요 없이 웹사이트의 콘텐츠를 계속 이어볼 수 있게 해줍니다. 젯팩을 이용 하면 워드프레스 사이트를 페이스북과 같이 무한 스크롤되게 만들 수 있습니다.

무한 스크롤 기능를 사용하려면 기능을 일단 젯팩 기능 목록에서 무한 스크롤 기능을 활성화시킵니 다.

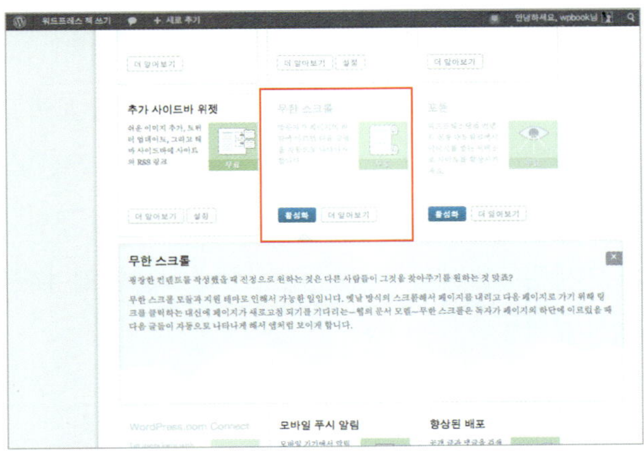

▲ 젯팩 기능 목록에서 무한 스크롤 기능을 활성화

기능을 활성화시키고 나면 무한 스크롤 기능 박스 안에 [설정] 버튼이 생기는데 이 버튼을 클릭해 읽기 설정 메뉴로 이동해, '무한'이라는 항목 안에 '무한 스크롤'을 체크합니다. 무한 스크롤 기능의 설정 옵션에 대해서 좀 더 자세히 알아보겠습니다.

■ '무한' 옵션

무한 스크롤 기능을 활성화시키면 워드프레스의 읽기 설정 메뉴에 '무한', '무한 스크롤에서 구글 애널리틱스 사용하기'라고 두 개의 설정 옵션이 추가됩니다.

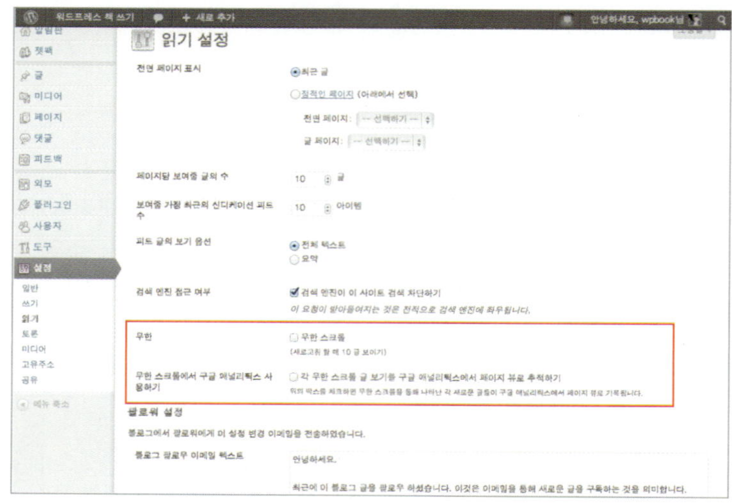

▲ 관리자의 읽기 설정 메뉴에 추가된 무한 스크롤 설정

'무한 스크롤'이라는 체크박스 아래에는 '(새로고침할 때 10 글 보이기)'라고 쓰여 있는데 여기서 '10'이라는 숫자는 읽기 설정 상단에서 두 번째에 있는 '페이지당 보여줄 글의 수'에 설정된 수와 동일합니다. 만약 '페이지당 보여줄 글의 수'를 12로 변경하면 무한 스크롤에서 옵션에서도 '(새로고침할 때 12 글 보이기)'로 바뀝니다. 페이지당 글의 수와 무한 스크롤 기능을 통해 추가로 로딩되는 글의 수가 같다는 얘기입니다. 즉, 무한 스크롤은 페이지당 몇 개씩 구분되어 있는 글을 페이지 단위로 불러오는 셈입니다.

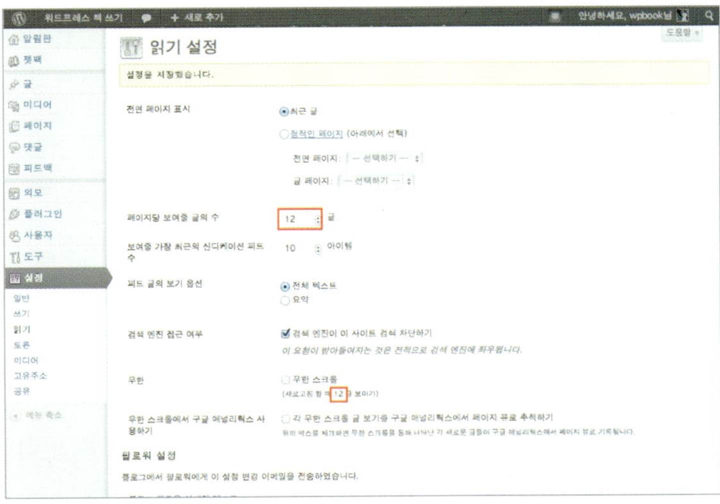

▲ '페이지당 보여줄 글의 수' 설정과 무한 스크롤을 통해 이어붙여지는
글의 수는 같습니다.

■ '무한 스크롤에서 구글 애널리틱스 사용하기' 옵션

'무한 스크롤에서 구글 애널리틱스 사용하기' 옵션은 무한 스크롤 기능으로 인해 '페이지당 보여줄 글의 수' 개념이 모호해지기 때문에 이 점을 구분하기 위한 것입니다. 예를 들어, 'http://hhomm.com/'이라는 웹사이트 첫 화면에 최신 글 10개가 보여진다면 다음 10개의 글을 보기 위해선 다음 페이지로 이동해야 합니다. 페이지 번호나 'next', "prev'와 같은 페이지 네비게이션을 통해 이동하게 되는데 이렇게 다음 페이지로 이동하면 주소창에 'http://hhomm.com/'로 되어 있던 주소가 'http://hhomm.com/page/2'와 같이 페이지 번호가 포함된 값으로 변합니다. 이런 주소 체계를 통해 구글 애널리틱스 같은 분석도구가 페이지별 트래픽을 수집하는데 무한 스크롤 기능을 이용하면 페이지를 이동하기 않고 다음 페이지의 콘텐츠를 불러와 이어 붙이기 때문에 주소창의 URL이 변하지 않습니다. 'http://hhomm.com/page/2'에 포함된 내용을 보고 있는데 URL은 'http://hhomm.com/'에 머물러 있기 때문에 이런 부분의 혼란을 막기 위해 '무한 스크롤에서 구글 애널리틱스 사용하기' 같은 옵션이 제공된다고 이해할 수 있습니다.

관리자의 읽기 설정 메뉴에서 무한 스크롤 옵션을 체크하고 하단의 [변경 사항 저장] 버튼을 클릭하면 페이지 네비게이션을 대신해 스크롤만으로 다음 페이지의 글을 불러올 수 있게 됩니다. 단, 젯팩의 무한 스크롤 기능은 사용하는 테마에 따라 작동되지 않을 수 있습니다. Twenty Ten, Twenty Eleven, Twenty Twelve, Twenty Thirteen와 같은 워드프레스 기본 테마의 경우, 관리자의 읽기 설정에서 무한 스크롤 기능을 활성화시키는 것만으로도 작동되지만 테마 특성에 따라 테마의 functions.php 파일 등을 수정해야 하는 경우도 있습니다.

15 WP.me 짧은 링크

발행한 글이나 페이지의 경우 젯팩에서 제공하는 짧은 링크를 사용할 수 있습니다. 트위터 같이 글자수를 제한하는 경우, 젯팩의 짧은 링크를 활용하면 링크를 추가할 때 글자수를 줄일 수 있으며, 웹사이트의 콘텐츠를 배포할 때도 활용할 수 있습니다. 글이나 페이지의 편집 화면에서 제목과 편집기 사이에 있는 [짧은링크 가져오기] 버튼을 클릭하면 'http://wp.me/'로 시작하는 짧은 URL이 팝업됩니다. 이 주소를 복사해 페이스북이나 트위터 같은 SNS에서 사용합니다.

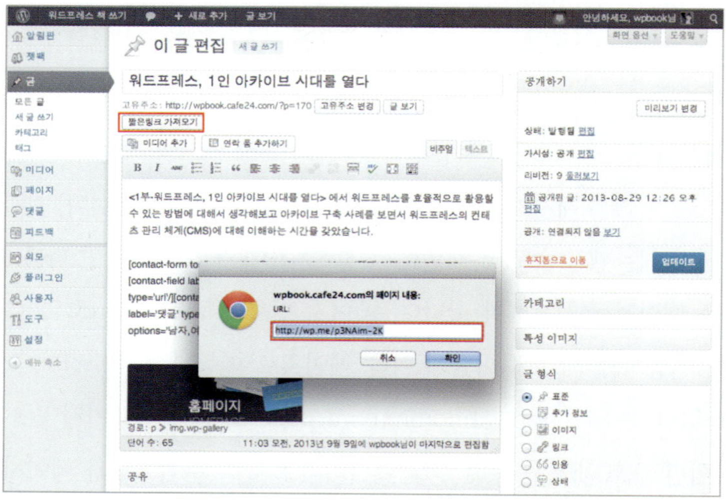

▲ 젯팩의 WP.me 짧은 링크 기능으로 짧은 링크 가져오기

16 모바일 푸시 알림

젯팩의 모바일 푸시 알림 기능은 내 워드프레스 사이트에 댓글이 달리면 모바일 기기의 워드프레스 앱을 통해 알려주는 기능인데 트위터, 페이스북 앱의 푸시 알림 기능과 똑같습니다. 단, 이 기능을 사용하려면 모바일 기기에 워드프레스 앱이 설치되어 있어야 합니다.

워드프레스 모바일 앱의 설치 방법은 '제6장 콘텐츠 관리와 연동, 보안'의 '1절 워드프레스 모바일
앱 설치하기' 편을 참고하십시오.

▲ 젯팩 홈페이지에 소개된 모바일 푸시 알림 기능, 출처: http://jetpack.me/

다음 그림은 아이폰에서 모바일 푸시 알림 기능을 통해 워드프레스 사이트에 추가된 댓글을 알림으
로 받았을 때의 화면입니다. 스마트폰에서 트위터나 페이스북을 사용할 때처럼 방문자가 남긴 댓글
이나 추천 내용에 대해 바로 알림을 받을 수 있기 때문에 웹사이트 방문자의 의견에 대응해야 할 때
활용성이 높은 기능입니다.

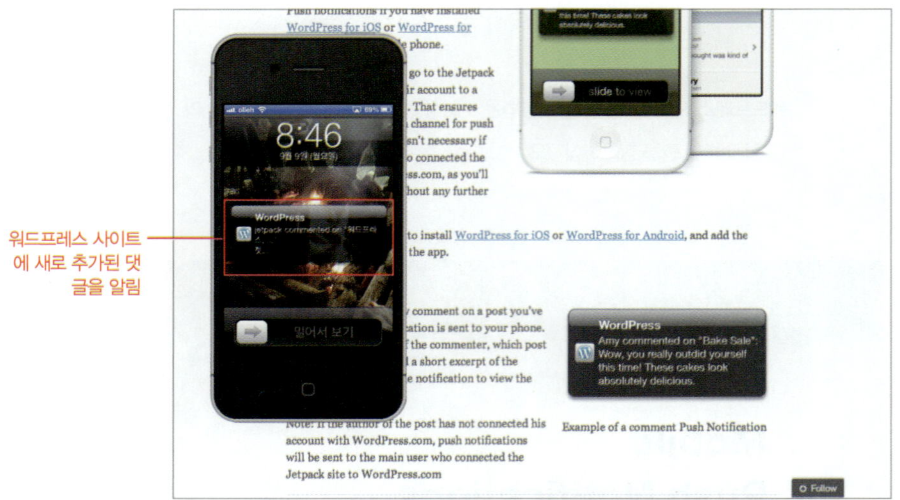

▲ 젯팩 홈페이지에 소개된 모바일 푸시 알림 기능

17 사용자 정의 CSS

젯팩의 '사용자 정의 CSS' 기능은 현재 사용하는 테마에서 일부 스타일을 변경, 추가할 때, 테마의
스타일시트 파일을 열어서 편집하지 않고 추가 또는 변경할 스타일을 관리 메뉴 상에서 보다 손쉽
게 할 수 있도록 도와줍니다.

■ 젯팩 CSS 편집기의 특징

젯팩을 설치, 활성화시키고 나면 관리자의 '외모' 메뉴 안에 'CSS 편집'이라는 하위 메뉴가 추가
되는데 여기서 젯팩의 '사용자 정의 CSS' 기능을 활용할 수 있습니다. 다음 그림은 '외모' 메뉴
안에 있는 'CSS 편집' 메뉴를 선택 'CSS 스타일시트 편집기'로 이동한 화면입니다.

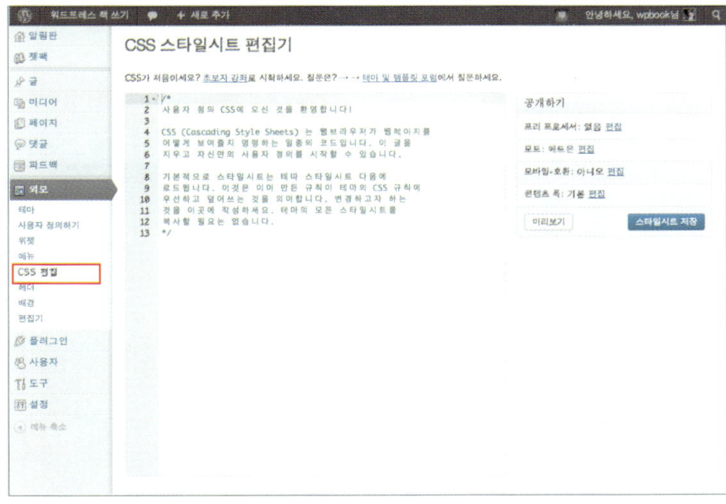

▲ 젯팩의 CSS편집 메뉴

워드프레스 기본 코어에서 제공하는 테마 편집기에 비하면 스타일시트 편집에 최적화되어 있는 것을 알 수 있습니다. 기본 테마 편집기의 경우, 스타일시트(CSS)외에도 PHP 파일까지 열람하고 편집할 수 있게 되어 있지만 코드를 편집하기에는 기능적으로 부족한 점이 많습니다.

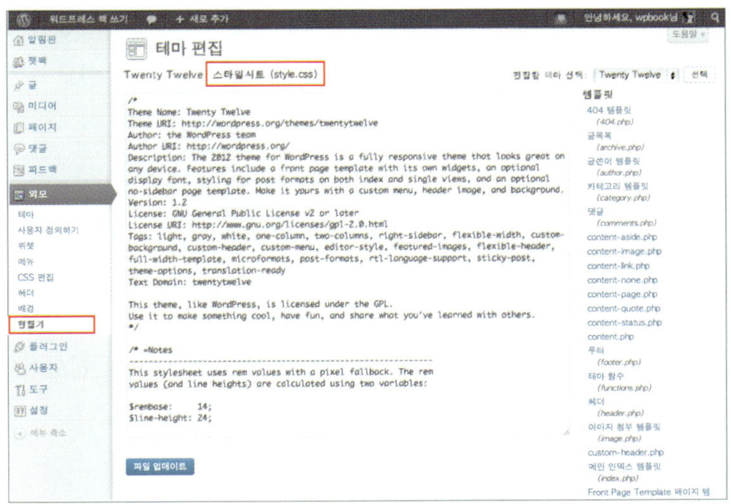

▲ 워드프레스 기본 코어에서 제공하는 테마 편집기

이에 비해 젯팩의 사용자 정의 CSS 기능은 수정, 추가할 내용이 테마 파일에 덮어 씌워지지 않기 때문에 테마 고유의 스타일을 유지한 채 웹사이트별로 스타일을 달리 지정할 수 있는 것이 특징입니다. 게다가 스타일시트의 프로세서, 모드, 호환, 콘텐츠 폭을 설정할 수도 있는 등 스타일시트 편집에 필요한 다양한 기능을 제공하고 있어 테마의 스타일을 수정할 때 유용한 기능입니다.

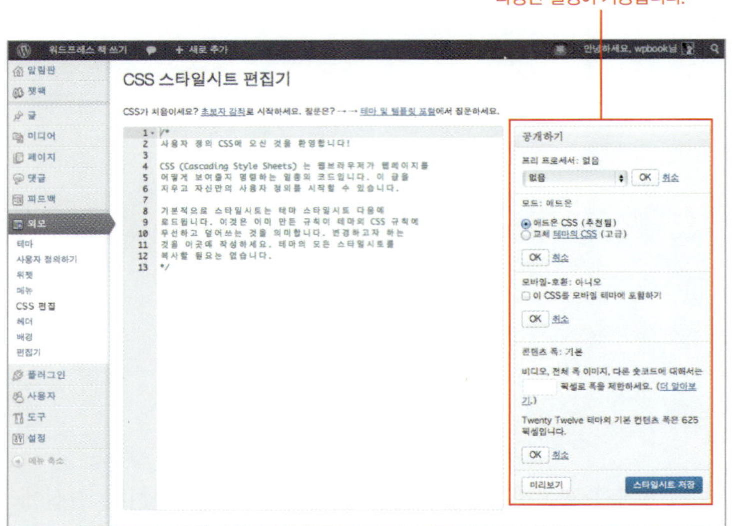

▲ 젯팩의 CSS 편집기에서 지워하는 스타일시트 설정 기능들

젯팩의 CSS 편집기를 이용하면 해외에서 제작된 테마에 한글 글꼴을 적용한다던가 특정 요소의 포인트 색상을 변경해 같은 테마로도 다른 분위기를 연출하는 것이 가능합니다. 더욱이 테마 파일 자체를 수정하는 것이 아니기 때문에 언제든 테마 원래의 스타일로 되돌릴 수 있다는 점은 관리 면에서도 큰 장점이라고 할 수 있습니다.

■ 젯팩 CSS 편집기의사용하기

간단히, 젯팩의 CSS 편집기를 이용해 Twenty Thirteen 테마가 적용된 웹사이트 이름의 글꼴과 글씨 크기를 변경해보겠습니다.

참고

파이어버그를 활용한 스타일 변경 방법은 4장 '테마 최적화' 를 참고하십시오.

다음 그림은 스타일을 변경하기 전의 모습입니다. 파이어폭스 웹브라우저의 부가기능인 파이어버그를 통해, '워드프레스 책 쓰기'라는 웹사이트 이름의 요소명과 속성을 확인합니다. 웹사이트 이름에 관한 스타일이 '.site-title'으로 정의되어 있고 글씨 크기('font-size')는 60px인 것을 확인했습니다.

▲ Twenty Thirteen 이 적용된 워드프레스 사이트

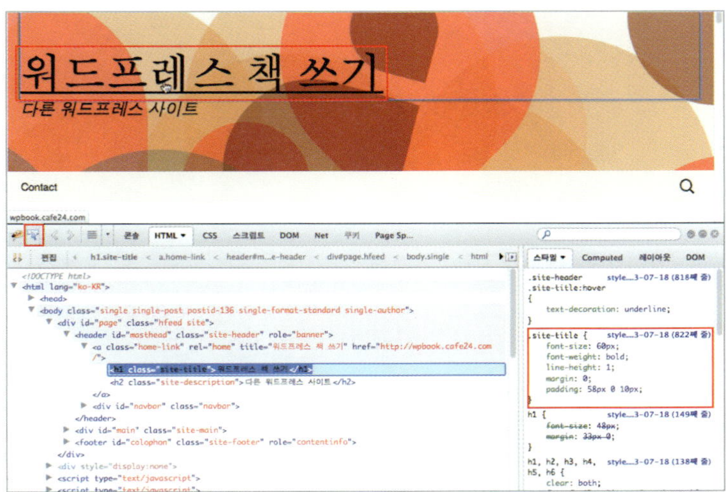

▲ 파이어버그를 통해 수정할 요소를 찾고 속성을 확인합니다.

파이어버그를 통해 확인한 내용을 바탕으로 .site-title에 대한 스타일을 입력합니다. 스타일시트 형식에 맞춰 .site-title의 글꼴('font-family')과 글씨 크기('font-size'), 글 색상('color')을 나눔고딕체, 25px, 파란색으로 재정의했습니다. 스타일을 추가한 후, [스타일시트 저장] 버튼을 클릭합니다.

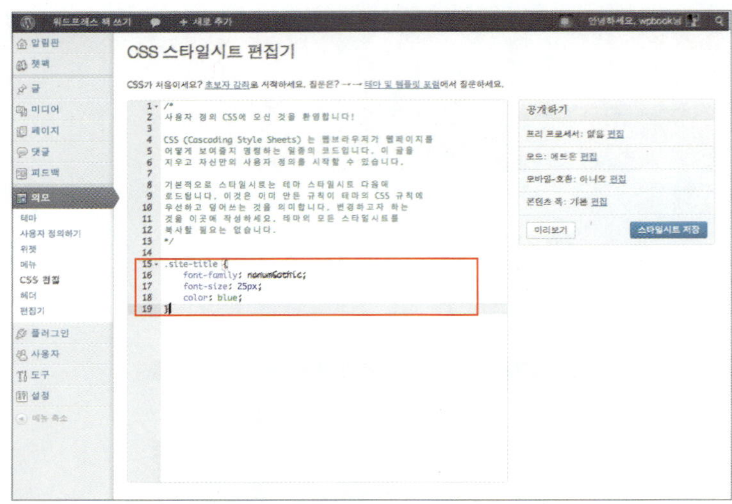

▲ 젯팩 CSS 편집기에서 스타일을 추가

편집기 안의 사용자 정의 CSS에 관한 안내 문구는 지우지 않아도 됩니다. 스타일에 영향을 미치지 않습니다.

다음 그림은 이렇게 변경, 추가한 내용이 적용된 모습입니다. 웹사이트 제목의 글꼴, 크기, 색상이 변경된 것을 볼 수 있습니다.

```
.site-title{
    font-family: nanumGothic;
    font-size: 25px;
    color: blue;
}
```

▲ 젯팩 CSS 편집기를 통해 웹사이트 이름의 스타일을 변경한 화면

Contact Form 7 100% 활용하기

수백 가지 양식을 만들어 내기 때문에 기능이나 옵션을 제대로 알아둘 필요가 있습니다.
Contact Form 7의 활용법에 대해 알아봅니다.

01 Contact Form 7 소개

Contact Form은 댓글과 달리 특정 양식의 설문이나 신청을 받을 때 활용할 수 있습니다. 방문자에게 질문을 던지고 원하는 형식으로 답변 양식을 구성할 수 있기 때문에 설문 또는 신청서를 설계하는데 활용할 수 있습니다. Contact Form 7은 다양한 양식을 구현할 수 있게 도와주는 최고의 플러그인입니다. 웹사이트를 통한 소통, 이 부분에 있어 Contact Form 7은 워드프레스 플러그인 중 가장 활용 및 응용 가능성이 높은 플러그인이라 할 수 있습니다.

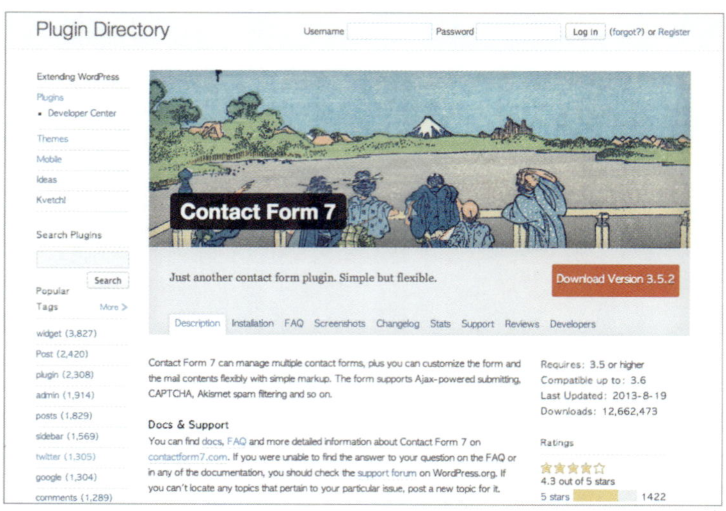

▲ wordpress.org 플러그인 디렉토리의 Contact Form 7,
출처: http://wordpress.org/plugins/

기본 Contact Form 양식에 HTML을 넣어 스타일링을 할 수도 있고 테마 디자인의 일부로 활용할 수도 있습니다.

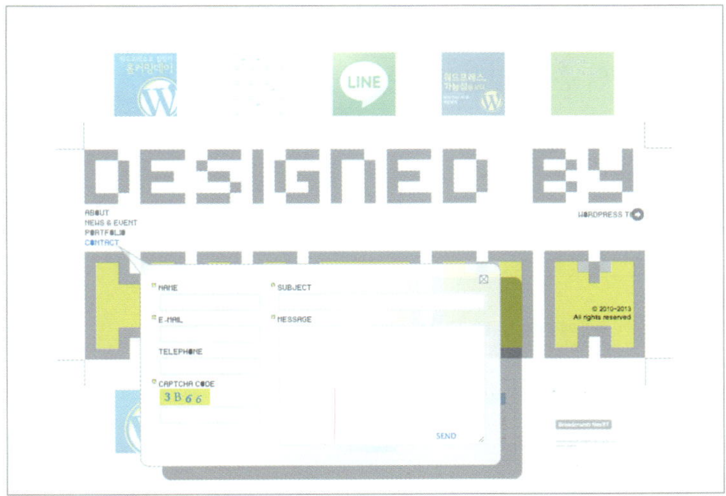

▲ Contact Form 7의 적용 사례(1), 출처: http://hhomm.com/

다음 그림은 호주의 양말 브랜드 업체에 적용된 사례로 Contact Form 7을 활용해 제품 사진을 첨부한 주문서 양식을 만든 것입니다. Contact Form 7에서 제공하는 옵션이 워낙 다양하기 때문에 응용하기에 따라 단순히 짧은 메시지를 전달하는 용도 외에 다양한 양식을 개발할 수 있습니다.

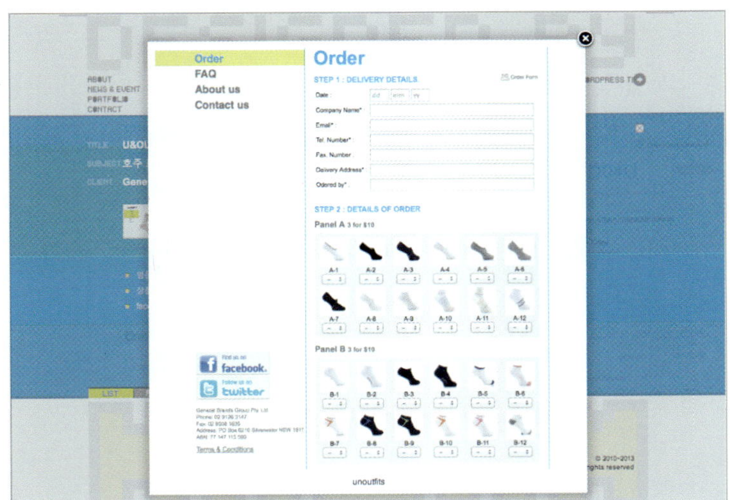

▲ Contact Form 7의 적용 사례(2), 출처: http://hhomm.com/

예를 들어, 기업 홈페이지의 경우 Contact Form 7을 이용해 입사지원서 양식을 개발하는 것이 가능하고 브랜드를 홍보하는 웹사이트에서는 제품 및 브랜드 설명서를 자동 발송하는 용도로 활용할 수도 있습니다. 다음 그림은 Contact Form 7을 이용해 제품 설명서를 이메일로 발송하는 페이지를 개발한 경우입니다. 이름, 회사, 직함, 이메일을 입력하면 신청자에게는 제품 설명서가 첨부된 이메일이 발송되고 동시에 기업의 홍보 담당자에게는 신청자에 관한 정보가 전달되는데 Contact Form 7에서는 입력한 내용을 바탕으로 다수에게 동시 발송이 가능하고 발송자별로 내용을 편집할 수 있습니다.

▲ Contact Form 7의 적용 사례(3), 출처: http://smartcreative.co.kr/

워드프레스를 통해 소통할 준비가 되었다면 Contact Form 7을 활용해 다양한 소통 방법을 배울 수 있습니다. Contact Form 7은 워드프레스가 알려지기 시작한 초기부터 인기 플러그인 베스트10에서 빠진 적이 없는 만큼 활용도가 높은 플러그인이라고 할 수 있습니다. 웹사이트 성격에 맞는 적절한 소통 방법을 연구하고, 그것을 Contact Form 7으로 구현해 보십시오. Contact Form 7는 워드프레스 사이트의 활용 범위를 혁신적으로 넓혀 줍니다.

02　Contact Form 7 설치 및 기본 사용법

Contact Form 7은 활용도가 높은 만큼 제공하는 옵션이 다양합니다. 여기서는 플러그인을 설치한 후, 기본 양식을 만드는 방법까지 살펴봅니다.

Contact Form 7 플러그인을 설치하고 활성화시키면 다음 그림과 같이 관리자 메뉴 중에 '피드백' 과 '외모' 사이에 'Contact'라는 메뉴가 추가됩니다. 플러그인 목록에서 Contact Form 7 항목에 'Settings'를 클릭하거나 왼쪽 관리자 메뉴에 추가된 'Contact'를 클릭하면 연락 양식을 만들고 편집 할 수 있는 페이지로 이동합니다.

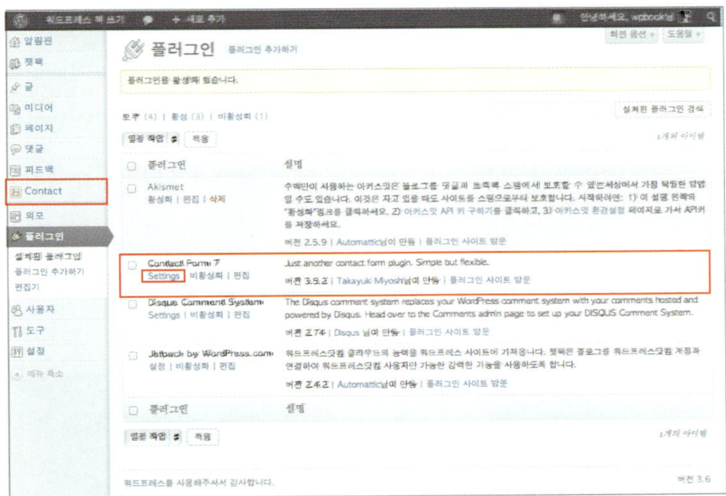

▲ Contact Form 7을 활성화시키면 관리자 메뉴에 'Contact' 메뉴가 추가됩니다.

플러그인을 처음 설치했을 때는 등록된 양식이 없어 빈 목록이 나타납니다. 페이지 상단에 'Contact Form 7'이라는 제목 오른쪽에 있는 [Add New] 버튼을 클릭합니다.

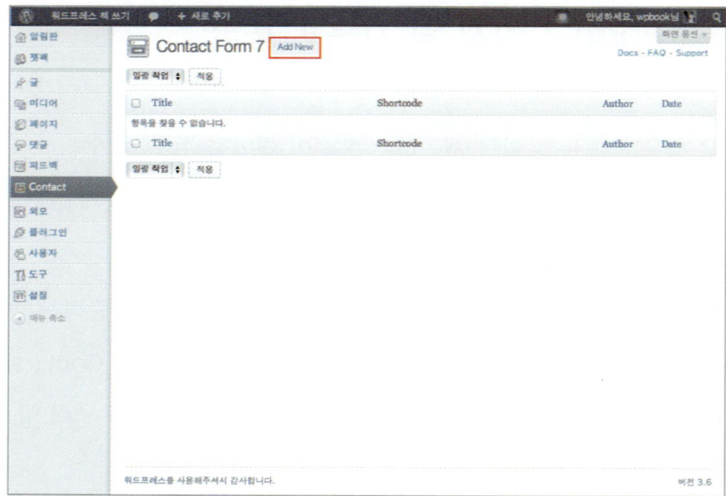

▲ Contact Form 7의 양식 관리 페이지

개발한 양식에 사용할 언어를 선택하는 창이 브라우저 중앙에 나타납니다. 워드프레스를 설치할 때 영문판을 선택했다면 기본 언어가 영어로, 한글판을 설치했다면 한글로 설정되어 있습니다. 기본 설정된 언어와 별개로 타 언어를 사용하려면 4번째 줄에 있는 드롭다운 메뉴에서 원하는 언어를 선택한 후, 오른쪽에 있는 [Add New] 버튼을 클릭합니다. 기본 언어로 양식을 만들 경우, 'Use the default language'라는 문구 바로 아래 있는 [Add New] 버튼을 클릭합니다.

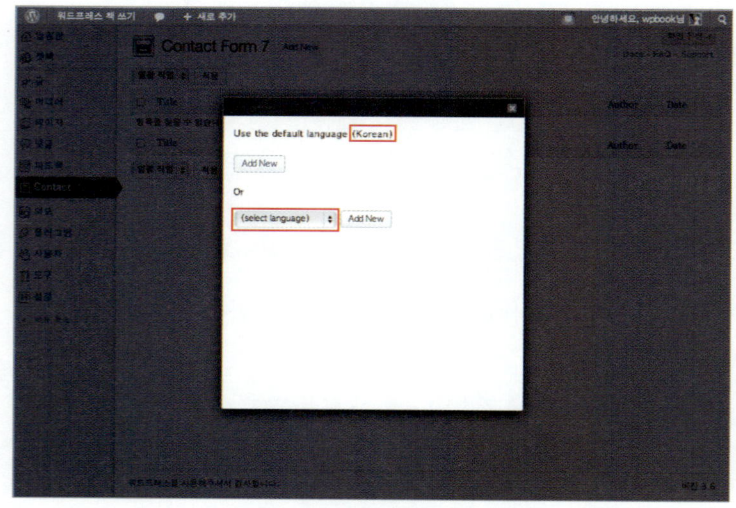

▲ 새로운 양식에 사용할 언어 선택

Contact Form 7의 기본 구성 화면이 나타납니다. 가장 상단에 양식 이름은 기본값인 '무제'로되어 있고, 입력 양식이나 발송 이메일 구성 및 설정 부분도 주로 많이 사용하는 기본 양식을 기준으로 입력되어 있습니다. 이름, 이메일, 제목, 메시지 4개 항목을 입력할 수 있습니다. 양식 제목란 안에 있는 [저장] 버튼을 클릭합니다.

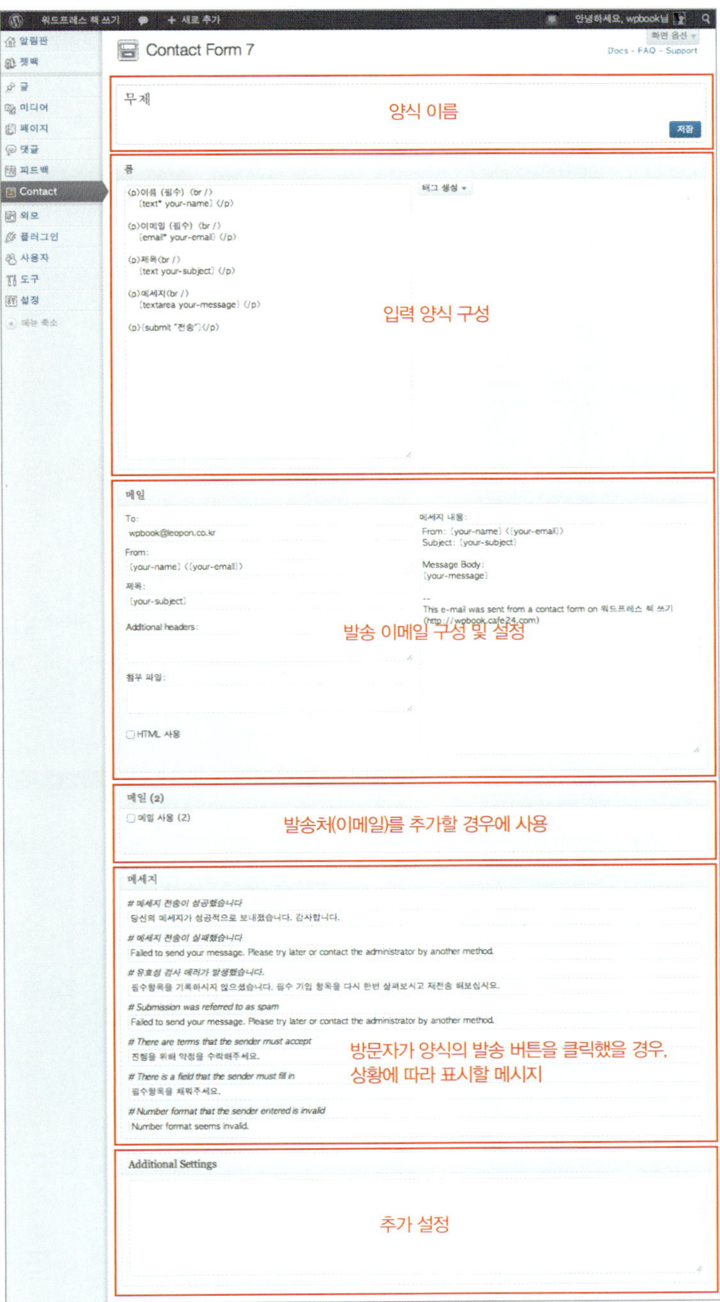

▲ Contact Form 7의 기본 구성

다음 그림과 같이 'Contact form이 만들어졌음.'이라는 메시지가 나타나고 양식 제목 아래 '이 코드를 복사해서 글, 페이지 또는 텍스트 위젯 내용에 붙여넣으세요.'라는 안내 문구와 함께 숏코드가 생긴 것을 볼 수 있습니다. 숏코드에는 새로 만든 연락 양식의 ID와 제목이 들어가 있습니다. 이 숏코드를 선택하고 Ctrl + C 를 눌러 클립보드에 복사합니다.

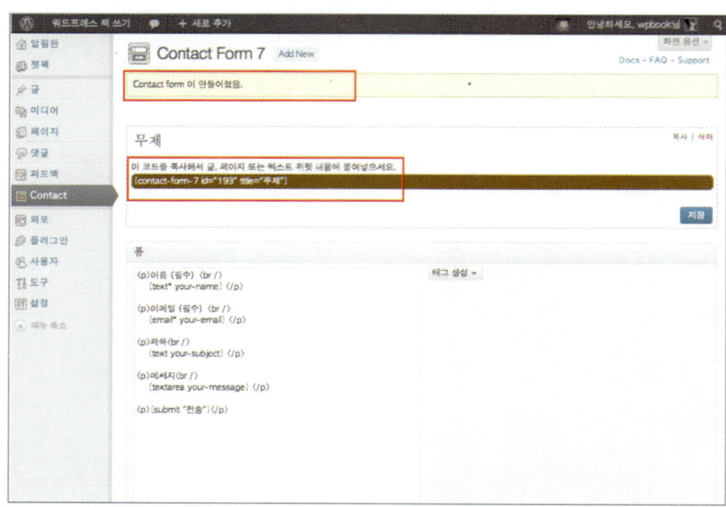

▲ 새 연락 양식(Contact Form) 생성

복사한 숏코드를 글이나 페이지, 커스텀 타입의 포스트, 텍스트 위젯 등 원하는 위치에 붙여 넣습니다.

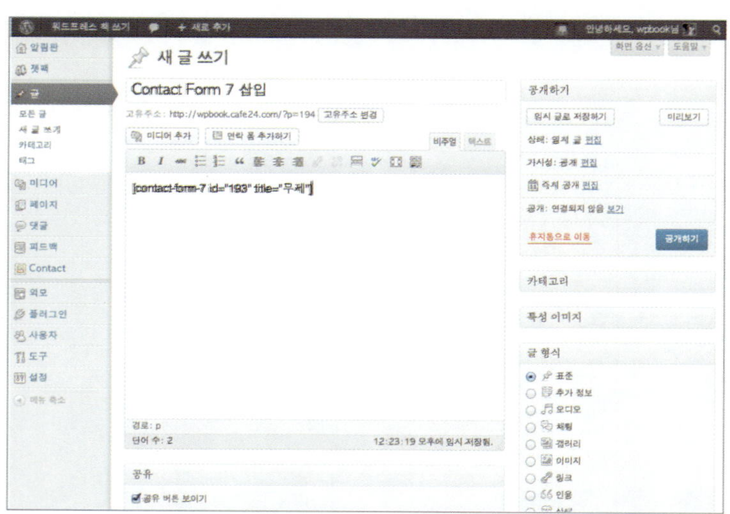

▲ 글 본문에 Contact Form 7의 숏코드를 삽입

숏코드를 삽입하는 것만으로 다음 그림과같이 연락 양식이 추가됩니다.

▲ 글 본문에 연락 양식을 삽입한 예

다음 그림은 사이드바에 텍스트 위젯을 추가, Contact Form 7 숏코드를 입력한 화면입니다. 텍스트 위젯를 이용해 사이드바에 연락 양식을 추가할 수 있습니다. 다음 그림은 텍스트 위젯을 통해 사이드바에 연락 양식을 추가한 화면입니다.

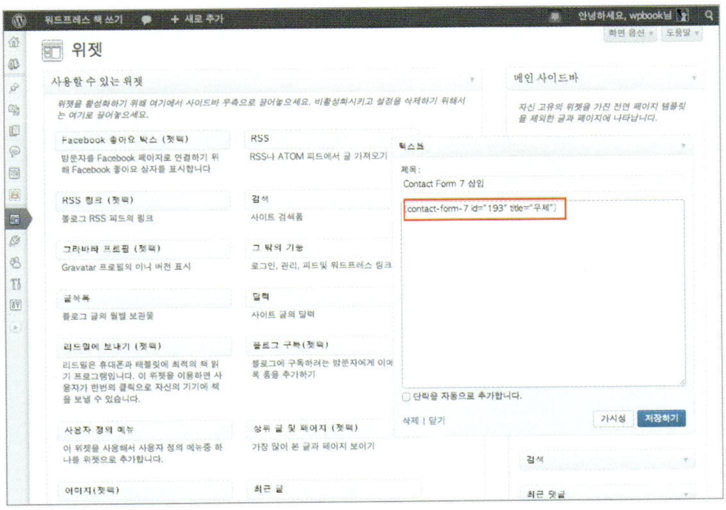

▲ 텍스트 위젯에 입력한 Contact Form 7 숏코드

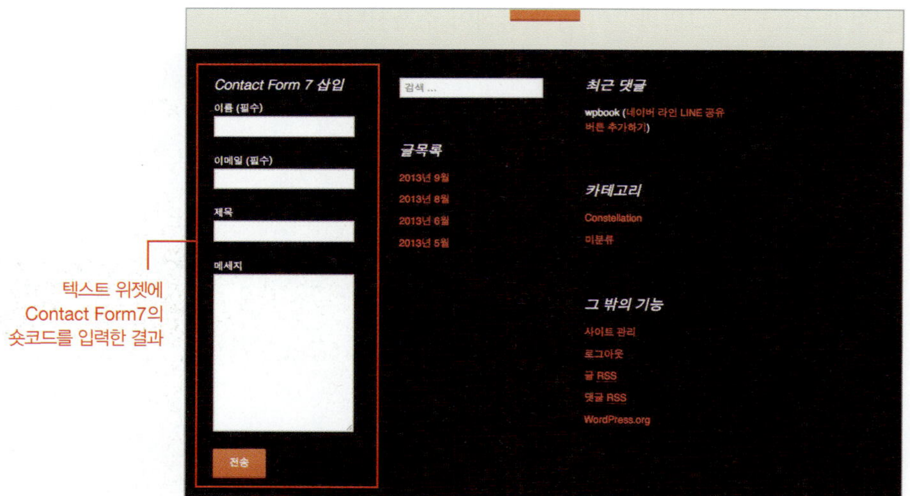

▲ 텍스트 위젯에 입력한 Contact Form 7 숏코드의 미리보기

03 연락 양식 편집하기(1) – 양식 이름과 아이디 바꾸기

관리자에서 Contact 메뉴에 들어가면 Contact Form 7에서 만든 연락 양식 목록이 나타납니다. 기존 연락 양식을 편집하려면 해당 목록에 마우스 포인터를 올려놓습니다. 양식 이름 아래 'Edit'이라는 링크가 나타납니다. 이 링크 또는 양식 이름을 클릭하면 선택한 연락 양식을 편집할 수 있는 화면으로 이동합니다. 연락 양식의 이름과 아이디를 변경하는 방법을 알아보겠습니다.

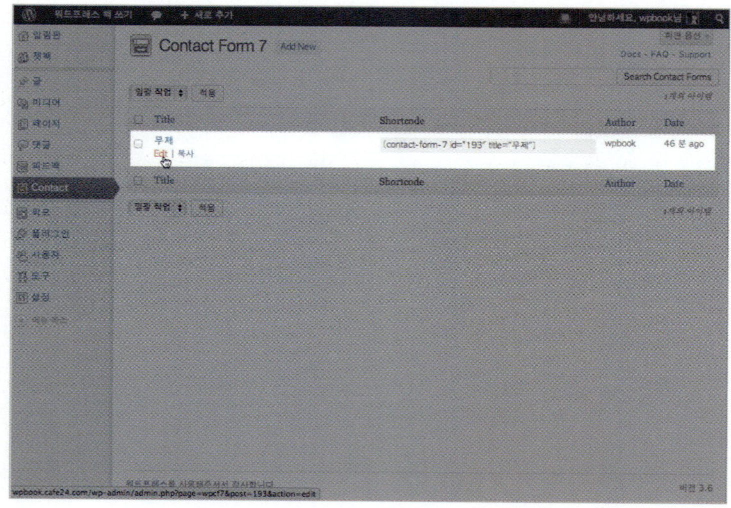

▲ 텍스트 위젯에 입력한 Contact Form 7 숏코드

편집 화면 제일 위에 있는 양식 이름을 클릭하면 다음 그림과 같이 이름을 변경할 수 있는 상태가 됩니다. 새 이름을 입력하고 Enter 를 누릅니다.

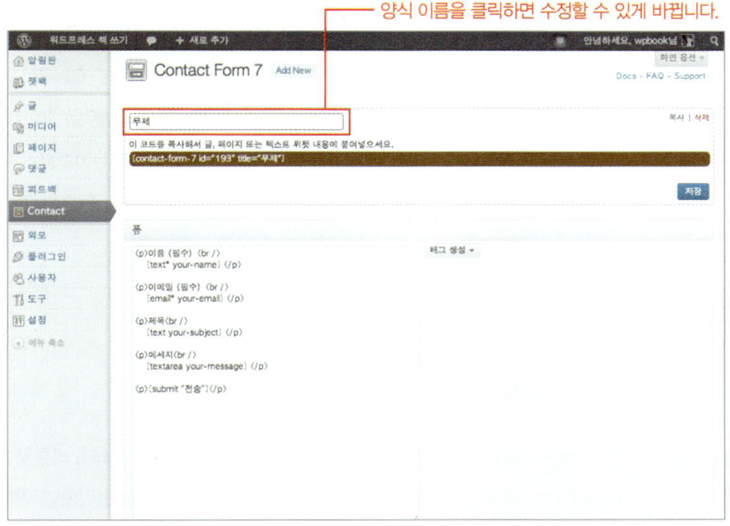

▲ 양식 이름 변경

새로 입력한 이름으로 바뀌고 자동 저장됩니다. 양식 이름이 바뀌면서 그 아래 갈색으로 표시된 숏코드 안에 title도 함께 바뀐 것을 확인할 수 있습니다.

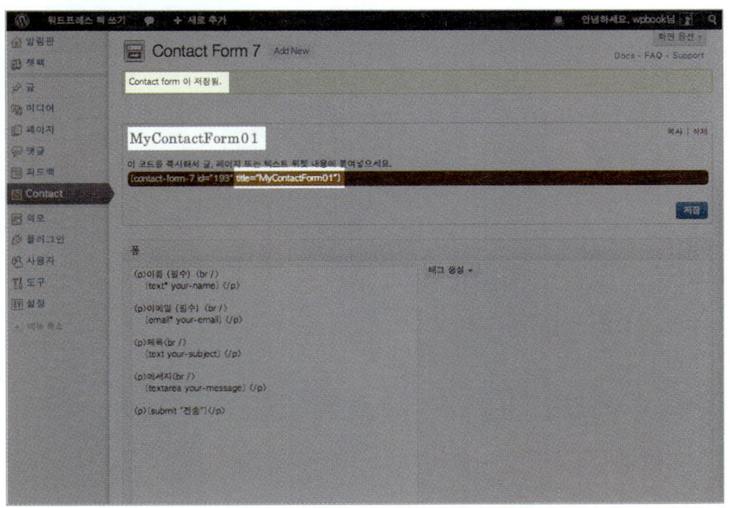

▲ 변경된 이름으로 저장

481

| 연락 양식의 이름을 변경할 경우 기존에 삽입한 숏코드를 교체해야 할까? |

양식 이름이 바뀌었다고 해도 숏코드 안에 입력된 아이디가 바뀌지 않는 이상, 글이나 위젯에 삽입한 연락 양식은 바뀌지 않습니다. 앞서 [contact-form-7 id="193" title="무제"]라고 입력했던 숏코드는 아직도 유효합니다. 양식 이름은 관리자의 편의를 위해서 붙이는 것일 뿐 워드프레스는 아이디(id)를 통해 구분하기 때문에 연락 양식의 아이디가 바뀌지 않는 이상(아이디는 사용자가 변경할 수 없습니다.) 기존에 삽입한 숏코드들을 양식 이름 때문에 교체할 필요는 없습니다.

| 복사 및 삭제 |

양식 이름 항목의 오른쪽 상단에 [복사], [삭제] 버튼이 있는데 [삭제] 버튼을 클릭하면 현재 편집하고 있던 연락 양식을 삭제할지 묻는 창이 나타납니다. [확인]을 클릭하면 연락 양식이 삭제되고 연락 양식 목록으로 이동합니다.

[복사] 버튼을 클릭하면 다음 그림처럼 연락 양식 복사본이 새로 만들어집니다. 다음 그림과 비교해 보면 양식 이름에 '_copy'가 추가되었을 뿐만 아니라 숏코드의 아이디가 변경된 것을 알 수 있습니다.

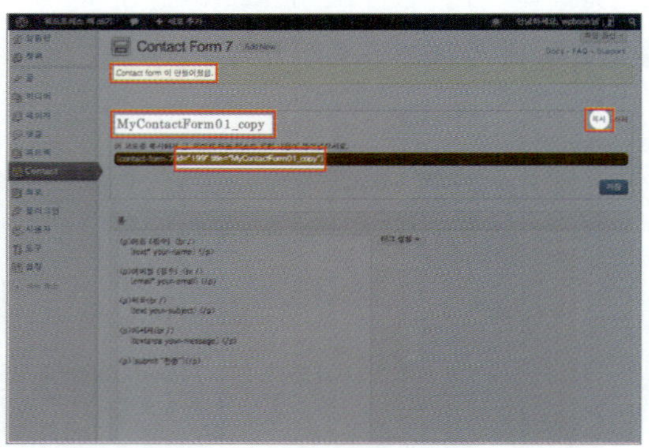

▲ 연락 양식 복사

04 연락 양식 편집하기(2) – 텍스트 태그

Contact Form 7은 다양한 입력 태그를 제공합니다. '폼'이라고 쓰여있는 입력 양식 구성 항목의 오른쪽에 '태그 생성'이라고 쓰여있는 드롭다운 메뉴를 클릭하면 입력 양식으로 사용할 수 있는 태그들이 나타나는데 이 중 텍스트 태그에 대해서 알아보겠습니다.

참 고

| Contact Form 7의 입력태그 |

'텍스트입력란', 'Email', 'URL', 'Telephone number', 'Number (spinbox)', 'Number (slider)', 'Date', '텍스트영역', '드랍다운메뉴', '체크박스들', '라디오버튼', '수락', '퀴즈', 'CAPTCHA', '파일업로드', '등록버튼' 등입니다.

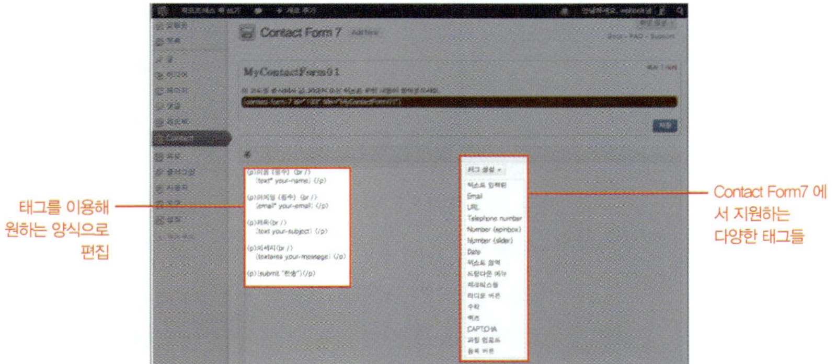

▲ Contact Form 7에서 지원하는 태그들

이 중에서 기본 입력 양식인 이름, 이메일, 제목, 메시지에 사용된 입력 태그는 텍스트, 이메일, 텍스트 영역, 등록 버튼입니다.

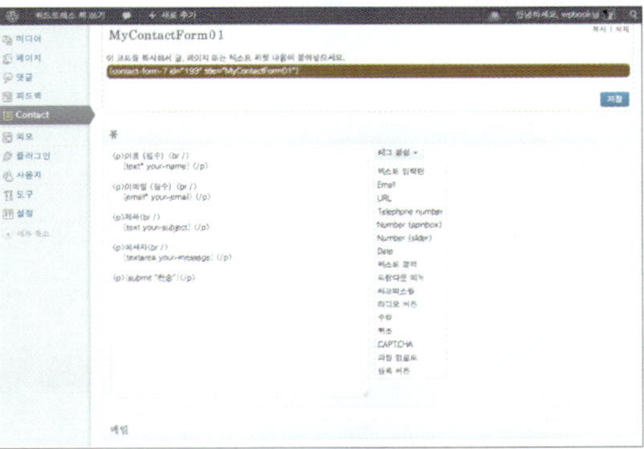

▲ 기본 입력 양식에 사용된 입력 태그

▲ 기본 입력 양식에 사용된 입력 태그 미리보기

483

태그 목록(드랍다운 메뉴)에서 '텍스트 입력란'을 선택하면 태그 드랍다운 메뉴 아래, 텍스트 태그에 관한 설정 옵션 상자가 나타납니다. 상자 제일 위에는 '텍스트 입력란'이라고 표기되고 바로 아래, '필수 입력란?'이라는 질문 앞에 체크박스가 있습니다. 연락 양식을 구성할 때 해당 필드를 비워둘 수 없게, 즉 필수로 입력받기 위해서 이 체크박스를 선택합니다. 그러면 하단의 갈색 바탕에 입력된 숏코드에 '*'이 추가됩니다.

예를 들어 필수 입력란을 체크하기 전의 태그 숏코드가 '[text text-631]'이었다면, 필수 입력란으로 선택할 경우 '[text* text-631]'이 됩니다. 기본 연락 양식에서 이름 필드를 보면 '[text* your-name]' 이라는 숏코드가 입력되어 있는데 your-name이라는 이름의 텍스트 필드는 필수로 입력해야 한다 는 의미로 text라는 태그 유형 뒤에 *이 붙어 있습니다.

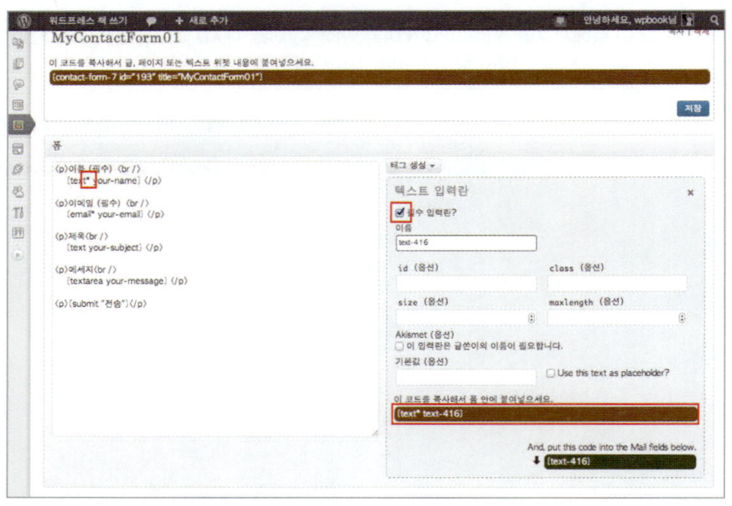

▲ 필수 입력 항목 여부 선택

필드의 이름을 정합니다. 기본 입력되어 있는 것을 그대로 써도 되고 이해하기 쉽도록 이름을 붙여 줘도 됩니다. 기본 연락 양식의 이름을 묻는 필드에 'your-name'을 쓴 것처럼 필드의 성격이나 질 문에 맞는 이름을 정해줄 수 있습니다. 필드의 이름을 변경하면 아래 갈색으로 표시된 연락 양식용 숏코드와 이메일용 숏코드에 변경 적용됩니다.

태그 옵션들을 변경할 때마다 하단의 태그 숏코드에 변경 내용이 적용됩니다.

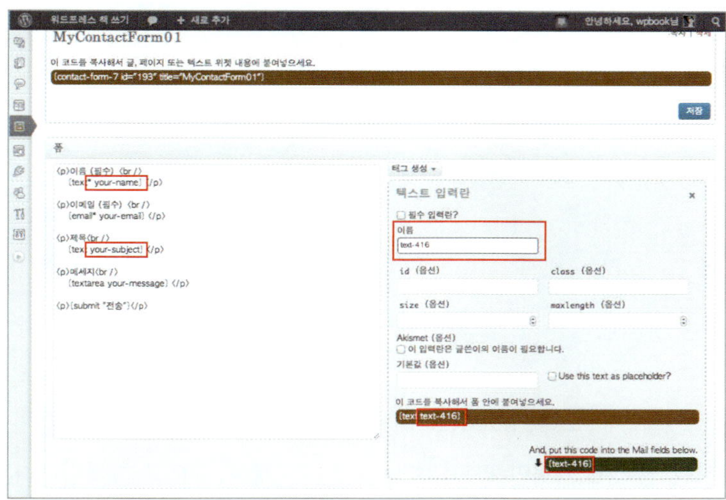

▲ 태그 이름 입력

필드의 크기와 입력 가능한 최대 글자 수를 지정할 수 있습니다. size는 필드의 크기를 의미하는데 글자수를 기준으로 필드의 폭을 정합니다. 예를 들어 size 옵션에 10을 입력하면 필드의 가로폭이 10글자가 표시될 만큼으로 정해집니다. 단, 한글, 영문, 숫자에 따라 한 글자당 폭이 다르고 테마에서 필드에 입력하는 글자의 크기를 어떻게 정의했느냐에 따라서 필드의 가로폭은 상대적으로 바뀝니다.

maxlength는 입력 가능한 최대 글자 수를 제한할 경우에 사용합니다. 예를 들어 maxlength를 5로 정하면 한글, 영문, 숫자에 상관없이 5글자까지만 입력할 수 있습니다.

id와 class는 Contact Form 7을 고려해 테마를 개발할 경우에 사용하는 옵션입니다. 각 필드에 id 또는 class를 부여해 테마의 스타일시트에서 크기나 색상 등을 지정할 수 있습니다.

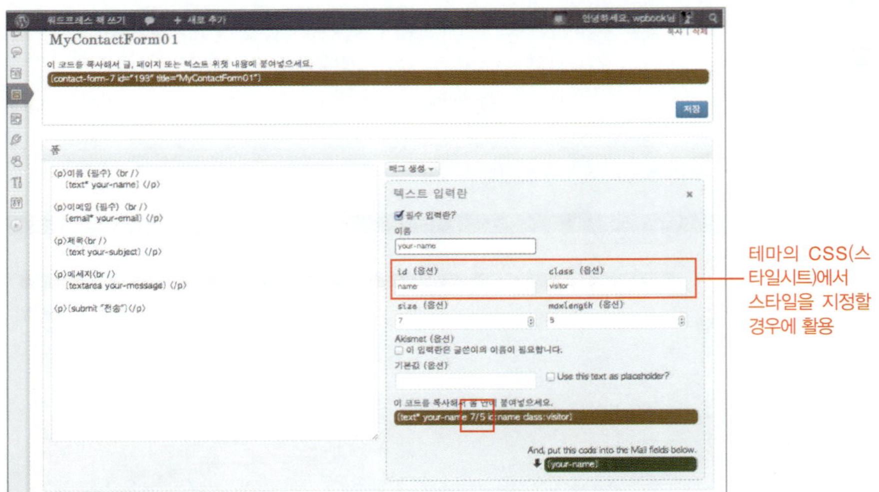

▲ id, class, size, maxlength 입력

다음 그림은 텍스트 필드에 size와 maxlength 옵션을 각각 7, 5로 지정했을 때의 미리보기 화면입니다. 최대 5자까지만 입력이 되지만 필드의 가로폭은 7자를 기준으로 형성됩니다.

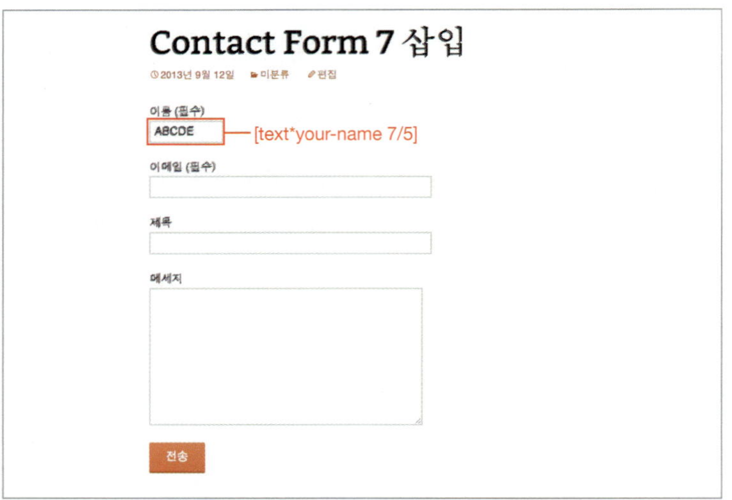

▲ 필드의 크기와 최대 글자수를 제한한 경우(1)

반대로 size를 5로, maxlength를 7로 정의하면 다음 그림처럼 필드 안에 입력되는 글자가 필드의 가로폭을 넘어갑니다.

▲ 필드의 크기와 최대 글자수를 제한한 경우(2)

마지막으로 필드의 기본값을 입력하고 placeholder 여부를 선택할 수 있습니다. 기본값 (옵션)은 방문자가 필드에 내용을 입력하기 전에 기본적으로 넣어둘 내용이고 그 옆에 'Use this text as placeholder?'라는 질문의 체크박스는 기본값을 placeholder화할 것인지를 묻습니다. placeholder는 필드 안에 연하게 입력된 안내문 또는 예시, 힌트를 의미합니다.

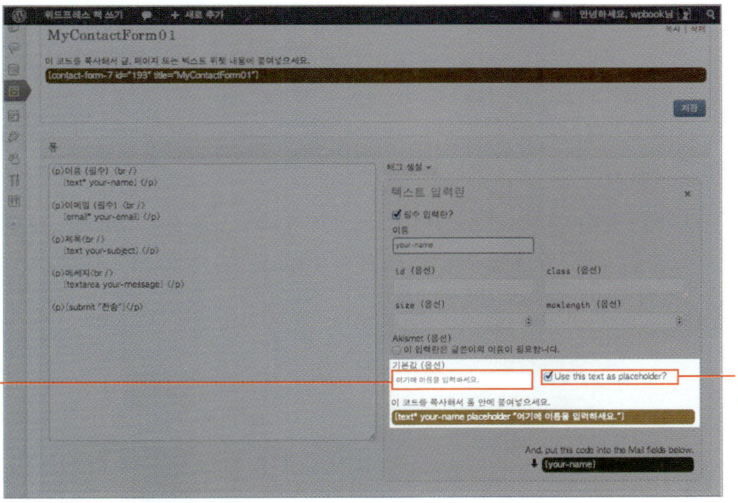

▲ 필드의 기본값과 placeholder 설정

| placeholder 옵션에 대해 |

보통 필드 안에 입력된 placeholder는 사용자가 필드에 내용을 입력하기 위해서 클릭하는 순간 사라집니다. placeholder는 사용자에게 필드별로 입력할 내용을 이해하기 쉽게 해주는 일종의 도움말 역할을 할 뿐, 실제 입력값이 되지는 않습니다. 예를 들어 기본값에 '홍길동'이라고 입력하고 placeholder화하지 않으면 방문자가 이 텍스트 필드의 내용을 수정하지 않고 전송할 경우, '홍길동'이라는 값이 이메일로 전달되지만 placeholder 옵션을 체크하면 해당 필드의 결과가 빈 상태로 전달되거나 필수 입력란을 체크한 필드라면 연락 양식이 완성되지 않았다는 경고가 나타납니다.

다음 그림은 기본값에 '여기에 이름을 입력하세요.'라고 입력하고 placeholder 옵션을 체크한 결과입니다. 이름을 입력하기 위해 필드를 클릭하면 '여기에 이름을 입력하세요.'라고 표시된 필드 안의 회색 안내 문구는 사라집니다.

▲ 필드의 기본값을 placeholder화 해서 수정한 결과

TIP

Akismet 스팸 필터링 옵션

어키즈밋 플러그인이 활성화된 상태라면 Contact Form 7에서 어키즈밋을 활용해 향상된 스팸 필터링 기능을 사용할 수 있습니다. 사용자의 이름, 이메일, URL에서 스팸을 걸러낼 수 있습니다. Contact Form 7의 텍스트, Email, URL 태그에서 옵션으로 제공됩니다.

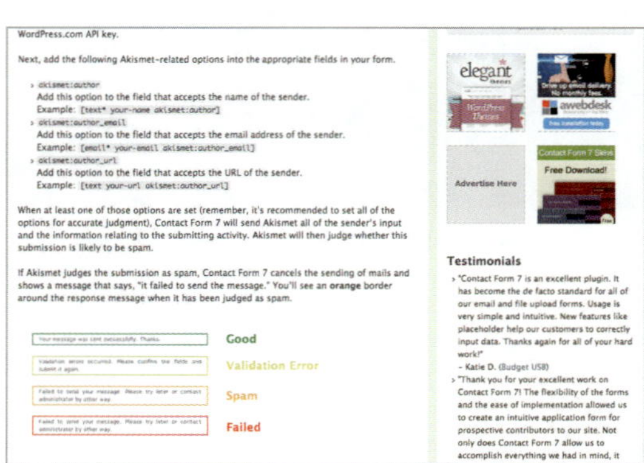

▲ Contact Form 7 홈페이지에 소개된 어키즈밋의 스팸 필터링 기능,
출처: http://contactform7.com/

옵션을 모두 정하고 나면 기본값 옵션 아래, 갈색, 녹색 바탕으로 표시된 두 개의 숏코드를 각각 연락 양식과 발송 이메일 내용에 복사해 넣습니다. 갈색 바탕에 표시된 숏코드는 입력 양식을 편집할 때 사용하고 녹색 바탕에 표시된 숏코드는 이메일 내용을 편집할 때 사용합니다. 입력 양식과 이메일 내용을 편집하고 페이지 오른쪽 상단에 있는 [저장] 버튼을 클릭합니다.

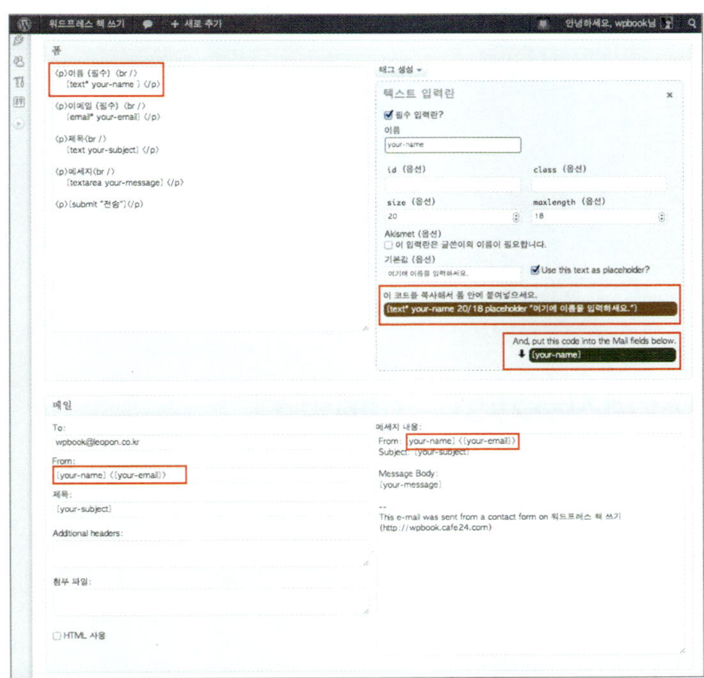

▲ 입력 양식과 이메일에 각각 해당하는 숏코드를 복사해 넣습니다.

다음 그림은 텍스트 태그의 옵션을 모두 적용한 화면입니다. 이름에 해당하는 텍스트 필드를 '[text* your-name 20/18 placeholder "여기에 이름을 입력하세요."]'로 수정한 화면입니다. your-name이라는 이름의 텍스트 필드는 필수로 입력해야 하며 20글자 폭이며 최대 18자까지 입력할 수 있고 '여기에 이름을 입력하세요.'라는 안내문구가 표시됩니다.

▲ 텍스트 태그의 옵션들을 적용한 결과

05 연락 양식 편집하기(3) – 이메일 태그

이메일 태그는 앞에서 설명한 텍스트 태그와 설정 방법이 같습니다. 텍스트 태그와 동일한 옵션을 제공합니다. 같은 방식으로 옵션을 설정하고 입력 양식과 이메일 내용에 숏코드를 적용합니다.

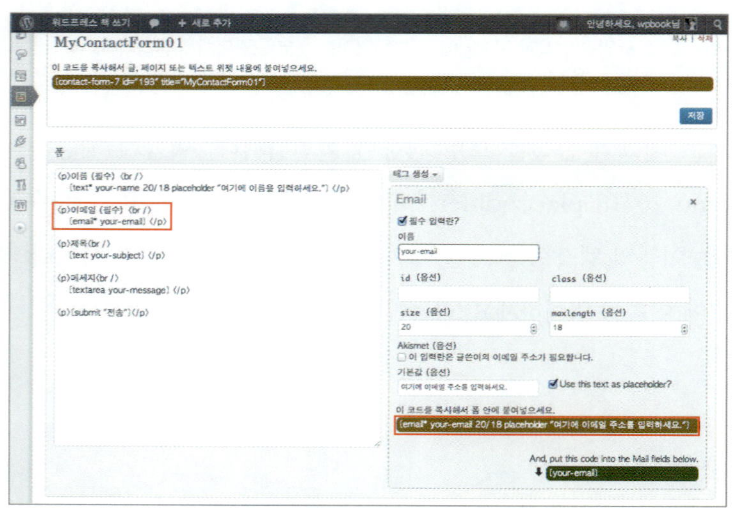

▲ 이메일 태그의 옵션들

텍스트 태그와 이메일 태그의 차이는 'email@domain.com'과 같이 이메일 형식을 구분할 수 있느냐에 달렸습니다. 텍스트 필드에 입력값은 형식적인 제한을 받지 않지만 이메일 필드의 경우, 이메일 형식을 사용하고 있는지 필터링합니다. 다음 그림은 이메일 필드에 '이메일 입력!'이라고 입력했을 때입니다. 입력된 값이 이메일 형식에 맞지 않아 '이메일 주소가 올바르지 않습니다.'라는 경고문이 나타납니다.

▲ 이메일 필드에 형식에 맞지 않는 값을 입력했을 때

다음 그림은 이메일에 해당하는 태그를 '[email* your-email 20/18 placeholder "여기에 이메일 주소를 입력하세요."]'으로 수정했을 때의 결과입니다.

▲ 이메일 태그의 옵션들이 적용된 결과

텍스트 영역(textarea) 태그는 입력 내용이 길고 줄바꿈이 필요한 서술형일 경우에 사용합니다. 설정에는 텍스트나 이메일 태그에 없는 'cols'와 'rows' 두 가지 옵션이 더 들어 있는데 cols는 필드의 가로폭을, rows는 세로폭을 의미합니다.

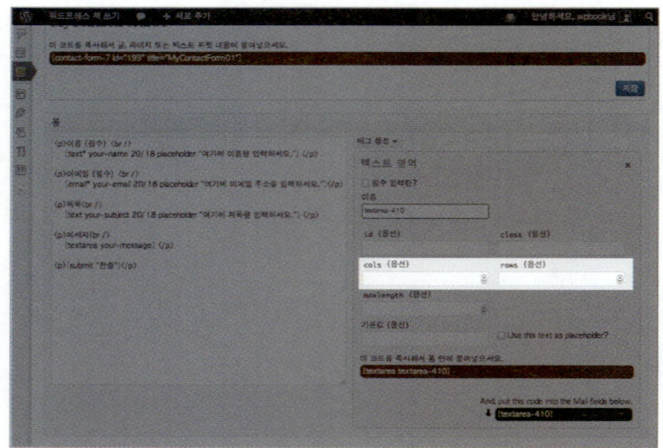

▲ 텍스트 영역 태그에서 크기를 지정하는 cols, rows 옵션

입력 내용이 길기 때문에 표시되는 필드도 가로, 세로로 폭을 정할 수 있는데 cols와 rows 옵션을 이용합니다. 텍스트 태그에 size가 글자 수를 기준으로 하듯이 cols와 rows도 글자 수와 관련이 있습니다.

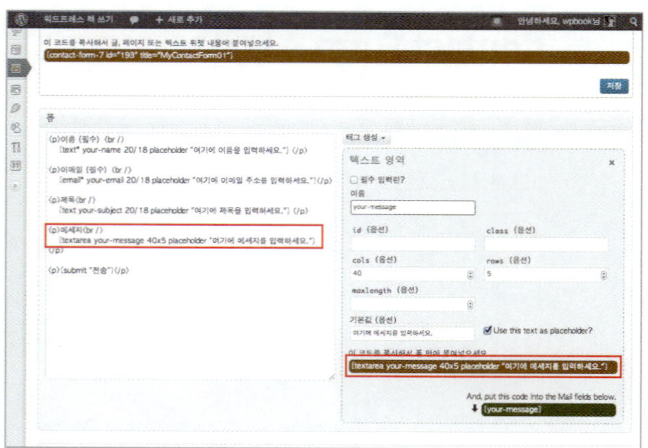

▲ 텍스트 영역 태그의 옵션을 설정해 입력 양식에 적용

예를 들어 cols 값에 40을 입력하고 rows에 5를 입력하면 한 줄에 40자씩 5줄 크기로 텍스트 영역을 표시한다는 뜻입니다. 다음 그림은 텍스트 영역의 크기를 cols에 40, rows에 5로 지정한 결과입니다.

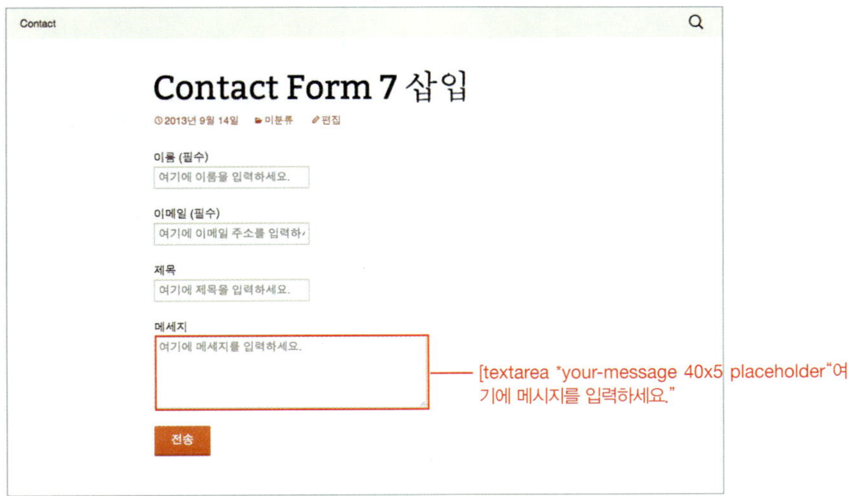

▲ 텍스트 영역에 cols, rows 값이 설정된 결과

cols, rows 옵션을 제외한 나머지 옵션 설정 방법은 텍스트, 이메일 태그와 동일 합니다.

07 연락 양식 편집하기(5) – 등록 버튼 태그

연락 양식에 입력한 내용을 웹사이트 관리자에게 보내기 위해서 입력을 마친 후 마지막에 누르는 것이 등록 버튼입니다. 이 등록 버튼 안에 글자를 지정할 수 있는데 등록 버튼 태그 옵션 중에 '라벨'에 입력합니다.

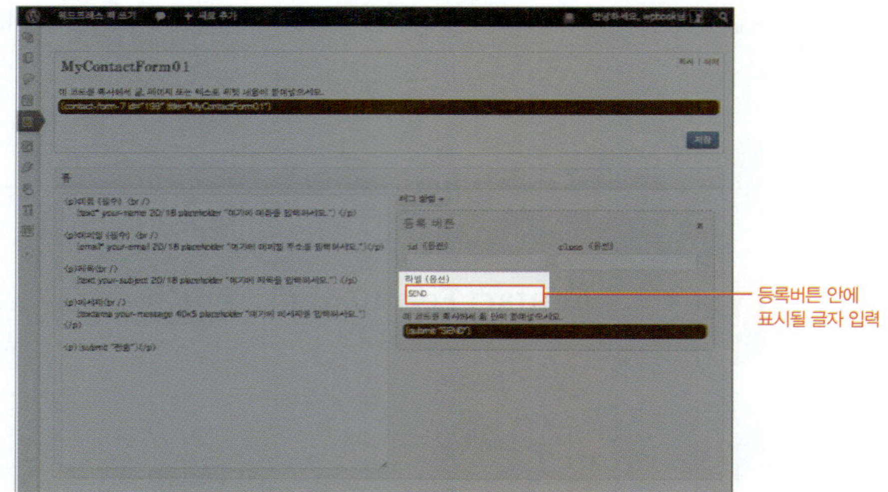

▲ 등록 버튼의 라벨 옵션

예를 들어, 라벨 옵션을 'SEND'라고 지정하면, 다음 그림과 같은 등록 버튼이 됩니다.

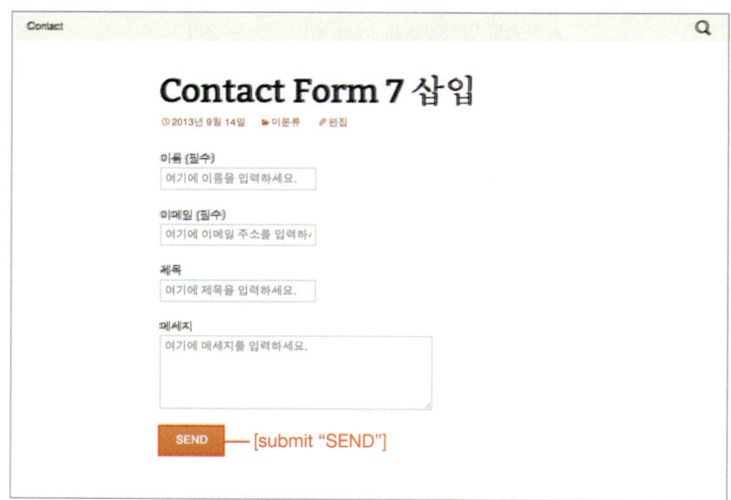

▲ 라벨 옵션을 'SEND'로 지정한 결과

08 　연락 양식 편집하기(6) – URL, 전화번호 태그

URL, Telephone number 태그는 각각 URL, 전화번호 형식을 필터링합니다. 이메일 태그와 같이 입력값이 해당 형식에 맞는지 검사합니다.

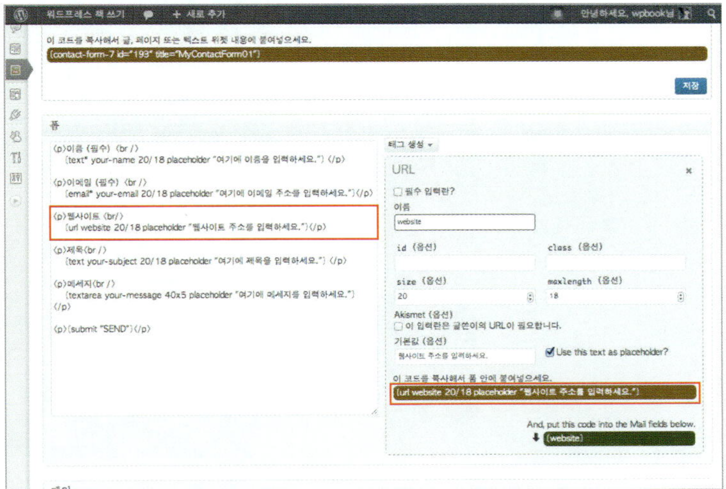

▲ URL 태그를 이용해 웹사이트 주소를 받을 필드 추가

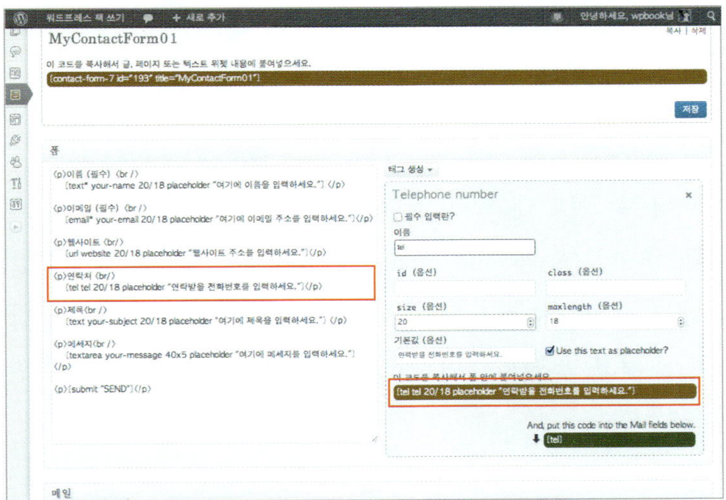

▲ Telephone number 태그를 이용해 연락처를 받을 필드 추가

| 입력 양식과 이메일 내용에서 쌍을 이루는 숏코드 |

새로운 입력 양식을 추가할 때는 갈색으로 표시된 입력 양식용 숏코드와 녹색으로 표시된 이메일용
숏코드가 각각 입력 양식과 이메일 내용에 추가되어야 합니다.

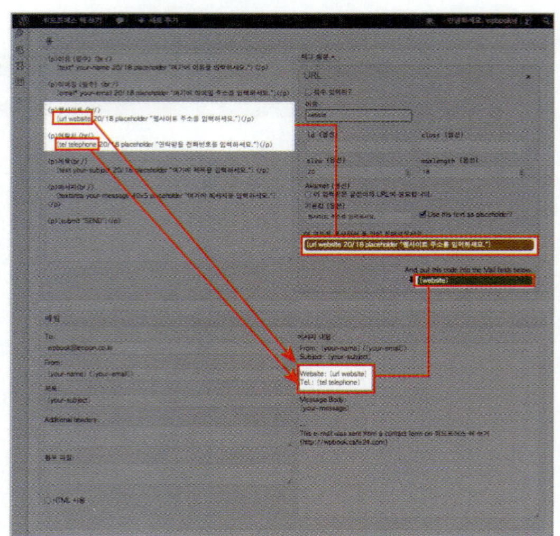

▲ 입력 양식을 추가하거나 편집할 경우, 이메일 내용에도 해당 숏코드를 사용해
함께 추가 편집해줘야 합니다.

09 연락 양식 편집하기(7) – 번호 태그

숫자 입력을 편하게 해주는 번호 태그에는 'spinbox'와 'slider' 두 종류가 있는데 설정하는 옵션은
같습니다. 텍스트 태그와 비교할 때 'min', 'max', 'step' 옵션이 추가로 들어가 있는데 min은 입력
값의 최소치를, max는 최대치, step은 입력값에 단계별로 증감되는 단위를 뜻합니다. 예를 들어,
하루 평균 걷는 시간을 묻고 그 답을 분단위로 환산해서 얻는데 그 값을 10분 단위로 구분하려면
step에 '10'을 입력합니다.

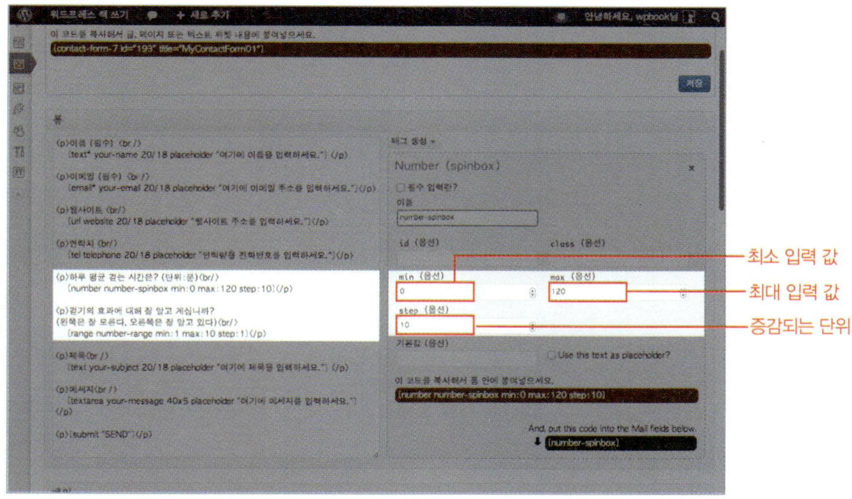

▲ 번호 태그의 옵션 – min, max, step

step에 10을 입력했기 때문에 필드 안에 증감 버튼을 클릭해서 입력값을 조정할 때, 10 단위로 증감됩니다. 번호 태그 slider 타입도 설정하는 방법은 같습니다. 단, 다음 그림에서 보듯이 숫자가 나타나지 않고 대신 슬라이더의 위치에 따라 숫자로 환산되어 이메일로 전달됩니다. 최솟값(min)을 1, 최댓값(max)을 10, 증감 단위(step)를 1로 할 경우, 슬라이더는 1에서 10까지 10 단계로 구분되고 슬라이더의 위치에 해당하는 숫자가 이메일로 전달됩니다. 최솟값을 0, 최댓값을 100, 증감 단위를 10으로 했을 때나 최솟값 0, 최댓값 50, 증감 단위 5로 설정했을 때나 이메일로 전달되는 숫자가 다를 뿐, 입력 양식에 나타나는 슬라이더는 똑같이 10단계로 조절됩니다.

▲ spinbox와 slider 두 종류의 번호 태그를 모두 적용한 화면

드랍다운 태그는 질문에 대해 선택할 수 있는 보기를 제공하는 방법 중에 하나입니다. 보기가 많을 경우 공간을 많이 차지하지 않도록 하기 위해서 일정한 크기의 박스 안에 보기를 넣고 그 박스 안에서 스크롤해서 보여주는 방식을 드랍다운이라고 합니다. 드랍다운 태그에서는 다수의 보기를 만들 수 있도록 '선택사항', '다중 선택', '빈 아이템' 3가지 옵션을 제공합니다. '선택사항'이라고 라벨 아래, 보기를 입력할 수 있는 글 상자가 있습니다. 이 안에 보기를 만들어 넣는데 한 줄에 보기 하나씩을 입력합니다. 보기를 입력하고 enter 를 눌러 줄바꿈을 한 후, 다음 보기를 입력하는 식 입니다. 글 상자 아래에 "*라인별 1가지 선택.'이라는 말이 그런 뜻입니다.

오른쪽에 '다중 선택 허용할까요?'는 입력한 보기를 여러 개 동시에 선택할 수 있게 할 지를 묻는 것입니다. 다중 선택을 허용한다면 체크박스를 클릭합니다. '첫 옵션으로 빈 아이템을 삽입할까요?'라고 쓰여있는 옵션은 보기 중에 어떤 것도 선택하지 않을 수 있도록 내용이 없는 빈 보기를 만들어 첫번째 보기로 제공할지를 묻습니다. 빈 보기를 넣으려면 선택합니다.

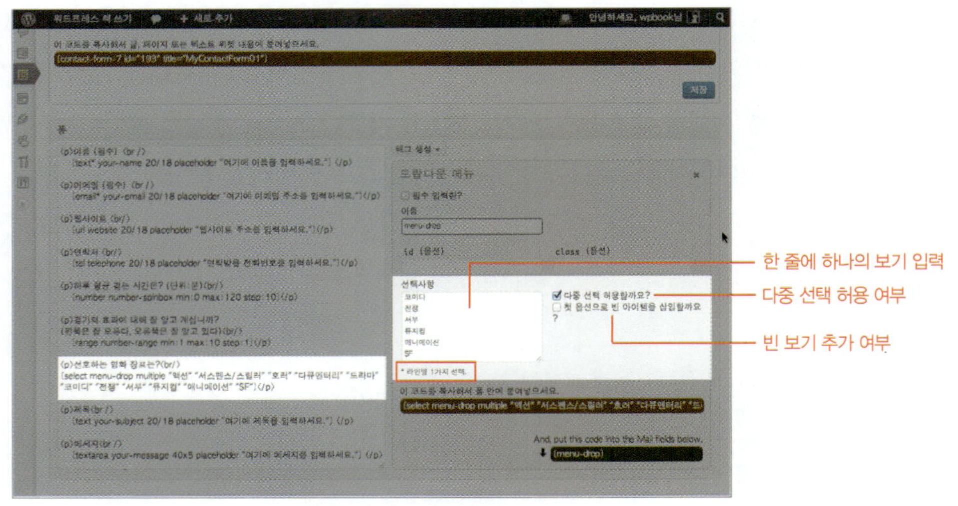

▲ 드랍다운 태그의 설정

드랍다운 형식의 보기를 다중 선택할 때는 Ctrl 을 누른 상태에서 선택합니다.

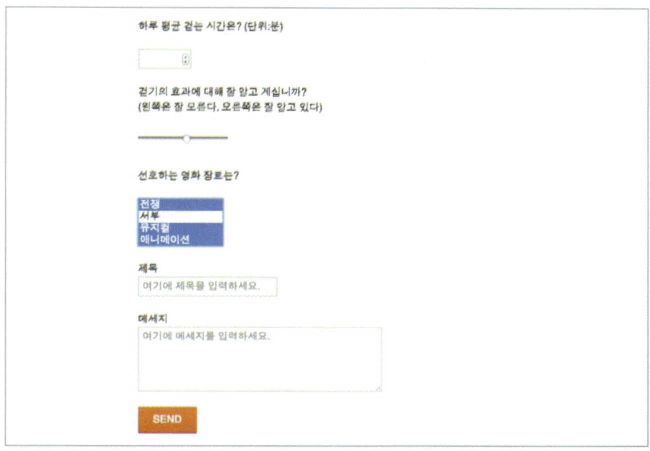

▲ 드랍다운 태그를 적용한 결과

11 연락 양식 편집하기(9) – 체크박스 태그

드랍다운 태그 외에 보기 중 다중 선택이 가능한 방법으로 체크박스 태그를 사용할 수 있습니다. 드랍다운 태그와 차이가 있다면 보기들을 스크롤할 필요 없이 화면에 펼쳐놓고 선택할 수 있다는 점입니다. 보기를 입력하는 방식은 드랍다운 태그를 설정할 때와 같습니다. '선택사항' 아래 있는 글 상자에 한 줄에 하나의 보기를 입력합니다. 글 상자 오른쪽에 선택할 수 있는 3가지 옵션이 있습니다.

첫 번째, 'Put a label first, a checkbox last?'는 체크박스를 보기의 앞에 놓을지 뒤에 놓을지를 정하는 옵션입니다. 기본적으로 체크박스 태그에서는 보기 앞에 체크박스가 나오는데 이 옵션을 선택하면 체크박스를 보기 뒤로 보낼 수 있습니다.

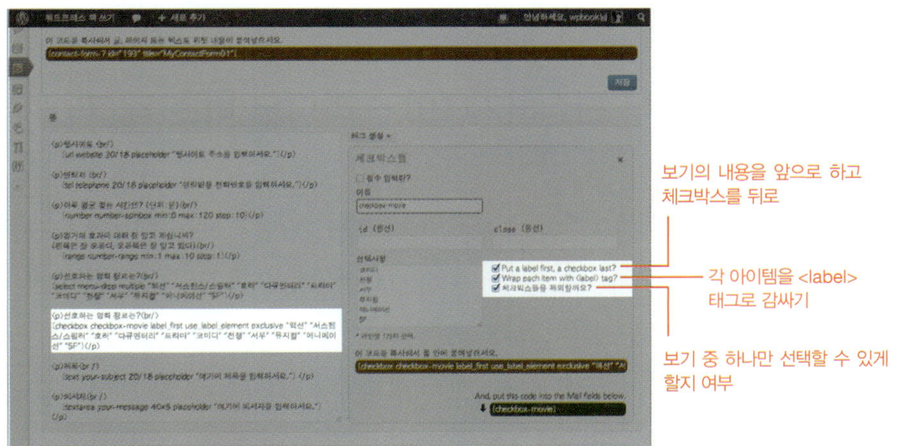

▲ 체크박스 태그의 옵션

두 번째, 'Wrap each item with ⟨label⟩ tag?'를 선택하면 각 보기를 label 태그로 감싸게 됩니다. 이 옵션을 선택하지 않은 상태에서는 보기를 선택할 때, 마우스 포인터로 체크박스를 클릭해야만 합니다. 보기를 선택하는 영역이 좁기 때문에 사용자가 불편하게 느낄 수 있는데 각 보기를 label 태그로 감싸면 다음 그림에서 보듯이 '드라마'라는 글자 부분을 선택해도 체크됩니다. 즉, 체크박스의 선택 영역을 넓혀주는 옵션이라고 이해할 수 있습니다.

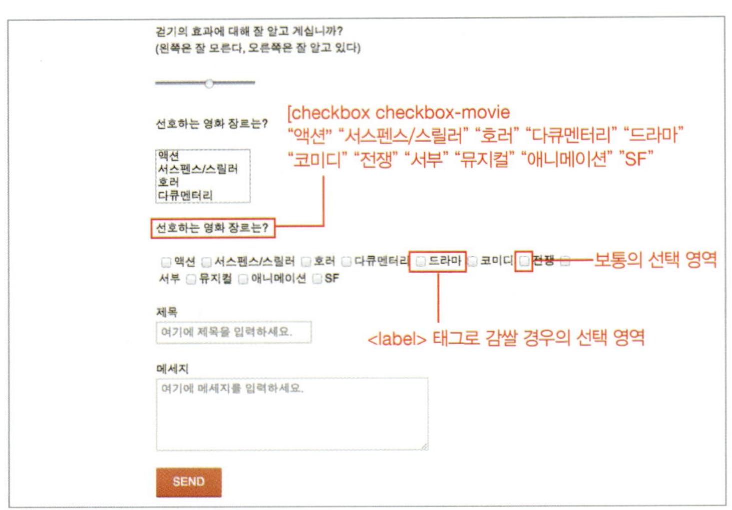

▲ 체크박스 태그를 적용한 결과

세 번째, '체크박스들을 제외할까요?'라고 쓰여 있는 옵션은 체크박스 태그를 라디오 태그처럼 보기 중 하나만 선택하도록 만듭니다. 체크박스 태그는 기본적으로 다중 선택이 가능하게 되어 있는데 이 옵션을 이용해 보기 중 하나만 선택하도록 설정할 수 있습니다. 드롭다운 태그에서 다중 선택을 허용하는 옵션이 있었다면 체크박스 태그에는 다중 선택을 막는 옵션이 있으니 서로 정반대의 옵션을 제공하는 셈입니다.

12 연락 양식 편집하기(10) – 라디오 버튼 태그

라디오 버튼 태그는 체크박스 태그와 비슷합니다. 라디오 버튼 태그에 있는 'Put a label first, a checkbox last?', 'Wrap each item with ⟨label⟩ tag?' 두 개의 옵션 모두 체크박스에 있던 것입니다. 단, 차이가 있다면 체크박스 태그는 다중 선택이 가능하지만 라디오 버튼 태그는 보기 중 하나만 선택할 수 있다는 점입니다. 체크박스 태그에서 '체크박스들을 제외할까요?'라는 옵션을 사용하면 기능 상으로 라디오 버튼 태그가 되는 꼴입니다.

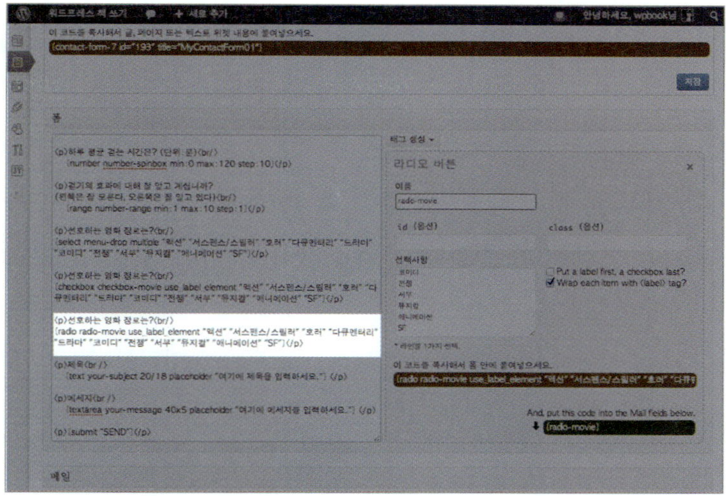

▲ 라디오 버튼 태그를 입력 양식에 추가

다음 그림을 보면 드랍다운, 체크박스, 라디오 버튼의 차이를 알 수 있습니다. 드랍다운과 체크박스는 다중선택이 가능하지만 선택하는 방식, 화면에 출력하는 방식에서 차이가 나고 라디오 버튼은 보기 중 하나만 선택할 수 있습니다.

▲ 드랍다운, 체크박스, 라디오 버튼의 비교

날짜(date) 태그는 사용자가 손쉽게 날짜를 입력할 수 있게 도와줍니다. 키보드로 직접 숫자를 입력할 수도 있고 달력에 선택 가능한 날을 보여주고 그 중에서 선택할 수도 있습니다.

날짜 태그에는 번호 태그와 같이 'min', 'max', 'step' 옵션이 있습니다. 이 3개의 옵션을 통해 선택할 수 있는 기간을 제한할 수 있는데 min에는 시작일, max에는 마감일을 입력합니다. 필드 안에 년, 월, 일 순으로 입력을 하는데 각각을 선택해 키보드로 숫자를 입력할 수도 있고 선택한 후 필드 오른쪽에 있는 상하 버튼을 통해 조정할 수도 있습니다. 그리고 필드 가장 오른쪽에 있는 검정색 세모 버튼을 클릭하면 달력이 나타납니다. 달력에서 원하는 날을 찾아서 클릭하면 년, 월, 일이 자동 입력됩니다.

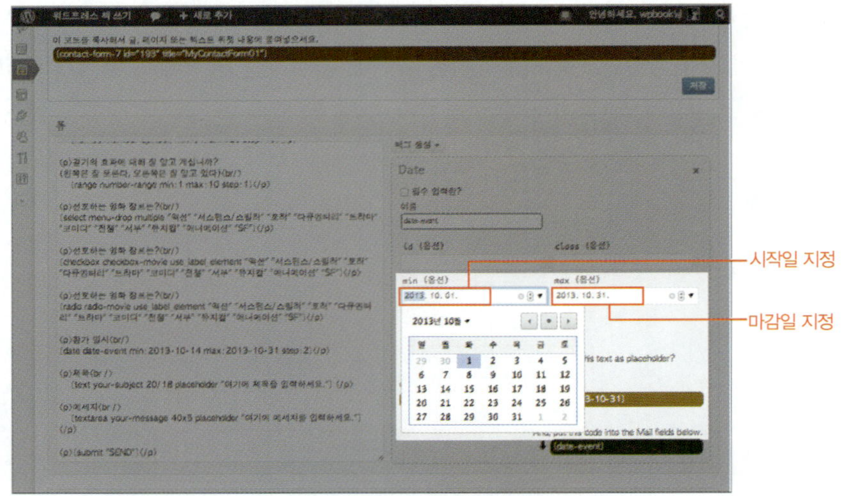

▲ 날짜 태그에서 선택 가능한 기간을 지정

'step'에 2이상의 숫자를 입력하면 시작일로부터 step 단위로 건너뛰는 날만 선택할 수 있게 됩니다. 예를 들어, 2013년 10월 1일부터 같은 해 10월 10일까지로 시작일과 마감일을 지정한 후, step에 2를 입력하면 사용자가 선택할 수 있는 날은 2013년 10월 1일, 3일, 5일, 7일, 9일이 되고 step에 3을 입력하면 1일, 4일, 7일, 10일이 선택 가능한 날이 됩니다.

참고

min, max, step 옵션을 사용하지 않으면 사용자는 제한없이 년,월, 일을 입력할 수 있습니다

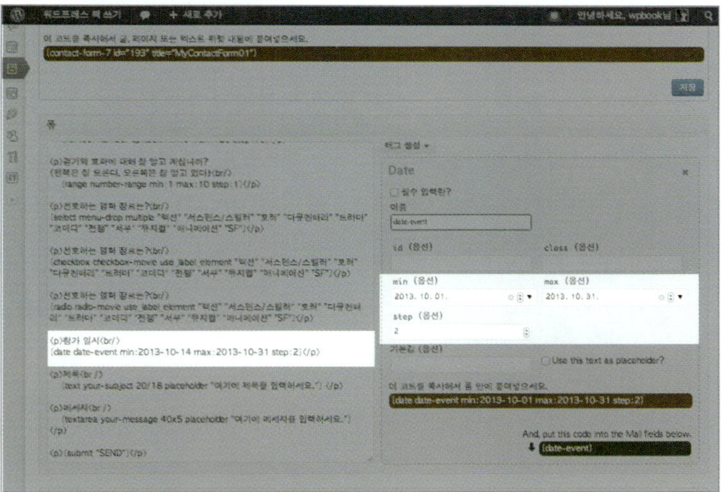

▲ 날짜 태그에서 선택 가능한 날을 정의하는 옵션들

min, max, step 옵션을 이용해 입력할 수 있는 날짜에 제한을 두면 필드 안의 오른쪽 세모 모양의 버튼을 클릭했을 때 선택 가능한 날이 구분되어 표시된 달력을 볼 수 있습니다. 이렇게 표시된 날짜가 아니면 선택해도 필드의 년, 월, 일로 입력되지 않습니다.

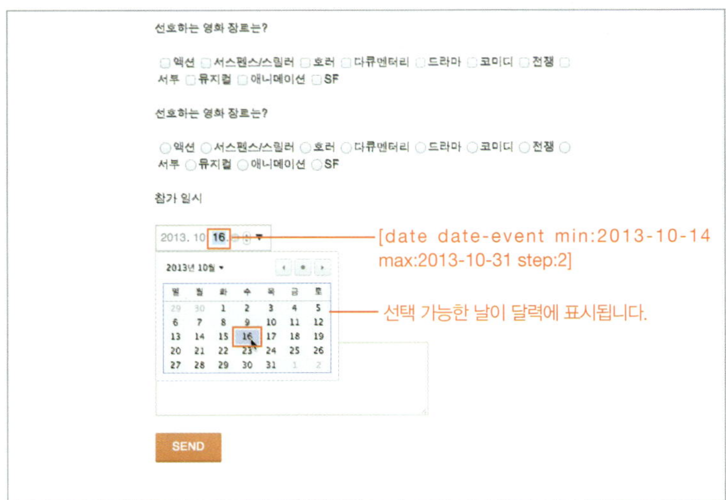

▲ 날짜 태그가 적용된 결과

수락 태그는 질문에 대해 '네', '아니오'로 OX식의 답을 받을 때 사용합니다. 예를 들어 '워드프레스와 워드프로세서의 차이를 정확히 알고 있다.'라는 명제를 놓고 OX로 답을 원할 때 수락 태그를 사용합니다.

수락 태그에는 '이 체크박스를 기본으로 체크할까요?', '이 체크박스를 반대로 작동하게 할까요?' 2개의 고유 옵션이 포함되어 있습니다. '이 체크박스를 기본으로 체크할까요?'라는 옵션은 체크박스가 선택된 상태를 기본값을 할 때 사용하고 '이 체크박스를 반대로 작동하게 할까요?' 옵션은 해당 명제 또는 질문에 체크박스를 해제한 상태에서만 연락 양식이 전송되도록 만듭니다. '이 체크박스를 반대로 작동하게 할까요?' 옵션을 사용하고 '워드프레스와 워드프로세서의 차이를 정확히 알고 있다.'라는 명제로 수락 태그를 사용한다면 워드프레스와 워드프로세서의 차이를 모르는 사람, 다시 말해, 체스박스를 선택하지 않는 응답자만 연락 양식을 관리자에게 전송할 수 있습니다.

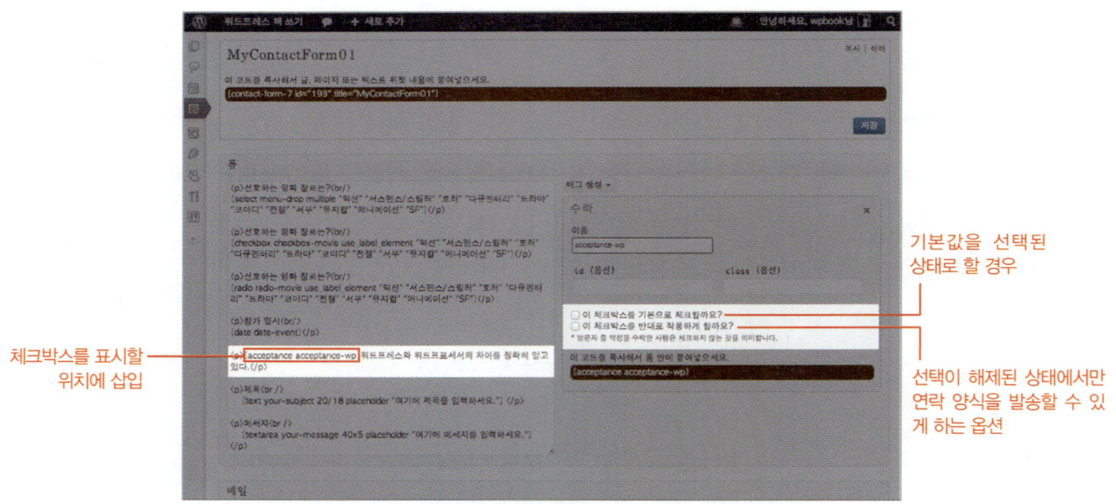

▲ 수락 태그의 옵션과 삽입 위치

수락 태그는 다른 태그들과 달리, 입력 양식에 숏코드를 입력하는 위치가 다릅니다. 보통 질문하고 그 뒤 또는 아래에 숏코드를 입력하는데 수락 태그의 숏코드는 보기도 없고 오로지 체크박스만 출력하기 때문에 숏코드를 앞에 놓고 그 뒤에 질문 또는 명제를 넣는 것이 일반적입니다.

▲ 수락 태그를 적용한 결과

15 연락 양식 편집하기(13) – 퀴즈 태그

인터넷엔 사람인 척하는 컴퓨터 프로그램들이 그 수를 헤아릴 수 없을 만큼의 스팸을 뿌리고 다니는데 특히, 이런 프로그램들의 표적이 되는게 연락 양식입니다. 연락 양식이 잘못 노출되면 스팸의 융단폭격을 받을 수 있는데 Contact Form 7의 퀴즈 태그는 사람과 기계를 구분하는 방법 중에 하나입니다. 기계가 이해하기 어려운 퀴즈를 내서 스팸을 걸러내는 전략인데 그 사용법을 알아보겠습니다.

퀴즈 태그에는 다른 태그에서 볼 수 없었던 옵션이 포함되어 있습니다. '퀴즈들'이라고 쓰여있는 옵션이 바로 그것인데 그 아래, 글 상자에 하나 이상의 퀴즈를 답과 함께 입력합니다. 질문과 답을 묶어서 입력하는데 '[질문]|[답]'의 형식입니다. 예를 들어, 질문이 '1+1=?'이고 답이 '2'라면 '1+1=?|2'라고 입력합니다. 퀴즈를 하나 이상 입력할 경우엔 enter 를 눌러 줄을 바꿔 구분합니다. 체크박스나 드랍다운 태그에서 보기를 입력할 때, 한 줄에 하나의 보기를 입력한 것처럼 퀴즈도 한 줄에 하나의 퀴즈(질문과 답)를 입력합니다. 'size'와 'maxlength' 옵션은 퀴즈의 답을 입력하는 필드에 관한 것입니다.

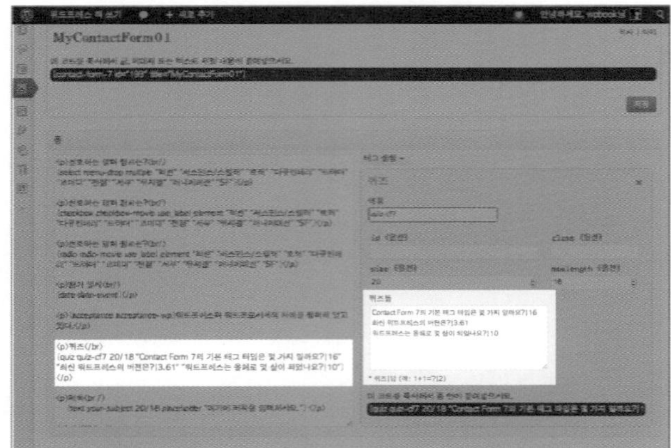

▲ 퀴즈를 작성하는 방법

퀴즈를 둘 이상 입력할 경우, Contact Form 7은 그 중 하나를 무작위로 선택해 출력합니다. 위 그림처럼 퀴즈를 2개 이상 입력할 경우 다음 그림들처럼 무작위로 나타납니다.

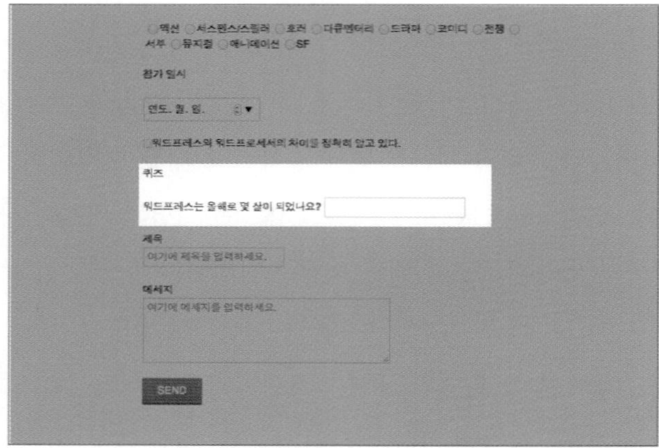

▲ 화면에 출력된 퀴즈(1)

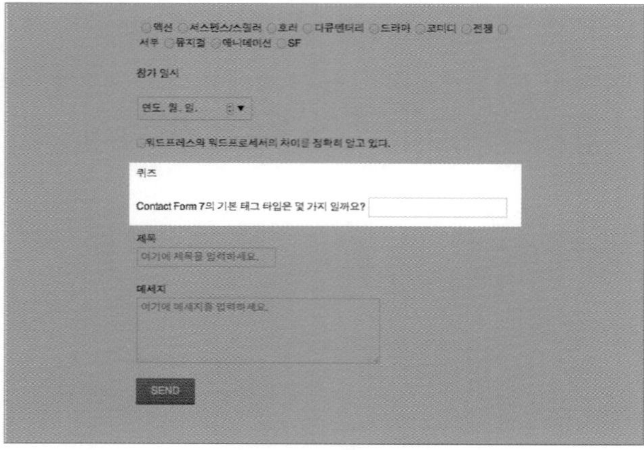

▲ 화면에 출력된 퀴즈(2)

16 연락 양식 편집하기(14) – CAPTCHA 태그

웹사이트에 연락 양식을 구성할 때 가장 신경써야 할 부분이 스팸입니다. 앞서 퀴즈 태그에서도 설명했지만 웹 세상엔 사람인 척하는 프로그램이 많고 그들의 표적이 되는 순간 웹사이트가 마비되어 버릴 수 있기 때문입니다. Contact Form 7에서는 스팸을 걸러내는 방법으로 퀴즈 외에 CAPTCHA 태그를 제공하는데 다음 그림은 CAPTCHA 태그를 적용한 예입니다. 숫자와 알파벳이 조합된 이미지를 보고 입력하는 방식입니다.

▲ CAPTCHA 태그가 적용된 예, 출처: http://hhomm.com/

■ Really Simple CAPTCHA 플러그인 설치하기

CAPTCHA 태그 옵션에 들어가면 상단에다음과 같이 'CAPTCHA를 사용하려면 Really Simple CAPTCHA 플러그인을 설치해야됩니다.'라는 메시지와 플러그인 링크가 나타납니다. CAPTCHA 태그를 사용하려면 Really Simple CAPTCHA 플러그인이 필요합니다.

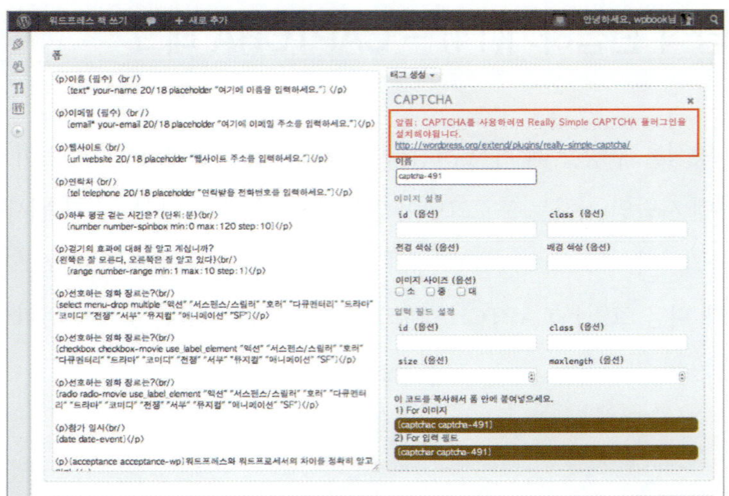

▲ CAPTCHA 태그를 사용하려면 Really Simple CAPTCHA 플러그인을
설치해야 합니다.

관리자의 '플러그인 추가하기' 메뉴에서 Really Simple CAPTCHA 플러그인을 검색해서 설치
한 후 활성화시킵니다. 그리고 다시 Contact Form 7 연락 양식 편집으로 돌아갑니다.

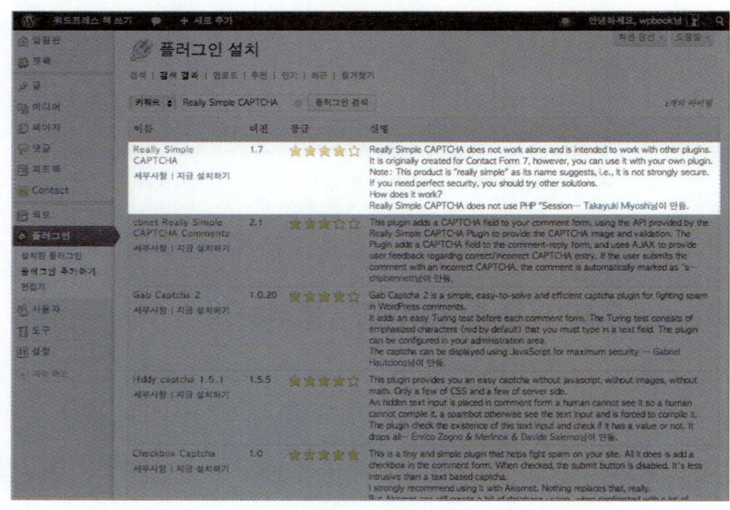

▲ Really Simple CAPTCHA 플러그인 설치

다음 그림처럼 Really Simple CAPTCHA 플러그인을 설치하라는 빨간색의 알림 문구가 나타
나지 않는다면 플러그인이 제대로 설치, 활성화된 것입니다.

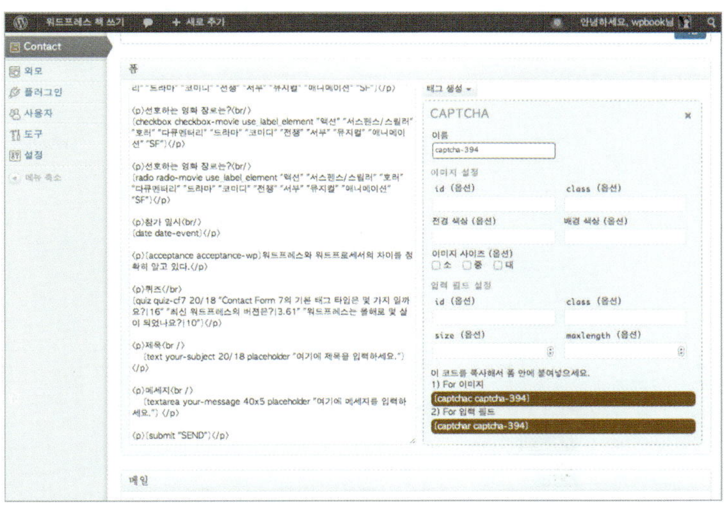

▲ Really Simple CAPTCHA 플러그인 설치, 활성화된 상태에서의
CAPTCHA 태그

■ CAPTCHA 태그의 옵션 설정하기

CAPTCHA 태그 옵션은 이름, 이미지 설정, 입력 필드 설정으로 나뉘는데 입력 필드 설정
에서는 텍스트 태그를 설정할 때처럼 입력 필드의 크기(size)와 입력 가능한 최대 글자 수
(maxlength)를 입력합니다. CAPTCHA에만 있는 옵션은 이미지 설정 부분인데 여기서 '전경
색상'에는 이미지의 글자 색상을 지정하고 '배경 색상'은 이미지의 배경색을 입력합니다. 색상
을 입력할 때는 16진수 기반의 웹 색상 코드를 입력하는데 예를 들어 흰색의 웹 색상 코드는
#ffffff인데 '전경 색상'이나 '배경 색상'에 입력할 때는 앞에 #을 빼고 ffffff만 입력합니다.

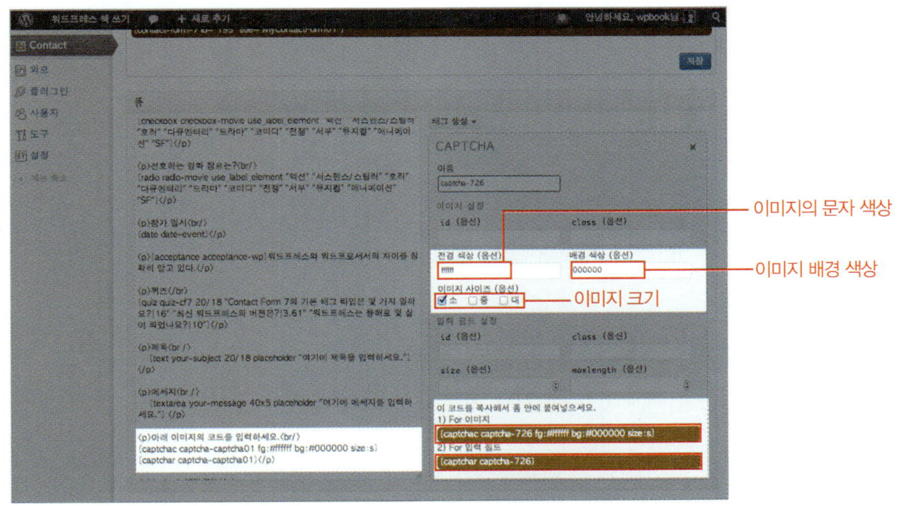

▲ CAPTCHA 태그의 옵션들

'이미지 사이즈'는 대, 중, 소로 중에서 선택하고 지정하지 않을 경우, 중간 크기로 출력됩니다.

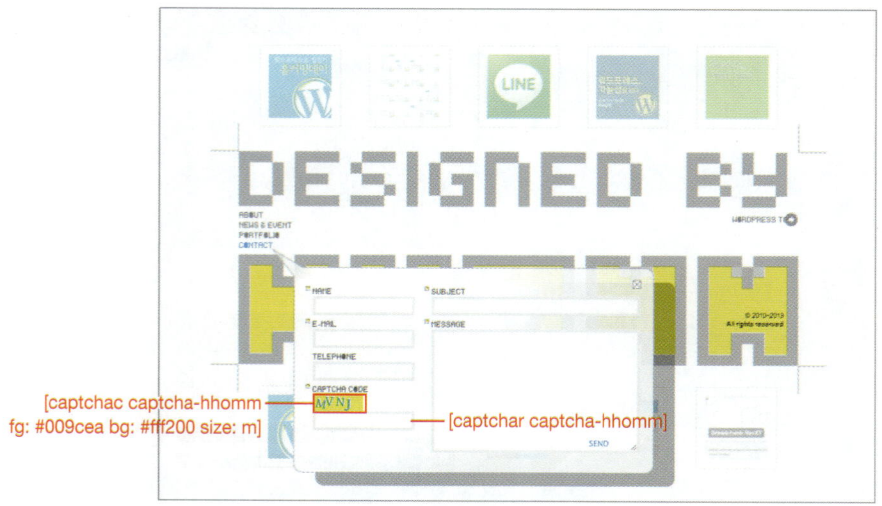

▲ CAPTCHA 이미지 크기

■ CAPTCHA 태그 활용시 주의사항

CAPTCHA 태그를 활용할 때 유의할 것은 CAPTCHA 필드에 입력한 값이 이메일 내용에 포함될 필요가 없기 때문에 입력 형식을 구성하기 위한 코드만 제공된다는 점입니다. 갈색 바탕으로 표시된 숏코드가 두 개 있고, 녹색으로 표시되는 이메일용 숏코드가 없는데, 갈색으로 표시된 숏코드 중 하나는 이미지, 다른 하나는 입력 필드를 출력합니다.

▲ CAPTCHA 태그의 숏코드 적용, 출처: http://hhomm.com/

17 연락 양식 편집하기(15) – 파일 업로드 태그

연락 양식에 파일을 첨부할 수도 있습니다. 파일 업로그 태그를 사용하면 되는데 설정 옵션으로는 '파일 사이즈 제한'과 '허용하는 파일 타입' 두 가지가 있습니다. '파일 사이즈 제한'은 업로드가 가능한 파일의 최대 용량을 의미합니다. 바이트 기준으로 숫자를 입력하는데 예를 들어 업로드할 수 있는 파일의 최대 용량을 5MB로 제한한다면 5000000을 입력합니다. '허용하는 파일 타입'은 업로드 파일의 성격을 제한할 때 사용하는데 파일의 확장자(파일 이름의 마침표 뒤에 'jpg', 'gif', 'pdf' 같이 파일의 성격을 나타내는 3~4자의 약어)를 입력합니다. 다음 그림은 5MB이하의 JPG 파일만 첨부할 수 있도록 제한한 경우입니다.

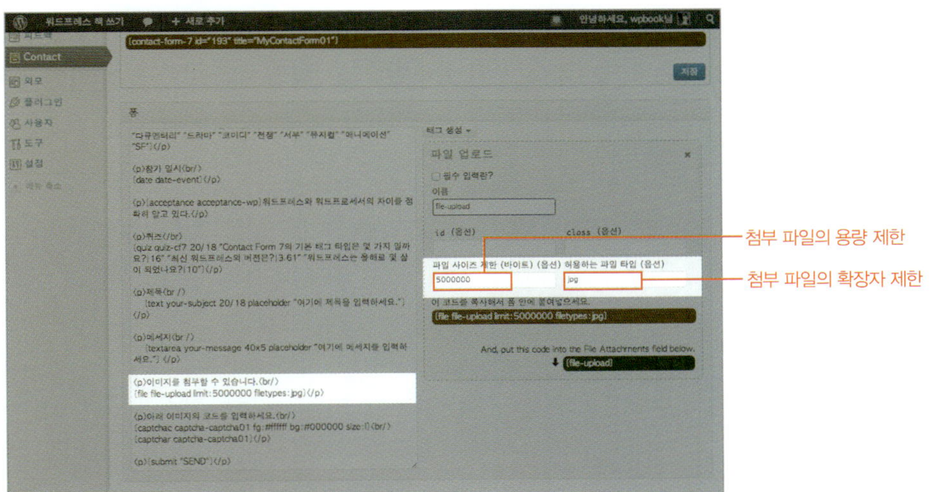

▲ 파일 업로드 태그 입력 양식 설정하기

업로드된 파일을 이메일에 첨부하려면 이메일 설정의 '첨부파일' 필드에 녹색 바탕으로 표시된 숏코드를 입력합니다. 다른 태그들은 이메일용 숏코드를 '메세지 내용' 필드에 넣지만 파일 업로드 태그의 경우 '첨부파일' 필드에 입력해야 합니다.

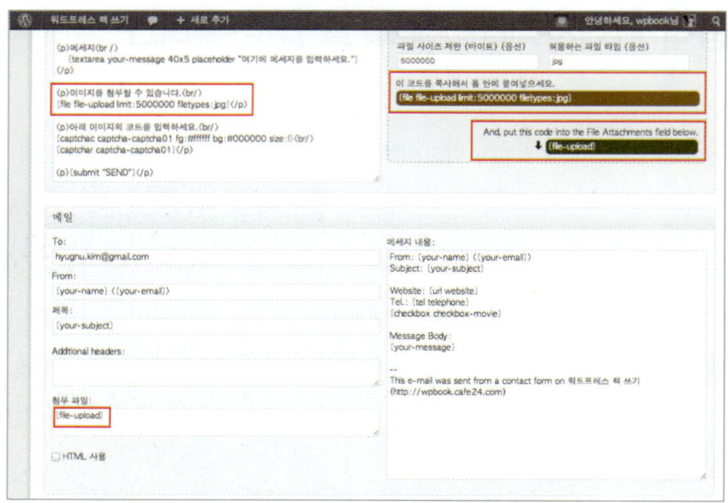

▲ 파일 업로드 태그 이메일 설정하기

다음 그림은 파일 업로드 태그가 적용된 화면입니다. [파일선택] 버튼을 클릭해 첨부할 파일을 선택해 업로드할 수 있습니다.

▲ 파일 업로드 태그를 적용한 결과

18 연락 양식에 스타일 입히기(1)

Contact Form 7의 각 태그 별로 필드의 크기를 정하는 'size' 옵션이 있습니다. 이름, 이메일, 제목, 메시지로 구성된 기본 연락 양식에도 텍스트, 이메일, 텍스트 영역 태그를 통해 필드가 출력되는데 성격이 유사한 텍스트와 이메일 태그의 경우 size 옵션으로 크기를 맞출 수 있지만 텍스트 영역은 size가 아닌 cols에서 필드의 가로폭을 정하기 때문에 텍스트, 이메일 태그의 size와 같은 값을 설정해줘도 크기를 똑같이 맞출 수 없습니다. 애초부터 각 필드별로 사이즈를 달리한다면 이런 차이점에 대해서 민감하지 않을 수 있지만 연락 양식에 스타일을 적용하면 필드의 크기뿐만 아니라 글씨 크기, 여백, 선 두께 및 색상 등을 조정할 수 있습니다.

▲ 각 필드의 크기가 서로 다르게 표시됩니다.

Contact Form 7의 모든 태그에 공통적으로 들어 있는 옵션이 있는데 바로 'id'와 'class' 입니다. id와 class 옵션을 이용해 각 태그별로 스타일을 지정할 수 있는데 태그별로 'id' 또는 'class'라는 요소명을 붙여준 후, 테마 스타일시트(style.css)에 해당 요소의 스타일을 정의해 주는 방법을 사용합니다. 연락 양식의 각 요소에 스타일을 정의하기 위해 테마에 포함되어 있는 스타일시트 파일을 수정하거나 젯팩이 활성화되어 있는 상태라면 젯팩의 CSS 편집 기능('사용자 정의 CSS')을 이용하는 방법도 있습니다. 기본 연락 양식에서 텍스트와 텍스트 영역 필드의 크기를 맞춰 보겠습니다.

텍스트 태그를 선택한 후, class 옵션에 요소명을 입력합니다. 요소명은 정해져 있지 않습니다. 적용할 스타일에 맞는 이름으로 정합니다. 아래 보기에서는 'basic-width'라는 이름을 사용했습니다. 다. 다음 그림에서 보듯이 class 옵션에 'basic-width'라고 입력하면 입력 양식에 적용할 숏코드에 'class:basic-width'라는 내용이 추가됩니다.

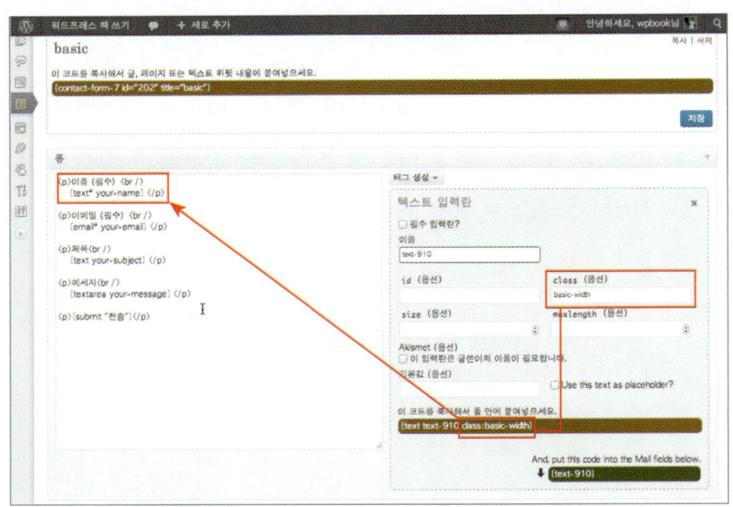

▲ 텍스트 태그 class 옵션에 요소명을 입력

추가된 내용을 텍스트 태그로 구성된 이름, 제목란에 추가합니다. '[text* your-name]'이라고 되어있었던 이름란의 숏코드를 '[text* your-name class:basic-width]'로 바꿔주고 '[text your-subject]' 라고 되어 있는 제목의 숏코드를 [text your-subject class:basic-width]'로 바꿔줍니다. class 옵션을 추가하는 것뿐이기 때문에 기존의 숏코드에 'class:basic-width'만 추가합니다.

> **참고**
>
> 텍스트 태그를 새로 생성해서 교체해도 상관없지만 태그의 이름이 바뀔 경우 이메일 내용에서도 함께 바꿔줘야 한다는 점은 주의해야 합니다.

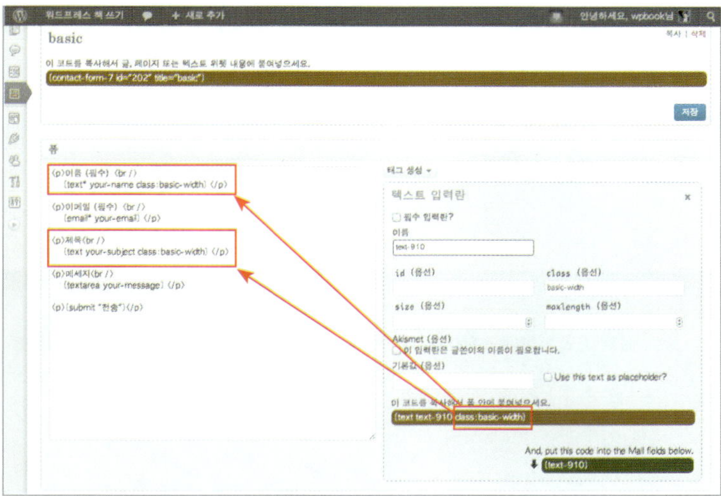

▲ 이름과 제목란에 class 지정

이메일 태그를 선택하고 class 옵션에 이름, 제목란에 적용했던 class와 같은 이름을 입력합니다. 그리고 이메일란에 class 옵션을 추가합니다.

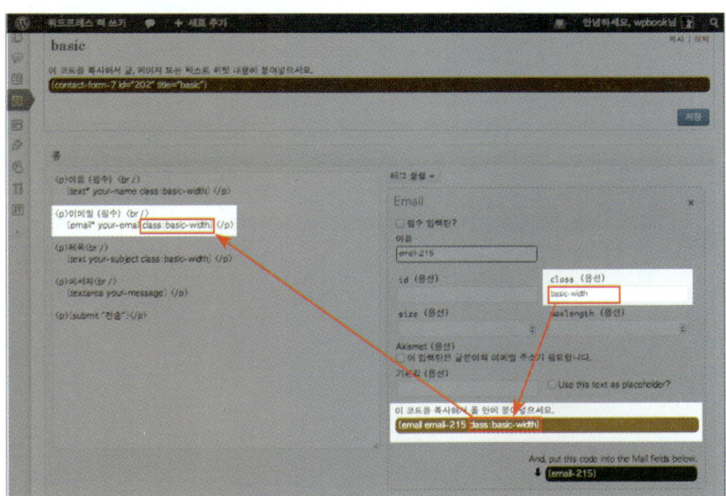

▲ 이메일란에 class 지정

텍스트 영역 태그를 선택하고 class 옵션에 이름, 제목, 이메일란에 적용했던 class와 같은 이름을 입력합니다. class 옵션이 적용된 입력 양식용 숏코드의 형식을 참고해 메시지란의 숏코드에 class 옵션이 추가되도록 수정합니다. 이제 이름, 이메일, 제목, 메시지란 모두 같은 이름의 class를 공유하게 되었습니다.

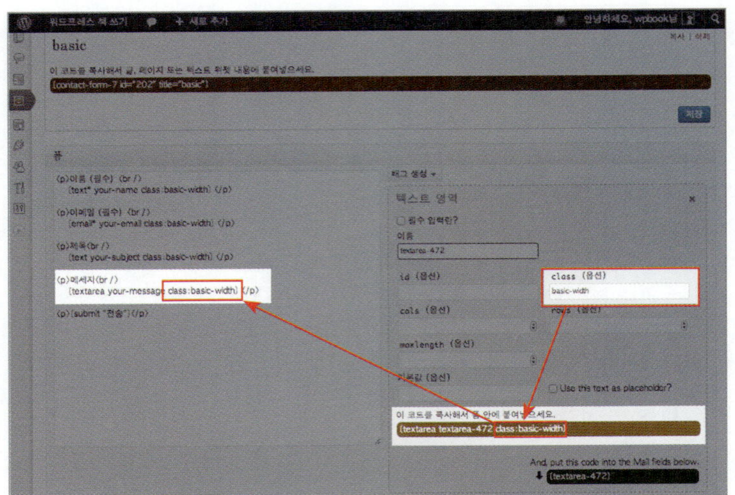

▲ 메시지란에 class 지정

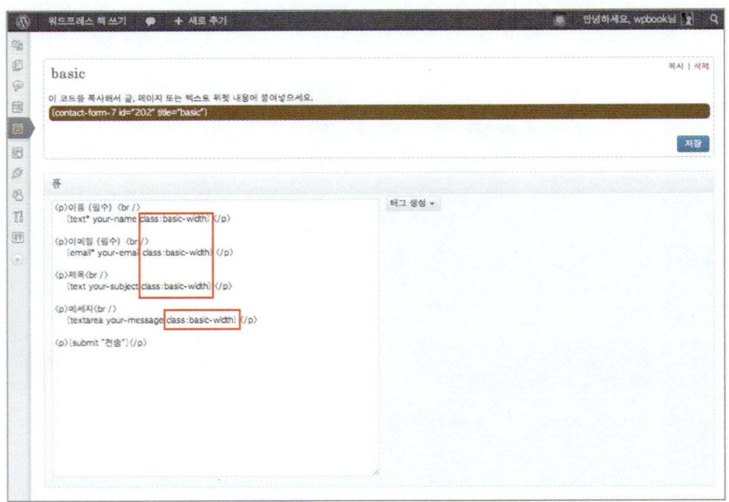

▲ 이름, 이메일, 제목, 메세지란 모두 같은 이름의 class를 지정

이제 각 필드에 지정한 class에 스타일을 정의할 차례입니다. 젯팩이 활성화되어 있다면 '외모'의 'CSS 편집' 메뉴로 이동합니다. 젯팩이 설치되어 있지 않다면 워드프레스 기본 코어에서 제공하는 '편집기'로 이동합니다.

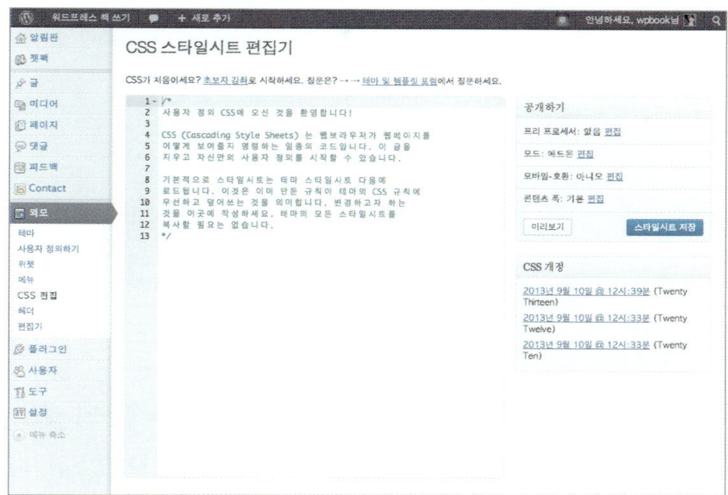

▲ 젝팻의 CSS 편집 화면, 젯팩이 설치되어 있지 않다면 '외모'의 '편집기' 메뉴로 이동합니다.

Contact Form 7의 각 필드에 지정한 class에 스타일을 정의합니다. class의 요소명이 'basic-width'라면 편집기에 '.basic-width { width:450px; }'라고 입력합니다. 위의 그림은 젯팩 CSS 편집기에서 스타일을 정의한 것이고 다음 그림은 테마 편집기에서 스타일시트에 스타일을 추가한 것입니다.

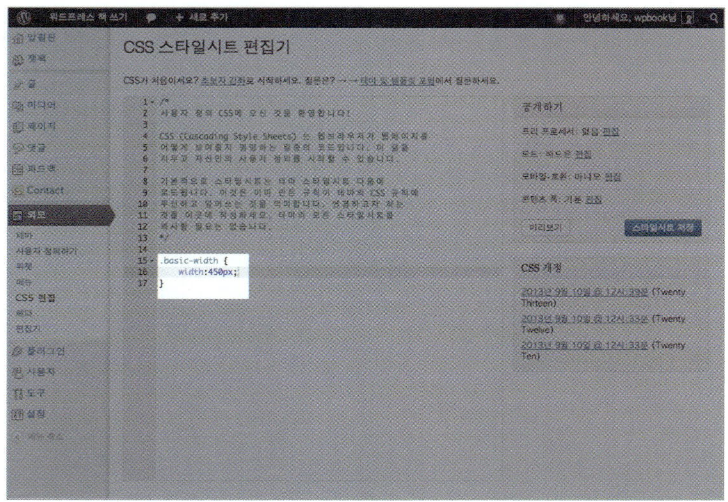

▲ 젝팻 CSS 편집기에서 스타일을 정의

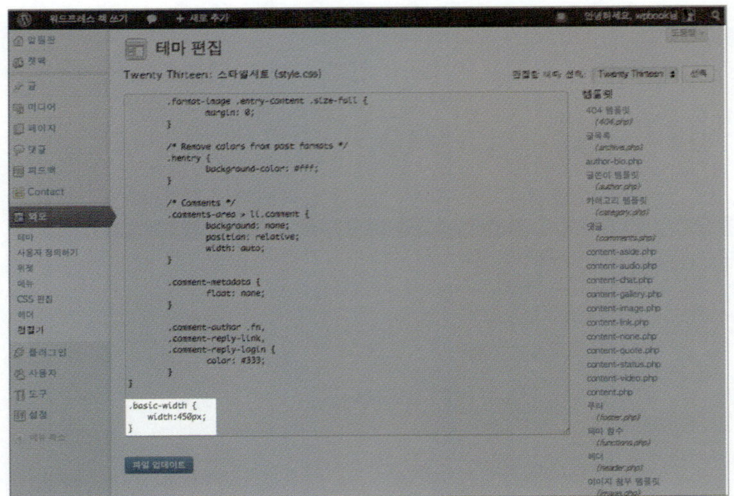

▲ 워드프레스 테마 편집기에서 스타일 정의

연락 양식이 삽입된 글 또는 페이지를 엽니다. 연락 양식에 스타일이 적용된 것을 볼 수 있습니다. 이름, 이메일, 제목의 필드와 메시지 필드의 가로 폭이 같은 크기로 통일되었습니다.

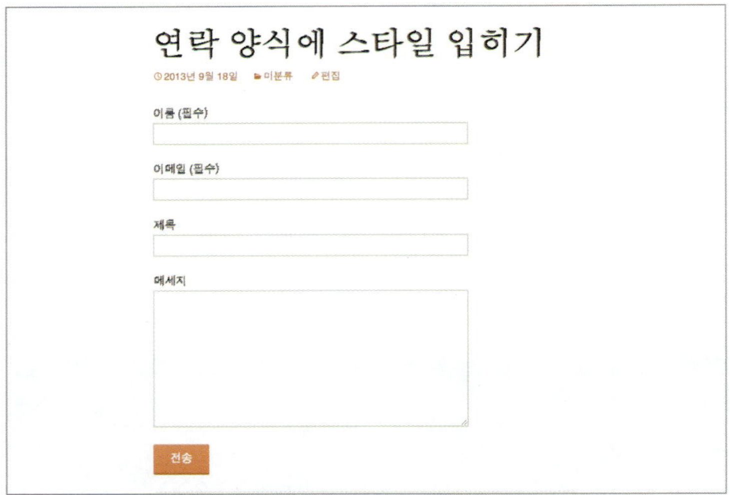

▲ 각 필드에 class가 지정, 스타일이 적용된 화면

19 연락 양식에 스타일 입히기(2)

앞에서는 각 필드의 가로폭을 맞추기 위해 스타일을 적용했는데 가로폭 외에도 필드의 바탕 색상이나 테두리 선 스타일, 글 색상 및 글씨 크기 등을 지정할 수 있습니다. 다음 그림은 바탕색(background-color), 테두리 선(border), 글씨 크기(font-size), 글 색상(color)에 관한 스타일을 추가한 화면입니다.

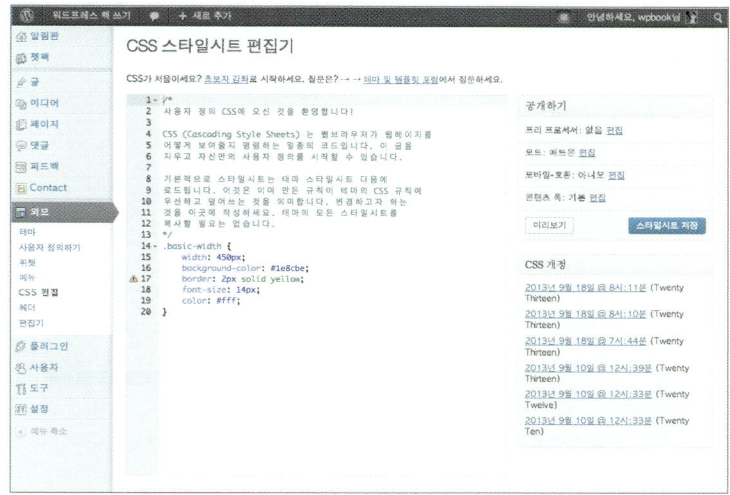

▲ 스타일을 추가한 화면

위의 그림과 같이 스타일을 정의한 결과 다음과 같이 출력됩니다.

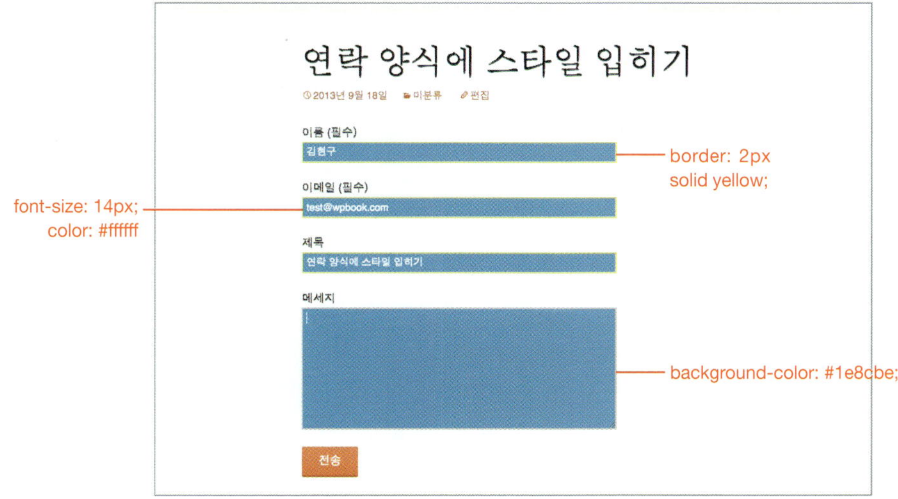

▲ 연락 양식의 스타일을 적용한 결과

각 필드별로 스타일을 달리하려면 class의 요소명을 다르게 지정하거나 id를 지정해 해당 id, class에 스타일을 정의할 수도 있습니다. 예를 들어 제목과 메시지의 필드에 적용된 class 요소의 이름을 'basic-width'에서 'special-width'로 변경하고 스타일시트에 '.special-width'를 새로 정의하면 이름과 이메일은 'basic-width'라는 이름의 class에 정의된 스타일을 따르고 제목과 메시지는 'special-width'라는 class의 스타일을 따릅니다.

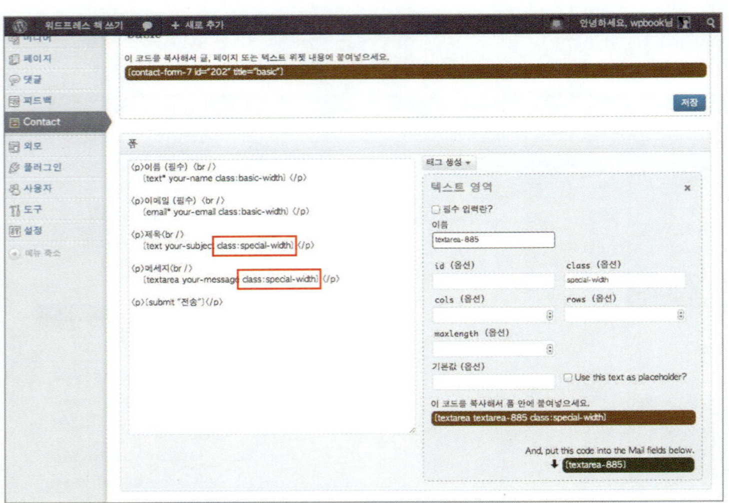

▲ 제목과 메세지 필드의 class를 'special-width'로 변경

스타일 편집기에서 .special width와 .basic-width를 다르게 정의하고 그 결과를 확인합니다.

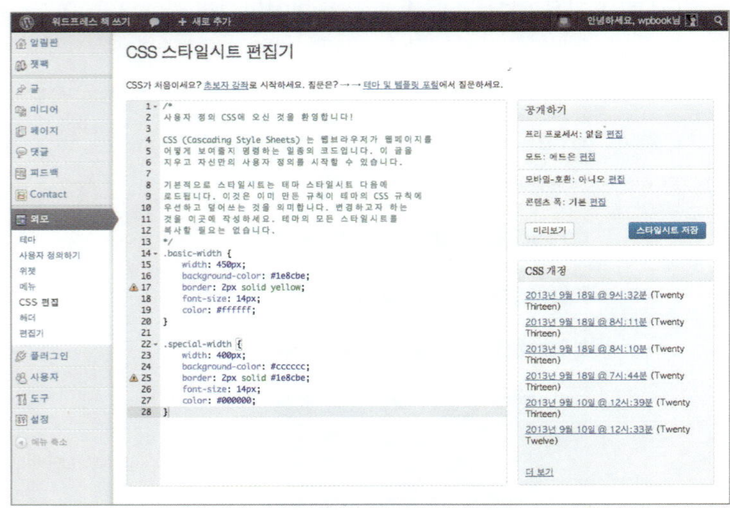

▲.special-width에 대한 스타일 정의

다음 그림에서 보듯이 색상, 크기가 다른 필드가 출력됩니다.

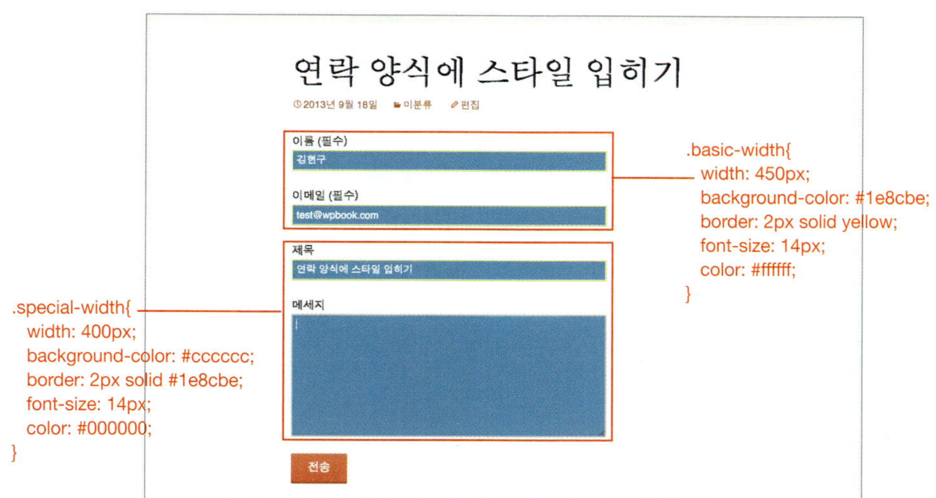

▲ 필드별로 다른 class를 지정하고 각 class별로 스타일을 다르게 정의한 경우

Contact Form 7 태그의 id, class 옵션을 이용하고 젯팩의 사용자 정의 CSS 기능이나 테마 편집기를 활용하면 연락 양식에 여러분이 원하는 스타일을 적용할 수 있습니다.

003

추천 플러그인

워드프레스의 기능을 확장, 향상시켜주는 플러그들을 소개합니다. 매일 같이 새로운 플러그인이 나오고 또 업데이트됩니다. 무료라고는 하지만 수많은 플러그인 중에서 적당한 것을 찾기란 쉽지 않습니다. 이 장에서는 활용도 높은 워드프레스 플러그인들을 소개합니다.

01 스팸 댓글 차단, 어키즈밋(Akismet)

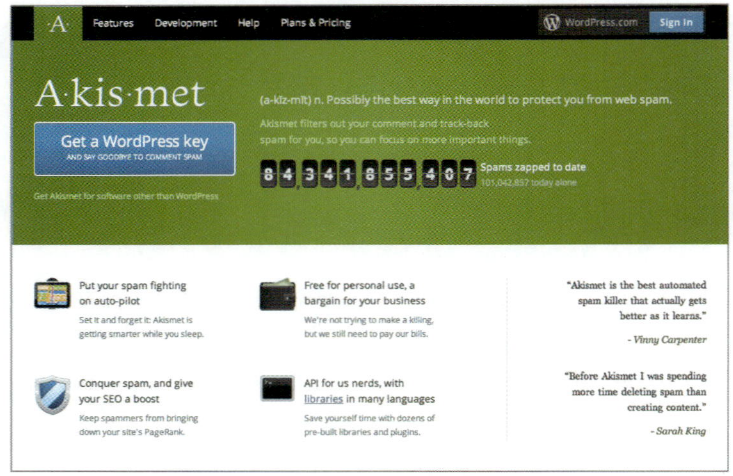

▲ 어키즈밋 플러그인의 홈페이지, 출처: http://akismet.com/

웹사이트를 관리할 때 가장 큰 걱정거리 중에 하나가 바로 스팸입니다. 웹사이트가 사람들에게 알려지기도 전에 스팸을 뿌리고 다니는 일명, '봇'들에게 소문이 나고 스팸에 시달립니다. 그래서 스팸을 어떻게 관리할 것인가는 웹사이트 관리에 있어 무척 중요한 부분입니다. 특히 워드프레스는 검색에 최적화되어 있어서 웹사이트를 만든지 얼마 되지도 않아서 스팸봇의 표적이 될 수 있는데 워드프레스를 설치할 때 기본으로 포함되어 있는 어키즈밋(Akismet)이라는 플러그인으로 스팸에 대한 걱정을 덜어낼 수 있습니다.

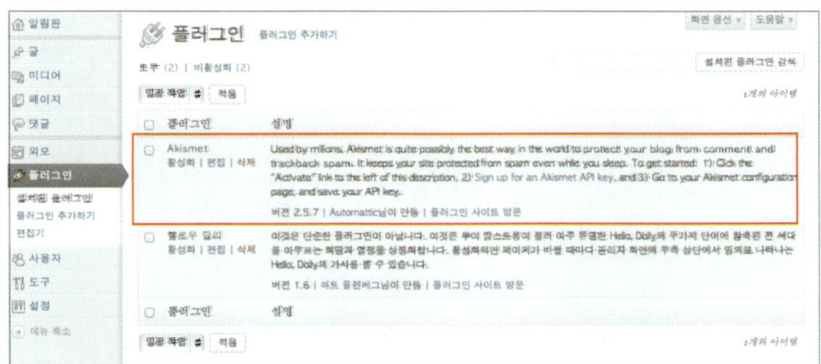

▲ 워드프레스에 기본으로 포함되어 있는 어키즈밋 플러그인

그래서 워드프레스를 설치하고 웹사이트를 설정할 때, 빠뜨리지 않고 해야할 일이 바로 어키즈밋 플러그인 활성화입니다. 스팸 대책은 어떤 사이트나 필수로 챙겨야 할 부분이기 때문에 워드프레스 사이트라면 어키즈밋은 필수라고 할 수 있습니다.

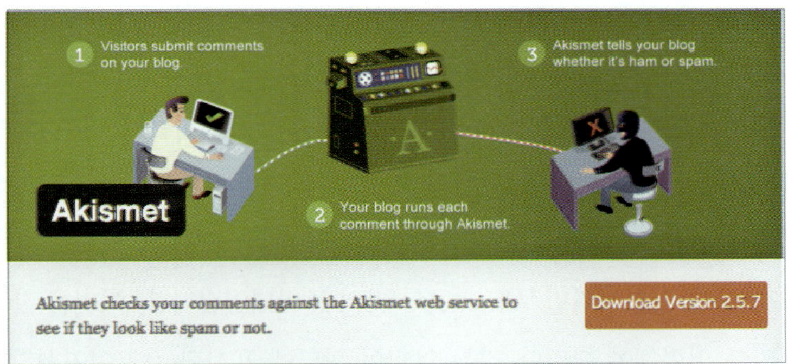

▲ wordpress.org 플러그인 디렉토리에 등록되어 있는 어키즈밋 플러그인,
출처: http://wordpress.org/plugins/akismet/

어키즈밋(Akismet)이라는 이름의 의미

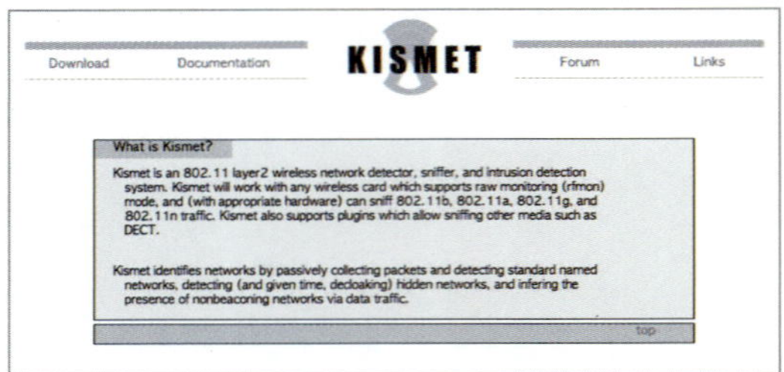

▲ 리눅스 보안 소프트웨어 Kismet의 홈페이지, 출처: http://www.kismetwireless.net/

'어키즈밋(Akismet)'이라는 이름은 802.11 무선랜의 네트워크를 탐지하고 패킷을 수집, 침입을 탐지하는 리눅스 보안 소프트웨어를 일컫는 kismet에 어키즈밋 플러그인을 개발한 오토매틱(Automattic) 사의 이니셜 a를 붙여 만든 합성어입니다.

kismet은 영어에서 '숙명'이라는 뜻이니 Akismet은 워드프레스의 견인차 역할을 하는 오토매틱사의 운명을 책임지고 있다고 말할 수 있을지도 모릅니다.

어키즈밋은 다른 워드프레스 플러그인들과 달리 플러그인을 작동시키기 위해 어키즈밋 API 키가 필요합니다. 어키즈밋 플러그인을 워드프레스에 제대로 꽂는 방법을 알아보겠습니다.

관리자에서 플러그인을 활성화시키면 'Akismet이 거의 준비되었습니다. 이것을 작동시키기 위해서는 Akismet API 키를 입력해야 합니다.'라는 알림이 상단에 표시되는데 여기서 'Akismet API 키' 부분을 클릭하면 어키즈밋 설정 페이지로 옮겨갑니다.

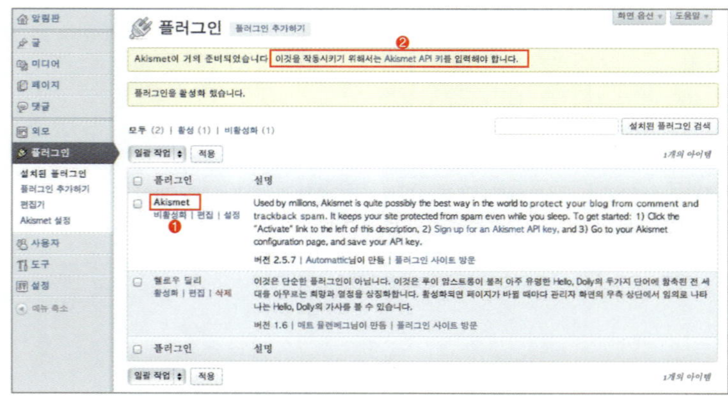

▲ 어키즈밋 플러그인을 활성화한 뒤 API 키를 설정합니다.

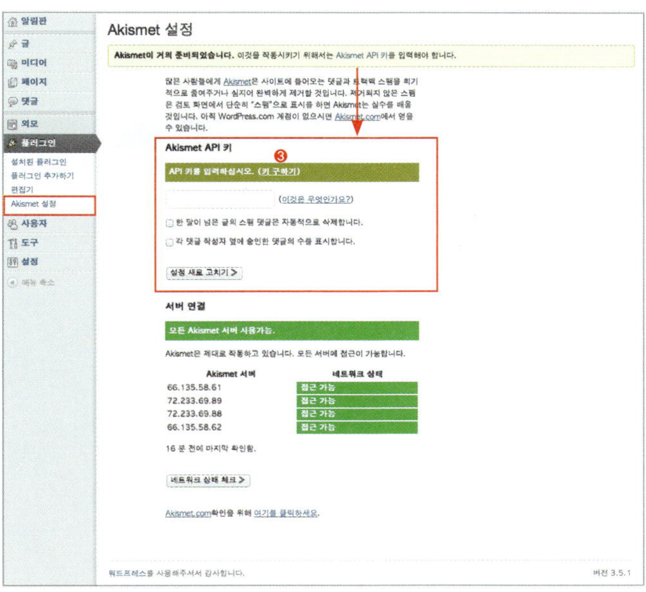

▲ 관리자의 어키즈밋 설정 페이지

어키즈밋을 사용하려면 API 키가 있어야 합니다. 어키즈밋 설정 페이지에서 'API 키를 입력하십시오. (키 구하기)'라고 쓰여 있고 바로 밑에 키를 입력하는 란이 비워져 있을 겁니다. 어키즈밋 서비스 사이트에서 API 키를 할당받아 밑에 있는 공란에 입력해야 합니다. 키를 받기 위해 '키 구하기'라고 문구를 클릭해 서비스 사이트로 이동합니다.

▲ 어키즈밋 API 키를 만들기 위해 서비스 페이지로 이동합니다.
출처: http://akismet.com/wordpress/

이동한 웹페이지에서 [Get an Akismet API key] 버튼을 클릭합니다.

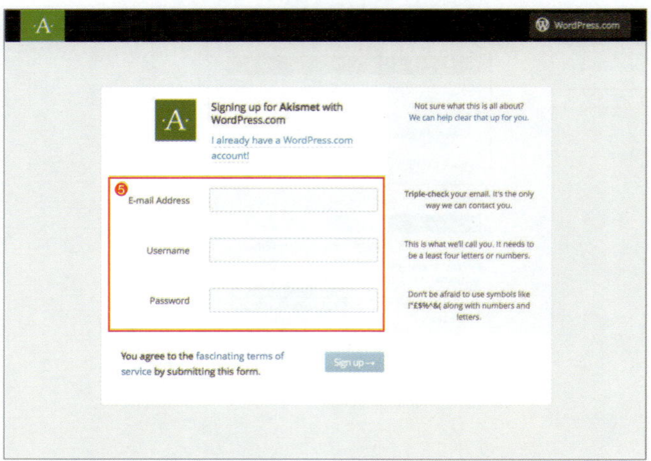

▲ 어키즈밋 API 키를 받기 위해 계정을 만듭니다.

어키즈밋 서비스에 가입을 합니다. 이메일, 사용자명, 비밀번호를 입력하고 아래 [Sign up] 버튼을
클릭합니다.

wordpress.com 계정으로 어키즈밋 API 키 받기

만약 wordpress.com 계정이 있다면 새로 계정을 만들지 않아도 됩니다.다음 그림에서 상단에 'I already
have a wordpress.com account!'라고 표시될 링크를 클릭하면 로그인 화면이 나오는데 여기에서 닷컴의
계정 정보를 입력해 로그인하면 따로 가입하지 않고 어키즈밋 API 키를 받을 수 있습니다.

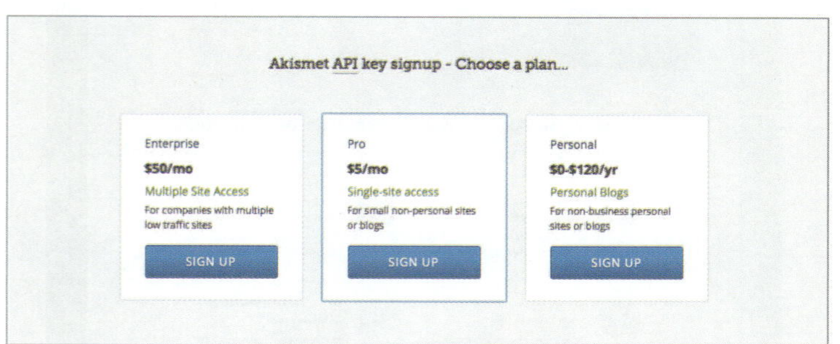

▲ 어키즈밋의 가격 정책

어키즈밋 API 키를 사용할 때 웹사이트의 성격에 맞는 상품을 선택해야 합니다. 다수의 웹사이트를
운영하는 기업은 엔터프라이즈(Enterprise), 영리를 목적으로 하는 단일 웹사이트나 블로그 경우는

프로(Pro), 비영리 개인 웹사이트나 블로그는 퍼스널(Personal) 상품을 선택합니다. 여기서는 퍼스널 상품을 기준으로 설명합니다.

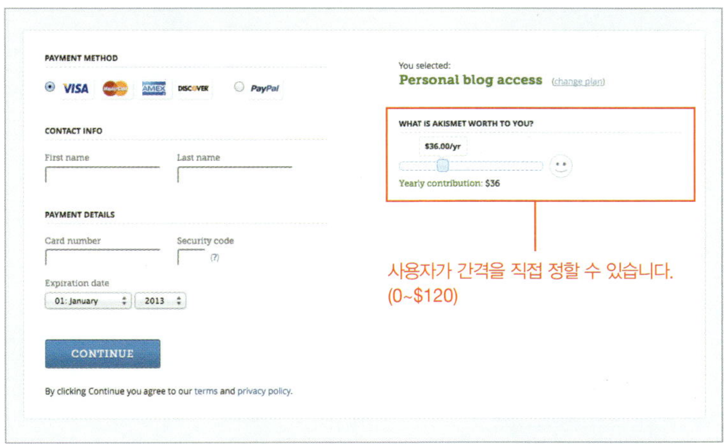

▲ 어키즈밋의 퍼스널 상품의 가입 페이지

퍼스널 상품을 선택하고 가입 페이지로 가면 왼쪽에는 결제 관련 정보를 입력하는 란이 있고 오른쪽에 웃고 있는 이모티콘과 가격을 정하는 컨트롤 바가 있습니다. 가격을 정합니다.

| 어키즈밋 이용 요금 |

엔터프라이즈와 프로 상품은 월 단위로 이용 요금을 계산되는데 엔터프라이즈는 월 50달러, 프로는 월 5달러가 됩니다. 여기에 비해 비영리 목적의 개인 홈페이지나 블로그를 운영한다면 퍼스널 상품을 선택하는데 이용 요금을 사용자가 직접 정한다는 점이 재미있는 부분입니다.

퍼스널 상품은 연 단위로 과금을 하는데 0에서 120까지, 다시 말해 공짜에서 연 120달러까지 사용자가 직접 정할 수 있게 되어 있습니다. 일종의 기부 형식이라고 할 수 있습니다. 컨트롤 바를 왼쪽 끝까지 옮기면 가격은 0이 됩니다. 동시에 컨트롤 바 오른쪽에서 웃고 있던 녀석의 표정이 바뀌고 왼쪽의 결제 관련 폼이 사라집니다. 연 24달러를 기준으로 웃고 있던 표정이 심술 맞게 변하니 이 부분에 있어서는 판단은 여러분의 몫입니다.

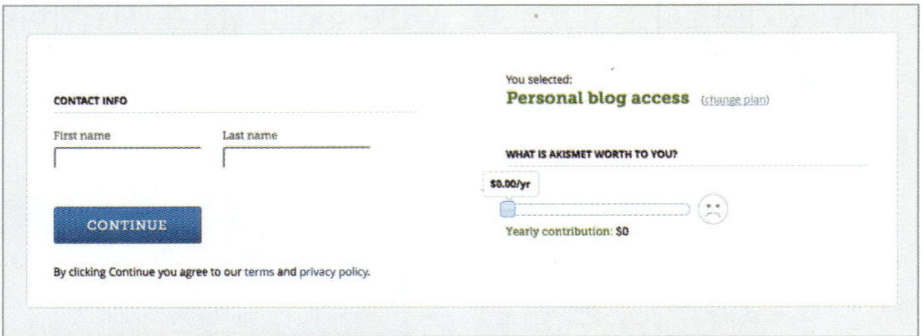

▲ 어키즈밋의 퍼스널 상품의 가격을 0으로 했을때

왼쪽 사용자 정보에 이름을 입력하고 [CONTINUE] 버튼을 클릭합니다.

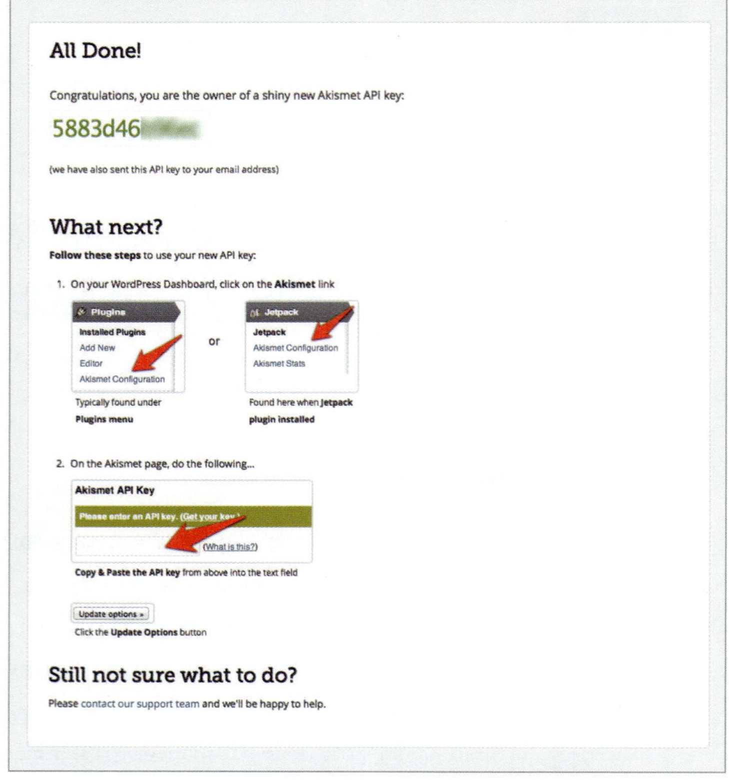

▲ 어키즈밋 가입 과정이 완료하면 API 키를 받을 수 있습니다.

모든 가입 과정을 마치고 나면 API 키가 나타납니다. 그리고 어키즈밋 설정을 마무리 짓기 위해 남은 과정이 이미지와 함께 설명되어 있습니다. 상단에 녹색으로 표시된 12자리 키를 마우스로 선택하고 Ctrl + C 를 눌러 클립보드에 복사합니다. 다시 워드프레스 사이트의 관리자 화면으로 돌아갑니다.

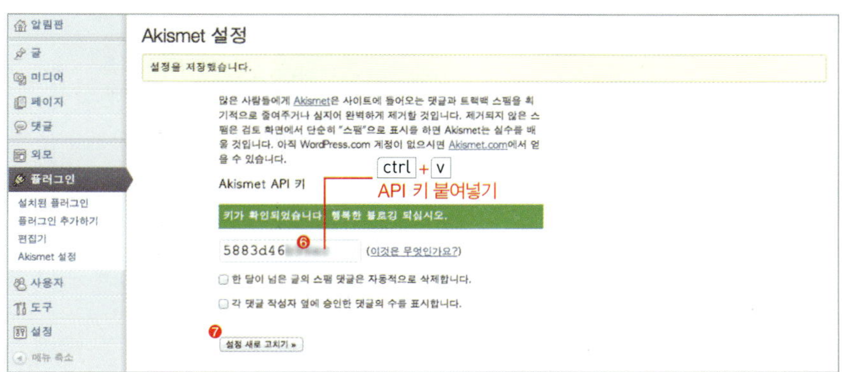

▲ 워드프레스 관리자에서 어키즈밋 API 키를 입력하고 설정을 마무리 합니다.

Ctrl + V 를 눌러 API 키를 붙여넣고 아래 [설정 새로 고치기] 버튼을 클릭하면 다음 그림 에서 보듯이 녹색 박스 위에 흰 글씨로 '키가 확인되었습니다. 행복한 블로깅 되십시오.'라는 문구가 나타납니다. 이로써 어키즈밋 설정이 모두 마무리 되었습니다. 마지막 문구처럼 이제 스팸 댓글 걱정 없이 행복한 블로깅을 즐깁니다.

참 고

모든 설치가 마무리되면 관리자의 '알림판' 안에 'Akismet 통계'라는 페이지가 추가됩니다. 여기서 어키즈밋이 검수한 스팸 댓글의 통계를 볼 수 있습니다. 이 통계를 들여다 볼 일은 거의 없을 겁니다. 어키즈밋이 제 역할을 하는 한 그 존재를 확인할 필요는 없을 테니까 말입니다.

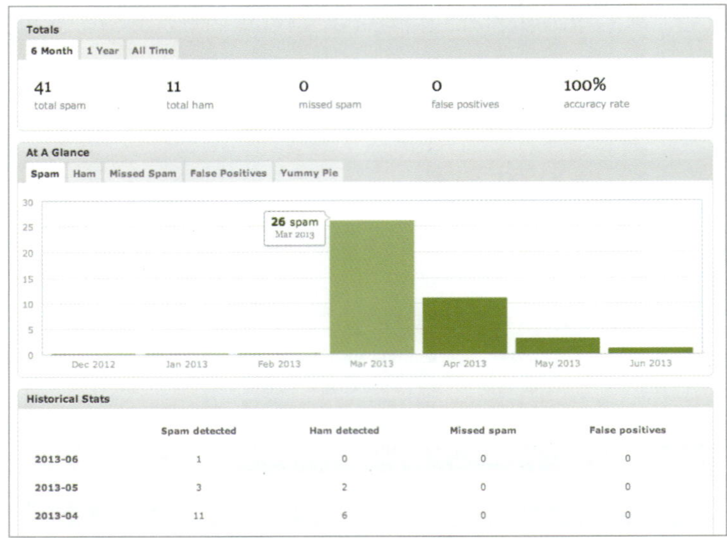

▲ 어키즈밋이 검수한 스팸 댓글 통계

| 어키즈밋 계정을 만드는 동안 받게 되는 2통의 이메일 |

어키즈밋 사이트에서 API 키를 받기 위해 계정을 만드는 동안 해당 계정 정보로 입력한 이메일 주소로 2통의 이메일이 날아옵니다.

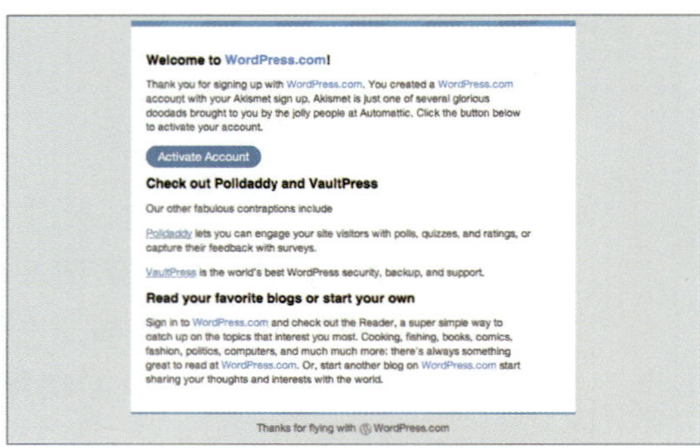

▲ wordpress.com 계정이 만들어졌다는 내용의 이메일

첫 번째 이메일은 wordpress.com 계정이 새로 만들어졌다는 내용이고 계정을 활성화할 수 있는 링크가 포함되어 있습니다. 젯팩(Jetpack) 플러그인을 사용하려면 wordpress.com에 계정이 있어야 하는데 어키즈밋 계정은 wordpress.com의 계정으로도 사용되기 때문에 가입을 따로 할 필요없이 이 이메일을 통해 계정을 활성화시킵니다. 이메일의 [Activate Account] 버튼을 클릭해 wordpress.com의 계정을 사용할 수 있도록 만들어 두는 것이 좋습니다.

▲ 가입을 완료하면 받게 되는 이메일. 어키즈밋 계정 정보가 요약되어 있습니다.

두 번째 이메일은 어키즈밋 가입을 완료한 후에 받게 되는데 가입 상품과 API 키를 비롯한 계정 정
보을 담고 있습니다. 만약의 경우를 대비해 이메일 내용을 따로 저장해 두거나 할 필요가 있습니다.

티스토리에서도 사용할 수 있는 어키즈밋

어키즈밋은 워드프레스 외에도 타 블로그 및 웹사이트에 활용이 가능한 범용 스팸 필터로 알려져 있습니다.
국내 블로그 서비스인 티스토리에서도 어키즈밋을 플러그인으로 제공하고 있고 플러그인 적용법과 함께 어
키즈밋 API 키 발급 방법(http://notice.tistory.com/2092)을 함께 소개하고 있습니다.

▲ 티스토리에서도 어키즈밋을 플러그인으로 제공하고 있습니다.

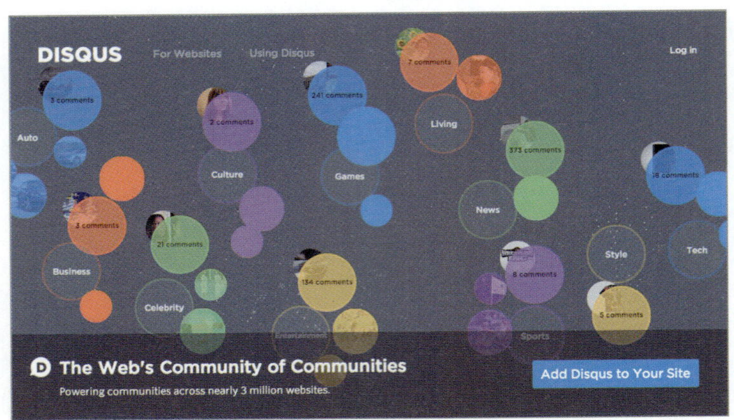

▲ 댓글통합관리시스템 Disqus의홈페이지, 출처: http://disqus.com/

SNS와 모바일 환경이 확산되면서 웹사이트의 댓글 시스템도 변화되었습니다. 보통 댓글을 입력하려면 이메일 주소를 기본으로 몇 가지 정보를 입력하거나 또는 로그인합니다. 개인 정보를 입력하지 않고 누구나 댓글을 달 수 있도록 하는 경우도 있지만 그런 경우 대부분 스팸 댓글로 몸살을 앓게 됩니다. 결국 방문자가 댓글을 달기 위해서는 최소한의 신원 확인이 필요한데 방문자 입장에서는 웬만한 단골집이 아니고선 그 웹사이트에 가입해 계정을 만들지는 않습니다. 또 이메일 주소를 입력하는 것도 꺼려하는 경우가 있어서 최근에는 트위터나 페이스북 같은 SNS 계정을 통해 가입하지 않은 웹사이트에 로그인하거나 댓글을 남기는 경우가 많습니다. 또 스마트폰이나 타블렛 PC를 통해 방문하고 댓글을 남기는 경우도 늘어나고 있어서 모바일 환경을 고려한 댓글 시스템이 중요해지고 있습니다.

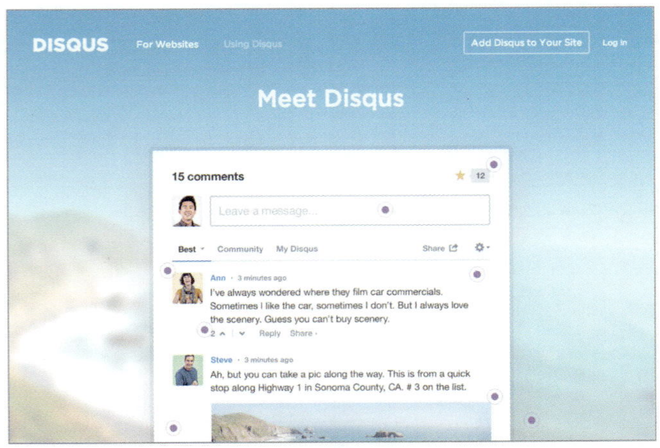

▲ 댓글 통합 관리 시스템 Disqus의 홈페이지, 출처: http://disqus.com/

이런 웹 사용 환경의 변화를 고려할 때, 워드프레스가 제공하는 기본 댓글 시스템만으로는 부족하다고 느낄 수 있는데 댓글 서비스만으로 특화된 Disqus(Disqus Comment System)를 찾게 되는 이유입니다.

■ Disqus의 특징

Disqus는 WordPress.org의 플러그인 디렉토리에서 백만회 이상 다운로드된 인기 플러그인 중에 하나입니다. 워드프레스를 비롯해 텀블러, 드루팔, 줌라, 무버블 타입, 블로거(Blogger), TypePad 등 다양한 플랫폼을 지원하고 댓글에 관한한 최고의 기능을 자랑하는 서비스입니다. 앞서 언급한 모바일 최적화, SNS 계정 로그인 기능 외에도 댓글에 대한 찬반 투표, 실시간 댓글 업데이트, 댓글에 사진 및 동영상 등의 미디어 삽입, 댓글의 스타일 변경, SNS에 댓글을 공유하는 기능까지 댓글에 관해서 더 이상의 기능이 필요없을 만큼 다양하고 폭넓은 서비스를 제공합니다.

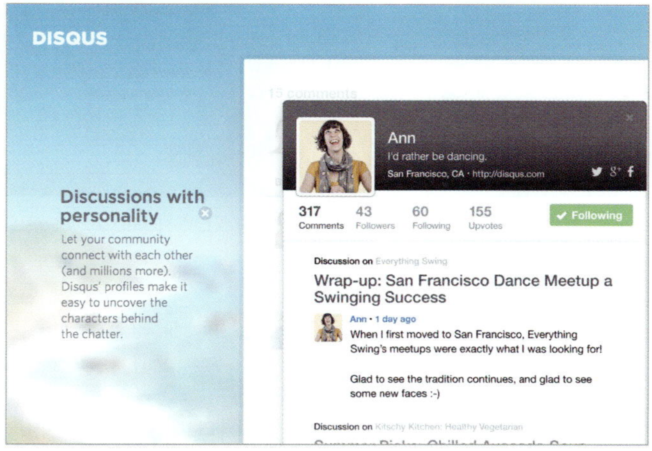

▲ Disqus 댓글에서 아바타를 클릭하면 댓글 계정 대한 정보를 볼 수 있습니다.
출처: http://disqus.com/

Disqus의 가장 큰 특징은 댓글을 기반으로 소셜 네트워크를 만들고 있다는 점입니다. 위 그림은 이런 특징을 잘 보여주고 있는데 마치 트위터처럼 팔로워, 팔로잉 기능이 있으며 트위터의 Tweet 대신 댓글과 투표가 집계됩니다. 하나의 계정으로 Disqus를 지원하는 웹사이트 어디에서나 댓글을 남길 수 있고 이런 댓글 활동을 기반으로 소셜네트워크 서비스가 만들어집니다. '웹사이트는 달라도 댓글은 Disqus로 통한다'라고 말할 수 있을 만큼 통합적인 댓글 시스템으로 Disqus의 범용성은 넓어지고 있는 추세입니다.

■ Disqus 설치하기

Disqus를 내 워드프레스에 설치하는 방법을 알아보도록 하겠습니다.

Disqus 홈페이지(http://disqus.com/)에서 오른쪽 하단의 [Add Disqus to Your Site] 버튼을 클릭합니다.

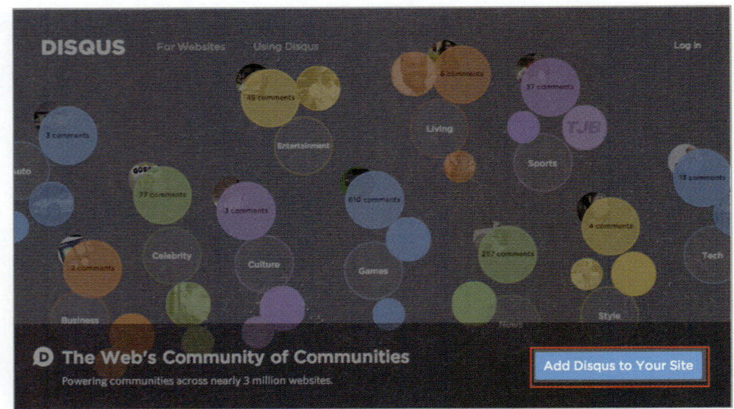

▲ Disqus의 홈페이지 오른쪽 하단의 버튼을 클릭합니다. 출처: http://disqus.com/

가입화면이 나타나는데 왼쪽에는 등록할 워드프레스 사이트에 대한 정보를 입력하고 오른쪽에서 새로 만들 Disqus 계정에 관한 정보를 입력합니다. 사이트 정보에 입력할 내용은 워드프레스 사이트의 URL(Site URL), 사이트명(Site Name), 사이트 영문명(Site Shortname)이고 마지막에 'Enable Promoted Discovery'라는 선택 옵션이 있습니다. 'Discovery'는 Disqus를 통해 다른 사이트에서 논의되고 있는 흥미롭고 새로운 글타래(댓글 묶음)를 찾아서 보여주는 기능입니다. 필요에 따라 선택하면 되고 가입 후에 변경할 수도 있습니다. 계정 정보에는 사용자명(Username), 비밀번호(Password), 이메일 주소(Email address)를 입력합니다. 가입 양식을 모두 채운 후 오른쪽 하단의 [Continue] 버튼을 클릭합니다.

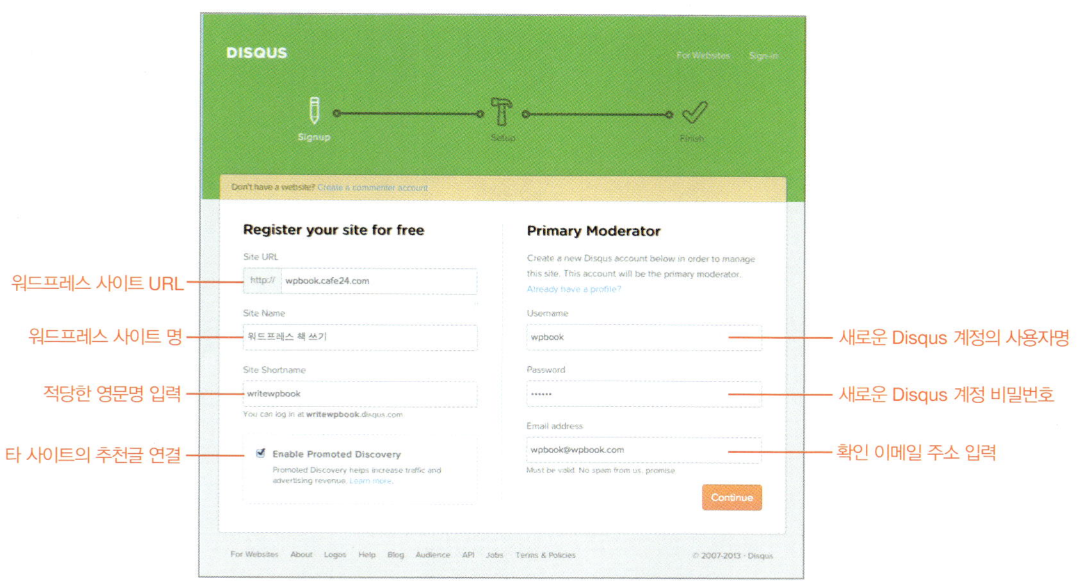

▲ Disqus 가입 화면, 출처: http://disqus.com/

'Choose your platform'이라는 문구 아래, Disqus가 지원하는 플랫폼 중에서 워드프레스를 선택합니다.

[참고]

오른쪽 상단에 회색의 아바타가 보일텐데 새로 만든 계정으로 자동 로그인되었다는 뜻입니다.

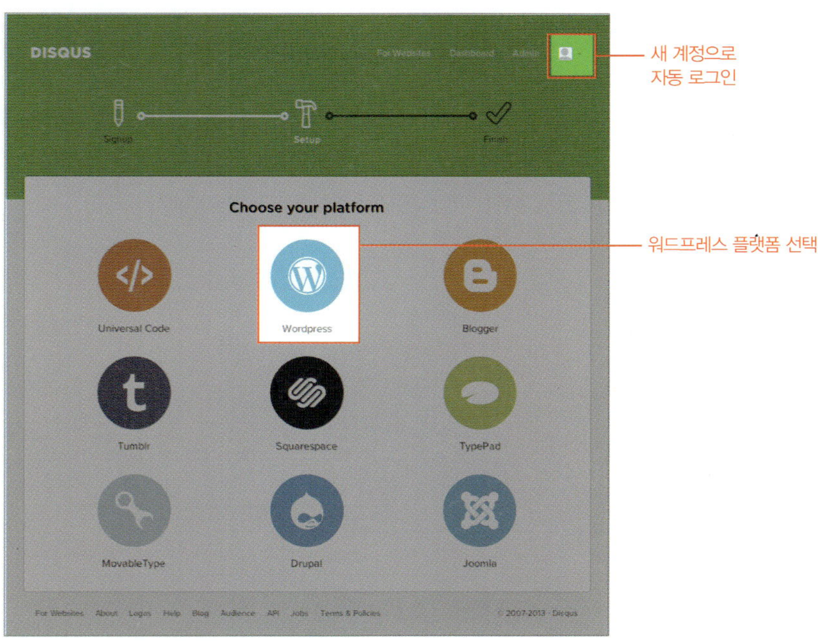

▲ Disqus에 사이트를 등록하는 과정에서 플랫폼 선택, 출처: http://disqus.com/

워드프레스 플랫폼에서 Disqus를 설치하는 방법이 나타납니다. 이 내용을 참고로 워드프레스 사이트의 관리자로 돌아가 설정을 마무리합니다.

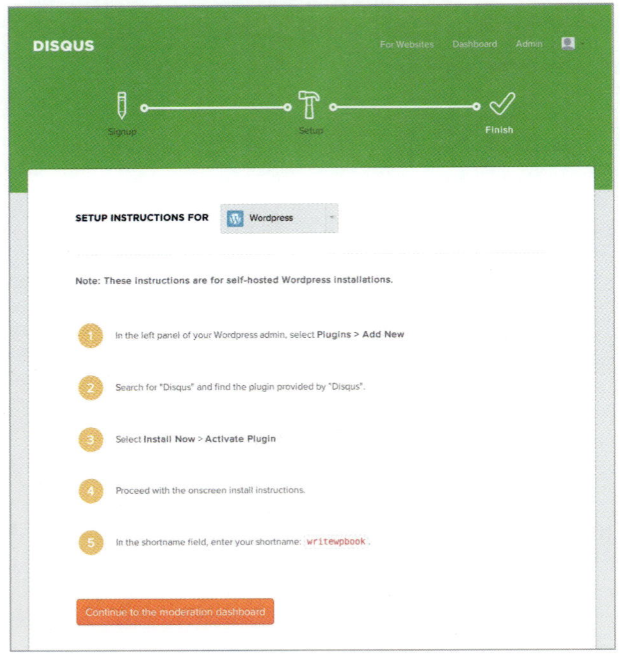

▲ 워드프레스 플랫폼에서의 Disqus 설치 방법 안내.
출처: http://disqus.com/

[참고]

| Disqus 가입시 발송되는 이메일 확인 |

새로 만든 Disqus 계정을 활성화시키려면 가입시 발송되는 이메일을 확인해야 합니다. 대부분의 서비스들이 최소한 가입시 입력한 이메일 주소의 유효성을 체크하는데 Disqus도 마찬가지입니다. 가입시 등록한 이메일 주소로 확인 링크가 발송됩니다.

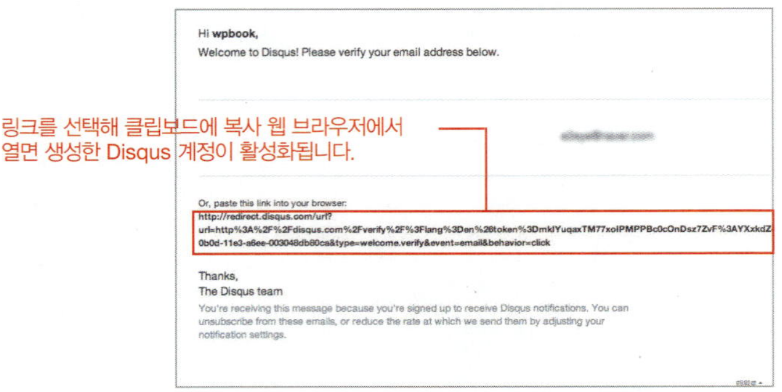

▲ Disqus 가입시 발송되는 이메일의 내용. 제공되는 링크를 통해
새로운 Disqus 계정을 활성화 시킬 수 있습니다.

WordPress.org 플러그인 디렉토리에 등록된 정식 명칭은 'Disqus Comment System'입니다.
Disqus 플러그인을 찾아서 설치하고 활성화시킵니다.

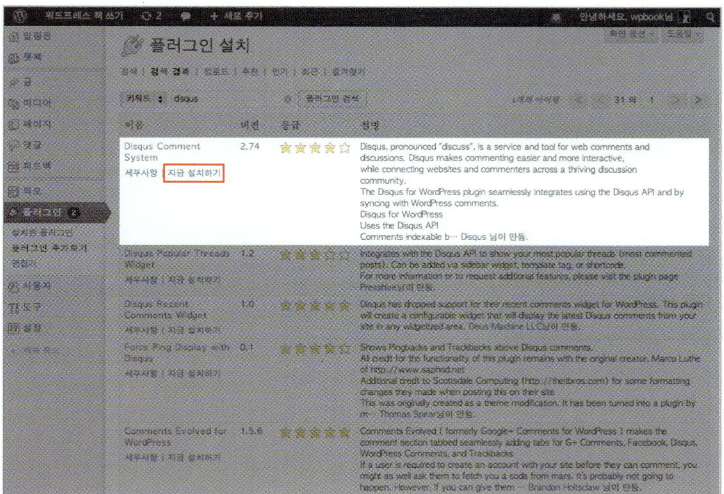

▲ 관리자에서 Disqus 플러그인을 검색한 화면

관리자의 '설치된 플러그인' 메뉴에서 'Disqus Comment System' 항목에 'Configure'를 클릭
하거나 좌측 주 관리 메뉴에서 '댓글'을 클릭하여 Disqus 설치 화면으로 이동합니다.

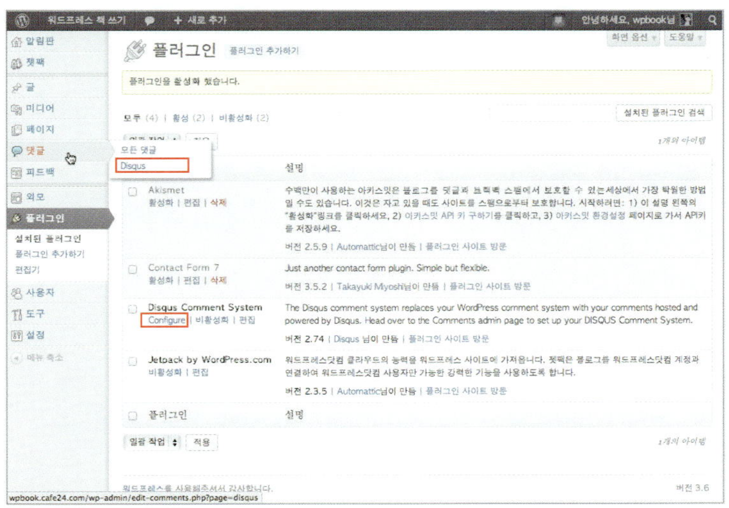

▲ Disqus 플러그인를 활성화시킨 후, 플러그인 메뉴에서 'Configure' 또는
댓글 메뉴에서 'Disqus'를 클릭합니다.

'Username'과 'Password'에 새로 만든 Disqus 계정 정보를 입력하고 [Next] 버튼을 클릭합니다.

▲ Disqus의 'Configure'에서 Disqus 계정 정보 입력

입력한 Disqus 계정으로 등록된 웹사이트 목록이 나타납니다. 여기서 해당 웹사이트를 선택하고 [Next] 버튼을 클릭합니다.

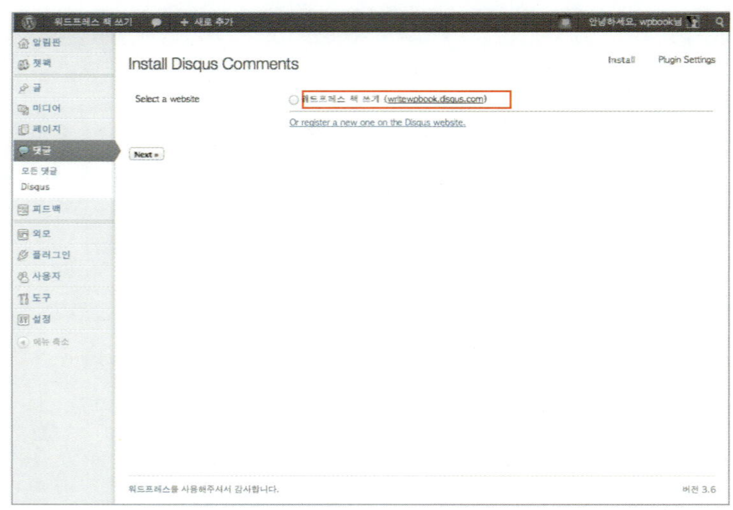

▲ Disqus에 등록된 사이트 중에 해당하는 사이트를 선택

'Disqus has been installed on your blog.'라는 메시지가 나오면 설치가 마무리된 것입니다.

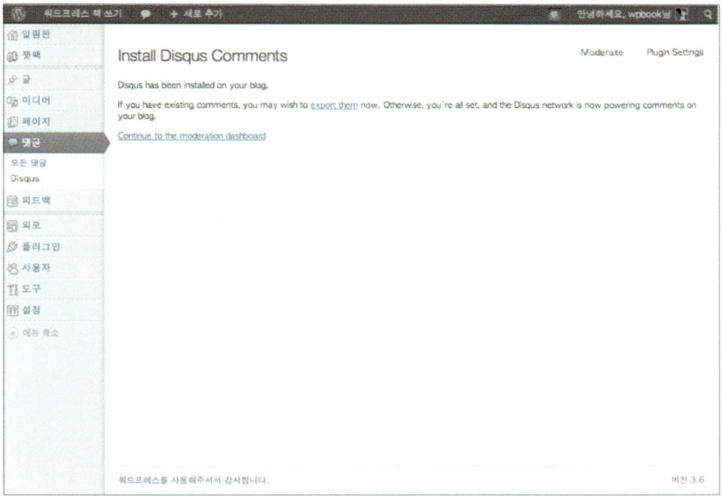

▲ Disqus 설치가 완료된 상태

| 워드프레스의 댓글을 Disqus로 내보내기 |

만약 Disqus를 설치하기 전에 웹사이트에 기록된 댓글이 있다면 'If you have existing comments, you may wish to export them now.'이라는 메시지에서 'export them'을 클릭합니다. 'export them'을 클릭하면 워드프레스의 댓글이 disqus로 내보내기 됩니다.

03 이미지 팝업 효과 Lightbox, Fancybox, Colorbox

Lightbox, Fancybox, Colorbox는 본문 중의 이미지를 클릭하면 클릭한 이미지가 본문 위에 확대되어 나타나는 효과를 만들어주는 대표적인 이미지 관련 플러그인입니다. 원래 Lightbox는 이미지를 보다 효과적으로 보여주는 자바스크립트 플러그인이고 Fancybox, Colorbox도 마찬가지로 자바스크립트 플러그인입니다. Fancybox, Colorbox는 이미지를 디스플레이하는 방식이나 디자인에 약간의 차이가 있을 뿐, 기능적으로는 Lightbox와 큰 차이가 없는데, 워드프레스 플러그인 중에서는 이런 Lightbox, Fancybox, Colorbox를 이용한 플러그인이 상당히 많습니다.

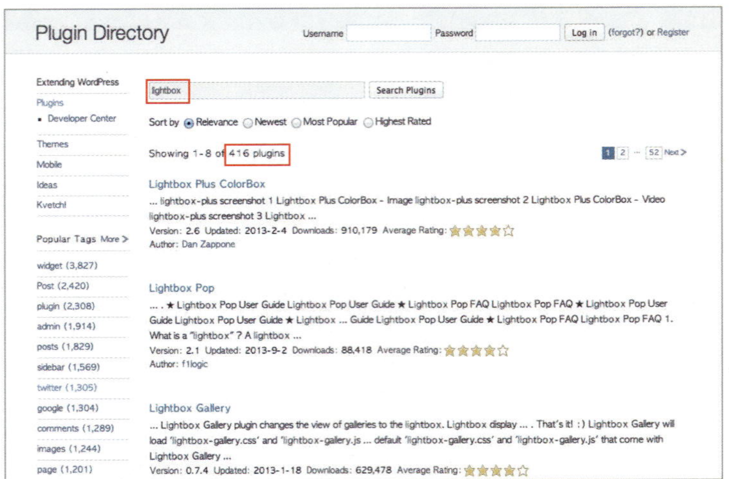

▲ wordpress.org의 플러그인 디렉토리에 'lightbox'로 검색한 결과.
출처: http://wordpress.org/plugins/

WordPress.org의 플러그인 디렉토리에는 Lightbox, Fancybox, Colorbox 계열의 플러그인이 여럿이고 계속 새로운 플러그인이 등장하고 있습니다. 플러그인에 따라 이미지 디스플레이를 설정하는 옵션이나 디스플레이 효과, 디자인이 조금씩 다릅니다. 또 같은 Lightbox 계열의 플러그인이라 하더라도 지원하는 옵션에 따라 차이가 있기 때문에 이미지 팝업 플러그인의 경우, 어떤 것 하나를 콕 찍어서 추천하기가 쉽지 않습니다. 기호에 따라 어떤 계열의 플러그인을 사용할지 고르고 또 같은 계열의 플러그인 중에서도 지원하는 옵션이나 설정 방법 등을 고려해 선택하게 됩니다. Lightbox, Fancybox, Colorbox 각 계열별로 보더라도 관련 워드프레스 플러그인이 너무 많고 수시로 참신한 신인들이 등장하고 있기 때문에 내게 맞는 플러그인을 찾아보는 것도 좋습니다. 사실, 기능적으로는 큰 차이가 없다고 할 수 있기 때문에 디자인이나 시각화되는 효과를 보고 취향에 따라 선택하면 됩니다.

■ Lightbox 계열

다음 그림은 Lightbox 계열의 플러그인이 적용된 예입니다. 기본적으로 폴라로이드 사진처럼 하얀 바탕에 사진이 들어가고 하단 여백에 사진 정보가 표시됩니다. 사진의 왼쪽을 클릭하면 본문에 첨부된 것 중 이전 사진으로 오른쪽을 클릭하면 이후 사진으로 슬라이드됩니다.

▲ Lightbox 계열의 플러그인의 적용 예, 출처: http://leopon.co.kr/

Lightbox 계열의 워드프레스 플러그인으로는 Simple Lightbox, jQuery Lightbox, Responsive Lightbox, Lightbox Plus ColorBox 등이 있습니다. 이중에서 Lightbox Plus ColorBox는Lightbox, Fancybox, Colorbox의 디자인을 모두 모아놓은 플러그인이라 할 수 있습니다.

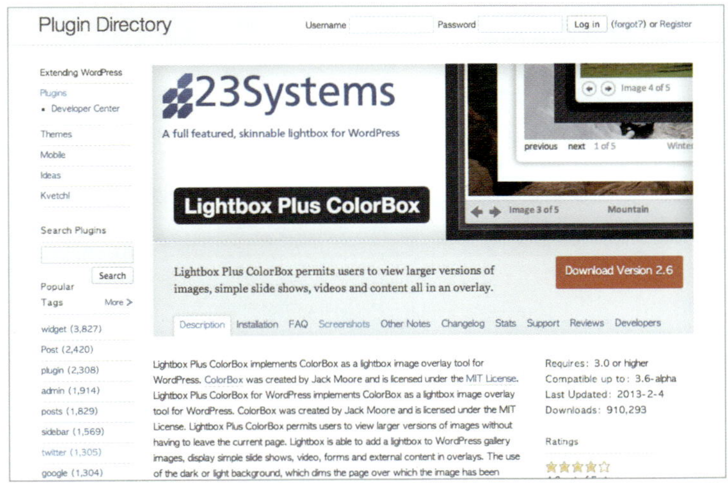

▲ 플러그인 디렉토리에 등록된 Lightbox Plus ColorBox 플러그인,
출처: http://wordpress.org/plugins/

단, 제공하는 디자인, 효과, 기능이 많을수록 설정이 복잡할 수 있기 때문에 수시로 효과나 디자인을 바꾸려 하는 것이 아니라면 가볍고 단순한 플러그인을 사용하는 편이 더 나을 수 있습니다. 다음 그림은 Lightbox Plus ColorBox의 설정 메뉴인데 다양한 옵션을 제공하는 만큼 용도에 따라 기능이나 디자인을 조율할 수 있는 반면, 설정이 복잡할 수 있습니다.

▲ Lightbox Plus ColorBox의 설정 페이지

Fancybox는 Lightbox를 애플의 맥 스타일로 보여준다는 것이 컨셉입니다. 이미지 닫기 버튼이 상단 한쪽 귀퉁이에 원형으로 들어간다는 점이 Lightbox와 다른 점이라 할 수 있습니다. 관련 워드프레스 플러그인으로는 FancyBox, Easy FancyBox, FancyBox for wordpress 등이 있습니다.

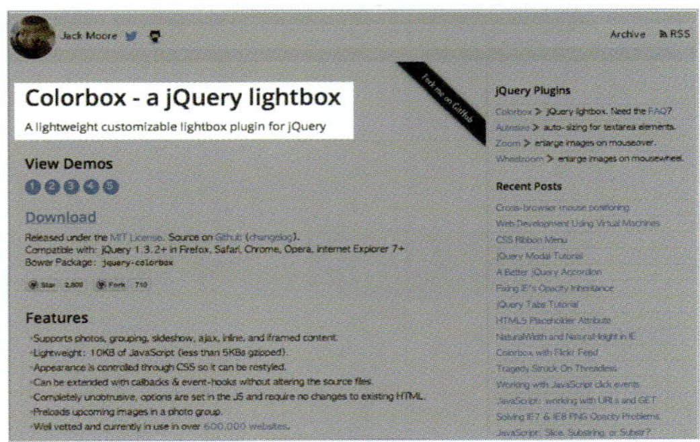

▲ Fancybox 계열의 플러그인의 적용 예, 출처: http://hhomm.com/

| Lightbox 기반으로 파생된 Fancybox, Colorbox |

Colorbox 플러그인을 개발한 잭 무어의 홈페이지에 Colorbox에 대해 소개된 내용을 보면 Colorbox가 Lightbox을 사용자화한 것임을 알 수 있습니다. 다시말해 Fancybox, Colorbox 모두 Lightbox을 바탕으로 디자인을 차별화한 것이라는 얘기입니다.

▲ Colorbox를 개발자의 홈페이지, 출처: http://www.jacklmoore.com/colorbox/

■ Colorbox 계열

Colorbox 계열의 워드프레스 플러그인은 Lightbox나 Fancybox 계열에 비해 다양한 형식의 디자인을 제공합니다. 사용자 취향에 맞춰 조정할 수 있는 다양한 설정 옵션을 갖추고 있습니다. 팝업 이미지의 크기, 팝업 이미지 외의 바탕색, 팝업 이미지의 표시 방식이나 디자인 등을 기호에 맞춰 설정하고 싶고 Lightbox, Fancybox 계열의 디자인이 마음에 들지 않는다면 Colorbox가 대안이 될 수 있습니다. Colorbox 계열의 워드프레스 플러그인으로는 jQuery Colorbox, Simple Colorbox, Lightbox Plus ColorBox 등이있습니다.

▲ Colorbox 계열의 플러그인을 적용한 예(1),
출처: http://designvatang.com/

▲ Colorbox 계열의 플러그인을 적용한 예(2),
출처: http://zeden.co.kr/

■ jQuery Colorbox 플러그인

jQuery Colorbox 플러그인은 다음 그림처럼 이미지가 팝업되는 스타일을 'Theme'라는 옵션으로 11가지나 제공합니다. 바로 전 페이지에 있는 두 개의 그림은 jQuery Colorbox 플러그인 옵션 중에서 'Theme'를 달리한 것인데, 위의 그림은 'Theme #8', 아래 그림은 'Theme #3'을 적용한 결과입니다.

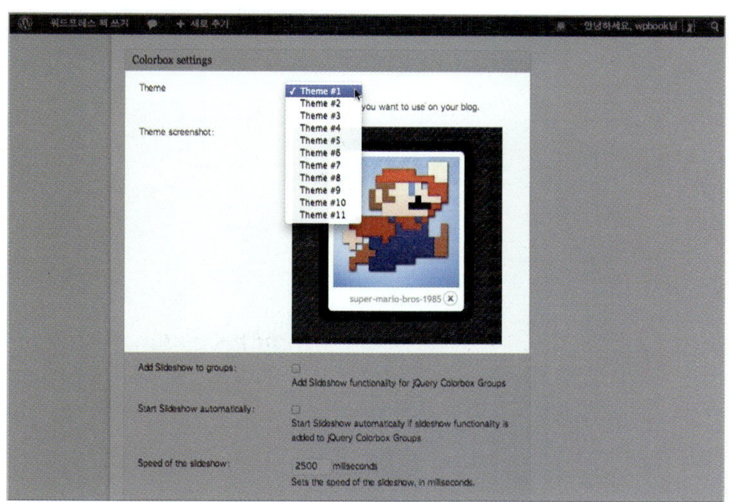

▲ jQuery Colorbox 플러그인의 Theme 옵션

jQuery Colorbox 플러그인의 대표적인 설정 옵션들에 대해 알아보겠습니다. 우선 jQuery Colorbox 플러그인을 설치, 활성화시키면 'jQuery Colorbox needs attention: the plugin is not activated to work for all images.'라는 경고 문구가 나타나는데 오류나 버그가 아니라 설정 하기 전에 정상적으로 표시되는 알림입니다. 경고 문구 중 'jQuery Colorbox' 링크 또는 관리자의 '설정' 메뉴 안에 있는 'jQuery Colorbox' 메뉴를 클릭, jQuery Colorbox 설정 페이지로 이동합니다.

jQuery Colorbox 설정 페이지는 'Plugin settings', 'Colorbox settings', 'Delete settings'로 구성되어 있는데 Plugin settings 옵션 중에서 제일 위에 있는 4개는 jQuery Colorbox 플러그인의 적용 범위를 정합니다. 워드프레스 사이트의 글과 페이지에 포함된 이미지에 Colorbox를 적용할지 묻는 첫 번째 'Automate jQuery Colorbox for all images in pages, posts and galleries:' 옵션을 체크하고 설정을 저장하면 'jQuery Colorbox needs attention: the plugin is not activated to work for all images.'라는 경고문이 사라집니다.

워드프레스 책 쓰기
안녕하세요, wpbook님
jQuery Colorbox Settings
첫번째 옵션을 체크한 뒤 설정을 저장하면 위 경고 문구가 사라집니다.
jQuery Colorbox needs attention: the plugin is not activated to work for all images.
알림판
젯팩
글
미디어
페이지
댓글
피드백
Contact
외모
플러그인
사용자
도구
설정
일반
쓰기
읽기
토론
미디어
고유주소
jQuery Colorbox
공유
메뉴 축소
Plugin settings
Automate jQuery Colorbox for all images in pages, posts and galleries:
Automatically add colorbox-class to images in posts and pages. Also adds colorbox-class to galleries. Images in one page or post are grouped automatically.
Automate jQuery Colorbox for images in WordPress galleries only:
Automatically add colorbox-class to images in WordPress galleries, but nowhere else. Images in one page or post are grouped automatically.
Automate jQuery Colorbox for all other images:
Automatically add colorbox-class to all images that are not in posts and pages (e.g. the sidebar).
Automate hiding of flash objects:
Automatically hide embeded flash objects behind the Colorbox layer.
Add Zoom overlay to pictures:
Add Zoom overlay to pictures that open in a Colorbox.
Use jQuery library from Google:
Use jQuery library version 1.9.0 from Google instead of the one that comes with WordPress.
Add JavaScript to footer:
Add JavaScript to footer instead of the header.
Remove link from Meta-box:
Remove the link to the developers site from the WordPress meta-box.
Disable warning:
Disables the warning that is displayed if the plugin is activated but the auto-colorbox feature for all images is turned off.
변경 사항 저장
Colorbox settings
Theme
Theme #1
Select the theme you want to use on your blog.
Theme screenshot:
super-mario-bros-1985
Add Slideshow to groups:
Add Slideshow functionality for jQuery Colorbox Groups
Start Slideshow automatically:
Start Slideshow automatically if slideshow functionality is added to jQuery Colorbox Groups
Speed of the slideshow:
2500 milliseconds
Sets the speed of the slideshow, in milliseconds.
Top donations
0
Latest donations
0
Donate
If you would like to make a small (or large) contribution towards future development please consider making a donation.
Select Preset Amount: 20 USD
Or
Enter Custom Amount: USD
Submit
Translation
The english translation was done by Arne Franken.
jQuery Colorbox의 적용범위 설정
디자인 미리보기
디자인 설정
슬라이드쇼 설정

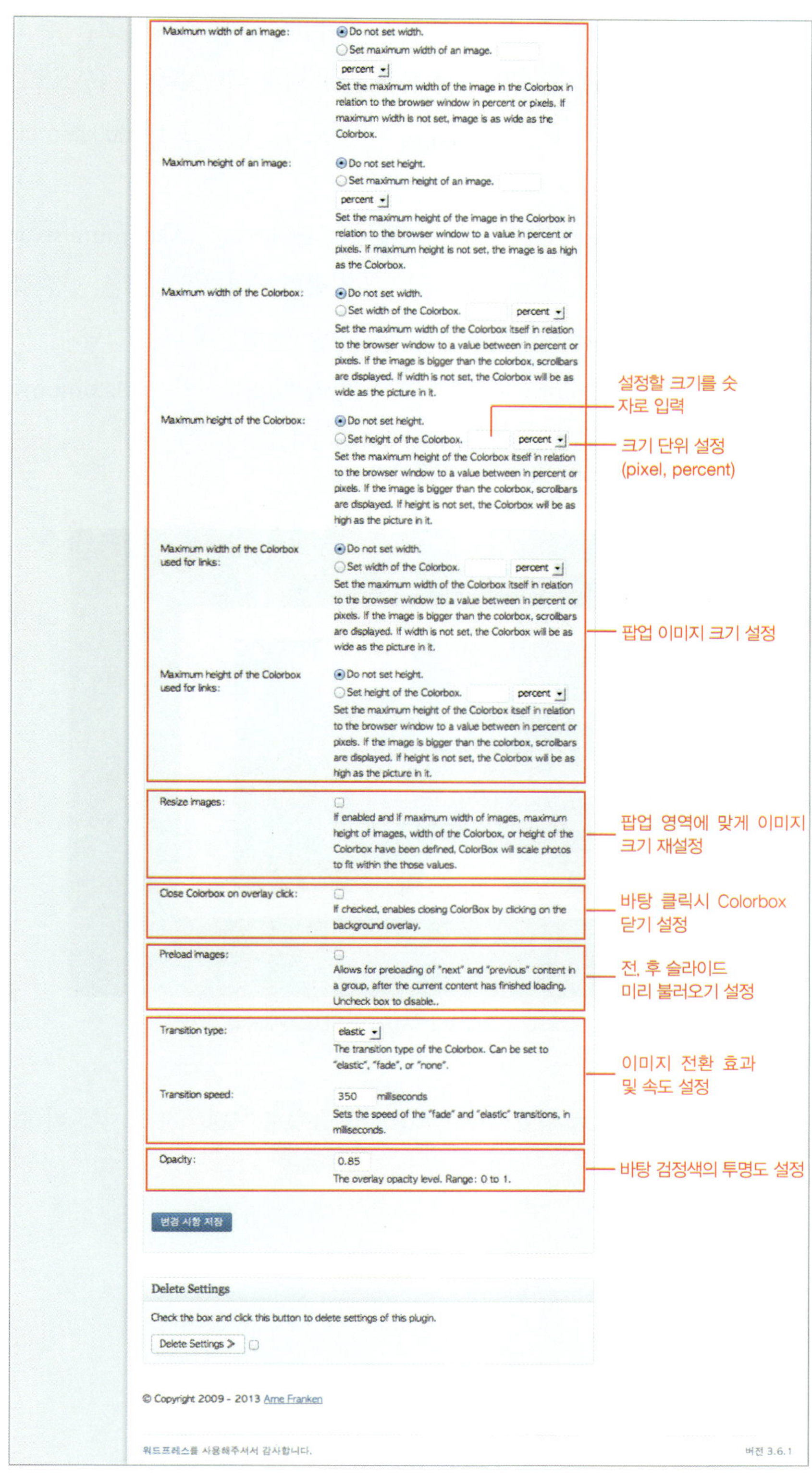

▲ jQuery Colorbox 플러그인의 설정

Colorbox settings의 'Themes' 옵션에서 원하는 디자인을 11개 중에서 고를 수 있습니다.
'Start Slideshow automatically'를 체크하면 본문 안에 있는 이미지들이 자동으로 슬라이드
됩니다. 'Speed of the slideshow' 옵션에서는 슬라이드되는 속도를 1/1000초(millisecond)
단위로 설정할 수 있습니다.

'Maximum width of an image', 'Maximum height of an image', 'Maximum width of the
Colorbox', 'Maximum height of the Colorbox' 등은 팝업 이미지의 크기를 설정하는 옵션들
입니다. 크기를 'image'와 'Colorbox'로 구분해서 지정할 수 있는데 다음 그림과 같이 이미지
를 둘러 싼 팝업 영역 전체를 Colorbox라고 하고 그 안의 이미지 크기는 'Maximum width of
an image', 'Maximum height of an image'에 입력합니다.

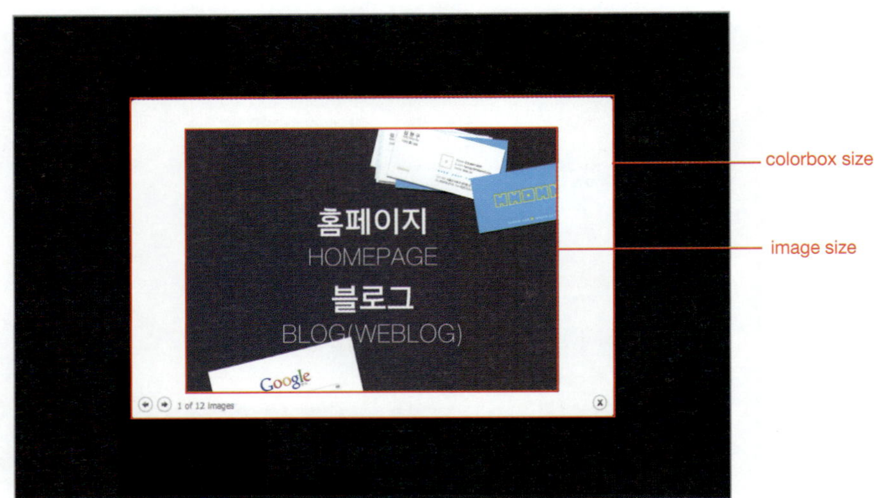

▲ jQuery Colorbox 플러그인에서 image와 Colorbox 크기 지정

크기는 픽셀 단위의 절댓값으로 정할 수도 있고 퍼센트(%)로 브라우저 크기에 비례해 상대적
으로 정할 수도 있습니다.

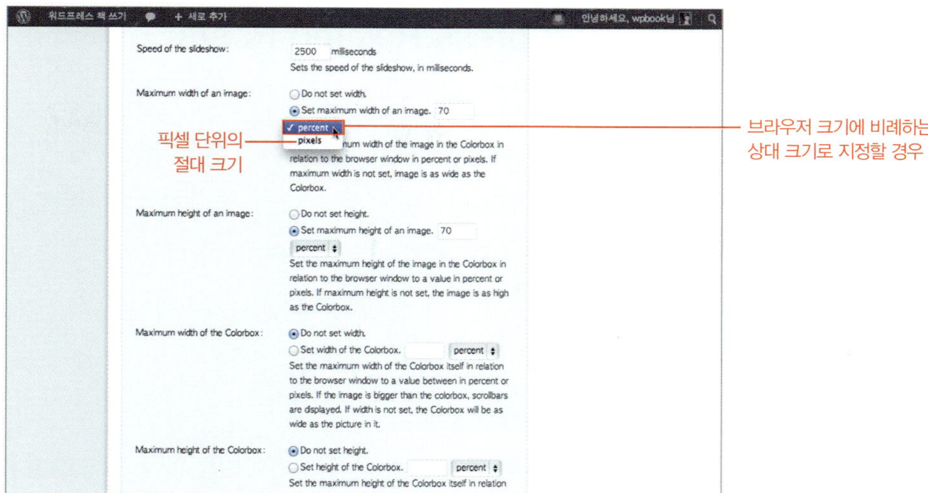

▲ Query Colorbox 플러그인에서 크기를 지정하는 두 가지 방식

이외에도 이미지를 전환하는 방식을 'elastic'과 'fade', 'none' 중에서 고를 수 있고 이미지를 전환하는데 소요되는 시간을 정한다던가 검정색 바탕의 투명도를 지정할 수도 있습니다.

참고

| 이미지가 팝업되지 않을 때 |

Lightbox, Fancybox, Colorbox와 같이 이미지를 클릭하면 확대 팝업되는 효과를 사용하려면 워드프레스에서 이미지를 삽입할 때 '첨부 표시 설정'의 '연결' 옵션을 '미디어 파일'로 설정해야 합니다. 이 옵션이 '첨부 페이지', '사용자 정의 URL', '없음'으로 입력되면 이미지가 아예 클릭되지 않거나 팝업 효과가 일어나지 않습니다.

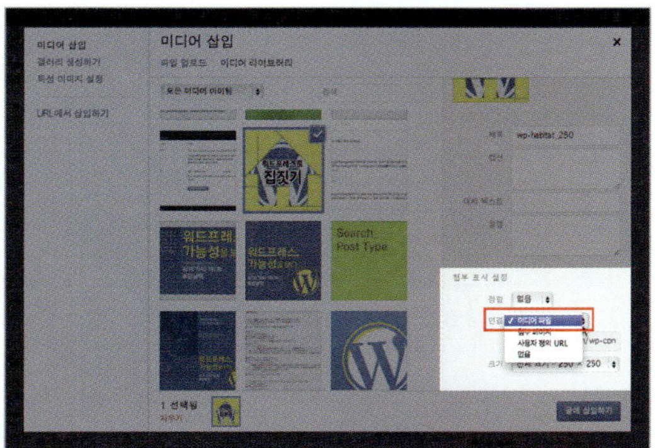

▲ 미디어를 추가할 때 나타나는 '첨부 표시 설정'

가게를 차리기도 쉽진 않지만 가게를 오픈하고 손님을 유치하는 일은 더 어려운 일입니다. 마찬가지로 웹사이트를 오픈한 후에는 어떻게 하면 트래픽을 늘릴 수 있을지 이런저런 고민이 깊어집니다. 웹사이트 방문자 중 상당수는 1초도 머무르지 않고 나가버리기 일쑤, 가게 문을 열다 말고 돌아서는 손님이 많다는 얘기입니다. 가장 근본적인 해결책은 콘텐츠 자체에 있겠지만 기술적으로 뒷받침할 수 있는 방법은 없을까? 방문자 유치를 위한 홍보하는 전략을 고민하는데 모든 글에 관련 글 목록을 함께 게시하는 방법이 그 중 하나입니다.

웹사이트 방문자의 대부분은 웹사이트에 게시된 특정 글의 키워드를 찾아 들어옵니다. 검색 엔진은 방문자를 홈페이지 대문으로 안내하기보다 특정 페이지의 어떤 내용으로 곧바로 연결시키기 때문에 대부분의 방문자는 웹사이트의 주제나 성격을 이해하기 보다 찾고자 하는 정보 그 자체에 관심을 가지고 있습니다. 보통 웹사이트를 계획할 때, 전체 웹사이트의 아이덴티티에 맞춰 가장 신경써서 구성하는 대문, 웹사이트 첫페이지는 보여줄 기회도 없이 어떤 글 하나만 보고 나가버리는 경우가 대부분이기 때문에 각 글마다 관련 글을 함께 게시해 방문자의 관심을 붙잡을 필요가 있습니다.

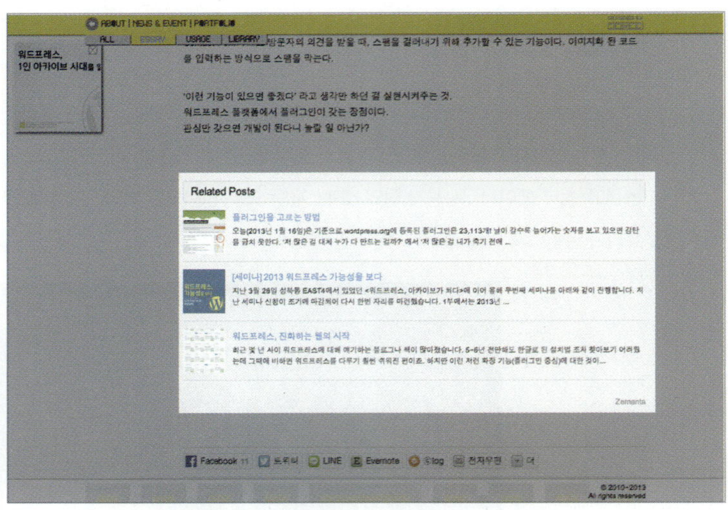

▲ 글 아래, 관련 글 목록을 보여주는 예, 출처: http://hhomm.com/

워드프레스에서는 이런 관련글을 보여주는 플러그인들이 있는데 대표적인 플러그인으로 wordpress Related Posts, Yet Another Related Posts Plugin, nrelate Related Content 등이 있

습니다. 다음 그림은 wordpress Related Posts을 적용한 예인데 글의 본문과 댓글사이에 해당 글과 유사한 웹사이트의 다른 글들을 목록으로 만들어 보여줍니다.

▲ 플러그인 디렉토리에 등록된 wordpess Related Posts 플러그인,
출처: http://wordpress.org/plugins/

■ Wordpress Related Posts 설치하기

wordpress Related Posts를 설치, 설정하는 방법을 알아보겠습니다.

wordpress Related Posts 플러그인을 설치하고 활성화시킵니다.

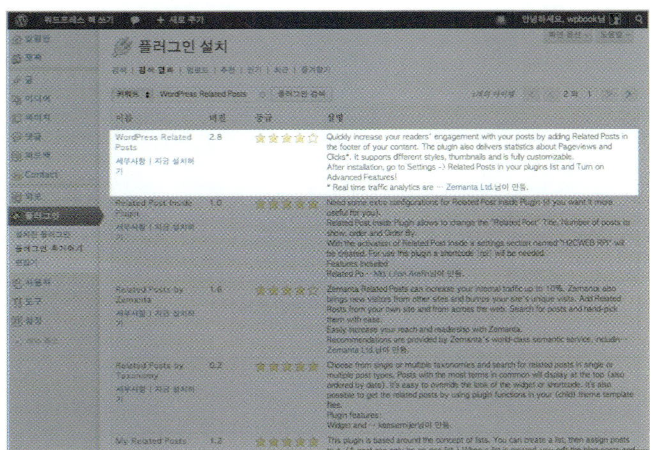

▲ wordpress Related Posts 플러그인을 설치

플러그인을 활성화시키면 다음 그림처럼 사용 약관에 대한 동의 절차를 거칩니다. [Turn on] 버튼 아래 'terms of service' 링크를 클릭, 약관 내용을 확인한 뒤 동의한다는 의미로 [Turn on] 버튼을 클릭합니다.

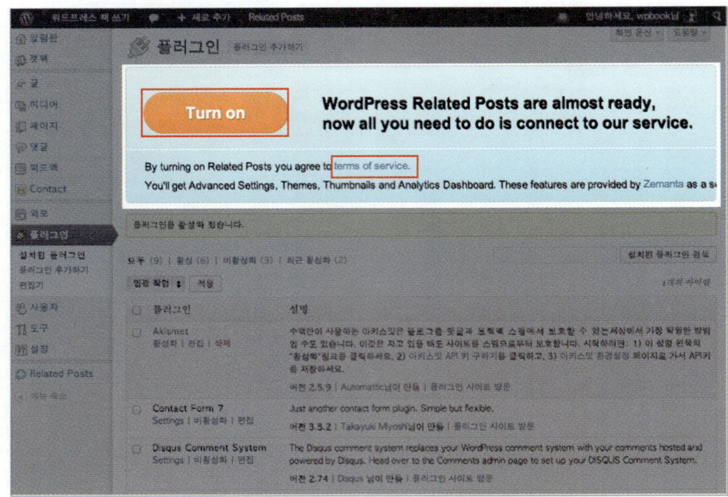

▲ wordpress Related Posts 플러그인을 설치

주관리 메뉴에 'Related Posts'라는 메뉴가 추가되고 wordpress Related Posts 설정 페이지로 이동합니다. 이것으로 플러그인 설치는 끝났습니다.

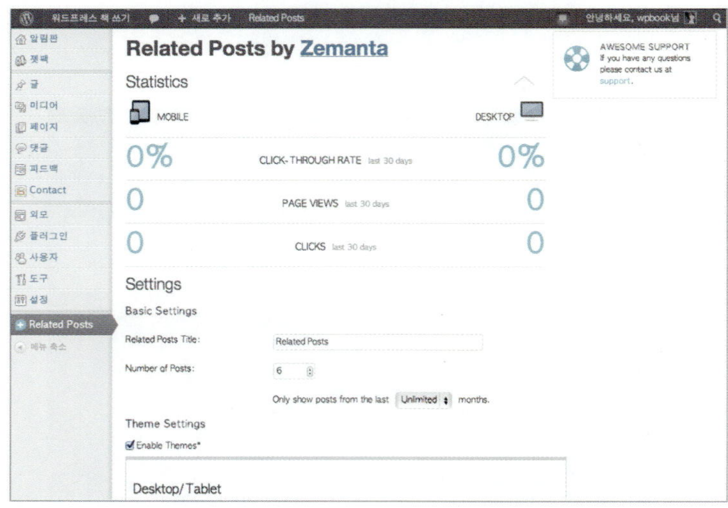

▲ wordpress Related Posts 플러그인의 관리 메뉴

■ Wordpress Related Posts 설정하기

wordpress Related Posts은 다른 유사 플러그인들에 비해 관련 글의 게시 방식에 여러 가지 테마를 둬 디자인을 선택할 수 있고 이렇게 게시한 관련 글 목록으로 얼마나 트래픽이 증가했는지 통계까지 보여줍니다.

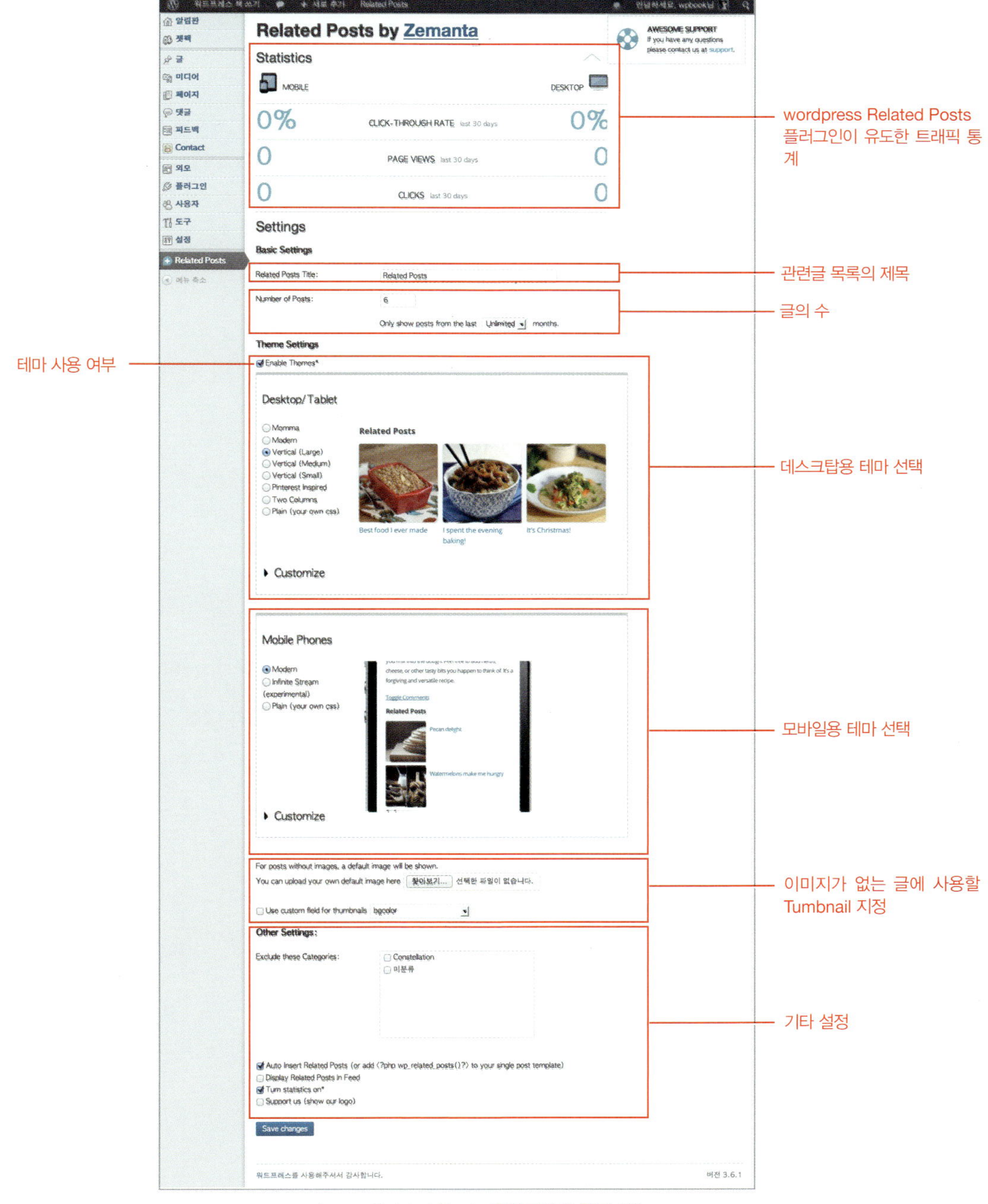

wordpress Related Posts 플러그인이 유도한 트래픽 통계

관련글 목록의 제목

글의 수

테마 사용 여부

데스크탑용 테마 선택

모바일용 테마 선택

이미지가 없는 글에 사용할 Tumbnail 지정

기타 설정

▲ wordpress Related Posts 플러그인의 관리 메뉴

관련글의 표시 방식을 타블렛을 포함한 데스크탑과 모바일로 구분해 적용할 수 있는데 데스크탑용으로 'Momma', 'Modern', 'Vertical (Large)', 'Vertical (Medium)', 'Vertical (Small)', 'Pinterest Inspired', 'Two Columns', 'Plain (your own css)' 중에서 선택할 수 있습니다. 왼쪽 보기 중에서 고르면 오른쪽에 예시가 나타납니다. Theme 보기 아래, 'Customize'를 클릭하면 추가 옵션과 CSS를 사용자화할 수 있는 필드가 나타납니다.

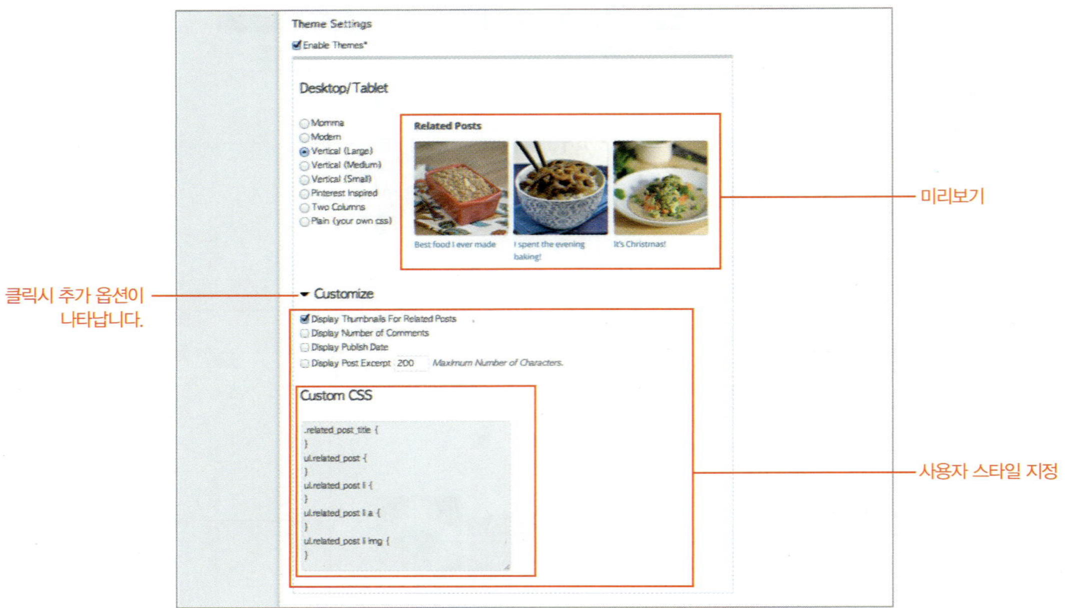

▲ wordpress Related Posts의 데스크탑용 Theme 설정

모바일용 디스플레이 방식으로는 'Modern', 'Infinite Stream (experimental)', 'Plain (your own css)'을 제공하고 데스크탑과 마찬가지로 추가 옵션과 사용자 정의 CSS 기능을 지원합니다.

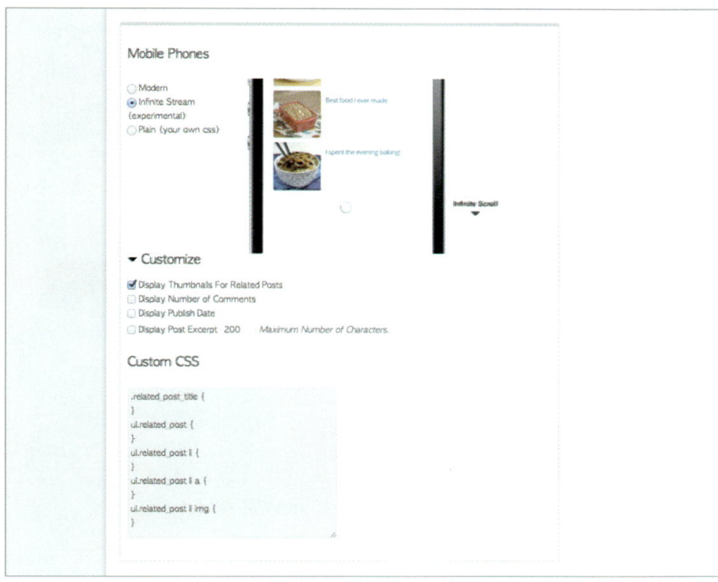

▲ wordpress Related Posts의 모바일용 Theme 설정

wordpress Related Posts 플러그인을 설치하면 Related Posts 위젯이 추가됩니다.

05 글 편집기의 숨은 기능, TinyMCE Advanced

워드프레스는 글 편집기로 TinyMCE를 사용하는데 국내 사용자들은 익숙하지 않아 불편하다고 느끼기 쉽습니다. TinyMCE는 세계적으로 많이 알려진 편집기인데도 불구하고 국내 웹 사용자의 대부분은 네이버나 다음 같은 포털 서비스에서 제공하는 편집기에 익숙해 상대적으로 TinyMCE의 편집환경을 생소하게 느끼고 불편해 합니다. 이런 단점을 보완하기 위해 워드프레스의 편집기를 편집하고 기능을 추가해 주는 플러그인을 사용할 수 있는데 TinyMCE Advanced가 대표적입니다.

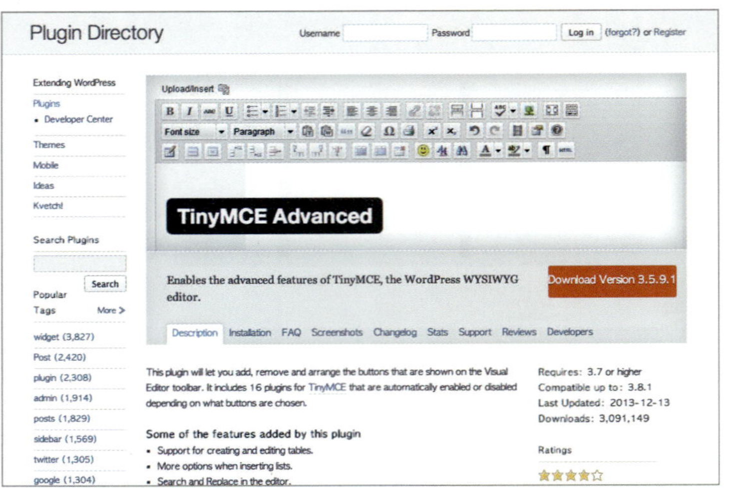

▲ 플러그인 디렉토리에 등록된 TinyMCE Advanced,
출처: http://wordpress.org/plugins/

TinyMCE Advanced 플러그인을 설치, 활성화시키고 나면 관리자의 설정 메뉴 안에 TinyMCE Advanced 설정 메뉴가 생깁니다. 이 메뉴를 클릭하면 TinyMCE 편집기의 기능을 편집할 수 있는 설정 페이지로 이동합니다.

밝은 회색 바탕으로 된 4줄의 툴바 중 위 2줄은 워드프레스 기본 편집기에 포함된 기능입니다. 나머지 두 줄에 버튼을 추가하거나 기존 버튼을 빼고 그 자리에 다른 버튼을 넣을 수도 있습니다. 회색 바탕의 4줄이 툴바 영역이라면 그 아래 박스 안에 들어 있는 버튼들은 TinyMCE Advanced를 통해 확장, 추가할 수 있는 기능입니다. 회색 바탕의 툴바 영역에 있는 버튼을 아래 박스로 드래그해 옮기면 편집기에서 해당 버튼이 사라지고 반대로 박스 안의 버튼을 툴바 영역으로 옮겨 넣으면 편집기에 버튼이 추가됩니다. 버튼의 순서도 바꿀 수 있습니다.

편집기의 기능을 수정한 후 설정 페이지 하단의 [Save Changes] 버튼을 클릭하면 설정한 내용이 저장, 적용됩니다.

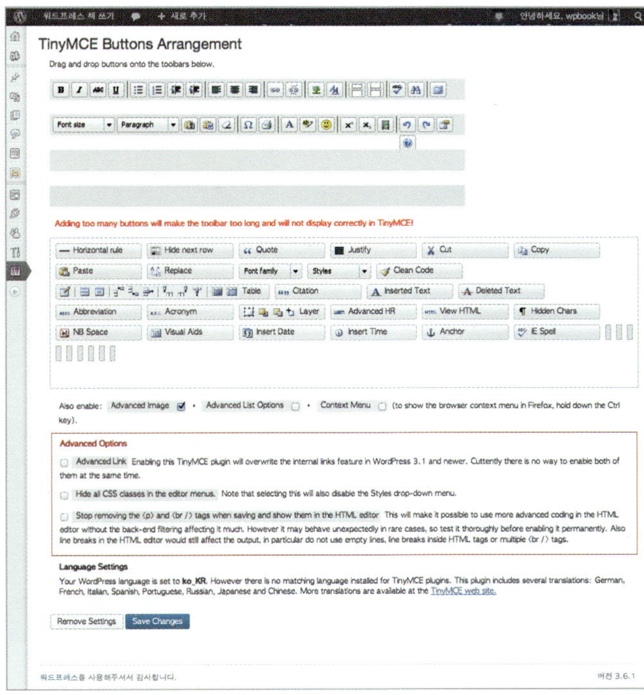

▲ TinyMCE Advanced 설정 페이지

[참고]

| 글꼴 관련 옵션을 제공하는 TinyMCE Advanced |

두 번째 줄 왼편의 'Font size' 버튼은 TinyMCE Advanced 플러그인을 설치하기 전에 '표시 방식'이었는데 자동으로 바뀐 것입니다. 원래의 편집기엔 글꼴과 관련한 옵션이 없는데 TinyMCE Advanced 플러그인을 통해 사용할 수 있습니다.

다음 그림은 TinyMCE Advanced를 통해 기능이 확장된 편집기입니다.

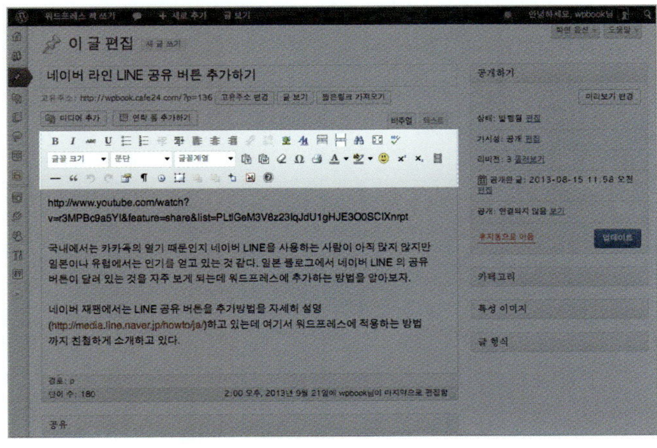

▲ TinyMCE 편집기에 버튼이 추가된 모습

TinyMCE Advanced를 활용하면 기본 편집기에 없는 글꼴 지정, 글꼴 크기 지정, 테이블 삽입, 테이블 편집, 날짜 및 시간 삽입 등 다양한 기능을 추가할 수 있습니다.

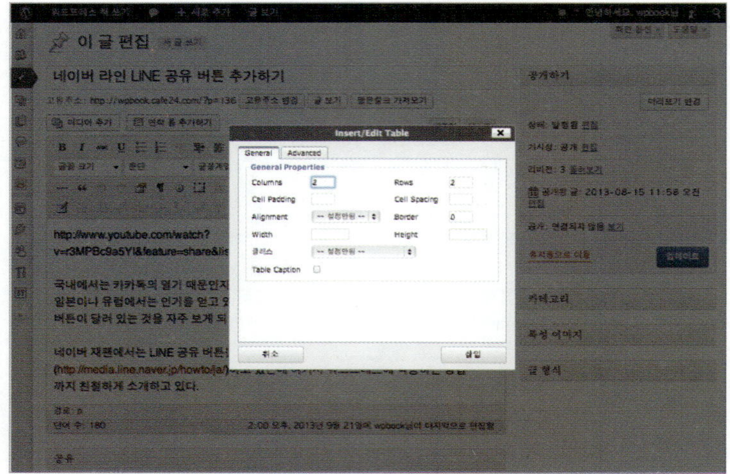

▲ TinyMCE 편집기에 버튼이 추가된 테이블 생성, 편집 기능

텍스트 편집기에서 사라지는 〈p〉, 〈br/〉 태그를 보이게 바꿔주는 옵션

TinyMCE Advanced의 설정 페이지에서 'Advanced Options' 중에 'Stop removing the 〈p〉 and 〈br /〉 tags when saving and show them in the HTML editor'라는 옵션을 체크하면 텍스트 편집기에서 자동으로 사라지는 〈p〉, 〈br/〉 태그를 눈에 보이게 바꿀 수 있습니다. 워드프레스의 기본 텍스트 편집기 상에서 〈p〉, 〈br/〉 태그를 사용하면 자동으로 삭제하기 때문에 줄 간격이나 단락 구분을 하는데 혼란을 겪는 경우가 종종 있는데 TinyMCE Advanced 설정에서 'Stop removing the 〈p〉 and 〈br /〉 tags when saving and show them in the HTML editor' 옵션을 선택하면 이런 문제를 해결할 수 있습니다.

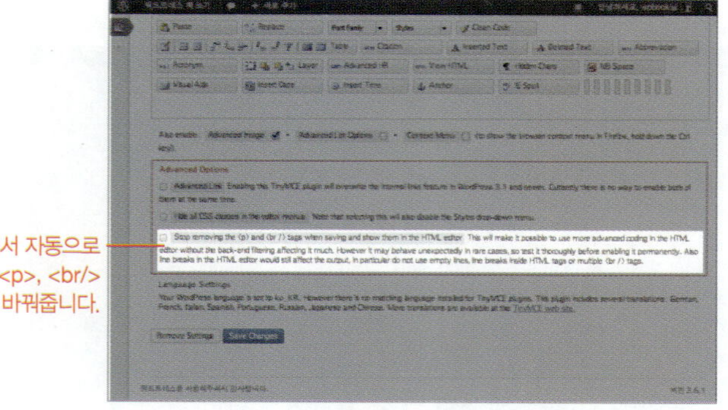

▲ 숨어있는 〈p〉, 〈br/〉 태그를 나타나게 해주는 옵션

06　CKEditor For Wordpress

앞에서 워드프레스의 기본 편집기인 TinyMCE의 기능을 확장하는 방법에 대해서 알아봤는데 TinyMCE 편집기를 확장하고도 만족스럽지 못하다면 TinyMCE가 아닌 다른 방식의 편집기로 교체하는 것도 가능합니다.

CKEditor For WordPress 플러그인을 통해 TinyMCE와 함께 대표적인 편집기로 알려져 있는 CKEditor를 워드프레스의 기본 편집기로 사용할 수 있습니다.

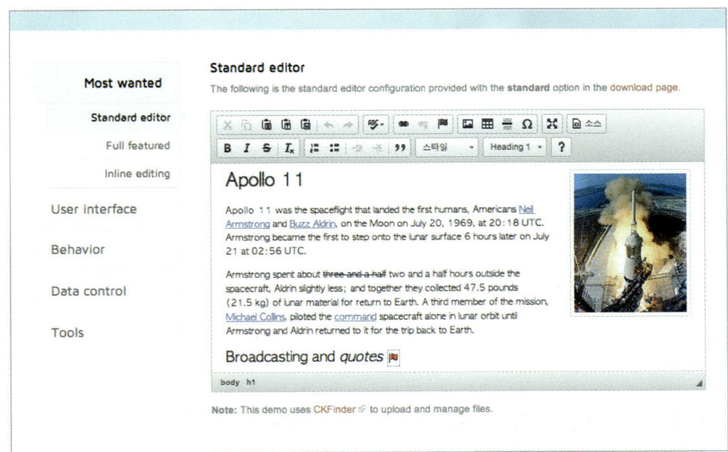

▲ CKEditor의 데모 화면, 출처: http://ckeditor.com/demo

■ CKEditor에 설치 및 사용 방법

CKEditor For WordPress 플러그인을 설치, 활성화시키면 다음 그림에서 보듯이 관리자 주 메뉴에 'CKEditor'라는 메뉴가 추가됩니다.

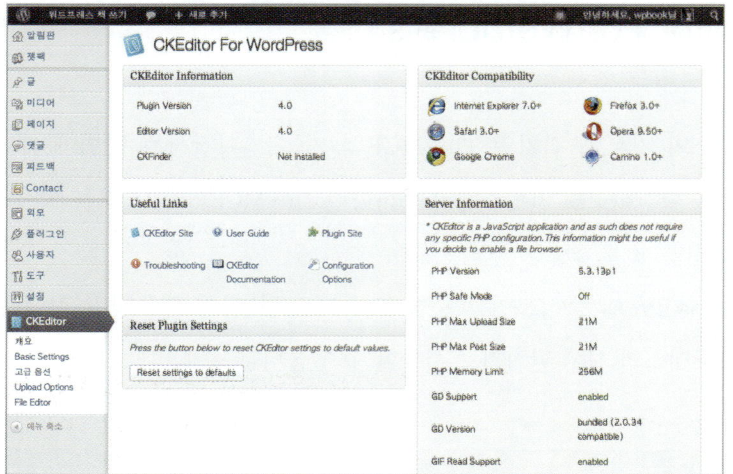

▲ CKEditor For WordPress의 설정 메뉴

별다른 설정 없이도 CKEditor를 사용할 수 있습니다. 다음 그림은 CKEditor가 적용된 편집 화면인데 TinyMCE Advanced를 활용했을 때처럼 기본 편집기에 비해 다양한 버튼이 추가된 것을 볼 수 있습니다. 글꼴 및 글꼴 크기, 플래시 삽입, 테이블 삽입 등 CKEditor의 기능을 사용할 수 있습니다.

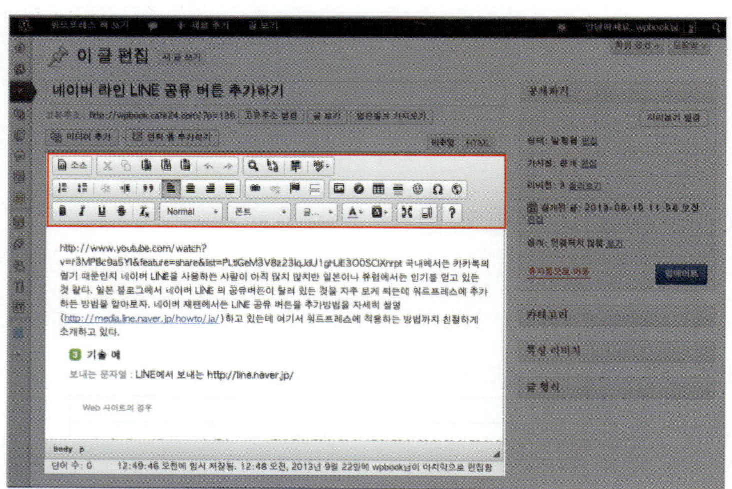

▲ 글 편집기가 CKEditor로 바뀐 화면

CKEditor를 사용하면 텍스트 편집기가 'HTML'로 바뀝니다. 기본 편집기에서 <p>와
태그가 사라지는 문제를 TinyMCE Advanced의 옵션으로 바로 잡을 수 있는데 CKEditor를 적용하면 텍스트 편집기 자체가 HTML 방식으로 바뀌어 별도의 설정 없이 이 부분을 수정합니

다. 단, 차이가 있다면 HTML 편집기에는 툴바를 지원하지 않기 때문에 기존 텍스트 편집기에 익숙한 분에겐 조금 불편할 수 있습니다.

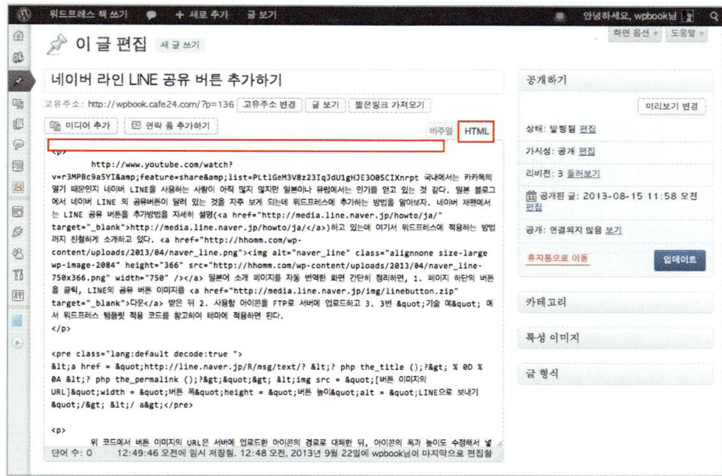

▲ CKEditor를 사용하면 텍스트 편집기 탭이 '텍스트'에서 'HTML'로 바뀝니다.

대신 CKEditor는 요약글이나 댓글에서도 편집기를 사용할 수 있는데 'Basic Settings'의 'Post/Page Editor options', 'Comment Editor Options'의 설정을 통해 가능합니다. 'Excerpt state'를 'Enabled'로 선택하면 요약글에서 편집기를 사용할 수 있고 'Use CKEditor as comment editor'라는 옵션을 체크하면 댓글에서도 편집기를 사용할 수 있습니다.

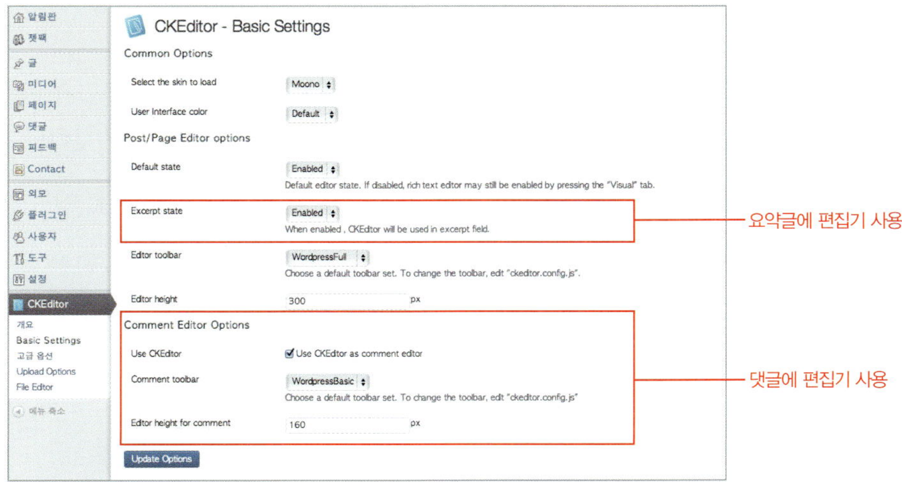

▲ CKEditor를 사용하면 텍스트 편집기 탭이 '텍스트'에서 'HTML'로 바뀝니다.

■ CKEditor에 한글 글꼴 추가하기

CKEditor 설정 메뉴 중 'File Editor'를 이용해 편집기에 한글 글꼴을 추가할 수 있습니다. 추가하는 방법을 알아보겠습니다.

설정 메뉴에서 'File Editor'로 이동, ckeditor.config.js를 선택합니다. 'File Editor'는 CKEditor를 구성하고 있는 파일을 수정하는데 사용합니다. 'File Editor' 메뉴에 들어가면 ckeditor.config.js가 초기에 선택되어 있습니다.

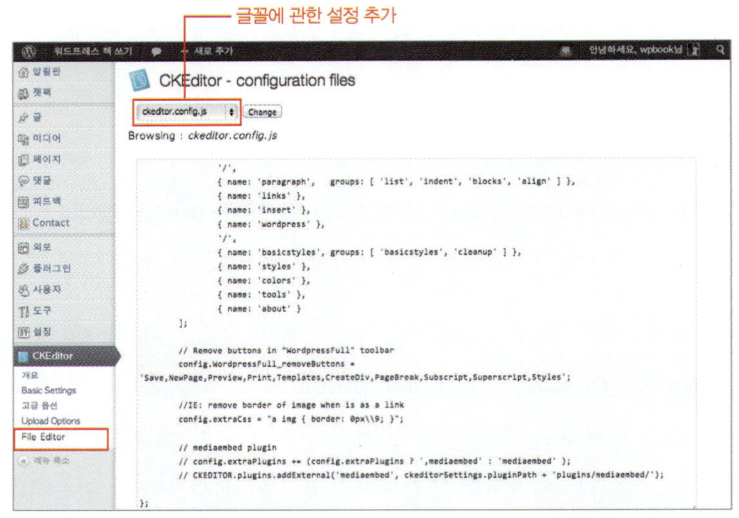

▲ CKEditor의 설정 메뉴 중 'File Editor'를 통해 한글 글꼴을 추가할 수 있습니다.

ckeditor.config.js 파일에서 스크립트 내용이 마무리되는 '};' 전에 글꼴을 재설정하는 구문을 추가합니다. 글꼴을 설정할 때는config.font_names = '[글꼴 이름]'; 형식으로 입력하는데 CSS에서 글꼴을 지정할 때 사용하는 font-family 값을 입력해야 합니다. 예를 들어, 굴림체는 'Gulim', 돋움체는 'Dotum'으로 입력해야 합니다. 글꼴과 글꼴 사이에는 ';'을 넣어서 구분합니다. 글꼴을 재설정한 후 아래, [Update File] 버튼을 클릭해 설정 내용을 저장합니다.

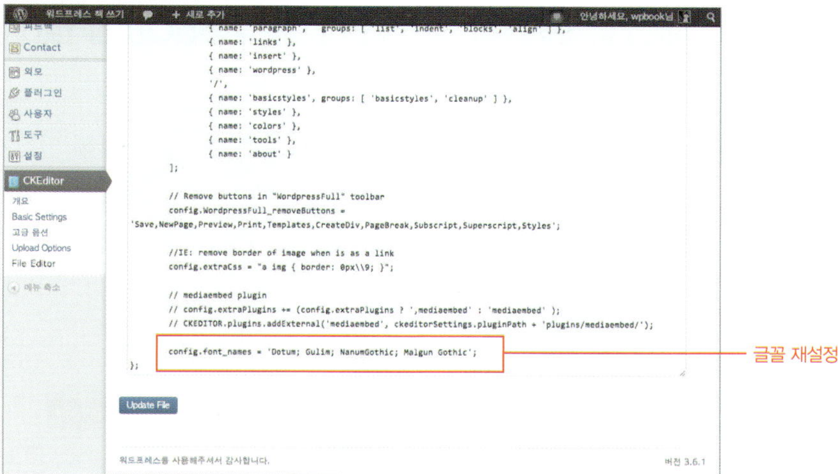

▲ ckeditor.config.js에서 글꼴 재설정

편집기에서 변경된 내용을 확인할 수 있습니다. 기존 편집기에 있던 영문 글꼴에 새로 설정한 글꼴이 추가되는 것이 아니라 사용할 글꼴 전체를 재설정하는 것이기 때문에 ckeditor.config. js에서 글꼴을 설정할 때는 영문 글꼴을 포함해 사용할 글꼴을 모두 입력해야 합니다.

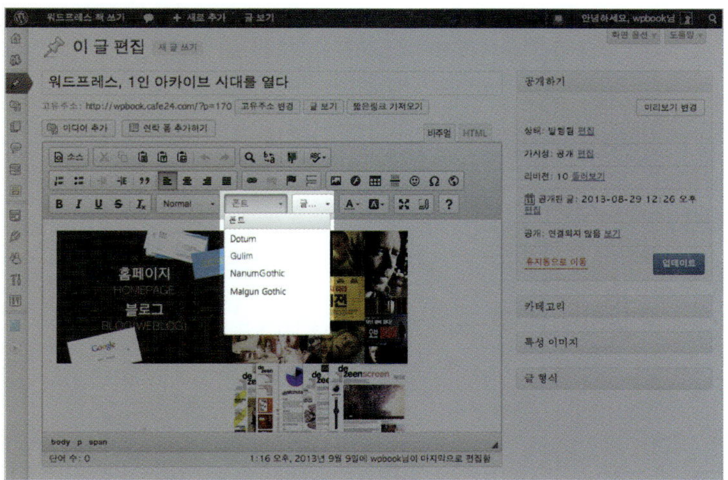

▲ 사용 글꼴이 변경된 글 편집기

HTML 태그로 에디터 버튼 만들기, AddQuicktag

글 편집기를 사용자화하는 방법으로는 자주 사용하는 HTML 태그를 저장해 편집기의 버튼으로 추가하는 방법이 있습니다. 사용자마다 자주 사용하는 형식이 다를 수 있는데 AddQuicktag 플러그인을 이용하면 주로 사용하는 형식을 HTML로 저장해 편집기 툴바의 버튼으로 추가할 수 있습니다.

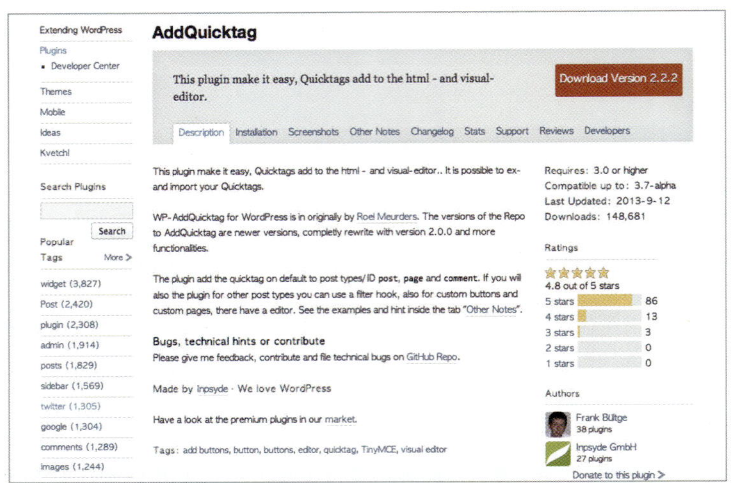

▲ 플러그인 디렉토리에 등록된 AddQuicktag 플러그인,
출처: http://wordpress.org/plugins/

■ AddQuicktag의 설정 방법

AddQuicktag의 설정 방법을 살펴보겠습니다.

버튼 이름과 HTML 태그 내용을 입력하고 버튼을 사용할 위치를 지정하고 [변경 사항 저장] 버튼을 클릭합니다.

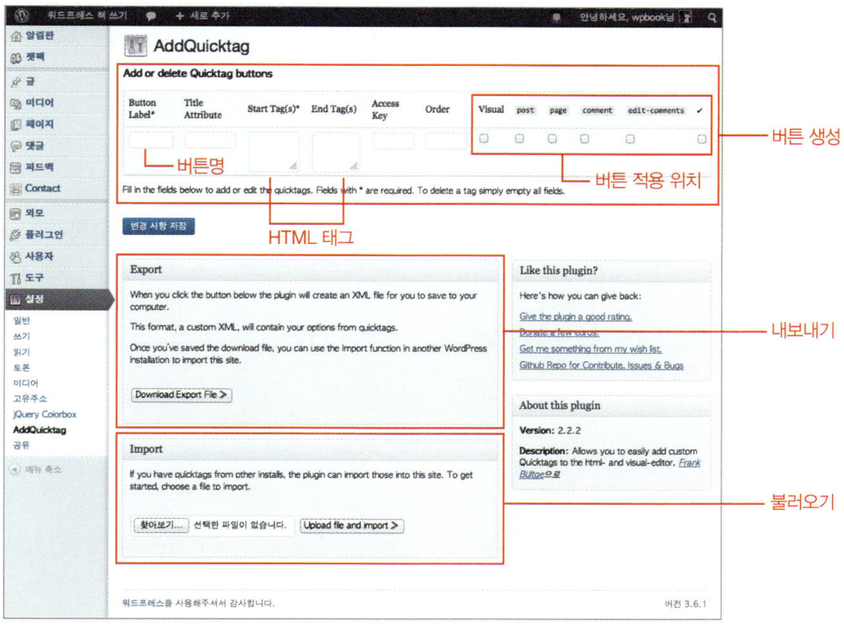

▲ AddQuicktag 설정 화면

버튼을 추가하려면 *표시가 된 'Button Label', 'Start Tag(s)'는 필수로 입력해야 합니다. 'Button Label'에는 버튼의 이름을 입력합니다. 한글을 사용해도 됩니다. 'Start Tag(s)'에는 보통 스타일을 포함한 태그를 입력합니다. 예를 들어 '<h4 style="font-size:18px; padding: 10px; margin: 10px 0; background:#fff;">', '<p style="border:1px solid #999; background: #eee; padding: 15px;">'처럼 말입니다. 글씨 크기(font-size)나 글 색상(color), 여백(padding), 테두리선(border), 바탕색(background-color) 등 버튼을 통해 적용하고 싶은 형식을 입력합니다. 태그를 여럿 같이 사용할 수도 있습니다. 예를 들어 '<p><span style="background: #eee; padding: 8px;">' 처럼 <p>와 <span> 태그를 함께 사용할 수 있습니다.

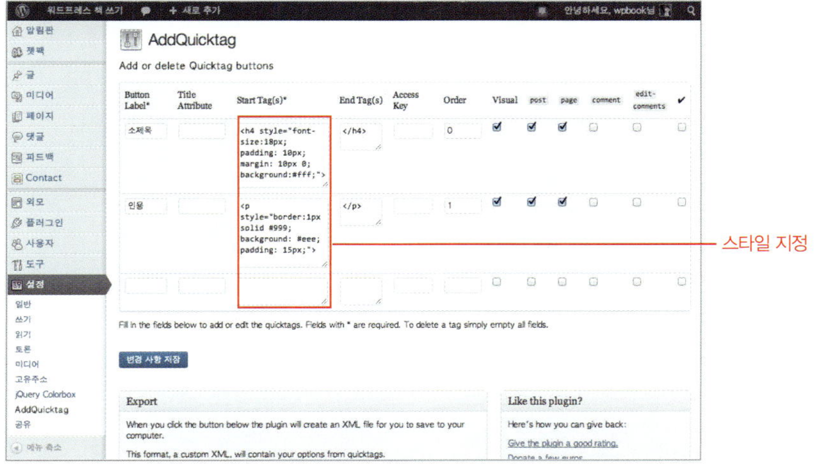

▲ 버튼에 스타일을 지정

'End Tag(s)'에서는 'Start Tag(s)'에서 열어준 태그를 닫기 위해서 존재합니다. 예를 들어'Start Tag(s)'에 '<p><span style="background: #eee; padding: 8px;">'라고 입력했다면 'End Tag(s)'에서는 '</span></p>'를 입력합니다.

'Visual', 'post', 'page', 'comment', 'edit-comments' 항목의 체크박스를 통해 버튼을 사용할 위치를 정할 수 있습니다. 'Visual'은 비주얼 편집기를 의미하는데 이 항목을 선택하면 비주얼 편집기에서 해당 기능을 사용할 수 있습니다. 생성한 버튼은 기본적으로 텍스트 편집기의 툴바에 추가되고 'Visual' 항목을 선택해야 비주얼 편집기에서도 쓸 수 있습니다. 글을 작성할 때 버튼을 사용하려면 'post' 항목을, 페이지를 작성할 때 사용하려면 'page' 항목을 선택합니다. 두 군데에서 모두 사용하려면 둘 다 선택합니다. 'comment'은 댓글을 입력할 때 버튼을 사용할지 묻는 것이고 'edit-comments'은 댓글을 수정할 때 사용할지 묻는 것입니다. 'Visual', 'post', 'page', 'comment', 'edit-comments' 중 하나도 선택하지 않으면 버튼을 사용할 수 없습니다.

■ 글 편집기에 추가된 버튼 사용하기

다음 그림은 AddQuicktag를 통해 비주얼 편집기에 추가된 형식들입니다. '소제목'과 '인용'이 'Quicktags'라는 드롭다운 메뉴로 추가되었습니다. 본문에서 스타일을 적용할 부분을 선택하고 'Quicktags'에서 적용할 형식을 선택하면 선택 부분에 지정한 태그와 스타일이 입혀집니다.

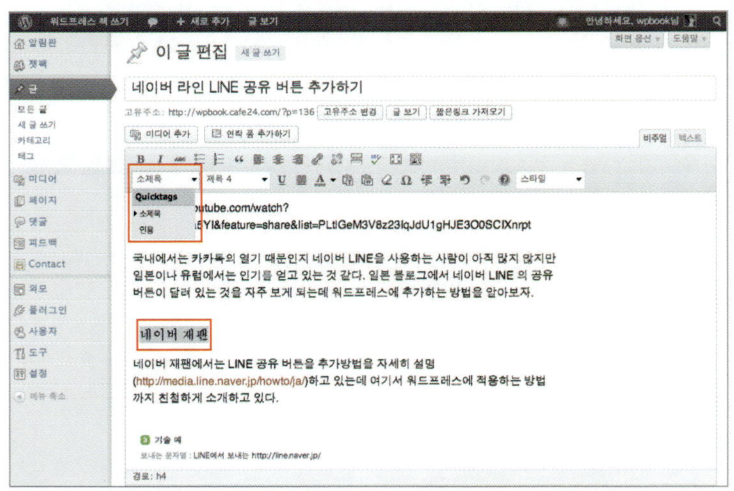

▲ 비주얼 편집기에 추가된 형식

다음 그림을 보면 텍스트 편집기에서는 버튼 형식으로 나타나는데 '소제목', '인용'이라는 이름
이 버튼에 추가된 것을 확인할 수 있습니다. 본문에서 스타일을 적용할 부분을 선택하고 [소
제목] 버튼을 클릭하면 선택한 부분의 앞쪽에 '<h4 style="font-size:18px; padding: 10px;
margin: 10px 0; background:#fff;">'라는 태그가 삽입되고, 뒤에 '</h4>'가 들어갑니다. 버
튼을 설정할 때 'Start Tag(s)'와 'End Tag(s)'에 입력했던 내용이 각각 앞 뒤에 삽입됩니다.

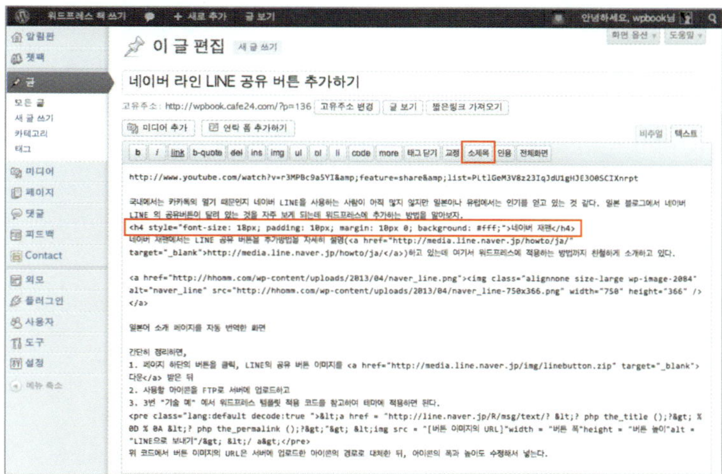

▲ 텍스트 편집기에 추가된 버튼

AddQuicktag를 활용하면 자신만의 글쓰기 환경을 만들 수 있습니다. 소제목, 인용문, 요약,
강조 등 다양한 형식을 구성하고 AddQuicktag로 편집기에 추가해 사용하면 콘텐츠가 더욱 체
계적으로 정리되고 풍성해질 수 있습니다.

AddQuicktag로 맺음말 만들어 넣기

AddQuicktag를 활용해 자주 사용하는 글의 맺음말이나 인사말을 버튼으로 만들어 사용할 수 있습니다. 다음 그림처럼 'Start Tag(s)'에 맺음말이나 인사말을 입력합니다. 본문의 특정 부분을 선택해 스타일을 입히는 용도가 아니기 때문에 'End Tag(s)' 없이 삽입할 내용 모두를 'Start Tag(s)'에 입력합니다.

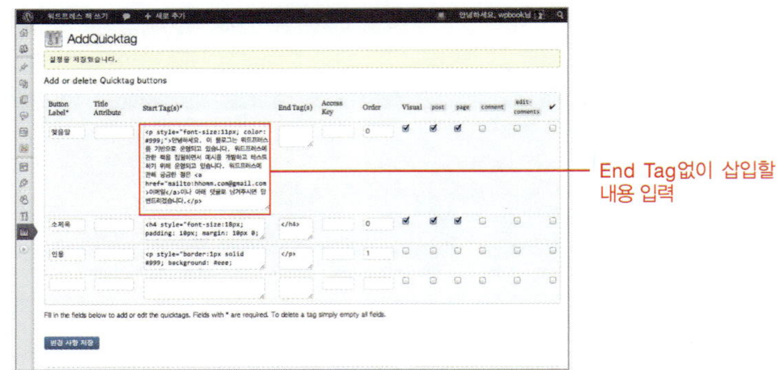

▲ 반복적으로 사용하는 인사말이나 맺음말을 버튼으로 지정

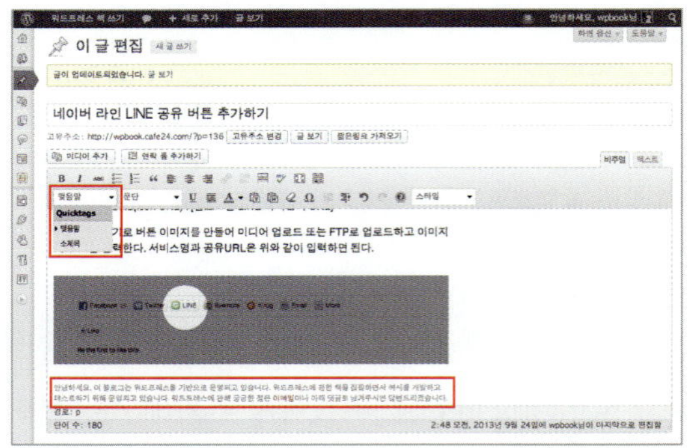

▲ 본문에서 맺음말을 삽입할 위치에 커서를 옮긴 뒤 Quicktags에서 맺음말이 정의된 버튼을 클릭합니다.

이런 식으로 자주 사용하는 문구나 형식을 버튼에 지정해 사용할 수 있습니다.

08 웹사이트에서 아바타 관리하기, User Avatar

웹에서 자신을 나타내는 일종의 프로필 이미지를 '아바타(avatar)'라고 하는데 워드프레스의 아바타는 기본적으로 각 웹사이트에서 등록, 관리할 수 있게 되어 있지 않습니다. 워드프레스는 이 아바타에 관해 글로벌한 정책을 기본으로 하고 있는데 이를 '그라바타(Gravatar: Globally Recognized

Avatar)'라고 합니다. 그라바타는 어키즈밋과 마찬가지로 Automattic사에서 제공하는 아바타 등록
서비스입니다. gravatar.com에서 별다른 개인 정보 없이 이메일만으로 계정을 만들고 아바타를 등
록할 수 있습니다. wordpress.com 계정이 연동되기 때문에 wordpress.com 계정을 가지고 있다
면 따로 가입을 할 필요가 없습니다.

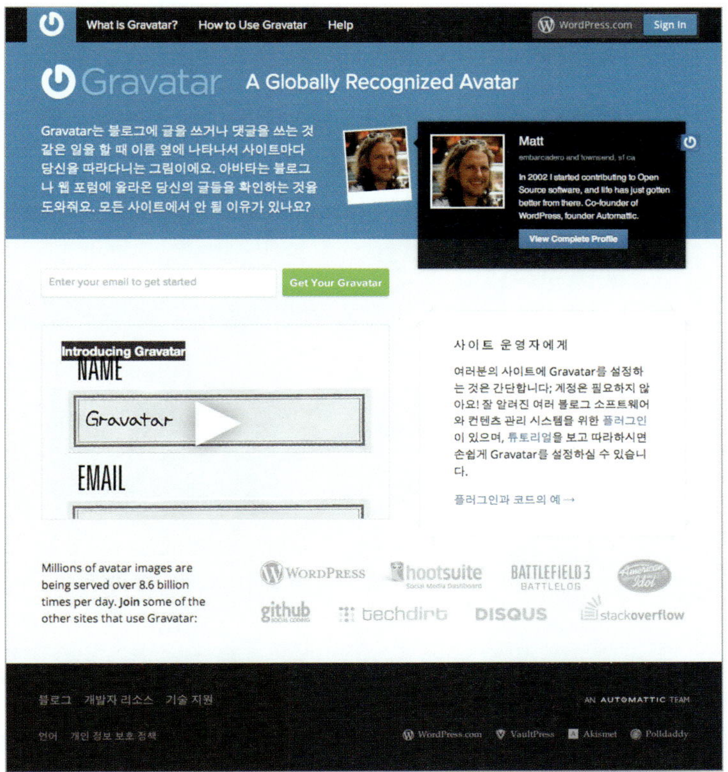

▲ 그라바타 홈페이지, 출처: http://ko.gravatar.com/

| **그라바타 서비스의 장점** |

그라바타 서비스에 등록하는 방법은 앞에서도 설명했지만 무척 간단합니다. 그럼에도 불구하고 '왜
내 웹사이트의 아바타를 저기서 관리하지?'라고 생각할 수 있습니다. 아바타 정보를 각각의 웹사이
트에서 관리하지 않고 서비스화하는 이유는 간단합니다. 아바타는 프로필을 게시하거나 댓글을 달
때 신분증처럼 사용자를 구분하기 위해서 필요한 것이기 때문에 웹 어디에서가 하나의 이미지로 통
일되는 것이 좋습니다. 신분증처럼 아바타를 통해 실제 사용자의 이름이나 개인 정보를 알 수는 없
지만 어제 본 그 사람과 같은 사람인지 아닌지는 구분할 수 있습니다. 웹사이트마다 등록된 아바타
가 다르면 아바타를 통해 상대를 구분하기 어려워지기 때문에 한 군데서 이 정보를 관리하는 것이
애초의 사용 목적에 맞다고 할 수 있습니다.

그럼에도 불구하고 그라바타를 모르는 사용자가 많고 또 서비스 등록을 원치 않는 경우 User Avatar, WP User Avatar, Add Local Avatar 등의 플러그인을 활용해 웹사이트 관리자에서 아바타를 관리할 수 있습니다

| 고정 관리 메뉴에 표시되는 아바타 |

다음 그림처럼 고정관리 메뉴(Admin bar)에 보이는 작은 정사각형의 이미지가 아바타인데, 이 경우는 아바타가 등록되어 있지 않아 기본 이미지가 출력되고 있습니다.

▲ 고정관리 메뉴(Admin bar)에 표시된 아바타

아바타와 관련된 플러그인이 많지만 기본적인 기능은 거의 유사하고 부가 기능 차이가 있을 뿐입니다. 여기서는 사용법이 간단한 User Avatar 플러그인으로 웹사이트에서 아바타를 관리하는 방법을 알아보겠습니다.

User Avatar 플러그인을 설치하고 활성화시킵니다.

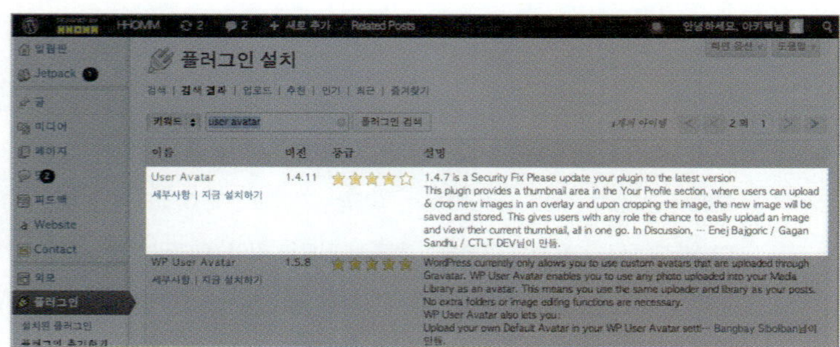

▲ User Avatar 플러그인 설치

관리자에서 '사용자' 메뉴에서 아바타를 등록할 사용자의 프로필 편집 페이지로 들어가면 오른쪽 상단에 아바타 등록 메뉴가 추가된 것을 볼 수 있습니다. 여기서 [Update Picture] 버튼을 클릭합니다.

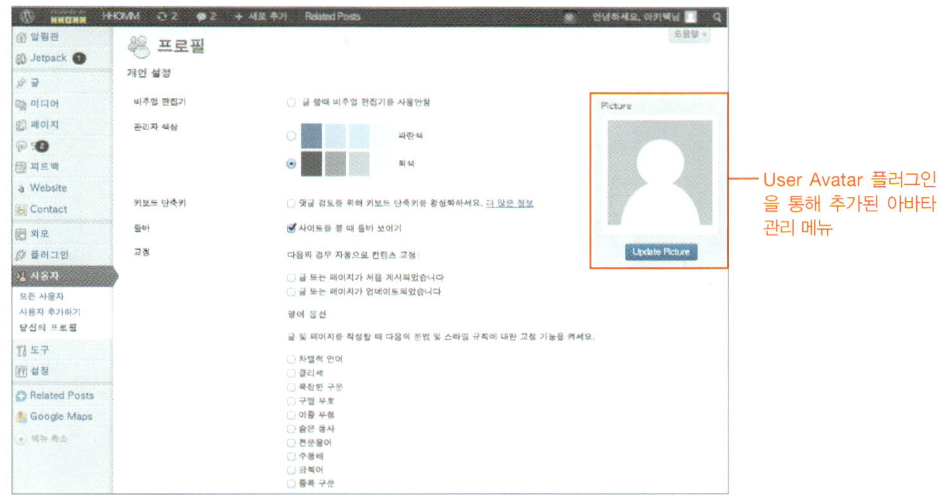

▲ 프로필 편집 페이지에 추가된 아바타 등록 메뉴

아바타 등록창이 나타나면 [파일 선택] 버튼을 클릭해 아바타로 사용할 이미지 파일을 선택한 후 [업로드] 버튼을 클릭합니다. JPG, GIF, PNG 파일을 사용할 수 있습니다.

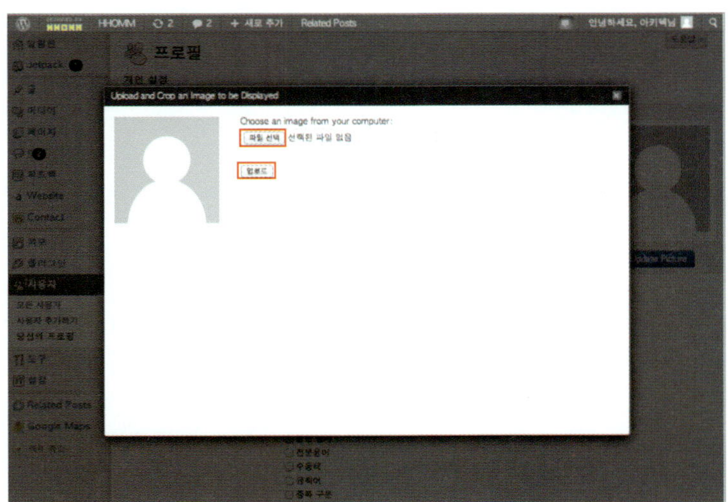

▲ 아바타로 사용할 이미지를 업로드

업로드한 원본 이미지를 아바타로 사용할 정사각형 형태로 잘라냅니다. 왼쪽이 업로드한 이미지 원본이고 점선으로 표시된 박스를 키우거나 이동해서 잘라낼 위치와 크기를 정합니다. 오른쪽의 이미지는 미리보기 화면입니다. 적당한 크기와 위치를 잡은 후 [Crop Image] 버튼을 클릭합니다.

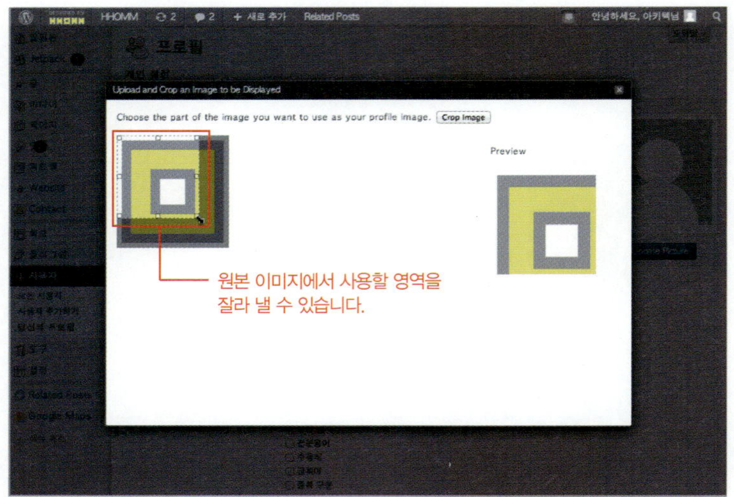

▲ 아바타로 사용할 이미지 편집

'Here's your new profile picture…'라고 안내문구와 함께 완성된 아바타가 나타납니다. 아바타 아래에 'Close' 또는 창 오른쪽 상단의 [x] 버튼을 클릭해 창을 닫습니다.

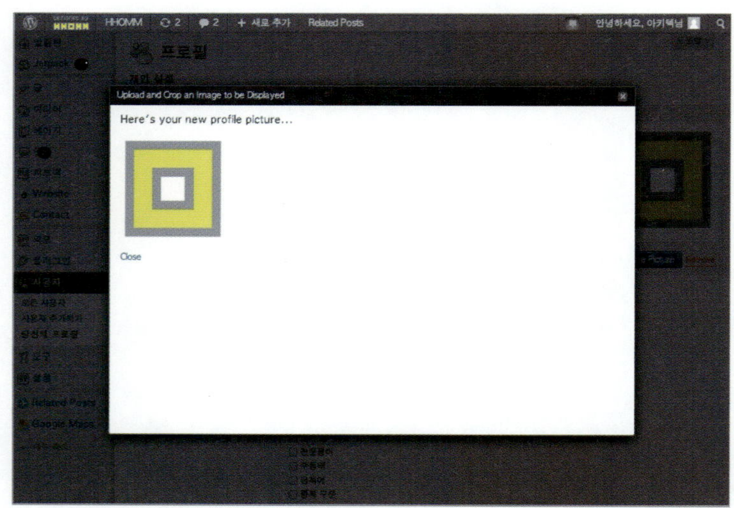

▲ 완성된 아바타

아바타 관리 메뉴에 업로드한 이미지가 보이지만 아직 등록이 마무리된 것은 아닙니다. 프로필 편집 페이지 가장 밑에 [프로필 업데이트] 버튼을 클릭해 설정한 내용을 저장, 업데이트해야 비로소 아바타 등록이 마무리됩니다.

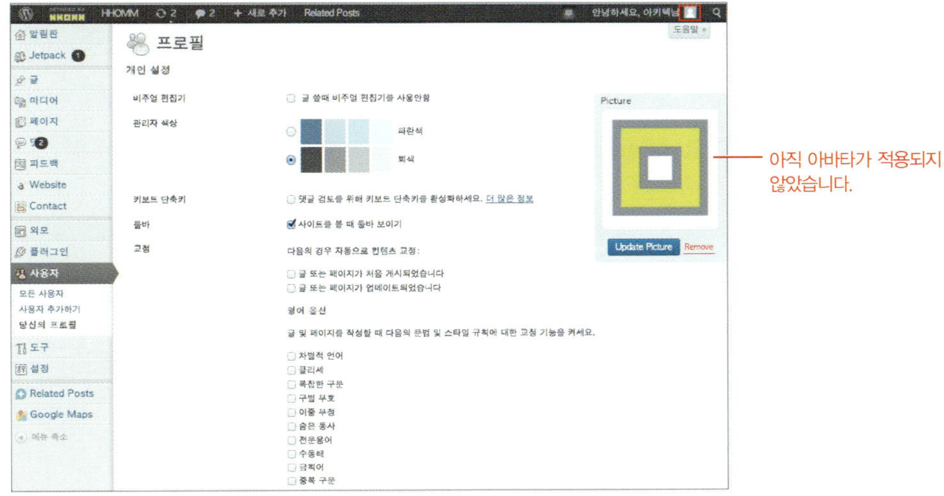

▲ 아바타로 사용할 이미지를 만들었지만 아직 등록되지 않은 상태

현재 로그인한 계정에 아바타를 등록한 경우라면 아바타가 제대로 등록되었는지를 고정관리 메뉴에서 확인할 수 있습니다. 또는 관리자의 '모든 사용자' 페이지에서 사용자명에 등록한 아바타가 나타나는지를 보고 확인할 수 있습니다.

▲ 등록된 아바타 확인

썸네일 이미지 다시 만들기, Regenerate Thumbnails

워드프레스는 테마를 통해 디자인을 손쉽게 교체할 수 있다는 장점을 가지고 있습니다. 그리고 테마마다 사용하는 썸네일의 크기나 비례가 다르기 때문에 테마를 교체하고 썸네일 설정을 변경한다 하더라도 테마 교체 전에 업로드된 이미지들은 크기나 비례가 변경되지 않습니다. 이미지가 업로드되는 순간, 테마에서 지정한 크기로 썸네일을 자동 생성하기 때문에 교체한 테마에 맞춰 썸네일을 재생성해야 하는데 Regenerate Thumbnails 플러그인이 바로 그런 역할을 합니다.

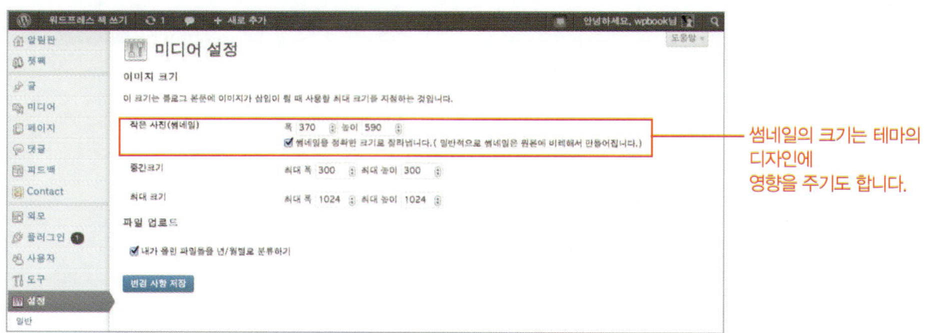

▲ 관리자의 미디어 설정

테마의 함수(functions.php) 파일에는 썸네일 크기를 설정하는 부분이 포함되어 있는 경우가 많습니다. 즉, 테마마다 디자인이나 레이아웃에 최적화되는 썸네일 크기 값을 가지고 있다는 얘기입니다. 테마를 교체한 뒤에도 이전 테마가 잘라놓은 썸네일을 사용하게 되는데 Regenerate Thumbnails를 이용하면 미디어 라이브러리에 등록된 모든 이미지의 썸네일을 현재 테마에서 지정한 크기에 맞춰 재생성할 수 있습니다.

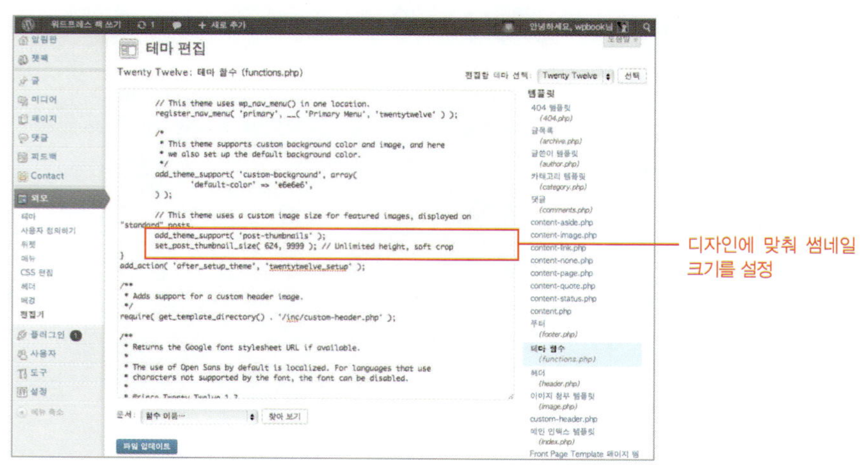

▲ 테마 함수(functions.php) 파일의 썸네일 설정 부분

■ 전체 썸네일 이미지 재생성 하기

썸네일을 재생성하는 방법은 간단합니다. 미디어라이브러리에 등록된 이미지의 썸네일을 일괄 재생성하는 방법을 알아보겠습니다.

Regenerate Thumbnails 플러그인을 설치하고 활성화시킨 후 관리자의 도구 메뉴에 추가된 'Regen. Thumbnails'을 클릭하여 Regenerate Thumbnails 설정 페이지로 이동합니다. [Regenerate All Thumbnails] 버튼을 클릭합니다.

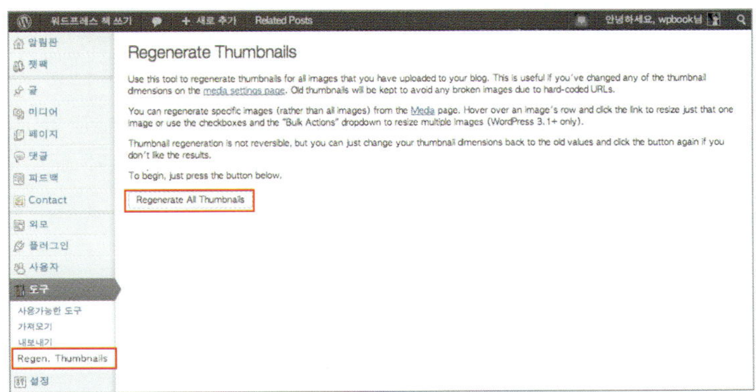

▲ '도구' 메뉴 안에 있는 Regenerate Thumbnails 설정 페이지

미디어 라이브러리에 등록된 이미지를 일괄 재생성하게 됩니다. 진행 과정을 화면에서 볼 수 있고 모두 마무리되면 진행 과정에서 오류가 있었는지 알려줍니다.

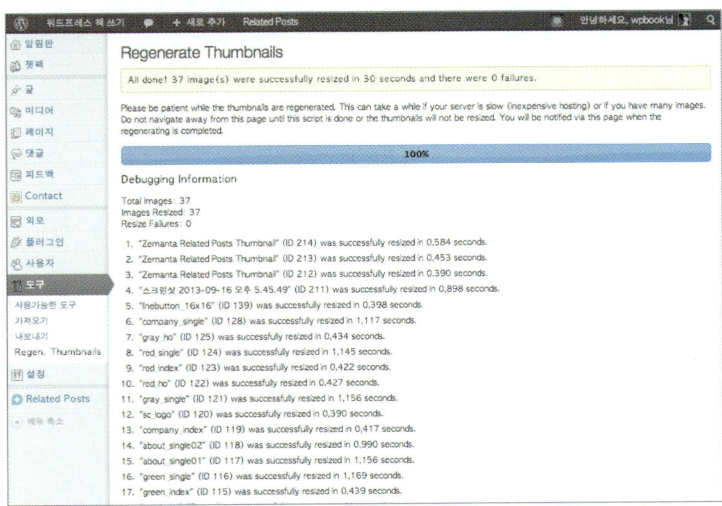

▲ 썸네일을 재생성을 마친 화면

■ 이미지를 한 장씩 재생성할 경우

썸네일 이미지 한 장씩 재생성할 수도 있는데 그 방법은 다음과 같습니다.

관리자의 '미디어 라이브러리'로 이동합니다. 그리고 목록에서 썸네일을 재생성할 이미지를 설명하는 줄에 마우스 포인터를 올려 놓으면 'Regenerate Thumbnails'라는 링크가 나타나는데 이 링크를 클릭합니다.

▲ 미디어 라이브러리에서 개별 이미지의 썸네일을 재생성할 수 있습니다.

Regenerate Thumbnails 설정 페이지로 이동해 선택한 이미지의 썸네일을 재생성합니다.

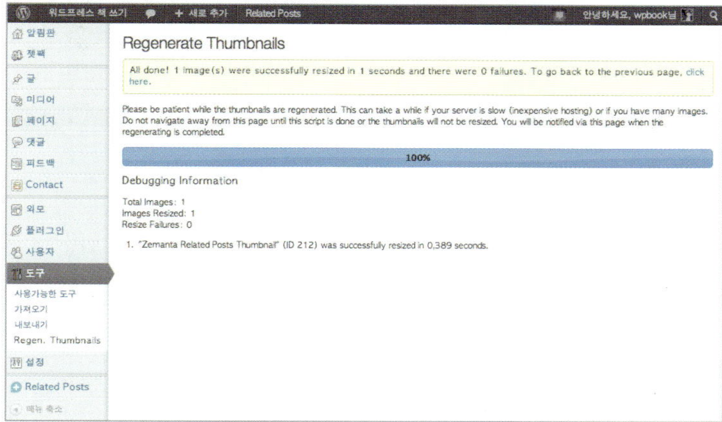

▲ Regenerate Thumbnails 설정 페이지로 이동, 개별 이미지의 썸네일을 재생성

■ 이미지 여러 장을 재생성할 경우

썸네일 이미지를 여러 장 선택해 재생성할 경우에는 다음과 같이 합니다.

미디어 라이브러리에서 재생성할 이미지 항목의 왼쪽에 있는 체크박스를 선택한 후, 목록 상단
에 있는 '일괄 작업'이라고 쓰여 있는 드랍다운 메뉴에서 'Regenerate Thumbnails'을 선택하
고 오른쪽에 [적용] 버튼을 클릭합니다.

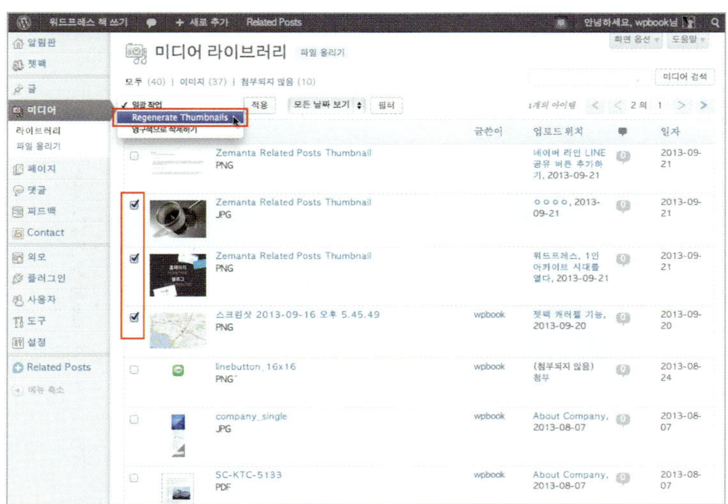

▲ 여러 장을 선택해 썸네일을 재생성할 경우

Regenerate Thumbnails 설정 페이지로 이동, 선택한 이미지들의 썸네일을 재생성합니다.

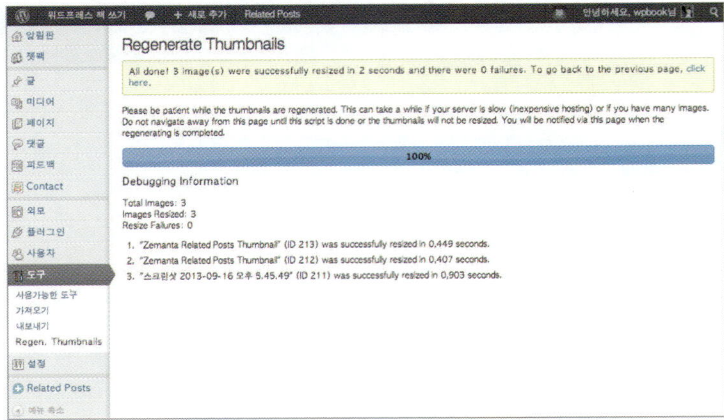
▲ 여러 장을 선택해 썸네일을 재생성할 경우

■ 재생성된 썸네일 확인하기

썸네일은 테마 디자인에 영향을 주기 때문에 테마를 교체한 뒤에 썸네일에 문제가 없는지 확인할 필요가 있습니다. 다음 두 개의 그림은 테마를 교체한 후 썸네일을 재생성하기 전과 후를 비교해서 보여줍니다. 첫 번째 그림에서 글 제목 위에 정사각 비례의 썸네일은 이전에 사용하던 테마 설정에 따라 만들어진 것입니다. Regenerate Thumbnails 플러그인을 통해 썸네일을 재생성하고 나면 두 번째 그림처럼 썸네일이 바뀝니다.

▲ 테마를 교체하고 썸네일을 재생성하기 전

▲ 썸네일을 재생성한 후

10 기타 다양한 플러그인 소개

앞서 소개한 플러그인 외에도 워드프레스는 다양한 기능의 플러그인이 있습니다. 개발 목적에 맞는 플러그인을 찾아 활용하면 개성있는 웹사이트를 구현할 수 있습니다. 워드프레스의 플러그인을 통해 구현할 수 있는 대표적인 기능들을 몇 가지 알아보겠습니다.

■ 팟캐스트 플러그인, podPress

podPress 플러그인을 이용하면 애플의 팟캐스트(Podcast)를 워드프레스 사이트에서 재생할 수 있습니다. 팟캐스트에 등록된 방송을 들으려면 애플에서 개발한 컴퓨터나 휴대기기를 사용해야 하는데 podPress를 이용하면 안드로이드 계열의 휴대기기나 일반 PC에서도 방송을 들을 수 있습니다. 워드프레스 사이트에서 팟캐스트의 음원을 연동해 재생할 수 있기 때문입니다.

▲ 애플의 팟캐스트(Podcast)를 워드프레스에 연동해주는 podPress 플러그인,
출처: http://wordpress.org/plugins/

다음은 '디자인과 이슈'라는 팟캐스트를 워드프레스 사이트에 삽입한 화면입니다.

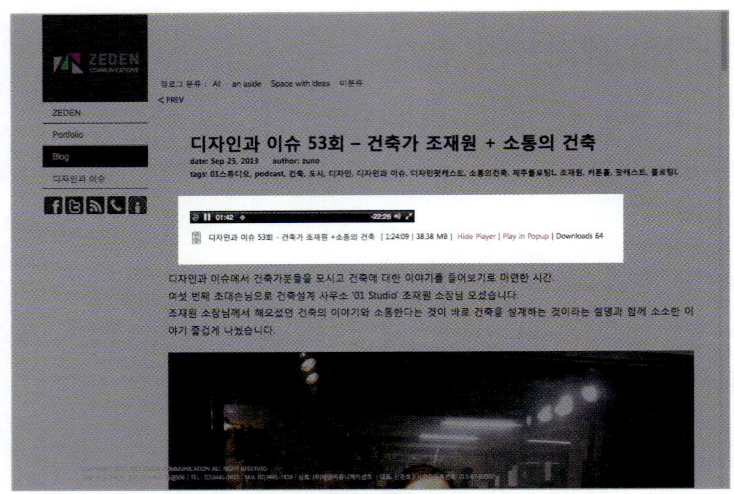

▲ podPress를 적용한 사례, 출처: http://zeden.co.kr

■ 워드프레스를 온라인 쇼핑몰로 만들어주는 플러그인들

플러그인을 통해 워드프레스 사이트를 쇼핑몰로 꾸밀 수도 있습니다. 국내의 독특한 온라인 결제 환경에 최적화시키는데는 아직 무리가 있지만 WP e-Commerce, WooCommerce(http://www.woothemes.com/woocommerce/), Jigoshop(http://

jigoshop.com/) 등 워드프레스를 쇼핑몰로 만들어주는 플러그인은 다양합니다.

기본 플러그인은 무료로 WordPress.org의 플러그인 디렉토리에서 내려받을 수 있고 추가 확장 기능과 최적화된 쇼핑몰 테마 등은 각 플러그인 사이트에 유료, 무료로 제공합니다.

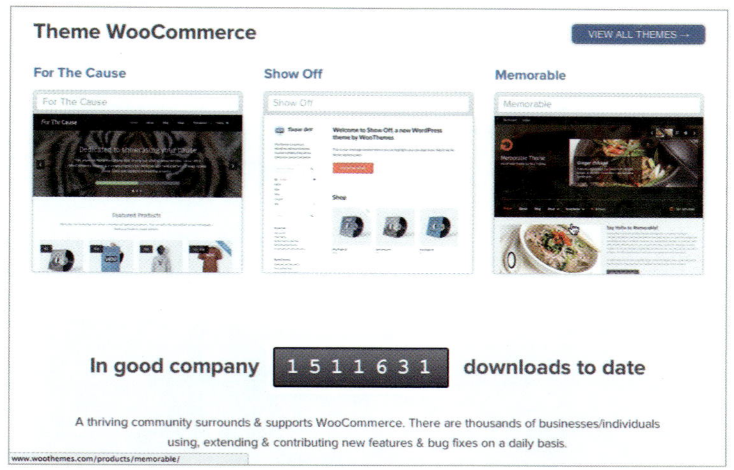

▲ WooTheme 홈페이지의 WooCommerce 소개 내용,
출처: http://www.woothemes.com/woocommerce/

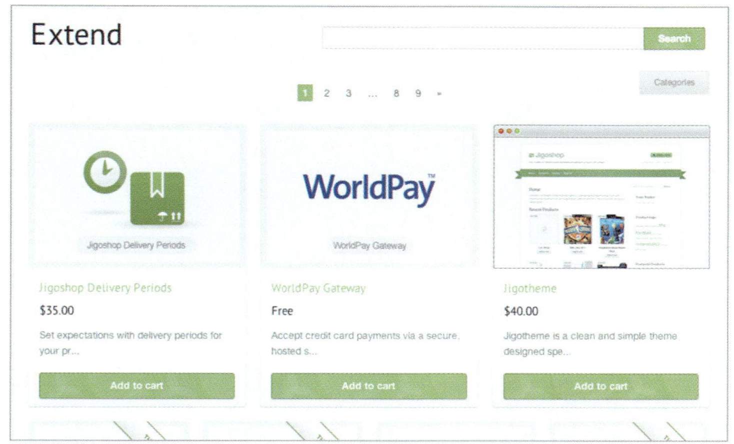

▲ Jigoshop에 등록된 추가 확장팩들, 출처: http://jigoshop.com/extend/

워드프레스 쇼핑몰 플러그인 중에는 WooCommerce와 Jigoshop이 대표적인데 테마, 확장 기능 등을 고려해 선택하는 것이 좋습니다. 기본 플러그인 자체는 무료이기 때문에 플러그인을 설치해 테스트 해본 뒤에 결정하는 것도 좋은 방법입니다. 단, 다른 플러그인들과는 달리 테마가 함께 결합되어야 제 기능을 발휘하기 때문에 지원 테마도 함께 확인하는 것이 좋습니다.

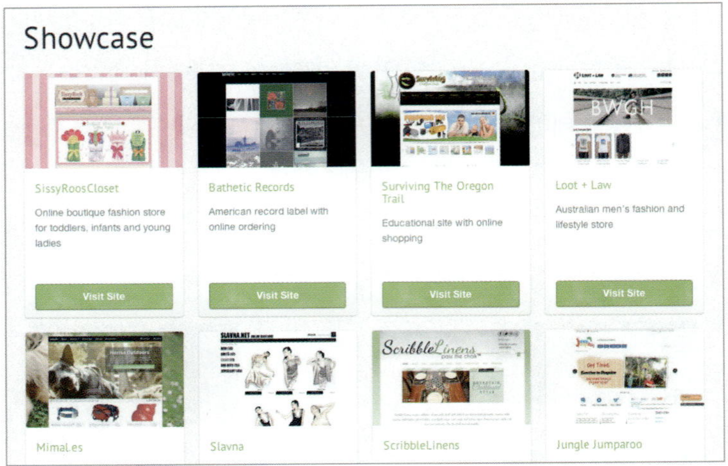

▲ Jigoshop으로 구축된 온라인 쇼핑몰들, 출처: http://jigoshop.com/showcase/

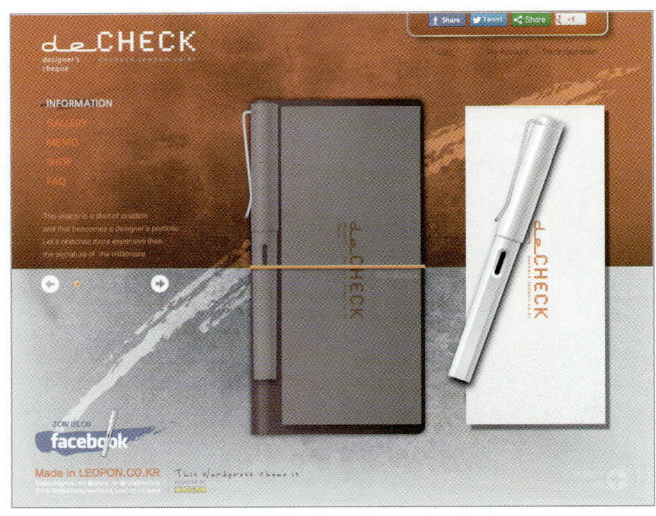

▲ Jigoshop 플러그인을 활용해 개발된 쇼핑몰 사례,
출처: http://decheck.leopon.co.kr/

■ 지리 정보를 활용할 수 있게 해주는 플러그인들

구글 지도를 활용해 지리 정보를 제공할 수도 있습니다. Comprehensive Google Map Plugin, Pronamic Google Maps, WP Google Maps 같은 플러그인을 활용하면 워드프레스 사이트에서 구글지도를 이용할 수 있습니다. 다음 그림은 한 설계사무소의 포트폴리오 페이지 인데 구글 지도 상에 건축물의 위치를 보여주기 위해 Pronamic Google Maps 플러그인을 활용하고 있습니다.

▲ 구글 지도를 이용한 사례, 출처: http://www.baum.co.kr

이런 구글 지도와 관련된 플러그인을 활용하면 본문 중에 원하는 위치의 지도를 숏코드나 기타
방법을 통해 삽입할 수 있습니다.

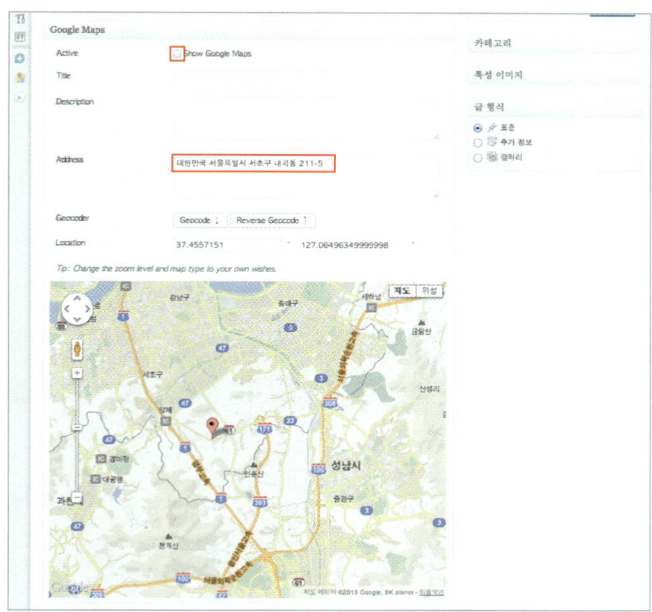

▲ Pronamic Google Maps 플러그인을 사용해 위치 정보를 입력하는 화면

■ 행사 및 일정 관리 플러그인

행사 일정을 관리하고 공지하는 기능에 초점을 맞추면 Timely에서 개발한 All-in-One Event
Calendar(http://time.ly) 또는 Ajax Event Calendar, Events Manager 등의 플러그인을 고
려해볼 수 있습니다. All-in-One Event Calendar가 가장 대표적인 일정 관리 플러그인이라
고 할 수 있는데 기본 기능을 무료로 공개하고 Pro 버전을 유료로 판매하고 있습니다.

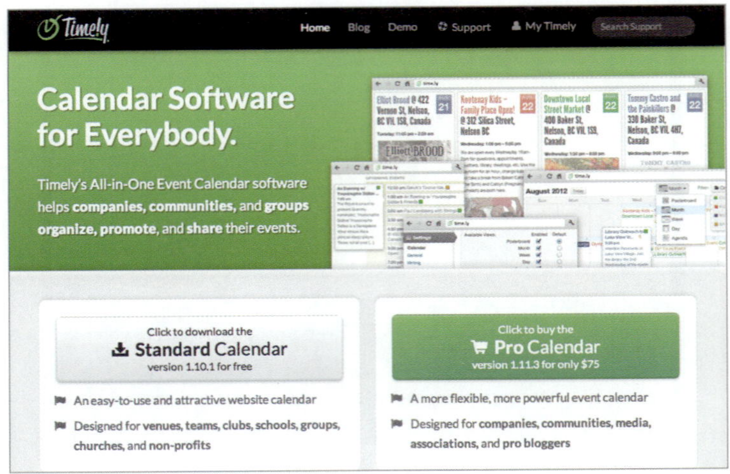

▲ All-in-One Event Calendar 홈페이지 출처: http://time.ly/

■ 다국어 지원 플러그인

글로벌 웹서비스를 계획하는 경우, 다국어를 지원해야 하는데 이런 경우, WPML(The WordPress Multilingual Plugin)을 활용할 수 있습니다. WPML 플러그인도 처음에는 WordPress.org의 플러그인 디렉토리에 등록되어 무료로 사용할 수 있었는데 기능을 개선한 신버전이 나오면서 유료화된 플러그인 중에 하나입니다. 워드프레스에서의 다국어 지원에 관한 가장 대표적인 플러그인이라 할 수 있습니다.

▲ WPML 홈페이지 출처: http://wpml.org

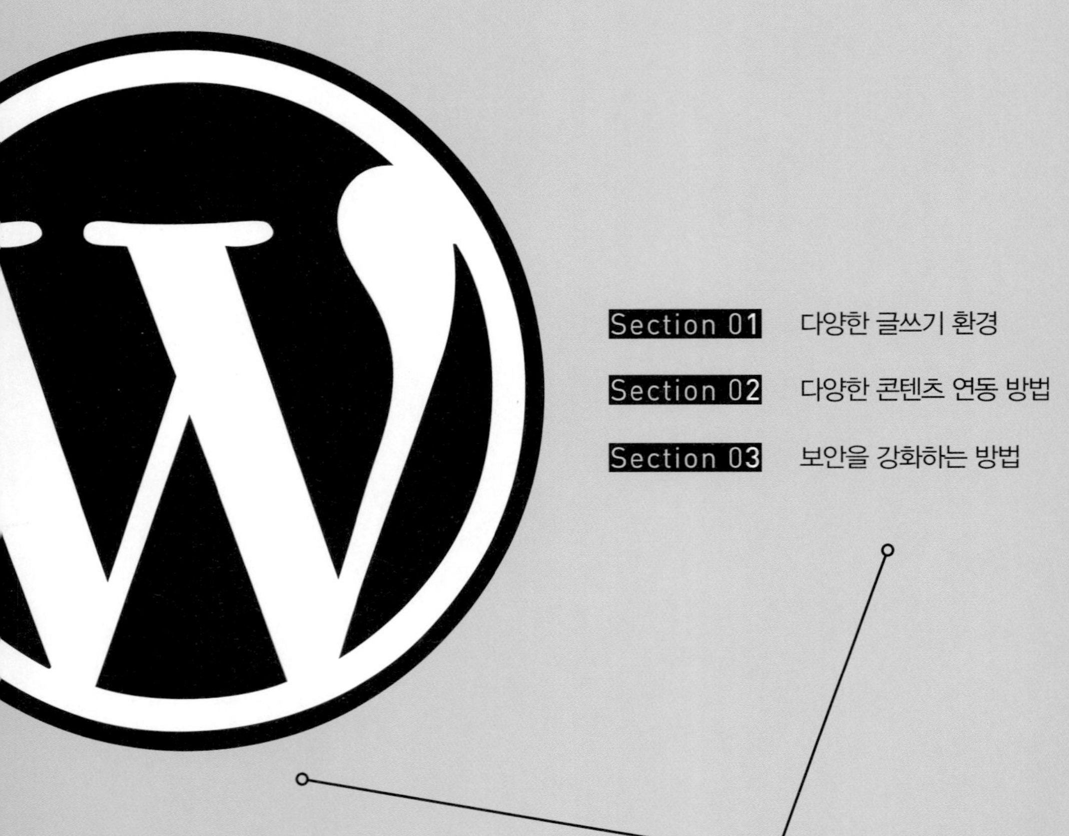

WORD

콘텐츠 관리와 연동, 보안

워드프레스의 가장 큰 장점은 콘텐츠를 관리하고 유통하는 방법이 다양하고 손쉽다는데 있습니다. 스마트폰에서 타블렛, 데스크탑까지 워드프레스는 다양한 환경을 지원하고 트위터, 페이스북, 핀터레스트, 인스타그램 등 다양한 소셜네트워크 시스템과 연동해 콘텐츠를 배포할 수 있습니다. 이번 장에서는 콘텐츠를 만들고 배포하고 관리하는 방법에 대해 알아보도록 하겠습니다.

다양한 글쓰기 환경

워드프레스 앱을 활용하면 애플 iOS, 안드로이드, 블랙베리, 윈도우폰, 노키아, WebOS 등 다양한 모바일 환경에 대응할 수 있습니다. 또한 최근 개발되는 블로깅 관련 소프트웨어 대부분이 워드프레스를 지원하고 있기 때문에 사용자마다 원하는 글쓰기 환경을 구축할 수 있습니다. 워드프레스의 글쓰기 환경에 대해 알아보겠습니다.

01 모바일 환경을 지원하는 워드프레스

▲ 워드프레스에서 제공하는 모바일앱, 출처: http://wordpress.org/mobile/

최근 모바일 기기로 웹을 사용하는 사람이 급속도로 늘어나고 있습니다. 웬만한 일은 데스크탑PC 없이도 스마트폰이나 타블렛 PC로 할 수 있게 되다 보니 웹사이트 방문자의 상당수가 모바일을 통해 유입되고 있고 그 비중이 기하급수적으로 늘어나고 있어서 모바일은 선택이 아니라 필수가 되어가고 있습니다.

워드프레스는 이런 모바일 환경에 있어서도 다양한 지원을 하고 있습니다. 애플의 아이폰이나 아이패드, 아이팟 터치 같은 iOS 기반의 모바일 기기와 안드로이드 계열의 모바일 기기, 블랙베리, 윈도우폰, 노키아 등 WebOS 기반의 기기 각각에 맞는 앱을 제공하고 있습니다.

▲ 워드프레스에서 제공하는 iOS용 앱, 출처: http://ios.wordpress.org/

▲ 워드프레스에서 제공하는 안드로이드용앱, 출처: http://android.wordpress.org/

02 워드프레스 모바일앱 설치하기

아이패드를 기준으로 워드프레스 앱을 설치하고 웹사이트를 등록하는 방법을 알아보겠습니다.

우선 앱스토어에서 'wordpress'를 키워드로 검색하여 워드프레스 앱을 찾아 설치합니다.

▲ 애플 앱스토어에 등록되어 있는 워드프레스 앱

바탕 화면에 워드프레스 앱이 추가된 것을 볼 수 있습니다.

▲ 아이패드 바탕화면에 추가된 워드프레스 앱

앱을 처음 실행하면 환영 메시지가 나타납니다. 오른쪽 하단의 [등록하기] 버튼을 클릭합니다. 왼쪽
하단의 '계정만들기'는 wordpress.com에 블로그를 만들때 사용합니다. 설치형 워드프레스 사용자
또는 이미 닷컴 계정을 가지고 있다면 곧바로 [등록하기] 버튼을 클릭하고 다음 단계로 갑니다.

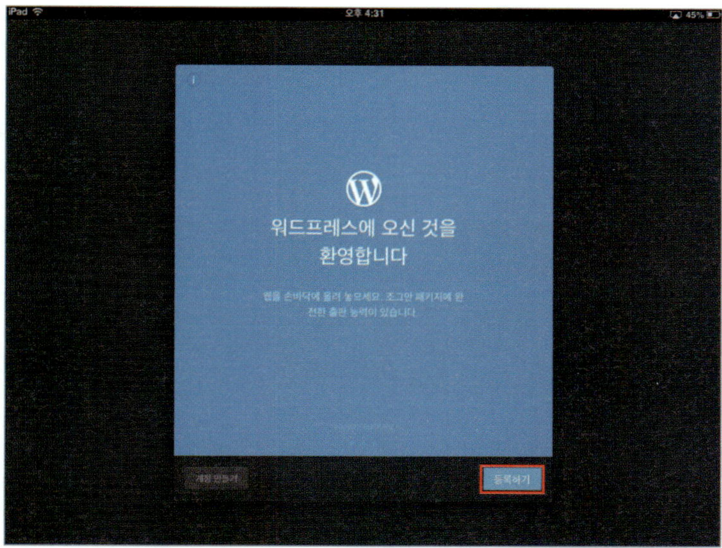

▲ 워드프레스 앱을 실행하면 환영 메시지가 나타납니다.

워드프레스 사이트의 사용자명과 비밀번호, 웹사이트 주소(URL)를 입력하고 [등록하기] 버튼을 클릭합니다.

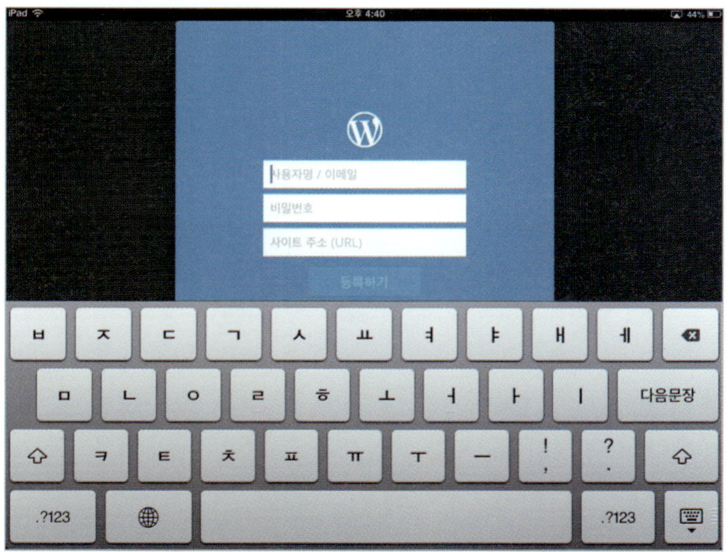

▲ 워드프레스 사이트의 주소와 계정 정보를 입력합니다.

워드프레스 앱에 웹사이트가 등록되면 '통계' 기능을 제공하기 위해 젯팩 연결을 시도합니다. 워드프레스의 어키즈밋 또는 젯팩플러그인을 설치할 때 만든 워드프레스닷컴 계정의 사용자명과 비밀번호를 입력합니다.

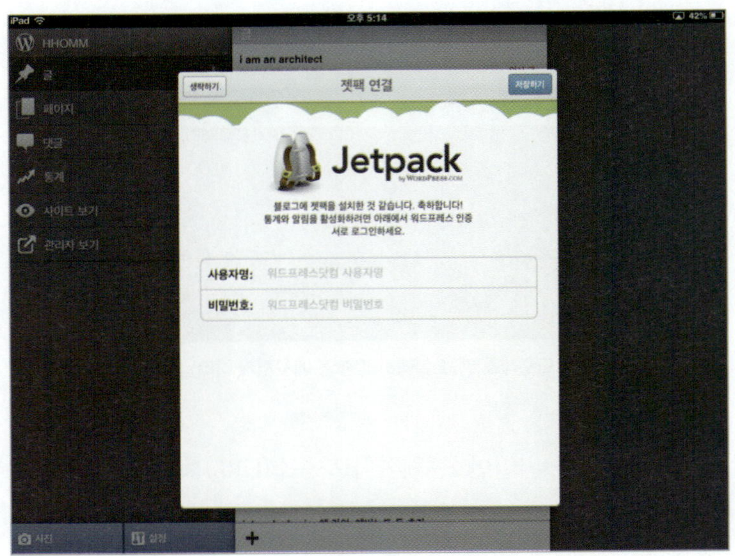

▲ 방문자 통계와 알림 기능을 사용하려면 워드프레스닷컴 계정 정보를 입력합니다.

워드프레스닷컴 계정에 연결되면 다음과 같은 화면이 나타납니다. 워드프레스 앱에 웹사이트를 연결하는 모든 과정을 마쳤습니다.

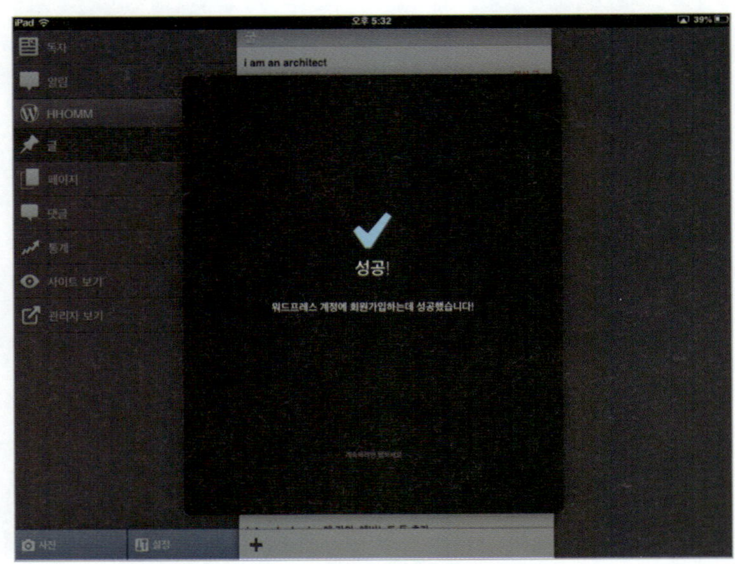

▲ 워드프레스닷컴과의 연결이 완료된 화면

이제 아이패드에서 직접 새 글을 등록하고 편집할 수 있습니다. 더불어 워드프레스닷컴과 연동해 새로운 댓글이 달리면 알림을 받을 수 있고 방문자 통계도 확인할 수 있습니다.

03 워드프레스 앱으로 글 쓰고 편집하기

아이패드에서 워드프레스 앱을 활용해 글을 쓰고 편집하는 방법을 알아보겠습니다.

■ 새 글 추가하기

앱 설치를 마치면 웹사이트에 등록되어 있는 글 목록이 나타납니다. '글'이라고 쓰여있는 메뉴의 오른편 또는 글 목록 아래에 있는 '+' 아이콘을 클릭해 새 글을 추가할 수 있습니다.

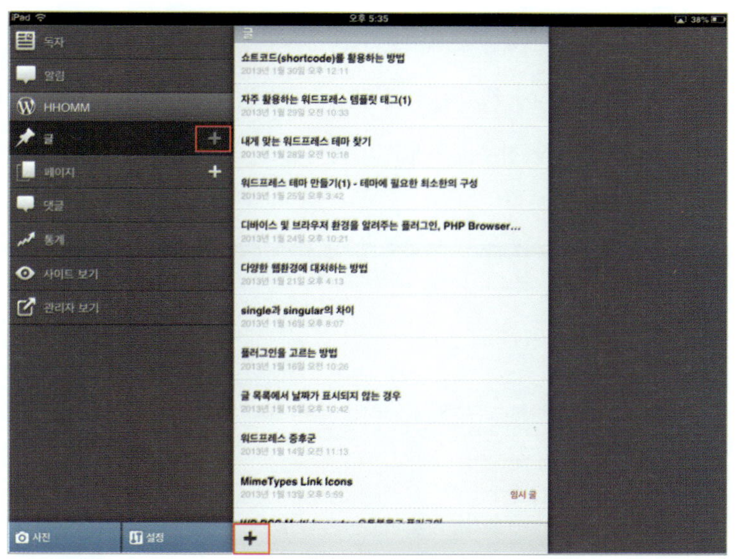

▲ '글' 메뉴 오른쪽 또는 글 목록 하단에 있는 '+' 아이콘을 클릭하면 새 글을 작성할 수 있습니다.

■ 입력 양식 확인하기

'+' 아이콘을 클릭하면 새 글을 쓸 수 있는 편집창이 나타납니다. 제목, 태그, 카테고리, 본문을 입력할 수 있습니다.

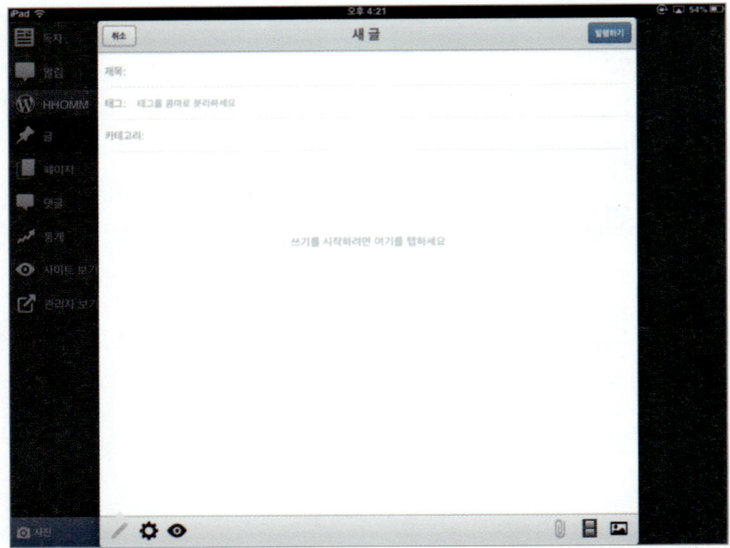

▲ 워드프레스 앱의 새 글 쓰기 편집 창

■ 카테고리 설정

카테고리 항목을 선택하면 기존에 웹사이트에 등록된 카테고리 목록이 나타나 선택할 수 있습니다. 새로운 카테고리를 추가할 경우, 카테고리 목록 오른쪽 상단의 '+' 버튼을 클릭합니다.

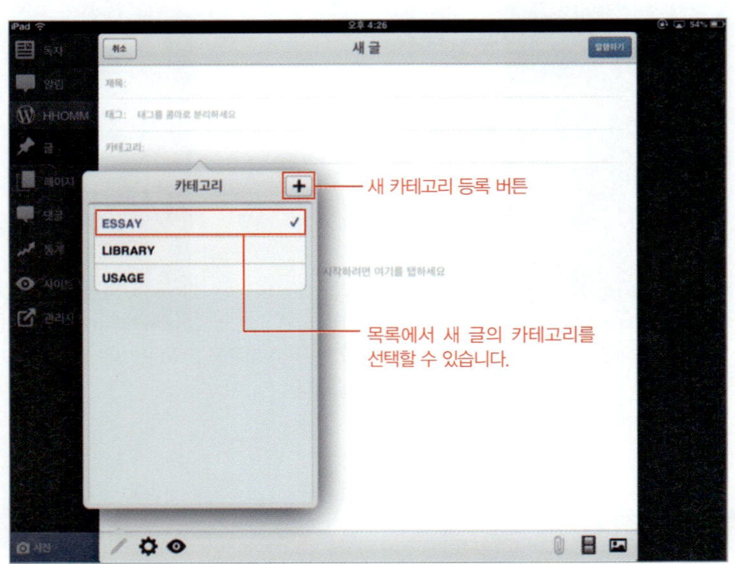

▲ 카테고리를 선택하고 추가할 수 있습니다.

■ 본문 작성

본문을 작성하거나 편집할 때 모바일앱에서는 텍스트 편집 방식만을 지원합니다. PC에서 워드프레스 사이트에 글을 쓸 때는 비주얼 편집기와 텍스트 편집기 중 선택을 할 수 있지만 모바일 환경에서는 비주얼 편집 방식을 지원하지 않습니다. 대신 편집기 하단에 [미리보기] 버튼을 통해 작성한 내용을 확인할 수 있습니다.

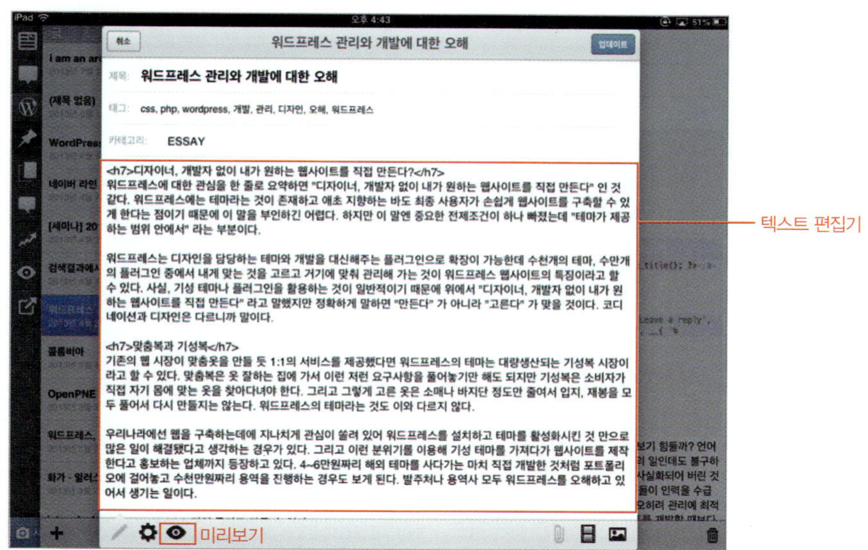

▲ PC에서 글을 쓸 때는 비주얼과 텍스트로 편집기를 선택할 수 있지만,
모바일 앱에서는 텍스트 편집기만을 지원합니다.

■ 공개 설정

편집창 하단의 톱니 모양의 아이콘을 클릭하면 글 공개 방식 또는 예약을 설정할 수 있는 화면이 나타납니다.

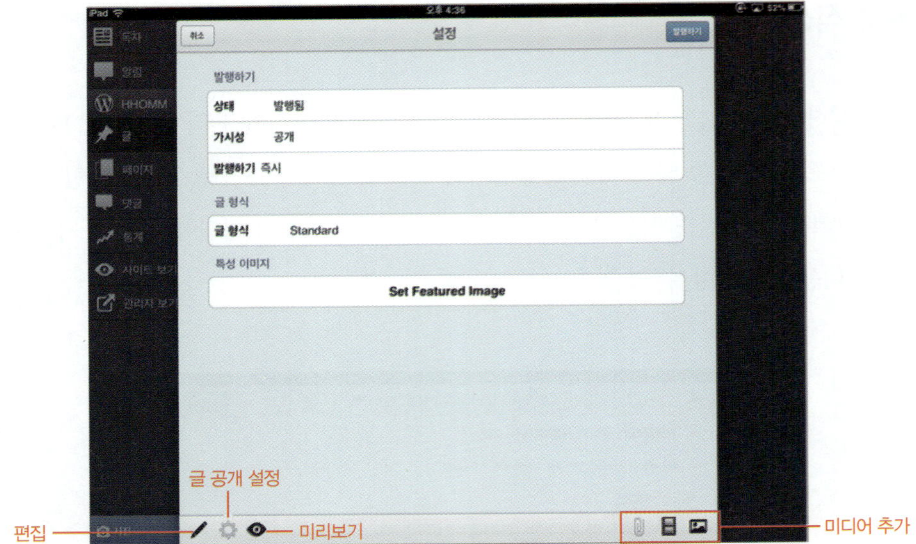

▲ 편집창 하단의 버튼들. 왼쪽에서부터 글 편집, 공개 설정, 미리보기, 미디어 추가 기능을
담당합니다.

■ 미디어 추가하기

새로운 사진, 동영상 또는 이미 모바일 기기에 저장되어 있는 미디어를 추가할 수 있습니다.
액자 형태의 아이콘을 클릭하면 [라이브러리에서 사진 추가], [사진찍기] 두 개의 버튼이 나타
납니다. [라이브러리에서 사진 추가] 버튼을 클릭하면 아이패드에 저장되어 있는 사진 목록을
볼 수 있습니다.

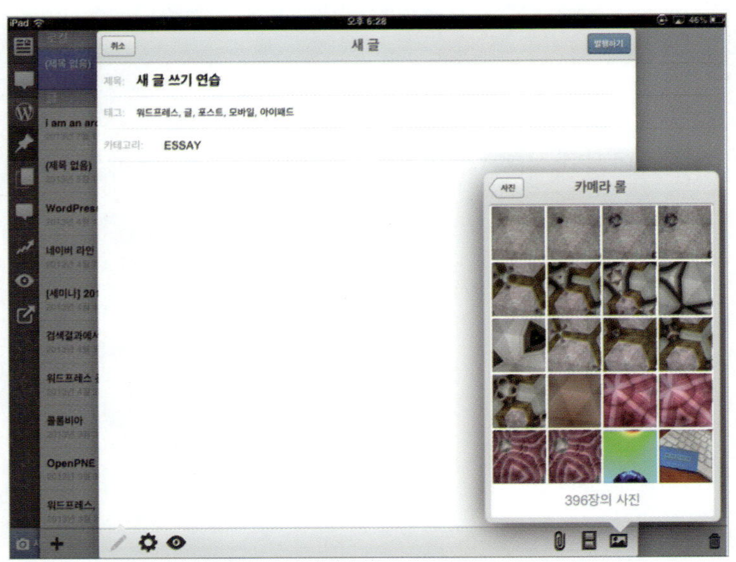

▲ 아이패드에 저장되어 있는 사진, 카메라 롤에서 사진을 선택해서 추가할 수 있습니다.

이미지를 추가하는 방법부터 알아보겠습니다. 추가할 사진을 선택하고 사진의 크기를 선택합니다.

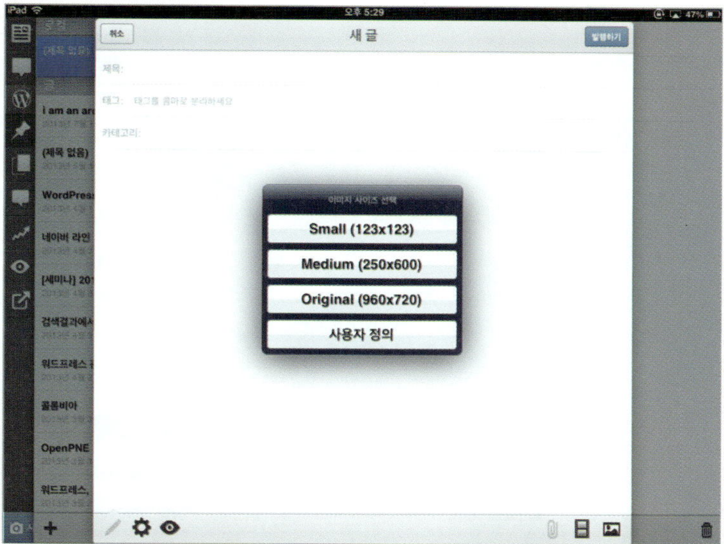

▲ 추가할 사진의 크기를 고를 수 있습니다.

사진의 크기를 선택하면 해당 크기의 사진 파일이 웹사이트에 자동으로 업로드됩니다. 업로드 된 사진은 첨부 파일 목록으로 확인할 수 있습니다.

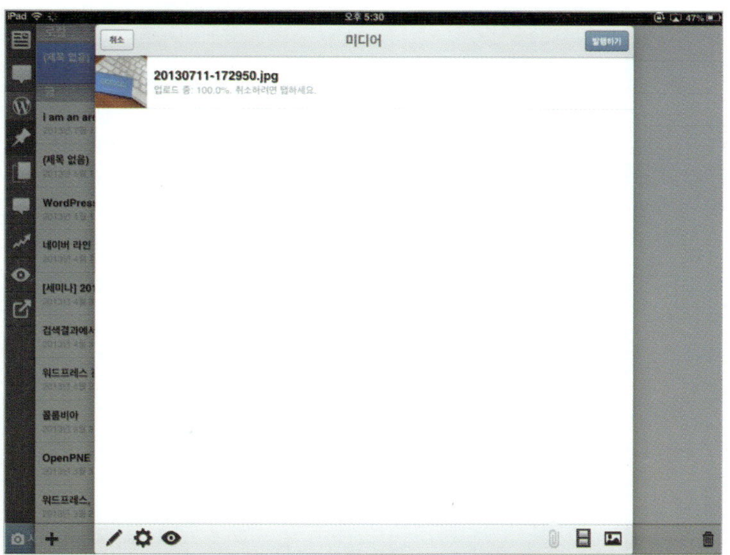

▲ 선택한 크기의 사진이 업로드된 상태

이 목록에서 사진 파일을 선택하면 다음 그림처럼 사진이 팝업창으로 나타납니다. 창의 오른쪽 아래에 있는 버튼을 클릭해 사진의 위치를 정합니다.

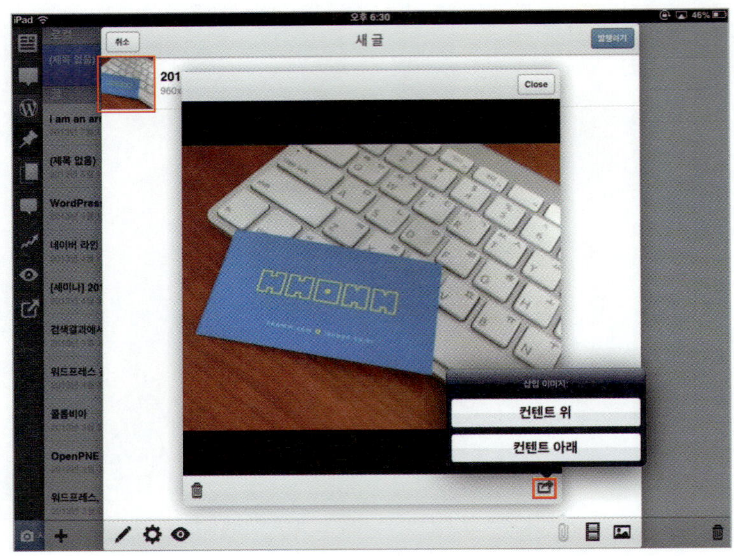

▲ 첨부파일 목록에서 추가할 사진을 선택하고 본문에 삽입할 위치를 정합니다.

추가된 텍스트 편집기 또는 미리보기 상에서 확인할 수 있습니다.

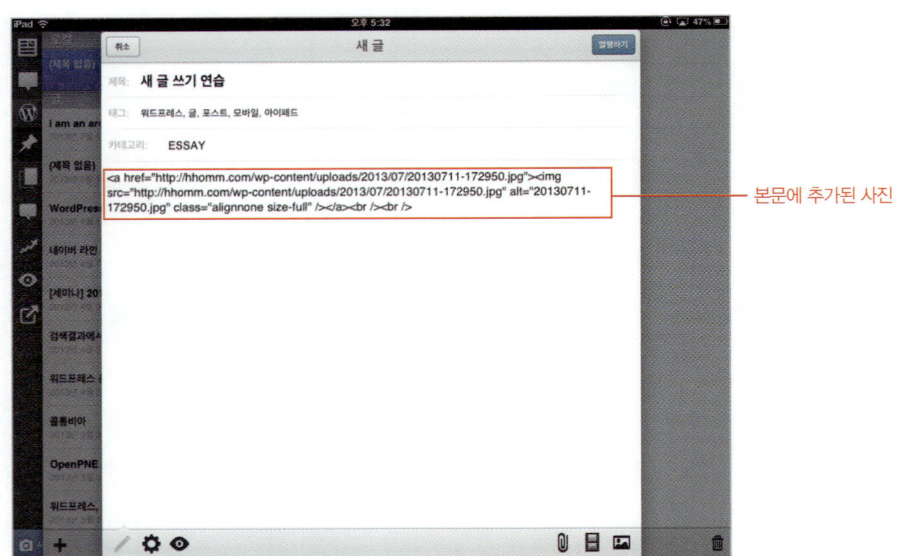

▲ 텍스트 편집기에 사진이 추가된 화면

다음 그림은 본문에 추가된 사진을 미리보기로 확인한 화면입니다.

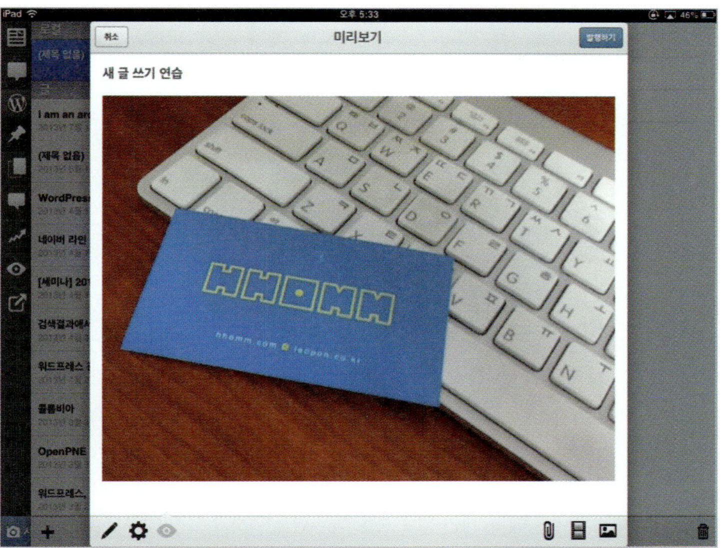

▲ 미리보기로 본문에 추가된 사진을 확인할 수 있습니다.

참고

동영상도 사진과 같은 방식으로 추가할 수 있습니다. 단, 모바일에서 앱을 통해 사진이나 동영상을 추가할 때는 웹트래픽 등을 감안해 적당한 크기의 파일을 선택하는 것이 좋습니다.

TIP

미디어를 추가할 수 있도록 개인 정보 설정을 변경하는 방법

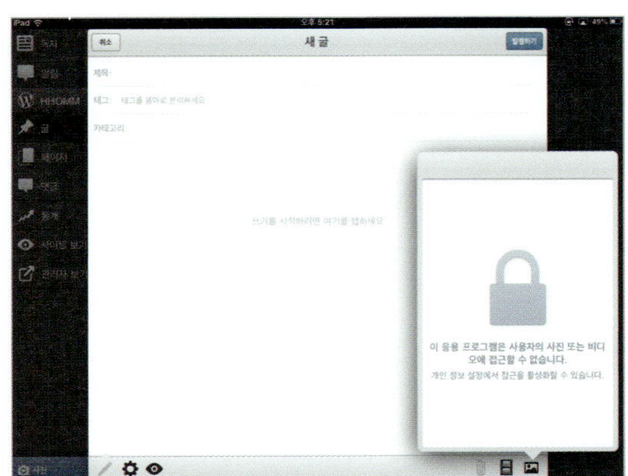

▲ 모바일 기기의 개인 정보 설정에 따라 저장된 미디어 접근이 차단된 경우

개인 정보 설정에 따라 모바일 기기에 저장된 미디어를 추가할 수 없는 경우가 있습니다. 이때는 워드프레스 앱이 모바일 기기에 저장된 미디어 라이브러리에 접근할 수 있도록 개인 정보 설정을 변경해 주어야 합니다.

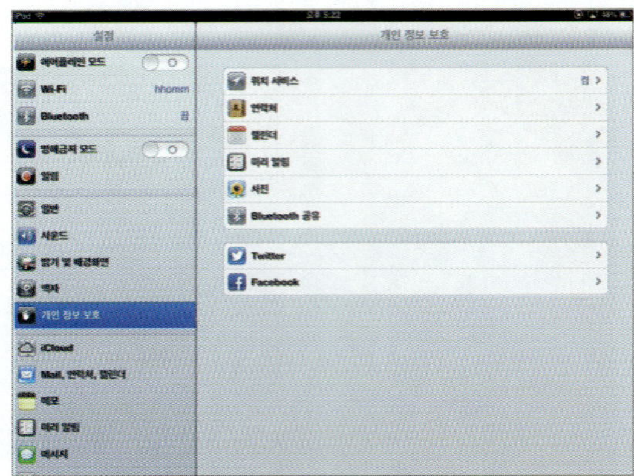

▲ 아이패드 설정의 '개인 정보 보호'

아이패드나 아이폰의 경우, 설정에서 '개인 정보 보호' 메뉴를 선택하고 그 안에 '사진'에 대한 설정으로 들어
갑니다. 여기서 아이패드에 저장된 사진에 워드프레스 앱의 접근 권한을 설정할 수 있는데 다음과 같이 설정
을 변경하면 워드프레스 앱에서 아이패드에 저장된 미디어를 사용할 수 있습니다.

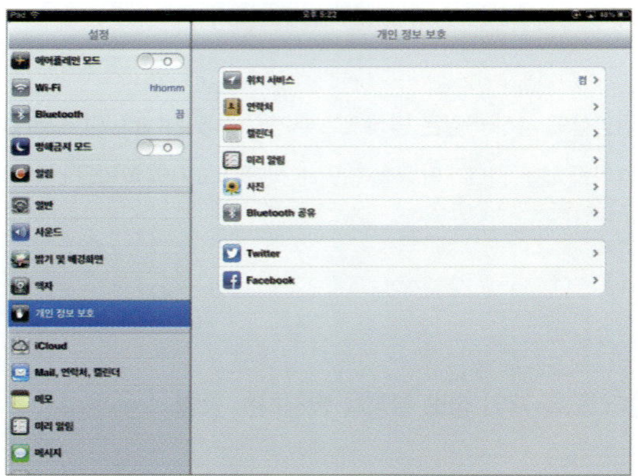

▲ 워드프레스 앱이 아이패드에 저장된 사진에 접근할 수 있도록 설정한 화면

■ 글 편집하기

목록에서 글을 선택하면 다음처럼 목록 오른쪽으로 글 내용을 볼 수 있는 창이 나타납니다.

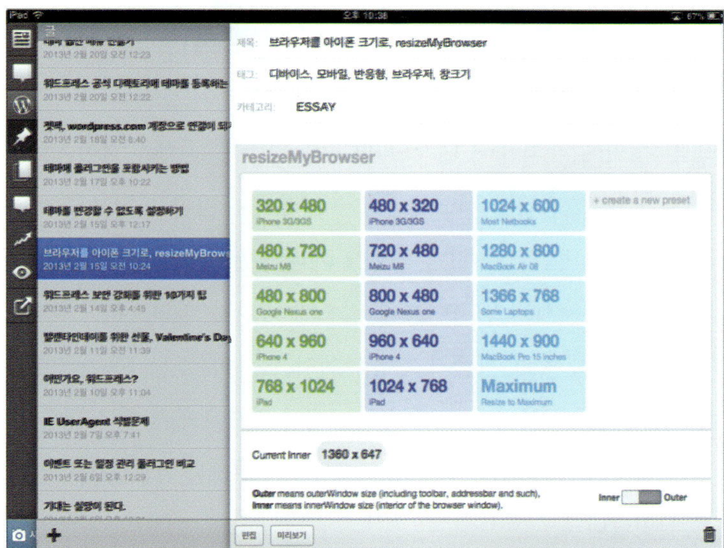

▲ 목록에서 글을 선택하면 오른쪽으로 글 내용을 볼 수 있는 창이 나타납니다.

이 창을 클릭하거나 아래 [편집] 버튼을 클릭하면 편집창이 나타납니다. 여기서 새 글을 쓸 때와 마찬가지로 내용을 추가하거나 고칠 수 있습니다.

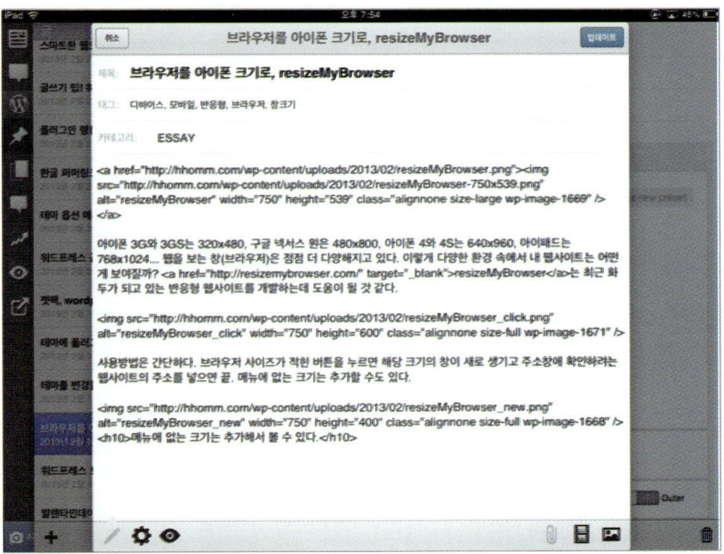

▲ 기존 글을 편집할 수 있는 편집창이 나타납니다.

워드프레스가 개발된 초기에는 자체에 내장된 편집기 기능에 부족한 점이 많았습니다. 특히 국내 사용자의 경우, 워드프레스의 편집기 인터페이스가 익숙하지 않아 불편을 호소하는 경우가 많았습니다. 이런 문제를 보완하는 방법으로 원격 블로그 에디터프로그램을 생각해 볼 수 있습니다. 보통 웹에 글을 쓰고 편집하기 위해서는 웹사이트에 접속해 관리자 화면으로 들어가 웹 상에서 작업을 하는데, 웹사이트에 접속하지 않고 사용자 컴퓨터에서 웹사이트의 글을 관리할 수 있도록 해주는 도구를 원격 블로그 에디터라고 합니다.모바일 기기에서 워드프레스 앱을 활용해 글을 쓰고 편집하는 것도 이와 같은 방식이라고 이해할 수 있습니다. 단, 여기서는 데스크탑 컴퓨터에서 활용할 수 있는 프로그램들을 설명합니다.

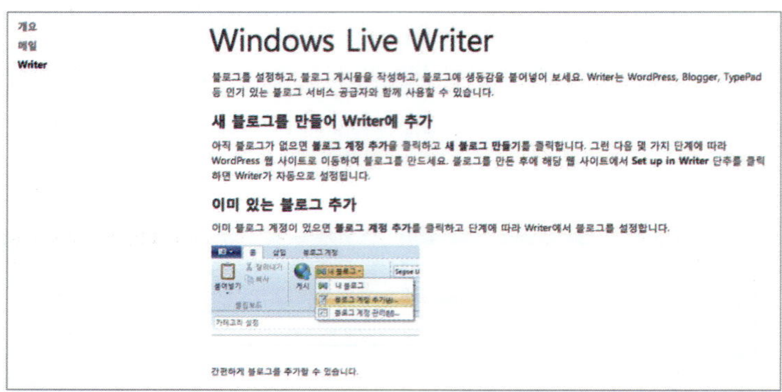

▲ 마이크로소프트사의 윈도우 라이브 라이터 페이지, 출처: http://writer.live.com/

■ 윈도우용 원격 블로그 에디터

윈도우 기반의 컴퓨터에서는 마이크로소프트사에서 제공하는 윈도우 라이브 라이터(Windows Live Writer)가 대표적인 원격 블로그 에디터 프로그램인데 워드프레스 외에도 구글의 Blogger, TypePad 등의 블로그 서비스에서 사용할 수 있습니다. 마이크로소프트사에서 개발하는 제품이기 때문에 신뢰할 수 있고 지속적인 기능 개선을 기대할 수 있으며 무료입니다. 윈도우 라이브 라이터 외에도 BlogJet(http://www.codingrobots.com/blogjet/), WebStory(http://webstory.my/), QTM(http://qtm.blogistan.co.uk/), Qumana(http://www.qumana.com/), Semagic(http://semagic.sourceforge.net/) 등의 윈도우용 프로그램이 있습니다.

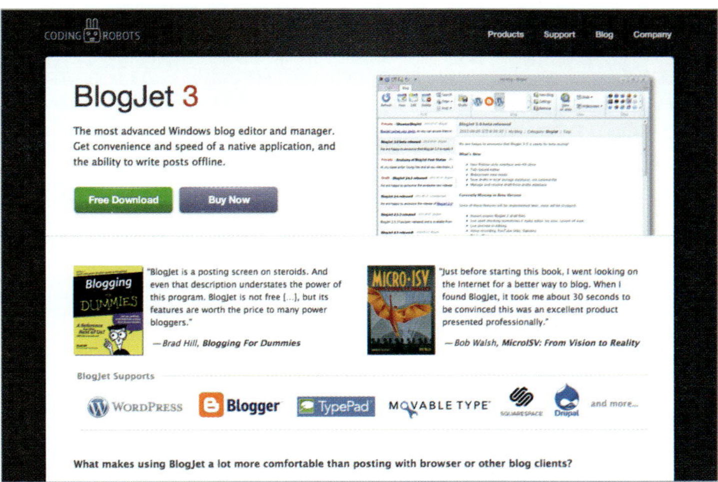

▲ 윈도우용 블로그 에디터 프로그램 BlogJet,
출처: http://www.codingrobots.com/

TIP

QTM, Qumana, Semagic은 윈도우 외에도 맥OS나 리눅스를 지원합니다.

또 마이크로소프트의 워드나 한컴 오피스를 활용할 수도 있습니다. MS 워드나 한컴오피스가 워드프레스에 비해 익숙하기 때문에 글을 쓰고 편집하기에는 좀 더 편할 수 있지만 웹사이트에 발행했을 때, 구성이나 글꼴이 다르게 적용될 수 있다는 점에 주의해야 합니다.

■ 맥용 원격 블로그에디터

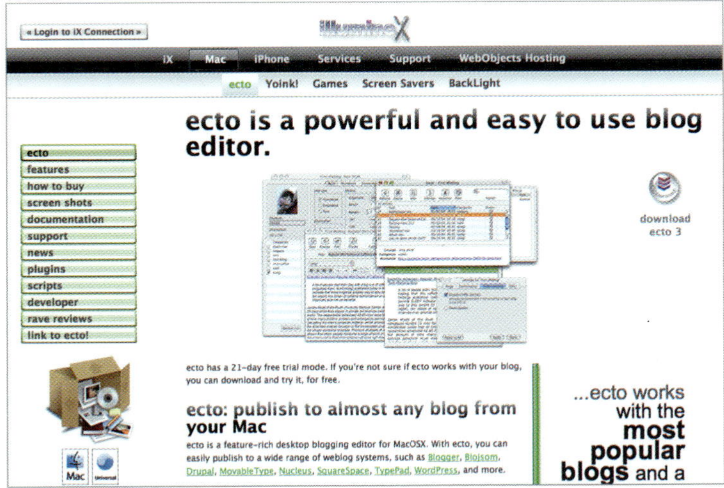

▲ 한때 인기가 높았던 맥용 블로그 에디터 프로그램 Ecto,
출처: http://illuminex.com/ecto/

윈도우용에 비해 맥용 원격 블로그 에디터는 좀 더 다양하고 독특한 편의기능을 갖추고 있는데 MarsEdit(http://www.red-sweater.com/marsedit/), MacJournal(http://www.marinersoftware.com/products/macjournal/), Ecto(http://illuminex.com/ecto/), BlogMate(http://ditchnet.org/blogmate/), Blogo 등이 있습니다. Blogo는 현재 프로젝트 자체가 사라져 더 이상 볼 수 없게 되었고 Ecto도 업데이트를 멈춘지 오래되었습니다. 한때, Ecto는 블로그 에디터로는 타의 추종을 불허할 만큼 인기가 높았는데 3.02버전 이후로는 업데이트가 멈춘 상태입니다.

▲ 오랫동안 인기를 지속해오고 있는 블로그 에디터 프로그램 MarsEdit,
출처: http://www.red-sweater.com/marsedit/

MarsEdit는 현존하는 맥용 원격 블로그 에디터 프로그램 중에 대표적이라 할 수 있고 최근에는 워드프레스 전용 에디터로 Printpress라는 프로그램이 앱스토어에 등장했습니다.

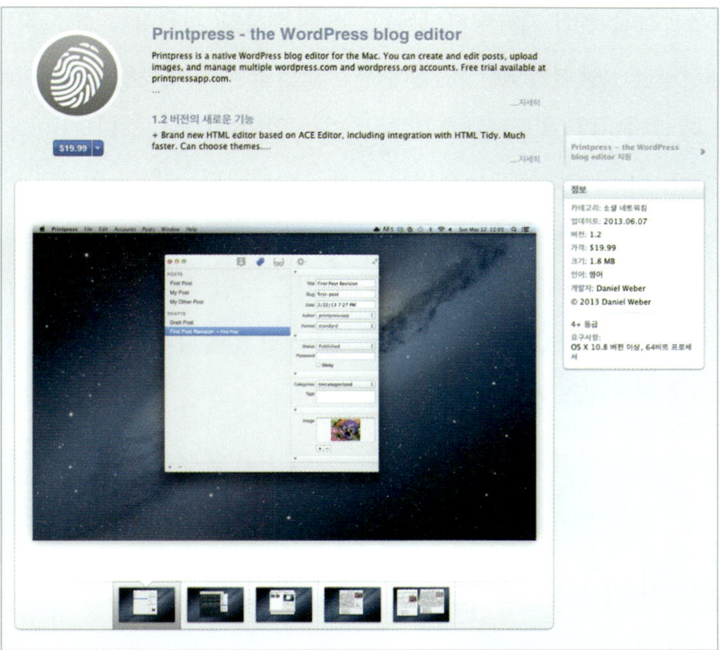

▲ 워드프레스 전용 블로그 에디터 프로그램 Printpress, 출처: 애플 앱스토어

■ 리눅스용 원격 블로그 데이터 프로그램

리눅스용 프로그램으로는 BloGTK(http://blogtk.jayreding.com/), GScribble(http://sourceforge.net/projects/gscribble/), QTM(http://qtm.blogistan.co.uk/) 등이 있습니다.

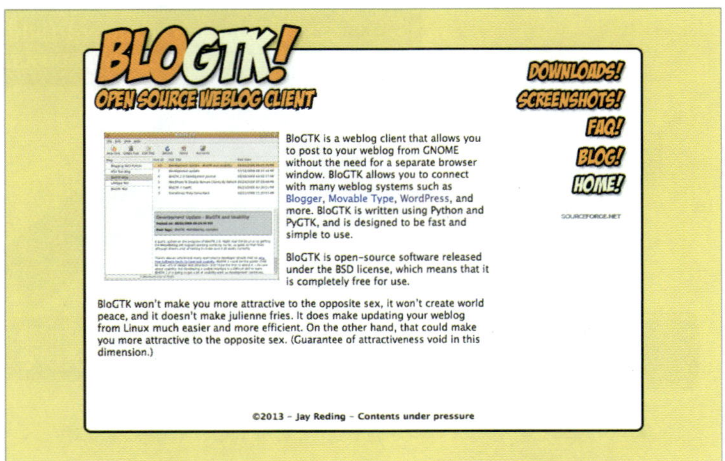

▲ 리눅스용 블로그 에디터 프로그램 BloGTK, 출처: http://blogtk.jayreding.com/

최근에는 워드프레스의 편집 기능이 향상되고 편집 기능을 지원하는 플러그인이 늘어나면서 원격 블로그 에디터를 사용하기보다 웹 상에서 직접 글을 작성하고 편집하거나 모바일 앱을 활용하는 경우가 더 많습니다. 워드프레스가 워낙 자주 업데이트되다보니 원격 블로그 에디터 프로그램이 여기에 맞춰 대응하기도 어려워졌고 어느 순간부터는 원격 블로그 에디터에서 제공하는 편의 기능이 큰 힘을 발휘하지 못하면서 사용자가 많이 줄고 있는 것으로 보입니다. 하지만 원격 블로그 에디터는 활용하기에 따라 관리 시간을 줄일 수도 있고 자주 사용하는 편집 방식을 저장해 사용하는 등 프로그램마다의 장점을 가지고 있습니다. 따라서 여러 개의 웹사이트를 관리한다거나 워드프레스 기본 편집 기능에 부족함을 느끼는 경우라면 대안이 될 수 있습니다.

05 아이폰, 아이패드용 앱

스마트폰과 타블렛 PC 사용자가 늘어나면서 최근에는 웹 트래픽의 절반 가까이가 모바일에서 일어나고 있습니다. 페이스북이나 트위터 같은 소셜 네트워크 서비스도 데스크탑보다는 모바일을 통해 접속하기 때문에 콘텐츠 관리를 좀 더 손쉽게 하기 위해서 필요한 앱을 찾게 됩니다. 워드프레스에서 제공하는 기본 앱 외에도 다양한 앱들이 있습니다.

▲ 아이패드 전용 블로그 에디터 앱 Blogsy, 출처: http://blogsyapp.com/

애플 iOS용은 Blogsy, Prose, BlogPad, BlogPress, PressSync, BlogBooster 등으로 다양합니다. 이 중에서 Blogsy, Prose, BlogPad는 아이패드 전용이며 BlogPress와 PressSync는 아이폰, 아이패드 모두 지원하고 BlogBooster는 아이폰 전용입니다.

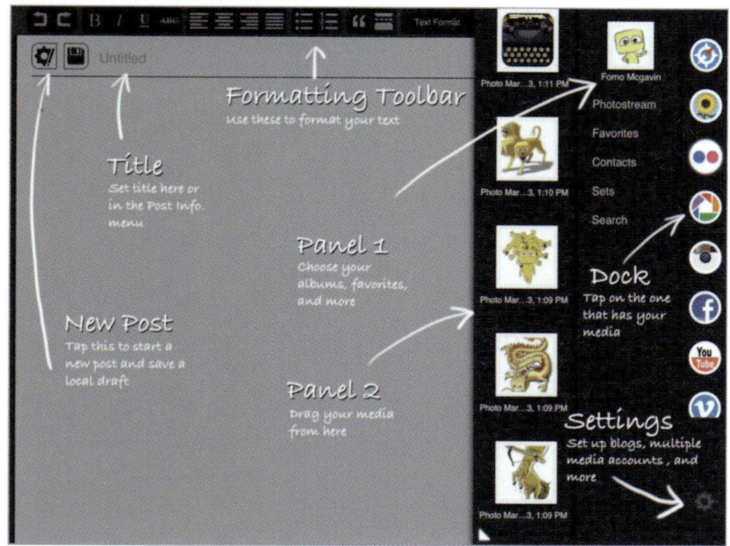

▲ Blogsy의 구성, 출처: 애플 앱스토어

각 앱마다 특징이 있겠지만 여기서는 아이패드 전용 앱인 Blogsy에 대해서 간단히 알아보겠습니다. Blogsy는 설치형, 가입형(서비스형) 워드프레스를 모두 지원하고 구글의 블로거, 줌라, 드루팔, 텀블러, 타입패드 등의 블로그 플랫폼을 지원합니다.

▲ Blogsy 앱의 특징을 설명하는 부분, 출처: http://blogsyapp.com/

특히, 플리커, 피카사, 페이스북, 인스타그램 등의 서비스로부터 사진을 연동하고 유튜브나 비메오의 영상을 끌어올 수 있어서 아이패드에서 사용할 경우, 미디어를 활용하기 쉽게 설계되어 있습니다. 사진이나 영상 위주의 웹사이트를 운영하는 경우라면 워드프레스에서 제공하는 기본 앱에 비해 Blogsy의 미디어 지원 기능이 유용하게 활용될 수 있습니다.

다양한 콘텐츠 연동 방법

콘텐츠 관리는 글을 쓰고 편집하는 저작 부분과 새 글을 어떻게 효과적으로 알릴 것인가 하는 배포 부분으로 나누어 생각할 수 있습니다. 여기서는 워드프레스 사이트에서 생산된 콘텐츠를 보다 효과적으로 배포하는 방법에 대해서 알아봅니다.

01 검색 및 포털에 웹사이트 등록하기

네이버나 다음 같은 국내 포털 사이트에 웹사이트로 등록하지 않으면 워드프레스 사이트는 블로그로 분류됩니다. 블로그가 아닌 '사이트', '웹문서'로 분류되길 원한다면 포털 사이트에 등록해야 합니다.

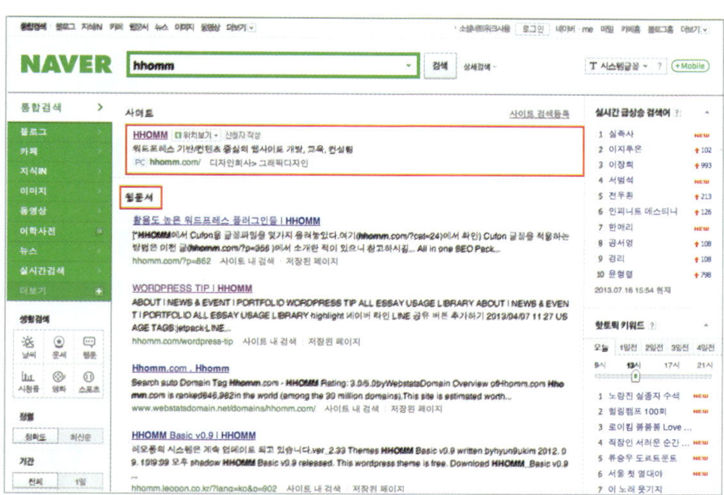

▲ 네이버에 등록된 워드프레스 사이트는 블로그가 아닌 사이트로 분류됩니다.
출처: http://www.naver.com/

포털 사이트에 등록되면, 다음처럼 웹사이트의 성격에 따라 분류됩니다. 해당 분류는 등록을 신청할 때 기재하는 희망 분류 디렉토리를 기준으로 등록됩니다.

▲ 다음 디렉토리에 등록된 워드프레스 사이트, 출처: http://www.daum.net/

웹사이트 등록은 각 포털 사이트의 하단에 '검색등록'이라는 링크를 클릭하고, 검색등록 페이지에서 진행합니다. 네이버, 다음 모두 검색등록 과정에 대해 상세히 설명되어 있습니다. 해당 내용을 참고 하십시오.

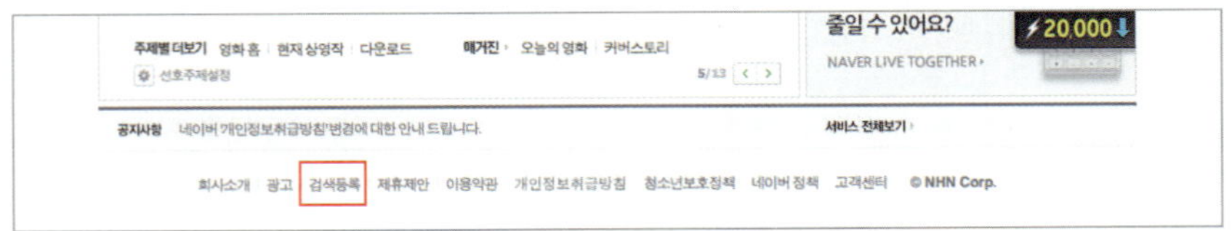

▲ 포털 사이트 하단에 검색등록 페이지로 가는 링크가 있습니다.
출처: http://www.naver..com/

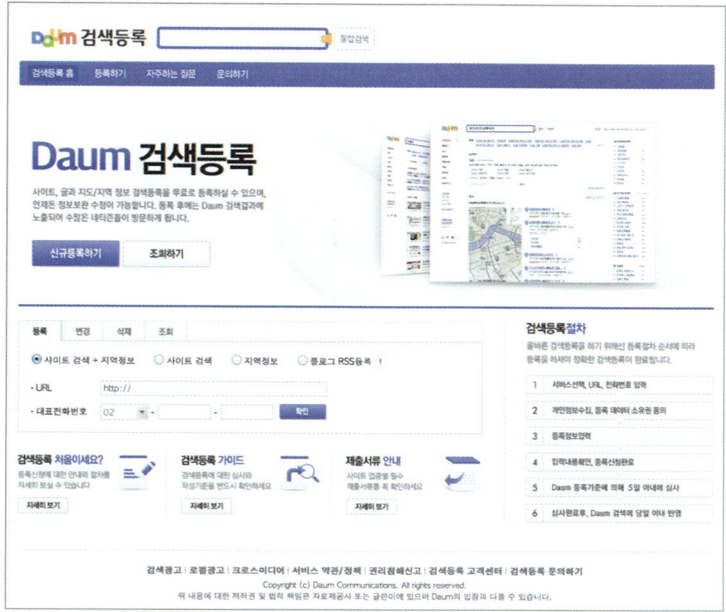

▲ 다음 검색등록 페이지, 출처: http://www.daum.net/

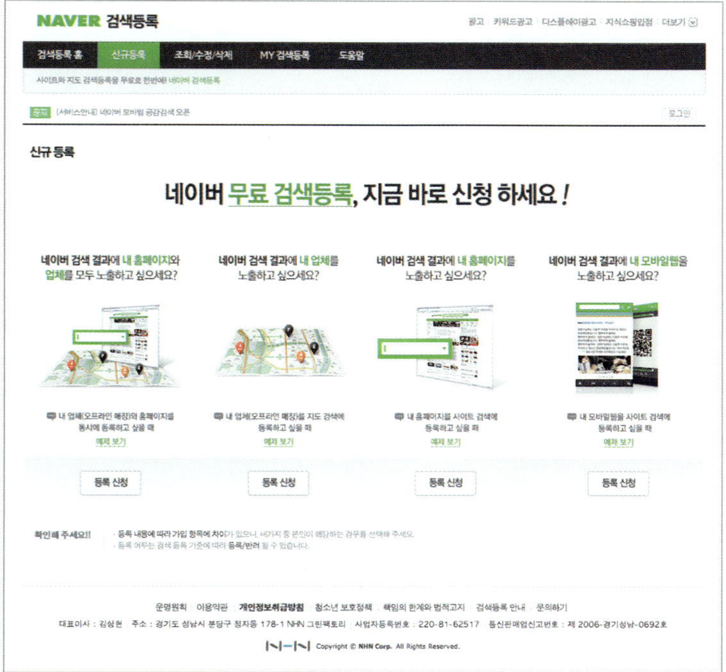

▲ 네이버의 신규 등록 페이지, 출처: http://www.naver.net/

워드프레스가 국내에 알려지기 시작할 때 사람들에게 가장 큰 관심을 모았던 기능 중에 하나가 SNS 연동입니다. 국내에서는 SNS에 대한 관심이 커지면서 덩달아 워드프레스의 연동 기능도 함께 알려졌는데 워드프레스에는 트위터, 페이스북, 플리커 등의 SNS와 관련된 플러그인들이 그 수를 헤아릴 수 없을 정도로 많습니다.

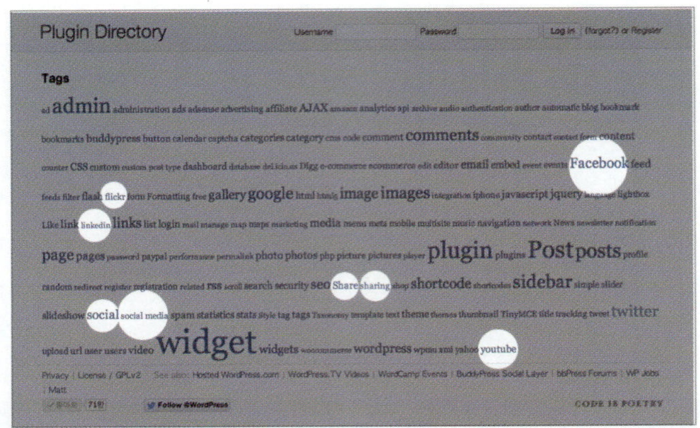

▲ wordpress.org에 등록된 플러그인의 인기 태그들,
출처: http://wordpress.org/plugins/tags/

WordPress.org에 등록된 플러그인의 인기 태그만보더라도 워드프레스의 SNS 관련 플러그인이 얼마나 많은지 알 수 있습니다. 인기 태그 중 'twitter'로 분류된 플러그인이 1,300여개나 됩니다.

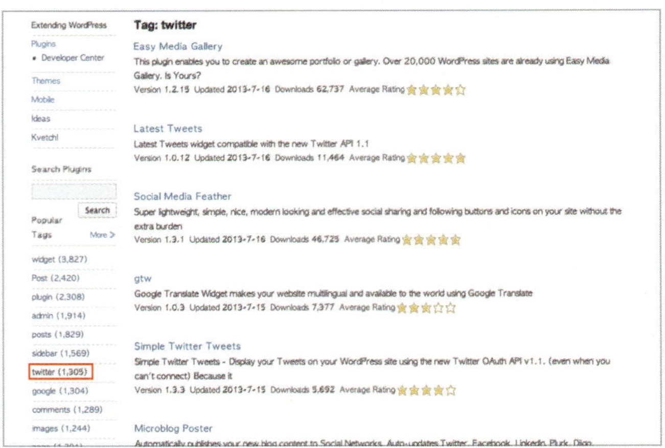

▲ wordpress.org 플러그인 디렉토리에서 'twitter' 태그로 등록된 플러그인
출처: http://wordpress.org/plugins/

SNS 연동이나 공유와 직접적으로 관련이 있는 'share'라는 키워드로 검색을 해도 대략 1,000개 이상을 찾을 수 있습니다.

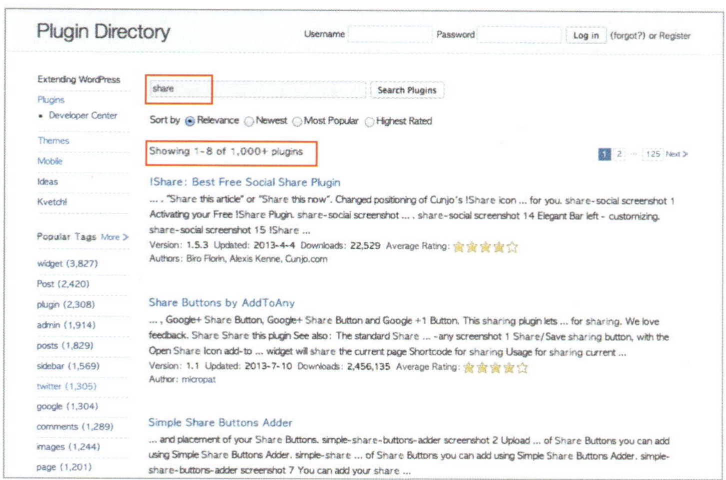

▲ wordpress.org 플러그인 디렉토리에서 'share'라는 키워드로 검색한 결과,
출처: http://wordpress.org/plugins/

대표적인 SNS 공유 서비스로 ShareThis, ShareHolic, AddThis 등이 있습니다. 각각 부가기능에 차이는 있지만 기본적인 공유 기능은 같다고 할 수 있습니다. 이런 소셜 공유 플러그인을 설치해보면 세상에 소셜 네트워크 서비스(SNS)라고 불리는 것들이 얼마나 많은지 알 수 있습니다.

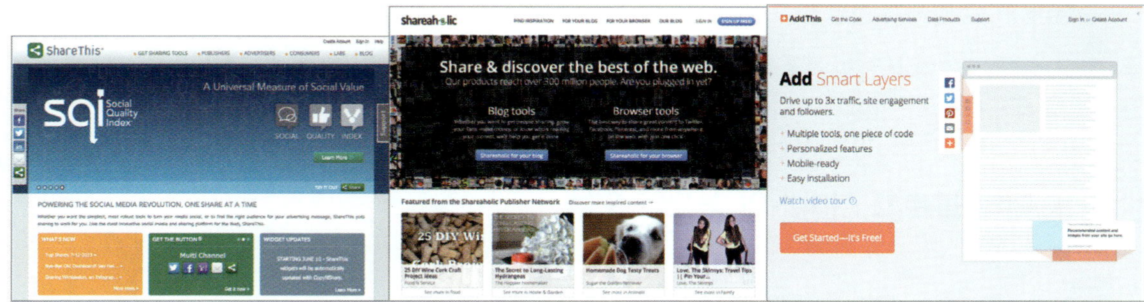

▲ SNS 공유 기능을 제공하는 서비스들, 출처: 왼쪽부터
http://sharethis.com/, https://shareaholic.com/, http://www.addthis.com/

| SNS 연동의 헛점 |

생각하기에 따라서는 SNS 연동과 같은 기술에 의미를 부여하는게 참 우스울 수 있습니다. SNS에 콘텐츠를 유통시켜 효과를 보려면 적어도 사람들이 많이 활용하는 시간, 즉 사용자가 SNS의 타임 라인을 들여다볼만한 시간에 맞춰 콘텐츠를 노출시켜야 하는데 이런 각각의 요인들을 모두 고려하 면서 웹사이트의 콘텐츠의 발행 시점을 맞춘다는 것은 오히려 글쓰기를 방해할 수 있기 때문입니다. 예를 들어 새벽 2시에 하늘의 계시를 받고 글을 썼더니 같은 시각 페이스북과 트위터에 그 글이 공 개됐니다. 다들 잘 시간에 말입니다. 물론 글을 낮 시간에 맞춰 예약을 해둘 수도 있겠지만 글 쓰는 일 외에 챙길 것이 늘어나는 셈이니 SNS 연동 기능이 주는 편리함에 비해 그 효과는 크다고 할 수 없습니다.

차라리 연동시키지 말고 편한 시간에 짧은 코멘트를 덧붙여 트위터에도 띄우고 페이스북에서도 붙 여 넣으면 될 것을, 기술을 위한 기술이 덧없게도 우리의 사고를 가로 막는 일이 되지는 않는지 생 각해 볼 부분입니다.

03 메타블로그 서비스에 등록하기

메타블로그가 등장하기 전, 국내에서는 네이버나 다음과 같은 포털 사이트에서 제공하는 가입형 블 로그, 카페가 인기를 얻었고 한동안 대부분의 콘텐츠가 포털이 쳐 놓은 우리 안에서 생산되고 유통 됐습니다. 그리고 포털 사이트는 사용자를 붙잡아 두기 위해 콘텐츠를 최대한 폐쇄적으로 관리해왔 습니다. 이 과정에서 블로그가 마치 포털의 가입형 서비스만을 의미하는 것처럼 제한적으로 이해되 었고 '블로그'하면 포털이 제공하는 특정 형식을 떠올리는 경향이 국내에서 일반화되었습니다.

■ 메타 블로그 서비스의 어제와 오늘

이런 상황에서 시장에 변화를 준 것이 바로 메타블로그입니다. 해외에서는 소셜 네트워크 서비 스가 꿈틀댈 때, 국내에선 메타블로그 서비스가 인기를 얻고 있었습니다. 메타블로그는 각 블 로그에서 생산되는 글을 독자에게 중계해주는 역할을 합니다. 쉽게 말해, 네이버 블로그에 글 을 쓰면 네이버 첫 화면에 노출될 수 있고 그렇게 되면 보다 많은 사람에게 자신의 글을 알릴 수 있는데, 이처럼 블로그 콘텐츠를 모아서 소개하고 유통하는 역할을 하는 사이트 또는 서비 스를 메타블로그라합니다.

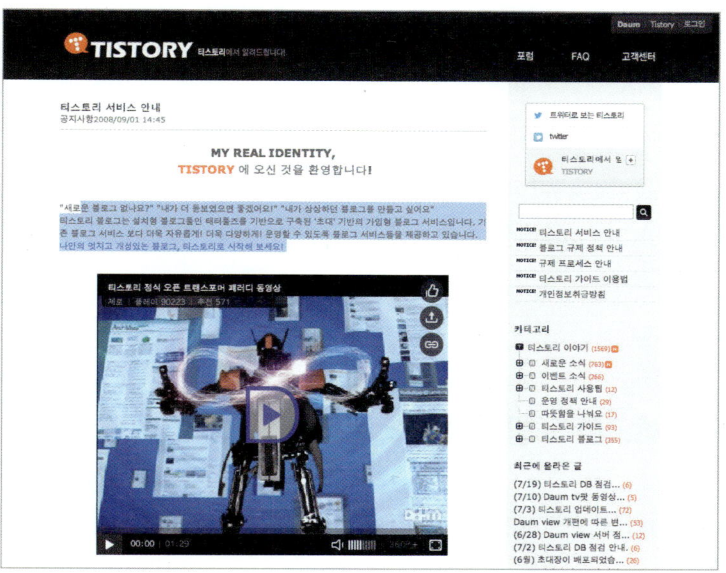

▲ 티스토리 서비스 소개 페이지, 출처: http://www.tistory.com/

워드프레스, 테터툴즈(텍스트 큐브) 같은 설치형블로그가 등장하고 다음의 티스토리, 네이트의 이글루스 같은 신생 블로그 서비스가 등장하면서 포털 중심으로 짜여져 있던 판에 금이 가기 시작했고 이런 틈을 비집고 들어온 것이 바로 메타블로그입니다. 기존의 네이버나 다음이 자사의 블로그만을 포털에 소개할 때, 메타블로그 서비스들은 네이버 블로그, 다음 블로그를 포함한 모든 블로그 콘텐츠를 모아서 소개했고 블로거 간의 커뮤니티까지 만들기 시작했습니다. 2008, 2009년도는 메타블로그 서비스와 함께 블로거들의 전성시대가 열렸습니다.

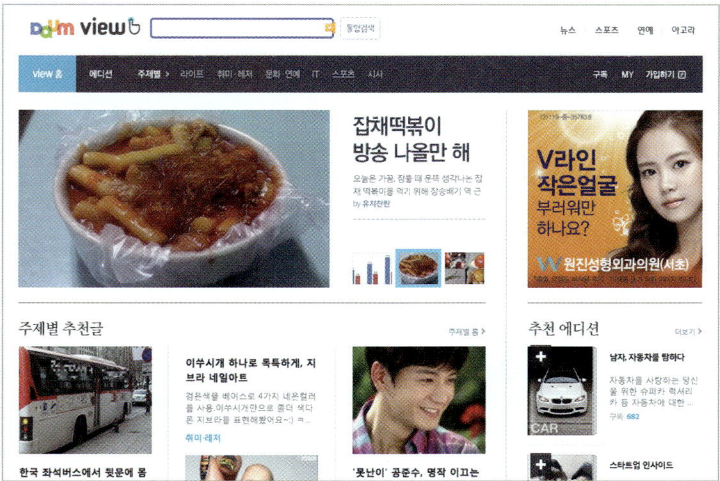

▲ 대표적인 메타블로그 서비스 다음뷰, 출처: http://v.daum.net/

아쉽게도 지금은 그때 인기를 얻었던 메타블로그 서비스 중 상당수가 사라진 상태이고 현재까지 운영되고 있는 곳은 다음뷰(http://v.daum.net/)나 올포스트(http://olpost.com/), 믹시(http://mixsh.com/), 블로그코리아(http://www.blogkorea.net/), 레뷰(http://www.revu.co.kr/), 프레스블로그(http://www.pressblog.co.kr/), 창작블로그(http://story.aladin.co.kr/), 닥블(http://docblog.koreahealthlog.com/), 콜콜넷(http://www.colcol.net/) 정도입니다.

■ 컬럼니스트 제도를 표방한 올포스트(olpost)

한때 새로운 대안 미디어를 표방하면서 등장한 올포스트의 경우 양질의 콘텐츠를 생산하는 블로그들을 분류해 조회수에 따라 원고료를 돌려주는 컬럼니스트 제도를 도입했습니다. 블로거가 새로운 직업군처럼 인식될 만큼 기업의 마케팅 도구로 블로그가 활용되고 있을 때, 올포스트의 컬럼니스트 제도는 신선한 시도였습니다. 물론, 올포스트가 큰 관심을 끌지 못해 컬럼니스트에게 돌아간 원고료도 크지 않았지만 대부분의 메타블로그 서비스들이 기업을 대신해 블로거를 동원하고 마케팅에 이용할 때 올포스트는 미디어의 가치, 콘텐츠의 가치를 고민했다고 할 수 있습니다.

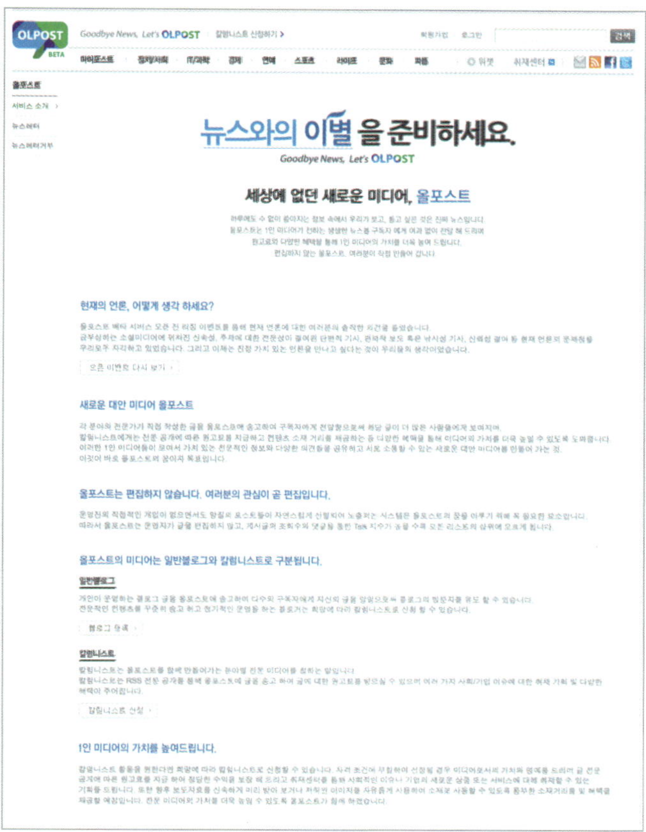

▲ 새로운 미디어를 표방하고 출발한 올포스트, 출처: http://olpost.com/

■ 특정 주제로 운영되는 메타블로그 서비스

온라인 서점 알라딘에서 운영하고 있는 '창작블로그'는 책과 문학을 주제로 한 메타블로그입니다.

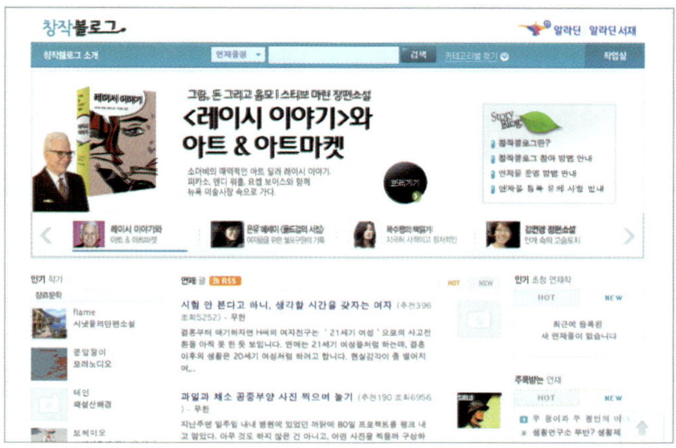

▲ 대표적인 메타블로그 서비스 다음뷰, 출처: http://v.daum.net/

메타블로그의 인기가 한창일 때에는 '창작블로그'처럼 특정 주제를 내세워 차별화를 시도한 곳이 많았습니다. 현재까지 운영되고 있는 곳 중에는 의사들의 블로그 네트워크라고 불리는 '닥블', '50세 이상의 시니어를 위한 블로그 공간'을 내세운 '유어스테이지블로그(http://seniorblog.yourstage.com/)' 등이 있습니다.

▲ 의사들의 블로그 네트워크 '닥블', 출처: http://docblog.koreahealthlog.com/

이외에도 기업과 블로거를 연결해 블로그 마케팅을 일으키는 메타블로그들이 있는데 위드블로그나 프레스블로그, 레뷰 등이 여기에 속합니다.

■ 다음뷰 서비스

불과 몇 년 사이에 수십 개의 메타블로그가 생겨나고 사라졌습니다. 예전만큼 큰 인기를 얻고 있지는 못하지만 메타블로그는 콘텐츠와 독자를 연결시켜주는 역할을 하기 때문에 웹사이트 홍보에 도움이 됩니다. 특히, 메타블로그 중에서 가장 파급력이 큰 다음뷰 서비스는 워드프레스용 플러그인까지 나와 있습니다. 다음뷰에 워드프레스 사이트를 등록하는 방법에 대해서 알아보겠습니다.

다음뷰 서비스에 가입하기 위해서 다음에 계정이 있어야 합니다. 다음 서비스에 계정을 만들고 로그인을 한 뒤에 다음뷰 첫화면 오른쪽 상단의 '가입하기'를 클릭합니다.

▲ 다음에서 운영하는 메타블로그 서비스 다음뷰의 첫화면,
출처: http://v.daum.net/

닉네임과 등록할 웹사이트 URL을 입력하고 [가입하기] 버튼을 클릭합니다.

▲ 다음뷰 가입하기 화면, 출처: http://v.daum.net/

다음뷰 메인 오른쪽 상단의 '송고하기'를 클릭하여 해당 페이지로 이동합니다. 'RSS 주소'의 입력폼에 웹사이트의 RSS 주소를 입력하고 [글 불러오기] 버튼을 클릭하면 'RSS 주소' 아래에 워드프레스 사이트에서 발행된 글들이 순서대로 나타납니다.

참 고

| 워드프레스 사이트의 RSS 주소 |

워드프레스 사이트의 RSS 주소는 웹사이트 URL 뒤에 '/feed' 또는 '/?feed=rss2'를 붙이면 됩니다. 예를 들어, 워드프레스 사이트의 URL이 'http://domain.co.kr'이라면 RSS주소는 'http://domain.co.kr/feed' 또는 'http://domain.co.kr/?feed=rss2'가 됩니다.

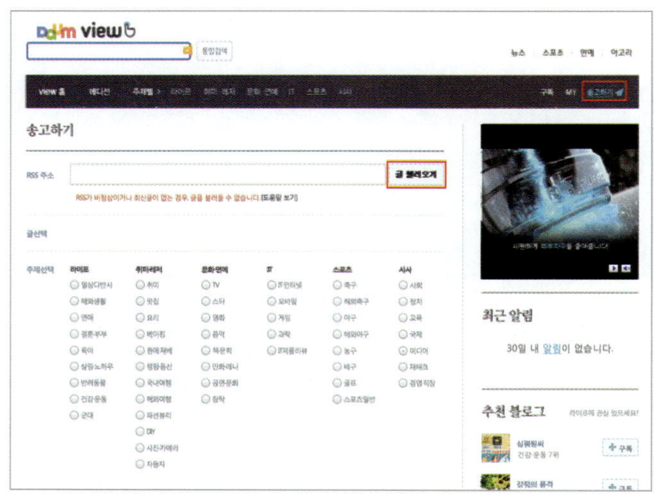

▲ 다음뷰 송고하기 화면-1, 출처: http://v.daum.net/

다음뷰에 글을 보낼 차례입니다. 글 목록에서 다음뷰에 보낼 글을 선택하고 선택한 글에 적합한 주제를 아래 '주제선택'에서 골라 체크한 후, 페이지 하단의 [송고하기] 버튼을 클릭합니다.

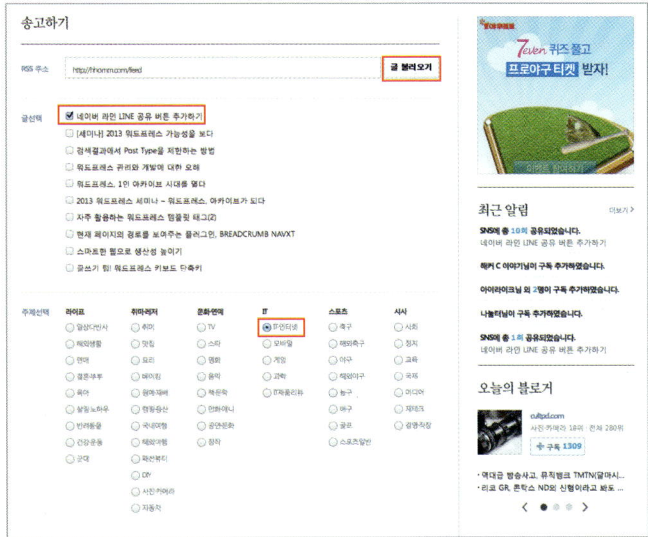

▲ 다음뷰 송고하기 화면-2, 출처: http://v.daum.net/

보낸 글을 확인하기 위해서 다음뷰 메뉴바에 'MY'를 클릭하고 해당 페이지로 이동합니다. 다음뷰에 송고한 글들을 확인할 수 있습니다.

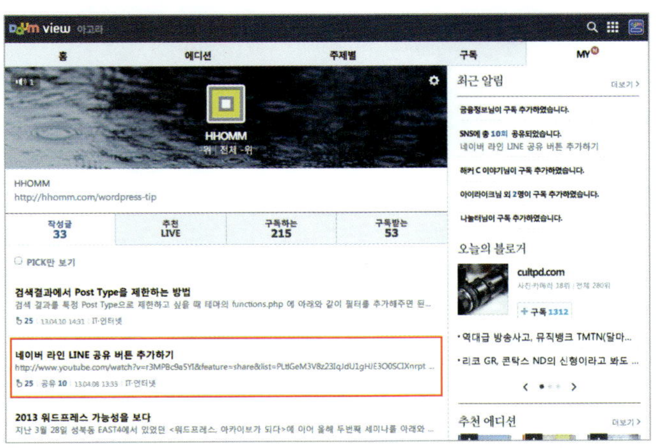

▲ 다음뷰의 'MY 페이지에서 송고한 글을 확인할 수 있습니다.

출처: http://v.daum.net/

대부분의 메타블로그는 RSS 기능을 통해 각 블로그의 글을 수집하고 연동합니다. 앞에서 워드프레스 사이트의 글을 다음뷰에 보내는 방법을 알아봤는데 다른 메타블로그도 다음뷰와 마찬가지로 RSS 주소를 입력하는 것이 등록 절차의 전부라 할 수 있습니다. 다른 메타블로그 서비스에도 여러분의 웹사이트를 등록해 보십시오.

다음뷰 연동을 도와주는 플러그인, DaumView

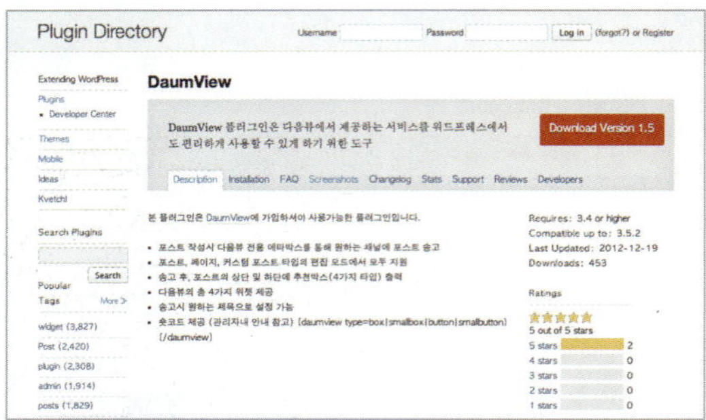

▲ 워드프레스의 글을 다음뷰로 연동시켜주는 플러그인 DaumView,
출처: http://wordpress.org/gins/

wordpress.org의 플러그인 디렉토리에 등록되어 있는 플러그인 중에는 워드프레스의 글을 다음뷰에 연동시켜주는 기능을 하는 DaumView라는 플러그인이 있습니다. 다음뷰는 타 메타블로그와 달리 각 글마다 다음뷰 서비스에서 정한 주제분류 중 하나를 선택해 등록하도록 하고 있습니다. 따라서 매번 글을 보낼 때마다 다음뷰 서비스 페이지에 접속해서 주제를 정해줘야 하는데 DaumView 플러그인은 이 과정을 워드프레스 관리자에서 할 수 있도록 만들어 줍니다. 또 글 하단에 다음뷰의 추천 버튼과 위젯을 추가할 수 있습니다.

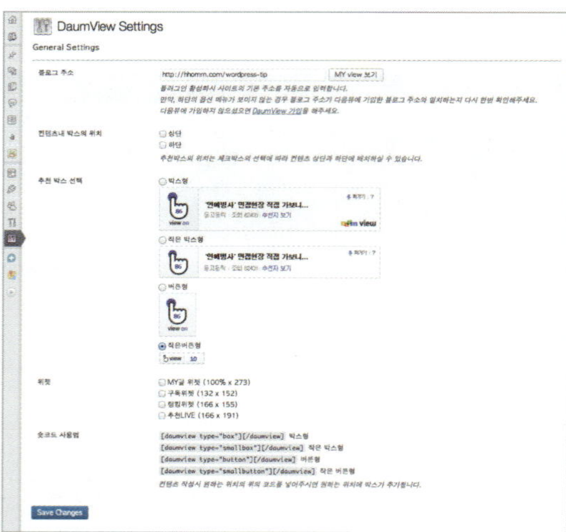

▲ 워드프레스 관리자의 DaumView 설정 화면
출처: http://wordpress.org/plugins

워드프레스에서 글을 발행한 뒤(발행되지 않은 글을 다음뷰로 송고할 수 없습니다.) 다음처럼 해당 글의 주제를 선택해 원격으로 송고를 할 수 있습니다. ('채널' 이라고 표시된 항목이 글 주제를 뜻합니다.)

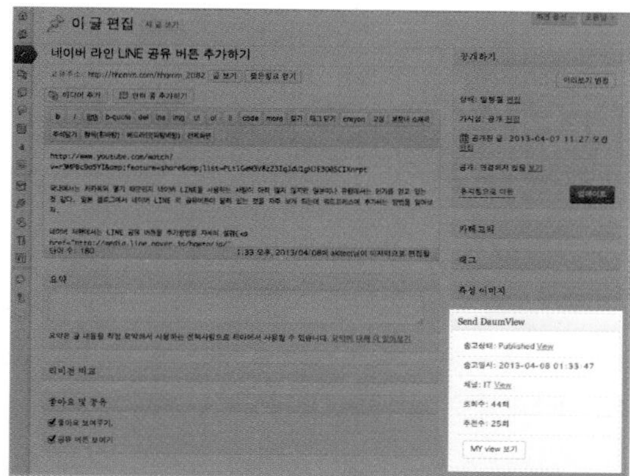

▲ 발행된 글을 DaumView 플러그인을 통해 다음뷰에 송고한 화면

보안을 강화하는 방법

워드프레스를 사용하면서 늘 신경 써야 하는 부분이 바로 보안입니다. 오픈 소스의 장점을 최대한 활용하려면 그 약점부터 보완하는 것이 순서일 겁니다. 워드프레스의 아킬레스건이라고 할 수 있는 보안을 강화하는 방법에 대해서 알아보겠습니다.

01 기본 체크 리스트

워드프레스 사이트의 보안을 강화하기 위해서 처음 워드프레스를 설치할 때부터 다음 내용을 하나씩 체크하고 적용하는 것이 좋습니다. 설치 시 부터 확인해야 할 내용을 순서대로 알아보겠습니다.

■ 수동으로 직접 설치하기

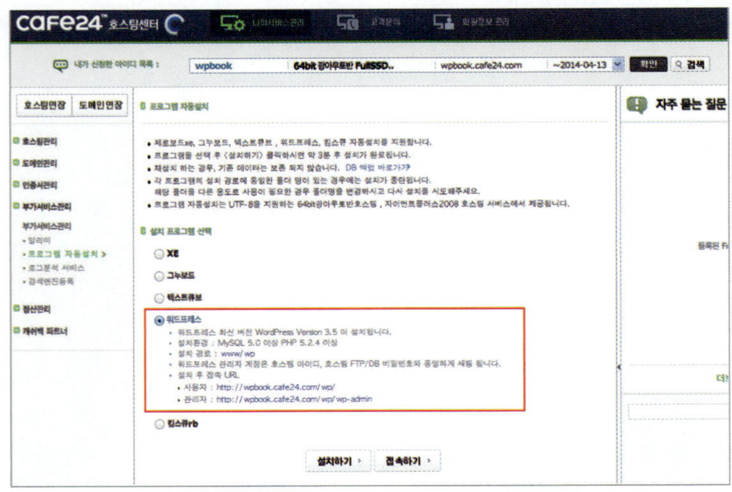

▲ 카페24에서 제공하는 워드프레스 자동 설치 서비스,
출처: http://www.cafe24.com/

최근 호스팅 업체마다 워드프레스를 자동 설치해주는 서비스를 제공하고 있는데, FTP가 생소한 사용자 입장에서는 반가운 부분일 겁니다. 하지만 보안을 생각한다면 조금 귀찮더라도호스팅 서비스에서 제공하는 자동설치를 사용하지 말고 FTP를 이용해 직접 설치하는 것이 좋습니다.

■ 설치시 테이블 접두어(Table Prefix) 지정하기

▲ 워드프레스 설치 시 테이블 접두어 설정

데이터베이스의 테이블을 생성할 때 테이블 이름에 원하는 단어를 앞에 붙일 수 있는데 이것을 테이블 접두어(Table Prefix)라고 합니다. 설치 시 'wp_'가 기본으로 입력되어 있는데 이렇게 기본 입력되어 있는 항목을 바꾸지 않고 그대로 설치를 진행하면 데이터베이스에 생성되는 모든 테이블 이름 앞에 wp_가 붙습니다.

▲ 테이블 접두어를 변경하지 않고 워드프레스를 설치했을 때, 데이터베이스의
모든 테이블이 'wp_'로 시작하는 이름이 됩니다.

기본 설정대로 두지 않고 테이블 접두어를 변경해주는 것이 보안에 유리합니다. 다음은 워드프레스 설치시 테이블 접두어를 'secure_'로 지정했을 때입니다. 테이블명 앞에 wp_ 대신 secure_가 붙은 것을 확인할 수 있습니다.

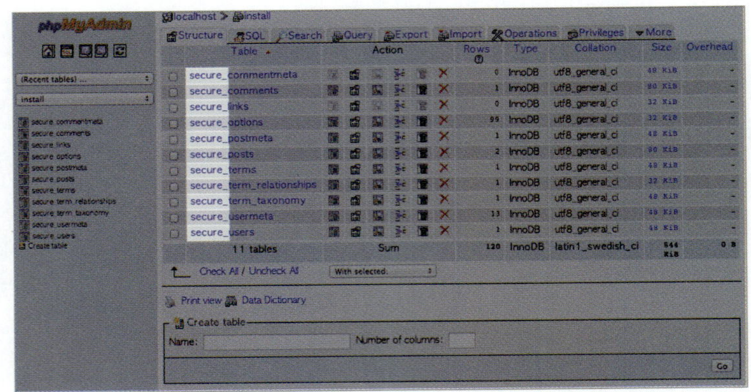

▲ 테이블 접두어를 'secure_'로 지정해 설치한 경우

해커가 알기 어려운 이름으로 테이블 접두어를 지정해 워드프레스 사이트의 보안을 강화하십시오.

■ 관리자 계정 사용자명을 admin으로 하지 않기

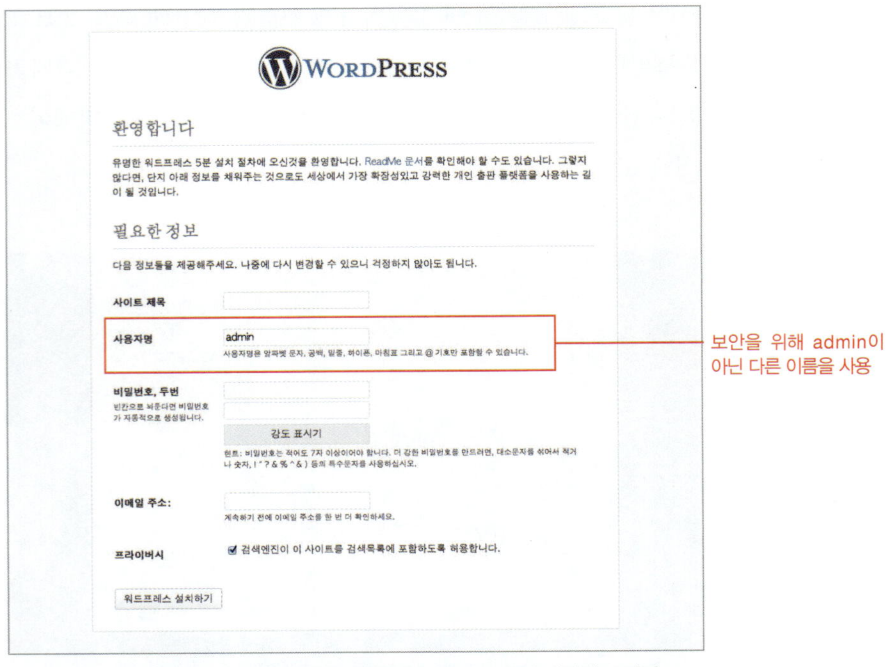

▲ 워드프레스 로그인 화면. 관리자 계정을 admin으로 하면 해커의 표적이 되기 쉽습니다.

워드프레스를 설치할 때 관리자의 사용자명을 따로 지정하지 않으면 기본 입력되어 있는 'admin'으로 계정이 만들어집니다. 즉, 워드프레스 사이트는 관리자의 사용자명이 admin일 확률이 높은데 해커들은 이 점을 이용해 손쉽게 해킹을 시도하게 됩니다. 그러니 처음 설치할 때부터 관리자 사용자명을 admin이 아닌 다른 것으로 하는 것이 좋습니다.

> **TIP**
>
> **설치 후 관리자 계정의 사용자명을 바꾸는 방법**
>
> 이미 admin이라는 이름으로 관리자 계정을 만들었다면 추가로 새로운 관리자 계정을 하나 더 만든 뒤, 새 계정으로 로그인해 admin 계정을 삭제합니다. 사용자명은 변경이 되지 않기 때문에 새로 만들고 이전 계정을 삭제하는 방법밖에 없습니다.

■ FTP와 워드프레스 관리자 계정에 강력한 비밀번호 설정하기

비밀번호가 유출되지 않도록 주의하고 쉽게 유추할 수 없는 강력한 비밀번호를 설정하는 것이 보안의 기본입니다.

■ 스팸을 걸러주는 플러그인 Akismet 활성화하기

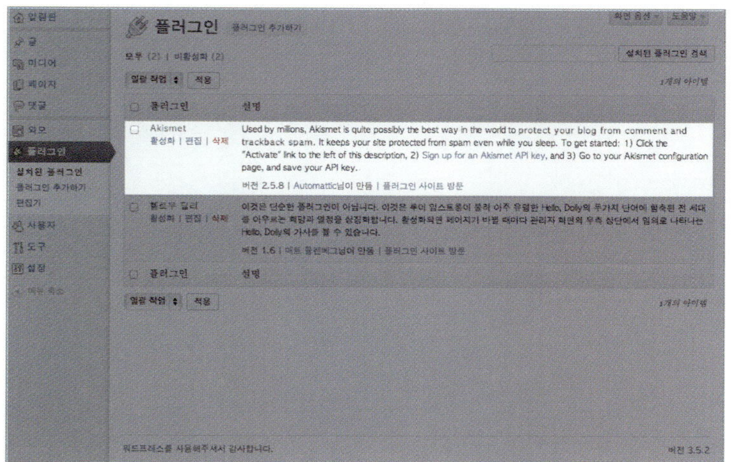

▲ 스팸을 걸러주는 어키즈밋 플러그인

워드프레스를 설치하고 나서 보안과 관련해 가장 먼저 할 수 있는 일은 워드프레스에 기본적으로 포함되어 있는 플러그인이면서 스팸 차단을 위한 필수 아이템, 어키즈밋을 활성화하는 일입니다. 웹 세계를 떠도는 고스트와 봇들로부터 워드프레스 사이트를 지켜내고 싶다면 어키즈밋은 필수입니다. 어키즈밋 플러그인을 활성화하고 API 키를 입력해 제대로 작동시킵니다. 어키즈밋 사용 방법에 대해서는' 제 5 장 플러그인'을 참고하십시오.

■ 워드프레스 정보 감추기

워드프레스 2.6 이상에서는 wp_head에 자동으로 워드프레스 관련 정보가 기록됩니다. 테마의 header.php에서 워드프레스 버전을 표시하는, 다음과 같은 메타태그는 삭제하는 것이 좋습니다.

```
CODE    <meta name = "generator" content = "WordPress <? phpbloginfo ( 'version');?>" />
```

■ wp-config.php 파일 보호하기

wp-config.php 파일에는 워드프레스 웹사이트의 설치정보와 데이터베이스 접속 정보까지 담겨있어 이 파일이 노출되지 않도록 보호해야 합니다. .htaccess 파일에 다음 코드를 추가합니다.

```
CODE    <Files wp-config.php>
        Order Deny,Allow Deny from all
        </Files>
```

> **참고**
>
> '.htaccess' 파일은 보이지 않게 숨겨져 있는 파일이기 때문에 이 파일을 확인하려면 FTP 프로그램의 보기 설정에서 '숨김파일 보기'를 활성화시켜줘야 합니다.

[참고]

'.htaccess'라는 이름의 파일은 www 루트 디렉토리 안에 있는데 파일이 없을 경우, 위의 코드를 넣어서 파일을 만들고 www안에 넣으면 됩니다.

■ htaccess 파일 보호하기

.htaccess 파일을 보호하기 위해 파일에 다음 코드를 추가합니다.

```
CODE    〈Files .htaccess〉
        Order Allow,Deny Deny from all
        〈/Files〉
```

■ 디렉토리 구조 숨기기

웹사이트의 디렉토리 구조를 볼 수 없도록 하기 위해서 .htaccess 파일에 다음 코드를 추가합니다.

```
CODE    Options -Indexes
```

■ 정기적으로 백업하기

백업은 보안의 기본입니다. 운영하는 서버 또는 호스팅으로부터 데이터와 데이터베이스를 정기적으로 백업하고 관리자의 '도구'에서 '내보내기'로 웹사이트의 콘텐츠 정보를 백업합니다.

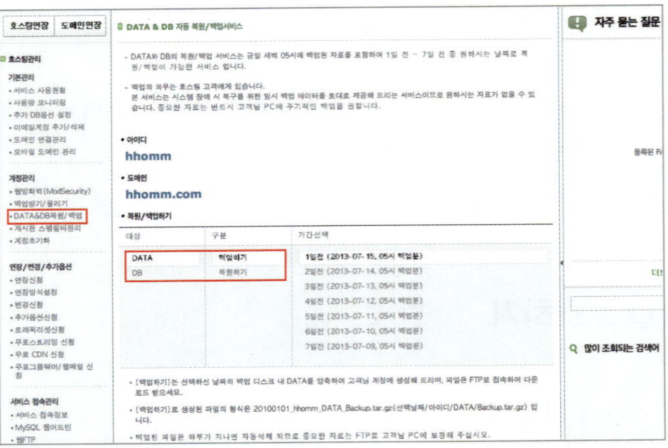

▲ 카페24 웹호스팅 서비스에서 자동 백업된 데이터, 데이터베이스를 다운
받을 수 있습니다.

■ 최신 버전 유지하기

워드프레스는 대략 6개월에 1번 이상 코어가 업데이트됩니다. 이때 보안에 취약한 부분이 개
선되기 때문에 워드프레스를 사용할 때는 항상 최신버전을 유지하는 것이 바람직합니다.

■ 확인되지 않은 사이트에서 제공하는 테마나 플러그인은 멀리하기

개발된 테마나 플러그인이 WordPress.org에 등록되기까지는 일정 기준의 검사를 거치게 됩
니다. 다시말해, WordPress.org에 등록된 테마와 플러그인은 어느 정도 안심하고 사용할 수
있다는 얘기입니다. 반대로 WordPress.org에 등록되어 있지 않고 안정성이 확인되지 않은 웹
사이트에서 등록된 파일을 내려받아 설치하는 것은 경우에 따라 심각한 결과를 가져올 수 있습
니다. 가능하면 WordPress.org의 파일을 이용하고 FTP보다는 관리자에서 직접 검색해서 설
치하는 방식을 취하는 것이 좋습니다.

02 보안을 강화하기 위한 플러그인

웹사이트의 보안을 강화하는 방법은 크게 두 가지를 들 수 있습니다. 하나는 외부의 침입으로부터 철저히 방어하는 것이고 다른 하나는 해킹에 대비해 백업을 해두는 것입니다. 워드프레스에서는 이 두 가지 모두 중요하지만 오픈 소스의 특성을 감안할 때 백업에 좀 더 신경을 쓰는 것이 좋습니다.

■ 젯팩의 볼트프레스(VaultPress)

젯팩 플러그인에는 볼트프레스(VaultPress)라는 보안 기능이 들어있는데 오토매틱사에서 지원하는 보안 장치로 백업에 바탕을 두고 있습니다.

▲ 실시간 백업과 보안 검사를 지원하는 볼트프레스(VaultPress)

볼트프레스는 유료 가입 상품으로 라이트, 베이직, 프리미엄으로 나뉩니다. 라이트 상품은 하루 단위로 백업이 진행되고 최근 30일간의 정보가 저장됩니다. 베이직과 프리미엄은 실시간으로 백업을 진행하고 백업된 정보 모두가 저장되며 이 중 프리미엄은 하루 단위로 보안 검사를 하는 기능이 추가됩니다.

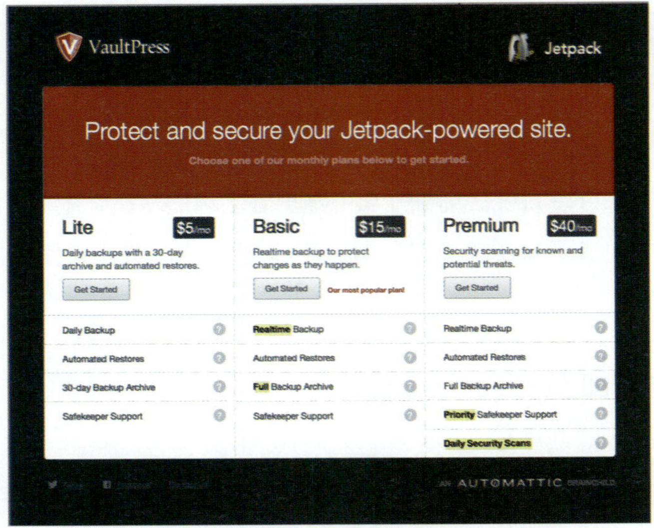

▲ 볼트프레스(VaultPress)의 상품 안내, 출처: http://vaultpress.com/

보안에 있어 가장 중요한 부분은 안정성과 신뢰라고 할 수 있을텐데 볼트프레스는 워드프레스 코어 개발의 주축인 오토매틱사에서 만든 서비스란 점에서 다른 어떤 보안 장치보다도 믿을 수 있습니다.

■ WP Secure Scan

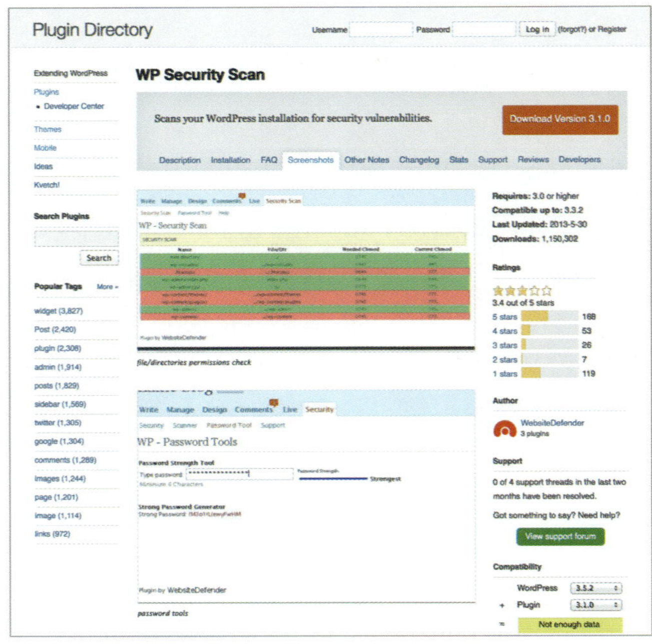

▲ 워드프레스 보안 관련 플러그인 WP Security Scan,
출처: http://wordpress.org/plugins/

■ Better WP Security

WP Security Scan은 꽤 오랜 동안 인기를 얻은 플러그인입니다. 웹에서 워드프레스 보안과 관련된 정보를 찾다보면 WP Security Scan이 종종 등장합니다. 한동안 업데이트가 되지 않고 있다가 2013년 5월에 3.1.0 버전으로 업데이트되었습니다. 워드프레스의 보안 상태를 체크해 주고 앞에서 서술한 보안 기본 체크 리스트에서 .htaccess에 코드를 추가하는 부분 등에 이 플러그인을 이용할 수 있습니다.

▲ 워드프레스 보안 관련 플러그인 Better WP Security,
출처: http://wordpress.org/plugins/

Better WP Security는 WP Security Scan과 비슷하지만, 보다 다양한 기능을 제공합니다. 최근에 가장 인기를 얻고 있고 해외 블로그나 워드프레스 관련 미디어에서 자주 언급되고 있는 플러그인입니다.

이외에도 Wordfence Security, BulletProof Security 등 다양한 플러그인이 있습니다. 워드프레스 보안에 관심을 가진 분이라면 이들 플러그인에 대한 정보를 찾아보면서 워드프레스 보안에 대비하는 것도 좋을 것 같습니다.